フランボワーズ

MODERNIST
CUISINE
at Home

モダニスト・キュイジーヌ | アット ホーム

現代料理のすべて

MODERNIST CUISINE AT HOME
by Nathan Myhrvold with Maxime Bilet
Copyright ©2012 The Cooking Lab, LLC

This edition published by Kadokawa Corporation under licence from Phaidon Press Limited of 2 Cooperage Yard, London, E15 2QR, England.

All rights reserved. No part of this publication may be reproduced, stored in a retrieval system or transmitted in any form or by any means, electronic, mechanical, photocopying, recording or otherwise, without the prior permission of Phaidon Press Limited.

Japanese translation published by arrangement with Phaidon Press Limited through The English Agency (Japan) Ltd.

MODERNIST CUISINE at Home

モダニスト・キュイジーヌ｜アット ホーム

現代料理のすべて

ネイサン・マイアーボールド／マキシム・ビレット

Nathan Myhrvold with Maxime Bilet

Photography by
Nathan Myhrvold
Melissa Lehuta
and The Cooking Lab
Photography Team

写真　ネイサン・マイアーボールド、メリッサ・レフタと
　　　クッキング・ラボ写真チーム

訳　山田文
　　田畑あや子
　　内藤典子

監修　辻調グループ　辻静雄料理教育研究所

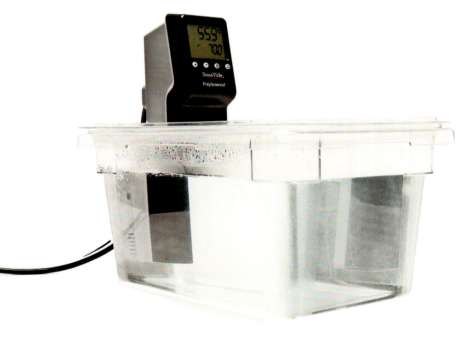

序文	xii
わたしたちの料理をめぐる旅	xiv
本書について	xvii
モダニスト・キュイジーヌとは	xviii
レシピについて	xx

第1部　モダニスト・キッチンに備えておくべきもの

調理台上の道具　5

モダニスト・クッキングに欠かせないツール	6
デジタルはかり	7
デジタル温度計	8
シリコンマットとシリコン型	9
マイクロプレイン	9
ミキサーとフードプロセッサー	10
スタンドミキサーとフローサー	11
アイスクリーム・メーカー	12
一瞬でできるアイスクリーム	13
バーナー	14
ジャカード・テンダライザー	16
注射器	16
ふるいとシノワ	17
ホイップ用サイフォン	18
ジューサー	20
食品乾燥機	21

従来の調理器具　22

コンロ	24
鍋とフライパン	26
圧力鍋	28
圧力鍋購入の手引き	29
圧力で調理する	30
オーブン	34
家庭用コンロ	36
コンビ・オーブン	38
コンビ・オーブンの使い道	39
電子レンジ	40
電子レンジの使い道	41
マイクロ波を起こす	42
グリル	44
超高温グリル	47

真空調理　48

4つのシンプルなステップ	50
空気を抜く	52
袋、容器、ジャー	53
真空パック器	54
密封の際によくある問題への解決策	57
調理と再加熱	60
ウォーター・バス	62
即席ウォーター・バス	64

材料　69

一般的ではない材料	70
スーパーマーケットにはないもの	72
なじみのないものも試してみる	74
めずらしい果物や野菜	76
自分で採集する食材——秋と春	78

第2部　レシピ
基本となる食品　　　　　　　　　　　　　　　　83

ストック
- 圧力鍋でつくるホワイト・チキン・ストック　　84
  - ブラウン・チキン・ストック　　85
- 圧力鍋でつくるブラウン・ビーフ・ストック　　86
  - ブラウン・ポーク・ストック　　86
  - ホワイト・ビーフ・ストック　　86
- 真空調理でつくる魚のストック　　87
  - ブラウン・フィッシュ・ストック　　87
- 圧力鍋でつくる甲殻類のストック　　88
- 野菜のストック　　89
  - 圧力鍋でつくる野菜のストック　　89
  - 野菜のブラウン・ストック　　89
- 焼いたトウモロコシのストック　　90
- マッシュルームのジュ　　91
- 鶏肉のブラウン・ジュ　　92
  - 牛肉のブラウン・ジュ　　92
  - ジビエのジュ　　92
- 自家製ジュ・グラ　　93
  - 非常に安定感のあるバターソース　　93

ソース　　94
- ワンドラ（Wondra）でとろみをつける　　95
- レッドアイ・グレイビー　　96
- 赤ワインのグレーズ　　97
- とろみをつけるときとゲルをつくるときによくある問題の解決法　　99
- タマネギの流動性のあるゲル　　100
  - 卵黄の流動性のあるゲル　　100
- 圧力鍋でつくるドリッピング　　101
  - キャラメリゼしたタマネギのグレイビー　　101
- ピスタチオのペスト　　102
  - ソース・ヴェルデ　　103
  - セルフィーユとタイムとネギのペスト　　103
  - ネギとオゼイユのペスト　　103
  - パクチーのペスト　　103
  - ホウレンソウのペスト　　103
  - 焼きピーマンのペスト　　103
- ムガール・カレーソース　　104
  - ケララ・カレーソース　　104
  - ムスリム・カレーソース　　104
- 真空調理でつくるオランデーズソース　　106
  - 甲殻類のオランデーズソース　　106
  - ガーリック・オランデーズソース　　106
  - スパイシー・オランデーズソース　　106
- モダニストのマヨネーズ　　108
  - アイオリソース　　108
  - ベーコン・マヨネーズ　　108
  - ルイユソース　　108
  - タルタルソース　　108
- MCのスペシャルソース　　109
- 圧力鍋でキャラメリゼしたケチャップ　　110
  - バーベキュー・ケチャップ　　110
- サルサベルデ　　111
- 圧力鍋でキャラメリゼしたピーナッツソース　　111
- マリナラ　　112
  - ピッツァソース　　112
  - トマト・ソフリット　　112
  - ボロネーゼ　　112
  - パイナップル・マリナラ　　112
- イチゴのマリナラ　　114
- タイ風の甘酸っぱくピリッとしたグレーズ　　115

オイルと脂肪 116
  真空調理でつくるレモンハーブオイル 116
  モダニストのヴィネグレットソース 117
    コリアンダーのヴィネグレットソース 117
    ゴマのドレッシング 117
    ベトナム風ドレッシング 117
    スパイス・チリ・ドレッシング 117
    サクランボのヴィネグレットソース 117
    ピスタチオバター添えのフィーヌゼルブのヴィネグレットソース 117
  真空調理でつくるスパイス・チリオイル 118
    圧力鍋でつくるスパイス・チリオイル 118
    ガーリックオイル 118
    レモンオイル 118
    基本のチリオイル 118
    ジンジャーオイル 118
    バニラオイル 118
    ローズマリーオイル 118
    タイムオイル 118
  モンペリエ・バター 120
  コンロでつくるカロテン・バター 121
    ピーマン、ホウレンソウ、コーヒー、ポルチーニのバター 121
  圧力鍋でつくる甲殻類のバター 122
    真空調理でつくる甲殻類のバター 122
    圧力鍋でつくるオマールのビスク 122
  圧力鍋で溶かす鶏の脂身 123

薬味 124
  グリルでつくるアップルソース 124
  圧力鍋でつくるマスタードシードのピクルス 125
  圧力鍋でつくるガーリック・コンフィ 126
    プロヴァンス風ガーリック・コンフィ 126
    地中海風野菜のコンフィ 126
    フィンガリングポテトのコンフィ 126
  圧力鍋でキャラメリゼしたタマネギ 127
    ドライ・キャラメリゼ・オニオン 127
    フレンチ・オニオンスープ 127
  トマトのコンフィ 128
  トマト・レザー 129
    マンゴー・チリ・レザー 129
    フルーツ・レザー 129
    オニオン・レザー 129
  真空調理でつくる野菜のピクルス 130
  真空調理で風味づけしたセロリ 131
    圧力で漬けるセロリ 131
    ウォルドーフ・サラダ 131

塩漬けとマリネ 132
  肉用の甘い塩漬け液 132
  丸ごとの鶏用の基本塩漬け液 133
    ピリッとした鶏肉用の塩漬け液 133
  魚用の塩漬け液 133
    海藻入りの魚用塩漬け液 133
    液体を使わない魚の塩漬け 133
  マリナード 134
    カルビ・マリナード 134
    ベトナム風マリナード 134
    地中海風ヨーグルト・マリナード 134
    メキシコ風マリナード 134
    バーベキュー・マリナード 134

スパイス・ミックス 135
  MCのカレーパウダー 135
    ヴィンダルー・スパイス・ミックス 135
  チャート・マサラ 136
  魚用スパイス・ミックス 137
  秋のスパイス・ミックス 138
  チリ・スパイス・ミックス 138
  グリル・スパイス・ミックス 139

朝食の卵料理   141
- 卵の食感   142
- フランス風スクランブルドエッグ   144
  - スクランブルドエッグ・プディング   144
  - オリーブオイル・スクランブルドエッグ   144
  - ミニ・エッグカップ   144
- オムレツのフィリング   145
  - フィレンツェ風オムレツ・フィリング   145
  - アルザス風オムレツ・フィリング   145
  - スペイン風オムレツ・フィリング   145
  - ラビオリ・オムレツ・フィリング   145
- 蒸してつくるハーブオムレツ   146
- ストライプ・マッシュルーム・オムレツ   148
- マッシュルーム・ピュレ   150
  - マッシュルームのクリームスープ   150
- シイタケ・マーマレード   151
- 目玉焼き   152
  - デビルドエッグ   152

サラダと冷製スープ   155
- フランボワーズのガスパチョ   156
- フルーツのミネストローネ   158
  - イチゴのパンナコッタ   161
  - フルーツ・サラダ   161
  - チーズ・コース   161
  - 青リンゴの泡をのせたイチゴのジュース   161
- モダニストのヴィシソワーズ   162
  - ジャガイモの皮のレデュクションを加えたヴィシソワーズ   163
  - ローストしたジャガイモのヴィシソワーズ   163
- 新タマネギのコールスロー   165
- すばらしいサラダを組み立てる   166
- ロメインレタス・ドレッシングをかけたグリーン・サラダ   168
  - ハーブとロメインレタスのスープ   168
  - ビーツ・サラダ   168
  - パルメザン・クリスプ   169
- 圧力鍋でつくるキヌアとカリフラワーのサラダ   170
- 圧力鍋でつくるヒヨコ豆のサラダ   172
- 真空調理でつくるマグロのコンフィ   174
  - マグロのコンフィのサラダとツナ・メルト・サンドイッチ   174
- 圧力鍋でつくるレンズ豆のサラダ   175

圧力鍋でつくる野菜スープ   177
- キャラメリぜしたニンジンのスープ   178
  - キャラメリぜしたニンジンのピュレ   179
- 圧力鍋でつくるその他の野菜スープとピュレ   180
  - カボチャのスープ   180
  - アーティチョークのスープ   180
  - キノコのスープ   180
  - カリフラワーのスープ   180
  - ポロネギとタマネギのスープ   181
  - 圧力鍋でキャラメリぜしたバナナ・ピュレ   181
  - リンゴとパースニップのスープ   181
  - ピーマンのスープ   181
  - ブロッコリーとグリュイエールのスープ   181
  - トウモロコシのスープ   181
- 圧力鍋でつくる野菜のジュ   182
- 圧力鍋で調理する野菜   183
- 圧力鍋で調理する大麦   184
  - 大麦サラダ   184
- 野菜の煮込み   185
  - 季節のハーブの浮き実   185

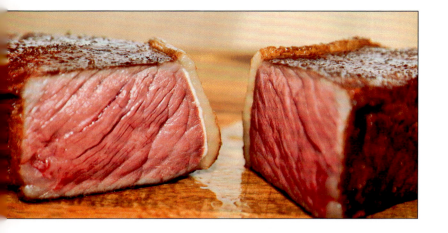

ステーキ 186
    ステーキの部位 188
    肉の等級 190
    高級牛肉の種類 191
    ステーキの調理 192
    真空調理でつくるステーキ 194
    低温オーブン・ステーキ 196
        冷凍してつくるステーキ 197
    クーラーボックス真空調理ステーキ 198
    ホウレンソウのクリーム煮 199
        南部インド風クレソン 199
    グリルで焼くステーキ 200
    グリルで焼くポークチョップ 202
    真空調理でつくるラムの串焼き 203

チーズバーガー 204
    モダニストのハンバーガー・パテ 208
        固いハンバーガー・パテ 208
    サンドイッチ用食パン 210
    モダニストのチーズバーガー 212
    ふわふわ泡のミルクシェイク 213
    モダニストのミートローフ・サンドイッチ 214

カルニタス 217
    圧力鍋でつくるカルニタス 218
        アチョーテ・ペースト 219
        真空調理でつくるカルニタス 219
        丸ごとの肩肉 219
    その他の肉や家禽類の蒸し煮 220
        ラムもも肉のタジン 220
        リンゴとモリーユを添えた豚肩肉のフリカッセ 220
        ナンを添えたポーク・ヴィンダルー 221
        韓国風ショートリブのレタス包み 221
        蒸しパンを添えた鴨肉の蒸し煮 221
    圧力鍋でつくるチチャロン 222
    フリホレスの泡 223
        フリホレスのピュレ 223
        その他の豆の泡 223
    圧力鍋でつくる豚ばら肉のアドボ 224
        真空調理でつくる豚ばら肉のアドボ 224

ショートリブの蒸し煮 226
    ショートリブの蒸し煮 229
    ジャガイモのピュレ 230
        風味づけしたクリームでつくるジャガイモのピュレ 230
        ガーリック・マッシュポテト 230
        サツマイモのピュレ 230
    豚ばら肉のBLT 232
        圧力鍋でつくる豚ばら肉のBLT 232
        スモークベーコンのBLT 232
    ラム・カレー 234
        圧力鍋で煮た子羊のすね肉 234
        丸ごとの子羊のすね肉 234

ローストチキン 237
    ローストチキン 238
        ピンクッション・チキン 241
        飛びっきりジューシーなチキン 241
        フライドチキン 241
        背開き 241
        コンビ・オーブンでつくるローストチキン 241
    鶏とタマネギのじっくり焼き 242
    真空調理した鶏肉 244
    七面鳥のコンフィ 246
    真空調理でつくるターキーブレスト 247

チキンウィング 249
- 真空調理でつくるバッファローウィング 250
- 韓国風クリスピーチキンウィング 252
- スキンレス・クリスピー・テキンウィング 254
  - 鶏の皮のふっくら揚げ 254
- 骨なし鶏手羽肉の焼き鳥 256
- バッファローソース 258
- ハニーマスタードソース 259
- 焼き鳥ソース 260
- 韓国風ウィングソース 260
- ブルーチーズソース 261
  - ブルーチーズソースの泡 261
- 中国風ガーリックチリソース 261
- 串刺し料理 262
  - 鶏もも肉の串焼き、ピスタチオのペスト 262
  - 韓国風豚ばらの串焼き 262
  - つくねのから揚げ 262
  - 鶏皮の焼き鳥 262
  - つくね 263
  - ラム肉の串焼き、ミントヨーグルト添え 263
  - 鶏むね肉のサテ 263
  - ショートリブの串焼き、シイタケ・マーマレード 263
  - 牛フィレ肉の串焼き、ニンペリエ・バター 263

チキンヌードルスープ 264
- 香り広がるチキンスープ 266
- 他のスープの香りづけに応用する 267
  - フォー 267
  - タイ風スープ麺 267
  - グーラッシュ 267
  - 中国風スープ麺 267
  - トルティーヤスープ 267
- 卵入りフレッシュパスタ 268
- さまざまなパスタ 270
  - ポテトパスタ 270
  - ライ麦パスタ 270
  - トウモロコシパスタ 270
  - 大麦パスタ 271
  - ココナッツパスタ 271
  - 全粒粉パスタ 271
  - ライスパスタ 271
- 圧力鍋で蒸したニンジンとポロネギ 272
- チキンヌードルスープ 273

サーモン 274
- 真空調理でつくる香り豊かなサーモン 276
- 魚の皮のパリパリ揚げ 279
  - 焼いた魚の皮のチップス 279
  - 鶏皮と豚皮のパリパリ揚げ 279
- サーモンを選ぶ 280

貝、甲殻類 282
- オマールロール 288
  - シュリンプロールとクラブロール 288
  - オマールの胴の身の真空調理 288
- ムール貝のマリニエール 290
- クラムのチャウダーソース添え 292
  - オイスターシチュー 292
  - ピスタチオのペスト風味のクラムチャウダー 292
  - 南フランス風チャウダー 292
- 真空調理でつくるエスカルゴの蒸し煮 293

ピッツァ　295
- ナポリ風ピッツァの生地　296
  - キヌアピッツァの生地　296
  - ソバ粉のピッツァの生地　296
  - ブレッドスティック　296
  - ガーリックノット　297
  - 「エブリシング」プレッツェル　297
  - シナモンシュガー風味のドーナッツホール　297
- 田舎風ピッツァの生地　298
  - 全粒粉ピッツァの生地　298
- ポーリッシュ　299
- こねないピッツァ生地　300
- ピッツァ用石板、金属台、フライパン　301
- 定番のピッツァ　303
  - ピッツァ・ナポレターナ　303
  - キノコのピッツァ　303
  - ハワイアンピッツァ　303
- ピッツァ・マルゲリータ　304
- オーブン・フライド・ピッツァ　305
  - ディープディッシュ・フライド・ピッツァ　305
- ピッツァのトッピング　306
  - 菜の花（ブロッコリーラーブ）ピッツァ　306
  - ジェノベーゼピッツァ　306
  - カポコッロピッツァ　306
  - ウオーヴォピッツァ　307
  - フィノッキオーナピッツァ　307
  - ピッツァ・クルーダ　307

マカロニ・アンド・チーズ　308
- マカロニ・アンド・チーズ　310
  - モントレージャックとスティルトンでつくるマカロニ・アンド・チーズ　310
  - シャープチェダーとスイスチーズでつくるマカロニ・アンド・チーズ　310
  - ゴルゴンゾーラとフォンティーナでつくるマカロニ・アンド・チーズ　310
  - グリュイエールでつくるマカロニ・アンド・チーズ　310
  - ゴートゴーダとゴートチェダーでつくるマカロニ・アンド・チーズ　310
  - ブロッコリーのチーズソース　310
  - フォンデュ　310
- オーブンで焼くマカロニ・アンド・チーズ　312
- 「ファットフリー」のマカロニ・アンド・チーズ　314
  - マカロニ・アンド・フォンティーナ　314
  - マカロニ・アンド・パルメザン　314
  - マカロニ・アンド・チェダー　314
  - チーズ・クリスプ　315
- チーズクランブル　316
- とろーりとろけるチーズスライス　317
- グリルドチーズサンドイッチ　318
  - サワードウ・ブレッドでつくる熟成ホワイトチェダーとリンゴのサンドイッチ　318
  - カマンベールとグリュイエール、ハム、マッシュルームのブリオッシュサンド　318
  - フェタチーズと野菜のコンフィのポテトブレッドサンド　319
  - シェーヴルチーズとトマトのコンフィ、バジルのバゲットサンド　319
  - スティルトンチーズ、エシャロットマーマレードのクルミパンサンド　319

リゾットとパエリア　320
- 米の炊き方　324
- 圧力鍋でつくるパエリア・デル・ボスコ　326
- 野菜のリゾット　328
  - 圧力鍋でつくるリゾット　329
- リゾットとパエリアのバリエーション　330
  - イカ墨と真空調理したクラムの紫黒米リゾット　330
  - カボチャのキャラメリゼとサフランのアルボリオ米リゾット　330
  - 野生のキノコと赤ワインの大麦リゾット　331
  - スチールカットオーツとエスカルゴのリゾット　331
  - チキン、アーティチョーク、黒オリーブ入りのファッロリゾット　332
  - ピスタチオのペスト、アスパラガス入りのキヌアリゾット　332
  - ボンバ米でつくるブロッコリーとグリュイエールのスープとチョリソ入りのリゾット　333
  - アルボリオ米でつくるウニとココアのリゾット　333

コーンミール	**335**
圧力鍋でつくるポレンタ	336
コーンジュースグリッツ	337
小エビのグリッツ	338
チーズグリッツ	338
圧力鍋でつくるフレッシュコーンのタマーリ	340
コーンジュースタマーリ	340
ハッシュパピー	340
電子レンジでつくる料理	**342**
電子レンジでつくるナスのパルミジャーナ	344
四川風チンゲンサイ	346
チンゲンサイといろいろな野菜の盛り合わせ	346
秋の風味広がるチンゲンサイ	346
レンジでつくるポテトサラダ	346
ギンダラ、ネギ、ショウガのレンジ蒸し	348
ブラックシーバス、ティラピア、オヒョウ、シタビラメのレンジ蒸し	348
香りのいいタラのレンジ蒸し	348
電子レンジでつくるビーフジャーキー	350
スパイシージャーキー	350
スモーキージャーキー	350
ビルトンジャーキー	350
クリスピー・ビーフ・ストランド	352
カリカリに揚げた牛肉とエシャロットのサラダ	353
クリスピー・エシャロット	353
レンジでつくるパセリの素揚げ	354
簡単チョコレートスポンジケーキ	356
ピーナッツバタースポンジケーキ	357
ゴマのスポンジケーキ	357
フランボワーズとマカデミアナッツのスポンジケーキ	357
カスタードとパイ	**358**
カスタード	360
コーヒー風味のクレームブリュレ	362
ポ・ド・クレーム	362
湯煎にしてつくるクレームブリュレ	362
カスタードプリン	362
レモンポセット	364
真空調理した卵でつくるレモンカード	365
フルーツカード	365
レモンカードの泡	365
フランボワーズ風味のパンナコッタ	366
フルーツゼリー	366
ベジタリアン向けパンナコッタ	366
真空調理でつくるバニラ風味のクレーム・アングレーズ	368
サバイヨン	369
ピスタチオのジェラート	370
ヘーゼルナッツ	370
ストロベリーマカデミア	370
ピーナッツバター＆ジェリー	370
サクサクのパイ生地	
ダブルアーモンド、ブラウンバター、ジンジャーブレッド、ピーナッツ、キャロット、チーズ、ココナッツ、フランボワーズ、チョコレート	372
真空調理でつくるバニラとシナモン風味のカスタードクリーム	374
固めのカスタードクリーム、アマレット、レモン、ココナッツ、ジンジャー、チーズ、コーヒー（圧力をかけて風味づけする）、チョコレート	375
パイのトッピング	376
リンゴの泡	376
パッションフルーツのグレーズ	376
カカオニブとカルダモンダスト	376
ガスバーナーでキャラメリゼしたバナナ	377
キャラメリゼしたアーモンド	377
フリーズドライ・フランボワーズのパウダー	377
クリームパイ	378
アーモンドチェリークリームパイ、ジンジャークリームパイ、ココナッツクリームパイ、チョコレートクリームパイ	378
バナナクリームパイ、アップルクリームパイ、風味のいいチーズパイ、フランボワーズレモンクリームパイ	379

参考にすべき文献リスト	II
料理用語集	IV
参照表	XIV
制作スタッフ紹介	XVIII
謝辞	XX
ステップ・バイ・ステップの手順とおすすめ料理法の表	XXI
索引	XXII

序文

ネイサンに新しい本の序文を書いてほしいと頼まれたとき、もちろんうれしかったが、懸念もあった。レシピを試す時間がないのではないか、大量のレシピやテクニック、家庭での新しい調理法が含まれたこれだけの大著を読む時間があるだろうかと心配だったのだ。『Modernist Cuisine : The Art and Science of Cooking』にはすでに目を通していた。2011年に刊行された、驚くほど網羅的な6冊組の料理本だ。それにネイサンと彼のすばらしいスタッフたちと、本が作成されたシアトル郊外の実験室で料理をしたこともあった。

さらによく読み込むうちに、私はそこに書かれていることに完全にのめり込んだ。ネイサンがあの大著のエッセンスを抽出して、短くまとめようと思いついたのはいいことだと思った。ネイサンと本書をさらに多くの読者に紹介できることを喜ばしく思う。

私が初めて会ったとき、ネイサンはまだマイクロソフト社の最高技術責任者として働いていた。すでに財を成していたネイサンは当時、ワシントン湖のほとりに信じられないほど多様な機能をもった家を建てていた。建物も中身もほとんど自分でデザインした家だ。ある日、彼のすてきなキッチンを見学していてわかった。ネイサンは高度な教育を受け、多くの専門技術分野に通じた科学者であると同時に根っからのグルメで、ほかのグルメたちとあらゆる次元で語り合えるのだと。

ネイサンが自宅につくったキッチンは、普通の家のキッチンとはまったくちがった。20秒で食品を冷凍する機械があるかと思えば、30秒で解凍する機械もある。豚を1頭丸焼きにできるコンピュータ制御のスモーカーに、コンベクション・オーブン、IH調理器、ウォークイン冷蔵庫、完璧なアイスクリームを一瞬でつくる機械。

ネイサンのキッチンは、科学者のキッチンだった。私たちの料理の仕方、食べものについての考え方を改革しようとする、貪欲なまでの好奇心をもった人の実験室だ。このキッチンでネイサンは冒険をスタートさせた。トマト・ソースからニンジンスープまで、ハンバーガーからロースト・チキンまで、私たちが大好きなメニューの材料、技術、調理法について、まったく新しい考え方を模索する旅だ。

中世に生きていたら「変わり者のネイサン」などと呼ばれていたのだろう。いまや彼は、科学を経てシェフになった男として有名だ。マルク・ヴェラやフェラン・アドリア、ヘストン・ブルメンタールといった食の新たな地平を切り拓いたシェフたちの調理法と味がもつ無限の可能性に目を向けている、それがネイサンだ。

本気になったネイサンは、〈クッキング・ラボ〉まで建てて、同じ志をもつすばらしいスタッフを雇いチームをつくった。真空パック器やウォーター・バス、コンビ・オーブンなどから、遠心分離機、超音波ホモジナイザー、ロータリー・エヴァポレーターといったものまで、あらゆる最新の調理器具に精通したとても有能なシェフたちのチームだ。またすばらしいのは、彼らがこの緻密な調理テクニックの力を、道具がこれほど揃っていない一般家庭のキッチンでも再現できる方法を編み出したことだ。圧力鍋など、私たちの母や祖母がよく使っていた道具をまた引っ張り出してきて、最新の道具として使っている。

ネイサンたちはまた持ち前の好奇心を発揮して、新しい材料も料理にとり入れようとしている。普通のスーパーマーケットで手に入るものだけでなく、キサンタンガム、クエン酸ナトリウム、液体レシチンも使うという。こういった新しい材料が、家庭での料理で日々直面するさまざまな問題を解決してくれる。

『モダニスト・キュイジーヌ アットホーム』は料理の仕方やレシピの使い方を変える。料理をするとき、いろいろな疑問が浮かんでくるようになるはずだ。マカロニ・アンド・チーズをつくるとき、マカロニのおいしさをもっとも引き立てるには、小麦粉でとろみをつけたベシャメルソースを使うのがいいか、それともクエン酸ナトリウムという乳化剤を使ったほうがいいのか。穀物はすべて圧力鍋で調理すれば、時間の節約になるのでは？　こんな具合だ。

毎日料理をする人たちに、本書は新たな可能性の世界を開いてくれる。情報がたっぷり詰まっていて、新しいことに挑戦してみようという気になってくる。そして、ページをめくるたびに何かを教えてくれる。

マーサ・スチュワート
マーサ・スチュワート・オムニ・メディア社
2012年5月

序文

料理への愛が生まれた幼い日のことを、われわれはけっして忘れない。それは、料理をきわめたいという情熱の原動力となる。ネイサン・マイアーボールドがはっきりと独自の料理への道を歩むようになったのは最近のことだが、その種はずっと昔に、ビジネスで成功を収めるはるか前にまかれていた。ネイサンはまれに見る数学とテクノロジーの天才だが——この領域で彼は目を見張る業績を挙げている——子ども時代の夢がぶれることはなかった。料理という芸術への愛がネイサンをふたたびこの世界へ導き、自分自身の料理観と料理法を追求させたのだ。

ネイサンが『Modernist Cuisine』執筆に向けた研究を進めているあいだ、シェフである私の仕事についてネイサンと何度も話し合った。もっとも印象深かったのは、本の出版後にシアトル郊外の実験用キッチンでの夕食に招待されたときだ。共著者でシェフのクリス・ヤングとマキシム・ビレットとともにした夕べはけっして忘れられない。食べものや調理技術に対するネイサンの見方を知り、刺激を受けて家路についた。

その夕食のあと、ネイサンの本をさらに読んではっきりとわかった。ネイサンが『Modernist Cuisine』に注いだ情熱とそれが料理界にもたらした貢献はすばらしく、私たち料理人はこの先ずっとその恩恵をこうむってゆくだろうと。研究とレシピ開発に取り組む中で、ネイサンは既存の枠組みを超えてさらなる高みを目指し、無限の好奇心を注いでわれわれにおおいに役立つものを提供してくれた。ネイサンが提示する方式や手順、テクニックは最新の調理法を網羅していて、これまで私たちが料理に使うことを考えもしなかった器具や装置が活用されている。

さらに重要なのは、ネイサンの本のおかげで私たち料理人が同じ方向へ進んでいけることだ。ネイサンの本を読むと、料理界が画期的な1歩を踏みだしたことがわかる。1世代で起こることはまずないような画期的な1歩だ。待ち望まれていたネイサンの本が2011年にようやく出版されると、料理に求められる水準を引き上げ、さらにまったく新しい地平を切り拓いた。ネイサンたちが料理の新たな基準を設定することになったのだ。

ネイサンが次のステップとして本書を書くことにしたのは自然の成り行きで、またありがたいことだ。産業分野の科学的発展が徐々に、しかし確実に一般家庭のキッチンにもたらされることはよくある。いまやどこにでもある電子レンジがその身近な例だ。なにせ初期の市販の電子レンジは重さが300kg以上もあって、高さは大人の男性の背丈ほどもあった。年を経るにつれてサイズが小さくなり、効率もよくなっていった。いまではほぼすべての家庭で見られる、生活必需品になっている。

ネイサンの本も同じプロセスをたどっている。本書でネイサンは『Modernist Cuisine』のエッセンスを取り出して、わかりやすくまた日々の生活ですぐに使えるよう、うまくまとめている。もちろん本の重さもずいぶん軽くなり、初期の電子レンジと張り合うようなものではなくなった。本書は有益なテクニックや方法を示して、私たちの可能性を広げてくれる。また、ものごとの仕組みを経験に基づいて深く理解させてもくれる。いちばん重要なのは、好奇心をかき立てて、「今晩は何をつくればいいんだろう」ではなく、「今晩は何をつくろうかな」と考えさせてくれる本だということだ。ハロルド・マギーの『キッチンサイエンス——食材から食卓まで』（共立出版）以降、これほど明快で簡潔な科学的アプローチをとる手引き本を目にすることはなかった。発見を楽しみ、感嘆するネイサンのセンスが本のいたるところに散りばめられ、私たちをいつもの場所から引きずり出して新たな挑戦へ導く。現時点では、ネイサンの視点はほとんどの人には斬新に感じられるだろうが、すぐに家庭料理の常識として受け入れられるに違いない。本書は、われわれが日々調理する食材を理解し、食べものとの関わり方を飛躍的に前進させるものになるはずだ。それをうれしく感じている。

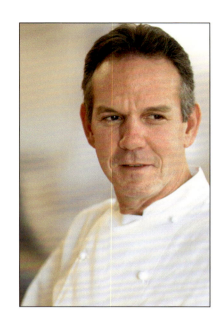

トーマス・ケラー
ザ・フレンチ・ランドリー
2012年5月

わたしたちの料理をめぐる旅

わたしはずっと食べることが大好きだった。9歳のとき、図書館で料理本を見つけると、すぐ母にこう宣言した。感謝祭のディナーはぼくがつくるよと。驚いたことに母はわたしに料理をさせてくれ、みんなとても喜んでくれた。それをきっかけに、わたしは料理にのめり込んだ。

図書館からもっと本を借りてきて、料理の勉強を始めた。すぐにエスコフィエの『ル・ギッド・キュリネール』を見つけて熟読し、ほかにジュリア・チャイルドやジェームズ・ビアード、リチャード・オルニーといった人たちのフランス料理の古典も読んだ。

わたしの料理への関心は非常に高かったので、ほかの関心——とりわけ数学と科学——が邪魔をしなければ、シェフになっていたかもしれない。成績がとてもよく飛び級をしたので、14歳で大学に入った。数学と科学に関係するテーマであれば何でも引きつけられ、学校を終えるころにはかなりの数の学位をもっていた。数理物理学の博士号に、経済学の修士号、地球物理学と宇宙物理学の修士号、数学の学士号だ。この時点で23歳。次のステップでは博士研究員としてケンブリッジ大学へ行き、スティーヴン・ホーキング博士のもとで重力の量子論を研究した。科学者としてのキャリアを非常に順調に歩み出していたといえる。

しかし、人生には思いもよらない紆余曲折がある。スティーヴンのところで研究員生活を送っているあいだにひと夏、休みをとって大学院時代の友人たちとソフトウェアのプロジェクトに携わった。その夏の終わりにはベンチャー投資家がこのプロジェクトに関心を示してきたので、わたしは休みを延長することにした。そのプロジェクトをもとにベンチャー企業を立ち上げ、わたしはCEOに就任した。2年後、会社は別のソフトウェア企業に買収される。マイクロソフト社だ。それから1、2年のうちにわたしはビル・ゲイツと一緒に仕事をするようになり、マイクロソフト初の最高技術責任者に就任した。非常に忙しい仕事だったので、料理に割ける時間は少なくなった。それでも短い休みをとって、シェフのティエリー・ロテュローが経営するシアトルのすばらしいフランス料理店〈ローヴァーズ〉で修業し、それからラ・ヴァレンヌというフランスの料理専門学校に通った。そして1999年に40歳でマイクロソフトを退社したときには、もっと長い時間をキッチンで過ごそうと決めていた。

実験的な料理技術の新動向を学び始め、それがわたしの最初の料理本『Modernist Cuisine : The Art and Science of Cooking』に結実した。共著者のクリス・ヤングとマキシム・ビレットとわたし、それにわたしたちのチームは全6巻、合計2,438ページもの本を創りあげた。調理法革命の背後にある歴史と技術、考えについての決定的な情報源とすることを目指した本だ。

その後、関心を本書の執筆へと向けた。『Modernist Cuisine』のテクニックを家庭のキッチンで使う方法を模索する本だ。目的は、新しい考えを活用できる人を増やし、モダニスト・クッキングを日々の生活の一部としてもらうことにある。

状況が違っていれば、わたしはいまシェフとして働いていたかもしれない。とはいえ、実際にわたしがたどってきた道に不満はない。これまでずっと、料理と食からはおおいに喜びを得てきた。わたしの一風変わった料理への道が『Modernist Cuisine』と本書の誕生へと最終的につながったのであり、これが料理界へのわたしなりの貢献だと思っている。

ネイサン・マイアーボールド

2歳のときのことだ、ショコラ・ショ（ホット・チョコレート）のせいで家族を危ない目にあわせたことがある。夜中に部屋を抜け出して鍋とミルクとネスクイックを探しだし、コンロの前にスツールを引っ張ってきてよじ登ったのだが、マッチがない。さてどうしたものかと考えているうちに、ガスが部屋に充満していた。さいわい悲劇は避けることができたが、こんなことがあってもわたしの料理への探究心は冷めなかった。家族はみな、おいしい食事をともにすることに強い情熱をもっていて、そのおかげでわたしもクリエイティブな料理を通じてコミュニケーションをとることを学んだ。

祖父はグルメの中のグルメで、すばらしいレストランや秘密のワインセラー、知られざるショコラティエの話をしてくれた。祖父にとって食は哲学だった。牡蠣のジラルドーNo. 2と冷たいシャブリ・ワインのごちそうを前にして、食は「存在の本質」だと言っていた。柔軟な心と大胆な味覚をもって生きることの楽しさを教えてくれた。

真剣に料理を始めたのは、大学で芸術と文学を学んでいるときだった。友人と両親が辛抱強く実験台になってくれて、わたしはどんどん増える料理本コレクションからレシピを選んで試していった。当時のことを振り返ると、自分の料理理解の拙さに身がすくむ。しかし、料理で創造性を発揮する自由の感覚に魅せられて、やがてディナーやちょっとしたパーティのケータリングをするようになった。

スキッドモア大学卒業後、インスティテュート・オブ・カリナリー・エデュケーションで数カ月学んだ。そのあいだに2カ月間、アリソン・ヴァインズ＝ラッシングとスレイド・ラッシングのもと、〈ジャックズ・ラグジュアリー・オイスター・バー〉で研修する機会を得た。非常に洗練された南部料理を出していた店だ。ラッシング夫妻は、わたしが働きだしてからすぐにルイジアナに戻った。するとニューヨークのレストラン業界の大物ジャック・ラムが、本格レストランの運営という突拍子もない世界へわたしを導いてくれた。ジャックが何を考えていたのかわからないが——なにせわたしは22歳の若造にすぎなかった——わたしは料理長の重責を引き受けることになったのだ。

ジャックのレストランで1年働いたあと、さらに腕を磨くためにロンドンへ渡った。数カ月間、ヘストン・ブルメンタールの〈ザ・ファット・ダック〉で調理場に立ち、彼の研究所で開発チームの一員としてレストラン向け新メニューの考案に取り組むとともに、《パーフェクション》シリーズ最後の本にも携わった。ヘストンは巧みに風味を組み合わせ、食べものを洗練された形で提供する新しい方法を探究していて、わたしはそこからとても大きな影響を受けた。

さまざまな経緯があってワシントン州ベルビューにある無名の研究所に行き着き、そこですばらしいアイデアをもった人たちと大きな可能性を秘めたテクノロジーに出会った。それをきっかけに『Modernist Cuisine』プロジェクトの料理長に就任し、最終的にその本と本書の共著者になるとともに10の特許の発明者となった。3年を費やして調理チームをつくり、研究の進行を管理してこの本独自のビジュアル・スタイルを確立した。途方もない、学ぶことの多い道のりだった。

『Modernist Cuisine』が2011年に刊行されてからは、世界を旅してモダニスト・クッキングの考え方を共有し実演している。多くの学校を訪れ、ニューヨーク大学やマギル大学、パリ・デ・シェフ、マドリッド・フュージョンなどの料理シンポジウムにも出た。わたしたちと、すばらしい才能をもったわが調理チームは、料理界のリーダーやテレビ番組、ジャーナリストたちに向けて料理をし、わたしたちの料理がおいしくて興味深く、美しいことを示してきた。

『Modernist Cuisine』が成功して広く受け入れられると、クッキング・ラボとして次に何をしようかと考えた。『Modernist Cuisine』のプロジェクトをすすめるうちにとてつもなく大きな進歩を調理法にもたらしたので、今度はそのテクニックをあらゆるレベルの情熱ある料理人に使ってもらえるようにしたいと思った。本書は、従来の家庭料理を改めるとともに、驚くような結果を手軽にもたらす方法を試してみる絶好の機会を提供する本だ。

『Modernist Cuisine』と本書の出版を実現するにあたって、深く関わってくれた人たちに感謝する。キャサリン・スアース・ホームズ、ゲアリー・ホームズ、母、父、姉、アルバヌ、マーカス、マミー、パピー、ジョン、アリーナ、ノエル、ジョナサン、ケイティ、それにMCチームとMCAHチームの全員（XVIIIページ参照）にお礼を言いたい。

この本が、料理をする人たちにとってわかりやすく役に立ち、刺激的なものになっているとうれしい。身体によくておいしくて創造的な料理の可能性を広げてもらいたい。

マキシム・ビレット

本書について

古典的な調理技術については、すでに多くの書物が出版されている。しかし、世界各地で活躍する革新的なシェフたちが開発した最新テクニックは、これまでほとんど文字にされてこなかった。わたしたちのチームとクリス・ヤングが2011年に世に送り出した『Modernist Cuisine : The Art and Science of Cooking』（全6巻2,438ページ）が初の試みだったと言えるだろう。同書はこれまでの料理本とはかなり趣が違うため、刊行されるまではその存在意義に疑問をもつ人も多かった。

しかしふたを開けてみると、初版が数週間で売り切れ、これまでに第4刷まで版を重ねている。フランス語、ドイツ語、スペイン語にも翻訳され、世界各地の多くの新聞でも紹介された。インターネット・フォーラム「eGullet」には、『Modernist Cuisine』について長いスレッドが立てられ、その閲覧数は30万回以上となっている。

「『Modernist Cuisine』はプロの料理人向けなのでは？」とよく質問される。答えはノーだ。『Modernist Cuisine』は、料理に情熱と興味をもつ人であれば、誰にでも役立つ構成と内容になっている。ブログやフォーラムへ数えきれない投稿があることからもわかるように、同書はプロの料理人だけでなく、一般の人たちにも受け入れられてきた。1,500以上のレシピを紹介しているが、約半分は家庭のキッチンでも簡単に試すことができる。新しい道具（真空調理器など）を買い足す気さえあれば、家庭で調理可能なレシピ数は全体の3分の2か4分の3まで増えるだろう。

同書のレシピの残りの4分の1から3分の1は、プロにとっても手ごわいレシピだといえる。しかし料理好きの人の多くは、たとえ自分でレシピを再現できなくても、料理のイノベーションの最前線を知り、最高の水準を知りたいに違いない。

同時にわたしたちは、家庭で料理する人たちのあいだに、『Modernist Cuisine』の革命的な調理法の中でも高価な道具を使わずに再現できるレシピを広めたいと考えた。その計画を実現するのにふさわしい人材と情報はすでにわたしたちのもとに集まっていることもわかっていた。こうした意図のもとに、本書が誕生した。

タイトルに「モダニスト・キュイジーヌ」という言葉が残っているからといって、本書は『Modernist Cuisine』の要約ではない。食品安全や微生物学、フォアグラ生産の歴史、その他さまざまなトピックについて知りたければ、やはり『Modernist Cuisine』を参照してもらう必要があるだろう。

本書は、調理器具、テクニック、レシピに焦点を絞っている。第1部では、機器や食材、そろえておくといいと思われる装置について説明する。かつてはプロのシェフや科学者しか使うことのできなかった機器が、いまは家庭向けに製造されている。できればそれらを実際に試してみてほしい。ただし本書では、高価な機器を使わずに調理する方法も紹介している。たとえば、キッチンのシンクで魚を真空調理したり、クーラーボックスでステーキを調理したりする方法だ。

第2部には406のレシピを掲載した。すべて新しいレシピだ。中には、キャラメリゼしたニンジンのスープ（178ページ）、マカロニ・アンド・チーズ（310ページ）、ストライプ・マッシュルーム・オムレツ（148ページ）のように『Modernist Cuisine』の人気レシピの簡易版もある。全体としては日常的な料理のレシピが多い。スキンレス・クリスピー・チキンウィング（254ページ）、グリルドチーズサンドイッチ（318ページ）などである。

本書が『Modernist Cuisine』と変わらないのは、情報の提示の仕方と質にこだわっている点だ。調理器具の目を見張るような断面写真もあれば、各レシピの調理過程を詳細に記録した写真もある。材料の重量は「g」で表示した（真剣に料理に取り組むなら、料理用のはかりは必需品だ）。また、『Modernist Cuisine』と同じく、上質な紙と高度な印刷・製本技術を駆使した。

本書は、わたしたちが『Modernist Cuisine』の執筆時に思い描いたビジョンの延長線上にある。『Modernist Cuisine』の入門版として、家庭で料理する人にすばらしい料理体験を提供できればさいわいだ。

モダニスト・キュイジーヌとは

わたしたちはよく「モダニスト・キュイジーヌとは何ですか?」と質問される。この言葉を思いついたのは、『Modernist Cuisine : The Art and Science of Cooking』を執筆していたときである。料理技術の世界で起こっている革命とその文化的意味をもっともよく表す言葉ではないかと思ったからだ。「革命」こそが、同書で広めようとした考え方だった。20世紀に「モダニズム運動」が美術や建築、ダンス、音楽、その他の文化領域を変革したときと同じように、「料理のモダニズム」においてもトップ・シェフによる革新的な仕事が道を切り拓き、それがすぐにポップ・カルチャーにも強い影響を及ぼすようになっている。

料理の分野でも、基本的に、ほかの芸術分野で使われているのと同じ意味で「モダニスト」という言葉が使われている。モダニストは、産業革命以前のスタイルや伝統をしりぞけて新しい美的感覚を生み出した。さらに、抽象化や近代テクノロジー、新しいアイデアを受け入れ、未知の経験を創り出した。

過去のルールやリアリズムを意識的に排除しようとする動きは、モネやピカソ、そして他の印象派の巨人たちにも見られた。彼らの作品は、当初は大きな論争を巻き起こしたという(「印象派」という呼称は、もともと侮蔑的に使われていた)。同様に、小説ではジェイムズ・ジョイスやアーネスト・ヘミングウェイが物語のルールを打ち破り、建築ではバウハウスの一派が古典的な原理をしりぞけてヴァルター・グロピウスやル・コルビュジエの概念的な創作を取り入れた。音楽ではイーゴリ・ストラヴィンスキーが交響曲で不協和音の可能性を模索し、バレエではマーサ・グレアムがクラシック・バレエの伝統的なスタイルを破壊してモダン・ダンスの創造に貢献した。

このような「革命」が20世紀の芸術や大衆文化に大きな変革をもたらしたにもかかわらず、料理については、昔ながらの伝統が踏襲されてきた。キッチンに変化のきざしが見られるようになったのは、1970年代に「ヌーヴェル・キュイジーヌ」が勢いを得てからだ。ヌーヴェル・キュイジーヌは、ラ・ヴァレンヌやカレーム、エスコフィエの著作によって体系化された伝統的なフランス料理の堅苦しさへの反発から生まれた。ヌーヴェル・キュイジーヌは大きな論争を巻き起こした。軽さ、シンプルさ、新しい食材に重点を置き、盛りつけにこだわったからだ。盛りつけといえば、ヌーヴェル・キュイジーヌの登場によって、「料理を見せる」ということについて、すべてがシェフの権限でできるようになった。

ヌーヴェル・キュイジーヌやその他の先進的な運動を踏み台にして、フェラン・アドリアやヘストン・ブルメンタールといったシェフが、新しい食事体験をいかに創り出していくべきかを体系的に考えるようになった。このような関心から、真空調理法や増粘剤、ゲル化剤なども試されるようになった。こうした調理法や材料のほとんどは、ミシュランの三つ星レストラン向けではなく、業務用や大量生産の食べもののために開発されたものだ。先駆的なシェフたちは、さまざまなツールを使うことによって、食材や料理を自分の手で自在にコントロー

ルし、以前ならつくることが不可能だった料理もつくれると知っていた。また、新しいツールによって料理の世界に新たな扉が開かれ、それまでとはまったく違う驚きと喜びを探求できるようになることがわかっていた。

モダニズムによって、料理はシェフと食べる人のあいだで交わされる一種の会話になった。会話の媒体は食べものだ。会話の目標は、思考を刺激し、記憶に残るとびきりおいしい経験をすることにある。モダニスト・キュイジーヌが進化するにつれ、この考え方はさまざまなかたちで解釈され実践されてきたが、モダニスト・シェフに共通しているのは、前衛的であるという点だ。彼らはつねに最前線に立ち、食べものや料理の限界を押し広げようとしてきた。

モダニズムの影響は、いまや大都市の高級レストランにとどまらず、世界各地に広がっている。この革命はまだ始まったばかりであり、今後、その動きはますます顕著になっていくはずだ。若きシェフたちが料理学校に集い、独創性を発揮し、食べものを通じて自分の考えを表現することで世界に足跡を残そうと情熱を燃やしている。精巧な調理機器の価格が急激に下がるとともに、モダニスト・キュイジーヌ向けの材料が手に入りやすくなったいま、家庭で料理をする人たちにもこの革命的なアプローチが手の届くものになっている。唯一欠けていたのが、あらゆるレベルの人が利用できる、レシピつきの包括的手引き本である。本書がその役割を果たしてくれることを願っている。

本書では、真空調理用加熱調理器や圧力鍋、ホイップ用サイフォンといった機器に焦点をあて、家庭料理をいかにしてモダニストの方向へ進化させていくのかを説明する。これらの機器を選んだのは、新しい調理法が可能になるという理由からだけではない。調理の際の便利さ、スピード、再現性の面でもおおいに役立つからだ。本書を手に取った方々には、ここに収められているレシピを出発点に、モダニズムの精神にのっとって、ぜひ自分で実験と創造を繰り返してほしい。

TEN PRINCIPLES OF MODERNIST CUISINE
モダニスト・キュイジーヌの10原則

1972年、ゴー・ミヨーのレストランガイドブックは、「ヌーヴェル・キュイジーヌの十戒」を発表し、ヌーヴェル・キュイジーヌへの支持を表明するとともにその解説を試みた。わたしたちもそれにならい、自分たちが調理する際の「モダニストの10原則」を設定した。

1. 料理は創造的な芸術であり、シェフと食べる人が料理を介して対話する。この対話の主な媒体は料理であり、感覚のすべてが食事の経験に影響を及ぼす。

2. 料理のルール、決まりごと、伝統は理解しておく必要があるが、それらが創造的な料理を開発する妨げになってはいけない。

3. 料理のルールや伝統を創造的に打ち破る料理は、食べる人を引きつけ、食事という経験について考えるきっかけをつくる。

4. 食べる人はあらかじめ、どんな料理が出てくるかを意識的または無意識のうちに想像している。この想像を裏切る料理を出して驚かせるのも、食べる人の心を引きつける方法のひとつである。たとえば、慣れ親しんだ味をいつもとは違うかたちで出す、あるいはその逆など。

5. 驚きだけではなく、ユーモア、気まぐれ、皮肉、懐かしさといったさまざまな感情や反応、気持ち、思考が料理によって引き出される。モダニスト・シェフが提供するのは味と食感だけではない。食事の中で料理が刺激するさまざまな感情的・知的反応も含まれる。

6. シェフには創造性、斬新さ、発明が本質的に求められる。ほかのシェフやその他の情報源からテクニックやアイデアを拝借したり、インスピレーションを得たりした場合には、それを認めなければならない。

7. 科学と技術は新しい料理法を発明するのに役立つが、あくまでも目的のための手段であり、それ自体が最終目的ではない。

8. 第一級の材料を用意するのが料理の基本である。キャビアやトリュフのような高級食材はレパートリーの一部ではあるが、ほかの高品質の材料よりも本質的に価値があるわけではない。

9. 食品科学と食品工業から生まれた材料、たとえばハイドロコロイドや酵素、乳化剤などは便利な道具であり、不可能な料理を可能にする。

10. 食べる人もシェフも、どのような状況で食材となるものが育てられ、収穫・捕獲されているのかについて敏感でなければならない。動物の福祉に配慮した食肉処理や、魚など天然食材の持続可能な捕獲をできるかぎり支援すべきである。

この10原則は、二大原則に集約できる。まず、技術的に洗練されたおいしい料理を目標とすること。そして、つねに分析的な思考と創造性を発揮して料理を前進させていくという原則である。

レシピについて

前著『Modernist Cuisine』を読んでいない人にとって、本書に掲載されたレシピは、普通の料理本で見慣れたレシピとは違って見えるはずだ。それには理由がある。わたしたちのレシピは料理界で進行中の「モダニスト革命」（xviiiページを参照）を反映しているからだ。

モダニスト・クッキングの最前線にいるシェフは、歴史上もっとも創造的なシェフと言える。その創造性は、調理現象の仕組みについての確固たる理解と、正確で安定した調理を約束してくれる一連の新しい器具とテクニックによって支えられている。本書と、手に入りやすくなった基本の器具や材料があれば、自宅で料理する人もプロと同じようにすばらしい結果を出せるのである。掲載するレシピを選ぶにあたっては、おなじみの料理がモダニストのアプローチによって驚くようなものに変わることをわかってもらうために、ラインアップを工夫した。実際のレシピでは、さまざまなテクニックを駆使して、できるだけ多くの例を示し、家庭で料理するときにこういった方法や材料をどう使えばいいのかがわかるようにした。

レシピに飛びついてすぐに料理を始める前に、まずは第1部を最初から終わりまで読んでほしい。第1部では、あまりなじみのない機器や材料について知っておくべきことを説明している。レシピの多くには、前書きや注釈を付記しておいた。役立つ情報がほかのページにある場合には、参照すべきページを示した。

レシピの書式は、わかりやすさを追求しながらも、料理に精密さが求められるモダニストのアプローチを反映したものになっている。次のページのガイドとこのページの左側に記した分量の調整法を読んで、レシピの各部分がどのような仕組みになっているのかをあらかじめ頭に入れてほしい。

本書の406のレシピとそのバリエーションはすべて、クッキング・ラボで7人のシェフとレシピ・テスター（1人）の手によって開発・試作された。中には『Modernist Cuisine』掲載のレシピを家庭料理用にアレンジしたものもあるが、ほとんどは新しいレシピである。

本書掲載のレシピを最大限に活用するには、高性能のデジタルはかり（7ページ）、正確なデジタル温度計（8ページ）、真空調理器（62〜64ページ）を手に入れる必要がある。わたしたちのウェブサイトmodernistcuisine.comでは、できあがった料理の写真を共有したり、うまくいった点やむずかしい点を議論したりできるようになっている。

本書のレシピは、古今東西を問わず多くのシェフから刺激を受けて開発された。すべてのシェフに感謝の気持ちを伝えたい。本書が家庭のキッチンにプロの技術をもたらす一助となることを願ってやまない。

HOW TO 分量の調整法

本書に掲載したレシピは基本的に4人分だが、9人が集まるパーティ用の料理にも対応できる（参加人数が少ないときには減らすこともできる）。

1 まず、レシピの比率の列を見て「100%」と記されている材料を見つけ、その材料の分量を見る。通常は、100%と記された材料が料理のできあがりの量にもっとも影響するからだ。
例） 次ページに掲載の「オマールロール」のレシピでは、「100%」の材料は火を通したオマールの身である（オマールの身の量は個体によって異なるので、生きたオマールを基準とするわけではない）。

2 人数（あるいはグラム数）を、もとになるレシピの人数で割って係数を求める。
例） 4人分のレシピで9人分の料理をつくる場合、係数は9÷4＝2.25（人数ではなく重さを使って係数を求めることもできる。750g分のオマール・サラダのレシピを使って1.3kgの料理をつくる場合、係数は1,300÷750＝1.73）。

3 100%の材料の分量に、ステップ2で得た係数を掛けて調整後の100%の値を求める。
例） もとになる4人分のレシピでは、火を通したオマールの身（100%の材料）は500g必要である。9人分の料理をつくる際に必要なオマールの身は500g×2.25＝1,125gとなる。

4 ほかの材料も調整後の分量を計算する。比率の列に表示されているパーセンテージに、ステップ3で計算した調整後の100%値を掛ける。重量と分量の列は無視してかまわない。比率だけを使うこと。
例） 生きているオマールの比率は300%。これにステップ3で計算した調整後の100%値を掛けると、300%×1,125g＝3,375gになる。つまり、9人分を準備するのに必要な生きたオマールの重量は3,375gである。同じように、さいの目切りにしたリンゴ（グラニースミス）は8%×1,125g＝90g、セロリの真空漬け（131ページにレシピがある）は4%×1,125g＝45gになる。

5 材料に比率が示されていなければ、分量や数にステップ2で計算した係数を掛ける。
例） レシピにはホットドッグ用のパンを4つとあるが、必要なのは4×2.25＝9つ。トマト・レザーはレシピでは16枚なので、16×2.25＝36枚になる。

レシピに記載の分量は、手近にある計量スプーンや計量カップ（本書では米国の計量カップ　1カップ＝240mlを使っている）に合わせて調整している場合も多いので、人数を増やすために掛けたり割ったりする際には分量は使わずに、上記のとおり重量で計算し、それから材料の重さを量ること。

① できあがりの分量は、レシピどおりにつくったときの分量である。ほかの料理の材料として使われるものやつけ合わせなどの例外もあるが（たとえば第5章の「基本となる食品」レシピ）、できあがりの分量の欄では、だいたい何人分かを、また完成時のおよその重量を示している。

② 調理時間を示した。冷ます、漬け込む、オーブンで焼くなど、準備や調理の段階で放置する時間が長くなる場合には、そのために必要な時間も示した。

③ あらかじめつくっておける料理もたくさんある。冷蔵庫や冷凍庫での保存可能時間を記したので、目安にしてほしい。レシピによっては「仕込み」欄にも補足がある。ただし、安全に保存しておける時間は冷蔵庫・冷凍庫内の温度によって違う。食品安全の詳細はxxivページを参照のこと。

④ 経験豊かなアマチュア料理人にとって、その料理が低（簡単）か、ふつうか、高（むずかしい）かを示した。難易度の高いレシピには、どこがむずかしいのかを付記した。

⑤ めずらしい機器や材料を使う場合は、できるだけその旨を記した。町のスーパーマーケットで手に入る材料はここには含まれていない。また、シノワや正確なデジタル温度計、正確なはかり、スティックミキサー、シリコンマットといった道具も、読者の手元にあると想定しここには記していない。

⑥ 材料の重量は、グラム（g）で表示している。本書のすべてのレシピは、容量ではなく重量をもとに開発し、試作している。わたしたちの試作用キッチンと同じ結果を出すには、重量が示されている材料はすべて、重さを正確に量る必要がある。

⑦ 比率は、レシピの分量より多くつくったり、少なくつくったりするのに便利である。前ページの「分量の調整法」を参照のこと。

⑧ 容量はおおよそであり、あくまで参考にすぎない。一般的な計量スプーンに合わせた分量（あるいは数）を記しているが、増粘剤や乳化剤など、レシピを生かすために重さを量らなければならないものは例外である。また、粘度の低い液体についてはミリリットル（ml）の分量も表示する。巻末XV〜XVIIIページの表と、わたしたちの研究用キッチンでの計量をもとに材料の重量を容量に変換し、利用しやすいように、きりのいい数字に整えた。容量は正確に量るのがむずかしく、材料がどのように準備されているのか、どの程度しっかりパッケージングされているのかによっても大きな差が出る。容量ではなく重さを量ることを推奨する。

⑨ 食品を密封し、ウォーター・バスに入れて一定時間決められた温度で、あるいは決められた中心温度に達するまで真空調理するレシピがたくさんある。真空調理に必要となる機器やテクニックについては、48ページからの第3章で説明する。

⑩ レシピの表は色のついた線で区切り、材料をグループ分けしている。手順の欄のステップは、同じグループの材料にだけ関係するものである。たとえばステップ7の「合わせてよく混ぜる」は、調理ずみのオマールの身と、マヨネーズ、リンゴ、シブレット、エストラゴン、コショウを合わせて混ぜるということを意味し、レシピにある材料をすべて混ぜ合わせるわけではない。

⑪ 材料の中には、本書に掲載の別のレシピを使ってつくるものもある（このレシピでは4つの材料がそれにあたる）。その場合には、材料あるいは名前の下に、それをつくるためのレシピが書かれたページ番号を記しておいた。時間を節約するために店で買ってきた材料を使うことも可能である。その場合は、レシピ名ではなく材料名を一般名詞で記しておいた。

⑫ 切る、挽くなどの下ごしらえのやり方は、材料名のあとに記しておいたので、調理を始める前におこなう。レシピによっては下準備の写真も載せている。

⑬ レシピに関する安全面での注意事項を調理前に読むこと。

⑭ 代用できる手間のかからない材料、レシピに関する歴史、そのほかの関連する話題など。

⑮ バリエーションでは、メイン・レシピの手順や材料の一部を変えた別の料理方法を示す。この欄で指示されているところ以外はすべて、メイン・レシピの手順に従うこと。

⑯ ほとんどのレシピでは、手順を簡潔に示し、より詳しい説明を写真とともに次ページに載せた。通常、説明は写真の下に記されている。また、写真の数字はレシピの手順に対応している。

ABOUT THE RECIPES

精製油と未精製油

あらゆる油は、本質的にさまざまな種類の脂肪からできている。油の風味は、その脂肪に含まれている微量の化合物から生じる。この化合物が油の発煙点と酸化反応に影響をおよぼす。

油によっては、ろ過しただけで精製しておらず、豊かな風味とクリーミーな口当たりをもっているものもある。こういった油はエマルション（乳濁液）やパン生地をつくったり、風味づけに使ったりするのに便利だ。しかし、未精製油は高温で使ってはいけない。すぐに分解され、煙が生じて味を損ねるからだ。

精製油では、香りや風味を添える化合物も含めほとんどの「不純物」が取り除かれている。それゆえ精製油ははるかに安定性が高く、保存や高温での調理に適している。

動物性脂肪と澄ましバターは、精製油と多くの特性を共有している。これらの脂肪は室温では固まるため、とくにパン生地をつくるときに役立つ。

精製油

本書ではほぼ、精製油を使う。風味を加えることなくオイルとしての性質を利用できる油だからだ。下の表に挙げた精製油にはさまざまな特徴があり、特定の用途に適したものもいくつかある。手近にあるものを使えばいい。

高温で揚げたりソテしたりする場合には、発煙点が高い油を使う。逆にパン生地をつくるときには、室温ぐらいで固まる油を使うと、最高の仕上がりになる。

風味に富む油

次のページの表に一覧にしている風味に富む油は、低温での調理や料理の仕上げに最適だ。これらの油はナッツや種子から絞り取ったもので、バージンでもローストでも、どちらでも手に入る。また、ハーブや柑橘類の皮、スパイス、トウガラシ、ニンニクなどを油に漬けておくことで、風味づけをすることもできる。しかし、このようなフレーバーオイルで加熱調理をしてはいけない。熱が加わると、香りが失われ異臭が生じる。

精製油

油は自然の産物で、さまざまな技術で絞られ精製される。油から煙が出始める温度（発煙点）あるいは火がつく温度（引火点）は、同じ種類の油でもメーカーによって（あるいはボトルによって）異なる。この表と次ページの表の温度がだいたいの目安となるが、実際に使う油では異なることもある。

種類	発煙点 (℃)	引火点 (℃)	備考
牛脂	205	265	独特の香り。融点54℃。
キャノーラ（菜種）油	225	275	異臭を発する傾向あり。食材に吸収されやすい。
鶏脂	190	255	融点54℃。
澄ましバター	252		「ギー」とも呼ばれる。製品によって風味が異なる。
ココナッツ油	195	290	融点25℃。
コーン油	230	335	油切れがいい。
鴨脂	190	255	融点54℃。
グレープシード油	200	250	脂肪酸が豊富。酸化しやすい。
ピーナッツオイル（精製）	230	330	揚げもの向き。アレルギーを起こす可能性あり。
ラード	200	240	融点33℃。
紅花油	240	260	
大豆油	235	330	酸化と加熱によって異臭を発する傾向あり。
ひまわり油	235	275	質の劣る油。泡立つ傾向あり。

風味に富む油

種類	発煙点 (℃)	備考
アーモンドオイル	216	非常にマイルドで軽く、わずかに甘みがある。
アボカドオイル（未精製）	271	この表の中で唯一、中火以上のソテに使える油。
バター（食塩不使用）	135	甘くてクリーミー。
ココナッツオイル（バージン）	177	
ヘーゼルナッツオイル	221	ローストしたものはとくにヘーゼルナッツの香りが強い。
マカデミアナッツオイル	210	非常に軽い味。
オリーブオイル（エクストラバージン）	210	風味はオリーブの種類、産地、処理法によって大きく異なる。
ピーナッツオイル（未精製）	160	濃厚で重たく、独特の風味がある。
ピスタチオオイル	177	明るい緑色で、草を思わせる香りがある。
パンプキンシードオイル	105	発煙点が非常に低い。熱を加えてはいけない。
ゴマ油	210	質の高い油。ローストしたもののほか、していないものもある。抗酸化物質が多く含まれる。
クルミ油	160	わずかに酸味と草の香りがある。

出典／*Journal of American Oil Chemists' Society*, vol. 19, no. 11, 193-198; *Vegetable Oils in Food Technology*, Blackwell, 2002; *Ullmann's Encyclopedia of Industrial Chemistry*, Wiley, 2000; *Modernist Cuisine: The Art and Science of Cooking*, The Cooking Lab, 2011

アルガンオイルはそのユニークな起源と、ときに野性的な風味とでシェフや食通に人気がある。昔からモロッコのベルベル人は、アルガンノキの実をとってヤギの群れのえさにしていた。ヤギの消化器官を通り抜けたあとの種を集めて洗い、絞って油をつくっていたのだ（この珍しい油は、いまではこれよりおもしろみのない方法で生産されるのが一般的だ）。

まな板を使用後は正しく消毒しないと、異なる食材のあいだで二次汚染を生じさせるリスクが高い。まな板の上の食材は、次にまな板や包丁に触れる食材を汚染する可能性がある。これを防ぐために、まな板やその他の道具は使うたびに洗う。

冷凍庫の中身を整理しておけば、冷凍食品を管理しやすくなり、長く保存しすぎているものを見つけて処分できる。

野菜の保存には通常、3〜4℃が最適で、魚や肉には0〜1℃が適している。アメリカの食品医薬品局（FDA）の基準によると、冷蔵庫内の温度をつねに1℃以下に保っておけば、真空調理された食品のほとんどは30日間保存できる。しかし冷蔵庫内の温度が3℃になると、推奨保存期間は3日まで減る。

食品の安全

レシピの手順に正しく従うだけが料理ではない。食品の安全にも気を配り、食べる人の体調を損ねないよう注意しなくてはいけない。この問題を取り上げている料理本は少ない。まず、かなり複雑な問題だからだ。『Modernist Cuisine』では、長い章をふたつ割いてこのテーマを扱ったが、それですらほんの出発点にすぎない。第二に、病原体や病気、糞便汚染の話題はいやがられるからだ。ただ、（家庭でもレストランでも）料理をする人なら誰でも、食品安全の基本を知っておくべきだとわたしたちは考えている。単純なルールに従うだけで、家庭での料理がはるかに安全になる。

食品安全でまず知っておくべきことは、食中毒のほとんどが食品の汚染から生じるということだ。そのうち最低でも80%のケースで汚染物質は（動物あるいは人間の）糞便だ。おわかりだろうが、糞便を口にするのはさまざまな理由から望ましいことではないが、食品安全上重要なのは、胃腸の病気が糞便中の細菌（病原体）によって伝染するということだ。

糞便を食べたい人などいないが、衛生面での過失から偶然口に入ってしまう。食品経由の病気をなくすには、衛生面によく気を配ることがもっとも大切だ。

衛生

食べものを調理したり食べたりするときは、適切な衛生状態を保つことが肝要で、中でもいちばん大切なのが手を清潔にすることだ。蛇口の下に少し手を差し出したぐらいでは、手を洗ったことにならない。せっけんと水で30秒間丹念に手をこすり、ネイルブラシで爪の隙間をきれいにする、それが手を洗うということだ。外科医は手術の前にこれをする。料理人も料理の前には同じようにすべきだ。

キッチンにあるものは、清潔に見えてもほぼすべて細菌まみれだ。清潔な状態でキッチンに持ち込まれた食品も、ほかの食品や靴底などについてキッチンにやってきた病原体に汚染されることがある。ニューヨーク大学の微生物学者で免疫学者のフィリップ・ティエルノによると、一般家庭でもっとも汚いふたつのものは、キッチンにある。シンクとスポンジだ。

清潔にして二次感染を防ぐには、小さなキッチン道具類や容器、器具、皿、鍋を、熱湯消毒機能のある食器洗浄機で洗う。あるいは水1Lにつき4mlの漂白剤をバケツに入れて、最低2分間浸ける。漂白剤の溶液を切ったあと、道具や容器をすすいだり拭いたりしてはいけない。ふたたび汚染されるからだ。すべてそのまま乾かす。ついている漂白剤はごくわずかなので、味や安全には影響しない。

週一度、スポンジを電子レンジに入れて「強」で1分間加熱するか、乾燥コースをオンにして食器洗浄機に入れるといい。また、ふきんを使ってカウンターや手や道具を拭くのはやめよう。すぐに食品、細菌、そしてそう、糞便まみれになる。ふきんは、鍋つかみとしてだけ使う。手やものを拭くのには、使い捨てのペーパータオルを使う。

材料

つねに質の高い材料を選び、適切に扱う。肉や魚介類は植物よりも汚染されやすいと漠然と考えている人が多いが、これは思い込みだ。農作物にも肉や魚介類と同じぐらい糞便の汚染物質がついている可能性がある。ベリーや青野菜、ナッツは、肉や魚介類よりも生で食べることが多いので、さらに危険だ。

とくに生で提供する場合、野菜や果物はよく洗う。わたしたちはリンゴ酢を10%溶かした水（1Lにつき100gの酢）で洗い、表面の病原菌を減らしている。専用のオーガニック溶剤を売っている店もある。

肉を扱うときには、野菜や果物に使うのとは別のまな板を使う。心に留めておいてもらいたいのだが、かたまりの肉の内部は通常、（動物の免疫系のおかげで）無菌状態。汚染源は肉の表面にある可能性がはるかに大きい。

したがって、テンダライザーや温度計、フォークで肉に穴をあけると、外側から細菌を中に押し込むことになる。このリスクを大幅に減らすために、安全な調理時間と温度を守る。

ほんとうに心配であれば、穴をあける前に肉を熱湯にくぐらせるといい。76℃の湯で表面を1秒間、低温殺菌する。バーナーで表面を軽くあぶると、さらに徹底的に消毒できる（15ページを参照）。また、必要以上に肉に穴をあけないようにする。たとえば、ほぼ完成というときまで中心温度を測るのは控える。

魚は（少なくともわたしたちの見解では）低い温度で調理するのがいちばんなので、低温殺菌すると火を通しすぎてしまう。したがって、わたしたちのレシピで調理された魚を食べるときには、殺菌されていないということを受け入れてもらわなければならない。リスクは小さいので、たいていの人には問題ないと判断してもらえるはずだ。

食品を安全に保存するには、冷蔵庫はどの部分も5℃以下に保たれている必要がある。最適なのはそれより何度か低い温度だ。確認するには、グラスに水を注いで冷蔵庫に入れ、2時間後に温度計をグラスに入れて水温を測るといい。仮に、最上段を3℃にすると最下段が氷結温度になってしまう場合でも、そのように設定する。冷蔵庫の扉を開ける回数は最低限にとどめ、できるだけ早く閉める。

温かい食べものを冷蔵庫に入れてはいけない。中の

ものをすべて温めてしまうからだ。温かいキャセロールを入れると、庫内は15℃にまで達することがある。意外に違うと思うかもしれないが、たいていの場合、温かい食べものは冷蔵庫の外で冷ますのがもっとも安全だ。汚染を防ぐためにふたをかぶせる。ただし4時間以上は放置しないこと。さらにいいのは、ふたのついた容器に入れて氷水ですばやく冷ます、あるいは氷がなければ水道水で冷ます方法だ。

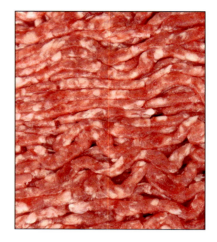

挽き肉は、肉の内側も外側もすべて混ざっているので、とくに汚染されやすい。挽いているあいだに表面の病原菌が内側に入るが、内側は調理中に表面ほど温度が高くならないからだ。

鋭い包丁と同じで、この本に載っているほかの器具も取り扱いには注意が必要だ。バーナー（14ページ）や揚げものの熱い油（26ページ）、圧力鍋（33ページ）を使う際の安全ガイドラインを参照してほしい。

THE SCIENCE
「軽く火を通した」食材の科学

レシピの中には、わたしたちが推奨する調理温度がアメリカ食品医薬品局（FDA）やアメリカ農務省（USDA）のガイドラインを下回っているものもある。そういったレシピには、「軽く火を通した」と記している。免疫力が低下した人にこれらの料理を（あるいは生の食べものを）提供してはいけない。

なぜわたしたちは政府のガイドラインに必ずしも従わないのか。善意の役人があるとき、食品安全の勧告に含めるのは時間と温度の両方ではなく温度だけと決めた。これはおそらく短絡的な最悪の決定で、長年にわたって混乱とおびただしい食品の無駄を生じさせてきた。

科学的には、病原菌を殺すには時間と温度を正しく組み合わせることが必要だ。科学がこう示しているのに、なぜ温度だけしか指定しないのか。規制する側の考えは想像することしかできないが、きっと温度と時間を両方示すのは煩雑だと考えたのだろう。しかし時間の意味を理解していないと、食品安全よりも大きな問題が生じる。

時間を基準から除くと、非常に高い温度で調理して、ほぼ一瞬で病原菌を指定レベルまで減らそうとする傾向が強くなる。過度の高温で調理することで、必然的に肉や魚介類、野菜には火が通りすぎてしまう。

わたしたちが『Modernist Cuisine』（同書ではこの問題に詳しく触れている）のために幅広く研究をしているうちに、食品安全規制には無数の不可解な点や矛盾、誤りがあることがわかった。中にはそれ以降、修正されたものもある。たとえば、USDAが提示する豚肉の推奨調理温度は71℃から63℃へと変わった。しかしほとんどは以前のままだ。

軽く火を通した食材の安全性について

軽く火を通した食材も、ほかの食材にわたしたちが推奨するのとほぼ変わらない。最良の材料を見つけ、清潔に扱って下ごしらえをして、正確に調理する。ひとつ大きく違うのは、軽く火を通した食材はすぐに食べたほうがいいということだ。そして残ったものは捨てる。なぜなら、病原菌は50℃以下で急速に増殖するからだ。軽く火を通した食材はすぐ食べれば問題ないが、しばらく置いておくと、無用のリスクを冒すことになる。生の食材や軽く火を通した食材は、免疫力が低下している人に提供してはならない。

第1部
モダニスト・キッチンに備えておくべきもの

調理台上の道具	5
従来の調理器具	22
真空調理	48
材料	69

調理台上の道具

　バーナー、ホイップ用サイフォン、注射器。キッチンに必要なものと言われて、すぐに思い浮かぶものではない。しかし本章で取り上げる道具を、わたしたちは毎日使っている。さまざまな用途があり、創造的でおいしい料理をつくれるからだ。たとえばホイップ用サイフォンは、生クリームを泡立てる以外にもさまざまな使い道がある。炭酸ガスを入れて炭酸水をつくったり、果物に発泡性を加えたり風味づけしたり、瞬く間に肉をマリネしたりできる。サイフォンを高性能のミキサーかジューサーとシノワと組み合わせれば、料理の上にのせる繊細な風味つきの泡をつくることができる。強力なミキサーとシノワさえあれば、考えうるピュレはほとんどつくれる。

　モダニスト・クッキングに必要不可欠な安い器具がふたつある。信頼できるデジタルはかりと、正確なデジタル探針温度計だ。失敗したり仕上がりにむらがあったりするのは、材料の配合や温度が曖昧だったり適当だったりするからだ。モダニスト・クッキングは精度の高い器具とテクニックを使って曖昧さを排除し、成功率を大幅に高める。各材料を正確に量り、正確な温度で調理すれば、毎回まったく同じ仕上がりになって驚くことだろう。この基本をおさえておけば、あとは料理の創造的な面に思考とエネルギーを向けられる。

　高性能のはかりと温度計の次にわたしたちが気に入っている道具が、マイクロプレイン（おろし器）——マックスはどこかへ行くとき、いつもこれをスーツケースに入れている——とホイップ用サイフォンで、どちらも使っていて楽しい。何か新しいことをやってみたいと思ったら、このふたつを使っていろいろと試してみるといい。

　それに手に入れるのもむずかしくない。少し前なら、ホイップ用サイフォンを買うには飲食業務用品店と取引がなければならなかった。バーナーは機械専門店や工具店でしか売られていなかった。皮下注射器は医療品販売業者に注文しなければならなかった。しかしいまは、これらの器具をはじめとして、この章で紹介するあらゆる調理台上の器具が、ほとんどのキッチン用品店やホームセンターですぐ手に入る。

　値段も安くなっていて、家庭で使うハードルも下がっている。

　ここに紹介する器具を手に取ってもらいたい。コントロールが容易になり、自信、創造性が高まり、質の高い料理ができるようになって、値段の何倍も値打ちがあることがわかるはずだ。

近所のキッチン用品店にある新しい器具と、ホームセンターで売られている器具とを比べてもらいたい。たくさんの器具がガレージや工場からキッチンへ進出してきたのがわかって興味深い。とはいえ、いまでも工具店で売られている器具には、料理人が使えるものがたくさんある。料理人にあまりなじみのない器具を新しい料理に使う道を見つけてほしい。

モダニスト・クッキングに欠かせないツール

必ずしも特別な器具ではない。下に示すのが、効率的に安定した仕上がりを得るのにわたしたちが使っている器具だ。はかり、デジタル温度計、ホイップ用サイフォン、バーナー、スティックミキサー。これらを抜きにして料理することは想像できない。ここにはすべてのブランドを書き出しているわけではない。たまたまわたしたちの実験用キッチンで使っているブランドを記したが、他社の製品でもまったく問題ない。

順位	道具	種類	ブランド	2012年時点の価格	備考
1	デジタルはかり	最大5kg計量、1g単位	Escali, My Weigh, Salter	25〜50ドル	いずれも重さを正確に量るのに必須
		最大200g計量、0.01g単位	AWS、Polder	15〜50ドル	
2	温度計	瞬間測定デジタル探針温度計、リード線つきのオーブンでの使用可能なデジタル探針温度計	ThermoWorks	10〜100ドル	必須。正確な温度管理はモダニスト・クッキングに必要不可欠
		赤外線	Fluke	75〜200ドル	
3	圧力鍋		Kuhn Rikon, Fagor	75〜200ドル	ストックをつくるのと、穀物や種子、固い肉を短時間で調理するのに欠かせない
4	ウォーター・バス	加熱式ウォーター・バス	SousVide Supreme, PolyScience	250〜800ドル	精密な調理に欠かせない
		PID制御つきスロークッカー	SousVideMagic	120〜180ドル	
		即席ウォーター・バス	どこでも	20〜50ドル	
5	真空パック器	エッジ・シーラー	FoodSaver, SousVide Supreme	50〜140ドル	真空調理や冷凍保存に便利。場合によっては必須
6	バーナー	MAPPあるいはプロピレンガス	TurboTorch	65ドル	プロピレンガスを燃料とした炎はクリーンなので、燃焼生成物で食品を汚すことがない
7	ホイップ用サイフォン	容量500mlあるいは1L	iSi, SFG	30〜130ドル	即席の泡をつくったり、固体・液体の食材に何かを染み込ませたり炭酸ガスを注入したりする
8	ミキサー	プロ用	Vitamix	400ドル	安価なモデルでもたいてい役に立つ
9	スティックミキサー	スティック・タイプ	Cuisinart, Bamix, KitchenAid	30〜100ドル	付属の泡立て器は手早く泡立てるのに便利
10	シリコンマット	ハーフサイズとフルサイズ	Silpat, Wilton	10〜25ドル	くっつきやすい食品を焼いたり広げたり乾燥させたりするのに便利
11	シリコン型	さまざまなサイズ	どこでも	20ドル	ゲル状のものを流し込んで形をつくるのに最適
12	ミート・テンダライザー	刃が15〜45本、マイクロブレード	Jaccard	25〜40ドル	固い肉をやわらかくしたり、生地や皮に手早く穴をあけたりするのに便利
13	食品乾燥機	パラフレックス・シートとともに	Excalibur	200ドル	旬の果物や塩漬け肉を保存したり、果物や野菜のレザーやチップをつくったり、豚の皮を揚げる前に乾燥させたりする
14	長いピンセット		どこでも	5〜20ドル	創造的に食品を配置したり、繊細な材料を扱ったりするのに便利
15	はけ		どこでも	2〜10ドル	焼く前に均等に油を塗ったり、つや出しのためにソースを塗ったり、創造的な盛りつけをしたりするのに便利
16	水出しコーヒーメーカー		Toddy	40ドル	料理に使える風味濃厚なエキスを抽出できる

シェフが使えるのは、調理用につくられた道具だけではない。ほかのさまざまな道具も、キッチンで使える。たとえば長いピンセットがあれば、食品を扱いやすくなり、刷毛はソースや油をまんべんなく塗るのに役立つ。

デジタルはかり

これまで材料をカップとスプーンだけで計量していたのなら、この機会に高性能のはかりを買って、正確に分量を量るようにしたい。デジタルはかりはキッチン用品店で簡単に手に入り、基本モデルは値段も高くない。持っていない言い訳はできない。できれば2台持っておきたい。1g以下から1,000g以上までを正確に量れる汎用はかりと、10分の1gから100分の1gまで正確に量れるさらに精密なはかりだ。

高性能はかりの中には、gとともにベーカーズ・パーセンテージを表示するものもいまはある。本書のレシピは、ほとんどに計量に役立つパーセンテージを記しているので、この機能はとくに役に立つ。ひとつの材料をはかりにのせて100%にセットし、残りの材料をパーセンテージで量ればいい。計算は不要だ（xxページの例を参照）。

精密なはかりは、ハイドロコロイド増粘剤やゲル化剤を量るのに不可欠だ。こういった化合物は非常に強力なので、数分の1gの違いでなめらかなソースがねばねば、あるいはどろどろになってしまう。高品質のデジタル・ポケットはかりで用は足りる。値段も実験室用はかりの数分の1だ。

はかりは清潔にしておき、定期的に調整して（マニュアルを確認）、落としたり衝撃を与えたりしないように気をつけて必ず水平な場所で使うこと。

ポケットはかり
精度：0.01～0.1g
通常の最大重量：100～200g
長所：こまごまとした材料をきわめて正確に量れる。持ち運びが非常に容易
短所：ハイドロコロイドやスパイスぐらいにしか使えない
買える場所：オンラインストア

通常のキッチンはかり
精度：1g
通常の最大重量：2～5kg
長所：一般的な材料に幅広く使える
短所：ハイドロコロイドには不向き
買える場所：キッチン用品店

HOW TO 容器の重さを差し引くには

1 硫酸紙やワックスペーパーをはかりに置き、食材が計量皿に残らないようにする。大きなはかりではボウルを使うといい。

2 "テア（風袋）"ボタンを押してゼロにリセットする。これで、容器の重さを抜いて食材だけを量ることができる。

3 食材を適量のせて量る。別の食材を足す場合、ステップ2を繰り返して、数値をゼロにリセットする。

自分でレシピを書くときには、テア・ボタンを使えば便利に材料の重さをメモできる。方法は2つある。はかりに置いたボウルで材料を混ぜるのなら、各材料を加える前にテア・ボタンを押す。加えた重量をメモして、次の材料を量るためにまたテア・ボタンを押す。別の容器（鍋やミキサーなど）で材料を混ぜる場合には、必要と思われるより多めに材料をはかりにのせてテア・ボタンを押し、味を確認しながらはかりから材料を別の容器に移す。はかりから取った分の重さが、マイナスで表示される。

デジタル温度計

温度が少し変わるだけで料理には大きな違いが生じるので、温度計は必需品だ。ただ残念なことに、温度計は意外と正確でない。

まず、昔ながらのアナログ温度計は信頼できないので使ってはいけない。アナログ温度計は、真空調理のような低温にはまったく役に立たない（糖液温度計は高温ではすばらしい性能を発揮するが、ガラスは壊れやすく、割れると悲惨なことになる）。同じく役に立たないのが、金属の棒に文字盤がついた従来の肉用温度計だ。精度はせいぜい±2.5°Cで、温度が表示されるまでに時間がかかりすぎる。

デジタル温度計がいちばんの選択肢だ。高性能の温度計は高級な真空調理器（63ページを参照）の代わりにもなる。何にでも使えるわたしたちのお気に入りは熱電対温度計だが、10ドルの瞬間測定温度計も速くて正確で、どこでも使いやすい。これは大切なことだ。というのも、どれだけうまく使うかによって温度計の精度は変わるからだ（66ページを参照）。

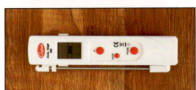

瞬間測定温度計
精度：±2.0°C
長所：測定範囲が広くてスピードが速く、棒の先は針のように細い。ほぼどんな用途にも役立つ
短所：調理中にオーブン内に置いておくことはできない。安価なモデルは、揚げ油の温度を測るのには適さない
買える場所：キッチン用品店、高級スーパー

オーブン・プローブ温度計
精度：±1.5°C
長所：真空調理と低温調理に最適。耐熱電線がついていて、プローブ（探針）をオーブンやウォーター・バスの中に入れておける
短所：探針は太く、食材に跡が残る。重すぎて置き場に困ることもある
買える場所：キッチン用品店

赤外線温度計
精度：±2.0°C
長所：調理器具（グリル、鉄板、フライパン、ピザストーン）の表面やオーブン内部、ソースの温度を測るのに役立つ
短所：食品の中心温度は測ることができない
買える場所：オンラインストア、家電量販店

熱電対温度計
精度：±0.5°C
長所：きわめて正確。伸縮可能な電線がついていて、調理中にプローブ（探針）をウォーター・バスやオーブン内の食材に刺しておくことができる
短所：値段が高い
買える場所：オンラインストア、プロ用調理用品店

揚げものをする場合には、高温温度計が必要だ。安い瞬間測定温度計以外であれば（これはおすすめしない）上の4つのどれでも使える。

HOW TO 温度計の精度をテストするには

1. 温度計を買ったらすぐに測定範囲と精度をテストする。沸騰した熱湯と砕いた氷を入れた水を使う。砕いた氷は水に入れて1分間よくかき混ぜ、全体の温度を均一にする。

2. プローブ（探針）を熱湯か氷水に入れる。探針が容器に触れないようにする。

3. 氷水の場合、標高に関係なく0°Cと表示され、沸騰している熱湯の場合には、標高0mで100°Cと表示されるはずだ（標高や気圧による沸点の違いについては、ウェブサイトで簡単に情報を見つけることができる。たとえば、www.csgnetwork.com/h2oboilcalc.html）。

4. 2°C以上の誤差があるデジタル温度計は、専門業者に調整してもらう必要がある。

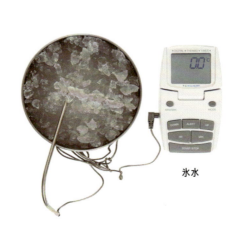

氷水

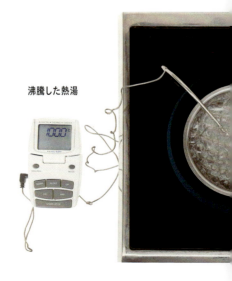

沸騰した熱湯

シリコンマットとシリコン型

わたしたちはシリコンマットが大好きだ。柔軟性と耐久性があり、耐熱性もあって食品がくっつくことがないベーキングシートだ。これには種類が3つある。ひとつがシルパットスタイルのマットで、これは食品用シリコンでコーティングした、密度が高いファイバー・グラスのメッシュでできている。あとのふたつは、シリコンでコーティングされた硫酸紙と、純粋シリコンマットだ。3つともオーブンプレートに敷いたり、コンロの上の鍋の中に敷いたり、クラッカーやクリスプ、フルーツ・レザーなどの薄い食べものをつくったりするのに役立つ。わたしたちはよく、ウィルトンマットのような純粋シリコンシートを必要な形や大きさに切って使っている。148ページのストライプ・マッシュルーム・オムレツのレシピがその一例だ（ファイバー・グラスがむき出しになってしまうので、シルパットは切ってはいけない）。シリコンマットはワックスペーパーやアルミホイル、硫酸紙の代わりになって、何度も使える。焦げつき防止のコーティングとは異なり、シリコンははがれ落ちることもない。

やわらかくてしなやかな純粋シリコンの型は、固めたり型どったりするのに最適だ。とくにやわらかいゲル状のものに適している。何かをこんがり焼きあげるようなときに使うのはおすすめしないが、それ以外には使える。わたしたちは、カスタードやパンナコッタ、チョコレートといった繊細な食べものにシリコン型を使っている。取り出すのに温めたり引っかき出したりする必要はない。押すだけでじゅうぶんだ。

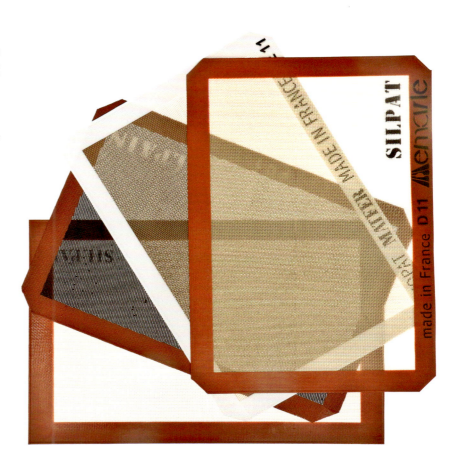

マイクロプレイン（おろし器）

シェフにマイクロプレインについて意見を聞いてみるといい。これなしではやっていけないという答えが返ってくるだろう。わたしたちも、マイクロプレインはゼスター（柑橘類用皮むき器）よりも幅広い用途に使え、おろし器よりもはるかに鋭いと感じている。チーズやチョコレートを削ってふんわりと雪のような山をつくったり、柑橘類の皮を細かく削ったりできる。繊細なカルボナーラのために冷凍肉を細かくおろしたり、クリスピーに揚げてつけ合わせにするためにジャガイモをおろしたりもできる。ショウガやタマネギ、ニンニクを、切り刻まずにペースト状にもできる。マイクロプレインやその他のメーカーは、用途に合わせてさまざまな目の細かさのすりおろし器を製造している。

マイクロプレインはキッチン用品店で購入できる。マックスはどこへ行くときにもこれを持っていく。

ミキサーとフードプロセッサー

　ミキサーとフードプロセッサーは、2.5〜5cm角の食品を切り、刻み、粉砕して細かくしたり、きめの細かいピュレにしたりする。どれだけ細かくできるかは、モーターのスピードとミキサーにかける時間による。10μ／0.01mm以下の粒子は個々に舌で感知されることがないので、完全になめらかで舌ざわりがよくなる。

　ミキサーは液体状のものには適しているが、大きな食材のかたまりや、濃厚なピュレには向いていない。濃厚な食材やかたまりの食材には幅広の刃を備えたフードプロセッサーが適している。刃をつけ替えれば乾燥した食材をスライスしたりさいの目に切ったりできる。コーヒー・グラインダーは、種子や固いスパイス類から風味や香りを引き出すのに理想的だ。わたしたちはそれぞれ1台ずつ手元に置いている。

卓上ミキサー
長所：やわらかい食品をすりつぶしたり、ピュレをつくったり、マヨネーズやヴィネグレットのようなエマルション（乳濁液）をつくったりするのに役立つ
短所：刃の部分が狭いので、きめの細かいピュレをつくることはできない。スープは漉さなければざらつきがわかる。粘性のある液体は、じゅうぶんに混ざらないことがある。大きな食材のかたまりは、つまったり刃の届かないところにはさまったりする可能性がある
ほしい機能：パワー（わたしたちが好んで使っているのは、バイタミックス社の製品で、食材のかたまりを数分でなめらかにできる）、刃の周りで食材がよく循環するよう、底が広くなっている
買える場所：キッチン用品店

コーヒー・グラインダー
長所：すり鉢とすりこぎを使うよりも、スパイスを手早く処理できる
短所：手入れがむずかしい（米を少し挽いてペーパータオルで拭くことぐらいしかできない）
ほしい機能：パワー、ボウル部分を取り外して洗えるデザイン
買える場所：キッチン用品店

フードプロセッサー
長所：食品をすりつぶす道具の中で、もっとも多くの使い道がある。乾燥した食材ややわらかい食材をミキサーよりもうまく扱える。食材が隠れる場所がなく、広く平らな底の近くで幅広の刃がまんべんなく回転する
短所：刃の回転速度はミキサーよりも遅いので、ピュレはそれほどなめらかにならない。かたまりの残ったソースやパン生地、ペーストに最適
ほしい機能：さまざまなアタッチメントが付属していると、せん切りやみじん切り、すりつぶしなど下ごしらえの時間を節約できる
買える場所：キッチン用品店

スタンドミキサーと泡立て器

　泡立て器が初めて家庭のキッチンに登場したときには、おそらくびっくりするような発明品だっただろう。木製のへらやスプーンと比べたら大きな進歩だ。手回しのハンドミキサーが技術的にさらにひとつ上をいき、そしてスタンドミキサーがふたたび料理に革命をもたらした。興味深いことに、いずれもその前の道具に取って代わったわけではない。どれも混ぜ、泡立て、乳化させることができる。しかし同じ働きをするわけではなく、それぞれに適した作業がある。

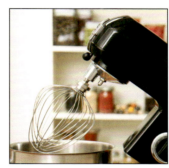

ミルク・フローサー
長所：ハイドロコロイドなどの粉末を分散させたり、コーヒーやクリーミーなスープ、シェイクのためにミルクを泡立てるのに役立つ
短所：粘性の低い液体にしか使えない。材料をしっかり混ぜるにはパワーが弱すぎる
買える場所：キッチン用品店

スタンドミキサー
長所：泡立て器やスプーンよりもはるかに速い。アタッチメントと速度コントロールのおかげで、卵白を泡立てたり、パン生地をこねたり、肉を挽いたり、パスタをつくったりと、さまざまな目的に使える
短所：最近のフードプロセッサーには、パン生地をこねるためのフックやおろし金、泡立て器などのアタッチメントが付属しており、スタンドミキサーよりも幅広い目的に使えることが多い
買える場所：キッチン用品店

スティックミキサー
長所：値段が安い（中級モデルでも高価なプロ用モデルと同じぐらい役に立つ）。ちょっとした混合作業に幅広く使える。ボウルや火にかけている鍋などの中身を直接かき混ぜられる。脂肪分やでんぷん質が多い液体を泡立てたり、マヨネーズやヴィネグレットのような基本のエマルション（乳濁液）をつくったりするのにとても適している（107ページと117ページを参照）
短所：モーターの力が弱く刃も小さいため、切ったりピュレをつくったりといった負荷の大きい作業では、据え置き型ミキサーに劣る
買える場所：キッチン用品店

泡立て器
長所：安価ですぐ手に入る。サバイヨンの特徴である大きくて不揃いな泡をつくる。液体状の材料を調理前に手早く混ぜたり、グルテンやでんぷんをこねすぎることなく揚げものの衣やケーキ種などを混ぜたりできる
短所：大きな液体粒子ができるので、あまり乳化を安定させることはできない
買える場所：キッチン用品店

アイスクリーム・メーカー

　上質なアイスクリームやジェラート、グラニータなどのフローズン・デザートを家庭でつくるのはむずかしいが、現代の家電製品を使えば、塩を入れた氷水につけた容器の中で材料をかき混ぜる昔ながらのやり方よりもはるかにうまくいく。最高級の新型アイスクリーム・メーカーは、撹拌した上でフリーザー・ボウルの温度を自動的に調節する。昔ながらの方法と最新機器との中間に半自動の方法もあり、たとえば、あらかじめじゅうぶんに冷やしておいたパレットと容器を使って、スタンドミキサーで少量のフローズン・デザートをつくることもできる。

　どのような方法でアイスクリームをつくっても、結晶が細かければ細かいほど、舌ざわりはなめらかになる。冷凍する速度が遅かったり、撹拌が足りなかったりすると、結晶が大きくなる。かき氷やグラニータをつくるときにはこれを活かせるが、アイスクリームはなめらかなほうがいい。
　撹拌にはきわめて重要な機能がふたつある。第一に、撹拌することによって脂肪、砂糖やほかの固形物がまんべんなく水と混ざり、真水よりも低い温度で凍るエマルション（乳濁液）となる。第二に、撹拌すると、結晶化が始まってもすぐに妨げられるので、氷の粒子がきわめて小さくなる。

Gaggia Gelatiera や Cuisinart、DeLonghi、Lelloといったメーカーの業務用アイスクリーム・メーカー（左上写真）は、いまは家庭でも手に入るが、比較的高価だ。これを使えば、ジェラテリアで提供されるものにひけをとらないジェラート（上写真、レシピは370ページを参照）をつくることができる。Cuisinart や Hamilton Beach といったメーカーの半自動アイスクリーム・メーカー（右下写真）やスタンドミキサーのアイスクリーム・アタッチメント（左下写真）はもっと安いが、事前に数時間、容器を冷凍庫に入れておく必要がある。それにたいてい、きめの粗いアイスクリームになる。昔ながらの樽形アイスクリーム・メーカー（写真なし）も手頃な値段でいまでも広く流通している。脂肪分の多いアイスクリームやフローズン・カスタードをつくるのには、それなりに使える。

一瞬でできるアイスクリーム

　パコジェットは非常に高価だが、驚くほど効果的なツールで、一瞬で非常になめらかなアイスクリームやシャーベットをつくることができる。ほかの追随を許さない汎用性のおかげで、いまでは世界じゅうのレストランやホテルのキッチンでよく見られるようになった。材料は専用のスチール缶に入れて、−22℃で固く冷凍しておく。凍った材料をマシンに入れると強力で強靭な刃にあたり、刃が高速回転して徐々にすりつぶし、冷凍状態のまま特別になめらかなペーストになる。

　撹拌する必要がなく、このすりつぶすプロセスは、すばらしいデザートをつくるほかにもさまざまなことに応用できる。わたしたちは、料理でピュレをつくるのに使っている（たとえば、下の写真のエンドウ豆のスープ）。パコジェットは脂肪組織やナッツなどの固い材料をきめの細かいペーストにするのに役立つ。凍った状態で料理に振りかけるパウダーをつくることもでき、そのパウダーは溶かして液体材料として使うこともできる。

バーナー

バーナーは持ち運び可能なグリルとして便利だ。わたしたちも、クレーム・ブリュレにだけでなくいつも使っている。すしを軽くあぶったり、真空調理したステーキにクリスピーな焼き色をつけたり（194ページを参照）、ニンニクをすばやく焦がしたり（266ページを参照）できる。放射熱で調理するオーブン・グリルとは異なり、バーナーはおよそ1,900℃の炎で直接食材をあぶる。熱したガスを強力に噴射し、熱を非常に速く食材に伝える。

適切に使えば、バーナーは食材の表面をいちばんすばやく焼ける。ただし注意を怠ると、食材に燃料の風味が残る。火をつけた直後に先端から燃料が噴出することがあるからだ。炎が黄色いうちは、燃料が完全に燃えていない。火をつけて炎が青色になるまで、バーナーを食品に向けてはならない。

初めてバーナーを使う前に、次ページの注意点をよく読むこと。

バーナー使用のテクニック

バーナーの高熱によって、食材をすばやくあぶって食欲をそそる焼き色をつけたり、砂糖を黄金色でカリカリのカラメルにしたりできる。炎の先を食材の表面で行き来させ、すばやくまんべんなくあぶるのが、ほとんどの場合、いちばんの使い方だ。炎を1か所に長くとどめすぎると、茶色い斑点が現れる。この茶色の斑点自体は問題ではないが、注意を怠るとすぐに焦げて黒くなる。絵を描くときと同じで、焼き色をつけるときには1度ですべてすまそうとせず、"2度塗り" "3度塗り"したほうが美しく仕上がる。

角が黒くなるのは悪い徴候。この肉は台なしになっている。1か所に炎を長時間あてすぎないこと。炎をすばやくまんべんなくかかるように動かして、焦げたり火が通りすぎたりしないようにする。

内側の炎の先を使う。炎の根元は使わない。根元に近いほど熱いわけではない。ためしに炎の根元近くに横から手を近づけてみるといい。ほとんど炎に触れるぐらいまで近づけて、ようやく熱さを感じるはずだ。炎の青い部分の先だと、そこまで手を近づけると火傷する。

焼き網をトレイにのせると、熱気が食材の下にも回って両面を同時にあぶることができる。

琥珀色でカリカリの層が、カスタードの表面を軽くあぶると現れる。レシピは、362ページのコーヒー風味のクレーム・ブリュレを参照。

表面をあぶる

キャラメリゼする

砂糖はすべてむらなく溶かしてから色づけるようにする。そうしなければ、カラメルになる前に焦げたり斑点ができたりする。

バーナーを使うときの危険性について

食材をバーナーであぶるときにやけどをするリスクは、揚げものをするときに飛び散る油でやけどをするリスクと似ている。アルコールやタバコはバーナーの近くに置かず、メーカーの説明書を読んでそれに従うこと。脂肪分が多い食材の場合には、安全ゴーグルを使うのもいい。バーナーに火をつける前に、厚みのあるロースト用トレイに食材をのせてコンロの上に置いておく。調理台や周囲のものはすべて耐熱でなければならない。薄いオーブン・プレートは使ってはいけない。また、あぶったあとはトレイが熱くなっているので、素手で触れてはいけない。

ブタンあるいはプロパン

一般的なクレーム・ブリュレのキットに含まれているバーナーがこれだ。ブタンの風味や悪臭がわずかに残ることが多い。火力が弱くガスを速く燃焼させられないからだ。しかしほかの道具がなければ、役に立つだけの熱さはじゅうぶんある。
買える場所：キッチン用品店

MAPPあるいはプロピレン・ガス

わたしたちはMAPPあるいはプロピレンガスを燃料にしたバーナーのほうがはるかに好みで、そちらを使っている。きわめて高温の炎を発するバーナーだ。余計な風味や臭いを食材につけることなく、すばやくあぶることができる。自動点火式のものがいい。
買える場所：キッチン用品店

食材によっては、クリスピーになったり、黄金色になったり、カラメルになったりする前に焦げてしまうものもある。たとえば、果物のように糖分を多く含む食材や、ジャガイモのようにでんぷんが多い食材、カリフラワーのように凹凸がある食材だ。

バーナーの便利な使い方

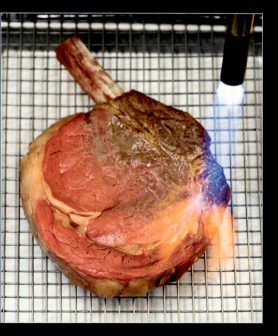

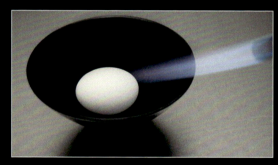

肉に焼き色をつける

バーナーを使うと、フライパンで焼いたり揚げたりグリルで焼いたりするよりも速くステーキやチョップの表面に焼き色をつけられる。真空調理したあとの肉を仕上げるのにとくに便利だ。肉をあぶる前に油かバターを刷毛で薄く塗っておくと、乾いた表面に炎があたることはない。油脂はほんの少しでいい。つけすぎると燃え上がってしまう。

泡立った液体の気泡を破裂させる

加熱すると小さな気泡はつぶれる。バーナーを泡の上でさっと横切らせる。気泡は弾けるが食材は熱されない、それぐらいがちょうどいい。クレーム・アングレーズ（368ページを参照）やスクランブルドエッグ、オムレツ（144ページ、146ページを参照）、フレッシュなフルーツ・ジュースの表面をなめらかにしたいときに使えるテクニックだ。

卵の殻をむく

卵の殻をバーナーであぶると、固まった白身を傷つけることなく殻をむきやすくなる。半熟あるいは固ゆでに卵をゆでて（142ページを参照）、室温で2分間置く。そして卵を回転させながらバーナーで火をあてる。およそ2分で殻は乾燥してもろくなり、むくとはがれ落ちる。

ジャカード・テンダライザー（肉突き器）

肉をやわらかくするには叩くのもいい。しかしジャカードのツールを使えば、よりさりげなく、同じ程度の効果を得られる。肉の見た目や形は変えずに、食感に大きな違いを生じさせることができる。ジャカード・テンダライザーには細い刃が一式（通常は15〜45本）ついていて、肉を一定のパターンで突き刺す。刃は肉の繊維を切るが、基本組織は損なわずに残す。

ジャカードは、ほぼどんな赤身肉や家禽類にも使うことができる。ただし、骨に気をつけて細い刃が折れないようにする。肉を調理したあとには、穴があいているとほとんどわからないはずだ。口にして初めてわかる。すべてではなく一部の筋繊維を切断することで、ジャカードは基本的な食感を保ったまま肉をよりやわらかく感じさせる。

肉に穴をたくさんあけたら、肉汁が漏れ出てしまうのではないかと思うかもしれないが、ジャカードで処理をした肉はよりジューシーになる。それにはふたつの理由がある。コラーゲン繊維がもろくなって調理中に縮みにくくなることと、切れ込みが入ってミオシン・タンパク質が解放され、肉汁が濃くなることだ。このふたつの効果が組み合わさって、調理中に失われる水分が5〜15%減る。ジャカードを使うと、塩漬け液やマリナードの吸収も速まる。ジャカードは下で説明する注射器と組み合わせて使うこともできる。

ジャカードは25〜40ドルで、キッチン用品店ならどこでも売っている。

> **穴あけにともなう危険**
>
> 肉片を突き刺す、貫く、穴をあけるといった行為によって、汚染が生じることがある。温度計のプローブ（探針）を差し込んだり、塩漬け液やマリナードを注射したり、ジャカードで肉をやわらかくしたりすると、肉の表面に付着した病原菌が内部に押し込まれる。これによって食品経由の病気のリスクがわずかに高まる。
>
> しかし、安全な調理時間と温度を守っていれば、リスクを緩和できる。ほんとうに気がかりなら、穴をあける前に湯に肉をくぐらせるといい。76℃の湯に1秒間くぐらせれば、表面を殺菌できる。あるいはバーナー（14ページを参照）でさっと表面をあぶる。汚染が発生するのは表面だけなので、中まで火を通して低温殺菌する必要はない。

注射器

肉を塩漬け液につけると、よりジューシーになり風味もよくなるが、塩分が肉に浸透する速度は非常に遅い。この速度を2倍か3倍にするには、塩漬け液を筋肉組織の深くまで注入するといい。たとえば、鶏1羽にまんべんなく24〜25回、塩漬け液を注射する。食肉用肉注射器を使うとすばやく簡単にできる。

次に、注入したのと同じ濃さの塩漬け液に肉を浸し、塩漬け液がまんべんなく完全に浸透するまで寝かせる。鶏1羽を塩漬け液につけるには通常5日かかるが、この方法だと2日ですむ。もし肉に皮がついていたら、この塩漬け液に浸すステップは飛ばす。塩漬け液の肉への浸透を遮って、皮がゴムのようにぶよぶよになってしまうからだ。また外側をよくあぶる場合も、塩漬け液に浸さないほうがいい。たとえば238ページのローストチキンのレシピでは、塩漬け液につけた皮は、調理したときに塩辛くなりすぎ、クリスピーな仕上がりにもならない。首の穴とお尻の穴の部分から肉に注射して、皮に穴をあけたり塩漬け液を浸透させたりしないようにする。

薄いマリナードも注射できる。バーベキュー・ソースは（わたしたちも試してみたが）粘り気が強すぎる。しかし塩漬け液のようになるまでソースを薄めると、うまく風味を染み込ませることができた。

肉注射器には通常、大きな針が2本ついている。1本は先が斜めに切れていて、スパイスが入ったマリナード用だ。もう1本には側面に穴があいていて、液体を拡散させる。ガン型の注射器や、質のいいステンレス製注射器はオンラインストアで買える。もっと安いプラスチック製の注射器は詰まりやすい。

塩漬け液には塩を入れすぎてしまいがちだが、そうすると肉がしまってハムのような食感になる。132ページの塩漬け液のレシピを参照して、食材の食感を損ねない塩の量を確認してほしい。

ふるいとシノワ

ふるいに通せば、液体と固体を分けることができる。パスタの水をきる水きりや、ボール型の茶漉し（わたしたちはこれをスープにハーブで風味づけするときに使っている）をイメージしてもらえばいい。また、へらやゴムべら、レードルなどを使って、やわらかい調理済みの固形物をこし器や裏ごしの細かい網目に通してきめ細かくすることもできる。このようにして最終的に洗練をほどこす。このわずかな単純作業にひと手間かけることで、レストランのシェフは完全になめらかなポテト・ピュレや、透きとおったスープをつくり出す。適切な道具さえあれば、家庭でも簡単にできる。

ふるいには、さまざまな形や目の細かさのものがある。プロは細かい網目や円すい形のシノワ、タミ（円筒型のふるい）を使う人が多い。円すい形のシノワは、ストックやソースのかたまりをレードルで底に押しつけると、その力を最大限発揮する。タミは、つぶしたジャガイモやバターなどのやわらかい食材を細かい網目に押しつけて通過させることで、きめを細かくする。

わたしたちが気に入って使っているタミは、実験室用のものだ。3つそろえておくのをおすすめする。75μ（脂肪を漉してコンソメや澄ましバターをつくるため）、300μ（なめらかなピュレのため）、850μ（小麦粉や粉末状のナッツなどをふるうため）の3つだ。

ラボで使ったふるいには、さまざまな細かさのものがある。中には非常に細かく、一見、穴があいているのがわからないものもある。細かいふるいは脂肪分さえ漉すことができる。35～75ドルもするが、それだけの価値がある。ステンレス製か真ちゅう製であれば何でもいい。

フランスの偉大なシェフ、ジョエル・ロブションは、ジャガイモのピュレをタミに3回通す。だから食感が非常になめらかになる（半量のバターが入っているのも、なめらかになる理由だ）。

ホイップ用サイフォン

　サイフォンが役に立つのは、ホイップ・クリームをつくるときだけではない。わたしたちはいつも使っている——ソーダをつくったり、マリネをスピードアップしたり、果物に風味のついた液体を染み込ませたり、料理に泡をトッピングして風味をつけ、食感のコントラストを演出したりする。

　ソーダをつくるにせよ、何かを染み込ませるにせよ、泡をつくるにせよ、知っておくべき基本がいくつかある。

　サイフォンに必要なのはガスのカートリッジ、チャージャーとも呼ばれるもので、これによって液体が入っている容器に圧力をかける。炭酸ガスを使うのは炭酸水をつくるときだけにしておく。わたしたちは、泡をつくったりマリネしたり、何かの風味をつけたりするのには、亜酸化窒素を使っている。カートリッジにはガスが8g入っており、使えるのは1度だ。

　カートリッジが2本あれば、1Lのサイフォンに充填するには通常はじゅうぶんだ。ガスは2%、あるいは400gの液体にたいして8g使う。液体に脂肪分が少ない場合には、ガスを増やす。

注：日本では亜酸化窒素のカートリッジは認められておらず、専門業者が業務用に取り扱うボンベからサイフォンにガスを充填する。

HOW TO　サイフォンの使い方

炭酸ガスを注入する

炭酸飲料をつくったり、多孔質の食材に発泡性を加えて驚きを演出したりする。わたしたちは、炭酸ガスを注入したブドウをスライスして冷たい牡蠣の上にのせたり、濃厚なパテに甘酸っぱい発泡レーズンを合わせたりする。1Lのホイップ用サイフォンあるいはソーダ・サイフォンで炭酸をじゅうぶんに注入しようと思ったら、炭酸ガスのカートリッジは3本必要だ。

1 液体とサイフォンを両方とも冷やしておく。炭酸ガスは冷たい液体にいちばんよく溶ける。

2 冷たい液体を注ぎ入れる、あるいは冷やした果物を入れる。入れすぎに注意。ふたをしっかり閉める。

3 サイフォンを立てた状態で、1本目の炭酸ガス・カートリッジを挿入する。ノズルを押してガスを噴出させる。この排気のステップは重要だ。液体の上にたまっている空気を炭酸ガスと入れ換えるからだ。

4 炭酸ガスのカートリッジを、さらに1、2本挿入する。ガスは出さない。サイフォンを5〜10秒間よく振る。

5 サイフォンを冷蔵庫に入れ、ガスを完全に液体に溶かす。液体は2〜4時間ねかせておく。果物は最低4時間、できれば8〜10時間ねかせる。果物を食卓に出す直前まで、サイフォンをあけてはならない。

6 サイフォンを立ててふきんをノズルにあて、液体を受けとめながらゆっくりとガスを出す。サイフォンのふたを外し、ソーダあるいは果物を注ぎ出す。ソーダをノズルから出すと、舌を刺激する泡立った飲みものになり、ソーダにはならない。ガスが液体から速く出すぎるからだ。

風味をつけたりマリネしたりする

サイフォン内のガスの高圧力を使って、液体を固形物の中に押し込むことができ、何かの風味をつけたり、塩漬けにしたり、マリネしたりするプロセスを高速化できる（132ページを参照）。たとえば、キューブ状に切ったケバブ用の肉は、通常1〜12時間かかるところを20分でマリネできる。多孔質の果物に液体を染み込ませると、楽しいひとひねりを加えられる。イチゴとレモネードの組み合わせ、アップル・ジュースをたっぷり含んだスライスしたリンゴ、抹茶の風味がわずかに加えられたスイカなどだ。

1 キューブ状になった肉をサイフォンに入れ、マリナードか塩漬け液を加える。果物に液体を染み込ませるには、果物とそがつかる量の液体を入れる。ふたをしめる。

2 亜酸化窒素をサイフォンに充填する。1Lのサイフォンにカートリッジを2本使う。5〜10秒間よく振る。

3 冷蔵庫にサイフォンを20分間入れ、風味を染み込ませる。

4 サイフォンを立てて、ふきんをノズルにあて、液体を受けとめながらゆっくりとガスを出す。サイフォンのふたを外して、中身を注ぎ出す。

泡立てる

ホイップ用サイフォンは、高脂肪のクリームに空気を含ませるためにつくられたものだ（亜酸化窒素は水よりも脂肪にはるかによく溶ける）。しかし、泡を保つのにじゅうぶんな濃さがある液体であれば、何でも泡立てられる。薄い液体には、でんぷんやゼラチン、卵、寒天を加えて泡立てられるだけの粘性をつける。きめの細かいクリーミーな泡は、マッシュポテトや濃厚なデザートの上にのせるホイップ・クリームのように、食感にコントラストを加える。軽くて酸味のあるふんわりした泡が、風味の層をさらにひとつ加える。泡が空気を含むほど風味は薄まるので、つけ合わせ、あるいはソースとして泡をつくるときには非常に濃い液体を使う。味がしっかりついたほかの料理にのせる泡の場合は、それほど濃くなくていい。適切なバランスを見つけるのが大切だ。

1. 液体をサイフォンに入れ、ふたを閉める。入れすぎに注意。

2. 亜酸化窒素をカートリッジ1本分だけサイフォンに充填する。5〜10秒間よく振る。そのまま置いておく必要はない。ガスはすぐに溶ける。

3. サイフォンを上下逆さにし、レバーを押して泡を少し出す。きめを確認する。高脂肪の液体にはカートリッジ1本で通常はじゅうぶんだ。泡が保持できないガスは放出されるので、充填しすぎても問題はない。泡を出すたびにサイフォンを振る。

ゴムのガスケットが、溶けたガスがふたから外に出るのを防ぐ。ふたにきちんとはまっていて、傷がついていないことを確認する。

使い捨てのカートリッジには8gの亜酸化窒素が入っていて、このガスがサイフォンに圧力をかける。必要なカートリッジの本数は、サイフォンの容量や中身の量、泡立てる液体の脂肪含有量、液体の温度による。通常は1Lのサイフォンだとカートリッジ2本で足りる。

サイフォンの音を聞く

ホイップ用サイフォンが密閉されていないと、入ったガスはそのまま出ていく。充填しながらよく音を聞いておくこと。ガスが容器に充満していく音が聞こえ、それから無音になるはずだ。それでもシューという音がするようなら、前の泡の残りがガス漏れを生じさせているか、サイフォンのどこかが壊れているのかもしれない。サイフォンからガスを抜き、ノズルを外してふたをあけてカートリッジを外す。これらの部品とゴムのガスケットを完全に清潔にし、壊れていないか、正しい位置に取りつけられているかを確認する。

サイフォンの「空」の部分にはガスが充満していて、液体を押し下げてバルブへ送り込む。

サイフォンへの充填──ピンで穴が開くまでガス・カートリッジを挿入すると、内部の圧力が劇的に高まり、亜酸化窒素を液体に溶かす。ガスがまんべんなくいきわたるように容器を振ることが大切だ。

サイフォンを逆さに持つと、ガスがサイフォンから液体を押し出しやすくなる。

精密バルブが制御しながらサイフォンから液体を勢いよく噴出させる。

ノズルが液体の流れを導く。

液体がバルブから出て圧力が急激に低下すると、溶けていたガスのほとんどが気泡となって現れ、それが広がって泡になる。

ジューサー

　最近まで、ジューサーは深夜のテレビ・ショッピングや健康食品店、おしゃれなジュース・バーのものと考えられがちだった。しかしいまは、ジャン＝ジョルジュ・ヴォンゲリヒテンが1980年代に示したジュース・ヴィネグレットの例にならって、シェフたちもストックやアルコールの代わりにジュースをソースやスープに使っている。

　ジュースは自然の濃縮物だ。糖分や水溶性たんぱく質、乳化した脂質と脂肪化合物、揮発性芳香分子——つまり風味のエッセンスが詰め込まれている。わたしたちはジュースがもつ可能性を引き出して料理を楽しんでいる。たとえば、水やストックの代わりにニンジンのジュースを使ってつくるニンジンスープは、はるかに風味豊かだ（レシピは178ページを参照）。あるいはフレッシュなアップル・サイダーをポークチョップのソースに使ってみるといい。

　ジュースを使った料理は家庭で簡単にできる。下に紹介する道具を使ってもいいし、生の果物や野菜からとった瞬間殺菌の100％ジュースを買ってきてもいい。

遠心分離式ジューサー
仕組み：回転するバスケットの底に幅広で平らな刃がついていて、食材を粉砕してメッシュのバスケットに打ちつける。すると遠心力が果肉からジュースを押し出し、メッシュを通して容器に注ぎ出す。
長所：やわらかい果物も繊維質の野菜もどちらも処理でき、柑橘類用のアタッチメントもある。絞りかすを排出するよう設計された機器は、手入れが簡単だ。
短所：自動的に絞りかすを取り除くようになっていない場合、すぐにバスケットが詰まる。遠心力の摩擦でジュースが速く酸化し、風味と色を損ねる。できあがりの量はチャンピオン・ジューサーよりも少ない。洗う部品が多い。
買える場所：キッチン用品店

フード・プレス
仕組み：フード・プレスは、かたくて弾力のないふたつの面（片方には穴があいている）のあいだで食材を絞ることで、ジュースを力学的に押し出す。やわらかめの食材に適している。固い食材は、ほんの少し加熱したり、砂糖や酵素を加えたりするとやわらかくなる。柑橘類用のプレスは、半分に切ったオレンジやグレープフルーツ、レモン、ライムの形に合わせて、凹凸のプレス面が一対になっているのが普通だ。フード・プレスの中では、ポテトマッシャーがもっとも汎用性が高い。やわらかい果物はピュレにでき、固いものはジュースにできる。
長所：すばやく強い力を生じさせて押しつぶせる。手入れが簡単。準備がほとんど必要ない。
短所：ジュースに含まれる固形粒子は少なくなる。ジューサーは食材を破砕ではなく圧搾するからだ。できあがりの量は使う人の握力による。
買える場所：キッチン用品店

ジュースを新鮮に保つには
風味豊かなジュースを抽出して終わりではない。そのジュースが食卓にのぼるまで新鮮でおいしそうに保つ必要がある。ほんとうの新鮮さは、あっという間に失われる。果物に鮮やかな色と風味を与えるエッセンシャル・オイルは、ジュースにするとすぐ酸化するからだ。

酸化を遅らせるには、アスコルビン酸（ビタミンC）かクエン酸、リンゴ酸、酒石酸を0.1〜1％加える。風味を強めるには、提供する直前に同じ果物のエッセンシャル・オイルを一滴たらすといい。オレンジ・ジュースにはオレンジ・オイル、レモン・ジュースにはレモン・オイルという具合だ。化学変化によってもジュースはすぐに茶色くなる。色を保つには、ジュースにしたあと、すぐに漉してしぼりかすを取りのぞき、氷水か冷蔵庫で冷やす。

チャンピオン・ジューサー
仕組み：食材を投入口から押し入れ、鋸歯状の回転刃にあてる。細胞壁が破裂して中身が放出され、ジュースがボウルにたまる。スピンドルがしぼりかすを別の容器に分ける。
長所：食材をきわめて効率的に処理する。固形物を分けるのに適している。小麦若葉や葉物野菜など比較的水分の少ない食材もジュースにすることができる。
短所：遠心分離式ジューサーよりも時間がかかる。食材を投入するチューブが細いので手間がかかる。洗う部品が多い。
買える場所：キッチン用品店

食品乾燥器

単純に乾燥させるのは最古の食品保存形態のひとつだが、革新的なシェフは、ベジタブル・レザーから食べられる紙まで、乾燥食品の新しい使用法を編みだしている。おそらくもっとも汎用性が高く安価な食品乾燥用の器具は、キャビネット型の乾燥器だ。

機器の仕組みはシンプルだ。換気口つきの箱に送風機と小さなヒーターがついていて、加熱した空気を循環させて食材を乾燥させる。送風機から出た空気が食材の表面から湿気のある空気を運び去り、温風が乾燥を速める。

食材を乾燥させるには何時間あるいは何日もかかるので、高温で速く済ませたくなる。しかし低い温度で乾燥させたほうが、食感と風味はほぼ確実によくなる。乾燥の過程で蒸発するのは水だけではないからだ。香りもまた失われ、温度が高くなれば高くなるほどそれが顕著になる。

速く乾燥させるもっともシンプルな方法は、食材を薄くスライスする(あるいはピュレにしたものを広げる)ことだ。厚さは1cm以下にする。覚えておくといいのが、半分の厚さにスライスすると、もとの4分の1の時間で乾燥させられるというルールだ。食材を厚く切りすぎると、完全に乾燥する前に中が腐ってしまう。

細菌の繁殖を最低限に抑えるために、肉や魚介類は乾燥させる前に塩漬けなどの保存処理をする。傷のついていない生の果物や野菜は、汚染されていたとしても表面だけの場合がほとんどなので、熱湯か蒸気に軽く通せばいい。それから50℃以上で乾燥させる。細菌の繁殖を最低限に抑えるには、通常この温度でじゅうぶんだ。

食品乾燥器はキッチンのいちばん湿気が少ない場所、通常は風通しのいいところに置く。

くっつかないフルーツ・レザー

ビーフジャーキーにやわらかい部分が残っているのは、脂肪分が多いからだ。やわらかいフルーツ・レザーをつくるコツもここにある。フルーツ・ピュレに無味無臭の油を3〜4.5%加える。脂肪分のおかげで、レザーがもろくなったり、ゴムのようになって歯にくっついたりすることがなくなる。ただしその代わり、レザーは脂肪分ゼロではなくなる。

トマト・レザーのレシピは129ページを参照。これは288ページのオマールロールにアクセントを加えるときにも使われる。

適切に乾燥させるために

速く乾燥させすぎると、食材の表面がどんどん乾燥して固くなる一方で、中心部分は湿ってごわついたままになる。乾燥しているというよりは焼けそうになっているので、温度を下げる必要がある。

表面が見るからに湿っているようなら、乾燥温度が低すぎるか、もっと時間が必要ということだ。その場合には温度を上げる(また可能であれば湿度を下げる)。

水分がほとんど蒸発すると、食材はたいてい粘り気をもつようになっていて、べたべたすることもある。まるで革のような手ざわりになっている。フルーツ・レザーやビーフジャーキーは、まさにこのようになっているのが理想だ。

従来の調理器具

　料理の歴史は人類の歴史と同じだけ古い。料理が人類の進化を方向づけてきたといっても過言ではない。人類学者のリチャード・ランガムが非常に興味深い著書『火の賜物——ヒトは料理で進化した』（エヌティティ出版）で、人類の大きな脳と小さな口、鋭くない歯、幅の狭い骨盤の起源をたどっている。ホモ・サピエンスが火を道具として利用して生の食材を調理し、利用可能エネルギーを増やす方法を獲得したのがその起源だというのが、ランガムの見解だ。あなたがパンを焼いたり、仔羊のモモ肉をローストしたり、グリルの上でバーガーをひっくり返したりしているときには、何世代も前どころか、人類のはじまりから受け継がれてきたテクニックを使っていることになる。こういった伝統的な調理法は、すっかりおなじみになっている。

　伝統的な調理法がいまなお役に立っているのは（役に立たないこともよくあるが）、意外に思われるかもしれない。祖先のたき火と比べたら、コンロは大きな進歩だ。ただし、効率性と正確さの面では、まだもの足りない。オーブンでは、設定温度から14℃以上の誤差が出るのは普通だ。それにたいていのオーブンでは、焼くときにいちばん重要な要素、つまり湿度をコントロールできない。

　他方で、従来の調理器具の中には、意外な場面で役立つことがある。電子レンジは残りものを温めたりポップコーンを弾けさせたりするくらいしか使い道がないと思われている

が、第22章の電子レンジ向け料理のレシピで示すように、野菜を蒸したり、牛肉を乾燥させてジャーキーにしたり、ハーブを揚げたりするのにとても役に立つ。圧力鍋はインドなどではあらゆる場所で使われているが、アメリカ合衆国では時代遅れの安全観がいまだに根強く残っている。わたしたちは圧力鍋をほぼ毎日使っているが、驚くほど濃厚な風味を引き出すことができるし、調理時間の一部を大幅に短縮できる。

　従来の調理器具がどのように機能するか知っておくと、最大限に活用できる。本章では、断面図を使っていくつかの器具の中をのぞき、それを動かしている科学と技術を詳しく見て、どのような機能が役に立つのか検討

する。ここではまた、IH調理器や家庭用コンビ・オーブンなど、現在手に入る革新的な調理機器も取り上げる。そして写真つきの説明で、本書のレシピで使われている調理技術を段階ごとに示す。

　こうしたことを少し知っておくだけで、お金と労力をかなり節約できる。たとえば、高価な銅製鍋を使ったからといって、コンロの火の弱さを補えるわけではないことや、圧力鍋を使えば安い肉を驚くような仕上がりにできることがわかる。柔軟な気持ちで臨んでもらいたい。料理に際してわたしたちが大切にしている考え方には、よく知ってもらうだけの価値がある。

ウォーター・バスやハイテク温度計のような最新機器を持っているシェフでも、コンロやオーブン、鍋、フライパンがキッチンの中心だと感じることは多い。本章では、こういった調理に欠かせない道具について知っておくべきことを説明する。

コンロ

コンロは、古代の料理用たき火の現代版だ。より便利で制御も簡単だが、コンロには本質的な限界がある。食材はおもに伝導によってゆっくりと熱される。熱はバーナーから拡散して、金属の鍋を通して食材に伝わる。

これは効率の悪いプロセスだ。熱は食材の下と横と上からやってくる。熱はバーナーから縁のほうへそれて、鍋の両側からも逃げる。ふたからも放射される。ふたをしていなければ、熱は蒸気として空気中に逃げていく。こういったさまざまな効率の悪さのせいで、熱が失われるだけでなく、加熱にむらも出る。

したがって、鍋やフライパンでの料理はかなり不正確だ。深い鍋と浅いフライパンでは、調理結果に違いが生じる。異なる金属でできた鍋でも同じだ。ふたの有無やコンロの違い、同じコンロでもバーナーの違いで仕上がりが変わる。腕利きのシェフと未熟な料理人との差は、こういった違いに対処する経験があるかないかだ。したがって、はるかに正確な真空調理などの新しい調理法（48ページを参照）は魅力的だ。

コンロを買うときには、選択肢がいくつかある。電熱、ガス、IHで、それぞれに長所と短所がある。電熱コンロは比較的安全かつクリーンで、値段も安い。油が燃え上がることもなく、ガス漏れの心配もない。短所は、コイルが熱しにくく冷めにくいことだ。たとえば、鍋の湯を沸騰状態から軽く沸いている状態へ変えようと思ったら、いったん鍋をバーナーからおろしてコイルが適温になるまで待ち、それからまた鍋を戻す必要がある。

ガスコンロはつまみをひねればすぐに炎が反応するので、調理温度をうまくコントロールしやすい。たとえば、炒める、ソテする、焦がすなど、高温ですばやく調理するのに適している。経験豊かなシェフは、ガスならではの技を使う。グレイビーにアルコールを少し入れてフライパンの隅にソースを寄せ、アルコールを燃やして飛ばすといった技だ。

ただ、正確で再現度の高い仕上がりを求めるのなら、IH調理器にはかなわない。IH調理器は炎のセクシーさこそないが、はるかに効率的だ。IHは実際に熱を発生させるわけではない。振動する磁場をつくり出し、接している鉄類を熱する。鍋そのものが熱源となるので、電熱やガスのバーナーのときよりも食材はかなり速く熱せられる。IHは周囲の空気やあいだに挟まる鍋などの表面をじかに熱するわけではないので、引き出すエネルギーの半分以上が食材に達する。ガスバーナーだと、食材に達するエネルギーは3分の1にすぎない。

反応が速く効率がいいということは、コンロのそばで待つ時間が短くなるということだ。鍋に入れた2LのはIHでは5分で沸騰するが、ガスや電熱だと8〜10分かかる。鍋やフライパンがIHの加熱部分よりも小さければ、熱は全体にまんべんなく行き渡る。

IHは、大きさの割に強力だ。ビルトイン・タイプは通常2,400Wで、これは家庭用最高級ガスコンロのいちばん大きなバーナーと同じ程度の火力だ。IH調理器の最大の短所は値段だが、いまは急激に安くなっている。ただし、純銅やアルミニウムの鍋は使えないので、新しく鍋やフライパンをそろえる必要があるかもしれない。

IHを試してみるのに、いまあるコンロを取り外す必要はない。1口の卓上型IH調理器が、機能によって安価で手に入る。コンセントの電力容量から1,800Wが上限だが、それでも通常のガスコンロと同じ程度の火力がある。

あなたの調理法は、どれほど効率的か。

わたしたちは実験をして、いろいろな方法で一定量の水を温めるのに必要なエネルギーを計算した。結果は次のとおりだ。

電熱：効率性42%
IH：効率性56%
ウォーター・バス（かき混ぜず、ふたなし）：効率性85%
ウォーター・バス（かき混ぜて、ふたあり）：効率性87%

IH調理器は通常、1秒間に25,000回振動する磁場を発生させる。これが鍋に振動を生じさせることがある。ほとんど人間には聞こえないが、わずかにブーンという音がするかもしれない。強火でないときには、1秒間に何度かオンとオフを繰り返すので、鍋から雑音が生じることがある。

ガス
ガスコンロは、熱を一定方向に向けるにはひどく効率が悪い。しかし天然ガスは電気と比べて安価なエネルギー源で、供給過程でのロスも大きくないので、ガスで調理するのはやはりお得だ。

電熱
温度調節への反応は遅いが、電熱コンロはいちばん安価な選択肢だ。

IH調理器は、内部の銅製コイルが生じさせる磁場を通じてエネルギーを伝え、鍋そのものを熱源に変える。磁場は非金属には影響を及ぼさないので、フライパンの上のベーコンには火が通っているにもかかわらず、調理器の上に直接置いたベーコンは生のままだ。スチールや鋳鉄でできた鍋はIHで使えるが、アルミニウムや銅、ガラス、陶器の調理器具は使えない。鍋に磁石がしっかりくっつけば使えるということだ。IHは非常に効率的なので、イケアの10ドルのフライパンを使っても、高価な銅製調理器具を使ってガスコンロで料理するのと同じくらいすばらしい仕上がりになる。

鍋とフライパン

レストランのキッチンにまるでトロフィーのように並んでいるぴかぴかの銅鍋は、とても豪華に見える。しかし、それよりずっと安いアルミニウムやスチールの鍋と比べて、ほんとうにおいしく仕上がるのだろうか。

温まるスピードが速い銅のフライパンは、火力を調節したらすばやく反応してくれる。

しかし、全体にまんべんなく熱が行き渡るのかというと、それほどでもない。

熱伝導のしくみについて、基本から考えてみよう。フライパンが下から受けた熱は、すべてどこかへ伝わっていく。はじめは、ほとんどの熱がフライパンの温度を上げるために使われる。伝導によって熱が高温部から低温部へ伝わり、フライパン全体に広がるのだ。

フライパンの底の温度がそのうちまんべんなく一定になるのかというと、じつはそうではない。フライパンの直径が厚さをはるかに上回るからだ。バーナーからの熱は、水平方向に広がる前に垂直に伝わり、表面に達してしまう。厚みのあるフライパンや鉄板だとより均一に調理できるが、重たいうえにそれでも完璧とはいえない。端から端までむらなく熱を拡散させるフライパンがあるとしたら、持ち上げられないぐらいの厚さになるだろう。

食材に均一に火を入れようと思ったら、フライパンに使われる金属の種類は重要ではない。重要なのは、フライパンの厚さと大きさ、そしてそれを熱するバーナーの大きさだ。

フライパンが厚ければ厚いほど、調理面の温度は一定になるが、熱が伝わるスピードがにぶり、火を強くしたり弱くしたりしたときの反応が遅くなる。

では、厚さがどれだけあればいいのかだが、使われている金属の熱伝導率にあるていど左右される。一般的な銅製フライパンでは、底の温度のむらは22℃以内である。しかしステンレス製だと、同じぐらいの性能を得るには7cm以上の厚さが必要になる。そんなフライパンは重たすぎて持ち上げられないだろう。ありがたいことに、厚さ6mmの軽いアルミ層を重ねて多層構造にした薄くて安いステンレス製フライパンが開発されていて、銅製フライパンとほとんど同じ性能を発揮してくれるのはありがたい。

そしてガスバーナーが小さいと、どんなフライパンでも性能が落ちる。銅製フライパンですら、端までまんべんなく熱が行き渡らない。厚さと比較してフライパンのサイズが大きすぎるからだ。

つまり結論は、適切な大きさのバーナーさえあれば――理想をいえばフライパンと同じ大きさがいい――どんなフライパンでも、安くて薄いものでも、それなりにまんべんなく加熱できるということだ。

モダニスト・クッキングで鍋とフライパンを使うのは、野菜を炒めたりといった材料の準備段階と、真空調理した食材を揚げたりフライパンで焼いたりといった仕上げ段階だ。調理の主要部分は、次の章で紹介する誤差のない最新の調理器具に任せるのがおすすめだ。

フライパンが薄すぎると、バーナーから伝わった熱が端まで広がる間もなく、フライパンを経て食材に直接達してしまう。つまり、電熱調理器のコイルやガスの炎のむらをそのまま食材に伝えてしまう。バーナーのむらをカバーするためには、底の厚いフライパンを使うことが重要だ。しっかり温まるまでに時間はかかるが、熱が上に伝わりながら水平方向にも広がる。

油で揚げるときの安全性について

本書のレシピでは、揚げるときの油の温度を190℃〜225℃のあいだと指定している。これはかなりの高温だ。油で揚げるのはほかの高温調理法よりも危険を伴うので、いくつかの簡単なルールに従ってもらいたい。

260℃まで測定できる温度計を用意する。揚げもの用、糖液用、熱電対の温度計は普通これぐらいの温度まで対応している。不正確な温度計にだまされてはいけない。

揚げるときには、食材が浮いて鍋の底に触れないくらい油をたっぷり使う。揚げ焼きにするときには、少なくとも食材の一部が浸かるくらいの量の油を使う。

深い鍋を使う。通常は、鍋の縁が油よりも少なくとも10cm上にあるのがいい。油があふれないようにするためだ。それに油はねを防ぐので掃除が楽にもなる。

油に入れる前に食材の水分を取り除く。ペーパータオルを使って余計な水分を吸い取っておくと、激しい油はねを防ぐことができる。

油に近づきすぎない。長さのあるトングや網杓子、フライ用バスケットを使って、食材をゆっくり油に入れ、取り出す。

予定している調理温度よりも発煙点が高い油を使う。一般的な油の発煙点はxxiiページに一覧にしている。そこに記した温度に達すると、油は劣化していやな臭いが生じる。

油が熱くなりすぎたら、火からおろすこと。コンロなら火を止める。電熱調理器なら、注意しながら鍋をおろす。煙が出ていたら熱すぎるということだ。

油から火が出たら、水や小麦粉、砂糖で消そうとしてはいけない。また火のついた鍋を屋外に持っていこうとしてはならない。重曹や濡れタオル、油用の消火器を使って火を消す。

シュエする（炒める）

野菜（タマネギやニンニク、エシャロット、ニンジン、セロリなど）をシュエするというのは、大きさをそろえて刻んだ野菜を中弱火でやわらかくなるまで、しかし濃く色づかないように火を入れることだ。野菜の細胞壁が破壊されて水分がにじみ出る。本書ではこの技術を圧力鍋を使用したレシピでよく使っている。たとえば、326ページの圧力鍋でつくるパエリア・デル・ボスコなどだ。

フライパンで焼く

たとえば196ページの低温オーブン・ステーキで試しているように、高温ですばやく表面に焼き色をつけることで、真空調理した食材の見た目をよくして、温度のメリハリをつけて、風味の幅を広げる。あらかじめフライパンを熱しておき、油をひいて最後に食材を加える。

揚げる

すでに火が通った食材を熱い油でさっと揚げると、表面をクリスピーに仕上げることができる。たとえば、208ページのモダニストのハンバーガー・パテのレシピを参照してほしい。油を節約したければ、深さのあるフライパンで揚げ焼きにしてもいい。250ページの真空調理でつくるバッファローウィングではその方法を使っている。

揚げ焼きにはフライパンを使うが、この調理法は焼くよりも揚げるのに近い。油はたっぷり使うこと。食材が油っぽくなるのを心配する必要はない。意外なことに、油を大量に使うと油っこさは減る。油が多いと高温を維持でき、表面の皮を薄く、油が染み込みにくい状態に保てるからだ。

HOW TO フライヤーを使わずに揚げるには

真空調理をしたあとに油で揚げて仕上げるのが、わたしたちのお気に入りだ。深い鍋がひとつと、安全な距離から食材を出し入れできる長いトングや網杓子、もしくはフライ用バスケットなどがあれば足りる。

1 適切な油を選ぶ（xxiiページ参照）。高温で揚げものをするとき、わたしたちがよく使うのはピーナッツ油や大豆油、ひまわり油だ。

2 深い鍋に油を注ぐ。ただし、鍋の高さの半分以下の量にする。少量の食材が完全につかるくらい、たっぷり油を使う。

3 あらかじめ調理温度まで油を熱する。安定した仕上がりのために、食材は少しずつ入れて油の温度が下がるのを防ぐ。食材は揚げる前に室温に戻しておく。

4 ペーパータオルで食材の水分を取り除く。食材がぬれていると、油がはねる。

5 調理ずみの食材を揚げる。中まで火を通しすぎないように。30秒でじゅうぶんだ。次の食材を入れる前に、もとの温度まで上がるのを待つ。

6 ペーパータオルの上で食材の油を切る。余分な油を吸い取ることで、脂肪分の多くが取り除かれる。

20世紀はじめにエスコフィエがストックをつくるときには圧力鍋を使ってはいなかったが、いまの時代に彼が生きていたらきっと使っていたはずだ。

圧力鍋

　圧力鍋はすばらしい器具だ。食材がもつ風味と食感をすばやく引き出す。かつて長い時間と大きな労力をかけてやっていた料理が、簡単なソテと同じくらい手軽にできるようになった。リゾット（レシピは328ページを参照）は25分かかっていたのが7分でできる。濃厚な鶏のストック（84ページ）は2〜3時間かかっていたのが90分でできる。高温で使える密封ビンやオーブンバッグ、「フードセーバー」バッグに入れた食材も圧力鍋で調理できる（53ページを参照）。したがって、たとえばグリッツやポレンタをつくるときには、鍋にくっつかないようにずっとかき混ぜておく必要はなくなる（336ページを参照）。圧力鍋の中は高温になるので、こんがり焼き色をつけたりキャラメリゼしたりもでき、水分のある調理環境ではふつう得られない風味を出せる。信じられないなら、178ページのキャラメリゼしたニンジンのスープを試してほしい。

　圧力鍋は、ロックつきのふたで、鍋をほぼ密閉し、バルブで内部の圧力を調整する仕組みになっている。蒸気を閉じ込め、それがたまることで鍋の中の圧力が高まる。圧力が高まると、水の沸点が上がる。通常は水分のある食材の調理温度は100℃が上限だ（標高0mの場合。標高が高くなると沸点はわずかに低くなる）。圧力鍋では実際の調理温度はもっと高くなる——120℃まで上がる——ので、調理時間は大幅に短くなる。

　速くてエネルギー効率もいい調理法というのも魅力だが、圧力鍋のほんとうの強みは料理の質が高まることにある。調理中にいい香りがキッチンに漂うと心は温まるかもしれないが、香りは料理の風味のいちばん重要な要素なので、それが空気中に逃げてなくなっているということだ。圧力鍋は密閉されているため、こういった「揮発性芳香族化合物」をよりたくさん閉じ込める。それらはふたに集まってふたたび鍋の中に落ち、料理を口に入れると、食べもののニュアンスがよりよく感じられる。

　安全面を心配して圧力鍋を使わない人も多い。安心してほしい。いまの圧力鍋は安全を第一に設計・製造されている。ばね式圧力調整バルブが組み込まれているKuhn Rikon社やFagor社といったメーカーの圧力鍋か、がたがた揺れるおもり式の圧力鍋をおすすめする。電気圧力鍋はさらにシンプルだ。時間を設定するだけで、あとは自動的にやってくれる。型の古い圧力鍋や圧力がまも使えるが、やや音がうるさく、蒸気と香りも失われがちだ。

　家庭用圧力鍋の大きさは、4〜10Lだ。ステンレス製で底が三層になっているもの（ステンレスでアルミニウムを挟んでいるもの）を使えば、温度のむらが出るのを避けられる。またゲージ圧が、レシピでよく使われる1バールに達したことがわかる圧力鍋を選びたい。

圧力鍋購入の手引き

ゲージ圧が1バールに達したら、赤線が2本見える。

ばね式圧力調整バルブの圧力鍋
ばね式のバルブがついている圧力鍋は、ストックやソースをつくるのに最適だ。排気するまではバルブが圧力鍋を密閉するので、空気とともに香りを逃がすことなく、ほぼ閉じ込められる。Fagor社の圧力鍋は圧力を調整するために蒸気を少し外に出すが、ふたをしない鍋よりも香りが失われにくい。
買える場所：キッチン用品店

電気圧力鍋
電気圧力鍋の使い方は、とても簡単だ。コンセントにプラグを差し込み、ボタンを押してデジタル・タイマーをセットするだけでいい。短所は、このためにわざわざ場所を確保しなければならないことと、コンロの火にかけて料理の仕上げをできないことだ。
買える場所：キッチン用品店、量販店

おもり式圧力鍋
祖母世代が使っていた、昔ながらの圧力鍋。大きな音を立てて蒸気を大量に吹き出し、最高圧に達してもわかりづらく、現代の圧力鍋の安全機能はほとんどついていない。しかし製造元の指示どおりに使えば、安全で役に立つ。
買える場所：キッチン用品店、フリーマーケット

圧力がま
圧力鍋の仲間の中ではいちばん頑丈な、缶詰づくりのための道具。料理にも使えるが、ふたに複数のロックがついているのが面倒だ。また薄いアルミニウム製が多いので、底に触れている食材が焦げやすい。缶詰をつくる前には排気するのが一般的かもしれないが、料理のときには香りが逃げるのでしないほうがいい。圧力がまにはおもり式のバルブがついていることが多いので、うまく機能していないときにはすぐにわかる。
買える場所：キッチン用品店

圧力で調理する

　圧力鍋はなぜこれほど効果的なのか。ゲージ圧が1バールに達すると、中の温度がおよそ121℃まで上がるからだ。ストックをつくるにせよ、煮込みをつくるにせよ、豆を煮るにせよ、水に浸された食材の温度は通常、水の沸点である100℃を超えることはない。加熱を続けると水が干上がる（それは避けたい）。その温度では、風味を引き出すのに欠かせない反応をすばやく生じさせたり、多くの植物性食品の細胞壁を急速に壊したりすることはできない。圧力を上げることで、この問題を解決できる。

高圧の蒸気が、液体に浸っていない食材の表面に熱をすばやく伝える。

ふたのロックは、差し込み式のメカニズムになっていて、鍋の側面に固定される。圧力のかけすぎが頻繁に起こると、このメカニズムが壊れて鍋が使いものにならなくなる。外側をボルトでとめる仕組みの圧力鍋もある。

標高が高いところでは気圧が低くなるため、水の沸点は低くなる。デンバー（海抜1,600m）では水は95℃で沸騰する。フランスのシャモニー（海抜1,000m）では97℃、ペルーのクスコ（海抜3,400m）では89℃だ。普通の鍋でも圧力鍋でも、標高の高いところで調理するとやや時間がかかるが、それでも圧力鍋を使うと調理温度は普通の鍋よりも高くなる。

取っ手もロックされ、中に圧力がかかっているときにふたが開くのを防ぐ。

水をじゅうぶんに入れる。食材が浸るくらい。あるいは食材を容器に入れて、鍋の底に置いた台にのせるのであれば、その台の下にじゅうぶんに水を入れて蒸気がたっぷり生じるようにする。

ばね式のバルブは普通の状態だと開いていて、空気が抜けるようになっている。熱が加えられると蒸気が膨張してこのバルブを押し上げ、通気口をふさぐ（圧力が非常に高くなると、さらに押し上げて通気口をふたたび開き、余分な蒸気を外に出す）。このバルブが、あらかじめ決められたレベルに圧力を調節する。通常は大気圧よりも0.7あるいは1バール高い圧力だ。この値をゲージ圧という。ここまで圧力が上がると、水の沸点は114〜121℃まで上がる。適切な圧力まで上がったら、圧力をかけすぎないようにすぐ火を弱める。

パッキンは通常、ゴムでつくられており、蒸気や空気が膨張するのにつれて外に漏れ出るのを防ぐ。これによって、温度が高くなると圧力が上がる。食材がパッキンにつくと蒸気が漏れるので、定期的に確認して掃除する。

液体が多すぎる。通常、3分の2以上は液体を入れないほうがよい。

水が蒸発して蒸気となるので、熱が加わると圧力が高くなる。水の沸点は圧力によって変わるため、圧力が上がると沸点も高くなる。高圧のときの沸点にまで、水と蒸気の温度が上がる。圧力は上がり続け、バルブの働きによって安定する。

CONVENTIONAL COOKING GEAR

HOW TO 圧力鍋の使い方

圧力鍋を使い慣れていない人は、熱を加えすぎて圧力をかけすぎることが多い。重要なのは、圧力をかけすぎても温度は高くならないということだ。安全バルブが蒸気を外に出し、ふたたび中の水が沸騰するだけだ。圧力をかけすぎることを繰り返すと、ふたを鍋をとめているフランジとパッキンが壊れることがある。製造元の説明書をよく読んで、高圧状態、圧力をかけすぎの状態、減圧状態について理解しておく。

1 材料を準備する。圧力調理の前にタマネギなど香りの出るものを炒めておく場合、ふたをする前に圧力鍋でそのままソテすれば、余計なフライパンを使わずにすむ。

2 材料をすべて入れてかき混ぜ、ふたをロックする。かき混ぜて液体や油をまんべんなく行き渡らせることで、底のものが焦げつかなくなる。ふたをロックしたあとは、もうかき混ぜることはできない。

たいていのばね式圧力バルブには線が2本あるいは色が2色ついていて、低圧力状態と高圧力状態を示すようになっている。わたしたちはいつもゲージ圧1バールで調理する。

3 コンロにかけて中〜強火で熱する。圧力が最高に達したときの合図が見えたり聞こえたりしたら弱火にする。圧力を最大に保つために、火力を調節する。

4 圧力がレシピに書かれているゲージ圧に達したら、すぐに時間を計る。ばね式の圧力バルブがついている鍋であれば、バルブが線のところまで持ち上がっている状態だ。それより上がっていてはいけない。うるさく音を立てているのもよくない。おもり式の圧力バルブの場合は、おもりが1分間に3〜5回動いている状態だ。激しく動いていてはいけない。

圧力バルブが大きく上がって蒸気や湯気が吹き出ているときは、圧力がかかりすぎている。安全のためにバルブが余分な圧力を排出しているのだ。圧力をかけすぎると、ふたを鍋にとめているフランジが曲がることがある。しっかり密閉されていないと、圧力鍋は使いものにならない。

5 調理後、鍋を火からおろして冷ます。少し余計に火を通しても問題ない料理であれば（たとえばストックなど）、そのまま数分間置いて冷ませばいい。リゾットなど時間に敏感な料理の場合は、ぬるま湯をふたの縁にかけてすばやく圧力を下げる（圧力バルブに水が入らないように注意する）。圧力鍋によっては、手動で蒸気を排出できるつまみやダイヤルがついているものもある。説明書を読んで、こういった機能を安全に使えるようにしておくこと。圧力がかかっている鍋をあけようとしてはいけない。熱い液体が飛び散るだけでなく、風味豊かな多くの蒸気が失われる。

6 圧力鍋を流しに置き、ふたのロックを外す。なかなかふたが開かなくても、無理に力を入れてはいけない。もう少し冷まして、抵抗なく開くまで待つ。

7 じゅうぶん火が通っていないようなら、ふたをせずに火にかけて仕上げる。あるいはふたたび加圧して調理を続ける。

圧力鍋を使うときの安全性について

圧力鍋の説明書にある安全についての注意事項を読んで、それに従う。

中身が熱いうちにふたを開けると、熱湯や熱い食材がキッチンに飛び散り、やけどをする危険もある。ふたを開ける前に、圧力排出ボタンを押すか、しばらく置いておくか、水をかけて冷ます。圧力バルブが完全に下がると、安全に開けられるようになる。

調理前に、ふたの周りのパッキンが劣化していないかを確認する。パッキンは消耗品だ。製造元が勧めるとおりに交換する。

鍋の縁とパッキンがきれいな状態であることを確認する。食べものがついていると密閉されない。

ものを入れるのは、鍋の3分の2までにしておく。調理すると膨らむ豆や穀物の場合は、鍋の半分までにする。

オートミールやパスタなど、泡が出る食材の調理は避ける。泡がバルブや排気口を詰まらせることがある。

ふたを開けるときには、自分とは反対側に鍋の口を傾けて蒸気から身を守る。

トングを使って密封ビンを圧力鍋から取り出し、ビンをあける前に中身を少し冷ます。

密封ビンでの圧力調理

本書のレシピには、密封ビンを使った調理法を利用したものがいくつかある。これを使うのは、ポレンタのようによくかき混ぜる必要がある材料を調理するときや、脂を液状にしたり、ニンニクをコンフィにしたり、野菜などの汁を抽出したりするときだ。ビンに食材を入れるときには、つねに上に1.3cmの空間を残しておく。また、ビンが鍋底に触れないように、金属製の台か五徳の上に置く。あるいは何もなければ、くしゃくしゃにしたアルミホイルの上でもいい。台が浸るくらいじゅうぶんに水を入れて、蒸気が立つようにする。ビンのふたをしっかり閉め、4分の1ほど回転させて緩める。そうしなければ、圧力でビンが割れたり、ふたが吹き飛んだりする。ビンを圧力鍋で使ったあとは、ひびが入っていないか確かめる必要がある。

オーブン

オーブンのダイヤルを回して温度を設定すると、サーモスタットがそれに合わせて設定されるが、この温度は「乾球温度」を測る乾燥した状態の温度計が示す温度だ。ほんとうの調理温度は「湿球温度」で、これは温度計の感部を湿らせた布で包んだ状態で測られる。湿球温度は、はじめは低いが、相対的な湿度が上がると急激に高くなる。ただし、通常のオーブンではこれをコントロールする方法はない。

オーブンで食材に火を通しすぎた経験がある人（あるいは加熱不足を経験した人）なら、焼くという調理法がどれほど不安定かよくわかっているはずだ。家庭にあるオーブンの特徴や癖を完全に理解するには、何年もの経験が必要だ。むらのない安定した結果を出すのがむずかしいのは、共通の問題がいくつかあるからである。

第一に、たいていの家庭用オーブンは、おおまかな温度調節しかできない。温度が不正確なことが多く、ヒーターのスイッチが入ったり切れたり、高温になったり低温になったりするうちに、設定した温度から14℃以上の誤差が出ることもよくある。かなり低い温度——モダニスト・レシピでいちばんよく使う温度——ではたいてい、性能はより予測不可能で不安定になる。

第二に、部分的にほかより熱いところがある。扉は、とくにガラス製の窓がついている場合、ほかの面よりも放出する放射熱が少ない。奥の角は全体の平均温度よりもやや高くなる傾向がある。内壁の清潔さも関係する。色が濃い場所は薄い場所よりも多くの放射熱を放出するからだ。

第三の、また最大の問題は、オーブンは湿度を考慮に入れていないので、ほんとうの調理温度をコントロールできないことだ。同じ温度に設定された蒸し風呂と乾燥したサウナを比べてみたら、なぜ湿度が重要なのかがわかる。蒸し風呂のほうが肌にとってはるかに暑く感じられるのは、空気中に水蒸気が多く（室内が曇るぐらい）含まれていると、汗がほとんど蒸発しないからだ。水（あるいは汗）が蒸発するときには大量の熱エネルギーを吸い上げるので、肌の温度が下がる。蒸し風呂よりも乾燥したサウナに長くいられるのはこのためだ。

食材もある意味では「汗をかく」。オーブン内の温度が上がると、蒸発によって食材から水分が失われる。食材の外側が乾くまで、あるいはオーブン内の湿度が高まるまで、食材の表面から水分の蒸発が続いて食材の温度を周囲の空気よりも低く保つ。しかしこの効果がどれだけ続くかは、食材の大きさや水分量、天候などによって異なる。オーブン内の湿度をコントロールするのは、残念ながら料理人ではなく、ほとんどが食材だ。オーブンにどれだけものが入っているかにもよる。同じ食材でも、試しに少量だけ調理してみた場合と、オーブンいっぱいに入れたときとでは、まったく異なる仕上がりになることもある。

コンビ・オーブンやスチーム・オーブンといった新しいオーブンでは、湿度もコントロールできる。真空調理用のウォーター・バスと同様に、昔ながらのオーブンと比べてはるかに安定した結果を得られる。この制御機能がついていると値段は高くなるが、より安いものが年々登場している。

このViking社のもののようなコンベクション・オーブンは、強力なファンで空気を循環させる。空気の温度がならされることで熱が速く伝わるが、焼きむらを生じさせる放射熱のむらは解消されない。コンベクション・オーブンでは「25%速く調理できる」あるいは「温度が10℃上がる」とよくいわれるが、これは単純化しすぎだ。コンベクション・オーブンは分厚いものよりも薄い食材を調理するときに大きな効果を発揮するが、あらゆる場面にあてはまる単純なルールがあるわけではない。

HOW TO オーブンの温度を調整する

　オーブンには、それぞれ個性がある。あなたの家のオーブンにも。あなたは仕組みを完全には理解していないだろう。オーブン内の実際の温度については、なんとなくしかわかっていないかもしれない。ただし、試行錯誤を重ねるうちに、望みどおりに仕上げる方法を見つけてきたはずだ。もう少し状況を正確に予測できたらいいと思わないだろうか。そう思うなら、オーブンを計測しておけばいい。

　必要なのは、オーブンで使える探針とリード線がついた高性能デジタル温度計と忍耐力だ。方眼紙か表計算ソフトがあれば、簡単なグラフをつくって、熱が扉から漏れたときや、サーモスタットがバーナーの温度を上げ下げしたときの温度の揺れを把握できる。また、オーブン内の温度が高い場所と低い場所も記録しておける。

1 オーブンを予熱して、デジタル温度計（8ページを参照）の探針をラックにとめる。探針の先は空中に浮かせ、オーブンの中央に向ける。扉を閉めて温度が戻るまで数分待つ。設定温度と実際の温度を記録する。

2 さらによく知りたいなら、探針を庫内のいろいろな場所に移動させる。オーブンの内壁が放射する熱は、つねに不規則だ。分厚い部分や色が濃い部分があったり、バーナーや加熱部に近いところがあったりするからだ。場所によって数十度の温度差がある。扉を閉めたあと、温度が戻るまで待って測定する。

3 たとえば50℃刻みでさまざまな温度に設定し、この測定を繰り返す。サーモスタットは、温度が低いと、高いときよりもはるかに不正確になることが多い。オーブンを室温からさまざまな設定温度まで予熱させるのにかかる時間も記録しておくといい。そうすれば、調理時間全体をより正確に予測できる。

TIPS
うまくオーブン調理をするコツ

　オーブンで焼くときには数多くの要因が仕上がりに影響するので、いったいどのようにしてこれを安定させればいいのかと思うかもしれない。ここにいくつか、むらを最低限に抑える簡単なヒントを記しておこう。

あなたのオーブンの性能を測定する。 最低でも、食材を調理する庫内の中心部分の温度を、正確な温度計を使って上の手順で測っておく。

予熱する。 予熱には意外と時間がかかる。空気ではなくオーブンの内壁を温めるのが目的だからだ。しかし一度予熱されると、熱エネルギーが多く蓄えられるので、食材を入れたり確認したりするために扉を開けてもすぐに温度が戻る。

焼き色に注意する。 必要に応じて、できるだけ頻繁に食材を動かして位置を入れ替え、放射熱が高い場所で食材が焦げたり、低い場所で生焼けになったりしないように気をつける。

新しいオーブンを検討する。 乾球温度と湿球温度の両方をコントロールできるコンビ・オーブンの新モデルが、家庭でも手に入る値段になってきた。詳しくは38ページの「コンビ・オーブン」を参照。

家庭用コンロ

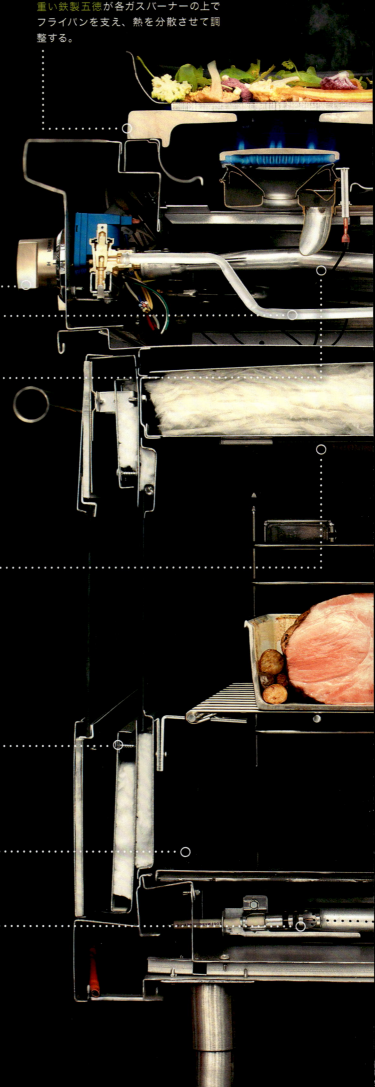

ほとんどの家庭のキッチンで、機能においても、そしてたいていは場所においても、中心にある調理機器はオーブンとレンジだ。基本のデザインはもう何世代も変わっていない。ただし、ここに示しているガス調理器（断面図を撮影するためにViking社がこころよく提供してくれた）のような現代のプロ用レンジは、エネルギー効率を高めて安定した結果を得やすいように細部が洗練されている。

レンジはふたつの便利な機械を組み合わせたものだ。上部のコンロは、主に直火（伝導伝熱）で上に向かって熱を食材に送り、下部のオーブンは比較的乾燥した熱風（対流伝熱）と赤外線エネルギー（放射伝熱）を組み合わせて間接的に食材を熱する。細かな点をいくつか除けば、ガスレンジと電気レンジは構造も働きもとても似ている。

重い鉄製五徳が各ガスバーナーの上でフライパンを支え、熱を分散させて調整する。

調整つまみは、ガスレンジではコンロもオーブンも機械じかけと電気の両方で作動する。調節つまみを回してコンロの火をつけると、調整つまみが電流を送って火花を生じさせ、それと同時にバルブを調節してガスの流れとバーナーの火力を制御する。オーブンの動きは、内部温度センサーと調整つまみの設定に合わせて電動でコントロールされる。オーブンをオフにすると、加熱部分へのガスの流れが安全のために完全に止まる。

オーブンと上火用のガスがこの細いパイプを通って運ばれる。

各バーナーへのガスは、この太いパイプのどれかを通って供給される。完全燃焼するように、パイプのはじまりの部分でガスに空気が混ぜられる。

上火はこのオーブンではスクリーン状になっていて、燃焼するガスを庫内の天井部分から広い範囲に拡散させて、むらなく調理する。仕組みは屋外用プロパンヒーターと似ている。電気オーブンでは、上火部分は金属管でできていて、中には電流が通ると発熱して赤くなる抵抗線が入っている。

オーブンの扉にはガラスが何層もはめられ、断熱パネルが重ねられていて、できるだけ熱を逃さないようになっている。しかし完全に密閉されるわけではないので、オーブンの手前は奥よりもつねに温度が低い。これは熱が失われるからだけでなく、ガラス窓は金属の壁と比べて熱を効率的に吸収したり再放射したりできないからでもある。

オーブン内で温度がいちばん低い場所は、扉横の下の角だ。

オーブンの主な加熱部分は底にある。コンロのバーナーと同じで、電気の火花によって火がつく。ガスオーブンでは、オーブン・バーナーは保護覆いの下にあり、その覆いが熱を均等に拡散させる。ガスグリルの人工岩や金属板と同じ要領だ。電気オーブンでは、熱源はオーブンの底にそのまま置かれていることが多い。

電気の火花によって、流れてくるガスに火がつく。

バーナーは、このプロ用レンジでは普通の家庭用コンロよりも強力だ。このモデルでは各バーナーが1時間あたり4.4kWを発し、レストラン用レンジのバーナーに近い火力がある。通常の家庭用レンジについているバーナーはもっと火力が弱い。

オーブンから排出される空気は、このダクトを通ってコンロの後ろにある排気口へ向かう。どんなレンジでも、この排気口がオーブン内にたまった蒸気や煙の出口となる。ガスレンジでは、燃焼後のガスもここから排出される。調理中には、換気扇も回したほうがいい。とくにガスの場合は、燃えると一酸化炭素が出る。

温度センサーは通常、オーブンのもっとも熱くなる場所に設置されている。奥のいちばん上だ。その反対の角、つまり扉横の底は温度がもっとも低い。

上火のガスはこの細いパイプから供給される。

対流ファンは庫内で熱風を循環させるもので、家庭用オーブンにもよく見られるようになってきた。オーブン内の温度を均等にして、調理を安定させる。また、空気から食材へ熱が速く伝わって、効率が上がる。

オーブンの断熱材は上面がもっとも厚く、熱をできるかぎり逃さないようにしている。側面も手厚く断熱されていて、吸収される熱の多くは、外に向かって部屋に放射されるのではなく、内に向かって食材に放射される。ガスオーブンの底はあまり断熱を必要としない。熱は炎から上昇するからだ。

オーブンのガスは、この細いパイプから供給される。

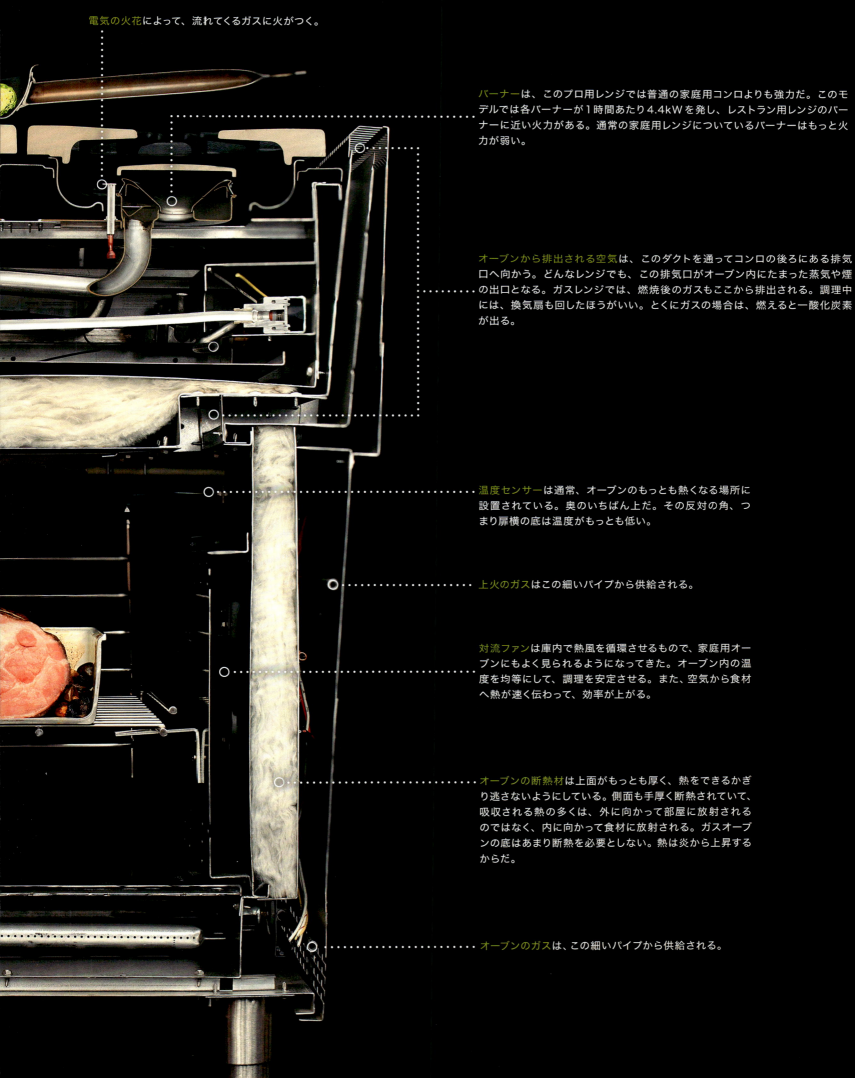

CONVENTIONAL COOKING GEAR

コンビ・オーブン

コンビ・オーブンは、キッチンの機器の中でももっとも幅広い用途に使える。蒸す、発酵させる、保温する、乾燥させる、焼くなど、普通のオーブンやコンベクション・オーブン、蒸し器、真空調理用ウォーター・バスでできることはたいていなんでもできる。

コンビ・オーブンは、水を蒸気として庫内に注入することで湿気を直接加えられる。乾燥した熱い空気に混ぜる蒸気の量を調節することで湿度を設定し、34ページで触れた湿球温度を設定できる。この機能があるため、コンビ・オーブンは家禽類や肉、植物性食品を蒸すのに理想的だ。スチーム・モードにして湿度を100%に設定し、温度を30〜100℃のあいだに設定する。

コンベクション・モードでは、コンビ・オーブンはふつうのオーブンよりも正確に食材を乾燥させたり焼いたり、食材に焼き色をつけたりできる。湿度を0%、温度を30〜90℃に設定すれば、火を通すことなくすばやく食材を乾燥させられる。焼き色をつけるには、温度を175〜225℃まで上げる。温度が高くなれば高くなるほど、食材の表面は速く乾燥して焼き色がつく。

しかし、コンビ・オーブンは温度を60℃以下に保つのにはあまり適していない。わたしたちは、魚やステーキを調理するのにコンビ・オーブンを使ってみた。通常、わたしたちは魚を45℃で蒸し、ステーキをレアからミディアム・レア（50〜55℃）に調理する。しかしこれくらいの低温の場合、コンビ・オーブンでは2〜5℃の誤差が出る。ウォーター・バスだと1〜2℃の誤差で低温を保てる。ウォーター・バスで真空調理するときと同じように（60ページを参照）、コンビ・オーブンを使うときも目標となる食材の中心温度よりも1℃高く設定する。コンビ・オーブンには自動的に掃除をしてくれるものや、プログラムを設定できる機種もある。たとえば、まずローストする肉の表面に焼き色をつけてから、数時間調理し、最後に提供時間まで保温することもできる。仕上がりは時間をかけて真空調理したものに引けを取らない。むしろ優れていることもある。ロースト・チキンは外側がとてもクリスピーで内部はジューシーになり、目玉焼きは黄身も白身も完璧に仕上がる。

これまでずっと、コンビ・オーブンはかなり高価な業務用しか手に入らなかった。しかしいまは家庭用のコンビ・オーブンも製造されている。家庭用とプロ用では、異なる点がいくつかある。家庭用は正確さや火力が劣り、設定できる温度の幅も狭いので、高温でのローストやオーブン・フライはできない。とはいえ、精密さや用途の幅広さでは、通常のオーブンよりもはるかに優れている。値段が下がるにつれて、やがて広く普及するだろう。

コンビ・オーブンは、かつてプロのシェフしか使うことができなかったが、いまはElectrolux社やGaggenau社といったメーカーが、小型で値段も安い家庭用のモデルを製造している。

蒸す

適した料理：魚（40〜55℃）、蒸しオムレツや目玉焼き、カスタードなどの卵料理（65〜82℃）、野菜（85〜100℃）。卵料理のレシピは146ページと152ページを参照。

コンビ・オーブンの使い道

コンビ・オーブンはほかの機器よりも幅広い調理法で活躍する。しかし、長時間にわたって60℃以下の低温で真空調理する際には、ウォーター・バスのほうが仕上がりがいい。

焼く
適した料理：パンやピッツァ。表面のクラストを固めるタイミングまで生地を湿らせておくために、必要に応じて蒸気を注入できる。

ローストする
適した料理：肉、家禽類、根菜。

2段階調理
適した料理：対照的な質感をつくり出したり、ある食材の部分部分をそれぞれ最適な温度で調理したりするのに適している。

乾燥させる
適した料理：ジャーキー、果物や野菜のレザー（レシピは128ページを参照）。

真空調理する
適した料理：ウォーター・バスよりも食材を大量に調理するのに適している。

電子レンジ

電子レンジは1945年にパーシー・スペンサーが発明した。スペンサーは当時、Raytheon社でレーダー・システムのエンジニアとして働いていた。彼が電子レンジの着想を得たのは、レーダーのスイッチが入るとすぐにポケットの中のチョコレートバーが溶けだしたのがきっかけだった。

安価な電子レンジは、マイクロ波発振器を1秒間に何度かオン、オフと切り替えることで出力レベルを調整している。たとえば50%の出力（あるいは10段階で5）だと、調理時間の半分だけマイクロ波を発振していることになる。より新しい電子レンジはインバーターを使ってマイクロ波の強さを直接制御している。通常、このふたつの出力制御法の違いはほとんど感じられない。

電子レンジは評判が悪く、二流の道具であって、「きちんとした」料理には使えないと考えられているが、これはいわれのない中傷だ。電子レンジは、さまざまな調理作業ですばらしい仕事をしてくれる。たとえば、ギンダラや蒸しチンゲンサイを美しく仕上げられる。ラップを張った容器やビニール袋に野菜と液体を少し入れ、密封して調理すれば、蒸気が大量に発生するので、電子レンジで生じやすいむらを減らせる。また、意外に思われるかもしれないが、電子レンジはビーフジャーキーや飾り用のフライド・ハーブをつくるのに最適だ。

電子レンジ調理を成功させる秘訣は、ほどほどを心がけることにある。食材は小さすぎても大きすぎてもいけない。電子レンジの仕組み上（42ページを参照）、小さなものは大きなものよりも加熱に時間がかかる。オーブンとは逆だ。電子レンジは食材の表面ではなく内部2〜3cmのところにエネルギーを向ける。したがって、少なくともある程度までは、食材の表面面積よりも体積が重要になる。実際、マイクロ波放射線の波長である12cmよりもかなり小さい食材は、しばらくターンテーブルにのせていても周囲を飛び交う電磁波からまったく影響を受けないこともある。

たとえば、ポップコーンの粒をひとつだけ電子レンジに入れて高出力で加熱すると、弾けるまでに何分もかかることがある。しかし1袋分の粒を密集させ、ひとつのかたまりにして入れると、体積が大きいので電子レンジで急速に加熱され、1分以内に最初の粒が弾ける。ちなみにこの現象から、最後にいくつか残った粒がなかなか弾けない理由も説明できる。小さくて互いに離れているので、エネルギーを吸収するのが遅いのだ。

オーブンと同じで、電子レンジもそれぞれに個性がある。いろいろと試してみれば、さまざまな料理に適した設定がわかるはずだ。

多機能モデルには、上火機能や、場合によってはコンベクション・オーブン機能もついている。家にあるのがどのタイプでも、いろいろな使い方を試してみるといい。

ポップコーンは最初に電子レンジで調理された食品のひとつで、いまでもよく電子レンジでつくられる。

電子レンジの使い道

電子レンジが役に立つのは、ポップコーンをつくるときと残りものを温めるときだけではない。第22章の「電子レンジでつくる料理」(342ページを参照) では、電子レンジの長所を活かしたさまざまなレシピを紹介している。

調理する
高出力が適しているもの：野菜を蒸す (346ページの四川風チンゲンサイや344ページの電子レンジでつくるナスのパルミジャーナ)。アーティチョークやジャガイモ、タマネギなど、水分が多くて密度の高い野菜をすばやくやわらかくする。
低・中出力が適しているもの：魚介類 (348ページのギンダラ、ネギ、ショウガのレンジ蒸し)、やわらかい肉。

解凍する、あるいは溶かす
低出力が適しているもの：冷凍食品を解凍する。バターやチョコレートなどの脂肪分が多い食材を溶かす。

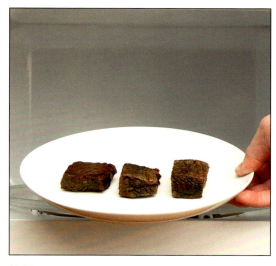

乾燥させる
中出力が適しているもの：果物や野菜のレザーを乾燥させる。ジャーキーをつくる (350ページの電子レンジでつくるビーフジャーキーと352ページのクリスピー・ビーフ・ストランド)。

フライする
中出力が適しているもの：ニンジンなどの葉やハーブ類をクリスピーにする (354ページのレンジでつくるパセリの素揚げ)。

温める
低・中出力が適しているもの：すでに調理した食品を温めなおす。

膨らませる
高出力が適しているもの：タピオカ・パフやインドのパパドなどのスナックを膨らませる。大麦やポップコーンなどの穀物を膨らませる。

に開発した軍事用レーダー技術から派生した。マグネトロンを使って2.45ギガヘルツ周辺の電磁波を発生させる。これが水分子や油分子を振動させることによって熱くなる。小さすぎず大きすぎない薄めの食材に、もっとも効果を発揮する。食材を電子レンジの中央に置いて出力レベルボタンを調節すれば、すばらしい料理の仕上がりに驚くかもしれない。342ページの第22章に調理例を載せている。

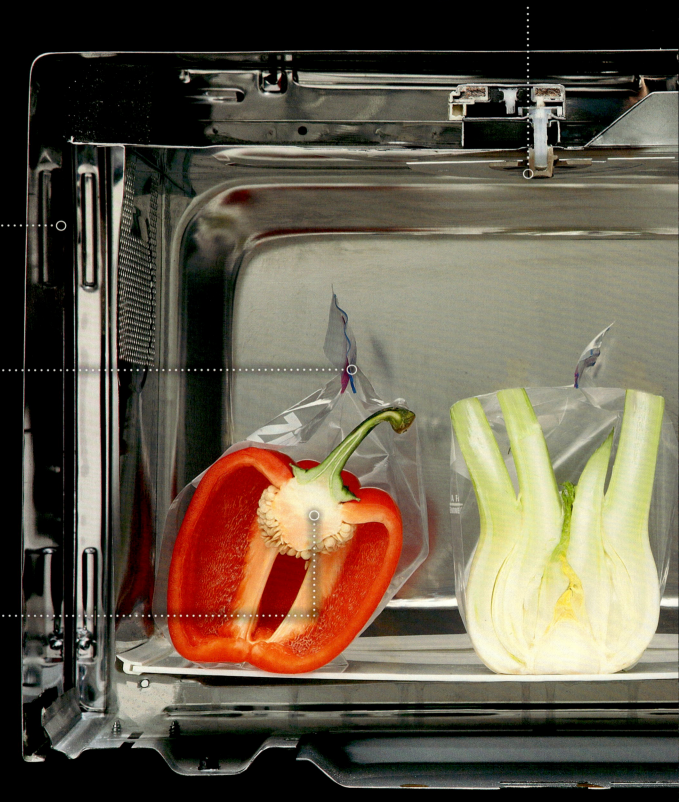

ファンが「かき混ぜる」ことで、マイクロ波があちこちに飛び回り広く行き渡る。これがなければマイクロ波は1本のビーム状となり、その線上にある食材を貫いて焼き跡を残すが、食材の周辺部分は生のままだ。

放射線はこちらには届かない。ガラス扉には穴のあいた金属製シールドがついていて、中をのぞくことはできても、マイクロ波がオーブンから外に出ないようになっている。

皿や容器が冷たいままなのは、電子レンジが主に水と油を温めるからだ。野菜をビニール袋に入れて加熱すると、水分が含まれている野菜は熱くなるが、水分のないビニール袋はそのままだ。しかし金属が含まれた陶器の皿は熱くなり、割れるぐらいまで加熱される。電子レンジで使用可能な皿を使う。

マイクロ波が達するのは、食材の表面から2〜3cmだけだ。だから、冷凍食品は一部が熱いのにほかの部分は凍ったままということがある。調理が進むにつれて食材内部で熱が拡散し、温度差がならされる。ただし、食材が密封されていれば、袋の中に蒸気が充満してむらなく効率的に調理できる。ポップコーンと同じで、袋を開けるときには蒸気が出るので注意する。

大きな食材はマイクロ波をよく吸収する。小さなものはほとんど調理されないこともある。マイクロ波の波長は、122mmだ。

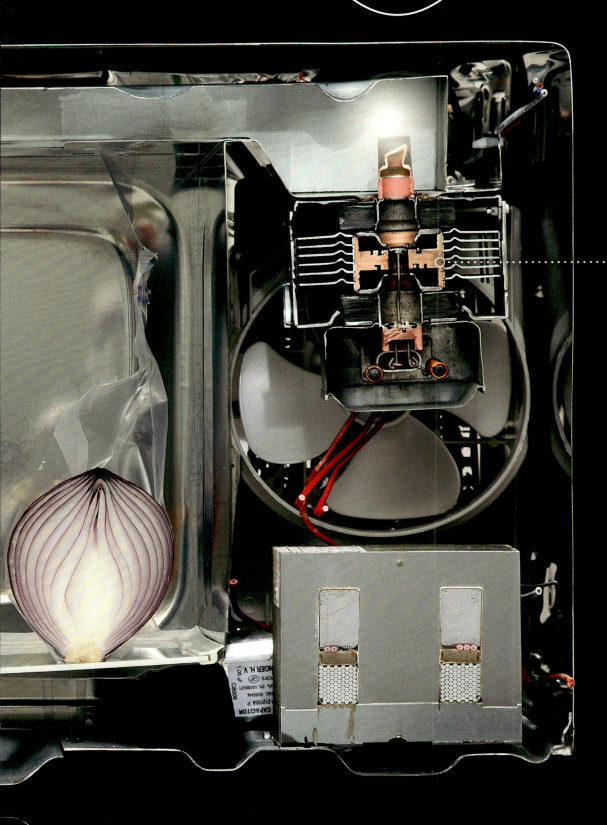

電子レンジをうまく使うコツは、出力レベルボタンを活用することにある。残りものを温めるとき、少し目を離しているあいだに毎回オートミールが吹きこぼれたり、スープが飛び散ったり、バターが溶けたりするようなら、出力を下げてみるといい。

マグネトロンが食材を加熱調理するマイクロ波を発生させる。

厚みのある食材は、調理するのに時間がかかる。1羽丸ごとの鶏肉やかたまりのロースト用肉、その他とても分厚い食材は、通常のオーブンやコンロで調理するよりも時間がかかる。熱が食材の中心に達するには、ゆっくり進む伝導伝熱のプロセスによらなければならないからだ。

電子レンジを使えば、発火の心配なく食材をクリスピーにできる。脂肪分をもとから多く含む乾燥食品に焼き色がつくのは、脂肪は水のようには蒸発しないので、水分がなくなったあとも食材を加熱し続けるからだ。必要に応じて油を表面に塗ってから電子レンジに入れると、食材に焼き色をつけられる。

グリル

グリルは人類と同じくらい長い歴史をもつ調理技術で、われわれの祖先であった霊長類を文明を有する人類へと進化する道筋をつけた。火をコントロールする能力がホモ・エレクトスをほかの動物から区別し、栄養面と料理法を洗練させていく基礎となった。わたしたちがみな、直火で焼かれた食べものの風味に強くひかれるのも不思議ではない。

グリル料理の風味の秘密は、食材からしたたり落ちる汁にある。そこには天然の糖やたんぱく質、油が含まれていて、熱せられた木炭の上に落ちると煙と炎が上がる。高熱によって無数の化学反応が起こり、焦げた汁からグリル料理の香りを運ぶ分子が生じる。新しく形成された分子が煙として上昇して食材を包み込み、香ばしい風味をつける。肉にははっきりとグリルの風味がつくのに、脂肪分がない野菜にはつかないのは、これが理由だ。

みなグリル料理が大好きだが、グリルはコントロールするのがむずかしい。木炭は温度が下がるのが遅いので、温度を下げたい場合はかなり早くから調節する必要がある。温度が不正確で熱さにむらがあるため、思いどおりに食材をグリルするのはむずかしい。わたしたちが好きな方法は、コントロールしやすい真空調理などでまず食材を調理し、それからグリルを使って焼き色をつけ、風味と歯ごたえを加えるというものだ。

わたしたちは、一風変わったやり方で高温を生じさせて、それで30秒間食材をあぶっている。グリルをうまく使う人が火をおこすところを観察してみよう。木炭をならして、グリルの下にある通気口を調節しているはずだ。木炭を加えることはほとんどない。酸素の量を増やすことで火の温度を上げている。わたしたちも、ヘアドライヤーや送風機を木炭に向けて、同じことをやっている。

ヘアドライヤーは火を広げるのにも役に立つ。どのような方法で点火しても――たきつけでも、チムニー・スターターでも、バーナーでも――木炭が全体的にグレーの灰で覆われるまでグリルは使えない。木炭の表面全体が燃えている必要があるので、端が熱くなったらヘアドライヤーで風を送り、木炭全体にすばやく火を回す。

ガスでグリルする場合

ガスグリルは、木炭グリルの代わりとしてとても役に立つ。よりむらなく加熱でき、脂の汁はやはり加熱部分（通常は人工岩や金属板）に落ちるので、同じくグリルの風味が得られる。ガスグリルは木炭グリルよりも熱の強さをコントロールしやすいが、わたしたちがグリルを使うのはさっと表面に焼き色をつけるときだけなので、いつも火力は強くしている。

WHICH IS BETTER
ブリケットか堅木か

　炭焼きグリルの信者にはふたつの党派がある。ブリケット（成形木炭）派と、堅木あるいは木炭のかたまり派だ。ブリケットを支持する人は、使い勝手がよく、熱むらがなくて安定するという。他方でグリルの原理主義者は、混じりけのない堅木の木炭のほうが高温で速くクリーンに燃えるという。いずれももっともな主張だ。

　堅木を熱心に支持する人の中には、燃やすと香りを発するメスキートなどの木からできた炭を使うと、風味が食材に伝わるので、これがグリル料理をすばらしく仕上げる秘密なのだという人もいる。

　しかし点火時の炎が収まり、木炭が熱で赤くなった状態では、ブリケットでも堅木でも、食材に伝わる風味はもう残っていない。炭は単なる炭にすぎない。燃料に含まれていた香りのある化合物はすべて、食材がグリルにのせられるはるか前に蒸発して破壊されている。実際には、燃焼の条件——木炭に空気がどれだけ送られるか、どのように木炭が置かれているか——のほうが、木炭の種類よりもはるかに大きな違いを生じさせる。

バーベキュー用グリルで焼く

　大きな食材や分厚い食材をグリルするときには、グリルをオーブンに変身させるといい。木炭の上でさっと表面に焼き色をつけたあと、食材を片側に寄せ、木炭を反対側に寄せて、グリルにふたをかぶせる。この調理法は間接グリルあるいは50/50グリルと呼ばれる。ただし、実のところこれはグリルではない。オーブンのように焼いているのだ。木炭を反対側に寄せて積みあげると、強火が直接当たって食材の表面だけを焼き、中は生焼けという状態を避けられる。食材は低温で焼かれるからだ。

　オーブンに変身したグリルは、高性能のガスオーブンや電気オーブン、また当然のことながらコンビ・オーブンやウォーター・バスにはかなわない。しかし、グリルが唯一の選択肢の場合には、このやり方が役に立つこともある（ただ、簡易版ウォーター・バスも使える。クーラーボックスで調理するのだ。198ページを参照。この技術を使ったレシピは、200〜202ページを参照）。

　木炭を積みあげたグリルで間接的に調理した食材には、食欲をそそるグリルの風味はない。汁が木炭の上に落ちないからだ。それを埋め合わせるために、肉の切れ端を木炭の上に置いて、肉汁を燃えさしに落とす。そうすると、風味豊かな煙がグリルの反対側で調理されている食材に染みわたる。あるいは、乾燥したウッドチップを少し木炭の上にのせて、食材にほんのわずかに煙の風味を加える（ただし、燻製器で何時間もかけて肉をスモークするのとは比べものにならない、わずかな効果しか得られない）。

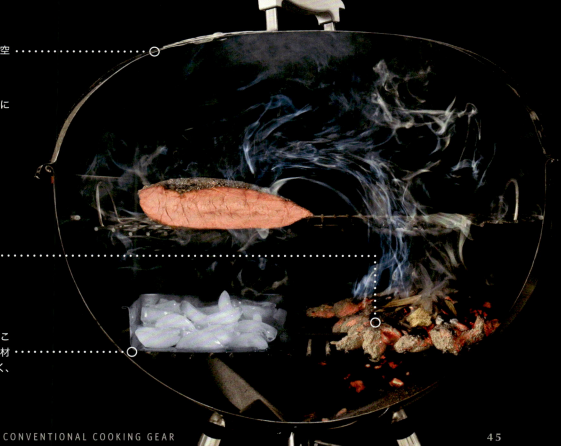

しっかり閉まるふたが熱気を閉じ込めて食材を焼く。ふたは新鮮な空気が入ってくるのも防ぎ、火力を弱めて調理温度を下げる。

食材にまず焼き色をつけて、タマネギやアルミホイルなど、緩衝材になるものの上にのせ、木炭の強い放射熱から隔てる。

木炭を片側に積みあげる。食材よりほんの少し大きいだけの、小さな山にする。低温に保つためだ。

氷を一山、食材の下に置いておくと、循環する熱風に湿度を加えることができ、それによって熱が伝わるスピードが速くなるとともに、食材から水分が蒸発するのを遅らせることができる。食材をより速く、ジューシーに調理できる。

TIPS
グリル調理のコツ

グリルの風味をつける
　グリル料理の古典、ステーキやハンバーガー、ソーセージ、チキンは脂肪分を多く含んでいるので、それが木炭にしたたり落ちてグリルの風味を食材につける。トモバラやハラミなど脂肪分が少なめの肉や、野菜など脂肪分がない食材は、溶かした脂身（123ページ）や澄ましバター（119ページ）、精製油（xxiiページ）などをかけておくといい。わたしたちは食材や木炭に霧吹きを使って油を吹きつけている。ただし、グリルの風味をつける一瞬の炎は、食材を焦がす過剰な火とはまったくの別物だ。一瞬の炎は、脂肪分が落ちて燃えることで生じる。炎が高く上がりすぎて食材に触れるようなら、木炭の山を軽く叩いたり、通気口を閉じたり、木炭を少し減らしたりする。

食材がくっつくのを防ぐ
　ステーキやハンバーガー、ソーセージなどのように、すでに脂肪を含んでいて加熱したら溶けだす食材はそのままでいいが、それ以外の食材には油を薄く塗っておく。魚はグリルする前に塩分3.5%（魚100gにつき塩3.5g）、砂糖2.5%、レモンの皮0.2%の溶液に漬けておく。冷蔵庫に45分入れておき、水ですすいでグリルする。

肉をむらなく調理する
　グリルの内壁が光を反射すれば、熱を食材に向かって弾き返すので、グリル全体の90%が熱くなる。残念ながら多くのグリルは内側が黒く塗られているため、ほとんど光を反射しない。ただ、簡単な改善策がある。グリルの周囲を、光を反射する背の高いアルミ板で囲めばいい。

霧吹に溶かした脂や澄ましバター、精製油を入れておくと、安全な距離からグリルの食材に吹きつけることができる。吹きつけられた脂の滴が木炭に触れると、変化して香煙になり、食材のグリル風味を豊かにする。

食材の水分を拭き取ってからグリルにのせると、熱は表面の水分を沸騰させるのに費やされずに食材に直接伝わる。

火であぶっても食材の外側しか調理されないので、内部はほかの方法で調理する必要がある。ウォーター・バスやコンビ・オーブンで調理する場合は、そのあとに火であぶって焼き色をつけるようにすると、クリスピーさが失われたりべたついたりしない。

超高温グリル

わたしたちは、数秒で食材に焼き色をつけられる超高温のグリルを試作した。すでに真空調理で完全に火を通した食材の表面をクリスピーに焼く一方で、可能なかぎり中には熱が加わらないようにしなければならない。まず、酸素が多ければ多いほど熱くなるだろうと考えた。それならば、ヘアドライヤーや送風機を木炭の下にセットしたらどうだろうか。

標準的なケトル型のWeber社製グリルで試してみた。このテクニックは、木炭や堅木を使うものであれば、ほかのほとんどのグリルでも使えるはずだ。ガスグリルはもともと最適量の酸素をガスに混ぜるよう設計されているので、ガスグリルに風を送り込んでもさらに温度を上げることはできない。

ヘアドライヤーを上に向けて木炭を狙い、グリル底の通気口から風を送る。灰が舞い上がるので、それが落ちついたあとにグリルの表面をぬぐってから食材をのせる。送風機もヘアドライヤーと同じように使える。

風を送り込まれた火は驚くほど高温なので、注意して食材を見張ること。自分の身体にも気をつける。風が強すぎると、火花や木炭が飛び散ることがある。

真空調理

何年も前にわたしたちが真空調理を始めたとき、これは画期的だと感じた。食材の味と食感が完璧に引き出され、しかも毎回同じ仕上がりになる。それだけでなく、非常に便利でもある。たとえば、つくったものを保存しておき、繊細さを保ちながらあとで温めなおすこともできる。料理をいくつかつくってみたあと、わたしたちはすぐにこの調理法に夢中になった。

真空調理は、おおげさな名前のわりには簡単だ。食材をビニール袋に入れて密封し（密封ビンを使ってもいい）、ウォーター・バスやコンビ・オーブンなど1〜2℃の誤差範囲で温度設定ができる調理器に入れるだけでいい。食材が目的の温度に達したら、または所定の時間が経過したら、取り出して軽く焼き色をつけるなどして仕上げ、提供する。それだけだ。

この方法で調理すると、従来の調理法ではほとんど不可能だった仕上がりになる。シカのフィレ肉を52℃で真空調理すると非常にジューシーになり、隅から隅まで完璧に調理されて、普通の方法で調理した場合に火が通りすぎて肉の外側に現れがちなグレーの輪ができることもない。*牛のショート・リブを58℃で72時間調理すると、口の中でとろけるようにやわらかく、ピンク色でジューシーな仕上がりになる。卵を65℃ちょうどで

＊注：野生のシカ肉に関しては、E型肝炎ウィルスによる汚染の可能性があるため、最新の研究データに基づき、適切な中心温度に達するように、加熱温度、加熱時間を設定する必要がある。

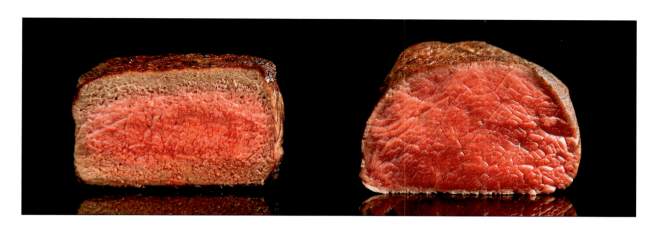

このふたつは、同じ重さのフィレ肉を調理したものだ。左のステーキはフライパンを使って中心温度52℃で調理したが、40%以上の部分に火が通りすぎている。右のステーキは同じ温度で真空調理し、それからバーナーであぶったものだが、隅から隅まで完璧に調理されたジューシーな仕上がりになっている。

調理すると、カスタードのような驚きの食感が得られる。

食材を密封して保存・調理する考えは、大昔からあった。料理の歴史上ずっと、食材は葉にくるまれたり、油の中に入れられたり、塩に漬けられたり、動物の膀胱などに密封されたりしてから調理されてきた。食材を空気から遮断することで——真空パックによって高度に実現できるようになった——腐敗を止められると人は昔から知っていたのだ。食材を包み込むことで、乾燥を防ぐこともできる。

フランス語でスー・ヴィッド（sous vide）と呼ばれるこの調理法は、「真空で」という意味だが、真空調理法の本質的な特徴はパッケージングや真空密封にあるのではない。精密な温度コントロールにある。コンピュータ制御されたヒーターがウォーター・バスの水を温め、温度を低く設定してもそれに合わせて何時間も（場合によっては何日間も）同じ温度に保てる。コンビ・オーブンはそこまで正確ではないが、ウォーター・バスと同じように四方からまんべんなく食材を熱で覆うことができる。

このように熱をコントロールすることで、重要な利点がいくつか得られる。たとえば、シェフは時間を気にする必要がなくなる。コンロやオーブン、グリルを使う従来の調理法では、不安定な高温で調理するので、時間を正確に計らなければならない。ほんの少し目を離している隙に火を通しすぎてしまう。

これとは対照的に、真空調理では設定した温度で数分余計に調理しても、ほとんどの場合おいしさは変わらない。だから気を楽にして、料理のおもしろくて創造的な面にもっと力を注ぐことができる。

温度を正確にコントロールし、均一に保つことで得られる利点がふたつある。第一に、食材全体にまんべんなく火を通すことができる。周囲は乾燥してしまっているのに中心部は生のまま、ということはもう起こらない。第二に、仕上がりの再現性が高まる。ステーキを袋から出すと、毎回同じようにジューシーでピンク色に仕上がる。

もうひとつの重要な利点は、密封した袋の中が湿っていて、食材を効果的に蒸し焼きできる状態になっているので、この方法で調理した材料は明らかにジューシーでやわらかくなることだ。真空調理した食材には焼き色がつかないが、表面だけ焼けば必要に応じて従来の風味を加えることができ、両方の調理法のいちばんいい部分を組み合わせられる。

真空調理は簡単でお金もかからない。この章では、家庭で使える真空調理用のさまざまな器具や道具を紹介する。またそれらの基本的な使い方や、真空調理した食材の冷蔵・冷凍・再加熱方法についても説明する。

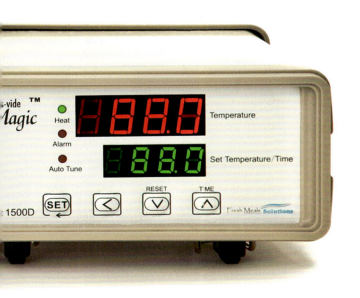

真空調理を始めるのに、高価な機材を新しく揃える必要はない。高性能のスロークッカーにデジタル温度制御器を接続すれば、単純な料理にはじゅうぶんで、費用も抑えられる。ほかの方法は62～65ページを参照。

4つのシンプルなステップ

真空調理の4つの基本ステップは、下ごしらえ、パッケージング、調理、仕上げだ。わたしたちのレシピのほとんどは、一定の中心温度になるまで調理する。つまり、食材のもっとも分厚い部分の中心が決められた温度に達したら、すぐにウォーター・バスから取り出す。ウォーター・バスの温度を目標温度より1〜2℃だけ高く設定しておけば、熱を通しすぎる心配はない。この調理法は、やわらかい赤身肉や家禽類、魚介類、一部の果物や野菜などに適している。しかし、かたい肉はやわらかくなるまでに時間がかかる。わたしたちのレシピでは、かたい食材を調理するときには目標温度でどれだけの時間調理するかを示している。

Step 1: 下ごしらえ

厚みをそろえて1人分ずつ切り分ける。

真空調理する材料を、ほかの方法で調理するときと同じように下ごしらえして準備する。通常は食材を1人前の分量に切る。小さくすればするほど、調理時間が短くなるからだ。1人前の厚さはできるだけ同じにそろえ、まとめて調理したときに同じタイミングで仕上がるようにする。

調理前に調味したり、マリネしたり、塩漬け液に漬けたりして風味づけもできる。材料によっては、調理前に表面を焼いて色づけたり湯通ししたりして、色を変えたり食感を引き締めたりもできる。

Step 2: パッケージング

食材を真空密封するには、1人前をそれぞれ別の真空バッグに入れ、必要に応じて油を加えて密封する。詳細は56ページを参照。

食材は通常、ウォーター・バス（もっとも一般的な方法）で真空調理する前にパッケージングする。水にそのまま食材を入れると、風味や汁が流れ出てしまうからだ。

真空調理をするレストランやケータリング業者は、食材を特別なプラスチック袋に入れる。真空密封された袋は浮かびにくい。また、調理した食品を冷蔵庫で長く保存できるため、事前に大量に調理しておく業者には都合がいい。

現在、家庭用真空パック器は広く普及していて、使い方も簡単だ（54ページを参照）。しかし真空調理をするとき、必ず食材を真空密封しないといけないわけではない。かなり長い時間調理したり、調理後に長期間保存したりする場合を除けば、ジッパーつきの袋でじゅうぶんだ。密封ビンも多くの場面で袋の代わりに使えて便利だ。

ウォーター・バスではなくコンビ・オーブンを使って調理する場合は、パッケージングは必要ない。ふたなしの平皿に食材をのせて、オーブンに入れるだけでいい。

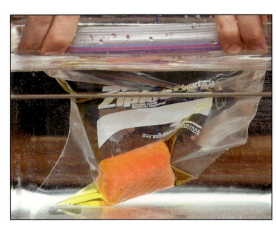

ジッパーつきの袋から空気を抜くコツは、58ページを参照。

食材によっては、袋の代わりに密封ビンを使ってもいい。

Step 3：調理

パッケージングせずにコンビ・オーブンで調理できる食材もたくさんある。

キッチンのシンクやクーラーボックスは、サーモンやステーキを調理するのに必要な時間、水温を保つことができる（198ページを参照）。

袋が浮いてくる場合、ダブルクリップやワイヤーラックで水中に袋を固定する。食材は完全に水に浸かっている必要がある。

ウォーター・バスもコンビ・オーブンも、食材を入れる前に予熱が必要で、通常は15～30分かかる（給湯器のお湯でウォーター・バスを満たせば、予熱時間を短くできる）。バスやオーブンの設定温度は、食材の種類やどの程度火を通したいのかによって変わる。本書第2部のレシピと表が出発点として役立つ。また、経験を積むと最高の仕上がりを得られる温度がわかるようになる。

レシピや表に書かれた目標中心温度まで調理するには、ウォーター・バスやオーブンの温度を目標温度よりも1～2℃高く設定する（設定温度をもっと高くすると速く調理できるが、タイミングがむずかしくなるのでおすすめしない）。一定の厚さの特定の食材をこの方法で調理するのにどれだけ時間がかかるか、自信をもって把握できるまでは、探針つきのプローブ温度計を使って食材の温度をつねにチェックする（66ページの「中心温度を確認するには」を参照）。

調理時間は食材の種類と厚さによって変わる。おおまかなルールとして、厚さが2倍になると調理時間は4倍になる。レシピの指示よりも食材が厚かったり薄かったりする場合には、調理時間を調節する。ただし、保温時間を調節する必要はない。中心部が目標温度に達したら、厚さが違ってもあとの保温時間は同じだ。ただ、保温時間を長くしたり短くしたりすることで、食感を変えることはできる。食材の種類によって、それぞれ調理を続けた際の反応が異なる。

Step 4：仕上げ

フライパンやグリル、フライヤー、バーナー（わたしたちのお気に入りだ）で食材の表面を焼く。

ソースやつけ合わせを添えて料理を仕上げる。

真空調理した食材の食感や見た目は、ポシェしたり蒸したりしたものと似ている。それで問題なければ、そのまま袋を開けて皿にのせるだけでいい。しかし食材によっては——たとえばミディアム・レアのステーキなど——クリスピーに焼くと見た目も味もはるかによくなる。単に焼き色がつくだけでなく、焼くことで高温でしか形成されない風味豊かな化合物が生み出されるからだ。味と香りの成分が、ローストビーフやグリルチキン、フライパンで焼いたサーモンに独特の風味を加える。食材の内部はすでに完璧に調理されているので、非常に高い温度で食材の表面だけをすばやく焼く。フライパンで焼くのがおそらくいちばん簡単だが、バーナーやフライヤー、グリルを使ってもいい（14、27、44ページを参照）。

空気を抜く

プラスチックの容器は有害物質を食材に浸出させるか

『Modernist Cuisine』を出版してから、プラスチック袋で調理するのは安全かとたずねられることが多い。最低限言えるのは、真空調理用と明記してある袋はきわめて安全ということだ。オーブンバッグや人気ブランドのジッパーつき袋、ラップも同じだ。食材と接するプラスチックは、ポリエチレンと呼ばれる素材でできている。生物学や化学の実験用容器に広く使われていて、徹底的に研究されて安全性が証明されている。ただし、価格が安すぎるラップを料理に使うのは避けたほうがいい。ポリ塩化ビニル（PVC）でつくられていて、熱が加わると化学物質が食材に浸出する恐れがあるからだ。

調理をする前に食材を真空パックにするが、その理由は単純だ。パッケージングしないと、食材はたいていウォーター・バスの中でぼろぼろになってしまうし、袋に空気が入っていると水に浮くので、食材をむらなく調理できなくなるからだ。ただし、ほかにも理由がある。空気はあまり熱を伝えないので、食材の周りを真空状態にすることでより速く均一に熱することができる。さらに重要なのは、水が蒸発するには空気が必要な点だ。空気を抜いておくと蒸発が抑えられ、食材の温度が下がったり乾燥したりしにくくなる。モダニスト・クッキングでは一貫した温度管理が不可欠だが、真空状態で調理すればこの一貫性を保ちやすい。

空気を抜いて食材をパッケージングするのは簡単だ。食材をプラスチック袋に入れて、水を満たしたボウルに浸け、水圧で空気を押し出せばいい。あるいは、専用バッグの端をエッジ・シーラーと呼ばれる器具に挿入し、空気を吸い出してから熱で袋を密封するという、手早く便利な方法もある（56ページを参照）。エッジ・シーラーは固形の食材に適している。液体の場合、空気を抜くときに真空ポンプに吸い込まれてしまうことが多いからだ。

真空密封・ビン詰めは食品を長期間安全に保存する唯一の方法だ。しかし、調理後時間をおかずに提供する場合には密封する必要はない。空気を抜くには、袋を水に浸けたり、調理台の角に押し当てたりすればいい（58ページ参照）。それから口を押さえて閉じるか（ジッパーつき袋の場合）、インパルス・シーラーで密封する（真空バッグやオーブンバッグの場合）。あるいは、携帯用ポンプで空気を吸い出す穴のついた、ジッパーつきの袋を買ってもいい。

どの方法も私たちの真空調理レシピに使えるが、真空パック器をとくに必要とする例外的なレシピもいくつかある。

袋、容器、ビン

真空調理用の袋には、さまざまな大きさと値段のものがある。エッジ・シーラーを使う場合は、片面にワッフルのような凹凸がついていて、シーラーが空気を吸い出すときの経路が確保される特別な袋が必要だ。チャンバー・シーラーを使うなら、推奨された袋を使う。既製の袋を買うのがもっとも使いやすいが、袋用の素材をロールで買ってもいい。

袋は液体がもれず、また水の浸入を防がなければならない。また、調理温度が高くても強度が保たれ、非常に冷たい状態でも柔軟性が保たれている必要がある。また、気体の出入りを防ぐ必要もある。このすべての特徴を備えたプラスチックは存在しないので、高品質の袋は種類の異なるプラスチックを重ねて層にしている。層が多ければ多いほど、袋の質と値段は高くなる。厚さのある袋は、冷凍食品を保存するのにも適している。安い袋よりも穴があきにくいからだ。調理用につくられた袋はきわめて安全だ（前ページの注意書きを参照）。

液体状の食材や液体に浸かった食材を真空調理するには、密封ビンを使うといい。調理するのではなく、マリネにしたり保存したりするためだけに食材を密封するのであれば、真空パック器に接続できる硬質の容器を使ってもいい。

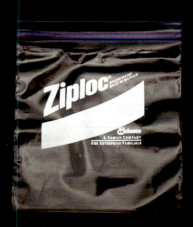

ジッパーつきフリーザー・バッグ
ジッパーつきの袋は液体を密封できる。これはエッジ・シーラーの袋では困難だ。高温では袋がやわらかくなるので、オーブンやコンロで使ってはいけない。
冷凍に適しているか：水に浸けて空気を抜き密封したものは適している
買える場所：スーパーやコンビニエンスストア

エッジ・シーラー用真空バッグ
ワッフルのような凹凸がついているので値段は高いが、耐久性がかなり高く、圧力鍋での調理や、真空調理した食材の保存にも使える。
冷凍に適しているか：適している
買える場所：スーパーやキッチン用品店

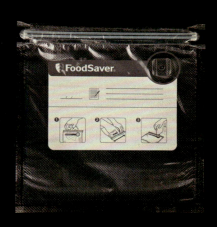

穴つきのジッパー・バッグ
一方通行の弁がついた穴から空気を吸い出す携帯用ポンプとともに売られている。通常のジッパーつき袋と同じで、高温ではやわらかくなる。
冷凍に適しているか：適している
買える場所：スーパーやキッチン用品店

オーブンバッグ
オーブンバッグは大きく、高温にも適している。インパルス・シーラーを使うか、水に浸け空気を抜いて袋を密封する。ウォーター・バスにクリップで留めて、水が入らないようにする。
冷凍に適しているか：適さない
買える場所：スーパーやキッチン用品店

硬質の真空保存容器
空気吸い出し用の穴がついた、側面がかたい容器は、果物や野菜、繊細な食材を長期間、無酸素状態で冷蔵保存するのに役立つ。しかし調理に使うのには適さず、冷凍すると密封状態が保たれない可能性がある。
冷凍に適しているか：適さない
買える場所：キッチン用品店

密封ビン
ガラス製のビンに気密性の高いふたがついたもので、ビン詰めにするときによく使われる。これもウォーター・バスや圧力鍋で食材を調理するのに使える。ビンに入った食材は液体に浸かっていなければならない。袋で調理するよりも時間がかかる。
冷凍に適しているか：適しているが、上部に空間を確保しておくこと
買える場所：スーパーやキッチン用品店

真空パック器

いちばん手軽に真空密封を始めようと思ったら、エッジ・シーラーを買うといい。家庭で使うのにも適した値段である。アメリカでもっとも有名なブランドは、FoodSaverだ。エッジ・シーラー（55ページ参照）は凹凸のついた特別な袋から空気を吸い出す仕組みになっている。レストランで使われているのは、もっと高価な真空チャンバー・シーラー（右写真）だ。もっとも確実に密封できる。また、エッジ・シーラーとは異なり、液体も密封できるので、スイカにイチゴ果汁を染み込ませるような、凝った技も使える（59ページを参照）。

真空密封の安全性について
真空密封食品は缶詰食品とは異なる。酸素がなくても、食品の表面や内部についた、空気なしでも生きられる細菌は増え続ける。したがって、袋に真空密封した食品は必ず冷蔵庫か冷凍庫で保存する。アメリカ食品医薬品局のガイドラインによると、真空密封した食品は冷蔵庫で5日間、冷凍庫で無期限に保存できる。

5層の素材が重ねられてエッジ・シーラー用バッグがつくられている。ポリエチレンでつくられた内側の4層に、かたくて気体を通さないナイロンの外層がついている。この構造のおかげで袋は非常に耐久性に優れ、とりわけ冷凍食品の保存に適している。

エッジ・シーラー用の特別な袋には、片面にワッフルのような凹凸がついていて、空気を除去するための経路が確保されている。凹凸のない袋はエッジ・シーラーには適さないが、真空チャンバー・シーラーでは使える。

真空密封は、すばらしい食品保存法だ。酸素は食品を化学的に変質させるので、真空状態で密封すると、そのまま冷蔵庫で保存するよりもはるかに長期間、魚の匂いは新鮮なまま、肉の色はそのまま、野菜や果物も茶色く変色させずに保存できる。また、温めなおしたときに、化学反応によって独特の風味が発生するのも防げる。

固形の食材はエッジ・シーラーに最適だ。液体の場合、空気を抜くときに真空ポンプに吸い込まれる。そうなるとポンプで袋の空気を完全に吸い出せず、きちんと密封できない。また当然ながら、調理に活かしたい風味豊かな液体が吸い出されてしまって袋の中に残らない。

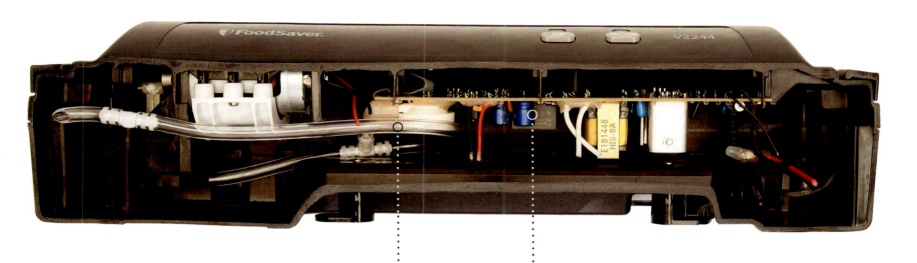

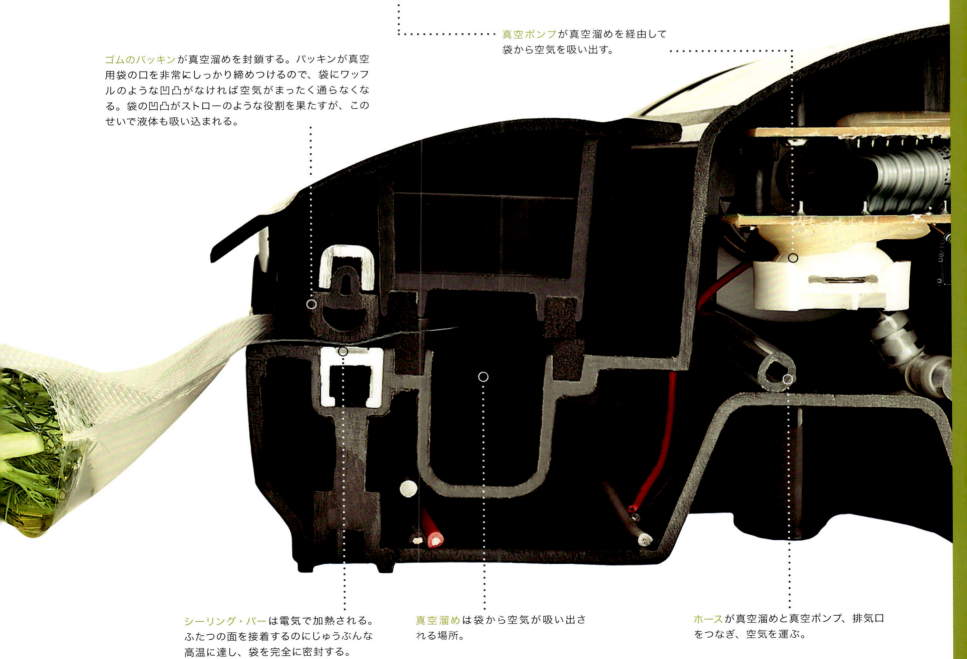

電気制御によって、袋の空気がほとんどなくなると自動的にポンプが止まり、シーリング・バーが動きだす。

真空ポンプが真空溜めを経由して袋から空気を吸い出す。

ゴムのパッキンが真空溜めを封鎖する。パッキンが真空用袋の口を非常にしっかり締めつけるので、袋にワッフルのような凹凸がなければ空気がまったく通らなくなる。袋の凹凸がストローのような役割を果たすが、このせいで液体も吸い込まれる。

シーリング・バーは電気で加熱される。ふたつの面を接着するのにじゅうぶんな高温に達し、袋を完全に密封する。

真空溜めは袋から空気が吸い出される場所。

ホースが真空溜めと真空ポンプ、排気口をつなぎ、空気を運ぶ。

HOW TO エッジ・シーラーの使い方

　エッジ・シーラーがあれば、たいていどこの家庭でも真空密封ができる。エッジ・シーラーを使うには、凹凸のついた特別な袋が必要だ。液体を扱うのには適さないが、密封する前に冷凍したり固形にしたりすればいい（次のページを参照）。密封する前に必ず食材を冷ますこと。

1 既製品の凹凸のある袋を使うか、ロールになっているワッフル状のビニールを適当な長さに切り、シール機能のみを使って片側を閉じて自分で袋をつくる。袋の頭の部分を4cm外側に折り返し、その部分を汚さないようにする。ここが汚れると、うまく密封できない。

2 食材を袋に入れ、折り返していた袋の口をもとに戻す。サーモンのような繊細な食材は、はじめにラップで包んでおくと形が崩れない。

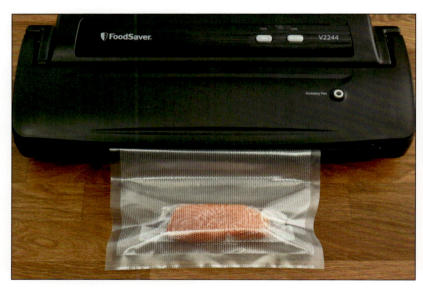

3 袋の口をエッジ・シーラーに入れ、シーリング・バーにかかってさらに真空溜めにまで届くようにセットする（機種によっては袋をパック器に挿入すると自動的に調整してくれる）。シーリング・バーに沿って袋を平らにのばし、しわができないようにする。しわがあるとうまく密封できない。

4 ふたを閉じて真空ポンプを作動させる（たとえば、FoodSaverなら「密封」ボタンを押す）。ポンプは自動的に止まる。液体を真空密封したければ、液体が吸い込まれる直前に「密封」ボタンを押してポンプを停止させる手もあるが、タイミングを誤ると液体が吸い出されてしまう。確実を期すために、最初に閉じた部分から5mm上をもう一度閉じてもいい。

インパルス・シーラーを使うには

　インパルス・シーラーは、封をするだけで空気は抜かない。ただ、ホチキスのような見た目をしたこの器具には、それなりの長所もある。値段はエッジ・シーラーの半額ほどだ。それにオーブンバッグを閉じたり、ロールで買ったビニールを使って自分で真空調理用の袋をつくったりするのにも便利だ。このふたつは、ジッパーつきの袋よりも保存や高温調理に適している。エッジ・シーラーでは液体を密封しようとすると吸い出されてしまうが、インパルス・シーラーならその心配はない。

密封の際によくある問題への解決策

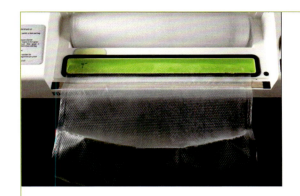

問題：液体が真空溜めに吸い出されて、うまく密封されず、機械や周囲が汚れてしまう。

解決策：液体をまず冷凍し、氷にして袋に入れる。

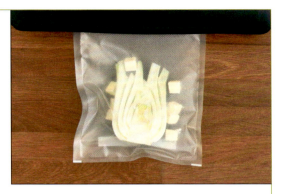

解決策：半固体の状態になっている液体を使う。たとえば、油の代わりにバターを使ったり、凍らせたりゼラチンを加えたりしてストックを固める（98ページを参照）。

問題：食材がしっかり密封されない。
解決策：空気が漏れていないか袋と封を確認し、必要に応じてパッケージングし直す。温かい食材からは蒸気が出るので、密封する前に冷ましておく。

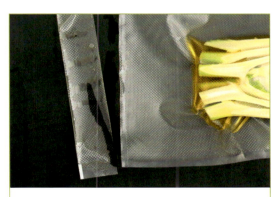

問題：袋は密封されているが、空気が入ってしまった。
解決策：封にしわが寄ったり汚れがついたりしていると、うまく密封できない。袋の上を切って再び封をするか、新しい袋に入れなおす。

問題：食材の形が崩れてしまう。
解決策：繊細な食材を扱う場合、可能であれば真空の設定を「弱」にする。または、薄くて高品質なラップで包むと形を保てる。保存のためだけに密封するのなら、硬質の真空保存容器を使ってもいい。

問題：袋に穴があく。

解決策：骨やとがった部分にラップなどをあてる。または丈夫な袋を使う。

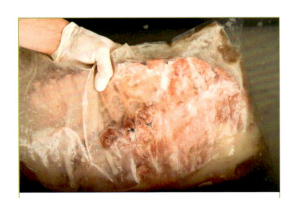

問題：調理中に袋が破裂したり封がはがれたりする。
解決策：高温でも使える袋を使う。プラスチックによっては、70℃になるともろくなり、80℃以上で破れるものもある。

HOW TO ジッパーつき袋で食材を密封するには

食材を液体と一緒に密封する必要があったり、真空パック器がなかったりする場合には、真空密封の代わりに普通のジッパーつき袋を使うと便利だ。下に記したふたつの方法で、袋の空気を簡単にほぼ全部抜くことができる。水に浸けるのがいちばん効果的な方法で、袋の中にそれほどたくさん液体がなくても、空気をほとんど抜ける。

水に浸ける

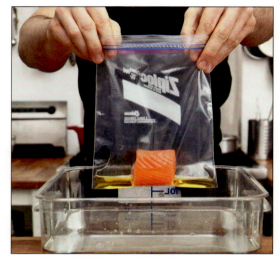

1 ボウルやシンクに水を満たし、ジッパーつきの袋に食材と油または水を少し入れて、水に浸ける。袋の中に液体が必要なのは、できるだけ空気を抜くためと、袋が浮かばないようにするためだ。すぐに調理するなら、ボウルを別に用意する必要はない。温めたウォーター・バスを使って袋の空気を抜けばいい。

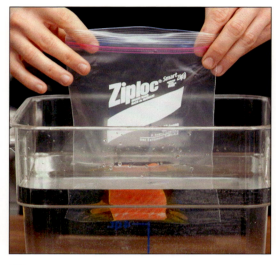

2 口は開けたまま、袋をゆっくり水に入れる。水が袋から空気を押し出し、袋が食材にぴったり押しつけられる。

3 水がジッパーの下1〜2mmのところまできたら、封をする。

調理台の端を使う

1 食材とそれが浸るくらいの液体をジッパーつきの袋に入れて、袋の頭の部分を持ち、液体の上の部分が調理台の端の真下に来るよう、食材が入っている部分を調理台の端から垂らす。この方法では、食材を完全に浸す量の液体が必要になる。そうしなければ食材の周りに空気が入り込んでしまう。

2 袋をピンと張って持ち、ゆっくりと下ろしていく。調理台の角が袋から空気を押し出す。

3 ジッパー部分が調理台の端に来たら袋を閉じる。

HOW TO 携帯用ポンプを使うには

キッチンにエッジ・シーラーの置き場所がなければ、代わりに使えるコンパクトな道具がある。特製のジッパーつき袋で、携帯用ポンプで空気を吸い出せるようにあらかじめ穴があいている。袋は比較的値が張るが、洗って再利用できるものもある。エッジ・シーラーと同じで、携帯用ポンプも液体はうまく処理できない。

穴がついた袋は、時間が経つにつれて空気が入ってくるので、すぐに調理したり、チーズや生鮮食品など日常的に使う食材を短期間保存したりするのに適している。

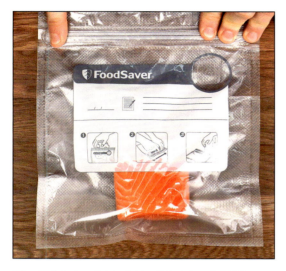

1 重ならないように食材を袋に入れ、上部3分の1は開けておく。袋を閉じる。

2 携帯用ポンプを袋の穴に差し込み、スタート・ボタンを押す。

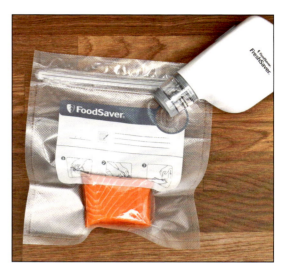

3 空気を吸い出して食材の周りが密封されるまでポンプを作動させる。

HOW TO 果物や野菜を圧縮するには

繊細な果物や野菜を真空密封するのはむずかしい。植物細胞では細胞液が入った液胞が大きな割合をしめるので、圧力が加わると組織を保てなくなり、つぶれてしまうことが多いからだ。しかし創造性を発揮してこの短所を長所に変え、食感や色を変化させることもできる。たとえばパイナップルを真空密封すると、濃密でおいしくなる。圧縮された桃やスイカも、ジューシーで濃厚になる。食材を圧縮したあとは、使うまで密封しておく。

1 必要に応じて果物や野菜の皮をむき、均等な大きさに切る。イチゴを使う場合、わたしたちは砂糖を加えることにしている。

2 真空調理用バッグに食材を重ならないように入れる。真空にすると、液胞と呼ばれる植物の中の液体ポケットが破裂する。

3 液胞がつぶれるほど、食材の色が濃くなる。

4 真空密封が終わったら、実際に食材を使うまで少なくとも10分間は袋の中で寝かせる。

調理と再加熱

深鍋ひとつと高性能の温度計、それに根気さえあれば、真空調理はできる。スロークッカーに外づけの温度調整機を接続したものがあれば、より便利で確実だ。商品として製造されたウォーター・バスがあるとさらにいい。これはヒーターと温度制御器、断熱容器を組み合わせて一本化し、さらにワイヤーラックをつけたものだ。基本モデルの真空調理器では水は動かないが、プロ用のウォーター・バスには、ポンプがついているものが多く、水が循環する。このあとのページでは、さまざまなタイプのウォーター・バスを見ていきたい。

ウォーター・バスの準備ができたら、あとはどう調理するかだ。本書のレシピはすべて、ふたつの調理法のいずれかを使っている。目標の中心温度に達するまで食材を調理する方法と、目標温度まで食材を加熱した上で一定時間その温度を保つ方法である。

第一の方法では、レシピや表に、食材の中心の最深部が達するべき温度を示している。ウォーター・バスの温度を、それよりも1〜2℃高く設定する。ほとんどの温度制御器やキッチン用温度計には1〜2℃の誤差があるので（8ページを参照）、少しだけ温度を高く設定しておくと、思い通りの仕上がりに近づけられる。それから、食材の温度がウォーター・バスの温度と平衡状態になるまで待つ。

この方法は平衡調理と呼ばれ、従来の調理法よりも柔軟だ。タイミングは重要ではなく、推奨時間よりも（10％ほどの幅で）長く食材をお湯に浸けておいても、仕上がりに大きな変化はない。食材の形が不揃いでも、きちんと調理できる。もっとも厚い部分に火が通るまで調理しなければならないが、設定温度で長く調理しても薄い部分に火が通りすぎることはない。複雑な料理をつくるときには、さまざまな材料をウォーター・バスに入れておき、準備ができたら組み合わせるといい。その場合、ウォーター・バスの温度は調理温度よりも低く設定しておくこと。

平衡調理にはとても長い時間がかかることがある。時間がかかるのは、加熱に伴う物理的現象の結果だ。食材がウォーター・バスの水温よりもかなり冷たいと、最初は速く熱が伝わるが、温度差が縮まるにつれて最後のほうは急激に熱の伝わり方が遅くなる。さいわいなことにずっと見ておく必要はないので、そのあいだは別の作業をしていてもいい。時間をかけたかいのある仕上がりになる。

調理時間は、食材の厚さによって想像以上に変わる。レシピよりも食材が厚かったり薄かったりした場合には、時間を見積もるのがむずかしい。おおまかな目安として、調理時間は食材の厚さにそのまま比例するのではなく、厚さを2乗したものに比例する。たとえば、5cmの厚さのステーキがミディアム・レアになるまでには、その半分の厚さのステーキよりも4倍長くウォーター・バスに浸けておかなければならない。そのため、

やわらかい肉は通常、一定の中心温度になるまで調理する。たとえばレアだと50℃、ミディアム・レアだと53℃だ（192ページを参照）。中心の最深部が目標温度に達したらステーキは完成だ。かかる時間はステーキの厚さによって異なる。

かたい肉の場合、目標温度に長時間保ってやわらかくする必要がある。たとえばわたしたちは、ショート・リブを58℃で72時間調理することが多い。より高温にして時間を短くしても、これとは異なるがいい仕上がりが得られる。

鶏むね肉などの家禽類も目標温度にしばらく保つことが多いが、そうする理由は異なる。潜んでいる可能性のある病原体を殺して食品の安全を確保するためだ。

写真のウォーター・バスは、食材を入れすぎている。ウォーター・バスに食材を入れすぎると、温度を均等にするのに必要な水の対流が妨げられて調理にむらができる。水を循環させる機能のないウォーター・バスは、入れすぎによる影響がとくに出やすい。入れる食材の量は、水が循環する空間をじゅうぶん確保できるぐらいにしておく。場合によっては数回に分けるか、より大きな容器を使う必要があるかもしれない。

わたしたちはたいてい、大きな食材を1人前の大きさに切ってから真空調理している。

第二の方法は定温保持調理法と呼ばれ、設定した温度に食材を一定時間保つ方法だ。この方法は安全のために食材を殺菌するのに必要とされることもあるが、かたい肉をやわらかくするために頻繁に用いられる。たとえば、ショート・リブを58℃で72時間調理すると、同じリブを82℃で10時間調理したときとはまったく異なる仕上がりになる。

コツをつかんでから、わたしたちは仕上がりのすばらしさからだけでなく、便利さからも真空調理を利用するようになった。真空パック器とそれなりの大きさのウォーター・バスさえあれば、1人前分の袋を同時に大量に調理できる。すぐに使わないものは、通常の残りものよりも長く冷蔵庫や冷凍庫で保存できる。それに再加熱も簡単だ。

食材を冷蔵したり解凍したり再加熱したりするとき、ほとんどの人は無頓着にやっている。温かいまま食材を冷蔵庫に入れたり、調理台の上に長時間置きっぱなしにして細菌を増やしてしまったりする。

調理したあとの食材は、すばやく冷まさなくてはならない。理由はふたつある。第一に、細菌は「危険ゾーン」の10〜50℃で繁殖する。冷ましているあいだ、この危険ゾーンに置かれている時間が長ければ長いほど、調理後に残っていたわずかな細菌が繁殖して再び食材に広がる可能性が高まる。細菌は温かい環境で繁殖するため、危険ゾーンの高温域ではリスクがきわめて高くなる。

第二に、すばやく冷ませば、時間をかけて冷ましたときよりもジューシーさと風味を保つことができる。すばやく冷ますと、漏れ出てしまう前に汁がゲル化するからだ。

冷蔵庫に入れる温度まで急速に冷ますには、封をした真空調理用バッグを氷水に入れるのがいちばんいい。氷をたくさん混ぜた冷水をシンクかボウルに入れるだけで簡単にできる。食材が冷めたら、封をしたまま冷凍庫や冷蔵庫最下段の引き出し部分に保存する。扉の棚に置くのは避ける。冷蔵庫の中でいちばん温度が高い場所だからだ。

バッグに入れて冷凍した食材は、そのままウォーター・バスに入れれば解凍と調理を同時にできる。当然のことながら、冷凍状態から調理すると、同じ食材を冷蔵温度から調理するよりも時間は長くかかる(大幅に長くかかることも多い)。どれだけ長くかかるかを見積もるのはむずかしいが、上で説明した平衡調理法を必ず使う必要がある。冷凍状態から調理するときは、ウォーター・バスの温度を最低でも55℃に設定する。この温度なら、食材を長時間ウォーター・バスに浸けておいても細菌が増殖しない。これより低い温度で調理するのが適している食材は、冷凍状態から調理してはいけない。まず冷蔵庫で解凍する。

意外に思われるかもしれないが、真空調理した食品を再加熱するには、生の状態から平衡調理法で調理するのとまったく同じだけ時間がかかる。したがって、魚や、やわらかい肉、野菜は事前に調理しておく意味がない。かたい肉は、目標温度に保って長時間調理する必要があるので話は別だ。再加熱では、目標中心温度まで戻すだけでよく、その温度に長時間保つ必要はない。72時間調理して冷凍したショート・リブは、1時間もあれば解凍して再加熱できる。

ウォーター・バスは、残りものを再加熱するのに最適の道具だ。食後に残りものを冷まし、真空密封して冷蔵庫に入れておくといい。赤身肉はもともとの調理温度まで温める。ほかの食材は60℃で再加熱する。65℃以上で再加熱するのは避けること。

最終的に求められる中心温度よりも、はるかに高い温度にウォーター・バスを設定して調理する人がいる。しかしこの方法は失敗する可能性が高い上、食材の内部で温度にむらが生じるので、真空調理がもつ最大の長所ふたつを活かせなくなる。この「中心温度より高温の調理法」をわたしたちは『Modernist Cuisine』で取り上げたが、おすすめはしない。

ウォーター・バス

　ウォーター・バスには、主にふたつの種類がある。水を循環させるものとさせないものだ。たとえば、SousVide Supremeという家庭用につくられた機種など、循環させないもののほうが値段は安い。こういった機種は、対流（温かい液体が自然に上昇し、冷たい液体が沈む自然の傾向）を用いてウォーター・バス内の温度差をなくす。家庭ではあまり頻繁に食材を出し入れしないので、水を循環させないウォーター・バスでじゅうぶんだ。この種のウォーター・バスを使うときには、食材を入れる袋として小さい袋を選び、袋と袋の間隔をあけて対流が周囲を流れやすくする。

　プロのシェフは、水が循環するウォーター・バスを好む。水をポンプで循環させられるので、温度が均一になる。循環させる力が強ければ強いほど、水温にむらが生じるのを防ぎ、ウォーター・バスの中に大量の食材を入れても問題なく調理できるようになる。実験室用の高性能ウォーター・バスは、断熱されたタンクにポンプとヒーター、温度制御器が組み込まれている。値段は高い。次のページに示しているPolyScience社製のもののような調理場用取りつけ式サーキュレーターはもう少し安く、どんなタンクや容器にも取りつけられる。

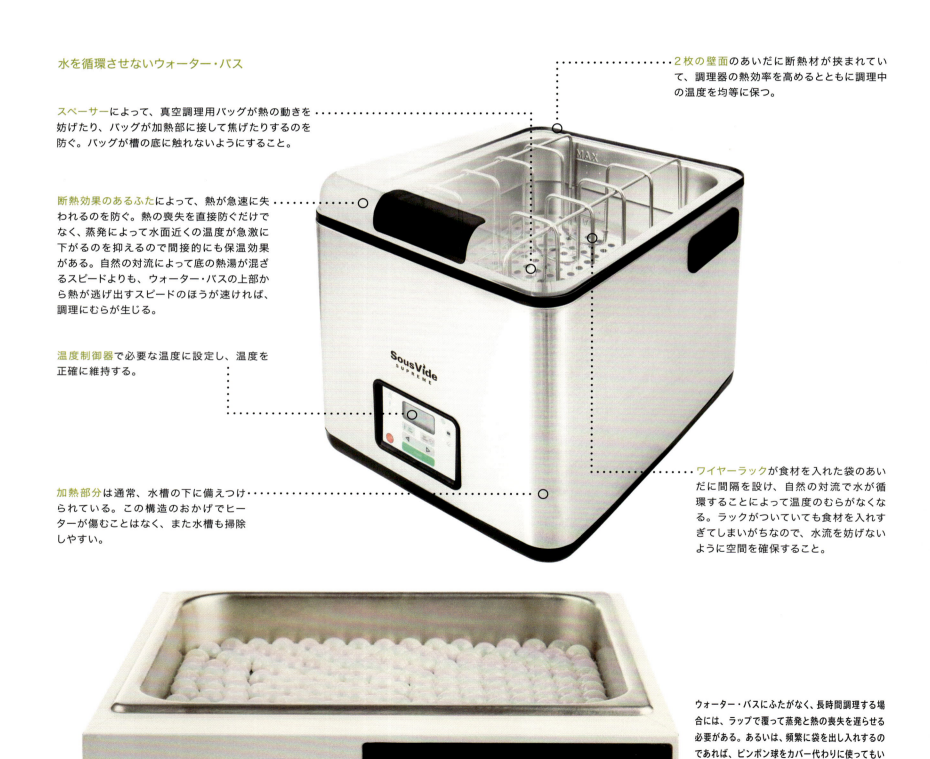

水を循環させないウォーター・バス

スペーサーによって、真空調理用バッグが熱の動きを妨げたり、バッグが加熱部に接して焦げたりするのを防ぐ。バッグが槽の底に触れないようにすること。

断熱効果のあるふたによって、熱が急速に失われるのを防ぐ。熱の喪失を直接防ぐだけでなく、蒸発によって水面近くの温度が急激に下がるのを抑えるので間接的にも保温効果がある。自然の対流によって底の熱湯が混ざるスピードよりも、ウォーター・バスの上部から熱が逃げ出すスピードのほうが速ければ、調理にむらが生じる。

温度制御器で必要な温度に設定し、温度を正確に維持する。

加熱部分は通常、水槽の下に備えつけられている。この構造のおかげでヒーターが傷むことはなく、また水槽も掃除しやすい。

2枚の壁面のあいだに断熱材が挟まれていて、調理器の熱効率を高めるとともに調理中の温度を均等に保つ。

ワイヤーラックが食材を入れた袋のあいだに間隔を設け、自然の対流で水が循環することによって温度のむらがなくなる。ラックがついていても食材を入れすぎてしまいがちなので、水流を妨げないように空間を確保すること。

ウォーター・バスにふたがなく、長時間調理する場合には、ラップで覆って蒸発と熱の喪失を遅らせる必要がある。あるいは、頻繁に袋を出し入れするのであれば、ピンポン球をカバー代わりに使ってもいい。食材を出し入れするときに、すぐ脇に移動できる。

水を循環させるウォーター・バス

ポンプがこの取りつけ式ヒーターには組み込まれている。
ポンプによって水が循環し、水温がむらなく保たれる。

オーブンのサーモスタットでは、空気の温度に少なくとも10℃の誤差が出る。しかし真空調理器では誤差は2℃以内で、高性能機種だと0.5℃以下に抑えられる。

頑丈なポリカーボネート容器が使われているので、断熱と同時に、調理中の食材の目視も可能になる。このような容器は、キッチン用品専門店には、さまざまな大きさのものが売られている。ポリカーボネート容器より保温性の高いクーラーボックスを使ってもいい。

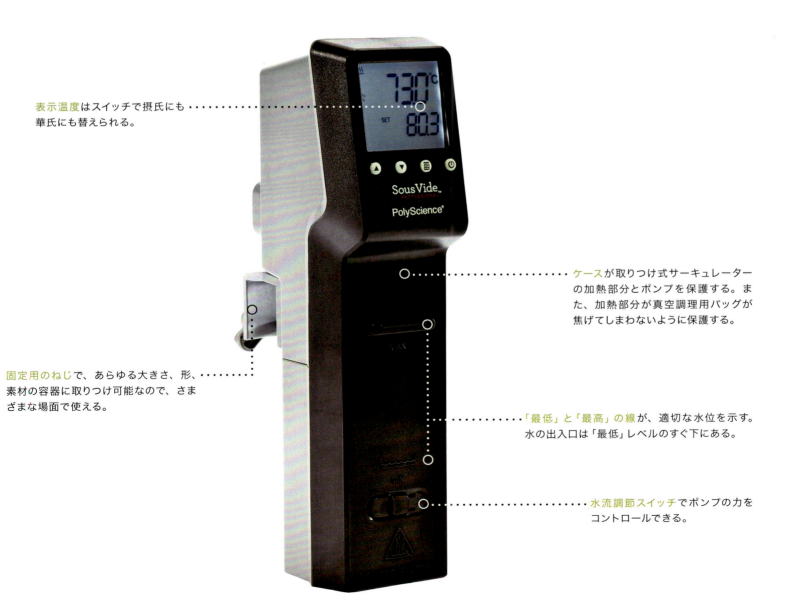

表示温度はスイッチで摂氏にも華氏にも替えられる。

固定用のねじで、あらゆる大きさ、形、素材の容器に取りつけ可能なので、さまざまな場面で使える。

ケースが取りつけ式サーキュレーターの加熱部分とポンプを保護する。また、加熱部分が真空調理用バッグが焦げてしまわないように保護する。

「最低」と「最高」の線が、適切な水位を示す。水の出入口は「最低」レベルのすぐ下にある。

水流調節スイッチでポンプの力をコントロールできる。

即席ウォーター・バス

　どんな道具を使っても、食材を低温で正確に加熱できれば真空調理は可能だ。手のこんだものは必要ない。水で満たした大きな鍋にデジタル温度計をクリップでとめたり、キッチンのシンクやクーラーボックスに湯を満たしたりすれば、即席のウォーター・バスになる。こういった方法では数時間しか一定温度を保てないが、短時間の調理であれば市販の真空調理器と比べても遜色なく仕上げられる。

　即席の道具で調理する場合は、専用調理器のコンピュータ制御サーモスタットの代わりに、洗練された生物学的コントローラーを使う。つまりあなた自身だ。あなたがデジタル温度計を使って正確に水温を計らなければならない。食材の量よりもかなり多めに水が入っていると、温度を安定させやすい（つまり容器に食材を入れすぎてはいけない）。目標とする食材の中心温度よりも2〜5℃高い水温にし、食材は室温に戻してから調理を始める。冷たい食材や凍った食材は水温を大幅に下げてしまう。温度を測ったら毎回ふたをすること。また、水を入れる前に容器を隅々まで洗浄する。

キッチンのシンクやバスタブ

魚を調理したり、肉をミディアム・レアにしたりするときは、給湯器のお湯の温度でじゅうぶんだろう。目標となる中心温度を選び（192ページと281ページの表を参照）、水温をそれよりも2〜5℃高くする。清潔なシンクかタブにお湯を入れ、袋に入れた食材を加える。袋が浮くようなら、ナイフやフォークなどを使って沈めておく。必要に応じて熱湯を足す。

クーラーボックス

断熱されたクーラーボックスは、即席のウォーター・バスとしてとくに効果を発揮する。家を出るとき、調理する食材の目標温度よりも2〜5℃高い湯をクーラーボックスに入れて、それをピクニックに持っていく。断熱されているので水温は数時間保たれるが、時々確認すること。198ページのクーラーボックス真空調理ステーキを参照。

コンロにかけた鍋

おそらくもっともシンプルな真空調理法は、コンロにかけた鍋だろう。食材を入れた袋と温度計をワイヤーラックにクリップで留め、鍋のふちにかける。目標温度まで水温を上げ、その温度を保つ火力に調節してから調理を始める。高品質の重たい鍋は、薄い鍋よりも保温力が高い。ただし、金属は断熱性にはあまり優れていない。温度を確認したらふたをする。

炊飯器やスロークッカー

水が循環しないウォーター・バスは、自作できる。単純にオン／オフあるいは弱／中／強のスイッチだけがついた、廉価なスロークッカーか炊飯器を用意する。プログラム可能なものやデジタル制御の製品は避ける。水を入れたら、デジタル温度制御器とつなぐ。少なくとも2社が、これを目的とした制御器を製造している。Fresh Meals Solutions社とAuber Instruments社だ。制御器についている温度センサーを水の中につるす。必要な温度に設定すると、制御器がクッカーや炊飯器の電源を入れたり切ったりしてその温度を保つ。

オーブン皿

水道水を食材調理時の温度まで温め、深いオーブン皿に入れる。オーブンをいちばん低い温度（通常は100℃ぐらい）に設定し、袋に入れた食材を浸ける。オーブンは水温をそれなりに保つが、オーブンの探針を水に入れて1時間後に温度がどれだけ上下しているか確認しておく。温度がおおむね一定に保たれていれば問題ない。さらにオーブン皿にふたをすれば、ほかの即席の方法よりも長時間調理できる。

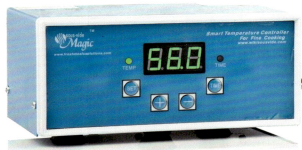

ホット・タブ

信じられないかもしれないが、（わたしたちのように）魚に軽く火を通したければ、ホット・タブ（パーティなどで使う浴槽）が役立つ。タブのお湯はたいてい38～40℃に設定されている。次のパーティで試してみるといい。

HOW TO 中心温度を（気にしすぎることなく）確認するには

真空調理のひとつの利点は、時間と温度をあまり心配しなくていいことだ。レシピの指示よりも少し長く調理しても、コンロやオーブンのときほど仕上がりが大きく変わることはない。とはいえ、ときどき温度を確認すると、さまざまな食材が一定の温度に達するのにどれだけ時間がかかるのかを把握できる。

下のふたつの方法のいずれかで、調理を妨げることなくデジタル温度計を食材に挿入する。ただし、やりすぎに注意すること。頻繁に温度を確認する必要はない。

わたしたちのレシピの多くでは、食材を一定の中心温度まで調理する。「中心温度」とは、食材のいちばん厚い部分の中央の温度のことだ。この部分は、熱が食材に拡散するときに最後に到達する。

ジッパーつきの袋とウォーター・バス

瞬間測定温度計を使う

デジタル温度計の選び方と使い方については、8ページを参照。

1 食材を調理しているあいだに、袋の頭の部分だけを持ち上げて開く。袋を水中に浸けたままにしておくと食材は冷めず、調理時間は変わらず、空気も入らない。

2 探針の先を食材のいちばん厚い部分の中心に差し込む。温度計をそのまま持って、数値が安定して中心温度が表示されるまで待つ。初めに表示される温度は、食材の表面近くの高めの温度の可能性がある。

3 温度計を取り出し、洗剤と水でよく洗うか、抗菌効果のあるウェットティッシュで消毒するかしてから、水でよくすすぐ。

4 袋を水に沈めて上の端だけが水面から出ている状態にし（58ページの「ジッパーつき袋で食材を密封するには」を参照）、ジッパーを押さえてふたたび袋を閉じる。

オーブン・プローブ温度計を使う

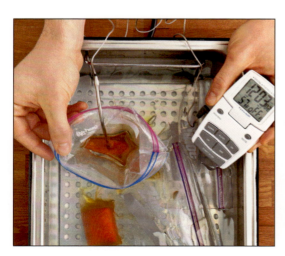
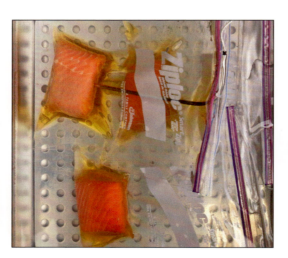
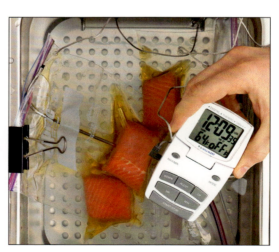

1 調理前に探針の先を食材のいちばん厚い部分の中心に差し込む。調理中に動かないような角度で挿入すること。探針が反対側まで突き抜けていないか確認する。

2 袋を水に沈めて上の端だけが水面から出ている状態にし（58ページの「ジッパーつき袋で食材を密封するには」を参照）、ジッパーを押さえて探針の周りの袋を閉じる。封が探針を支えるはずだが、隙間があるので防水状態にはならない。

3 袋をウォーター・バスの側面にクリップで留め、頭の部分が水面よりも上に出るようにする。袋の中の食材は完全に沈ませること。探針からのリード線をふたと本体の隙間から外に出し、ふたを可能な限り閉める。

真空密封した袋とウォーター・バス

1. 袋に食材を入れ、密封する。ひとつのウォーター・バスで複数の袋を調理する場合には、各袋に入れる食材を同じ大きさにする。そうすれば、そのうちのひとつに温度計を入れたままにできる。ほかの袋の食材もだいたい同じ温度になるからだ。探針をもっとも大きな食材に取りつければ、ほかもすべて完全に調理できる。

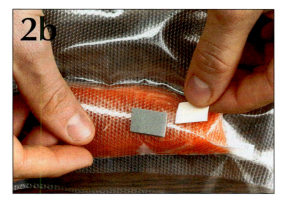

2. 袋を水に入れる前に、隙間埋め用のテープやその他の緩衝材つきテープ（工具店やホームセンターで買える）を小さな四角形に切り、密封した袋の外側に貼りつける。テープを貼る位置は、温度を測りたい食材の中心から少しずらし、温度計の探針を斜めに挿入できるようにする。FoodSaverの袋は強度があり、中の食材がステーキのようにかたいものでないと太い探針では穴をあけにくいので、できれば針のように先がとがった探針を使う。テープと袋を貫通させて、温度計の探針を食材のもっとも厚い部分の中心まで斜めに挿入する。まな板の上だと作業しやすい。緩衝材つきのテープが探針の周りを密封し、袋に水が入るのを防ぐ。密封状態を保つために、探針はそのままの位置に固定する。

3. 袋と探針を慎重にウォーター・バスに入れ、ふたと本体の隙間からリード線を外に出し、ふたがウォーター・バスをできるだけしっかり覆うようにする。

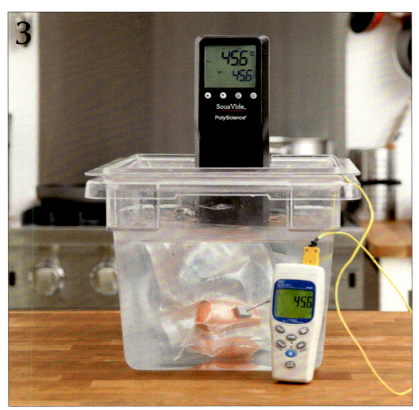

温度計を使うときの注意点

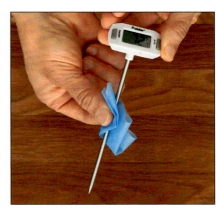

温度計で食材に穴をあけると、水中や食材の表面、温度計の探針に存在する細菌やウィルスなど、袋の外側のものが食材の中に押し込まれるので注意する。頻繁に温度を確認するのをすすめないのは、これが理由でもある。

汚染を防ぐために、温度計を食材から取り出すたびに消毒する。洗剤と水で洗うよりも、消毒用のウェットティッシュを使うほうが便利だが、どちらも同じ効果がある。洗ったりふいたりしたあとは、清潔な水で探針をよくすすぐ。また、調理のたびにウォーター・バスの水を換えること。食材が袋に入っているからといって、水が汚れないわけではない。

材料

いい料理はいい材料からできる。かつては一流のシェフだけがこれを重視していたが、いまでは食の世界全体が材料に大きな重きを置いているようだ。性格が異なる動きがいくつか盛り上がりを見せている。オーガニック運動は化学物質を使わずに食材を育てることを目的としている。「ファーム・トゥ・テーブル」運動では、レストランが自前の菜園や畑をもち、そこから食材を調達する。地産地消運動は食材を近隣で育てることに重点を置き、地域経済を支えようとしている。

いずれもすばらしい目的をもった運動だ。ただし注意しなければならないこともある。大企業の中には政府に陳情して抜け穴をつくり、「オーガニック」をマーケティングのための流行語に貶めてきたところもある。オーガニックの本来の趣旨を尊重するには、伝統品種を栽培する小規模で職人的な生産者を、シェフが積極的に探す必要がある。地産地消運動では、遠くから運ばれてくる食材よりも近所で育てられたもののほうが地球にやさしいといわれる。たしかにそのとおりのこともあるが、そうでない場合もある。農作物によっては、輸送を考慮に入れても、地元でつくられたもののほうが、効率性の高いほかの地域でつくられたものよりもエネルギーを大量に必要とする。さいわいなことに、いまは多くの情報が手に入るので、それをふまえて選択ができる。何を選ぶかは各自が決めればいい。

わたしたちは、食を豊かで多様で刺激的な経験にするため、利用できる道具や材料は何でも使いたいと思っている。だから、アメリカ中西部にいながらエクアドルのチョコレートやブラジルのバナナ、中国の飴菓子が簡単に手に入るのはうれしい。すばらしいことだ。それと同時に、みなが地元の食材に目を向けるようになっているのもすばらしい。

わたしたちの考えでは、シェフが使える材料はほかにもいろいろある。キサンタンガム（増粘剤）やNソルビット（油脂を粉末にする）といった現代の材料を使えば、創造的なシェフは、かつて不可能だった仕上がりを得られる。

たとえば310ページのマカロニ・アンド・チーズのレシピを見てみよう。通常は、チーズを溶かすと脂っこいかたまりになる。シェフはたいてい小麦粉やコーンスターチを大量に加えて、溶けたチーズをなめらかに保とうとするが、食感はべたつき、ぼんやりした風味になる。わたしたちはその代わりにクエン酸ナトリウムを使う。このわずかな変更によって、これまでに食べたどのマカロニ・アンド・チーズよりも純粋で鮮やかなチーズの風味が得られる。このレシピは『Modernist Cuisine』の中で指折りの人気料理となった。

クエン酸ナトリウムは怪しいものではない。柑橘類のクエン酸からつくった塩にすぎない。次のページに示すように、ほとんどのモダニスト調理の材料は天然由来だ。小麦粉やイースト、砂糖、重曹など、精製してつくられる従来の材料と同じようにつくられている。

この本に出てくる材料の中に奇妙なものがあるとしたら、それはまだなじみがないというだけのことだ。本章の目的は、さまざまな材料を知ってもらい、安心して使ってもらえるようにすることにある。地元のファーマーズ・マーケットで手に入れる新鮮な農作物や、外国食材店で購入するなじみのない材料、オンラインストアで注文する特別な食材、ほかの手段では不可能な料理を可能とするモダニスト食材などだ。

地域の「本物」の食材

食の世界に見られるもうひとつの動きが、特定の地域でのみ生産される「本物」の食材に魅力を見いだすものだ。たとえばコペンハーゲンにあるレストラン〈ノーマ〉は、北欧で生産される材料だけを使うことで有名だ（冬にはかなりの工夫が求められる）。この考えは立派なものだが、広くとらえると、じつはひとつの場所に固有の「本物」の食材というのはほとんどない。たとえば、パスタをつくるのに最適な小麦は冬が寒い場所でよく育つ。したがって、イタリアのパスタはほとんどカナダ産の小麦でつくられている。これは、本物のイタリア食材とはいえないのだろうか。どの地域の料理でも、材料や食べ方の多くが大昔にどこか別のところから取り入れられている。中国ではイタリアよりも3,000年以上前から麺を食べていた。また、いまではナミガイ（白ミル）はアジアの高級レストランの多くでメニューに載っているが、この異様に大きな貝は何百年ものあいだアメリカ先住民が太平洋岸北西部で採取していたものだ。

一般的ではない材料

モダニスト・シェフは多くの食材を料理に使うようになっている。そうした新しい材料のおかげで、驚くべき創造性を発揮できるようになった。しかし、中には寒天やキサンタンガムなど、なじみのない食材に不信感をもつ人もいて、よく尋ねられる。「あなたたちの料理って、化学物質だらけじゃない？」たしかにそうだ、すべての食材は、もっとも自然でオーガニックなものですら化学物質でできている。

ただし、こういった化学物質のほとんどは天然の材料や自然な製法でできていて、すでに何十年も使われてきたものも多い。食卓塩（塩化ナトリウムとも呼ばれる）と同じぐらい害のないものだ。

たとえば、寒天は白い粉でゼラチンと似ているが、融点がもっと高く、豚の皮や魚の骨ではなく海藻から抽出される。寒天とゼラチン、どちらのほうが不気味だろうか。

ここに示しているようなモダニスト調理用の材料は、現在何十種類も手に入るが、わたしたちがこの本のレシピで使うのは少数に限定した。スーパーマーケットや健康食品店、醸造用品店で買えるものもいくつかあり、ほかもオンラインストアで簡単に手に入る。

Nソルビット
何か：タピオカ・マルトデキストリン
原材料：タピオカ
用途：油脂を粉末状にする
買える場所：オンラインストア
使えるレシピ：魚用スパイス・ミックス（137ページ）やその他のスパイス・ブレンド

乳清たんぱく質分離物
何か：乳たんぱく質
原材料：牛乳
用途：液体を泡立てるときに食感を高める
買える場所：食料品店、健康食品店
使えるレシピ：クラムのチャウダーソース添え（292ページ）、ふわふわ泡のミルクシェイク（213ページ）

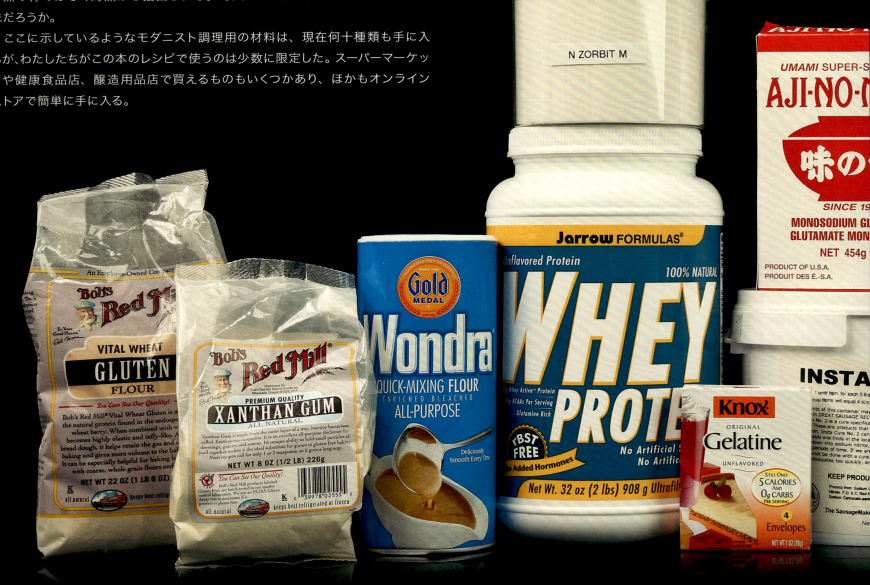

小麦グルテン
何か：小麦のたんぱく質を粉末状にしたもの
原材料：小麦
用途：イーストを使ったパンの生地
買える場所：オンラインストアあるいは食料品店
使えるレシピ：ナポリ風ピッツァの生地（296ページ）、卵入りフレッシュパスタ（268ページ）

キサンタンガム
何か：天然の炭水化物の一種
原材料：発酵した砂糖
用途：液体にとろみをつけたり、エマルション（乳濁液）を安定させたりする
買える場所：食料品店
使えるレシピ：ピスタチオのペスト（102ページ）、ピスタチオのジェラート（370ページ）、トマト・レザー（129ページ）

ワンドラ
何か：加熱加工小麦粉
原材料：小麦
用途：風味を加えずにとろみをつける
買える場所：食料品店
使えるレシピ：ホウレンソウのクリーム煮（199ページ）、スティルトンチーズスライス（319ページのバリエーションを参照）、韓国風クリスピーチキンウィング（252ページ）、つくね（263ページ）

グルタミン酸ナトリウム

何か：アミノ酸塩
原材料：てんさいやサトウキビ、その他糖分が多く含まれる食材を発酵させたもの
用途：うまみを加える
買える場所：食料品店
使えるレシピ：香り広がるチキンスープ（266ページ）

グルタミン酸ナトリウム（MSG）は身体によくないと思い込んで抵抗を示す人もいるが、いまのところMSGの摂取と健康問題とのつながりを示す科学的な研究結果はない。

Insta Cure＃1（亜硝酸塩入りの塩）

何か：塩と亜硝酸ナトリウムを混ぜて、安全のために色をつけたもの
原材料：塩、ソーダ灰やその他の窒素源
用途：肉を保存処理する、ピンクの色をつける
買える場所：肉屋やソーセージづくりのための品を扱っている店
使えるレシピ：豚ばら肉のBLT（232ページ）

モルトパウダー（写真なし）

何か：活性化した酵素を含む麦芽
原材料：穀物
用途：でんぷんを糖に変える。パン生地の発酵促進
買える場所：オンラインストア
使えるレシピ：モダニストのヴィシソワーズ（162ページ）

乾燥卵白

何か：粉末にした卵白
原材料：卵
用途：風味のついたゲルや泡をつくる
買える場所：食料品店やキッチン用品店
使えるレシピ：ストライプ・マッシュルーム・オムレツ（148ページ）、ふわふわ泡のミルクシェイク（213ページ）

寒天

何か：天然の多糖類
原材料：紅藻
用途：液体にとろみをつけたりゲル化させたりする
買える場所：オンラインストアや食料品店
使えるレシピ：タマネギの流動性のあるゲル（100ページ）、ベジタリアン向けパンナコッタ（366ページのバリエーションを参照）

リンゴ酸

何か：天然の酸
原材料：果物
用途：強い酸味を加える。クエン酸とともに、あるいはクエン酸の代わりに使われることが多い
買える場所：醸造用品店
使えるレシピ：フルーツのミネストローネ（158ページ）、真空調理で風味づけしたセロリ（131ページ）、圧力鍋でキャラメリゼしたケチャップ（110ページ）

健康食品店やドラッグストアには、リンゴ酸の栄養サプリメントを売っているところもある。ただしこれは粉末のリンゴ酸とは異なり、料理には使えない。

液状大豆レシチン

何か：天然のリン脂質
原材料：大豆
用途：液体を乳化させる
買える場所：健康食品店
使えるレシピ：自家製ジュ・グラ（93ページ）、モダニストのヴィネグレットソース（117ページ）

クエン酸ナトリウム

何か：クエン酸の塩
原材料：柑橘類
用途：チーズが分離するのを防ぐ
買える場所：オンラインストアあるいは健康食品店
使えるレシピ：マカロニ・アンド・チーズ（308〜313ページ）

スーパーマーケットにはないもの

セルフサービスの食料品店は、1916年に登場したメンフィスの小さな店だったが、やがて成長してスーパーマーケット・チェーン〈ピグリー・ウィグリー〉となった。それ以降、ほとんどの人は食料品をスーパーマーケットで買うようになった。しかし料理と味に多様性を加えたければ、スーパーマーケットから飛び出して、ほかの食材店ものぞいてみよう。

ファーマーズ・マーケット

いまはどの町にもたいていファーマーズ・マーケットがある。わたしたちが住んでいるシアトルでは、パイク・プレイス・マーケットがずっと昔から賑わっている。しかし以前ほど頻繁に訪れなくなった。もっと近くのワシントン州ベルビューという人口12万5000人にも満たない町で、小規模農家が毎週集まってマーケットが開かれているからだ。地元のマーケットについてあまりよく知らなければ、周りの人に尋ねてみるといい。おそらくどこかにあるはずだ。

倉庫型店舗

持続可能な養殖場

意外なことに、〈コストコ〉や〈サムズ・クラブ〉、〈プライススマート〉といった会員制の店では、旬の食材がまとめて大量に、通常よりもはるかに安い値段で売られている。ここシアトルでは、緑色のヒヨコ豆や天然のサーモンが売られているのを見たことがある。ニューヨークでは、すてきなホタテ貝が見つかるかもしれない。

海の天然生物資源は驚くべきペースで減っている。また、従来の養殖場は環境を破壊しているといわれてきた。しかしいまは、持続可能な養殖場が稼働している。持続可能な方法で養殖された魚介類は、オンラインで専門店から購入できる。

インターネット

場合によっては、特別な材料をいちばん安く――あるいは唯一――買えるのは、オンラインストアだ。スパイスのような小さくて軽い商品だと、送料はあまりかからない。特別な材料については、egullet.orgのようなフード・フォーラムのレビューを見て、いちばんいい商品を見つけてほしい。

専門店

質の高い商品や珍しい材料を、専門知識にもとづいて紹介し、販売する。イタリア・リグーリア産の複雑な風味をもつオリーブ油やフランス南西部産の強い果実酢、世界じゅうの熟成チーズ、上の写真のイベリコ・ハムのような職人がつくった加工肉など、好奇心をそそられる輸入食材が見つかる。こういった店はまた、地元の小さな食品製造者の商品を扱っていることも多い。

地元の肉屋

食品科学者もシェフも倫理学者も認めているのは、最高品質の肉は健康に育てられ、動物の福祉に配慮して処理された動物から生産されるということだ。科学的にいうと、ストレスを感じると動物はホルモンを出して、それが肉の食感と味に悪影響を及ぼす。

地域の職人気質の肉屋は、最良の仕入れ先を探す努力をしている。オンラインストアでは、農場から直接購入できることもある。

自分で育てる

大昔から知られていたことを、多くの人が再発見しつつある。自分で食べものを育てたら、最高の食べごろに食べられる。だからいまは、かつてないほど多くのシェフが自分の畑をもっている。小さなものから始めればいい。必要なのは、麻袋と土、種だけだ。

最良の材料はどこで見つけられるのか。質の高い地元レストランが格好の情報源になる。インターネットも、地元や世界の反対側のものを見つける手助けになる。

INGREDIENTS

なじみのないものも試してみる

　グローバリゼーションによって、あらゆる規模の都市や町で食が急激に多様化した。いまはタコスの屋台やすし店がどこにでもあって、たとえばタイとベトナムとマレーシアの違いなど、地域の食の微妙な特徴にも敏感な人が増えている。

　食の伝統をたずさえて移民がやってきて、民族集団のニーズに合った専門店への需要が高まっている。こういった店は、新しい食べものを経験して異文化を味わう格好の機会を地元の人にも提供してくれる。いつもの行動範囲をこえて、なじみのない食材を試してみよう。自分になじみのある食文化のほかにも、試せるものがたくさんある。

　もちろん、試したものすべてが最初から気に入るわけではないだろう。それで構わない。癖のある味や強い匂い、なじみのない食感を楽しめるようになるには、ある程度の慣れが必要だ。心を開いて試し、偏見をもたずに味見をしてみれば、これまで存在さえ知らなかった大好きな味を見つけられるかもしれない。下に示す食材のうちいくつかは、わたしたちのレシピでも使っている。それ以外の食材もわたしたちのお気に入りだ。

日本食材店

手に入れられるもの：白しょうゆ、抹茶、玄米茶、熟成米酢、酒、みそ、納豆、桜の花の塩漬け、黒ねりゴマ、キユーピー・マヨネーズ、七味、煮干しや乾燥ガニ、かつお節、昆布とのり、生ワサビ、木の芽、ミョウガ、マイタケやエノキダケ、サツマイモや紅イモ、カボチャ、富有柿と蜂屋柿、ユズ、いろいろな種類の短粒米、ウズラの卵、ウニ、刺身で出せる新鮮な魚介類。

インド食材店

手に入れられるもの：マスタード・オイル；ギー；セイロンシナモンやナツメグ、アジョワン、カルダモン、コリアンダー、クミン、メース、マスタード・シードなどのホール・スパイス；ブラック・ソルト；サフラン；オレンジ・フラワー・ウォーターやローズ・ウォーター；生と乾燥のトウガラシ；アムチュール（乾燥グリーンマンゴーの粉末）；アナルダナ（乾燥ザクロの実）；アルブカラ（乾燥させた酸味のあるプラム）；乾燥ブラック・ライム；生のカシューナッツ；生のターメリック、ヒヨコ豆、ココナッツ、カレーリーフやフェヌグリークの葉；ジュウロクササゲ；インドのナス；レッドバナナ；タマリンド；さまざまなピクルス；いろいろな種類の長粒米；黒レンズ豆と黄レンズ豆；パンの代わりに食べるパパドやパラタなど；小麦粉、ドーサやチャパティ、イドリー用のミックス。

中国食材店

手に入れられるもの：豆豉（味噌納豆）、ゴマ油、紹興酒と米酒、金針菜や陳皮、花椒（サンショウ）や四川トウガラシ、キクラゲ、桂皮、甘草の根、春菊、レンコン、タロイモ、豆苗、ライチ、リュウガン、ナツメ、ニガウリと冬瓜、大根、中国のナス、クロクワイ、クワイ、ニラ、生のタケノコ、ピータン、臘腸（中国のソーセージ）、生のアヒル肉、臓物、豆腐。

東南アジア食材店

手に入れられるもの：魚醤、エビのペースト、乾燥エビ、チリソースとスパイス・ペースト、大根かカブの漬けもの、パームシュガー（ヤシ糖）、ココナッツ・クリーム、八角、ガランガル、マンゴスチンやドリアン、レモングラス、タイのナス、キンマやこぶみかんの葉、フクロタケ、ベビーコーン、ゴーオム（リモノフィラ）、生のココナッツ、炒り米粉、タピオカデンプン粉。

ラテンアメリカ食材店

手に入れられるもの：生のマサ・アリナ（トウモロコシ粉）；クレマ；コティハチーズとケソ・フレスコ；生のバナナの葉；トマティーヨ；ノパル（サボテン）；エパソーテ（ハーブ）；アボカドの葉；メキシコ・オレガノ；ポブラノやプハ、グアヒージョなどの生や乾燥のトウガラシ；乾燥させたトウモロコシの皮やカモミール；辛いソース；チチャロン（豚の皮を揚げたもの）；生の豚の脂身；豚の皮；牛タン。

韓国食材店

手に入れられるもの：サムジャン（香辛料入りの薬味）、コチュジャン（トウガラシの味噌）、キムチなどの発酵野菜、黒ニンニク、塩蔵海藻、乾燥シダ、乾燥魚介類、トック（餅）、糸トウガラシ、もやし、ネギ、香梨、タロイモ、緑豆粉、グルタミン酸ナトリウム（MSG）、牛テール、生の豚三枚肉。

中東・アフリカ食材店

手に入れられるもの：ヤシ油；ハリッサ（トウガラシのソース）；テフ、フォニオ、アワ、ブルグア、ソルガムなどの穀物；エグシ（ウリ）、バオバブ、オグボノ（アフリカ・マンゴー）の種；コーラ、カシューナッツ、ヤシの実；ナツメヤシ；グリーン・バナナ；キャッサバ；タロイモ；オクラ；グアバ；インジェラ（薄いパン）；ワルカ（料理、菓子用生地）；クスクス；プランテイン；マーラブ（サクランボの種からつくるスパイス）；塩漬けレモン；乾燥バラ；ブッシュ・ミント；ギニアショウガ；生のヤギ肉。

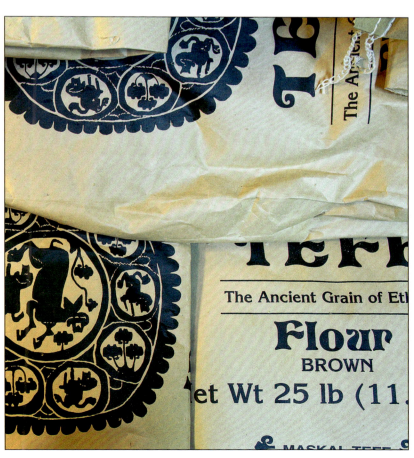

めずらしい果物や野菜

わたしたちの地元シアトル周辺の食品市場では、世界中のありとあらゆる生鮮食品が売られている。なじみのない果物や野菜の風変わりな食感と味を利用すれば、あなたの料理にまったく新しい一面を加えることができる。

① ドリアン
② ジャックフルーツ
③ パパイヤ
④ 栗
⑤ マルメロ
⑥ ザクロ
⑦ ヘイデン・マンゴー
⑧ チェリモヤ
⑨ キワノ（ツノニガウリ）
⑩ パイナップル・マルメロ
⑪ バナナの花
⑫ ドラゴンフルーツ（ピタヤ）
⑬ 梨
⑭ パッションフルーツ
⑮ カクタス・ペア
⑯ マンゴスチン
⑰ スターフルーツ
⑱ リュウガン
⑲ マクワウリ
⑳ 香梨
㉑ キウイ
㉒ レッドバナナ（熟していないもの）
㉓ サワーソップ
㉔ 新興梨
㉕ 中国ナツメ

①	コールラビ	⑪	ヤマブシタケ
②	ニガウリ	⑫	ガランガル
③	タイのナス	⑬	レンコン
④	ゴボウ	⑭	ダンプリング・カボチャ
⑤	キャッサバ	⑮	ハヤトウリ
⑥	シメジ	⑯	豆苗
⑦	根セロリ	⑰	ミョウガ
⑧	アメリカ・キュウリ	⑱	オクラ
⑨	中国のナス	⑲	タロイモ
⑩	紅イモ	⑳	カキノキダケ

自分で採集する食材——秋と春

　マルク・ヴェラやレネ・レゼピ、デイヴィッド・キンチといったモダニスト・シェフたちが、料理に野生の材料を使う新たな動きを広めてきた。いまではあらゆるレベルのシェフが、自分で採集した野生の食材を使うことで新たな可能性の領域を広げられることを知っている。

　季節ごとに、さまざまな野生食材がある。ここ太平洋岸北西部では、秋はキノコの季節だ。ポルチーニやクロラッパタケ、マツタケ、シロカノシタ、ロブスター・マッシュルームなど、数多くの種類がある（上の写真を参照）。

① マツ
② トリュフ
③ ハタケシメジ
④ アッケシソウ
⑤ マイタケ
⑥ 野生のスグリ
⑦ クロラッパタケ
⑧ シャントレル
⑨ イラクサ
⑩ ジロール
⑪ ハナゴケ
⑫ ハナビラタケ
⑬ マツタケ

自分で採集する食材——冬と夏

　冬は採集に適した季節ではないが、地域によっては野生キノコがまだ手に入る。春にはカタバミ、アミガサタケ、イラクサ、ゼンマイが見つかり（上の写真を参照）、野生のラムソン（ネギの類）やニンニク、アスパラガスも採集できる。夏にはアンズタケ、スベリヒユ、ツキヌキヌマハコベがあり、野生のベリー類も熟している。

　それぞれの地域に固有の野生食材がある。摘みに出かける前に、ブラッドフォード・アンジーの『食べられる野生植物のフィールドガイド』のような信頼できるガイドブックを読み、危険を避けておいしいものにたどりつけるようにしたい。とくにキノコにはかなり毒性の強いものもあるので、キノコ狩りのあとでマッシュルーム・オムレツをつくるのなら、知識のある専門家に確認してからにしてほしい。

① カタバミ
② 野生のリコリス
③ 冬スベリヒユ
④ イラクサ
⑤ ハコベ
⑥ シロカノシタ
⑦ ニンニクの芽
⑧ モリーユ
⑨ ゼンマイ
⑩ シャントレル
⑪ 野生のクレソン
⑫ 紫アスパラガス

第2部
レシピ

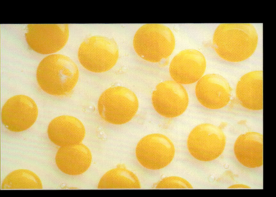
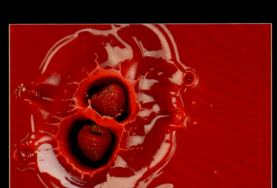

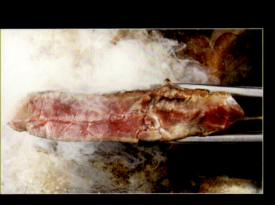

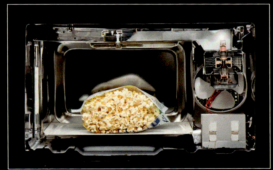

料理の基本アイテム	83	チキンヌードルスープ	264
朝食の卵料理	141	サーモン	274
サラダと冷製スープ	155	貝、甲殻類	282
圧力鍋でつくる野菜スープ	177	ピッツァ	295
ステーキ	186	マカロニ・アンド・チーズ	308
チーズバーガー	204	リゾットとパエリア	320
カルニタス	217	コーンミール	335
牛のショートリブ（トモバラ）の蒸し煮	226	電子レンジでつくる料理	342
ローストチキン	237	カスタードとパイ	358
チキンウイング	249		

料理の基本アイテム

　上手な料理というのはほぼ間違いなく、基本となるものがあってこそ成り立つ。それは日頃から食材庫や冷蔵庫にストックして準備してあって、料理の基礎になるものだ。肉や野菜や穀物を調理する方法は、多種多様にわたっている。ストック（出し汁）、ソース、風味づけしたオイルやエマルション、グレイビーや照りによって創造性が発揮でき、自分だけの料理になる。そうやって加えられたわずかな風味や新しい香りが、ありふれた料理を特別なものに変えるのだ。

　この本のほかの章にあるレシピを使うとき、この章に集められている基本要素を使うことが多いのに気づくだろう。ここにもどってくるのは、こういった基本要素が、掲載している料理の風味や洗練を生む本質部分だと考えているからだ。正直なところでは、それ自体、別のレシピを必要とするような材料が含まれているレシピは書くのが大変だという理由もある。時間がなければ、ストックの代わりに水を使ってもいいし、自家製ケチャップの代わりに市販のものを使ってもいい。だが、ときには自分でつくる手間をかけるだけの値打ちはある。ここではできるだけ、圧力鍋のように短時間でできる方法や、真空調理法のようにしばらく放置しておける方法を載せている。大量につくって冷凍しておけば、時間がないときに便利だ。

　このような基本となる食品のいちばんいいところは、その用途の広さだ。「自家製ジュ・グラ」（93ページ参照）のために圧力鍋で鶏の脂を溶かしたり、「キャラメリゼしたニンジンのスープ」（178ページ参照）のためにカロテン・バターをつくったりするときには、できたものを味わって、別の用途を思い浮かべてほしい。さらには、いくつかのテクニックを組み合わせることも試してほしい。カスタードとパイの章（358ページ参照）で説明しているシナモンとバニラで風味づけしたクリームをつくったら、ホイップ用サイフォンに入れて冷蔵庫で保存しておけば、朝食のパンケーキにのせることもできる。

　この章のレシピにはどれも、いたるところで料理についてのヒントが含まれている。たとえばペストの場合、従来のペストは、時間がたつと分離し、水分の上に固形分が浮いている状態になり、その上に油分が浮く。だが、少量のキサンタンガムを加えると、ペストは分離せずなめらかなままだ。ほんのひとつまみのパウダーが、美しくまんべんなく混ざったペストにしてくれる（102ページ参照）。

　あるいはオランデーズソースの場合を考えてみよう。これは温めた卵の黄身とバターを混ぜた脂肪分の多いソースだ。バターは冷えるとすぐに固まって分離するので、このソースはとても不安定だ。だが、ホイップ用サイフォンに入れれば問題は解決できる。これによって、料理のさまざまな手順をこなしながら、オランデーズソースを最後の最後につくらなくてもよくなる。

　ストックのレシピには便利なアイデアも含まれている。圧力鍋が最高の道具である理由は、デリケートな材料から出る香りをすべて凝縮してくれるからだ。香りが空中に蒸発せずに食べものの中に残るので、調理中は香りをかぐことはできない。

　これらはこの章に掲載した数十もの基本のレシピのほんの一部にすぎない。手軽で用途が広いだけでなく、非常に美味でもある。

ストック（84ページ参照）　ソース（94ページ参照）　オイルと脂肪（116ページ参照）

薬味（124ページ参照）　塩漬けとマリネ（132ページ参照）　スパイス・ミックス（135ページ参照）

ストック

　ソースは西洋料理の土台であり、ほとんどのソースの土台になるのがストックだ。調理中に肉や野菜から出る液体のジュとは違って、ストックは水で煮てつくる。味つけを終えたストックがブロスで、完璧なスープの土台になる。

　ストックをつくるときにめざすのは、肉や魚や野菜からできるだけ多くの風味を引き出すことだ。2日間煮込んでも、食物の奥深くにある風味豊かな成分をじゅうぶんに引き出すのはむずかしい。そのため、いいストックをつくる最初の秘訣は食物を細かく刻むか、薄くスライスすることだ。圧力鍋は効率よく風味を引き出しつつ、風味が空気中に逃げてしまうのも防いでくれるので、非常に価値のある調理器具だ。真空調理法でつくったストックも同様に必要な風味を空中ではなく液体の中にとどめてくれる。

圧力鍋でつくるホワイト・チキン・ストック

できあがりの分量：	1.2kg／5カップ
調理時間：	1時間45分（準備：15分　圧力鍋調理：1時間30分）
保存：	冷蔵庫で5日間、冷凍庫で最長6カ月間保存可能
難易度：	低
必要な器具、材料：	肉挽き器かフードプロセッサー、圧力鍋
使われる料理：	「香り広がるチキンスープ」（266ページ参照）

　このレシピでできるのは、ホワイト・チキン・ストックだ。鶏肉の代わりに他の家禽類でも、鶏の肉と骨を鴨やジビエなどの他の鳥の肉に代えるだけでつくることができる。ローストチキンで残った骨は手羽肉の代わりに使えるので、1回分のストックがつくれるまで冷凍保存しておこう。ブラウン・チキン・ストックをつくる場合は次ページのバリエーションを参照。

材料	重量	分量	比率	手順
鶏手羽肉（切る）	700g	手羽肉6〜8本	70%	① かぶる程度の水と一緒に鍋に入れ、沸騰するまで加熱する。 ② すぐにシノワで漉し、湯を捨てる。
骨と皮なしの鶏もも肉	700g	もも肉6枚	70%	③ フードプロセッサーか肉挽き器で粗くおろす。
水	1kg	1L	100%	④ ゆでた手羽肉と挽いたもも肉とともに圧力鍋に入れる。
新タマネギ（薄切り）	100g		10%	⑤ ゲージ圧1バールで1時間30分加熱調理する。圧力が最大になったら、時間を計りはじめる。
ニンジン（薄切り）	50g		5%	
ポロネギ（薄切り）	50g		5%	⑥ ふたの縁にぬるま湯をかけて鍋を減圧する。
ニンニク（薄切り）	10g	大さじ1½	1%	⑦ シノワで漉す。
イタリアンパセリ	2g	2〜3枝	0.2%	⑧ 温製、冷製の料理に使う。
黒粒コショウ	1g	小さじ½	0.1%	

圧力鍋調理の注意点については33ページを参照。

1 切った手羽肉を鍋に入れてかぶる程度の水を加え、沸騰するまで加熱し、鶏肉を下ゆでして骨から苦味を取り除く。骨を焼いても同じ効果が得られる。

2 沸騰したらすぐに漉し、湯を捨てる。大規模なブラインド・テイスティングテストによって、下ゆでした肉と骨でつくるとホワイト・ストックは風味がよくなり、透明になることがわかっている。

3 鶏もも肉を肉挽き器かフードプロセッサーで挽く。

4 水、タマネギ、ニンジン、ポロネギ、ニンニク、イタリアンパセリ、黒粒コショウを、ゆでた手羽肉と挽いたもも肉とともに圧力鍋に入れる。

5 ゲージ圧1バールで1時間30分加熱調理する。圧力が最大になったら、時間を計りはじめる。

6 そのまま鍋を冷ますか、ぬるま湯を鍋の縁にかけて、減圧する。

バリエーション：ブラウン・チキン・ストック

手順1で切った手羽肉を75g／80mlの加熱用精製油に入れ、190℃のオーブンで茶色になるまで20分ほど焼く。手順3に進み、油をひいたフライパンに挽いたもも肉を入れ、中強火できつね色になるまで10分ほど炒める。手順4から続ける。

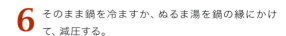
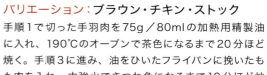

7 シノワでストックを漉し、固形物を取り除く。

8 温製、冷製の料理に使う。

STOCKS

圧力鍋でつくるブラウン・ビーフ・ストック

できあがりの分量：	1kg／4¼カップ
調理時間：	3時間30分（準備：30分　オーブンと圧力鍋調理：3時間）
保存：	冷蔵庫で5日間、冷凍庫で最長6カ月間保存可能
難易度：	低
必要な器具、材料：	圧力鍋、オックステール
使われる料理：	「赤ワインのグレーズ」（97ページ参照）、「フレンチ・オニオンスープ」（127ページのバリエーション参照）、「タイ風の甘酸っぱくピリッとしたグレーズ」（115ページ参照）、「韓国風ショートリブのレタス包み」（221ページのバリエーション参照）

　ここで紹介するブラウン・ビーフ・ストックは、従来の調理器具を使ったレシピにありがちな手のかかる過程を取り除いている。このレシピを応用すれば、ポークやラムや子牛肉やその他のジビエでも簡単にブラウン・ストックをつくることができる。それらの挽き肉や味のある骨つき肉に代えればいいだけだ。すね、膝など、骨の割合の多い牛肉の部位をオックステールの代わりに使うこともできる。

材料	重量	分量	比率	手順
オックステール（関節で切り分けたもの）	500g	6〜8切れ	100%	① オーブンを190℃に予熱する。 ② 油を全体にからめ、濃い茶色になるまで40〜45分焼く。
溶かした牛脂か加熱用精製油（123ページとxxiiページ参照）	30g	30ml／大さじ2	6%	
牛肩ロース（細かく挽く）	200g		40%	③ 圧力鍋に入れ、濃い茶色になるまで中強火で約8分炒める。
溶かした牛脂か加熱用精製油	50g	50ml	10%	
水	750g	750ml	150%	④ 圧力鍋に肉と焼いたオックステールとともに加える。
フルボディの赤ワイン	120g	120ml	24%	⑤ ゲージ圧1バールで2時間30分加熱調理する。圧力が最大になったら、時間を計りはじめる。
ニンジン（薄切り）	50g		10%	⑥ 鍋を冷ますか、ぬるま湯をふたの縁にかけて、減圧する。
タマネギ（薄切り）	50g		10%	⑦ 濾す。
ポロネギ（白い部分のみ、薄切り）	20g		4%	⑧ 温製、冷製の料理に使う。
イタリアンパセリ	10g	4枝	2%	
タイム	1g	1〜2枝	0.2%	
生のローリエ	0.2g	1枚	0.1%	

圧力鍋調理の注意点については33ページを参照。

バリエーション：

ブラウン・ポーク・ストック
オックステールを500gのスペアリブか骨つき豚肉に代え、牛肉を200gの豚挽き肉に代え、赤ワインを白ワインかラガービールに代える。

ホワイト・ビーフ・ストック
手順の1〜3を飛ばし、赤ワインを白ワインに代える。

真空調理でつくる魚のストック

できあがりの分量：	800g／3½カップ
調理時間：	1時間30分（準備：15分　真空調理：1時間15分）
保存：	冷蔵庫で3日間、冷凍庫で最長3カ月間保存可能
難易度：	低
必要な器具、材料：	真空調理専用の器具一式、魚の骨
使われる料理：	「アルボリオ米でつくるウニとココアのリゾット」（333ページのバリエーション参照）、「ピーマンのスープ」（181ページのバリエーション参照）

　魚の油は非常に酸化しやすいので、魚の骨から最大限に風味を引き出すためには、密閉した状態でゆっくり加熱する必要がある。真空調理でゆっくり加熱すれば最高のできあがりになる。魚の骨が手に入らない場合は、魚のあらや切り落とした頭でもいい。オヒョウ、舌ビラメ、マス、スズキといった繊細な白身魚の皮を加えれば、ゼラチン質の量とコクが増す。サバ、イワシ、マグロ、サケのように色が濃く脂を多く含む魚だとストックの風味がきつくなり、料理に使いにくくなる。

材料	重量	分量	比率	手順
ドライ・ベルモット	175g	175ml	23%	① ウォーター・バスを80℃に予熱する。
辛口の白ワイン	100g	100ml	13%	② 鍋にベルモットとワインを入れ、沸騰後5分間軽く煮立てる。
				③ 完全に冷ます。
魚の骨（掃除して水洗いし切る）	1kg		133%	④ 冷ましたワインに加える。氷を使う場合は真空密封し、そうでなければ大型（4L）のジッパーつき袋に入れ、水圧を利用して、できるだけ袋から空気を抜いて密封する（58ページ参照）。
砕いた氷（真空密封にする場合）か水	750g	氷6カップ／水750ml	100%	
ニンジン（薄切り）	250g		33%	⑤ 1時間15分真空調理する。
タマネギ（薄切り）	200g		27%	⑥ 濾す。
フェンネル（薄切り）	100g		13%	⑦ 温製、冷製の料理に使う。
ポロネギ（薄切り）	100g		13%	
ニンニク（薄切り）	15g	大さじ2杯	2%	

ほとんどのスーパーで手に入るビン入りのクラム・ジュースがあれば、自分でつくる時間がないときに魚のストックの代用品として使える。

バリエーション：
ブラウン・フィッシュ・ストック
手順3のあとに、魚の骨を30g／30ml／大さじ2杯の加熱用精製油で色づくまでフライパンで4〜6分炒める。骨を完全に冷ましてから、手順4に進む。

ストックには新鮮で脂の少ない魚だけを使う。

圧力鍋でつくる甲殻類のストック

できあがりの分量：	1.1kg／4½カップ	
調理時間：	1時間30分（準備：30分　圧力鍋調理：1時間）	
保存：	冷蔵庫で3日間、冷凍庫で最長3カ月間保存可能	
難易度：	ふつう	
必要な器具、材料：	圧力鍋、オマールかカニかエビの殻（または有頭のエビ）	
使われる料理：	「イカ墨と真空調理したクラムの紫黒米リゾット」（330ページのバリエーション参照）、「小エビのグリッツ」（338ページ参照）、「タイ風スープ麺」（267ページ参照）	

魚介類のごちそうのあとに残った甲殻類の殻は捨てずに取っておこう。ストックがつくれる量がたまるまで冷凍庫で保存しておくといい。殻がない場合は、有頭のエビなら、比較的安価で手に入りやすい。

材料	重量	分量	比率	手順
オマールかカニかエクルヴィスかエビの殻	650gの殻か650gの有頭のエビ	オマール2尾か大きめのカニ2杯	65%	① えらや目などを取り除いてきれいに掃除する。 ② 丈夫なナイフか肉切り包丁で切り分ける。細かく切ったほうがストックに風味がつきやすい。 ③ 切ったものを大型（4L）のジッパーつき袋に入れる。完全に封をせずに、タオルで覆って、木づちでたたいて殻を砕く。
無塩の澄ましバターか精製油（119ページ参照）	50g	55ml	5%	④ 圧力鍋に殻を入れて中火で炒める。よく混ぜながら、こんがり色づくまで6〜8分加熱する。 ⑤ 鍋から殻を出し、手順⑨で使うまで取っておく。
ニンジン（薄切り）	50g		5%	⑥ 鍋に加え、タマネギがやわらかく色づきはじめるまで3〜4分炒める。必要ならバターか油を足す。
タマネギ（薄切り）	50g		5%	
ポロネギ（薄切り）	20g		2%	
フェンネル（薄切り）	20g		2%	
ホワイトマッシュルーム（薄切り）	20g		2%	
トマトペースト（なくても可）	50g	大さじ3	5%	⑦ 鍋に混ぜ入れ、火を通したコクのあるトマトの香りが立つまで3分ほど炒める。焦がさないように注意。
水	1kg	1L	100%	⑧ 鍋に加えてデグラッセする（鍋にくっついたものをこそげ落とす）。
ドライ・ベルモット	150g	150ml	15%	
イタリアンパセリ	2.5g	1枝	0.3%	⑨ 炒めた殻とともに野菜に加え、混ぜる。 ⑩ ゲージ圧1バールで1時間分加熱調理する。圧力が最大になったら、時間を計りはじめる。 ⑪ そのまま鍋を冷ますか、ぬるま湯をふたの縁にかけて、減圧する。 ⑫ 漉し布をかけたシノワでストックを漉す。 ⑬ 温製、冷製の料理に使う。
タイム	1g	1〜2枝	0.1%	
生のバジルの葉	2g	3〜4枚	0.2%	
フェンネルシード	0.1g	5粒	0.01%	
サフラン		2〜3本		

圧力鍋調理の注意点については33ページを参照。

野菜のストック

できあがりの分量:	500g／2カップ	
調理時間:	3時間30分（準備：30分　真空調理：3時間）	
保存:	冷蔵庫で5日間、冷凍庫で最長6カ月間保存可能	
難易度:	低	
必要な器具、材料:	真空調理専用の器具一式、真空パック器	
使われる料理:	「野菜のリゾット」（328ページ参照）、「チキン、アーティチョーク、黒オリーブのファッロリゾット」（332ページ参照）、「ピスタチオのペスト、アスパラガス入りのキヌアリゾット」（332ページのバリエーション参照）	

　真空調理法でストックをつくるのは、野菜の繊細な風味を逃がさない最適な方法だ。とくに冷蔵庫で一晩風味づけできる余裕があれば、さらにいい結果が生まれる。時間がないときには、圧力鍋を使えばより強い風味になる（下のバリエーション参照）。使う野菜の種類によってストックの風味を変えることができる。たとえば、新タマネギを使えば白タマネギを使ったときとは違う風味になる。ネギ各種を使った野菜のジュは182ページを参照。

材料	重量	分量	比率
氷	500g		100%
タマネギ（薄切り）	280g		56%
ニンジン（薄切り）	200g		40%
セロリ（薄切り）	100g		20%
ポロネギ（白い部分のみ、薄切り）	100g		20%
ホワイトマッシュルーム（薄切り）	50g		10%
トマト（刻む）	50g		10%
シブレット（刻む）	10g		2%
イタリアンパセリ（刻む）	10g	大さじ3	2%
コリアンダーシード	1g	小さじ1	0.2%
黒粒コショウ	1g	小さじ1	0.2%
タイム	1g	1〜2枝	0.2%
生のローリエ	0.5g	2枚	0.1%
八角（砕く）	0.5g	½サヤ	0.1%

手順

① ウォーター・バスを85℃に予熱する。
② 材料をすべて真空パックにする。
③ 3時間真空調理する。
④ 真空バッグを氷に浸し、完全に冷ます。冷蔵庫でさらに12時間冷やすと風味がストックの中にさらに浸透する。
⑤ 濾す。
⑥ 温製や冷製の料理に使う。

圧力鍋調理の注意点については33ページを参照。

バリエーション：

圧力鍋でつくる野菜のストック

圧力鍋でつくれば、調理時間を1時間に縮めることができ、うち35分は鍋に入れて放っておけばいい。氷を水に代える。材料をすべて圧力鍋に入れ、ゲージ圧1バールで35分加熱調理する。圧力が最大になったら、時間を計りはじめる。減圧する。ストックを漉し、温製や冷製の料理に使う。

野菜のブラウン・ストック

オーブンを220℃に予熱。野菜を40g／40ml／大さじ3の加熱用精製油に入れ、予熱したオーブンで濃い焼き色がつくまで30分ほど焼く。焼いた野菜に氷と香辛料を混ぜ、手順3から続けるか、左側の圧力鍋のバリエーションで調理する。

焼いたトウモロコシのストック

できあがりの分量：	750g／3¼カップ
調理時間：	1時間（準備：15分　オーブンと圧力鍋調理：45分）
保存：	冷蔵庫で5日間、冷凍庫で最長6カ月間保存可能
難易度：	低
必要な器具、材料：	圧力鍋
使われる料理：	「圧力鍋でつくるポレンタ」（336ページ参照）、「圧力鍋でつくるフレッシュコーンのタマーリ」（340ページ参照）

材料	重量	分量	比率	手順
皮つきの生トウモロコシ	600〜700g	大5本		① オーブンを175℃に予熱する。 ② トウモロコシの皮をむく。皮は取っておく。 ③ オーブンプレートに皮を広げ、網をさかさまにしてのせる。 ④ きつね色になるまで15分ほど焼く。 ⑤ トウモロコシの粒を軸から切りとり、粒は別の用途のために取っておく。
冷水	1.2kg	1.2L		⑥ 圧力鍋に軸と焼いた皮を入れるが、粒は入れない。水を加え、ゲージ圧1バールで30分加熱調理する。圧力が最大になったら、時間を計りはじめる。 ⑦ 鍋を減圧する。 ⑧ 漉し布をかけたシノワで漉し、温製、冷製の料理に使う。

圧力鍋調理の注意点については33ページを参照。

1 オーブンを175℃に予熱する。

2 トウモロコシの皮をむき、皮を取っておく。

3 トウモロコシの皮をオーブンプレートの上に広げ、さかさまにした網をのせて押さえる。

4 ときどき動かしながら皮がきつね色になるまで15〜25分焼く。

5 皮を焼いているあいだにトウモロコシの粒を軸から切りとり、粒は別の用途のために取っておく。

6 トウモロコシの軸と焼いた皮と水を圧力鍋に入れ、ゲージ圧1バールで30分加熱調理する。トウモロコシの粒は入れないこと。圧力が最大になったら、時間を計りはじめる。

7 そのまま鍋を冷ますか、ぬるま湯をふたの縁にかけて、減圧する。

8 漉し布をかけたシノワでトウモロコシのストックを漉す。ストックを温製、冷製の料理に使う。

このレシピではトウモロコシの皮と軸を使い、粒は使わない。粒は真空調理するとおいしく、「トウモロコシのスープ」（181ページ参照）に使える。

マッシュルームのジュ

できあがりの分量：	500g／2カップ
調理時間：	50分（準備：20分　圧力鍋調理と風味づけ：30分）
保存：	冷蔵庫で5日間、冷凍庫で最長6カ月間保存可能
難易度：	低
必要な器具、材料：	圧力鍋、白みそ
使われる料理：	「マッシュルームのクリームスープ」（150ページのバリエーション参照）、「野生のキノコと赤ワインの大麦リゾット」（331ページのバリエーション参照）

　このレシピを手順4で終わらせると、味つけをしていないマッシュルームのストックができる。手順8まで続ければ、肉は入っていないけれどおいしいジュができ、肉のジュと同じように使える。このジュはスープとして出すこともでき、野菜のリゾット（328ページ参照）、ポーチドエッグ（142ページ参照）、グリルで焼くステーキ（200ページ参照）にも使える。

　大麦のリゾットによく合う土の香りをつけるには、15g／大さじ2の砕いたドライ・ポルチーニを手順1で加える。もっと風味をつけるには、75gのスモークベーコンの薄切りを手順1で加える。

材料	重量	分量	比率	手順
ブラウンマッシュルーム（薄切り）	300g		75%	① 圧力鍋でマッシュルームとエシャロットがきつね色になるまで強火で約12分炒める。
エシャロット（薄切り）	80g		20%	
無塩の澄ましバターか精製油（119ページ参照）	50g	55ml／大さじ3½	13%	
水	400g	400ml	100%	② 炒めたマッシュルームとエシャロットに加え、ゲージ圧1バールで25分加熱調理する。圧力が最大になったら、時間を計りはじめる。
フィノ・シェリー	80g	80ml	20%	③ そのまま鍋を冷ますか、ぬるま湯をふたの縁にかけて、減圧する。
辛口のホワイトポートかシャルドネ	80g	80ml	20%	④ シノワでストックを漉す。固形物を取り除く。
				⑤ マッシュルームのストックを500g分量る。
白みそ	28g	大さじ2	7%	⑥ 量ったストックに白みそとしょうゆを加え、4分間おく。
しょうゆ	4g	3ml／小さじ¾	1%	⑦ 濾す。
塩	適量			⑧ ジュに味つけし、温かいうちに供する。
シェリービネガー	適量			

圧力鍋調理の注意点については33ページを参照。

鶏肉のブラウン・ジュ

できあがりの分量：	500g／2カップ	
調理時間：	2時間30分（準備：30分　オーブンと圧力鍋調理と煮込み：2時間）	
保存：	冷蔵庫で5日間、冷凍庫で最長6カ月間保存可能	
難易度：	低	
必要な器具、材料：	圧力鍋、鶏の足（なくても可）	
使われる料理：	「自家製ジュ・グラ」（93ページ参照）、「シイタケ・マーマレード」（151ページ参照）	

このジュは、ローストした鶏手羽肉と足によって、すでに濃いストックにさらに風味が加わり、豊かな食感を生むゼラチン分も増す。鶏の足が手に入らない場合は、同じ重さの鶏手羽肉に代える。

材料	重量	分量	比率	手順
鶏手羽肉（切る）	450g	手羽3〜4本	45%	① オーブンを190℃に予熱する。
鶏の足（なくても可）	80g	足3〜4個	8%	② 材料を混ぜ合わせる。
加熱用精製油（xxiiページ参照）	必要量			③ 鶏手羽肉が色づくまで約30分焼く。
鶏挽き肉	1kg		100%	④ フライパンでたえず混ぜながら中火で約15分炒める。
加熱用精製油	必要量			
ブラウン・チキン・ストック（85ページのバリエーション参照）	1kg	1L	100%	⑤ 焼き色のついた鶏のパーツを挽き肉とともに圧力鍋に入れ、ゲージ圧1バールで1時間加熱調理する。圧力が最大になったらすぐに時間を計りはじめる。
フィノ・シェリーか辛口のホワイトポート	200g	200ml	20%	⑥ そのまま鍋を冷ますか、ぬるま湯をふたの縁にかけて、減圧する。
				⑦ 鍋にジュを漉し入れ、固形物を取り除く。
エシャロット（薄切り）	200g		20%	⑧ ジュが半量になり、少しとろりとするまで中強火で20〜25分煮込む。
タイム	1g	小さめのもの1〜2枝	0.1%	
塩	適量			⑨ ジュに味つけし、温かいうちに供する。
レモン汁	適量			

圧力鍋調理の注意点については33ページを参照。

バリエーション：

牛肉のブラウン・ジュ
鶏挽き肉を牛挽き肉に、鶏手羽肉と鶏の足をオックステールに、フィノ・シェリーを赤ワインに、チキン・ストックをブラウン・ビーフ・ストック（86ページ参照）に代える。手順5で加熱調理時間を2時間に延ばす。

ジビエのジュ
鶏肉をキジ、鴨、ライチョウなどの骨や挽き肉に代える。シェリーかホワイトポートをウィスキーやレッドポートのような風味の強いアルコールに代えてもいい。

自家製ジュ・グラ

できあがりの分量：	280g／1¼ カップ
調理時間：	20分
保存：	その日のうちに供する
難易度：	ふつう
必要な器具、材料：	「鶏肉のブラウン・ジュ」（前ページ参照）、「圧力鍋で溶かす鶏の脂身」（123ページ参照）、キサンタンガム、液状大豆レシチン
使われる料理：	「ローストチキン」（238ページ参照）、「七面鳥のコンフィ」（246ページ参照）

　伝統的なソースの多くは、バターや油でコクを出していて、"仕上げ"や"モンテ"と呼ばれる最後の段階で加えることが多い。油脂を加えるのを最後まで待つ理由は、熱いところに油脂を加えてかき混ぜても、乳化が不安定になり、油脂がすぐに分離してしまうからだ。この問題を解決するために、レシチンを加えた。これは熱に強い乳化剤で、卵黄や大豆に含まれる。できあがったソースは非常に安定しているので、午後につくって常温で置いておけば、夕方に温めるだけで使える。

　このソースは油やバターやクリームではなく溶かした鶏の脂を使っている点でも特別だ。とくに圧力鍋で溶かした鶏の脂を使うと、ローストチキンの強い風味がつくので、伝統的なつくり方よりずっと鶏肉の味がする。味わいのあるスモーキーなベーコン風味にする場合は、鶏の脂の代わりにベーコンの脂を使う。

材料	重量	分量	比率	手順
鶏肉のブラウン・ジュ （前ページ参照）	200g	200ml	100%	① スティックミキサーを使って鍋の中で完全に溶け合うまで混ぜる。 ② 軽く煮立てる。
キサンタンガム	0.8g		0.4%	
圧力鍋で溶かす鶏の脂身 （123ページ参照）	80g	95ml	40%	③ 別の小さめの鍋で脂を弱火で温め、レシチンを入れて混ぜる。 ④ 温めた脂を②のジュの中にゆっくりと入れ、完全に均質になるまで混ぜる。スティックミキサーを使う。
液状大豆レシチン（NOWブランド）	1.6g		0.8%	
塩	適量			⑤ しっかり味つけして、温かいうちに供する。
レモン汁	適量			

1 鶏肉のブラウン・ジュを小さめの鍋に入れ、スティックミキサーを使って、キサンタンガムと完全に溶け合うまで混ぜる。キサンタンガムはとても強力なので、正確に重量を量ること。粘りが強くなりすぎる場合はキサンタンガムの入れすぎだ。

2 ジュを軽く煮立てる。

3 別の小さめの鍋で脂を弱火で温め、レシチンを入れて混ぜる。

4 温めた脂を2のジュの中にゆっくりと入れ、スティックミキサーで混ぜる。完全に均質になるまで混ぜ続ける。

バリエーション：
とても安定したバターソース
ワインを煮詰めたもの、ストック、果汁などの風味の強い液体100gに0.4gのキサンタンガムを混ぜる。別の鍋で120gのバターを溶かし、液状大豆レシチン2.4gを入れて混ぜる。とろみをつけた液体にバターを混ぜる。塩とレモン汁でしっかり味つけする。

5 塩とレモン汁で好みの味に味つけして、温かいうちに供する。

液状大豆レシチンは粉末の大豆レシチンとは別のものだ。粉末レシチンは油脂分が抜かれていて、モダニストのシェフが繊細な泡をつくるために使うことが多い。ここに載せたレシピで使われている液状大豆レシチンは健康食品を扱う店で買うことができる。強力な乳化剤なので、ヴィネグレットソースや温かいバターソースをつくるときにとても役に立つ。他の材料と混ぜる前に必ず油脂で溶かすこと。

ソース

　ソースとは、食べもの全体を包み込むようにとろみをつけた風味豊かな液体だ。伝統的な料理では、とろみをつけるために油脂やコーンスターチや小麦粉がよく使われている。しかし、そういうものはソースをとても重くするのに加えて、本来の材料の風味も消してしまう。100ページの「タマネギの流動性のあるゲル」で使っている寒天や、101ページの「圧力鍋でつくるドリッピング」で使っているキサンタンガムなどのようなモダニストの乳化剤には、そのような欠点がない。とても少ない量で役目を果たすので、風味を変えることもない。使い方のコツをつかめば、あらゆる風味豊かな液体を使って、料理を引き立たせるすばらしいソースをつくることができる。

HOW TO 風味を逃さないでグレイビーをフライパンでつくる方法

　肉などをソテしたり焼いたりしたときにフライパンにくっついて残ったおいしい茶色の肉汁を、シェフはよく"シュック"と呼ぶ。これはフライパンでつくるグレイビーのようなソースのすばらしいベースになるものだ。大事なのは、最適のタイミングで液体を入れてフライパンのシュックを落とすことだ。茶色でなくてはならないが、黒くなると苦味が出てしまう。少量のキサンタンガムを加えることで、グレイビーにとろみがつくので、沸騰させる必要がなく、風味豊かな香りが逃げてしまうこともない。

1 肉かスライスした野菜を茶色になるまでソテする。

2 フライパンが熱いうちに、くっついたものをはがすのに必要なだけの液体を入れる。クリアで純粋な風味に仕上げるためには水を使う。鶏肉や牛肉や野菜のストック、あるいは果汁や野菜のしぼり汁のように味のついた液体を使えば、さらにコクのある風味が生まれる。液体を加えすぎると、グレイビーの風味が薄くなってしまうので注意する。

3 加熱して、ヘラを使ってフォンをはがし、はがしたものを溶かしていく。液体が煮立つまでかき混ぜ続ける。2〜3分軽く煮立たせ、ソースをソースパンに濾し入れる。

4 この時点ではソースの味はまだかなり薄いので、調味する。ここでは強くバランスのとれた風味をめざす。必要ならばあとで濃くすることもできる。風味が薄ければ少し煮つめてもいいが、風味分子も水とともに蒸発してしまうので、煮すぎないこと。味が調ったら、そのままグレイビーとして使うか、次のステップに進んで食感を整える。

5 グレイビーをさらになめらかにするためには、スティックミキサーかスタンドミキサーかフードプロセッサーを使う。

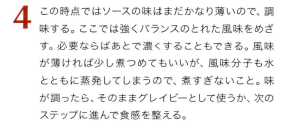
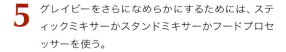

6 ソースに粘性を加えるには、スティックミキサーを使って少量のキサンタンガムをよく混ぜ込む。液体100gにつき0.1〜0.15gのキサンタンガムを使う。サラダドレッシングやケチャップに近い粘性のソースにするには、液体100gにつき0.2〜0.3g使う。

7 好みで、クリーム、バター、オリーブオイル、フレーバーオイル、溶かした脂（あるいは101ページのようなドリッピング）を入れて泡立てる。必要なら、塩と、レモン汁や酢などの酸味を加えてもう一度味を調える。

バリエーション：

ワンドラ（Wondra）でとろみをつける

古典的なフランス料理で使うソースは、バターに小麦粉を入れて加熱したルーを加えてとろみを出している。1970年代のヌーヴェル・キュイジーヌ・ブームでは、ルーをベースにしたソースを否定する動きが広がったが、モダニストのシェフはでんぷんでとろみをつけたソースを再発見している。今回はワンドラのような現代のでんぷんを使う。

上の1〜5の手順が終わってから、ワンドラを風味たっぷりの液体に振りかける。液体100gにつき4〜5gのワンドラを使う。でんぷんが均等に行きわたるように泡立て器でかき混ぜる（ミキサーを使うとゴム状の部分ができてしまうので、泡立て器を使う）。液体を軽く煮立たせ、火から下ろし、手順7から続ける。

レッドアイ・グレイビー

できあがりの分量：	200g／1カップ
調理時間：	45分
保存：	手順6のあと冷蔵庫で5日間、冷凍庫で最長6カ月間保存可能。再加熱時には手順7から続ける
難易度：	低
必要な器具、材料：	「ブラウン・ポーク・ストック」（86ページのバリエーション参照）、燻製塩
使われる料理：	「小エビのグリッツ」（338ページ参照）

材料	重量	分量	比率	手順
新タマネギ（薄切り）	80g		16%	① フライパンでタマネギがきつね色になりやわらかくなるまで中火で約15分炒める。
圧力鍋で溶かした豚かベーコンの脂（123ページ参照）	30g	30ml／大さじ2	6%	
八角	0.2g	1サヤ	0.04%	② 八角を加え、火を弱める。よく混ぜながら、タマネギが濃い琥珀色になり、八角の香りが立つまで10～12分炒める。
ブラウン・ポーク・ストック（86ページのバリエーション参照）	500g	500ml	100%	③ ストックを入れてフライパンにこびりついたものを落とし、シロップを加えて、とろみが出て分量が3分の1になるまで約10分煮る。
メープルシロップ（グレードBがおすすめ）	15g	大さじ1	3%	④ フライパンを火から下ろす。
挽いていないコーヒー豆（フレンチ・ロースト）	25g		5%	⑤ 混ぜ入れ、フライパンにふたをして5分間風味づけする。 ⑥ ⑤のグレイビーを小さめの鍋に濾し入れ、固形物を取り除く。 ⑦ 弱火でグレイビーを温める。
無塩バター（角切り）	35g	大さじ2½	7%	⑧ 温めたグレイビーに混ぜ入れ、とろみが出るまで泡立て器で混ぜる。沸騰させないこと。
燻製塩	適量			⑨ グレイビーに味つけし、温かいうちに供する。

写真のような照りを出すときには、シラーやコクのあるジンファンデルのような、タンニンの量が少なく、強くてフルーティーな赤ワインを選ぶこと。風味豊かであれば、高価なものでなくてもよい。

赤ワインのグレーズ

できあがりの分量：	100g／⅓カップ
調理時間：	4時間（圧力鍋調理：2時間）
保存：	手順6のあと冷蔵庫で5日間、冷凍庫で最長6カ月間保存可能。再加熱時には手順7から続ける
難易度：	低
必要な器具、材料：	圧力鍋、牛の膝骨
使われる料理：	「ショートリブの蒸し煮」（229ページ参照）

材料	重量	分量	比率	手順
脂身の少ない牛挽き肉	1.3kg		100%	① 大きめのフライパンで挽き肉が濃い茶色になるまで約8分炒める。フライパンが小さいときは一度にたくさん炒めず、何回かに分ける。
加熱用精製油（xxiiページ参照）	75g	80ml	6%	② ボウルの上にザルをのせて、炒めた挽き肉の油を切る。濾した油を40g／40ml分量る。挽き肉は手順⑥で使うので取っておく。
新タマネギ（薄切り）	500g		40%	③ 圧力鍋に濾した油とともに入れ、ふたをせずに中火でよく混ぜながら、野菜が完全にやわらかく茶色になるまで30〜35分炒める。
ニンジン（薄切り）	500g		40%	
ポロネギ（薄切り）	250g		20%	
ニンニク（薄切り）	25g		2%	
トマトペースト	50g	大さじ3	4%	④ 炒めた野菜に加え、よく混ぜながら茶色になるまで約10分加熱する。
赤ワイン	750g	750ml／1本	60%	⑤ 注ぎ入れ、よく混ぜながらワインがとろりとした状態に煮つまるまで10〜12分強火で煮る。
牛の膝骨	1.3kg		100%	⑥ 圧力鍋に加え、取っておいた挽き肉とよく混ぜる。
水	1kg	1L	80%	⑦ ゲージ圧1バールで2時間加熱調理する。圧力が最大になったら、時間を計りはじめる。
イタリアンパセリ（つぶす）	5g	中5枝	0.4%	⑧ そのまま鍋を冷ますか、ぬるま湯をふたの縁にかけて、減圧する。
タイム	3g	3〜4枝	0.2%	⑨ 漉し布をかけたシノワで液体を大きめの鍋に濾し入れ、固形物を取り除く。
生のローリエ	0.6g	3枚	0.04%	⑩ 脂をこまめにすくい取りながら、とろりとした状態のグレーズになるまで強火で45〜60分煮る。
黒粒コショウ	0.5g	10〜12粒	0.03%	
バルサミコ酢	適量			⑪ グレーズに味つけをし、温かいうちに供する。
濃口しょうゆ	適量			

圧力鍋調理の注意点については33ページを参照。

HOW TO ゲルと流動性のあるゲルのつくり方

ゲルは決して新しい料理ではない。ゆで卵はゲルだし、チーズもカスタードもヨーグルトもそうだ。しかし、現代のゲル化剤は新しい料理に適応できる幅広いものになっている。スープに加えてコクを増すこともできるし、ソースを望みどおりの形状にしたり、オニオンミルクのような液体を固めてブロック状にしたりすることもできるし、それをまた流動性のある状態に戻すこともできる（100ページ参照）。

どの場合も、基本手順は同じだ。まず、ゲル化剤を液体の中にまんべんなく混ぜる。ゲル化剤を働かせるために加熱しなければならない場合もある。ゲル化剤の分子がつながって網状になり、水やその他の分子を網の中の魚のように捕まえる。網の目がつまってくると、液体は半固体状態になる。

スプーンですくうと上にとどまっているくらいのとろみがありつつ口あたりのいいソースをつくったら、ゲルをピュレにすることもできる。そのようないわゆる流動性のあるゲルと呼ばれ、でんぷんやキサンタンガムでとろみをつけたソースよりもクリーミーな食感になる。流動性のあるゲルをつくるのにもっとも役立つのが寒天だが、ゲル化剤として働かせるためには加熱が必要なので、生野菜のソースやガスパチョのような冷製スープをつくるのにはふさわしくない。寒天は海藻から抽出され、アジア料理では何百年も前から使われている。

1 正確なはかり（7ページ参照）を使って、寒天の重量を正しく量る。薄いスープには液体100gにつき寒天0.25g、中くらいの濃さのソースには液体100gにつき寒天0.4～0.5g、ピュレのような濃いものには液体100gにつき寒天0.9～1.1gを使う。

2 鍋に液体を入れる。冷たくて風味豊かな液体なら、ストックでもフライパンでつくったグレイビーでもいい。液体の中に寒天を振り入れ、スティックミキサーで混ぜ合わせる。スタンドミキサーを使って寒天と液体を混ぜてから、鍋に移してもいい。

3 混ぜ合わせたものを沸騰させ、寒天が完全に溶けるまでかき混ぜる。

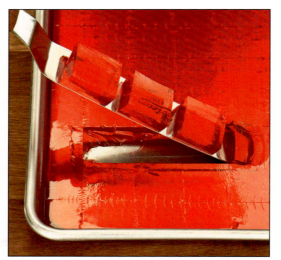

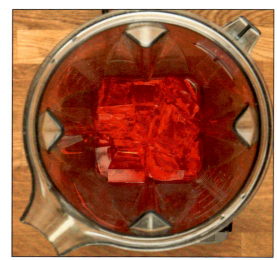

4 半固体状態のゲルをつくる場合は、混ぜたものを型かボウルに入れ、固まるまで冷やす。流動性のあるゲルをつくる場合は、ゲルが固まってからミキサーでなめらかになるまでピュレする。

流動性のあるゲルの速成法：寒天を混ぜた熱い液体をボウルに入れ、氷水に浸し、スティックミキサーを使って30℃になるまで混ぜ、流動性のあるゲルにする。

とろみをつけるときとゲルをつくるときによくある問題点の解決法

ゼラチン、寒天、キサンタンガム、ワンドラといった現代のゲル化剤や増粘剤は驚くほど用途が広く実用的だが、どのように作用するかについての感覚を養うには、少し慣れが必要だ。

下の表には、うまくいかなかったときに現れる徴候と、そのような問題が起こる可能性の高い原因を挙げている。

	問題	可能性のある原因	解決法
	液体の中に魚の目のような透明のかたまりができる。	増粘剤やゲル化剤が不均等に混ざっている。	ゲル化剤を液体の表面に均等に振り入れながら混ぜる。液体に加える前に、ゲル化剤を砂糖のような乾いた増量剤か少量の油に混ぜる。
		ゲル化剤がじゅうぶんに行き渡る前に湯気で固まったか、熱い液体に混ざってしまった。	粉末は湯気のかからないところに置き、ゲル化剤が完全に混ざるまで液体を加熱しない。
	顆粒がふくらんでも、液体がゲル化しない、あるいはとろみがつかない。	ゲル化剤やでんぷんが少なすぎる。	レシピを確認し、正確なはかりでゲル化剤を注意深く量る。ゲル化剤にかなり注意を払わなければならない場合は、量を少しずつ増やしていく。
		液体にゲル化を妨げる酵素が入っている。たとえばキウイ、パイナップル、パパイヤのフレッシュな果汁にはゲル化を妨げる酵素が入っている。	果汁を加熱してから、ゲル化剤を入れる前に冷ますか、缶入りや冷凍フルーツのジュースに代える。
		ゲルが凍っていて、あとで溶けた。凍った過程でゼラチンの肉基質タンパク質が破壊された。	ゼラチンを混ぜたものは固まるまで少なくとも4時間は冷蔵庫で冷やすが、凍らせてはいけない。
	粉末の粒子がふくらまない、あるいは溶けなくて、液体が固まらない。	ゲル化剤が正しい温度まで加熱されていない。	ゲル化剤を入れたあとの液体を観察して、指示された温度を指示された時間だけ保っているか確認する。ほとんどのゲル化剤は2〜3分軽く煮立てることによってうまく働く。
		アルコール濃度が高すぎる。	寒天のようなアルコールに強いゲル化剤を使う。ゼラチンはアルコール度数36％までの液体でゲル化するが、ゲルの味はアルコール度数10％以下で最適になる。
		別の成分がゲル化剤の働きを邪魔している。	ゲル化剤の中には塩分、酸、ある種のミネラルが多いと働かなくなるものがある。
	ワンドラでとろみをつけたあとに液体がべとつく。	ワンドラを加えた液体を泡立て器で混ぜずにミキサーで混ぜてしまったか、混ぜすぎたか、量が多すぎた。	加熱加工小麦粉などは液体に加える前に必ずふるいにかけて、過剰に作用しないようにする。ミキサーではなく泡立て器で混ぜること。

SAUCES

タマネギの流動性のあるゲル

できあがりの分量：	500g／2カップ	
調理時間：	2時間（準備：30分　真空調理と冷ます時間：1時間30分）	
保存：	手順10でピュレにする前でもあとでも冷蔵庫で5日間保存可能	
難易度：	ふつう	
必要な器具、材料：	真空調理専用の器具一式、粉末の寒天	

このレシピは、古典的なエスコフィエ風ソース・スービーズ（タマネギのピュレで風味づけしたベシャメルソース）をヘストン・ブルメンタールが現代風にしたものを採用した。流動性のあるゲル（98ページ参照）のソースにすると、風味がすっきりし、安定感がずっと増す。ソースは冷蔵庫で数日保存したあとに再加熱しても分離しない。ゼラチンと違って、寒天のゲルはある程度温度を上げても（85℃まで）問題ない。

材料	重量	分量	比率	手順
新タマネギ（薄切り）	635g		127%	① ウォーター・バスを88℃に予熱する。
エシャロット（薄切り）	155g		31%	② 油を入れた大きめのスキレットにタマネギとエシャロットを入れ、水分が出て透明になるが色づかないように、20〜30分弱火で火を通す。
精製油	100g	110ml	20%	
全乳	500g	520ml	100%	③ 大きめ（4L）のジッパーつき袋に野菜とともに入れ、水圧を利用して袋からできるだけ空気を抜き、密封する（58ページ参照）。
				④ 1時間真空調理する。
				⑤ タマネギをしっかり押してできるだけ牛乳をしぼりだすようにして濾す。
				⑥ 500g分のオニオンミルクを冷やす。
粉末の寒天	3.5g		0.7%	⑦ 冷やしたオニオンミルクに振り入れ、泡立て器か、スティックミキサーを使って完全に寒天を混ぜる。
				⑧ すっかり溶けるまで1〜2分沸騰させる。
				⑨ トレイかボウルに入れ、完全に固まるまで15〜20分冷やす。
				⑩ ミキサーでなめらかな液状のピュレにする。
塩		適量		⑪ 味つけし、温めるか、冷やした状態で供する。

真空調理ではなくコンロでオニオンミルクをつくる場合は、火を通したタマネギとエシャロットに牛乳を加え、弱火で10分間軽く煮立てる。

フレーク状の寒天はコーヒーミルを使えば粉末にすることができる。

バリエーション：卵黄の流動性のあるゲル
150gの卵黄（卵約10個分）をジッパーつき袋に入れ、水圧を利用して空気を抜いて真空密封し（58ページ参照）、80℃のウォーター・バスで35分真空調理する。加熱した卵黄に150gの風味をつけたクリームかストックを混ぜ、調味料で味つけする。ソースを薄めるにはレモン汁を加えるか、液体の量を増やす。

速成法：手順8のあとで、混ぜ合わせた熱い液体を入れた背の高い容器を氷水の中に入れる。スティックミキサーを使ってゲルをピュレ状にしながら冷ます。冷たくなったら混ぜるのをやめる。味つけをして出す。

圧力鍋でつくるドリッピング

できあがりの分量：	200g／1カップ
調理時間：	1時間15分（準備：15分　圧力鍋調理：1時間）
保存：	冷蔵庫で5日間、冷凍庫で最長6カ月間保存可能
難易度：	ふつう
必要な器具、材料：	圧力鍋、500mlの密封ビン、キサンタンガム

グレイビーをつくるためにフライパンの肉汁をこそげ落とす必要はない。圧力鍋で鶏の挽き肉を加熱すれば、焦がしたりこそげ落としたりせずに、おいしい肉汁を引き出すことができる。もっと色がきれいで、複雑な風味のグレイビーをつくりたければ、良質の酢か柑橘類の果汁、挽いたスパイス、生のハーブを加える。とろみの少ないジュをつくるには、キサンタンガムを省く。キサンタンガムの代わりに冷やしたバターの角切りを数個使えばいい。1～2gの液状大豆レシチン（93ページ参照）を加えると乳化はさらに安定する。

材料	重量	分量	比率	手順
鶏手羽肉（切る）	450g	手羽肉3～4本	100%	① 材料をよく混ぜる。
骨と皮なしの鶏もも肉（挽く）	450g	もも肉3枚	100%	② 500mlの密封ビン3つに均等に分けて入れる。ふたをしっかり閉めてから、4分の1周分ゆるめる。
しょうゆ	9g	8ml	2%	③ ビンを圧力鍋の底においたラックか五徳の上に置き、2.5cm分水を加える。
蜂蜜	9g	小さじ1¾	2%	④ ゲージ圧1バールで1時間加熱調理する。圧力が最大になったら、時間を計りはじめる。
				⑤ そのまま鍋を冷ますか、ぬるま湯をふたの縁にかけて、減圧する。ビンを開ける前に中身を少し冷ます。
				⑥ 濾して固形物を取り除き、肉汁と脂を取っておく。
キサンタンガム（Bob's Red Millブランド）	必要量			⑦ 取っておいたドリッピングの重さを量り、その重さの0.15%分のキサンタンガムを量る。たとえば、ドリッピングの重さが200gならキサンタンガムは0.3gになる。
				⑧ 温かいドリッピングにキサンタンガムを混ぜ、とろみを出す。
塩	必要量			⑨ ドリッピングに味つけし、温かいうちに供する。

圧力鍋調理の注意点については33ページを参照。

バリエーション：
キャラメリゼしたタマネギのグレイビー

でんぷんや脂の量を増やさずに、よりとろみのあるグレイビーをつくるには、30g／大さじ2の「圧力鍋でキャラメリゼしたタマネギ」（127ページ参照）と10g／小さじ2½の「圧力鍋でつくるガーリック・コンフィ」（126ページ参照）を、手順9の前に加える。

ポテトマッシャーがあるのなら、それに漉し布をつけて濾せば、手順6の加熱した鶏肉から最大限の肉汁を引き出すことができる。手順8でキサンタンガムを混ぜるときに、溶かしたバターを加えて食感を調整する。混ぜたときにグレイビーの色が薄くなるが、泡が消えるともとの濃い色に戻る。

ソース・ヴェルデ　　　　セルフィーユとタイムと　　　　ネギと
　　　　　　　　　　　　ネギのペスト　　　　　　　　オゼイユのペスト

ピスタチオのペスト

できあがりの分量：	350g／1⅝カップ	
調理時間：	1時間15分（準備：15分　冷蔵：1時間）	
保存：	冷蔵庫で3日間、冷凍庫で最長3カ月間保存可能	
難易度：	低	
必要な器具、材料：	ロースト・ピスタチオオイル、キサンタンガム（なくても可）	
使われる料理：	「ピスタチオのペスト、アスパラガスのキヌアリゾット（332ページのバリエーション参照）」、「ジェノヴェーゼピッツァ」（306ページ参照）、「鶏もも肉の串焼き、ピスタチオのペスト」（262ページのバリエーション参照）、「大麦パスタ」（271ページのバリエーション参照）、「ピスタチオのペスト風味のクラムチャウダー」（292ページのバリエーション参照）、「シェーヴルチーズとトマトのコンフィ、バジルのバゲットサンド」（319ページのバリエーション参照）	

　ペストとはイタリア語でペーストのことで、ジェノヴェーゼ風に松の実、バジル、パルメザンチーズ、オリーブオイルでつくられることが多いが、このレシピで松の実をピスタチオに代えた再解釈は、わたしたちのお気に入りになった。上の写真のバリエーションは次ページにレシピを記載している。

　キサンタンガムはなくてもいいが、その役割は自然素材のジュースにとろみを与え、野菜からジュースが分離するのを防ぐ。パスタにかける、あたたかいポテトサラダに混ぜる、サーモンに塗って焼く、カリッと焼いたパンにディップとしてつけるなど、ペストにはさまざまな用途がある

材料	重量	分量	比率	手順
バジルの葉	40g		80%	① 鍋に水を入れ沸騰させる。隣に氷水を用意する。
シブレット	35g		70%	② 野菜を沸騰した湯に入れ、1分ほど下ゆでしてさっと火を通す。網杓子か穴杓子を使って野菜を取り出し、すぐに氷水に浸す。
パクチー	35g		70%	
ネギ（緑の部分のみ、5cmの長さに切る）	35g		70%	③ 野菜の水を切り、漉し布で包んで余分な水分をしぼる。
ベビーリーフ（ホウレンソウ）	15g		30%	
ニンニク	8g	2〜3片	16%	④ やわらかくなるまで約2分間ゆでる。
パルミジャーノ・レッジャーノ（細かくおろす）	50g		100%	⑤ フードプロセッサーにゆでた野菜とニンニクとともに入れ、ピュレにする。
焼いたピスタチオ	50g		100%	
エクストラバージン・オリーブオイル	95g	110ml	190%	⑥ ピュレに少しずつ混ぜ、ペースト状にする。
ロースト・ピスタチオオイル（他のナッツオイルでも可）	20g	20ml／大さじ1½	40%	
レモン汁	10g	10ml／小さじ2	20%	
塩		適量		⑦ ⑥のペストに味つけする。
キサンタンガム（Bob's Red Millブランド、なくても可）			必要量	⑧ キサンタンガムを使わない場合は、ペストを冷蔵庫で1時間冷やす。使う場合は、ペストの重さを量り、その0.2%の重さのキサンタンガムを量る。ペストの重さが350gなら、キサンタンガムは0.7gになる。
				⑨ キサンタンガムをペストに入れてかき混ぜ、完全に混ぜ合わせる。

パクチーのペスト　　　　　　　ホウレンソウのペスト　　　　　　焼き赤ピーマンのペスト

手順2で野菜をゆでるときは、ゆであがったらすぐに鍋から出して氷水に浸す。ぎりぎり火が通るくらいでいい。

ゆでた野菜をすべて漉し布で包んで、汁を絞る。

オイルとレモン汁が完全に混ざったら、ペースト状になる。歯ごたえのあるペストにするには、粗めに仕上げる。

バリエーション

前ページのピスタチオのペストの手順と同じだが、手順1～3の野菜を下記の野菜に、手順5のパルミジャーノ・レッジャーノとピスタチオを下記のチーズとナッツに、手順6のオリーブオイルとピスタチオオイルを下記のオイルに代える。

ホウレンソウのペスト

ホウレンソウ	125g	
イタリアンパセリの葉	15g	
熟成ゴーダチーズ（おろす）	50g	
ロースト・アーモンド	50g	
アーモンドオイル	20g	25ml／大さじ1½
エクストラバージン・オリーブオイル	90g	100ml

焼き赤ピーマンのペスト

ローストしたピキーリョ・ピーマン	120g	
ミントの葉	10g	
ゴルゴンゾーラチーズ	50g	
ロースト・カシューナッツ	50g	
エクストラバージン・オリーブオイル	90g	100ml

パクチーのペスト

パクチー	120g	
ホウレンソウ	20g	
パルメザンチーズ（おろす）	50g	
焼いたカボチャの種	50g	
エクストラバージン・オリーブオイル	90g	100ml
ライムの果汁	適量	

ネギとオゼイユのペスト

ネギ（緑の部分のみ）	60g	
オゼイユ（下ゆでしない）	50g	
ピアーヴェ・ヴェッキオチーズ（おろす）	50g	
マカデミアナッツ	50g	
エクストラバージン・オリーブオイル	90g	100ml

セルフィーユとタイムとネギのペスト

ネギ（緑の部分のみ）	60g	
セルフィーユの葉	35g	
タイム（ゆでない）	5g	大さじ2
熟成シェーブルチーズ（砕く）	50g	
焼いたヘーゼルナッツ	50g	
ヘーゼルナッツオイル	20g	20ml／大さじ1½
エクストラバージン・オリーブオイル	90g	100ml

ソース・ヴェルデ

イタリアンパセリの葉	50g	
ミントの葉	50g	
シブレット	20g	
バジルの葉	20g	
セルフィーユの葉	15g	
ディジョン・マスタード	10g	大さじ1
クルミ（みじん切り）	50g	
白ワインビネガー	10g	10ml／小さじ2
エクストラバージン・オリーブオイル	90g	100ml

ムガール・カレーソース

できあがりの分量：	700g／2½カップ
調理時間：	13時間（準備：1時間　浸水：12時間）
保存：	冷蔵庫で5日間、冷凍庫で最長6カ月間保存可能
難易度：	ふつう
必要な器具、材料：	ホワイトポピーシード（白ケシの実）、生のターメリック、ギー（119ページ参照）
使われる料理：	「ラム・カレー」（234ページ参照）

16〜17世紀にインド北部を支配していたムガール帝国は、タージ・マハルのような後世まで残る遺跡を建てたが、後世まで残る料理も生み出した。このレシピはムガール料理からヒントを得たもので、幅広く使えるので、簡単に料理の幅を広げることができる（下のバリエーション参照）。

このレシピでは、必要な量以上のナッツペーストができるが、このペーストは冷凍保存ができる。また余分にソースをつくっておくと、ラムや鶏肉や牛肉によく合うし、翌日にはさらに味がよくなる。生のターメリックが手に入らない場合は、0.5g／小さじ½の粉末ターメリックで代用する。

材料	重量	分量	比率	手順
湯通しした粒アーモンド	50g		25%	① 水に浸した状態で、12時間冷蔵庫に入れる。
生のカシューナッツ	50g		25%	② シノワで漉し、ナッツとシードをミキサーに入れる。
ホワイトポピーシード（白ケシの実）	5g	小さじ1	2.5%	
水	240g	240ml	120%	③ ミキサーに加え、なめらかなペーストにし、240gのペーストを手順⑧で使うために量っておく。
エシャロット（薄切り）	200g		100%	④ 大きめの鍋でエシャロットがやわらかくきつね色になるまで約10分中弱火で炒める。
ギー（無塩の澄ましバター）（119ページ参照）	40g	大さじ3	20%	
塩	4g	小さじ1	2%	
トマト（皮をむき、種を取って角切り）（128ページ参照）	120g		60%	⑤ エシャロットに加え、少しとろみが出るまで約5分加熱する。
MCのカレーパウダー（135ページ参照）	7.5g	大さじ1½	3.8%	⑥ エシャロットとトマトを混ぜたものに加え、弱火で約5分加熱する。
ニンニク（おろす）	6g	大さじ½	3%	⑦ ローリエを取り除く。
ショウガ（おろす）	6g	大さじ½	3%	
タイの青トウガラシ（みじん切り）	5g	大さじ½	2.5%	
生のターメリック（皮をむいて、おろす）	4g	大さじ½	2%	
生のローリエ		1枚		
水	240g	240ml	120%	⑧ ⑦に加える。
ナッツとケシの実のペースト（上でつくったもの）	240g		120%	⑨ スティックミキサーで粗いピュレ状にする。
レーズン（みじん切り）	25g		13%	⑩ ふたをし、弱火で約25分、ときどき混ぜながら煮る。
プレーンヨーグルト	15g	大さじ1	8%	⑪ 鍋を火から下ろし、ヨーグルトとナツメグをソースに混ぜ入れる。
ナツメグ（おろす）	0.5g	小さじ½	0.3%	
フレッシュなライム果汁	適量			⑫ ソースに味つけをし、温かいうちに供する。
塩	適量			

一晩水につけるよりもナッツとシードをもっと速くやわらかくするには、圧力鍋に入れてかぶるだけの水を加え、ゲージ圧1バールで45分加熱調理する。

バリエーション：

ケララ・カレーソース
手順1〜3をとばす。手順4で3g／小さじ1のブラックマスタードシードと2gのカレーリーフ（約9枚）を加えて、エシャロットを炒める。手順9でナッツとシードのペーストの代わりに240g／240mlのココナッツミルクを使う。

ムスリム・カレーソース
手順1〜3をとばす。手順8でナッツとシードのピュレの代わりに240g／260mlの高脂肪生クリームを使う。手順11でサフランをひとつまみ加える。できあがったソースをバラの花びらとローストしたピスタチオで飾る。

1 アーモンドとカシューナッツとポピーシードを水に浸した状態で、冷蔵庫に12時間入れる。ホワイトポピーシードが手に入らなければなくてもいい。

2 水に浸したナッツとシードをシノワで漉し、水を捨てて、ナッツとシードをミキサーに入れる。

3 新しい水をミキサーに加え、なめらかなペースト状にする。ペーストに粒が残るようなら、裏漉しに通す。240gのペーストを量り、手順8で使うために取っておく。

4 エシャロットにギーと塩を加えて、大きめの鍋でエシャロットがきつね色になってやわらかくなるまで約10分間、中弱火で炒める。

5 角切りにしたトマトを加え、少しとろみが出るまで約5分間加熱を続ける。

6 カレー粉、ニンニク、ショウガ、トウガラシ、ターメリック、ローリエをエシャロットとトマトに混ぜ入れ、弱火にし、さらに約5分間炒める。

7 ローリエを取り除く。

8 追加の水、取っておいたナッツとシードのペースト、みじん切りにしたレーズンを加える。

9 粗めのピュレ状にする。スティックミキサーを使うと便利。

10 鍋にふたをし、弱火で約25分間、よくかき混ぜながら煮る。ソースにとろみが出る。

11 鍋を火から下ろし、ヨーグルトとおろしたナツメグを混ぜ入れる。

12 フレッシュなライム果汁と塩で好みの味に味つけし、温かいうちに供する。

SAUCES

真空調理でつくるオランデーズソース

できあがりの分量：	265g／泡状で5カップ	
調理時間：	45分（準備：15分　真空調理：30分）	
保存：	2時間以内に供する	
難易度：	ふつう	
必要な器具、材料：	真空調理専用の器具一式、容量1Lのホイップ用サイフォン、亜酸化窒素のカートリッジ2つ、リンゴ酸かクエン酸（なくても可）	

オランデーズソースは従来の手法でつくると、むずかしく、手間がかかる。卵にすぐ火が通りすぎ、ソースが固まってしまうからだ。コンロでつくる代わりに真空調理を使えばこの問題は起こらない。そうするだけで、下のレシピの手順9のあとですぐに出せるおいしいソースが確実にできる。ただ、とても軽いオランデーズソースをつくるためにはさらに2つの手順が必要だ。

材料	重量	分量	比率	手順
辛口白ワイン	100g	100ml	133%	① ウォーター・バスを65℃に予熱する。
エシャロット（みじん切り）	50g		67%	② 鍋に材料を入れる。
白ワインビネガー	35g	40ml／大さじ3	47%	③ とろりとした状態になるまで約8分軽く煮立てる。
				④ 漉して、固形物を取り除き、次の手順で使う20g／20ml分を量る。
卵黄	75g	卵黄5〜6個	100%	⑤ ④に加え、スティックミキサーで混ぜる。
ストックか水 (84〜90ページ参照)	20g	20ml／小さじ4	27%	⑥ ジッパーつき袋に入れ、水圧を利用してできるだけ袋から空気を抜き、密封する（58ページ参照）。
				⑦ 30分真空調理する。
無塩バター（溶かす）	225g	240ml	300%	⑧ 真空調理したものに加え、完全に乳化するまで混ぜる。
塩	4g	小さじ1	5%	⑨ ソースに味つけし、温かいうちに出すか、手順⑪まで続け、空気を含ませる。
リンゴ酸かクエン酸 （あるいは生のレモン汁を適量）	1g		1%	⑩ ソースを1Lのサイフォンに入れ、亜酸化窒素のカートリッジを2つ充填し、よく振る。
				⑪ すぐに供するか、サイフォンに入れたまま55℃のウォーター・バスで最長1時間30分保温する。

バリエーション：

甲殻類のオランデーズソース
手順8の無塩バターを「圧力鍋でつくる甲殻類のバター」（122ページ参照）に代え、「オマールロール」（288ページ参照）に添える。

ガーリック・オランデーズソース
手順2で、40gのニンニクのみじん切りを卵黄に混ぜ、手順8で溶かしたバターの半量を「圧力鍋でつくるガーリック・コンフィ」（126ページ参照）に代える。

スパイシー・オランデーズソース
手順8で、20g／20ml／大さじ1½の溶かしたバターをゴマ油に代え、50g／60mlの韓国風ウィングソース（260ページ参照）を漉したものを混ぜ入れ、グリルで焼いた野菜に添える。

水ではなくストックを使う場合は、オランデーズソースを何に添えるのかを考慮すること。魚に添えるのなら魚のストック、鶏肉に添えるのなら鶏肉のストック、という具合だ。同様に、白ワインビネガーの代わりに別のビネガーやワインを使うこともできる。たとえば、ハンガーステーキ（サガリ）のグリルには赤ワインとシェリービネガーがよく合う。

もっと軽い泡をつくるには、手順1のウォーター・バスを63℃に設定する。湯を67℃にするともったりとしまった泡になる。

1 ウォーター・バスを65℃に予熱する。

2 白ワイン、エシャロット、ビネガーを鍋に入れる。

3 液体がほぼ完全に煮つまってとろりとした状態になるまで約8分間軽く煮立てる。

4 ワインを煮つめたものを漉して固形物を取り除き、20g／20mℓ分を量って、次の手順で使う。

5 ワインを煮つめたものに卵黄とストックを入れ、スティックミキサーでよく混ぜる。

6 混ぜたものをジッパーつき袋に入れる。水圧を利用してできるだけ袋から空気を抜き、密封する（58ページ参照）。

7 6を30分真空調理する。

8 真空調理したものに溶かしたバターを少しずつ入れ、完全に乳化するまで混ぜ合わせる。ボウルの中でスティックミキサーを使うか、量が多い場合にはスタンドミキサーを使う。

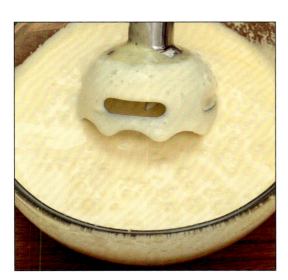

9 塩と、リンゴ酸かクエン酸かレモン汁でソースに味つけする。この時点では温めたマヨネーズのようになっているので、そのまま出せる。

10 混ぜたものを1Lのサイフォンに入れる。サイフォンに亜酸化窒素のカートリッジを2つ充填し、よく振る。

11 サイフォンから出したソースをすぐに出すか、サイフォンの中に入れたまま55℃のウォーター・バスで最長1時間30分保温する。

SAUCES

モダニストのマヨネーズ

できあがりの分量：	450g／2¼カップ
調理時間：	45分（準備：10分　真空調理：35分）
保存：	冷蔵庫で3日間保存可能
難易度：	低
必要な器具、材料：	真空調理専用の器具一式
使われる料理：	「豚ばら肉のBLT」（232ページ参照）、「新タマネギのコールスロー」（165ページ参照）、「オマールロール」（288ページ参照）

マヨネーズは、油とマスタードと少しの酸に乳化剤として卵黄を混ぜた、昔からあるエマルションだ。キッチンでは文字通り数百通りもの使い方がある。このレシピでは卵黄を軽く加熱するが、これには2つの利点がある。まず、生卵を使う場合の食の安全への懸念が払しょくできる。卵黄が低温殺菌されるからだ。次に、熱によって卵黄の乳化力が増すので、マヨネーズがずっと安定しやすくなる。しかし時間がないときには生の卵黄を使い、手順の1～3をとばしてもいい。

この基本レシピからバリエーションの幅は大きく広がる。下に載せたのはほんの数例だ。油を増やせばマヨネーズは濃くなり、油を減らせば薄いソースになる。精製油の一部かすべてをエクストラバージン・オリーブオイルかほかのシードやナッツのオイルに代えてみてもいい。レモン汁を他の酸性の果汁（ライム、ブラッドオレンジ、グレープフルーツ、パッションフルーツなど）に代えることもできる。白ワインビネガーの代わりに赤ワインビネガーにしてもいい。水もまたストックやさまざまなジュースに置き換えられる。

材料	重量	分量	比率	手順
卵黄（かき混ぜる）	75g	卵黄5～6個	100%	① ウォーター・バスを67℃に予熱する。 ② かき混ぜた卵黄をジッパーつき袋に入れ、水圧を利用して（58ページ参照）できるだけ袋から空気を抜き、密封する。 ③ 35分真空調理する。
水	45g	45ml／大さじ3	60%	④ 水とマスタードを混ぜてから、加熱した卵黄に入れ、なめらかになるまでかき混ぜる。
ディジョン・マスタード	25g	大さじ1½	33%	
精製油か 他のフレーバーオイル	300g	320ml	400%	⑤ ④に少しずつ加え、完全に乳化するまで混ぜる。
レモン汁	18g	20ml／大さじ1½	24%	⑥ 適宜ソースに味つけする。
白ワインビネガー	10g	10ml／小さじ2½	13%	⑦ 冷やして使う。
塩		適量		

バリエーション：

アイオリソース
手順5で、150g／160mlの油を「圧力鍋でつくるガーリック・コンフィ」（126ページ参照）の油に代え、同じレシピの50g／大さじ3のニンニクを混ぜる。

ベーコン・マヨネーズ
手順5の油を、ベーコンの脂を溶かしたもの（123ページ参照）に代え、0.7gのキサンタンガムを混ぜる。手順6で、65gの砕いたカリカリベーコンを味つけのときに混ぜ入れる。このマヨネーズは冷えると固まる。室温で5～10分置いて、やわらかくしてから供する。

ルイユソース
アイオリソースのバリエーションだが、手順6で60gのピメントン・ドゥルセ（甘いパプリカ）と0.5g／小さじ¼のカイエンヌペッパー（好みで増やしてもいい）を加える。

タルタルソース
手順6で、35g／大さじ3½のみじん切りにしたガーキン（キュウリのピクルス）と15g／大さじ4の刻んだイタリアンパセリを混ぜる。

MCのスペシャルソース

できあがりの分量：	615g／2½カップ
調理時間：	30分
保存：	冷蔵庫で3日間保存可能
難易度：	低
必要な器具、材料：	スパイシーなキュウリのピクルス
使われる料理：	「モダニストのチーズバーガー」（212ページ参照）

　1968年、マクドナルドは3枚のバンズを使った新作のチーズバーガーを発表し、それには"スペシャルソース"がついていた。そのハンバーガーの名前は〈ビッグマック〉で、すぐさま世界じゅうでヒットし、どこでも手に入ることから、雑誌〈エコノミスト〉は現在でもビッグマックの価格を世界じゅうの貨幣価値を示す指標として使っている。

　『Modernist Cuisine』のために豚ロース肉のソースをつくっていたとき、研究用のキッチンで最新のソースの味見をしていたわたしたちは、はっとして、それがマクドナルドのスペシャルソースに似ていると気づいた。もちろん、同じものではない。わたしたちのソースのほうが手が込んでいるし、甘みも少ないが、マスタードとピクルスの種類によってはまったく同じ味になる。

材料	重量	分量	比率	手順
ポロネギ（みじん切り）	220g		100%	① フライパンでこまめにかき混ぜながら、じゅうぶんやわらかくなるまで中弱火で約15分炒める。
エシャロット（みじん切り）	95g		43%	
精製油	70g	75ml	32%	
高脂肪生クリーム（乳脂肪分36％以上）	220g	240ml	100%	② 野菜に加え、中強火にして、よく混ぜながらとろみが出るまで8～10分煮る。
ドライ・ベルモット（NoillyPratブランド）	200g	200ml	91%	
スパイシーなキュウリのピクルス（みじん切り、Baumgardnerブランド）	40g	大さじ4	18%	③ ②に混ぜ入れる。
ディジョン・マスタード	20g	小さじ4	9%	
スパイシーなピクルスの汁	適量			④ しっかり味つけをし、冷やして供する。
塩	適量			

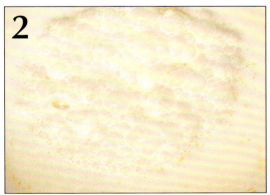

これを〈ビッグMC〉と呼んでもいいだろう。真空調理後に揚げたショートリブのパテ（208ページ参照）にMCのスペシャルソースを添え、食パンのトースト2枚ではさむ。

圧力鍋でキャラメリゼしたケチャップ

できあがりの分量：	330g／1カップ
調理時間：	35分（準備：10分　圧力鍋調理：25分）
保存：	冷蔵庫で5日間保存可能
難易度：	低
必要な器具、材料：	圧力鍋、リンゴ酸（なくても可）、アガベシロップ（なくても可）
使われる料理：	「モダニストのチーズバーガー」（212ページ参照）

このレシピでは、ちょっとした基礎化学を利用してケチャップの色を濃くし、風味を加えた。これはトマトソースに入れる砂糖をキャラメリゼしなければ生まれない色と風味だ。ふつうの鍋だとソースが水の沸点よりずっと高い温度にはならないためつくるのがむずかしい。しかし、重曹を少し加えることでトマトの酸が中和され、ソースが少しアルカリ性になるので、圧力鍋で可能な温度でキャラメリゼができるようになる。キャラメリゼした野菜やピュレ（180〜181ページ参照）と同様、できあがったケチャップはフレッシュ感と加熱した風味のすばらしいコンビネーションを味わわせてくれる。

材料	重量	分量	比率	手順
トマトペースト	100g		100%	① 圧力鍋に入れて混ぜる。
水	100g	100ml	100%	② ゲージ圧1バールで25分加熱調理する。圧力が最大になったら、時間を計りはじめる。
重曹	3g	小さじ¾	3%	③ そのまま鍋を冷ますか、ぬるま湯をふたの縁にかけて減圧し、ソースを混ぜる。
赤ワインビネガー	60g	70ml／大さじ5	60%	④ トマトソースに混ぜ入れる。
アガベシロップか砂糖	40g	30ml／大さじ2	40%	
メープルシロップ（できればグレードBで）	30g	25ml／大さじ1½	30%	
粉マスタード	10g	小さじ3	10%	⑤ 均等に混ざるように必要ならふるいにかけて混ぜてから、ソースの中に混ぜ入れる。
パプリカパウダー	9g	小さじ3	9%	
オニオンパウダー	6g	小さじ1½	6%	
リンゴ酸（なくても可）	3g		3%	
塩	適量			⑥ ケチャップに味つけし、冷やして供する。
赤ワインビネガー	適量			

圧力鍋調理の注意点については33ページを参照。

バリエーション：バーベキュー・ケチャップ
手順4で、アガベシロップを40gのブラウンシュガーに代え、20g／25ml／小さじ5のバーボン、1g／小さじ⅛の燻煙液（LazyKettleブランド）、0.1g／ひとつまみのカイエンヌペッパーを加える。

1 トマトペースト、水、重曹を圧力鍋に入れて混ぜ合わせる。重曹がトマトペーストの酸に反応すると少し泡が出る。

2 ゲージ圧1バールで25分加熱調理する。圧力が最大になったら、時間を計りはじめる。

3 そのまま鍋を冷ますか、ぬるま湯をふたの縁にかけて、減圧する。トマトペーストを混ぜる。レンガのような深い赤色になっているはずだ。

4 ビネガーとシロップをトマトソースに混ぜ入れる。

5 スパイスとリンゴ酸（なくても可）が均等になるように、必要であればふるいにかけて混ぜ、ソースの中に混ぜ入れる。ケチャップに少しとろみを出し"液体がしみ出す"のを防ぐためには、混ぜたスパイスに0.5gのキサンタンガムを加える。

6 ケチャップに塩と追加のビネガーをたっぷり加えて好みの味つけにする。数時間寝かせて、スパイスの強い味をやわらげる。

サルサベルデ

できあがりの分量：	490g／2カップ	
調理時間：	30分	
保存：	冷蔵庫で3日間保存可能	
難易度：	低	
必要な器具、材料：	直火（ガスコンロ、バーベキューグリル、ガスバーナー）	
合う料理：	「圧力鍋でつくるフレッシュコーンのタマーリ」（340ページ参照）	

材料	重量	分量	比率	手順
トマティーヨ（皮つき）	415g	中5〜6個	100%	① トマティーヨを1個ずつ、ガスコンロかガスバーナーなどのの直火で、皮がふくらみ、黒くなるまで焼く。 ② 清潔な乾いたふきんで焦げた皮を取り除く。 ③ トマティーヨの軸を取り、4等分する。
タマネギ（さいの目切り）	215g		52%	④ 鍋にトマティーヨと一緒に入れ、やわらかくソース状になるまで、15分ほど中火で加熱する。 ⑤ スティックミキサーを使って大きなかたまりをつぶしながら軽く混ぜる。 ⑥ 温かいまま、あるいは冷やして出す。
精製油	35g	40ml	8%	
ハラペーニョ（刻む）	25g	大1本	6%	
塩	適量			

ガスバーナーの安全性については15ページを参照

圧力鍋でキャラメリゼしたピーナッツソース

できあがりの分量：	760g／3¼カップ
調理時間：	1時間（準備：20分　圧力鍋調理：40分）
保存：	冷蔵庫で5日間、冷凍庫で最長6カ月間保存可能
難易度：	ふつう
必要な器具、材料：	圧力鍋、ガランガル、パームシュガー
使われる料理：	「鶏むね肉のサテ」（263ページのバリエーション参照）、「ライスパスタ」（271ページのバリエーション参照）

香ばしいピーナッツソースをつくるには、ローストしたてで香りのいいピーナッツを見つけることから始めよう。生のガランガルはショウガに似ているが、もっと濃厚な、コショウのような味で、アジア食品店で売られている（生のショウガで代用してもいい）。

材料	重量	分量	比率	手順
無糖のココナッツクリーム（缶詰）	400g	410ml	333%	① 材料を圧力鍋に入れる。
皮をむいた無塩のローストピーナッツ	120g		100%	② ゲージ圧1バールで40分加熱調理する。圧力が最大になったら、時間を計りはじめる。
エシャロット（スライス）	70g		58%	
水	50g	50ml	42%	③ ふたの縁にぬるま湯をかけて鍋をすばやく減圧する。
ガランガル（皮をむいて輪切り）	35g	輪切り3〜4枚	29%	④ なめらかになるまでソースをミキサーにかけ、ピュレ状にする。
ピーナッツオイル	20g	20ml／大さじ1½	17%	
重曹	3.2g	小さじ½	2.7%	
魚醤	40g	35ml／大さじ2	33%	⑤ ソースに味つけして、温かいうちに供する。
パームシュガー（おろす）	20g	大さじ3	17%	
塩	5g	小さじ1½	4%	

圧力鍋調理の注意点については33ページを参照。

ピッツァソース
下の手順1と2をとばす。50gの刻んだニンニクを20g／20ml／大さじ1½のオリーブオイルで、ニンニクがきつね色になるまで、約5分炒める。手順3から続ける。ピッツァのレシピは、295ページの第18章を参照。

マリナラ

できあがりの分量：	1kg／4カップ	
調理時間：	1時間（準備：15分　圧力鍋調理：45分）	
保存：	冷蔵庫で5日間、冷凍庫で最長6カ月間保存可能	
難易度：	低	
必要な器具、材料：	圧力鍋	
使われる料理：	「電子レンジでつくるナスのパルミジャーナ」（344ページ参照）、「全粒粉パスタ」（271ページのバリエーション参照）	

マリナラはシンプルで風味豊かなトマトソースだ。材料を圧力鍋で合わせてつくれば、通常より手間がかからない。わたしたちはタマネギとニンジンの甘さを加えるのが好きだが、上のピッツァソースのバリエーションは、トマト純粋主義者の好みかもしれない。

わたしたちはマリナラをもとにして際限なくカスタマイズできると考えている。昔ながらのパスタソースにするには、生のバジルとチリフレークか、オリーブとアンチョビのフィレを混ぜる。

材料	重量	分量	比率	手順
タマネギ（大きめの角切り）	260g		33%	① フードプロセッサーで細かく刻む。
ニンジン（中くらいの角切り）	160g		20%	
ニンニク	18g	5〜6片	2.3%	
オリーブオイル	20g	20ml／大さじ1½	2.5%	② 圧力鍋にオイルをひき、タマネギが透明になるまで野菜を4分ほど中火で炒める。
クラッシュトマト缶（SanMorzanoか他の上質なトマト）	794g	大1缶	100%	③ 炒めた野菜の中に混ぜ入れる。 ④ ゲージ圧1バールで45分加熱調理する。圧力が最大になったら、時間を計りはじめる。 ⑤ そのまま鍋を冷ますか、ふたの縁にぬるま湯をかけて鍋を減圧する。
エクストラバージン・オリーブオイル	適量			⑥ 好みでソースに味つけにする。
塩	適量			⑦ 温かいうちに供する。

圧力鍋調理の注意点については33ページを参照。

バリエーション：

トマト・ソフリート
手順1でニンジンを使わず、角切りのタマネギを115gに減らし、63gの刻んだピキーリョピーマンを加える。手順3で、0.2g／小さじ⅛のサフランをクラッシュトマトとともに加える。

ボロネーゼ
圧力鍋で450gの豚挽き肉を炒めてから、手順1に進む。手順2で8g／大さじ1のポルチーニパウダーを加える。手順6で60g／65ml／大さじ4½の高脂肪生クリームを味つけ前に混ぜ入れる。

パイナップル・マリナラ
手順1で400gの角切りの生パイナップルと40gの刻んだプロシュート（生ハム）を加える。手順3でクラッシュトマトの量を400g／大½缶に減らす。

1 タマネギ、ニンジン、ニンニクをフードプロセッサーで細かく刻む。

2 圧力鍋にオリーブオイルをひき、タマネギが透明になるまで約4分野菜を中火で炒める。

3 炒めた野菜にトマトを混ぜ入れる。

4 ゲージ圧1バールで野菜を45分加熱調理する。圧力が最大になったら、時間を計りはじめる。

5 そのまま鍋を冷ますか、ぬるま湯をふたの縁にかけて、減圧する。

6 オリーブオイルと塩で好みの味つけにする。

7 温かいうちにソースを供する。

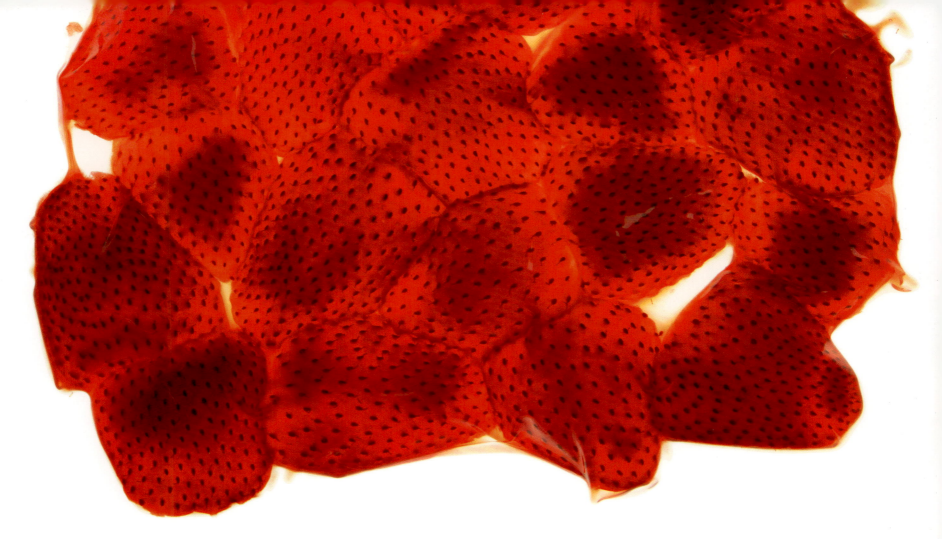

イチゴのマリナラ

できあがりの分量:	400g／1½カップ
調理時間:	1時間15分
保存:	冷蔵庫で3日間、冷凍庫で最長6カ月間保存可能
難易度:	低
必要な器具、材料:	ジューサー
合う料理:	「圧力鍋でつくるポレンタ」（336ページ参照）

この鮮やかな赤いソースは、驚くほどトマトのマリナラに似ている。トマトも結局のところ、酸味の強い赤い漿果なのだ。だからこのマリナラも、ポレンタやリコッタチーズを入れたラビオリに添えたり、ピッツァソースとして使うことさえできる。イチゴの季節でなければ、モモや圧力鍋で煮たマルメロを使う。

材料	重量	分量	比率	手順
へたを取ったイチゴ	500g		227%	① 水洗いし、果汁を絞る。次の手順で使うために、185g／180mlの果汁を量っておく。
イチゴ（薄切り）	220g		100%	② 底が重い大きめの鍋でイチゴの果汁と合わせる。
トマト（皮をむき、種を取り、角切り）	175g		80%	③ ふたをせず火にかけ、よく混ぜながら、コクのあるマリナラのようにソースにとろみがつき、強い風味が出るまで、約35分間煮る。
新タマネギ（みじん切り）	100g		45%	
辛口の白ワイン	100g	100ml	45%	
ニンニク（薄切り）	3g	大さじ½	1.4%	
バジルの葉（ちぎる）	2g	3〜4枚	0.9%	
エストラゴンの葉（つぶす）	2g	7〜9枚	0.9%	
塩	適量			④ ソースに味つけし、温かいうちに供する。
ライム果汁	適量			

風味を高める

さらに風味を加えるには、食卓に出す直前に、おろしたてのレモンの皮とせん切りにしたバジルを混ぜ入れる。

タイ風の甘酸っぱくピリッとしたグレーズ

できあがりの分量：	135g／⅔カップ
調理時間：	40分（準備：10分　煮込み時間：30分）
保存：	冷蔵庫で5日間、冷凍庫で最長6カ月間保存可能
難易度：	低
必要な器具、材料：	濃縮タマリンド、パームシュガー
使われる料理：	「カリカリに揚げた牛肉とエシャロットのサラダ」（353ページ参照）、「ココナッツパスタ」（271ページ参照）

　このレシピによって、伝統的な濃縮されたビーフグレーズを力強くピリッとさせることができる。パスタにかけたり、グリルしたラムや鶏肉や魚につや出しとして使ったりする。ゴマ油にスプーン1杯分加えれば、グリルしたアスパラガスにかける温かいドレッシングになる。酸味の強いライム果汁を使って味つけすることで、砂糖の甘さとバランスが取れる。濃縮タマリンドももっと使ってもいい。アジア食品店では、色の濃い、糖蜜のような濃縮タマリンドを売っている。このグレーズは「ショートリブの蒸し煮」（229ページ参照）を使ったクリスピーなビーフサラダに使う。

材料	重量	分量	比率	手順
ブラウン・ビーフ・ストック （86ページ参照）	1kg	1L	100%	① スプーンの背にくっつく程度のとろみが出るまで約30分、中強火で煮つめる。
パクチー	5g		0.5%	② 煮詰めた熱いストックに加える。
八角	5g	3〜5個	0.5%	③ かき混ぜながら、5分ほど風味を出す。
タイのバジルの葉	5g		0.5%	④ 押さえながら漉し、固形物をつぶして、強い風味を出す。
濃縮タマリンド （Tamiconブランド）	20g	小さじ4	2%	⑤ 漉したグレーズに加える。
パームシュガー （おろしたものかデメララ糖）	12g	大さじ1½	1.2%	
ライム果汁	適量			⑥ グレーズにしっかり味つけし、温かいうちに供する。グレーズは冷めると固まる。
塩	適量			

ポルチーニ、ピーマン、ホウレンソウ、カロテンのバター（121ページ参照）

油脂

　脂肪は食べものの基本要素のひとつで、食感を決めるものであるうえに、調理の際に果たす重要な役割をいくつも担っている。油脂はこってりとした食べもののなめらかな舌触りのもとになっている。非常に効率よく熱を伝えるので、ソテから真空調理までさまざまな調理法で使われる。脂肪は層になった繊細な小麦粉の生地同士がくっつくのを防いでくれる。乳化とある種の泡には欠かすことのできないものでもある。

　しかし、油脂の非常に創造的な使用法として、色と風味、とくに食欲をそそる風味の運び役にするというものもある。下のレモンハーブオイルのように油脂を使って材料のエッセンスを引き出してから、そのエッセンスをドレッシングやつけ合わせに混ぜ込むこともできる。低温であれば、風味づけした油脂の中で加熱することもできる。風味や色をつけた油脂は、料理に新しさを、そして予想もしなかったような一面を与えてくれる。油脂は舌にまとわりつき、運んできた風味を残していく。わずかな量で長持ちする。

真空調理でつくるレモンハーブオイル

できあがりの分量：	200g／1カップ
調理時間：	13時間45分（準備：15分　真空調理と冷蔵：13時間30分）
保存：	冷蔵庫で2週間保存可能
難易度：	低
必要な器具、材料：	真空調理専用の器具一式、レモンタイムの葉、レモンバームの葉、こぶみかんの葉

　レモンタイムとレモンバームはフレッシュ・ハーブが多く揃う食料品店で見つかる。もっといいのは、自分で育てることだ。苗木は種苗店で手に入る。

材料	重量	分量	比率	手順
グレープシードオイルか無塩バター	200g	220ml	100%	① ウォーター・バスを60℃に予熱する。
レモングラス（薄切り）	40g		20%	② 材料をジッパーつき袋に入れ、水圧を利用して袋からできるだけ空気を抜き、密封する（58ページ参照）。
レモンタイムの葉	25g		13%	③ 1時間30分真空調理する。
レモンバームの葉（細切り）	10g		5%	④ 冷蔵庫で12時間冷やす。
こぶみかんの葉（細切り）	10g	20枚	5%	⑤ オイルを漉して（バターを使った場合はまず溶かす）固形物を取り除く。

モダニストのヴィネグレットソース

できあがりの分量：	275g／1¼カップ
調理時間：	10分
保存：	冷蔵庫で5日間保存可能
難易度：	低
必要な器具、材料：	液状大豆レシチン（なくても可）
使われる料理：	「圧力鍋でつくるレンズ豆のサラダ」（175ページ参照）

　このレシピはあらゆる基本的なヴィネグレットの定型になるものだ。下に6種類のバリエーションをあげているが、別のオイルや酸味材料に代えることでさまざまな味をつくることができる。液状大豆レシチンは使わなくてもいいが、この乳化剤を1～2％加えることで、どんなヴィネグレットでもオイルの分離を防いでくれる。低温殺菌した卵黄（142ページ参照）も乳化剤として使えるが、大豆レシチンにはない味がついてしまう。

材料	重量	分量	比率	手順
シャンパンビネガー	40g	45ml／大さじ3	40％	① 混ぜ合わせる。
ディジョン・マスタード	25g	大さじ1½	25％	
白バルサミコ酢	15g	15ml／大さじ1	15％	
リンゴ果汁	10g	10ml／小さじ2	10％	
エクストラバージン・オリーブオイル	100g	110ml	100％	② 一緒にかき混ぜる。
クルミオイル（あるいは同様のナッツオイル）	85g	90ml	85％	③ ①の酢を混ぜたものに少しずつ入れ、スティックミキサーを使って完全に乳化するまで混ぜる。
液状大豆レシチン（NOWブランド、なくても可）	2g		2％	
塩		適量		④ ドレッシングにしっかり味つけをし、冷やして、または温かくして供する。

バリエーション：

パクチーのヴィネグレットソース
75gのパクチーをゆで、湯を切り、刻む。25g／小さじ4のタヒニ、10g／大さじ½のアガベシロップ、手順1の材料とともにパクチーをピュレ状にする。100gのエクストラバージン・オリーブオイルを少しずつ入れ、完全に乳化するまで混ぜる。塩で味つけする。

ゴマのドレッシング
40g／45ml／大さじ3の米酢、15g／15ml／小さじ2½の濃口しょうゆ、10g／小さじ2の蜂蜜を混ぜ合わせる。80g／90ml／⅜カップの焙煎ゴマ油と100g／110mlの精製油を少しずつ混ぜ入れる。26gのスライスしたネギを加える。塩で味つけする。

ベトナム風ドレッシング
40g／45ml／大さじ3の米酢、25g／20ml／小さじ4¼の魚醤、15g／15ml／大さじ1のライム果汁、10g／大さじ1のパームシュガー、1.2g／1本のタイトウガラシ（みじん切り）を混ぜ合わせる。100g／110mlの精製油を少しずつ混ぜ入れる。塩で味つけする。

スパイス・チリ・ドレッシング
68g／55ml／大さじ3½の魚醤、56g／55ml／大さじ2½のアガベシロップを混ぜ合わせる。92g／100mlの「真空調理でつくるスパイス・チリオイル」（次ページ参照）と36g／40ml／大さじ2½のゴマ油を少しずつ混ぜ入れる。塩で味つけする。

サクランボのヴィネグレットソース
手順1で100gのピュレ状の生か冷凍のサクランボを加える。

ピスタチオバター入りのフィーヌゼルブのヴィネグレットソース
50gのバジル、25gのシブレット、それぞれ15gのネギとエストラゴンをゆで、湯を切り、刻む。下ゆでしたハーブを手順1の材料とともにピュレする。110g／120mlのエクストラバージン・オリーブオイルと50g／大さじ2½のピスタチオバターを少しずつ入れ、乳化するまで混ぜる。塩で味つけする。

真空調理でつくるスパイス・チリオイル

できあがりの分量：	500g／2カップ
調理時間：	8時間30分（準備：30分　真空調理：8時間）
保存：	冷蔵庫で2週間保存可能
難易度：	低
必要な器具、材料：	真空調理専用の器具一式、メース（ホール、なくても可）
使われる料理：	「四川風チンゲンサイ」（346ページ参照）、「スパイス・チリ・ドレッシング」（前ページのバリエーション参照）、「つくねのから揚げ」（262ページのバリエーション参照）

スパイスやハーブの香り成分の多くは脂溶性なので、オイルによって風味がたっぷり引き出される。ここで紹介するオイルはスパイシーで甘く香りが高い。蒸した野菜、揚げ豆腐、蒸した米、フライパンで焼いた魚などにかけて使う。メース（ホール）を粉末メースで代用しないこと。風味が強くなりすぎる。

材料	重量	分量	比率	手順
乾燥チポトレ（薄切り）	85g		17%	① オーブンを135℃に予熱し、ウォーター・バスを70℃に予熱する。
コリアンダーシード（つぶす）	15g		3%	② 材料を合わせる。
乾燥赤トウガラシ	15g		3%	③ 香りが立つまでオーブンで15〜20分焼く。
八角	15g	10個	3%	④ 完全に冷ます。
シナモンスティック	10g	2〜3本	2%	⑤ すり鉢とすりこぎでつぶすか、ジッパーつき袋に入れてペーパータオルで包み、木づちか麺棒でつぶす。
フェンネルシード（つぶす）	6g	大さじ1	1.2%	
メース（ホール、なくても可）	5g	大さじ1	1%	
グレープシードオイルか同様の精製油	500g	540ml	100%	⑥ 別のジッパーつき袋につぶしたスパイスとオイルを入れ、水圧を利用して袋からできるだけ空気を抜いて、密封する（58ページ参照）。
				⑦ 8時間真空調理する。
				⑧ 冷ましてから濾す。できれば濾す前に一晩寝かせてオイルに香りをしみ込ませる。

バリエーション：

圧力鍋でつくるスパイス・チリオイル
手順の6と7を飛ばし、密封ビンに入れたオイルとスパイスを圧力鍋でゲージ圧1バールで30分加熱調理してから、手順8に進む。

基本のチリオイル
手順の1〜5を飛ばし、手順6で15g／大さじ3の粉末トウガラシをオイルとともに密封し、70℃で24時間真空調理する。

ローズマリーオイル
手順の1〜5を飛ばし、手順6で50gの生のローズマリーをオイルとともに密封し、80℃で1時間真空調理する。

ガーリックオイル
手順の1〜5を飛ばし、手順6で250gのニンニクの薄切りをオイルとともに密封し、90℃で4時間真空調理する。

ジンジャーオイル
手順の1〜5を飛ばし、手順6で225gの生のショウガの薄切りをオイルとともにピュレ状にする。70℃で3時間真空調理する。ジッパーつき袋からオイルを別の容器に移す。

タイムオイル
手順の1〜5を飛ばし、手順6で100gの生のタイムの枝をオイルとともに密封し、55℃で45分真空調理する。

レモンオイル
手順の1〜5を飛ばし、手順6で45g／大さじ5のおろしたてのレモンの皮をオイルとともに密封し、60℃で2時間真空調理する。

バニラオイル
手順の1〜5を飛ばし、手順6でサヤ2つからバニラシードを取り出し、サヤ、オイルとともに密封し、24時間冷蔵庫で冷やす。

HOW TO 澄ましバターとブール・ノワゼットのつくり方

強力なミキサーと卵や大豆レシチンのような乳化剤があれば、きめの細かいエマルションをつくり、安定させることができる。澄ましバター（インド料理ではギーと呼ばれる）は料理人がわざと乳化を壊す珍しいケースで、水と乳脂肪分と無脂乳固形分が乳化したのがわたしたちが大好きなバターだ。完全に熱を通すと、これらの要素が分離し、不純物のない澄んだ乳脂肪を取り出すことができる。

澄ましバターになると、さらに高温になっても焦げなくなる。そして乳たんぱく質がなくなるので、長持ちする。澄ましバターをつくる過程でバターをじゅうぶんに加熱すると、乳糖と乳たんぱく質が褐変反応を起こし、その風味と色が澄ましバターに移り、ナッツのような濃い茶色の黒みを帯びたブール・ノワゼットやブール・ノワールのような色になる。

1 無塩バターを鍋に入れ、弱めの火でゆっくり溶かす。

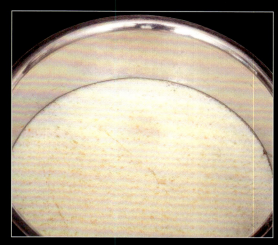

2 バターが泡立つまで待つ。これは乳化が壊れるサインだ。鍋を火から下ろし、層を安定させる。

3 ギーをつくるには、手順5に飛ぶ。ブール・ノワゼットは手順6に、ブール・ノワールは手順7に飛ぶ。澄ましバターをつくるには、表面の泡をスプーンで取り除く。

4 シノワに漉し布をかけて漉し、澄ましバターをつくる。

5 ギーをつくるには、手順2で温めたバターを弱火でさらに45分加熱する。乳たんぱく質が変成して固まると、風味は深まるが、バターは茶色くならない。すぐにギーを漉すか、一晩寝かせてさらに風味を高める。

6 ブール・ノワゼットをつくるには、手順2の溶かしバター100gを30gの脱脂粉乳と一緒に密封ビンに入れ、1cmの水を入れた圧力鍋に入れ、ゲージ圧1バールで30分加熱調理する。その後手順4のようにバターを漉す。

7 ブール・ノワールをつくるには、手順2の溶かしバター100gの中に30gの脱脂粉乳を入れ、乳固形分が濃い茶色になるまで加熱するが、焦がさない。その後手順4のようにバターを漉す。

圧力鍋調理の注意点については33ページを参照。

澄ましバター

ブール・ノワゼット

ブール・ノワール

ブール・ノワゼットやブール・ノワールをつくるときに脱脂粉乳を加えると、効果的に乳固形分を増やし、それによって風味が増し、色が濃くなる。このテクニックを最初に見たのは、IdeasInFood.comのウェブサイトだ。

OILS AND FATS

モンペリエ・バター

できあがりの分量：	850g／3¾カップ
調理時間：	45分
保存：	冷凍庫で最長6カ月間保存可能
難易度：	ふつう
必要な器具、材料：	真空調理専用の器具一式
使われる料理：	「牛フィレ肉の串焼き、モンペリエ・バター」（263ページのバリエーション参照）
合う料理：	「真空調理でつくるエスカルゴの蒸し煮」（293ページ参照）

伝統的なフランス料理では、熱い料理の上で溶けるさまざまな合わせバターをソースとして使っている。有名なのがモンペリエ・バターだ。残念ながら、合わせバターは溶けると分離しやすい。このレシピの大きな長所は、卵とゼラチンのおかげで熱くなってもバターの乳化が失われない点だ。

材料	重量	分量	比率	手順
卵黄（かき混ぜる）	100g	大さじ6½ 卵黄7～8個分	22%	① ウォーター・バスを67℃に予熱する。 ② 卵黄をジッパーつき袋に入れ、水圧を利用して袋からできるだけ空気を抜き、密封する（58ページ参照）。 ③ 30分真空調理する。卵黄を真空調理しているあいだに手順④～⑦に進む。
無塩バター	450g		100%	④ バターを室温でやわらかくし、なめらかになるまでかき混ぜる。
冷水	45g	45ml／大さじ3	10%	⑤ 小さめの鍋に入れた水にゼラチンを振り入れ、5分間ふやかす。
無香料ゼラチン （Knoxブランド）	18g		4%	⑥ 弱火で溶けるまで加熱。 ⑦ やわらかくなったバターに入れ、完全に混ぜ合わせる。 ⑧ バターを卵黄の中に少しずつ入れ、完全に乳化するまで混ぜる。スティックミキサーかスタンドミキサーを使う。
圧力鍋でつくるガーリック・コンフィ （126ページ参照）	90g	大さじ6½	20%	⑨ すべて合わせる。
アンチョビペーストか魚醤	30g	大さじ1½	7%	⑩ バターの中に均等に混ぜ合わせる。
タマネギのピクルス（みじん切り） （130ページ参照）	25g	大さじ4	6%	⑪ バターをラップに包んで棒状にするか、シリコンマットの上にシート状に広げて、切り分ける。冷凍する場合は、先にラップで包む。
シブレット（刻む）	15g	½カップ	3%	⑫ バターを冷凍して細かくおろすか、あるいは薄いシート状にして、熱い料理の上にのせる。
イタリアンパセリ（刻む）	15g	大さじ4	3%	
生のショウガ（皮をむいておろす）	10g	大さじ½	2%	
塩	9g	小さじ2¼	2%	
レモンの皮	2.5g	小さじ¾	0.6%	
カイエンヌペッパー	2g	小さじ1	0.4%	
ライム果汁	2g	2ml／小さじ½	0.4%	
黒コショウ	1.2g	小さじ1	0.3%	
八角（細かくおろす）	0.7g	小さじ¼	0.2%	

コンロでつくるカロテン・バター

できあがりの分量：	250g／1カップ
調理時間：	14時間（準備：30分　冷蔵：13時間30分）
保存：	冷蔵庫で2週間、冷凍庫で最長6カ月間保存可能
難易度：	ふつう
使われる料理：	「キャラメリゼしたニンジンのスープ」（178ページ参照）

　ニンジンをオレンジ色にするカロテン色素は脂溶性で、ニンジンのグラッセをつくるとバターが美しいオレンジになるのはそのためだ。ニンジンのしぼり汁とバターを一緒に加熱することで色素を乳脂肪の中に溶かすことができる。同じ方法で加熱したオマールを赤くする色素も取り込むことができ、風味豊かなバターができる（次ページ参照）。

　カロテン・バターはスープやピュレの仕上げや魚介類の調理に使ったり、温めたヴィネグレットソースと混ぜたりすると、すばらしい働きをする。できれば大量につくって、シンプルな料理にエレガントなひねりを加えたいときに冷凍庫から出して使ってほしい。

　下に示したバリエーションに加えて、トマト、生のトウガラシ、生のターメリック、その他各種の青もの野菜やハーブなど、脂溶性の色素や香り成分が含まれた材料でバターをつくってみてほしい。

材料	重量	分量	比率	手順
フレッシュなニンジンのしぼり汁	700g	700ml	100%	① 450g／450mlのニンジンのしぼり汁を鍋に入れ、中火で煮る。残ったしぼり汁は手順④で使う。
無塩バター（角切り）	450g		64%	② しぼり汁の中に少しずつ加え、スティックミキサーで混ぜる。
				③ よく混ぜながら1時間30分煮る。
				④ 火から下ろし、残りのしぼり汁を混ぜる。
				⑤ 冷ましてから、冷蔵庫で一晩寝かす。
				⑥ 固まった乳脂肪を鍋に移し、溶けるまで加熱する。
				⑦ シノワに漉し布をかけて、溶けたバターを漉す。

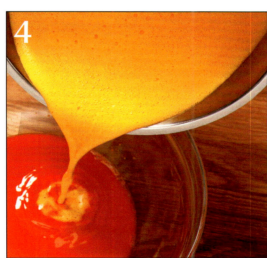

バリエーション：

ピーマンのバター
ニンジンのしぼり汁の代わりにフレッシュな赤ピーマンのしぼり汁を使う。

ホウレンソウのバター
ゆでて水気を切った450gのホウレンソウを450g／490mlの溶かしたバターに加えてピュレ状にし、手順5から続ける。

コーヒー・バター
250gのコーヒー豆（挽かないこと）をバターに混ぜる。真空パックし、70℃で12時間真空調理し、濾す。

ポルチーニ・バター
225gの砕いた乾燥ポルチーニをバターに混ぜる。真空パックし、70℃で1時間真空調理し、濾す。

OILS AND FATS

圧力鍋でつくる甲殻類のバター

できあがりの分量：	350g／2カップ
調理時間：	1時間30分（準備：30分　圧力鍋調理：1時間）
保存：	冷蔵庫で5日間、冷凍庫で最長2カ月間保存可能
難易度：	ふつう
必要な器具、材料：	圧力鍋、オマールかカニかエビの殻
使われる料理：	「甲殻類のオランデーズソース」（106ページのバリエーション参照）、「オマールロール」（288ページ参照）

オマールやカニやエビの殻は、加熱すると、ニンジンやトマトの色のもとになっているカロテンの仲間の色素の作用でピンクになる。この脂溶性の色素を甲殻類の殻から、たっぷりの風味とともに引き出すのも、ニンジンからカロテン・バターをつくる（前ページ参照）のと同じ方法だ。バターかほかの油脂の中で加熱すればいい。この風味にあふれたバターを通常のバターの代わりに使えば、すばらしいオランデーズソースやブール・ブランができ、スープやソースやソテに混ぜることもできる。

材料	重量	分量	比率	手順
オマールかカニかエクルヴィスかエビの殻	600g	オマール2尾か大きめのカニ2杯	100%	① えらや目などをすべて取り除いて掃除する。 ② 丈夫な包丁か肉切り包丁を使ってぶつ切りにする。 ③ 大きめ（4L）のジッパーつき袋に入れ、一部だけ閉じる。タオルで包み、木づちを使ってさらに小さく砕いていく。この作業により、風味がさらに引き出される。
無塩バター	450g		75%	④ 圧力鍋に入れて弱火で溶かす。
重曹	4.5g	小さじ1	0.75%	⑤ 重曹を加えて完全に溶かし、そこに殻を入れる。 ⑥ ゲージ圧1バールで1時間加熱調理する。圧力が最大になったら、時間を計りはじめる。 ⑦ そのまま鍋を冷ますか、ぬるま湯をふたの縁にかけて、減圧する。 ⑧ 時間があれば殻をバターに入れたまま一晩冷蔵庫で寝かせ、さらに風味をつける。再加熱して溶かす。 ⑨ 濾して、殻を取り除く。 ⑩ バターが完全に分離するまで寝かせ、上にたまったバターを別の容器に移す。あるいは、バターが固まるまで冷やし、上の部分をすくい取る。

圧力鍋調理の注意点については33ページを参照。

手順10で取り除いたバターの下に残ったオマールの汁は取っておく。甲殻類のビスクやソースに加えると、とても甘くておいしい。

バリエーション：

真空調理でつくる甲殻類のバター

ウォーター・バスを88℃に予熱する。手順1〜3まで進んだら、殻をバターと重曹と一緒に真空パックし、5時間真空調理する。袋を氷水につけ、その後冷蔵庫で12時間寝かせて風味をしみ込ませる。溶けるまで再加熱して、手順9に進む。

圧力鍋でつくるオマールのビスク

高脂肪生クリーム	450g	500ml
オマールの殻（細かく砕く）	350g	オマール1尾分
辛口白ワイン	200g	200ml
新タマネギ（スライス）	150g	
トマトペースト	20g	大さじ1½
エストラゴンの葉	2g	7〜9枚
カイエンヌペッパー	0.1g	ひとつまみ
塩	適量	

すべての材料を圧力鍋に入れ、ゲージ圧1バールで45分間加熱調理する。鍋を減圧する。別の鍋に濾し入れ、固形物を取り除く。中強火で半量になるまで煮つめる。好みの味つけにし、真空調理したオマールの身（288ページの手順1〜5参照）とみじん切りのシブレットを添える。

圧力鍋で溶かす鶏の脂身

できあがりの分量：	100〜200g／½〜1カップ（鶏の皮の脂身の量による）
調理時間：	2時間（準備：30分　圧力鍋調理：1時間30分）
保存：	冷蔵庫で2週間、冷凍庫で最長6カ月間保存可能
難易度：	ふつう
必要な器具、材料：	肉挽き器、圧力鍋、500mlの密封ビン2つ
使われる料理：	「自家製ジュ・グラ」（93ページ参照）、「チキンヌードルスープ」（273ページ参照）

脂身のレシピなんて奇妙に思えるかもしれないが、脂肪は食べものの風味をつくる大きな要素だ。クリームとバターなしではフランス料理とは認められないだろう。インド料理はギー（澄ましバター）に頼っている部分が大きい。地中海沿岸諸国の料理人はオリーブオイルを習慣的に使うし、チベットの料理人はつねにヤクのバターを手元においている。ここに挙げたレシピは溶かした鶏の脂身で、アシュケナージ系ユダヤ料理で広く使われている（これを指すイディッシュ語のシュマルツという言葉は、アメリカ英語では「過度の感傷主義」というまったく別の意味になっている）。

クリームやバターやオリーブオイルはとても好まれるが、溶かした脂身の方がソースや肉の引き立て役として合う場合もある。脂身はほかの材料の風味を邪魔しないからだ。わたしたちはこのモダニスト・シュマルツを使って、チキンソースやサラダドレッシングやガーリックにコクを出すが、その使い道は無限にある。目玉焼きだってつくれるのだ！

食肉店で鶏の皮を買うか、ほかの鶏肉料理で出た脂身や皮を、溶かすのにじゅうぶんな量がたまるまで冷凍庫で保存しておく。同じ方法は、七面鳥やカモやガチョウの皮、豚肉、子牛肉、牛肉から切り落とした脂身など、どんな動物の脂身でも使える。

材料	重量	分量	比率	手順
鶏の皮（挽く）	500g		100%	① 材料を合わせ、500mlの密封ビン2つに同量ずつ分けて入れる。ふたをしっかり閉め、破裂しないようにそこから4分の1周ゆるめる。
重曹（なくても可）	2.5g	小さじ½	0.5%	② ビンをラックか五徳にのせて2.5cmの水を入れた圧力鍋に入れる。
				③ ゲージ圧1バールで1時間30分加熱調理する。圧力が最大になったら、時間を計りはじめる。
				④ そのまま鍋を冷ますか、ぬるま湯をふたの縁にかけて、減圧する。ビンを開ける前に冷まして中身がこぼれないようにする。
				⑤ 濾して、固形物を取り除く。
				⑥ 液体を落ちつかせ、温かい脂肪分を別の容器に移す。あるいは、脂肪が固まるまで冷蔵庫で少なくとも4時間冷やし、上部の透明な脂肪分をすくい取る。

圧力鍋調理の注意点については33ページを参照。

脂身を溶かすその他の方法

密封ビンを圧力鍋に入れて使う理由は、洗いものが楽なのと、ビン2つ分以上の脂身を溶かすことがふつうはないからだ。しかし、大量の脂身を溶かすには、圧力鍋に2.5cmの水を入れて、挽いた皮を加えればいい。圧力鍋の3分の2以上入れないようにすること。

ゆでて溶かす

皮や脂身を沸騰した湯に入れ、泡立った脂肪分の中に肉や組織の一部だけが残っている状態まで煮つめる。濾して、固形物を取り除く。液体が分離するまで待ち、上部の温かい脂肪分を別の容器に移す。

液体を使わずに溶かす

皮や脂身を弱火で脂肪分が溶けるまで炒める。この過程でメイラード反応が起こり、溶かした脂肪の風味が増す。液体を使わずに溶かした脂肪は冷蔵庫で数週間保存できる。この方法は、脂肪の多いベーコンでとくにうまくいく。

薬味

　薬味とは、たいていは料理に少量添えられる風味の強いもので、料理を完成させ、引き立てる働きがある。薬味は一口ごとにどれだけ加えるかを食べる人が自由に調節できるかたちで出されることが多い。各地域には伝統的な薬味がある。アメリカでは、ケチャップ、マスタード、ピクルス、タルタルソース（ホットドッグやフライドポテトや魚介類のフライに添えられる）が多い。世界のほかの地域では、ビンに入った酢やホットチリソースなどがつねにテーブルに置かれている。薬味の領域は無限にあり、創造の幅を大きく広げてくれる。

　料理の風味を重層的に、深みを増す薬味を使ってみよう。あるいは料理を占める主要な風味のバランスを取るつけ合わせをつくってみよう。たとえば、スパイシーな料理につけるクリーミーで涼しげなつけ合わせや、コクのあるいい香りの料理につけるピリッとしたつけ合わせなどだ。薬味には、料理の演出で最後に加える見た目のコントラストという役割もある。このセクションでは、この本の別のレシピとよく合うお気に入りの薬味をいくつか紹介する。両方のレシピを一緒に試すことで、自分のアイデアでテクニックの幅を広げていくことができるはずだ。

グリルでつくるアップルソース

できあがりの分量：	380g／1⅝カップ
調理時間：	40分（準備：20分　真空調理：20分）
保存：	冷蔵庫で1日保存可能
難易度：	ふつう
必要な器具、材料：	真空調理専用の器具一式、炭火グリル
合う料理：	「グリルで焼くポークチョップ」（202ページ参照）、「サワードウ・ブレッドでつくる熟成ホワイトチェダーとリンゴのサンドイッチ」（318ページのバリエーション参照）

　このソースに使うリンゴは2回加熱する。最初は真空調理で食感を整え、次はグリルでこのアップルソースの特徴である、焼いた風味をつける。リンゴをウォーター・バスから出したときには、グリルの上でしっかり形を保っている程度のかたさが必要だが、ピュレ状にしてクリーミーなソースにできるくらいやわらかくなければならない。ここでは青リンゴを使っているが、ほかの種類でもうまくいく。

材料	重量	分量	比率	手順
青リンゴ （皮をむき、4等分して芯を取る）	1kg	大4個	100%	① ウォーター・バスを90℃に予熱する。 ② リンゴを重ならないように入れ、真空パックする。 ③ やわらかくなるまで約20分真空調理する。 ④ リンゴを真空調理しているあいだに、炭火グリルに火をおこし、真空調理のウォーター・バスの隣に氷水を用意する。 ⑤ 炭火の上に清潔なグリル網をのせ、少なくとも10分間予熱する。炭が灰色になったら、片側に寄せる。 ⑥ 加熱したリンゴの袋を氷水に入れ、完全に冷ます。
オイルスプレーか加熱用精製油 （xxiiページ参照）	必要量			⑦ 袋からリンゴを出し、オイルをスプレーするか刷毛でぬって、薄くコーティングする。 ⑧ 炭を寄せた側のグリルでリンゴを片側だけ、茶色になるまで約3分焼く。 ⑨ 焼いたリンゴをミキサーに入れ、なめらかなピュレ状にする。 ⑩ ピュレをシノワで漉し、次の手順で使うために250gを量る。
ディジョン・マスタード	40g	大さじ3	4%	⑪ リンゴのピュレに入れ、混ぜ合わせる。
溶かしたベーコンの脂（温める） （前ページ参照）	40g	45ml／大さじ3	4%	
蜂蜜	35g	大さじ2	3.5%	
リンゴ酢	16g	20ml	1.6%	
塩	適量			⑫ ソースに味つけし、冷やして、あるいは温めて供する。

圧力鍋でつくるマスタードシードのピクルス

できあがりの分量：	350g／1カップ
調理時間：	13時間（準備：30分　浸水と圧力鍋調理：12時間30分）
保存：	塩漬け液につけて冷蔵庫で5日間保存可能
難易度：	低
必要な器具、材料：	圧力鍋
使われる料理：	「ハニーマスタードソース」（259ページ参照）、「レンジでつくるポテトサラダ」（346ページ参照）

マスタードシードはそのままでは苦いが、5回湯通しし、一晩水に浸しておけば、苦さが完全に消える。それから圧力鍋で調理することで、食べたときにはじけるような食感になる。このピクルスは肉の蒸し煮に添えて出したり、ヴィネグレット、マヨネーズ、オランデーズやレデュクション（酢、ワイン、エシャロットなどを煮つめたもの）などのソースに混ぜて、食感と甘酸っぱいアクセントを加えたりすることもできる。

材料	重量	分量	比率	手順
イエローマスタードシード	50g	大さじ4½	100%	① 水に浸し、冷蔵庫で一晩か12時間寝かす。 ② 濾す。 ③ 小さめの鍋でまた水に浸し、沸騰させてから濾す。 ④ 手順③をさらに4回繰り返す。
リンゴ酢	100g	120ml	200%	⑤ 圧力鍋に入れ、溶けるまで混ぜる。
水	70g	70ml	140%	⑥ 煮立てて、濾したシードを加える。
砂糖	40g	大さじ3	80%	⑦ ゲージ圧1バールで25分加熱調理する。圧力が最大になったら、時間を計りはじめる。
塩	5g	小さじ1¼	10%	⑧ そのまま鍋を冷ますか、ぬるま湯をふたの縁にかけて、減圧する。 ⑨ シードを濾し、残った水はシードを保存するために取っておき、温かいうちに、あるいは冷たくして供する。

圧力鍋調理の注意点については33ページを参照。

圧力鍋でつくるガーリック・コンフィ

できあがりの分量：	300g／1¼カップ
調理時間：	2時間15分（準備：15分　圧力鍋調理：2時間）
保存：	冷蔵庫で1カ月間保存可能
難易度：	ふつう
必要な器具、材料：	圧力鍋、500mlの密封ビン
合う料理：	「モンペリエ・バター」（120ページ参照）、「アイオリソース」（108ページのバリエーション参照）、「ガーリック・オランデーズソース」（106ページのバリエーション参照）、「スチールカットオーツとエスカルゴのリゾット」（331ページのバリエーション参照）、「菜の花（ブロッコリーラーブ）ピッツァ」（306ページのバリエーション参照）、「ホウレンソウのクリーム煮」（199ページ参照）、「ガーリック・マッシュポテト」（230ページのバリエーション参照）

ガーリック・コンフィは必需品の薬味だ。このガーリックはパンに塗って塩を振って食べられるほどやわらかい。スープやソースやピュレやヴィネグレットに使って深みを加えることもできる。なめらかでやわらかいニンニクはどんな液体にもコクを与える。オイルも同じように風味豊かで、サラダにかけたり、「野菜の煮込み」（185ページ参照）に入れたりするとおいしくなる。

材料	重量	分量	比率	手順
オリーブオイル	200g	220ml	160%	① 500mlの密封ビンに入れ、しっかりふたを閉めてから、破裂しないように4分の1周ゆるめる。
ニンニク（皮をむく）	125g	約50片	100%	② 圧力鍋に入れたラックか五徳の上に密封ビンを置き、鍋に2.5cmの水を入れる。
ローズマリー	2g	1枝	1.6%	③ ゲージ圧1バールで2時間加熱調理する。圧力が最大になったら、時間を計りはじめる。
タイム	2g	2〜3枝	1.6%	④ そのまま鍋を冷ますか、ぬるま湯をふたの縁にかけて、減圧する。ビンを開ける前に冷まして中身がこぼれないようにする。
				⑤ 温かいうちに、または冷やして供する。

圧力鍋調理の注意点については33ページを参照。

バリエーション：

プロヴァンス風ガーリック・コンフィ
オレガノ、フェンネルシード、ローリエ、ラベンダー、セージといったプロヴァンス風のハーブをローズマリーとタイムに加える。

長く保存できるので、分量を2倍にしてつくってもいい。

地中海風野菜のコンフィ

ズッキーニ（厚さ0.5cmの輪切り）	225g	輪切り約18個
赤ピーマン（せん切り）	125g	ピーマン約1個
ホワイトマッシュルーム（八つ切り）	100g	マッシュルーム約8個
エクストラバージン・オリーブオイル	370g	410ml
バルサミコ酢	6g	7ml／小さじ1½
塩	適量	

野菜を500mlの密封ビン2個に分けて入れ、オリーブオイルに浸す。ゲージ圧1バールで45分加熱調理する。圧力が最大になったら、時間を計りはじめる。鍋を減圧する。ビンを開ける前に中身を冷ます。野菜をビンから出して濾し、バルサミコ酢と、ビンのオリーブオイルと、適量の塩で味つけする。

フィンガリングポテトのコンフィ

フィンガリングポテト（2.5cm幅に切る）	300g	
タイム	2枝	
圧力鍋で溶かした鶏の脂身（溶かす）	250g	280ml
塩	適量	

ポテトとタイムを500mlの密封ビン2個に分けて入れ、脂に浸す。ゲージ圧1バールで45分加熱調理する。圧力が最大になったら、時間を計りはじめる。鍋を減圧する。ビンを開ける前に中身を冷ます。ポテトを出して濾し、味つけし、温かいうちに供する。「ローストチキン」（238ページ参照）によく合う。

圧力鍋でキャラメリゼしたタマネギ

できあがりの分量:	380g／1½カップ		
調理時間:	1時間（準備：20分　圧力鍋調理：40分）		
保存:	冷蔵庫で5日保存可能		
難易度:	ふつう		
必要な器具、材料:	圧力鍋、500mlの密封ビン3つ		
使われる料理:	「キャラメリゼしたタマネギのグレイビー」（101ページのバリエーション参照）、「アルザス風オムレツ・フィリング」（145ページのバリエーション参照）、「風味のいいチーズパイ」（379ページのバリエーション参照）		

キャラメリゼしたタマネギはさまざまな料理によく合う。ハンバーガーやピッツァのトッピングにも使えるし、ステーキのつけ合わせにもなる。フレンチ・オニオンスープやオニオンタルトのメインの材料として主役をつとめることもある。

タマネギをキャラメリゼする方法はいろいろある。ここにあげたモダニストの方法は、手間なくタマネギを完璧なあめ色にし、風味を最大限にしつつ、焦げるリスクを最小限にする。圧力鍋で加熱するとタマネギはとてもやわらかくなる。鍋や食品乾燥器で乾燥させることもできる（下のバリエーション参照）。

材料	重量	分量	比率	手順
タマネギ（せん切り）	500g		100%	① 大きめのボウルに入れ、よく混ぜ合わせる。
重曹	1.5g	小さじ¼	0.3%	② 混ぜたものを500mlの密封ビンに3つに均等に分けて入れる。
無塩バター（角切り）	35g	大さじ3	7%	③ バターを均等にビンの中に入れ、ふたを完全に閉めてから、破裂しないように4分の1周ゆるめる。
				④ ビンをラックか五徳にのせて圧力鍋に入れ、2.5cmの水を加える。
				⑤ ゲージ圧1バールで40分加熱調理する。圧力が最大になったら、時間を計りはじめる。
				⑥ そのまま鍋を冷ますか、ぬるま湯をふたの縁にかけて、減圧する。ビンを開ける前に冷まして中身がこぼれないようにする。
				⑦ 加熱したタマネギを鍋に移す。
				⑧ 中火でときどき混ぜながら、液体がとろりとするまで10～12分煮つめる。
塩	適量			⑨ タマネギに味つけし、温かいうちに供する。
砂糖	適量			
黒粒コショウ（挽く）	適量			

圧力鍋調理の注意点については33ページを参照。

バリエーション

ドライ・キャラメリゼ・オニオン
より乾いた食感にし、風味を濃縮させるには、手順6のあとで加熱したタマネギの汁気を切る（この液体は風味豊かなスープのベースとしても使えるし、肉や家禽のジュに混ぜ込むこともできる）。食品乾燥器のトレイにタマネギを薄く重ねて並べ、63℃で革を思わせる状態になるまで1時間30分～2時間乾燥させる。あるいは、鍋に入れてごく弱火で焦げないようにしながらソテする。

フレンチ・オニオンスープ
手順7のあと、200g／200mlの「圧力鍋でつくるブラウン・ビーフ・ストック」（86ページ参照）、15g／15ml／大さじ1のドライシェリー、生のタイム1枝を加える。スープを沸騰させ、ボウルに分ける。それぞれのボウルの上に「チーズクランブル」（316ページ参照）か、その他のチーズをのせたカリッとしたトーストをのせる。

トマトのコンフィ

できあがりの分量：	150g／1カップ
調理時間：	最長8時間30分（準備：20分　オーブン調理：5〜8時間）
保存：	冷蔵庫で5日間、冷凍庫で最長6カ月間保存可能
難易度：	低
必要な器具、材料：	真空パック器
使われる料理：	「トマト・レザー」（次ページ参照）、「シェーヴルチーズとトマトのコンフィ、バジルのバゲットサンド」（319ページ参照）、「豚ばら肉のBLT」（232ページ参照）

材料	重量	分量	比率	手順
トマト （細長いローマトマトか枝つき）	1kg	中6〜8個	100%	① オーブンを110℃に予熱する。 ② 大きめの鍋で湯を沸騰させ、隣に氷水を用意する。 ③ トマトのへたを取り、へたの反対側の皮にXの切り込みを入れる。 ④ トマトを30秒ゆで、氷水に入れる。 ⑤ トマトの皮をむく。 ⑥ 縦に切り、ていねいに種を取り除く。 ⑦ 水気を拭き取り、切った面を下にして、シリコンマットを敷いたオーブンプレートに並べる。
エクストラバージン・オリーブオイル	40g	45ml／大さじ3	4%	⑧ トマトの上に均等に刷毛で塗る。
ニンニク（薄切り）	15g	大さじ2	1.5%	⑨ トマトの上に振りかける。バジルやエストラゴンで代用してもいい。
タイム	4g	4〜5枝	0.4%	
生のローリエ（ちぎる）	1g	2枚	0.1%	
塩	2g	小さじ½	0.2%	⑩ トマトの上に均等に振りかける。
砂糖	2g	小さじ½	0.2%	⑪ トマトをオーブンに入れ、1時間乾燥させる。 ⑫ トマトをひっくり返し、オーブンの温度を95℃に下げる。トマトをオーブンに戻し、深い赤色になって縮むまで、5〜8時間乾燥させる。トマトの大きさと水分含有量によって乾燥時間は異なる。 ⑬ 冷ましてからニンニクとハーブを取り除く。
エクストラバージン・オリーブオイル	40g	45ml／大さじ3	4%	⑭ トマトとともに真空パックし、オリーブオイルを浸透させる。 ⑮ 温めて、あるいは冷やして供する。

ヘストン・ブルメンタールより採用

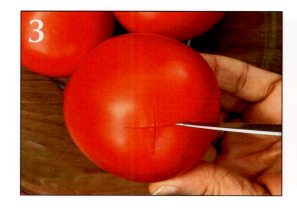

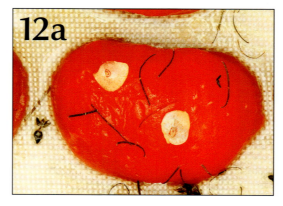

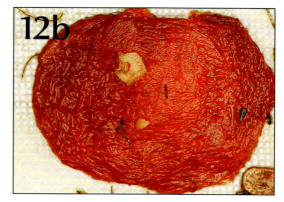

シンプルな料理に深みを与えるために、わたしたちはいつでもオーブンで乾燥させたトマトを手元においている。ローマトマトを使うといちばん安定した仕上がりになるが、完璧なトマトである必要はない。縮むと傷は見えなくなるし、乾燥させることで水っぽかったり味のないトマトの風味を濃縮することができるからだ。

トマト・レザー

できあがりの分量：	40g／10cm×15cm
調理時間：	最長2時間15分（準備：15分　乾燥：2時間）
保存：	丸めてワックスペーパーで包みラップで密閉して1週間保存可能
難易度：	ふつう
必要な器具、材料：	食品乾燥器、キサンタンガム（なくても可）
使われる料理：	「オマールロール」（288ページ参照）

　レザーは健康的なおやつにも上品なつけ合わせにもなる（カボチャのスープに細切りのアップルレザーをくるくるからませてのせるなど）。下に載せたバリエーションでは、このレシピを発展させて、さまざまなフルーツや、タマネギのような野菜にまで広げている。レシピ中のオイルは、レザーが歯にくっつくのを防ぐ。オイルの量が多ければ、できあがったレザーはよりやわらかくなる。

材料	重量	分量	比率	手順
ピュレ状にしたトマトのコンフィかトマトペースト（前ページ参照）	100g	大さじ6	100%	① よく混ぜ合わせる。 ② くっつきにくいシートなどの上に10cm×15cmで、厚さが2mmの長方形に広げる。 ③ 食品乾燥器に入れて65℃で革状になるまで1時間30分〜2時間乾燥させる。あるいは、オーブンのいちばん低い温度で革状になるまで乾燥させる。乾燥時間には幅がある。 ④ 表面からレザーをはがし、好きな形に切る。 ⑤ 室温で供する。
エクストラバージン・オリーブオイル	5g	6ml／小さじ1⅛	5%	
赤ワインビネガー	5g	7ml／小さじ1⅛	5%	
タバスコ	1g	1ml／2滴	1%	
キサンタンガム（Bob's Red Millブランド、なくても可）	0.2g		0.2%	

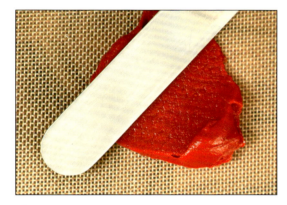

1 トマトのコンフィかペースト、オリーブオイル、ビネガー、タバスコ、キサンタンガム（なくても可）をよく混ぜ合わせる。キサンタンガムを使う場合は、よく混ぜて全体に行きわたるようにする。

2 混ぜたものをくっつきにくいシートなどの上に10cm×15cmで、厚さが2mmの長方形に広げる。アングルパレットを使うと広げやすい。

3 混ぜたものを食品乾燥器に入れて65℃で、革状にしなやかになって、はがしやすくなるまで1時間30分〜2時間乾燥させる。食品乾燥器がない場合は、オーブンを使ってもっとも低い温度で乾燥させるが、乾燥時間には幅がある。

4 トマト・レザーを表面からはがし、好きな形に切る。

5 室温で供する。

バリエーション

マンゴー・チリ・レザー

マンゴー（皮をむいて角切りにしたもの）	100g	
精製油	4g	4ml／小さじ⅞
砂糖	2g	小さじ½
タイの赤トウガラシ	1g	小さじ½

一緒にピュレ状にし、手順2から続ける。

フルーツ・レザー

左のバリエーションのマンゴーをリンゴ、梨、アプリコット、フランボワーズ、柿に代え、0.2gのキサンタンガムと、ピュレ100gに対して最大15gの砂糖を加える。丸ごとのミカンやマルメロを使うこともできるが、その場合はまず圧力鍋でやわらかくして濾してから使う。

オニオン・レザー

手順1で、トマトのコンフィの代わりに加熱したタマネギかエシャロットのピュレを使い、オリーブオイルを植物性の精製油に代える。混ぜ合わせたら、手順2から続ける。

真空調理でつくる野菜のピクルス

できあがりの分量：	300g／2カップ
調理時間：	12時間15分（準備：15分　冷蔵：12時間）
保存：	冷蔵庫で2週間保存可能
難易度：	低
必要な器具、材料：	チューブのアタッチメントがついた真空パック器、硬質の真空保存容器か密封ビン
使われる料理：	「新タマネギのコールスロー」（165ページ参照）、「四川風チンゲンサイ」（346ページ参照）

　野菜のピクルスは刻んでサラダに混ぜ込んだり、焼いた肉のつけ合わせにしたり、煮込みに添えたりする。このレシピではニンジンを使っているが、ほかの野菜や果物でもつくれる。カリフラワーやスライスしたレモン、ラディッシュ、パールオニオン、リンゴ、ビーツ、キュウリ、下ゆでしたマッシュルーム、せん切りにした赤タマネギ、キクイモなどを、手順2でニンジンの代わりに使えばいい。

　野菜を薄くスライスするほど、漬かる時間は短くなる。ピクルス液が温かいうちに密封することで、ゆるい真空状態になり、やわらかいピクルスができる。パリッとした食感が好みなら、ピクルス液を冷やしてから手順4で加える。ピクルスを食べてしまったあともピクルス液は捨てないように。ヴィネグレットソースのベースとして使ったり、ダーティー・マティーニに入れたりできる。

材料	重量	分量	比率	手順
水	200g	200ml	100%	① 鍋に入れて煮立て、ピクルス液をつくる。
白ワインビネガー	200g	230ml	100%	
砂糖	80g		40%	
塩	12g	大さじ1	6%	
イエローマスタードシード	3g	小さじ1	1.5%	
黒粒コショウ	2.5g	小さじ1½	1.3%	
コリアンダーシード	1.5g	小さじ1	0.8%	
生のローリエ	0.5g	2枚	0.3%	
ニンジン（3mm厚さにスライス）	300g		150%	② 温かいピクルス液をニンジンにかけ、しんなりするまで混ぜる。
				③ 少し冷ます。
				④ ニンジンとピクルス液を硬質の真空保存容器や密封ビンに入れ、真空密封する。
				⑤ 最低12時間は冷蔵庫で冷やす。

1 野菜以外の材料を鍋に入れ、軽く煮立たせる。これがピクルス液になる。

わたしたちのピクルスは甘めになっている。伝統的な味のピクルスに近づけるには、砂糖の量を15g／大さじ1½に減らす。

野菜のピクルスを保存し、新鮮でしっかりした歯ごたえを残すためには、手順1で塩化カルシウムか乳酸カルシウムを2g加える。

2 温かいピクルス液を野菜にかけ、しんなりするまで混ぜる。

3 混ぜたものを少し冷ます。

4 野菜を硬質の真空保存容器か密封ビンに入れ、上から温かいピクルス液をかける。ビンを密封するか、泡が表面に上がってこなくなるまでチューブのアタッチメントを使って容器を真空密封する。真空にして密封することで、ピクルス液が野菜に浸透するのが速くなる。

5 風味をよくするためには最低12時間は冷蔵庫で保存する。野菜が均等に漬かるように、ときどき揺り動かすこと。

上の写真のニンジン、ロマネスコ、ラディッシュ、ビーツのピクルスは昔ながらの密閉ビンでつくられているが、現代的な道具であるホイップ用サイフォンを使えばもっと速く野菜にピクルス液を浸透させることができる。野菜とピクルス液をサイフォンに入れて、亜酸化窒素のカートリッジ2本をチャージし、冷蔵庫で20分冷やす。

真空調理で風味づけしたセロリ

できあがりの分量：	60g／½カップ
調理時間：	35分（準備：5分　風味づけ：30分）
保存：	できたてを出す
難易度：	ふつう
必要な器具、材料：	チューブのアタッチメントがついた真空パック器、リンゴ酸かクエン酸
使われる料理：	「オマールロール」（288ページ参照）

　セロリ、リンゴ、フェンネル、スイカのように浸透しやすい野菜や果物なら、真空状態にしてそれ自体のジュースや他の風味豊かな薄い液体で漬けることができる。この過程で、植物組織の細胞内の液胞と呼ばれる液体ポケットに好みの液体を満たしていく。リンゴ酸はワインやビールの醸造用のものが手に入り、青リンゴの酸味を与えてくれる。リンゴ酸を栄養補助食品として使わないこと。

材料	重量	分量	比率	手順
リンゴ果汁	200g	200ml	100%	① リンゴ酸が溶けるまで混ぜ合わせる。
セロリシード	20g	大さじ3	10%	② 30分間浸透させ、濾してシードを取り除く。
リンゴ酸かクエン酸	4g		2%	
セロリ（5mmの厚さにスライス）	60g		30%	③ 小さめのボウルで濾したリンゴ果汁と合わせる。セロリが液体に浸るようにする。
				④ 真空パックやマリネ用の専用容器にボウルを入れ、真空パックする。あるいは、真空密封用の特別なふたのついた密閉ビンに入れ、真空密封する。
				⑤ 真空状態を解除し、セロリに浸透させる。
				⑥ セロリの汁気を切り、すぐに供する。

バリエーション：

圧力で漬けるセロリ
ホイップ用サイフォンを持っていれば、真空状態ではなく高圧をかけて食べものを漬け込むことができる。手順3のあと、混ぜ合わせたものをホイップ用サイフォンに入れる。セロリが液体に浸るようにする。亜酸化窒素のカートリッジ2本をチャージし、20分間冷蔵庫で冷やす。減圧し、セロリの汁気を切り、すぐに出す。

ウォルドーフ・サラダ
リンゴ果汁で漬けたセロリはこの伝統的なニューヨーク風サラダにすばらしい味を加えてくれる。40g／大さじ5の漬けたセロリのスライスに、100gの刻んだサラダ菜と、50gの細くせん切りしたセロリの根元、50gの薄切りの青リンゴ、25g／大さじ2½の刻んだクルミを加える。45g／大さじ3½のロメイン・ドレッシング（168ページの手順1～9を参照）であえる。

塩漬けとマリネ

塩は、世界じゅうで使われている調味料というだけではない。適切な濃度で肉に均等に塩を行きわたらせれば、調理中に魚や肉から肉汁を逃がさない強力な化学的効力がある。簡単ではないが、特別な器具がいくつかあればなんとかなる。

魚や肉の外側に塩をたっぷり塗る方法はあまりおすすめしないが、コンビーフやスモークサーモンのような塩漬け肉の独特の風味となめらかな食感をつくりたい場合は別だ。濃度が高くなると、塩は肉の中のタンパク質を分解する役割を果たす。

塩漬け液はより繊細で用途が広くなる。肉を薄い塩の溶液に浸し、溶けた塩を筋肉組織に浸透させる方法だ。肉全体に0.5％の濃度の塩が行きわたるようにする。一般的な塩漬けに比べると薄い。むずかしい点は、肉の内部に表面と同じだけの塩分を行きわたらせることだ。そこが理解できていないと、外側と内側の塩分に大きな差が出てしまうことが多い。

このむずかしさは調理のときとまったく同じだ。自分の望むように中心から端まで肉を調理したいときも、解決策は同じようなものになる。調理の場合は、低温で長い調理時間が均等に肉を加熱する確実な方法だ。高温のグリルで食べものを焼く場合は、タイミングが大切だが、それを誤ることが多く、焼きすぎてしまうことがある。塩漬け液でも同じように、濃い塩水につけるという従来の方法では、正しいタイミングで引き上げなければならない。塩分濃度を測る温度計のようなものがなければむずかしい。肉を寝かせれば、かたよった塩の濃度がある程度均等にはなるが、外側が濃く内側が薄くなるのは避けられない。

モダニストの塩漬けは、真空調理と似ていて、肉を長時間（最長24時間）、目標の0.5％よりわずかに濃度の高い塩漬け液に漬ける。これで塩味がつきすぎるという事態は避けられる。塩漬け液用注射器、ジャカード・ミート・テンダライザー（肉突き器）、あるいはホイップ用サイフォンを使ってこの過程を短縮することもできる。

肉用の甘い塩漬け液

できあがりの分量：	750gの肉に対して170gの塩漬け液
調理時間：	12時間15分（冷蔵12時間を含む）
保存：	冷蔵庫で3日間保存可能、塩漬けして汁気を切った肉は冷蔵庫で最長24時間保存できるが、その後加熱が必要
難易度：	低
必要な器具、材料：	塩漬け液用の注射器

この塩漬け液は、どんな肉にもよく合う。もっと甘みを少なくしたい場合は、牛乳と果汁を水に代えるだけでいい。しかし、覚えておいてほしいのは、全乳とリンゴ果汁にはどちらも天然のリン酸が含まれていて、塩漬けした肉をやわらかくしてくれるということだ。

ジャカード・ミート・テンダライザー（肉突き器）を持っていれば、注射器の代わりに使うことができる。肉のすべての面に突き刺してから、塩漬け液に24時間漬ける。

材料	重量	分量	比率	手順
全乳	75g	75ml	10%	① 塩と砂糖が完全に溶けるまで混ぜ合わせる。
リンゴ果汁	75g	75ml	10%	
塩	10g	小さじ2½	1.3%	
砂糖	9g	大さじ1	1.2%	
生の骨のない肉（厚さ3.5cm以内）	750g		100%	② 肉の中にできるだけ塩漬け液を注射してから、残った塩漬け液に漬け込む。 ③ 漬けた肉を12時間冷蔵庫に入れてから調理する。

バリエーション：ピリッとした鶏肉用の塩漬け液

下に載せた「丸ごとの鶏用の基本塩漬け液」のレシピ手順1で、10g／大さじ2の炒ったコリアンダーシード、8g／小さじ2の黒粒コショウ、5gの八角（約5個）を塩水に加え、沸騰させる。完全に冷めてから漉し、手順2から続ける。

丸ごとの鶏用の基本塩漬け液

できあがりの分量：	2kgの鶏に対して210g／⅞カップの塩漬け液			
調理時間：	24時間15分（冷蔵24時間を含む）			
保存：	使用前の塩漬け液は長期保存可能。塩漬けした鶏は冷蔵庫で最長24時間保存可能			
難易度：	低			

材料	重量	分量	比率	手順
水	200g	200ml	10%	① 塩が完全に溶けるまで混ぜる。
塩	12g	大さじ1	0.6%	
鶏	2kg	1羽丸ごと	100%	② できるだけ均等になるように肉に塩漬け液を注入する。上の写真のような位置に針を刺し、また首と背中の空洞から注入して、皮に穴をあけるのを避ける。
				③ 塩漬け液を注入した鶏肉に覆いをせずに24時間冷蔵庫に入れ、皮を乾燥させてからローストする（238ページ参照）か、蒸すか、ゆでる。

魚用の塩漬け液

できあがりの分量：	600gの魚に対し1.1kg／4¼カップの塩漬け液
調理時間：	最長12時間15分（準備：10分　塩漬け：5〜12時間）
保存：	使用前の塩漬け液は長期保存可能。塩漬けした魚はすぐに調理する
難易度：	低

材料	重量	分量	比率	手順
水	1kg	1L	167%	① 塩と砂糖が完全に溶けるまで混ぜる。
塩	50g	大さじ4½	8%	
砂糖	40g	大さじ3½	7%	
魚（1人分ずつにカット）	600g		100%	② 繊細な薄めの味に仕上げるには5時間漬ける。しっかりした強い風味に仕上げるには最長12時間漬ける。冷製の魚料理にする場合は漬ける時間を長くする。

バリエーション：

海藻入りの魚用塩漬け液

手順1のあと、10g／大さじ2の炒ったコリアンダーシード、10g（約2枚）の昆布、3g／小さじ3のおろしたレモンの皮を塩漬け液に加え、沸騰させる。塩漬け液を完全に冷まし、濾して、手順2から続ける。

液体を使わない魚の塩漬け

これが塩漬け液を使うより早くできるのは、塩と砂糖を液体に溶かさないからだ。魚をすばやく塩漬けにするには、魚1kgに対して、35g／大さじ3½の塩と、25g／大さじ2½の砂糖を合わせる。魚を約6等分する。それぞれの切り身に均等に塩と砂糖をまぶす。覆いをして冷蔵庫に45分間入れ、水洗いして、水気を拭き取り、調理する。

マリネード

食材庫にあるいくつかの風味豊かな食品を混ぜるだけで、肉や魚介類や野菜に刺激的で地域ごとの特色のある風味を与えるマリネードができる。下にあげたバリエーションはどれも同じ方法でつくることができる。すべての材料を混ぜ合わせて、マリネしたい食材（最高で450g）を加えればいい。指定された時間冷蔵庫に入れてから調理する。

下のレシピにはどれにもかなりの量の塩が含まれていて、直接つける場合と液体の材料の中に入っている場合がある。つまり、ここに挙げたマリネは風味豊かな塩漬け液なのだ。マリネードの風味の大部分は食材の表面にしか浸透していないが、塩は奥深くまで浸透する。マリネードの酸も食材の食感を変えるが、必ずしもよくなるわけではないので、指示された時間よりも長く漬けておかないこと。

カルビ・マリナード

リンゴ果汁	200g	200ml
砂糖	75g	
薄口しょうゆ	50g	40ml／大さじ3
コチュジャン（韓国の発酵トウガラシペースト）	50g	大さじ3
ニンニク（刻む）	7g	大さじ1

混ぜ合わせ、食材に加え、12時間マリネする。

ベトナム風マリナード

魚醤	130g	100ml
米酢	95g	110ml
砂糖	60g	大さじ5
水	55g	55ml
ニンニク（刻む）	5g	小さじ2
タイのトウガラシ（刻む）	3g	小さじ1

混ぜ合わせ、食材に加え、6時間マリネする。

地中海風ヨーグルト・マリナード

プレーンヨーグルト	250g	
ニンニク（刻む）	14g	大さじ1½
ミント（細切り）	5g	大さじ2
塩	5g	小さじ1¼
シナモン（おろす）	1g	小さじ½
コリアンダー（挽く）	1g	小さじ½

混ぜ合わせ、食材に加え、6時間マリネする。

メキシコ風マリナード

オレンジ果汁	300g	300ml
アドボソースに漬けたチポトレチリ（刻む）	60g	
ニンニク（刻む）	25g	
パクチー（刻む）	15g	大さじ5
塩	6g	小さじ1½

混ぜ合わせ、食材に加え、12時間マリネする。

バーベキュー・マリナード

トマトジュース	300g	300ml
リンゴ酢	100g	120ml
黒砂糖	50g	大さじ5
ピメントン・ドゥルセ（燻煙したパプリカパウダー）	5g	小さじ2½
粉末マスタード	2g	小さじ1

混ぜ合わせ、食材に加え、12時間マリネする。

スパイス・ミックス

　スパイスは人類の食の楽しみにとってなくてはならないものなので、何世紀にも渡って、スパイス貿易が別の文化と接する原動力になっていた。21世紀のグローバル化された世界でも、ある種のスパイス・ミックスは文化的な象徴であり続けている。地域や文化集団独特の風味の組み合わせは、コミュニティとともに進化し、食の伝統によって受け継がれてきたスパイス・ミックスによって生み出されることが多い。

　たとえば、カレーパウダーのブレンドによって、タイとインドを区別できるだけでなく、もともとインドのどの地方のものであったかも識別できる。アメリカのバーベキューで使われるドライ・ラブやスペインの影響を受けた料理で使うアドボ・スパイス・ミックスにも同じことが言える。

　スパイスの交易商人は香料"諸島"をより広い世界とつなげることで伝統的なスパイスの使用方法を変えた。その後、あらゆる場所で料理人たちは味や香りを組み合わせるという考えを採用し、それを推進した。その結果、中国の五香粉、アメリカの南部風フライドチキン・スパイス、メキシコのモーレ、中東と北アフリカの、複雑さでよく知られているラス・エル・ハヌートなどのスパイス・ミックスが数限りなく生まれた。

　スパイス・ミックスをつくる場合のゴールはつねに、それが加えられる料理を補完する味と香りのバランスにたどり着くことだ。ここにあげた6つの例でスパイスを加工するいくつかの方法を示しているので、自分自身の"秘密の"ブレンドで完全なものにしてほしい。

MCのカレーパウダー

できあがりの分量：	70g／⅔カップ
調理時間：	30分
保存：	密封容器で2週間、真空パックで冷蔵庫に入れて最長2カ月間保存可能
難易度：	低
必要な器具、材料：	コーヒーミル、メース（ホール）、カシミールトウガラシ（なくても可）、グリーンカルダモン（ホール）
使われる料理：	「ムガール・カレーソース」（104ページ参照）、「スキンレス・クリスピー・チキンウィング」（254ページ参照）

　挽く前にスパイスを炒ると風味が劇的によくなるが、フライパンで弱火で炒ると焦げやすいので、オーブンを使う。

　スパイスを挽くのはコーヒーミルでもいいが、スパイスにコーヒーの風味が混じったり、反対にコーヒーにスパイスの風味が混じったりしないように、別のミルを用意する。

　真空パック器があれば、ブレンドしたスパイスをすべて真空パックできるので、香りと揮発性のオイルが逃げるのを防ぎ、固まったり湿気を吸ったりするのも防げる。

材料	重量	分量	比率
クミンシード	30g		100%
コリアンダーシード	20g		67%
黒粒コショウ	20g	大さじ2½	67%
シナモンスティック（細かく砕く）	2.7g	1本	9%
クローブ	2g	小さじ1	6.7%
カシミールトウガラシ（なくても可）	1g	大2本	3.3%
メース（ホール、細かく砕く）	1g	小さじ½	3.3%
グリーンカルダモンシード	0.5g	約6サヤ分	1.7%

手順
1. オーブンを170℃に予熱する。
2. スパイスを混ぜ合わせ、オーブンプレートにのせて、黄金色になり、香りが立つまで8～10分オーブンで加熱する。
3. コーヒーミルで細かい粉末になるように挽く。

バリエーション：ヴィンダルー・スパイス・ミックス
黒粒コショウの量を2倍にする。このバリエーションは「ナンを添えたポーク・ビンダルー」（221ページ参照）で使う。

カシミールトウガラシが手に入らない場合は、手順3で2g／小さじ1のパプリカパウダーを入れる。粉末のパプリカは焼くと焦げる。

チャート・マサラ

できあがりの分量：	60g／⅔カップ
調理時間：	20分
保存：	密閉容器で2週間、真空パックで冷蔵庫に入れて最長2カ月間保存可能
難易度：	低
必要な器具、材料：	コーヒーミル、アジョワンシード、アムチュール（乾燥グリーンマンゴーの粉末）、アナルダナ、カーラナマック（なくても可）
合う料理：	「キャラメリゼしたニンジンのスープ」（178ページ参照）、「オマールの胴の身の真空調理」（288ページのバリエーション参照）

　チャート・マサラはインドの典型的なスパイス・ブレンドで、サマー・スプリンクルやコンフォーティング・ウィンター・ダストなどと呼ばれることもある。ドライマンゴーとスパイスの刺激的なこの組み合わせをひと振りすると、蒸したジャガイモ、グリルで焼いた鶏肉や野菜、オーブンで焼いた根菜、揚げたカリフラワーにぴったりだ。さらに、生のパイナップルやマンゴーやキュウリに振りかけてみてほしい。

　非常に香りが強く、実際は紫に近い色のインドの黒塩（カーラナマック）が見つからなければ、コーシャーソルトで代用できる。

材料	重量	分量	比率	手順
コリアンダーシード	19g		76%	① オーブンを170℃に予熱する。
クミンシード	15g	大さじ2	60%	② スパイスを混ぜ合わせ、オーブンプレートにのせて、黄金色になり香りが立つまで8〜10分オーブンで加熱する。
アジョワンシード	3g	小さじ1½	12%	
黒粒コショウ	3g	小さじ1	12%	
乾燥トウガラシ	1g	小さじ½	4%	
インドの黒塩（カーラナマック）	25g	大さじ2½	100%	③ 焼いたスパイスと合わせる。
アムチュール（乾燥グリーンマンゴーの粉末）	8g	小さじ1¼	32%	④ 混ぜたものをコーヒーミルで粉状に挽く。
アナルダナ（乾燥ザクロの種）	4g	小さじ1¼	16%	⑤ 目の細かいふるいにかける。

魚用スパイス・ミックス

できあがりの分量：	120g／1カップ
調理時間：	30分
保存：	密閉容器で2週間、真空パックで冷蔵庫に入れて最長2カ月間保存可能
難易度：	低
必要な器具、材料：	コーヒーミルかすり鉢とすりこぎ、乾燥カモミール、ホワイトポピーシード（なくても可）、タピオカ・マルト・デキストリン（N-Zorbitブランド、なくても可）
使われる料理：	「真空調理でつくる香り豊かなサーモン」（276ページ参照）

この驚くほど用途の広いスパイス・ミックスは、舌ビラメやターボット（ヒラメ）のようなフライパンでバターで焼いただけの魚によく合う。焼いた冬カボチャ、バターで炒めたジャガイモ、蒸したアスパラガス、シンプルな鶏料理などに使ってもおいしい。タピオカ・マルト・デキストリンはナッツやスパイスの油分を吸収し、固まるのを防いでくれる。カモミールの花は紅茶専門店で売っている。

材料	重量	分量	比率	手順
ヘーゼルナッツ	50g		100%	① オーブンを175℃に予熱する。 ② ヘーゼルナッツが濃い茶色になるまで10〜12分ローストする。 ③ ナッツを布でこすって皮をむく。皮を取り除く。 ④ ナッツを刻む。
ゴマ	44g		88%	⑤ 油をひいていないフライパンにゴマを入れ、中強火でよく混ぜながら、はじけてくるまで約3分炒る。
コリアンダーシード	12g	大さじ2½	24%	⑥ 油をひいていないフライパンにコリアンダーシードを入れ、中強火でよく混ぜながら、きつね色になり香りが立つまで、約3分炒る。 ⑦ コーヒーミルかすり鉢とすりこぎで挽く。
タピオカ・マルト・デキストリン（N-Zorbitブランド、なくても可）	12g		24%	⑧ ヘーゼルナッツ、ゴマ、コリアンダーシードと混ぜ、コーヒーミルかすり鉢とすりこぎで粗い粉状に挽く。必要であれば数回に分けて作業する。
ホワイトポピーシード（なくても可）	10g	大さじ1	20%	
乾燥ショウガ（おろす）	4g	大さじ2	8%	
塩	4g	小さじ1	8%	
乾燥カモミールの花	2.5g	大さじ2	5%	

「真空調理でつくる香り豊かなサーモン」（276ページ参照）

秋のスパイス・ミックス

できあがりの分量：	250g／1⅝カップ
調理時間：	22分
保存：	密封容器で2週間、真空パックで冷蔵庫に入れて最長2カ月間保存可能
難易度：	低
必要な器具、材料：	コーヒーミル、粉末蜂蜜、乾燥オレンジピール
使われる料理：	「ジンジャーブレッド」（372ページのバリエーション参照）

粉末蜂蜜は健康食品店やアジア食品店、専門食品店で手に入る。ブラウンシュガーやパームシュガーのように風味豊かな甘味料で、これらの代わりに使うことができる。このスパイス・ミックスは華やかなジンジャーブレッドをつくるのに使える。また、お茶の中に混ぜ入れるとおいしいチャイができる。

材料	重量	分量	比率	手順
シナモンスティック（砕く）	8g	2本	3.3%	① オーブンを170℃に予熱する。
八角	3.2g	2〜3個	1.3%	② スパイスを混ぜ合わせ、油をひいていないフライパンで、よく振って混ぜながら、黄金色になり香りが立つまで、8〜10分炒る。
クローブ	2.5g	小さじ1¼	1%	
フェンネルシード	2g	小さじ1	0.8%	③ 少し冷まし、コーヒーミルで細かい粉末状に挽く。
コリアンダーシード	2g	小さじ1½	0.8%	④ 目の細かいふるいにかける。
粉末蜂蜜	240g		100%	⑤ 炒ったスパイス・パウダーに混ぜる。
塩	12g	大さじ1	5%	
乾燥おろしショウガ	3g	小さじ1½	1.3%	
ナツメグ（おろす）	3g	小さじ1½	1.3%	
粉末メース	1.5g	小さじ¼	0.6%	
乾燥オレンジピール	1.2g	小さじ½	0.5%	

チリ・スパイス・ミックス

できあがりの分量：	260g／1カップ
調理時間：	10分
保存：	密封容器で2週間、真空パックで冷蔵庫に入れて最長2カ月間保存可能
難易度：	低
必要な器具、材料：	コーヒーミル、粉末蜂蜜（なくても可）
使われる料理：	「スキンレス・クリスピー・チキンウイング」（254ページ参照）

このミックスはバーベキューのチキンによく合う。粉末蜂蜜を使わず甘くしなければ、スパイシーになり、グリルする肉にもみ込むのに使える。

材料	重量	分量	比率	手順
ガーリックパウダー	50g	大さじ5	100%	① スパイスを混ぜ合わせる。
ピメントン・ドゥルセ（燻煙したパプリカパウダー）	50g	大さじ7½	100%	
シナモン（挽く）	12g	大さじ2	24%	
オールスパイス（挽く）	8g	大さじ1	16%	
黒粒コショウ（挽く）	7.5g	大さじ1	15%	
クミン（挽く）	7g	大さじ1	14%	
カイエンヌペッパー	6.5g	大さじ1	13%	
ダークココアパウダー	6g	大さじ1	12%	
粉末蜂蜜（なくても可）	88g	大さじ9	176%	② スパイス・パウダーに混ぜ、味を調える。
塩（なくても可）	29g	大さじ3	58%	

グリル・スパイス・ミックス

できあがりの分量：	40g／½カップ
調理時間：	10分
保存：	密閉容器で2週間、真空パックで冷蔵庫に入れて最長2カ月間保存可能
難易度：	低
必要な器具、材料：	コーヒーミル、ポルチーニパウダー、粉末蜂蜜、燻製塩

　このスパイス・ミックスは、焼いたステーキをすばらしくおいしくする。市販のポルチーニパウダーを使うか、乾燥ポルチーニをコーヒーミルで挽いて使うこともできる。燻製塩は専門食品店で手に入る。

材料	重量	分量	比率	手順
パプリカパウダー	10g	大さじ1½	100%	① 混ぜ合わせる。
ポルチーニパウダー	10g	大さじ1½	100%	② コーヒーミルで挽く。
粉末蜂蜜	10g	大さじ1	100%	
オニオンパウダー	5g	大さじ1	50%	
燻製塩	5g	小さじ1¼	50%	
黒粒コショウ（挽く）	1g	小さじ¼	10%	

6

朝食の卵料理

ポーチドエッグ、スクランブルドエッグ、シアードエッグ、コドルドエッグ、片面の目玉焼き、両面の目玉焼き、卵フライ、固ゆで卵、半熟卵、ベークドエッグ……、オムレツ、ウフ・ア・ラ・コック、キッシュ、ココット、フラン、フリッタータ……、卵料理には際限がなさそうだ。そのうちのほんの一部をお見せしよう。この章の原則を適用すれば、どんな卵料理でもマスターできる。

わたしたちが卵を好むのは、モダニスト・クッキングの大切な考えを伝える理想的な手段になってくれるからだ。その考えとは、正確に温度を測ることで生まれる料理の美しさだ。半熟の黄身とゴムのような黄身では味も食感もまったく違うが、それは調理の際のごくわずかな温度の違いから生まれる。次のページの写真で、ほとんど生の状態から非常に固く砕けやすい状態まで、ゆでた卵の変化を示している。卵黄は62℃以上になると凝固しはじめ、およそ80℃で固ゆでの状態になるまで徐々に固くなっていくのがわかる。

従来の固ゆで卵のつくりかたは、卵を一定時間ゆでるという方法だ。それだと平均的にはうまくいくが、卵のサイズやゆではじめの温度、鍋の中の水の量といったものによって変わってくるので、確実ではない。

もっと正確なのは、ウォーター・バスと温度計を使う方法だ。卵の温度が上がるといかにその粘度が高まるかを理解することも大切だ。それぞれの状態になる温度に慣れてしまえば、クリーミーなものやカスタードのように濃さのあるものやソフトキャンディのようなものまで、どんな食感でも、いつでも完璧につくることができる。

ゲルとしての卵の科学

加熱した卵はゲルであり、交差結合したたんぱく質の網目の中に水分が閉じ込められている。液体状の生卵を半固形にするには、加熱するか、酸、アルカリ、塩やカルシウムといったミネラルなどの化学物質にさらす。全卵を加熱するか酢漬けにする、あるいは卵黄を冷凍すると、もとに戻せないゲルになる。一度ゲルになってしまうと、卵は二度と液体の状態には戻らない。これは興味深く、実用的な性質だ。

卵のたんぱく質の結合能力はとても強いので、卵が粉末状であったり、ほかのいろいろな材料と混ぜられていても、結びつける力がある。ゲルとしての卵の力によって、マフィン生地の成分、パスタ生地の小麦粉の粒子、甘いデザートのカスタードやキッシュや茶わん蒸しの中身をまとめることができる。ミートローフやソーセージに入っている挽き肉のつなぎとしても使える。ゲル化剤としての卵の多様な力は、従来の料理における他の材料には並ぶものがなく、モダニスト・クッキングにおいても楽しく柔軟な構成を可能にする。

ハイライト

いままでつくった中で最高のオムレツは、すばらしい食感と繊細な薄さで、おいしいフィリングを完璧に受け取れる。
145ページ参照

ホイップ用サイフォンを使うと、美しく安定した泡をつくることができる。卵はたんぱく質が豊富なので、とても豊かで安定した泡ができる。サイフォンにチャージした亜酸化窒素は、クリームとバターと卵黄を合わせた脂肪分の多いものに簡単に溶け込む。
144ページ参照

卵はほとんどが水分なので、その水分を風味豊かな液体に代えることで、卵を再構成することができる。わたしたちのストライプ・マッシュルーム・オムレツは乾燥卵白を使い、そこに液体としてマッシュルーム・ピュレを加えた。
148ページ参照

卵黄を72℃に加熱すると、球状になる。わたしたちの楽しいレシピはこうだ。完璧な球形になった卵黄に卵白でつくったソースをかけたもの。デビルドエッグのモダニスト版だ。
152ページ参照

卵の食感

　正確な調理には温度と時間が重要な要素で、それは卵の料理においてもまったく同じだ。肉や野菜と同じで、卵も特定の芯温になると予測していたような食感に変わるが、その温度のまま時間がたつと食感が変わる。下の写真は、わずかに温度が上がるだけで卵白と卵黄に劇的な影響があることを示している。

　60℃くらいで40〜45分たつと、卵白は不透明になるが、卵黄は74℃になるまで固まらない。80℃になるまでは各温度にその温度だけの利点がある。もちろん、個人の好みはさまざまだが、ウォーター・バスのような現代的な機器を使えば、芯温に合わせて設定できるので、低温殺菌済みの生っぽい状態にも、しっとりしたジャムのような状態にも、もろく乾燥した状態にも、つねに自分の好みの食感にして楽しむことができる。

	55℃	**60℃**	**62℃**
全卵：	2時間で低温殺菌	半流動体	温泉卵
卵白：	2時間で低温殺菌	ゲル化しはじめる	流れる
卵黄：	2時間で低温殺菌	液状	粘りが出る

  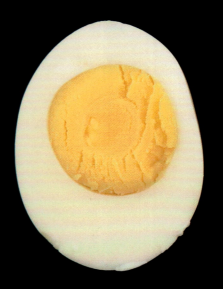

	74℃	**78℃**	**80℃**
全卵：	卵白も卵黄も固まり、卵全体が最適の状態	中くらいのゆで加減、弾力性がある	固ゆで卵
卵白：	固まったばかり	やや固い	固い
卵黄：	固体になったばかり	しっとり	やわらかい

鴨、七面鳥、ウズラなど、さまざまな種類のおいしい卵

65℃
固めの温泉卵
ゆるい
とろりとした状態

68℃
ポーチドエッグ
固まりかけ
ジャム状

70℃
半熟卵
やわらかい
ソフトキャンディ状

72℃
卵白をはずすと卵黄は球体
なめらか
ペースト状

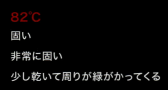

82℃
固い
非常に固い
少し乾いて周りが緑がかってくる

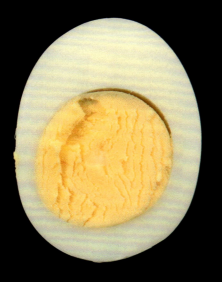

84℃
固い
ゴム状
乾いて緑の部分が増える

86℃
固体状
もろく、ゴム状
粉っぽく、さらに緑が増す

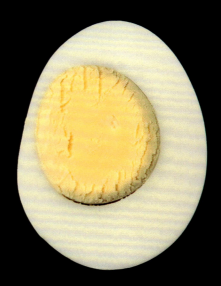

90℃
固体状
非常にもろく、ゴム状
とても粉っぽく、緑の部分が多い

BREAKFAST EGGS

フランス風スクランブルドエッグ

できあがりの分量：	4〜6人分（380g）
調理時間：	45分（準備：10分　真空調理：35分）
保存：	サイフォンから出したらすぐに供する
難易度：	低
必要な器具、材料：	真空調理専用の器具一式、500mlのホイップ用サイフォン、亜酸化窒素のカートリッジ2本
合う料理：	「蒸してつくるハーブオムレツ」（146ページ参照）、「真空調理でつくるステーキ」（194ページ参照）

　この、非常にコクのある料理はわたしたちの大好物だ。カスタードのようになめらかな食感で、スティックミキサーを使うことでかたまりはまったく残らない。それからホイップ用サイフォンを使って卵に空気を入れ、ふんわりと軽くする。空気の入っていない卵のプディングのような食感も好きなので、下のバリエーションを見てほしい。朝食のメインディッシュにするもよし、オムレツのフィリングにするもよし、究極のステーキと卵のサイドディッシュにするのもいい。

材料	重量	分量	比率
卵	200g	大4個	100%
卵黄	60g	卵黄3〜4個分	30%
無塩バター（溶かす）	60g	65ml／大さじ4½	30%
全乳	60g	60ml	30%
塩	4g	小さじ1	2%

手順
① ウォーター・バスを72℃に予熱する。
② 材料をすべて合わせ、泡立て器かスティックミキサーを使ってなめらかになるまで混ぜる。
③ 混ぜたものをジッパーつき袋に入れ、水圧を利用して、できるだけ袋から空気を抜き、密封する（58ページ参照）。
④ 固まるまで35分ほど真空調理する。
⑤ ボウルに移し、スティックミキサーを使ってなめらかなピュレ状にする。
⑥ ホイップ用サイフォンに入れ、亜酸化窒素のカートリッジ2本をチャージして、供する。

あらかじめ仕込む場合
手順5のあと、加熱した卵を袋かサイフォンに入れ、55℃のウォーター・バスで最長1時間保温できる。食卓に出すときは手順6から続ける。

バリエーション
スクランブルドエッグ・プディング
空気の入っていないベルベットのようなプディング状の食感のほうが好きなら、手順1の温度を74℃にあげ、手順4の加熱時間を約30分に減らす。できあがりはもっとしまった食感になる。手順5のあと、ボウルからピュレ状にした卵をスプーンですくい、すぐに供する。

オリーブオイル・スクランブルドエッグ
卵黄の量を80g／5〜6個分に増やし、バターをエクストラバージン・オリーブオイルに代える。わたしたちはこれをスペイン風オムレツ（次ページ参照）のフィリングに使う。

ミニ・エッグカップ
温めたラムカン型の底に「シイタケ・マーマレード」（151ページ参照）を入れる。上にスクランブルドエッグの泡をのせる。おろしたチェダーチーズかグリュイエールチーズをかける。特別なお客様へのすばらしいアミューズ・ブーシュやおつまみになる。

オムレツのフィリング

卵はさまざまな風味とよく合うので、おいしいオムレツのフィリングの組み合わせは無限にある。下に挙げた伝統的なフィリングは時間を超えて愛されてきた、いまでも人気のあるものばかりだ。次ページの「蒸してつくるハーブオムレツ」のフィリングに、スクランブルドエッグ・プディングとシブレットの代わりに下に挙げたフィリングや自分で考えたフィリングを試してみてほしい。ラビオリのフィリングはオムレツを開いた状態か、2枚のオムレツシートにはさんで出すことができる。下にあげた材料は4人分。

フィレンツェ風オムレツ・フィリング

ホウレンソウのクリーム煮 （199ページ参照）	140g	
リコッタチーズ	80g	大さじ5
パルミジャーノ・レッジャーノ （おろす）	16g	大さじ4
レモンの皮（おろす）	1.6g	小さじ½

アルザス風オムレツ・フィリング

圧力鍋でキャラメリゼした タマネギ （127ページ参照）	140g	
マンステールか カマンベールチーズ （皮をはいで4本の棒状に切る）	80g	
ブラックフォレストハム （ドイツ風生ハム、せん切り）	48g	
タイムの葉	1.6g	小さじ½

スペイン風オムレツ・フィリング

トマト・ソフリート （112ページのバリエーション参照）	140g	
オリーブオイル・ スクランブルドエッグ （前ページのバリエーション参照）	80g	
シブレットかパセリ（刻む）	8g	大さじ2

ラビオリ・オムレツ・フィリング

真空調理でつくり 卵白を取り除いた卵 （152ページの手順1～3参照）		4個分
ベーコン （棒状に切りカリカリに焼く）	32g	
シブレット（みじん切り）	5g	大さじ2
ペコリーノチーズ（おろす）	16g	大さじ4
黒コショウ（粗挽き）	1.6g	小さじ½

蒸してつくるハーブオムレツ

できあがりの分量：	4人分の前菜サイズのオムレツ（1人分40g＋フィリング）
調理時間：	40分
保存：	オムレツシートは冷蔵庫で2日間保存可能、完成したオムレツはすぐに供する
難易度：	ふつう
必要な器具、材料：	金属かオーブンで使えるガラスのふたがついたテフロン加工のフライパン（直径20cm）

わたしたちはこれを完璧なオムレツだと考えている。やわらかく繊細で、純粋で新鮮な卵の風味が味わえる。ここでの目標は、正確な温度でオムレツを蒸すことだ。コンビ・オーブンかスチームオーブンならこの作業にぴったりだが、家にあるオーブンでも同じ結果が得られる。その秘訣は、水分が蒸発したり焦げたりするのを避けながら、オムレツに均等に火を通すことだ。わたしたちが見つけた最良の方法は、熱くなった金属のふたをのせたフライパンを、完全に水平になったオーブンラックにのせて加熱する方法だ。

このオムレツは卵と生クリームだけでつくるが、現代版にはつねにフィリングがついている。好みの組み合わせの例は前のページに載せている。

材料	重量	分量	比率	手順
卵（かき混ぜる）	150g	3〜4個	100%	① オーブンを175℃に予熱する。オーブンが熱くなったら、テフロン加工の直径20cmのフライパンの、オーブンに対応しているふたを入れて約15分予熱する。
高脂肪生クリーム（乳脂肪分36%以上）	15g	15ml／大さじ1	10%	② 泡立て器かスティックミキサーを使って、材料をよく混ぜる。泡はつぶすかスプーンですくって、表面から取り除く。
卵黄	12g	1個	8%	
塩	2g	小さじ½	1.3%	
オイルスプレー	必要量			③ フライパンにオイルスプレーで油を薄くスプレーする。
				④ 卵液の4分の1をフライパンに流し込む。
				⑤ 熱くなったふたをフライパンにのせ、オーブンに入れる。卵が固まるまで約6分加熱する。
				⑥ 卵を加熱しているあいだに、クッキングシートでオーブンプレートをおおい、オイルスプレーで油をスプレーする。
				⑦ できあがったオムレツをクッキングシートの上にすべらせる。次のオムレツの準備のあいだ、ふたはオーブンに入れたままにする。
				⑧ 手順③〜⑦を残った卵液で3回繰り返す。2回目以降は、卵の加熱時間は約3分にする。
				⑨ できたオムレツを別の油をスプレーしたクッキングシートでおおい、オーブンに入れて、1分半〜2分半再加熱する。
スクランブルドエッグ・プディング 200g（温める、なくても可、144ページのバリエーション参照）			133%	⑩ オムレツシートの上に温めたスクランブルドエッグを均等に分ける。
				⑪ オムレツの端をたたんで、ていねいにフィリングをおおう。
シブレット（みじん切り）	5g	大さじ2	3%	⑫ シブレットを振りかけて、できたてを供する。

1 オーブンを175℃に予熱する。オーブンがセットした温度になったら、テフロン加工の直径20cmのフライパンのふたをオーブンに入れて約15分予熱する。ふたはオーブンに対応しているもので、フライパンにぴったり合うものを選ぶ。

2 全卵、生クリーム、卵黄、塩を、泡立て器かスティックミキサーを使ってよく混ぜる。表面に泡ができたら、つぶすかスプーンですくい取る。

3 フライパンをオイルスプレーで薄くコーティングする。

4 卵液の4分の1をフライパンに流し込む。薄い層になって広がる。

5 熱くなったふたをフライパンにのせ、ふたをしたフライパンをオーブンに入れる。卵が固まるまで約6分加熱する。フライパンはオーブンラックの上で水平になっていなければならない。水平になっていなければ、たたんだアルミホイルをフライパンの下にかませて、平らで均等に加熱されたオムレツになるようにする。

6 卵を焼いているあいだに、オーブンプレートをクッキングシートでおおい、オイルスプレーで薄くコーティングする。

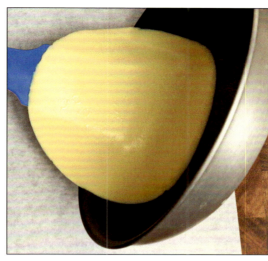

7 できあがったオムレツをフライパンからクッキングシートにすべらせる。次のオムレツの準備をしているあいだ、ふたはオーブンに戻す。

8 手順3〜7を残りの卵液で繰り返す。最初のオムレツでフライパンが温まっているので、2回目以降の加熱時間は3分くらいでいい。

9 できたオムレツを、オイルスプレーでコーティングした別のクッキングシートでおおい、オーブンに入れて、1分半〜2分半再加熱する。

10 温めたスクランブルドエッグをフィリングに使う場合は、オムレツシートの上に均等に分割する。ほかのフィリングを加えてもいいし、代わりのものを使ってもいい。フィリングにシブレットを散らしてもいい。

11 薄いヘラを使ってオムレツの端をたたみ、慎重にフィリングをおおう。

12 シブレットを散らし、できあがったオムレツをすぐに供する。

あらかじめ仕込む場合
手順8のあと、オイルを塗ったラップで全体をおおい、冷蔵庫で最長2日間保存する。オムレツを食卓に出すときに、オーブンを175℃に予熱する。ラップをはずし、1分半〜2分半再加熱する。手順10から続ける。

メインディッシュサイズのオムレツ
このオムレツは前菜として出すので、少ない卵で4人分つくっている。メインディッシュとして出せるくらい大きな1個のオムレツにするには、すべての卵液を直径30cmのフライパンに入れる。ちょうど固まるまで3〜4分長めに加熱する。

コンビ・オーブンがあれば
業務用あるいは家庭用のコンビ・オーブンが使えるのなら、オーブンを82℃のフルスチームにセットする。手順2〜4まで終わったら、フライパンをラップでおおい、オムレツを10分間加熱する。手順10から続ける。

BREAKFAST EGGS

ストライプ・マッシュルーム・オムレツ

できあがりの分量：	4人分の前菜サイズのオムレツ（1人分140g）
調理時間：	1時間
保存：	オムレツシートは冷蔵庫で2日間保存可能、完成したオムレツはすぐに出す
難易度：	高（努力レベル）
必要な器具、材料：	円形に切ったシリコンマット2枚（直径15cm）、金属かオーブンで使えるガラスのふたがついたテフロン加工のフライパン（直径20cm）、3mmの歯がついた製菓用コーム、乾燥卵白

　このオムレツのつくりかたのコツをつかんだら、特別なお客様にほかの料理は出したくなくなるだろう。できあがりは美しい上においしく、苦労のかいがあるのは間違いない。シリコンマットは平らにして、テフロン加工のフライパンの底にぴったり密着させなければならない。マットは必ずシリコン樹脂製にして、Silpatブランドのマットのようにグラスファイバーが入っているものは使ってはいけない。

材料	重量	分量	比率	手順
卵（かき混ぜる）	150g	卵3～4個	100%	① オーブンを175℃に予熱する。オーブンが熱くなったら、テフロン加工の直径20cmのフライパンの、オーブンに入れても大丈夫なふたを入れ、約15分予熱する。
高脂肪生クリーム（乳脂肪分36％以上）	15g	15ml／大さじ1	10%	② オーブンプレートをクッキングシートでおおい、オイルスプレーで油をスプレーする。
卵黄（かき混ぜる）	12g	卵黄1個	8%	③ 泡立て器かスティックミキサーを使って、材料をよく混ぜる。泡はつぶれるのを待つかスプーンですくって、表面から取り除く。
塩	2g	小さじ½	1.3%	
マッシュルーム・ピュレ（150ページ参照）	100g		67%	④ よく混ぜ合わせてマッシュルーム・ベースをつくる。
卵黄	40g	卵黄3個	27%	⑤ シリコンマットの上にマッシュルーム・ベースの4分の1を2mmの厚さで広げる。
高脂肪生クリーム（乳脂肪分36％以上）	10g	10ml／小さじ2	7%	⑥ コームをマッシュルーム・ベースの上で引き、マットの上に均等な線を引く。
粉末アルブミン（乾燥卵白）	8.8g	小さじ5	5.8%	
塩	2g	小さじ½	1.3%	
精製油かオイルスプレー	必要量			⑦ フライパンを薄くオイルでコーティングし、ストライプのマッシュルーム・ベースをのせたシリコンマットを慎重にフライパンにのせる。
				⑧ ③のオムレツ・ベースの4分の1をヘラか大きめのスプーンの背を使ってマッシュルーム・ベースの線の上に流し込む。
				⑨ 熱くなったふたをフライパンにのせ、オーブンで卵が固まるまで約6分加熱する。
				⑩ シートを1枚焼いているあいだに、手順⑤と⑥を繰り返して、マッシュルーム・ベースのストライプを2つ目の冷たいシリコンマット上につくる。
				⑪ オーブンからフライパンを取り出し、シリコンマットを持ち上げ、加熱したオムレツシートを少し冷ます。
				⑫ オムレツシートをシリコンから慎重にはがし、用意しておいたオーブンプレートに移す。
				⑬ 手順⑦～⑫を残りの材料で3回繰り返し、最後は手順⑩をとばす。最初のオムレツシートを焼いたあと、温まったフライパンで焼くオムレツシートの加熱時間は約3分でいい。
フランス風スクランブルドエッグ（温める）（144ページ参照）	200g		133%	⑭ オムレツシートの上に油をスプレーした別のクッキングシートをのせ、175℃のオーブンで1分半～2分半再加熱する。
シイタケ・マーマレード（温める）（151ページ参照）	必要量			⑮ オムレツシートのストライプの面を下にして置き、フランス風スクランブルドエッグとシイタケ・マーマレードをその上に均等に分ける。
無塩の澄ましバター（119ページ参照）	必要量			⑯ オムレツシートの端を慎重にたたんでフィリングをおおい、オムレツに澄ましバターをはけで塗る。できたてを供する。

1 オーブンを175℃に予熱する。オーブンがセットした温度になったら、テフロン加工の直径20cmのフライパンのふたを入れて約15分予熱する。

2 クッキングシートでオーブンプレートをおおい、オイルスプレーで薄くコーティングする。

3 全卵、生クリーム、卵黄、塩を、泡立て器かスティックミキサーを使ってよく混ぜる。表面に泡ができたら、つぶれるのを待つかスプーンですくい取る。これがオムレツ・ベースになる。

4 マッシュルーム・ピュレ、卵黄、生クリーム、乾燥卵白、塩をよく混ぜ合わせ、マッシュルーム・ベースをつくる。

あらかじめ仕込む場合

手順⑫のあと、全体をラップでおおい、冷蔵庫で最長2日間保存する。再加熱するときにラップをはずし、175℃のオーブンで1分半～2分半温める。

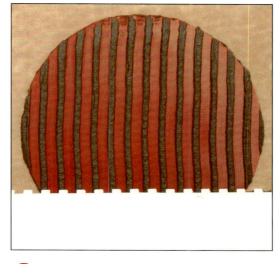

5 マッシュルーム・ベースの4分の1を円形のシリコンマットの上に広げ、均等な2mmの厚さになるようにする。わたしたちはアングル・パレットを使う。

6 3mmの歯がついたコームをマッシュルーム・ベースの上で引いて、まっすぐで平行な線をマットの上につくる。シリコンマットを安定させるためにカウンターに両面テープで貼っておいてもいいが、加熱前にテープをはがすのを忘れないこと。線がまっすぐにならなければ、マッシュルーム・ベースを取り除いてふたたび広げ、再度挑戦する。

7 フライパンに薄くオイルをひくかスプレーして、ストライプのマッシュルーム・ベースをのせたシリコンマットをゆっくりフライパンにおく。オイルがシリコンマットとフライパンのあいだを密封状態にするので、卵がマットの下にしみ込むのを防ぐ。

8 オムレツ・ベースの4分の1を、スプーンの背を伝わせてマッシュルーム・ベースの上にそっと流し込む。スプーンを使うことで、流した液が線を乱すのを防ぐ。

9 熱くなったふたをフライパンにのせ、オーブンで卵が固まるまで約6分加熱する。フライパンはオーブンラックの上で水平になっていなければならない。水平になっていなければ、たたんだアルミホイルをフライパンの下にかませて、平らで均等に加熱されたオムレツになるようにする。

10 シートを1枚焼いているあいだに、手順5と6を繰り返して、2枚目の冷たい円形のシリコンマットの上にマッシュルーム・ベースのストライプを用意する。

11 フライパンをオーブンから出し、シリコンマットを持ち上げ、オムレツシートを少し冷ます。

12 オムレツシートをマットからはがし、用意しておいたオーブンプレートに移す。

13 残りの材料で手順7〜12を繰り返し、最後は手順10を飛ばす。オムレツを重ねないこと。最初のオムレツシートを加熱したあとは、フライパンが温まっているので、残りの3枚の加熱時間は約3分でいい。

14 オムレツシートの上にスプレーした別のクッキングシートをのせる。オーブンプレートをオーブンに入れ、すべてのオムレツを同時に1分半〜2分半再加熱する。

15 オムレツシートのストライプの面を下にして置き、フランス風スクランブルドエッグとシイタケ・マーマレードをその上に分割してのせる。

16 オムレツシートの端をたたんでフィリングをおおう。閉じた面を下にし、澄ましバターを刷毛で塗る。

BREAKFAST EGGS

マッシュルーム・ピュレ

できあがりの分量：	200g／⅞カップ
調理時間：	45分
保存：	冷蔵庫で3日間、冷凍庫で最長1カ月間保存可能
難易度：	低

　このピュレは用途が広く、オムレツをつくる以外にもさまざまな使い道がある。わたしたちはポシェした魚や鶏肉のつけ合わせにするのが好きだ。シンプルだがしっかりとした、マッシュルームのクリームスープ（下のバリエーション参照）に変身させることもできる。

　シイタケとポートベロ・マッシュルーム（笠の開いたマッシュルーム）は1年じゅう手に入るが、旬のものに代えることもできる。ブラウン・マッシュルーム、モリーユ、ジロール、ポルチーニはシイタケの風味豊かな代用品になる。クロラッパタケが見つかれば、ポートベロよりもいい。トリュフオイルの風味が好きなら、手順4で数滴加える。

材料	重量	分量	比率	手順
シイタケの笠（薄切り）	250g		100%	① シイタケがきつね色になるまで約10分炒める。
無塩バター	30g	大さじ3	12%	
エシャロット（みじん切り）	50g	2個	20%	② シイタケに加え、エシャロットがかなりやわらかくなるまで、弱火でときどきかき混ぜながら約20分炒める。ポートベロのひだによって全体の色が濃くなる。
ポートベロ・マッシュルームのひだ（笠からスプーンで取る）	20g	大1個分	8%	
マッシュルームのジュ（91ページ参照）か水	165g	165ml	66%	③ 混ぜ入れ、中火にして、1分間軽く煮立てる。 ④ ミキサーでなめらかなピュレ状にする。 ⑤ シノワで漉す。
塩	3g	小さじ¾	1.2%	⑥ ピュレに味つけし、温かいうちに供する。

バリエーション：マッシュルームのクリームスープ

マッシュルーム・ピュレ（上のレシピでつくったもの）	200g	
マッシュルームのジュ（91ページ参照）	165g	165ml
高脂肪生クリーム（乳脂肪分36%以上）	100g	110ml
白みそ	5g	小さじ1
塩	適量	
ブリオッシュのクルトン（小さめの角切りにし、ベーコンの脂で焼く）	必要量	

ピュレ、ジュ、生クリーム、みそを鍋に入れて混ぜ、軽く煮立てる。塩で味つけし、ブリオッシュのクルトンか炒めたマッシュルームを浮かべる。

シイタケ・マーマレード

できあがりの分量：	300g／1カップ
調理時間：	40分
保存：	冷蔵庫で3日間、冷凍庫で最長1カ月間保存可能
難易度：	低

　この薬味は、強いうまみを持つキャラメリぜしたシイタケをなめらかなマーマレードに変身させる。粒マスタードを入れ、ステーキと一緒に出すか、トーストの塗って上にグリルで焼いた新タマネギをのせる。手に入るのなら、ブラウン・マッシュルーム、モリーユ、ジロール、ポルチーニといった旬のキノコで代用してもいい。風味を変えたければ、しょうゆをコクのある「鶏肉のブラウン・ジュ」（92ページ参照）に代える。

材料	重量	分量	比率	手順
シイタケの笠	300g		100%	① シイタケをフードプロセッサーに入れ、みじん切りにする。ピュレになってしまわないよう気をつける。
無塩バター	60g	大さじ4	20%	② フライパンでバターを溶かし、シイタケを加える。
				③ 中弱火で、ときどき混ぜながら、薄いきつね色になって水分がなくなるまで15～18分炒める。
エシャロット（みじん切り）	60g		20%	④ シイタケの中に入れ、やわらかくなるまで、8～10分炒める。
水	100g	100ml	33%	⑤ ④に加えて混ぜ合わせる。
しょうゆ	36g	30ml／大さじ2	12%	⑥ とろみはあるが流動性のある状態まで約1分間軽く煮立てる。
蜂蜜	4g	小さじ1	1.3%	
シブレット（刻む）	10g		3.3%	⑦ 食卓に出す直前に混ぜ入れる。
エストラゴン（みじん切り）	5g	大さじ½	1.7%	
塩	適量			⑧ マーマレードに味つけし、温かいうちに供する。

シイタケはみじん切りになるまでフードプロセッサーにかける。ペーストやピュレになってしまうのを防ぐために、パルス（断続）運転にする。

シイタケが茶色になり、エシャロットはやわらかいが茶色にはなっていないときが、水、しょうゆ、蜂蜜を入れるタイミング。

手順6のあとでマーマレードを冷蔵庫に保存できる。食卓に出すときには、フライパンで再加熱し、シブレットとエストラゴンを混ぜ、塩で味つけする。

ピリッとしたマーマレード

ピリッとしたマーマレードというと、最初は不思議に聞こえるかもしれないが、マーマレードというのは風味豊かな温かい薬味としてもとてもおいしい。みじん切りにしたタマネギとエシャロットだけを使ってタイムと黒コショウでしっかり味つけしたものをつくってみてほしい。みじん切りのベーコンとリンゴにつなぎとして濃縮リンゴジュースかメープルシロップを加えてもマーマレードができる。

目玉焼き

できあがりの分量：	4人分（400g／卵4個）
調理時間：	1時間15分（準備：15分　真空調理とオーブン調理：1時間）
保存：	卵白は冷蔵庫で1日保存可能
難易度：	ふつう
必要な器具、材料：	真空調理専用の器具一式、4つの小さめのテフロン加工のフライパン（直径10～12cm）、フライパンを覆える大きさに切った4枚のアルミホイル

　目玉焼きを完璧につくることには、そもそも問題がある。卵黄と卵白が理想的な食感になる温度がちがうからだ。わたしたちの解決策は、卵黄と卵白を別々に調理し、食卓に出す直前に組み合わせるというものだ。こうすれば、卵黄はまるでジャムのようで、卵白はバターのような食感になる。

　わたしたちは、67℃で加熱した卵黄のプディングのようなかたさが好きだ。もっと伝統的な半熟の卵黄にしたければ、62℃で加熱するが、この温度だと卵黄がとても不安定で、うまくいかないかもしれないので、1～2個余分に加熱すること。温度を70℃まで上げると完璧な球形の卵黄になり、ソフトキャンディのようなかたさになる。好みのものを選んでほしい。

材料	重量	分量	比率	手順
卵	200g	大4～5個	67%	① ウォーター・バスを67℃に予熱し、オーブンを160℃に予熱する。直径10～12cmのテフロン加工のフライパンの直径より少し大きくアルミホイルを4枚切る。
				② 卵を40分ウォーター・バスで調理する。
				③ 卵の殻をむき、慎重に卵白を卵黄からはずす。
精製油か 無塩の澄ましバター（なくても可） （119ページ参照）	150g	160ml	50%	④ 必要なら、卵黄をしっかり密封できる容器に満たした油かバターの中に入れて、60℃のウォーター・バスで最長1時間保温する。
卵白	300g	卵白10個分	100%	⑤ 泡立て器かスティックミキサーで混ぜてから濾す。表面に浮いた泡は消えるのを待つかすくい取る。
高脂肪生クリーム （乳脂肪分36%以上）	90g	100ml	30%	
塩	3g	小さじ¾	1%	
オイルスプレー	必要量			⑥ 4つのフライパンをオイルスプレーで薄くコーティングする。
				⑦ 4等分した卵白をそれぞれのフライパンに流し込む。
				⑧ フライパンにアルミホイルでふたをする。
				⑨ フライパンをオーブンに入れ、卵白が固まるまで約12分加熱する。
				⑩ 加熱した卵白を個々の皿に慎重にすべらせて入れる。
				⑪ 卵白をえぐって卵黄を入れる小さな穴をあける。
ブール・ノワゼット（温める） （119ページ参照）	30g	30ml／大さじ2	10%	⑫ それぞれの穴に卵黄を入れる。
				⑬ 卵の上にブール・ノワゼットをふりかけ、できたてを供する。

1 ウォーター・バスを67℃に予熱し、オーブンを160℃に予熱する。直径10～12cmのテフロン加工のフライパンの直径より少し大きくアルミホイルを4枚切る。

2 全卵を40分真空調理する。

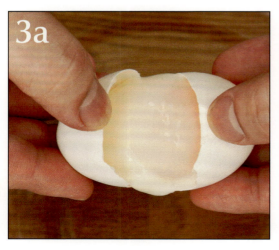

3 それぞれの卵の殻をむき、卵白を取り除いて、完璧に加熱された卵黄だけにする。卵黄を水に浸すか流水できれいにする。卵黄の扱いにはとくに注意すること。膜が破れると破裂する。

あらかじめ仕込む場合

卵白は最長で24時間前につくっておくことができる。手順9で卵白を加熱したら、オーブンプレートにクッキングシートを敷いてオイルスプレーでコーティングする。加熱した卵白をそこに置き、スプレーした別のクッキングシートで覆う。全体をラップで覆い、冷蔵庫で保存する。卵白を再加熱するときは、ラップをはずし、135℃のオーブンで5～6分加熱する。それに合わせて卵黄の調理をする。

バリエーション：デビルドエッグ

デビルドエッグの現代版は、卵白に酢、オイル、マスタード、ハーブを入れて混ぜ、ヴィネグレットをつくる。加熱した卵黄にドレッシングとしてかける。

4 必要なら、しっかり密封できる容器に満たした精製油か澄ましバターの中に卵黄を入れて、60℃のウォーター・バスで最長1時間保温する。この方法で卵黄に膜がはるのを防げる。

5 卵白、生クリーム、塩を混ぜてから、濾す。表面にできる泡はすくい取るか、消えるのを待つ。

6 4つのフライパンをオイルスプレーで薄くコーティングする。

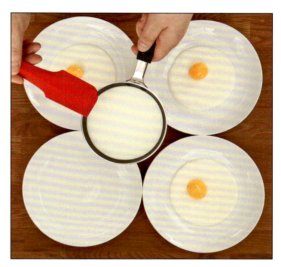

7 4等分した卵白をそれぞれのフライパンに流し込む。

8 フライパンにアルミホイルでふたをする。アルミホイルで底まで包んでしまわないようにする。

9 フライパンをオーブンに入れ、卵白が固まるまで約12分加熱する。フライパンはオーブンラックの上で水平になっていなければならない。水平になっていなければ、たたんだアルミホイルをフライパンの下にかませて、卵白が均等な厚さになるようにする。

10 加熱した卵白をすべらせて個々の皿に慎重にのせる。

11 リングカッターかスプーンを使って、それぞれの卵白をえぐって小さな穴をあける。

12 それぞれの穴に汁気を切った温かい卵黄をのせる。

13 卵の上にブール・ノワゼットをふりかけ、できたてを供する。

BREAKFAST EGGS

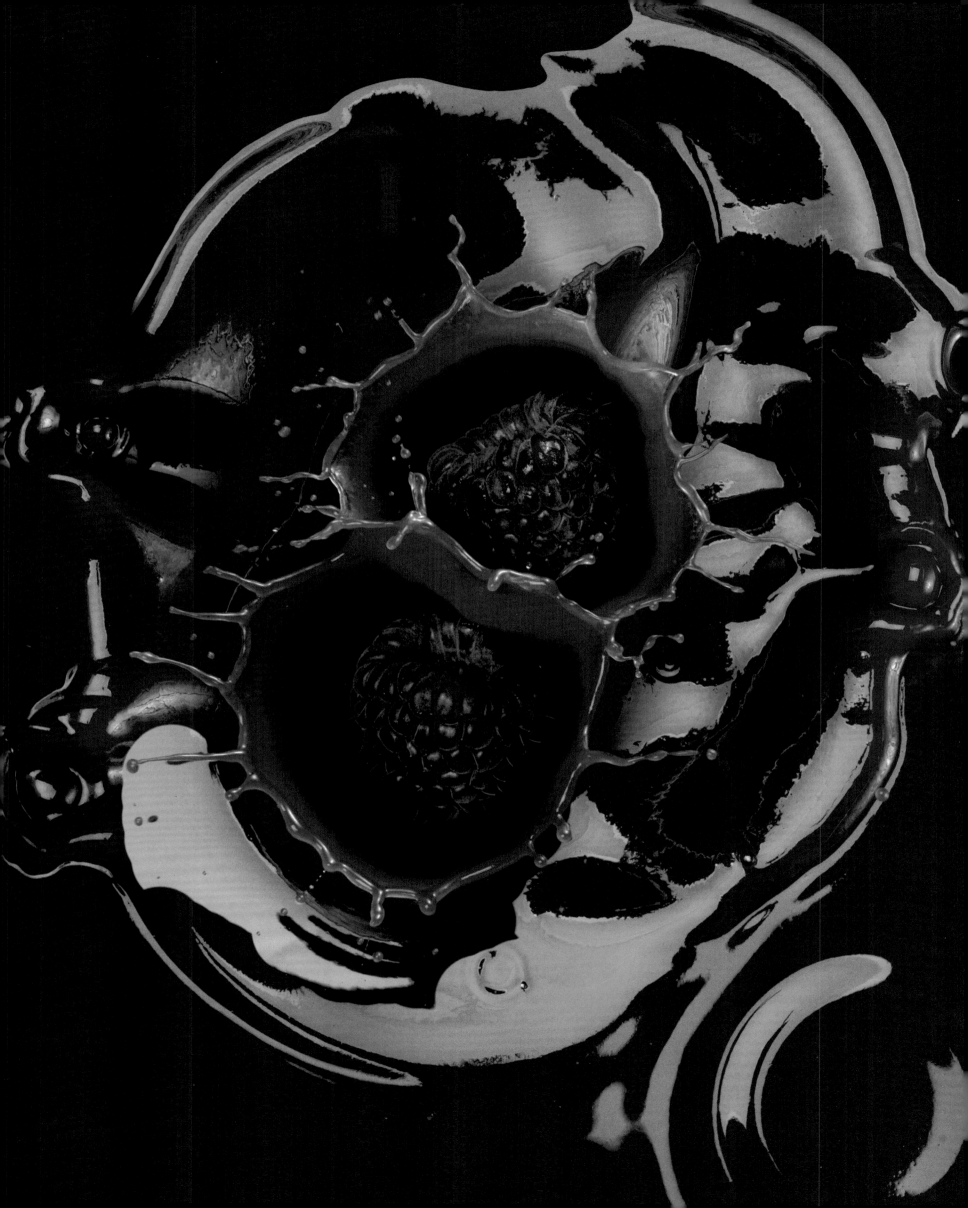

サラダと冷製スープ

葉ものをただ合わせただけのサラダはつまらないし、それを"ウサギのエサ"と表現するシェフさえいる。でも、サラダにはそれよりずっと大きな可能性がある。食感の違いと風味の組み合わせを楽しむものとしてサラダをとらえてみてほしい。つまらない均一性を避けたバランスのいいサラダをつくるには、頭を使って練習する必要がある。この章でそれを手助けする。ここで紹介するサラダとレシピは魅力的な選択肢の幅広さを示している。クリーミーでピリッとしたレタス・ピュレをドレッシングにしたグリーン・サラダ、マグロのコンフィを添えた、葉ものが一切ないヒヨコ豆のサラダ、モダニストのタブーレのような、カリフラワーとリンゴを合わせた繊細なキヌアなどだ。

冷製スープも評判が悪い。とくにアメリカ人は、理想のスープを栄養たっぷりで心温まる、熱々のものと考えがちだ。しかしスープは温めなくても驚くほど満足のいくものになる可能性がある。こくのあるもの、さっぱりしたもの、複雑なものなど、さまざまな冷製スープは、イタリア、スペイン、フランス、北欧、ロシアで人気がある。

もっともよく知られた冷製スープはガスパチョだろうが、もともとはトマトでつくられたものでなかったことを知っている人は少ないだろう。ガスパチョの最古のレシピのひとつは、ムーア人がスペインに持ち込んだものだと思われるが、ブドウとアーモンドとニンニクとパンがベースになっていた。桃やサクランボやイチゴや（ここに載せたレシピのように）フランボワーズなどの季節のフルーツを使って、このスープを再解釈してみたいと思う。

ヴィシソワーズは、ジャガイモとポロネギと生クリームのシンプルなスープだが、シンプルであるがゆえにむずかしい。ジャガイモのざらざらした食感を消そうとして、生クリームを余分に加えてしまうことが多いのだ。わたしたちはもっとジャガイモの風味が引き立つようにしたいので、ビール醸造のテクニックを借りることにした。モルトパウダーを使って、ジャガイモのでんぷんを糖に変えることで、ざらざらした食感をなくしたのだ。

冷たさと脂肪がいかに食感に影響を与えるかの科学

ジャガイモをどれだけ完璧に加熱してもピュレ状にしても、バターか生クリームを加えなければ舌の上でざらざらした食感が残る。脂肪はジャガイモに備わっているでんぷんの顆粒をおおい、クリーミーな舌触りにしてくれる。しかし、冷たさと同じように、脂肪も風味の感覚を鈍らせてしまう。たとえば、ハムにはたいていの食べものの3倍もの塩が入っているが、その塩気を感じないのは、ハムが冷たくて脂肪が多いからだ。そのため、冷製のクリーミーなソースやスープをつくるときには、温かい食べものよりも多くの塩分や糖分や酸を加えなければならない。

ハイライト

サラダに味をつけるときには、ボウルの底にドレッシングを入れてから野菜を入れて、薄く均等にドレッシングが行き渡るようにする。レタスの上からドレッシングをかけると、すぐに過飽和の状態になってしまう。

166ページ参照

キヌアサラダに、削ったカリフラワーの先端部、リンゴ、セロリを混ぜて、噛みごたえを出す。

170ページ参照

モダニストの材料とテクニックを使って、真空で風味づけしたルバーブと美しい仕上がりのフルーツのミネストローネに挑戦してほしい。

158ページ参照

なめらかなヴィシソワーズをつくるのに大量のクリームは必要ない。ポロネギからエッセンスを引き出し、そのしぼり汁をメインの水分として使うので、風味が強くなる。

162ページ参照

フランボワーズのガスパチョ

できあがりの分量：	4人分（450g／2カップ）
調理時間：	1時間15分（準備：15分　真空調理：1時間（しなくても可））
保存：	冷蔵庫で2日間、フランボワーズシロップは冷凍庫で最長6カ月間保存可能
難易度：	低
必要な器具、材料：	真空調理専用の器具一式、ピキーリョピーマン、キサンタンガム（なくても可）

この新鮮でひねりのきいたガスパチョで、その季節いちばんのフルーツの魅力を引き出してほしい。オリジナルのガスパチョのひとつであるアホ・ブランコは、パン、ニンニク、アーモンド、ブドウでできていて、現在もっともよくベースになっているトマトは使われていなかった。

カリフォルニア州ロスガトスのレストラン〈マンレサ〉のシェフであるデヴィッド・キンチが、トマトの代わりにイチゴを使うというアイデアをくれた。わたしたちはこのアイデアをフランボワーズに広げてみた。サクランボ、桃、ネクタリン、リンゴでも、旬の時期に使えば同じようにおいしいガスパチョがつくれる。

このレシピの最初の4つの手順でつくるフランボワーズシロップは、スープの粘性や甘さを調節するために使える。フランボワーズの果汁を真空調理で引き出す方法はどんなベリーでもうまくいく。この方法でつくった明るい色の透き通ったシロップを使って、軽めのデザートの飾りにしたり、白のスパークリング・ワインに混ぜて、キール・ロワイヤルを思わせるさっぱりしたカクテルをつくったりしてもいい。

材料	重量	分量	比率	手順
フランボワーズ（水洗い、なくても可）	225g		80%	① フランボワーズシロップをつくる場合は、ウォーター・バスを65℃に予熱する。つくらない場合は手順⑤までとぶ。
砂糖（なくても可）	25g	大さじ2	9%	② 混ぜ合わせる。ジッパーつき袋に入れ、水圧を利用して、できるだけ空気を抜き、袋を密封する（58ページ参照）。
				③ 1時間真空調理する。
				④ つぶさずに漉して、フランボワーズシロップを完成させる。次の手順のために35g量っておく。
フランボワーズ（水洗い）	280g		100%	⑤ ミキサーに入れて、なめらかなピュレ状にする。
キュウリ（皮をむいて、種を取り、薄切り）	70g		25%	⑥ ピュレをシノワで漉す。
ピキーリョピーマン（缶詰）	57g		20%	
新タマネギ（薄切り）	57g		20%	
エクストラバージン・オリーブオイル	25g	30ml／大さじ2	9%	
白バルサミコ酢	10g	10ml	3.6%	
バルサミコ酢	5g	6ml	1.8%	
ニンニク（薄切り）	2g	小さじ½	0.7%	
キサンタンガム（なくても可）	0.7g		0.25%	
フランボワーズシロップ（上でつくったもの、なくても可）	35g	35ml／大さじ2	13%	⑦ フランボワーズシロップを加え（なくても可）、スープに味つけし、できたてを供する。
ライム果汁	適量			
塩	適量			
黒コショウ	適量			

1 フランボワーズシロップをつくる場合（任意）は、ウォーター・バスを65℃に予熱する。シロップをつくらない場合は手順5まで飛ぶ。

2 フランボワーズに砂糖をまぶし、ジッパーつき袋に入れ、水圧を利用してできるだけ空気を抜き、袋を密封する。

3 フランボワーズを1時間真空調理する。

4 フランボワーズをつぶさずに漉して、透き通った薄いシロップにする。手順7で使うために35g量っておく。残ったシロップはヨーグルトやパンケーキのトッピングにしてもいいし、冷凍庫で最長6カ月間保存することもできる。

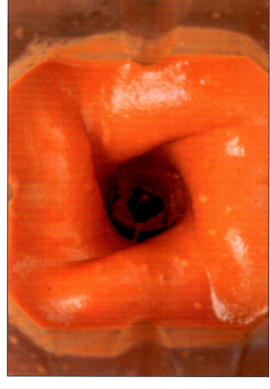

5 生のフランボワーズ、キュウリ、ピーマン、タマネギ、オリーブオイル、ビネガー、ニンニク、キサンタンガム（なくても可）をミキサーに入れて、なめらかなピュレ状にする。

6 ピュレをシノワで漉す。

7 フランボワーズシロップ（なくても可）、ライム果汁、塩、コショウでスープに味つけする。ピュレを薄めたい場合や、ピリッとしたスープに甘みを足したい場合は、シロップをさらに加える。甘いスープを引きしめたいときはライム果汁を足す。

ガスパチョを出すときには、フランボワーズ数個、ミントの葉、細くせん切りにしたバジルをそれぞれの器にのせ、冷やしたスープをテーブルで注ぐ。少量のオリーブオイルかアーモンドオイルを上にたらしてもいい。

SALADS AND COLD SOUPS

フルーツのミネストローネ

できあがりの分量：	4人分（400g／2カップ）
調理時間：	4時間（準備：1時間　煮込みと冷蔵：3時間）
保存：	できたてを供する
難易度：	高（タイミングと組み立てが複雑）
必要な器具、材料：	チューブのアタッチメントがついた真空パック器、ジューサー、リンゴ酸

　おいしいミネストローネはどれもそうだが、このフルーティーなデザート・スープも旬の材料を使うのがいい。わたしたちのクッキング・ラボでは、キュウリのソルベや、真空漬けしたフルーツ、液体窒素で凍らせて細かく砕いたベリーなど、とても手の込んだヴァージョンをつくっている。ここにあげたレシピはその中でももっとも手間のかからないものだが、それでもこの本の中では最高に複雑な部類になる。手順の多さにひるまないでほしい。見た目より組み立ては簡単で、使用するものの多くはあらかじめつくっておけるし、ほかの用途にも使える。

　よく冷やした器を用意し、テーブルのそばでスープを注ぐ。ライチ、フランボワーズ、パッションフルーツといった市販の高級フルーツソルベをひとさじ加えて、ミネストローネをさらに冷たくすることもできる。豆のシロップをつくる時間がないときには、シロップで煮た小豆を使える。

材料	重量	分量	比率	手順
豆のシロップ煮：				
水	1.5kg	1.5L	300%	① 大きめの鍋に入れ、完全に溶けるまで混ぜてから、ゆっくり煮立て、シロップをつくる。
砂糖	1kg		200%	
白インゲン豆（カンネッリーニ）（缶詰、水気を切って水洗いし、皮や割れたものを取り除く）	200g		40%	② 鍋に500gのシロップと一緒に入れ、中弱火で30分煮る。 ③ シロップを捨て、新しい500gのシロップを入れて、また30分煮る。 ④ 手順③をあと2回繰り返し、合計約2時間煮る。豆は透明になり、ソフトキャンディ状になる。 ⑤ 豆を残ったシロップの中で冷ましてから、冷蔵庫で冷やす。
イチゴのスープ：				
イチゴ（洗って、へたを取る）	500g		100%	⑥ ジューサーにかける。 ⑦ 濾す。
砂糖	50g		10%	⑧ イチゴのジュースの中に入れ、溶かす。
ライム果汁	適量			⑨ ライム果汁で味つけしてスープをつくり、冷蔵庫で冷やす。
真空漬けのルバーブ：				
生のレッドルバーブ	100g	大1本	20%	⑩ ルバーブの皮をむき、皮は取っておく。 ⑪ 皮をむいたルバーブを6mm厚さにスライスする。
砂糖	100g		20%	⑫ 小さめの鍋に入れ、溶けるまで混ぜてから、中強火で沸騰させ、シロップをつくる。
水	100g	100ml	20%	⑬ ルバーブのスライスと取っておいた皮を硬質の保存密封できる容器（53ページ参照）に一緒に入れて温かいシロップをかけて真空密封する。
リンゴ酸	2g		0.4%	⑭ 冷蔵庫で冷たくなるまで少なくとも1時間は冷やす。濾して皮を取り除く。シロップは取っておいて別の用途に使える。
キューカンバーロール：				
イングリッシュ・キューカンバー（細長く、種が小さいキュウリ）	150g	大1本	30%	⑮ スライサーで縦にできるだけ薄くスライスして、均等なサイズの長方形にする。種のところまで来たら止める。 ⑯ スライスしたキュウリを緑の部分が見えるように丸める。覆いをして冷蔵庫で冷やす。
組み立て：				
キューカンバーロール（上でつくったもの）		8〜12本		⑰ よく冷やした4つの器にキューカンバーロールを2〜3個ずつ入れる。
豆のシロップ煮（上でつくったもの）		豆24個		⑱ 器に豆、フルーツ、ルバーブ、ミントの葉を均等に分ける。
真空漬けしたルバーブのスライス（上でつくったもの）		8〜12枚		
キンカン（スライス）		8枚		
フランボワーズ（2つ割り）	24g	8個分	4.8%	
ブルーベリー（2つ割り）	16g	8個分	3.2%	
ミントの葉	4g	小16枚	0.8%	
イチゴのスープ（上でつくったもの）	250g	260ml	50%	⑲ テーブルのそばでイチゴのスープを均等に器に注いで、できたてを供する。

1 大きめの鍋に豆のシロップ煮用の砂糖と水を入れ、完全に溶けるまで混ぜる。混ぜたものをゆっくり煮立て、シロップをつくる。沸騰前に砂糖が完全に溶けていないとシロップの中に砂糖の結晶ができてしまう。

2 豆の中から割れたものや皮を取り除き、鍋に500gのシロップと一緒に入れる。中弱火で30分煮る。

3 シロップを捨て、新しい500gのシロップを入れる。豆をさらに30分煮る。

4 手順3をあと2回繰り返し、合計約2時間煮る。豆は透明になり、ソフトキャンディ状になる。これは、マロングラッセやフルーツの砂糖煮のような、人気の高いヨーロッパのスイーツで使われるテクニックのバリエーションだ。

5 残ったシロップの中で豆を冷ましてから、冷蔵庫で冷やす。

6 ジューサーを使ってイチゴの果汁をしぼる。

7 シノワで果汁を濾して、種や余分な果肉を取り除く。

8 砂糖をイチゴの果汁の中に入れ、溶けるまで混ぜる。

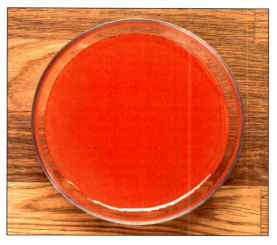

9 甘みをつけたイチゴの果汁を適量のライム果汁で味つけしてスープをつくり、冷蔵庫で冷やす。イチゴの甘さによって、砂糖とライム果汁の量は加減する。

10 ルバーブの皮をむき、皮は取っておく。ルバーブが緑色やにごった色の場合、皮は捨てるが、そうでなければ赤い皮は手順13で使うので取っておく。一緒にシロップに漬けるスライスに皮がさらに濃い色をつけてくれる。

次ページに続く

SALADS AND COLD SOUPS

11 皮をむいたルバーブを厚さ6mmにスライスする。

12 砂糖、水、リンゴ酸を小さめの鍋に入れ、溶けるまで混ぜてから、中強火で沸騰させ、シロップをつくる。

13 ルバーブのスライスと取っておいた皮をしっかり密閉できる容器に一緒に入れ、温かいシロップをかけ、真空密閉する。

14 冷蔵庫でルバーブが冷たくなるまで少なくとも1時間は冷やす。濾して皮を取り除く。シロップは別の用途のために取っておく。

15 スライサーをいちばん薄くセットし、キュウリを縦にスライスして、8〜12枚の長方形のシートをつくる。スライスは均等なサイズにし、種の部分は避ける。

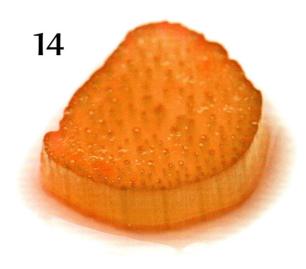

16 スライスしたキュウリの幅の狭い方の端から持ち上げて緑の部分が見えるように丸める。キュウリに覆いをして冷蔵庫で冷やす。

17 ミネストローネを出す用意ができたら、4つの器を冷やし、それぞれの器にキューカンバーロールを2〜3個入れる。

18 器に豆、フルーツ、ルバーブ、ミントの葉を均等に、きれいに飾るように散らす。ピンセットを使ってもいい。

19 テーブルのそばでイチゴのスープを均等に器に注ぐ。わたしたちはスープを注ぐのにおしゃれなピッチャーを使っている。

バリエーション：
イチゴのパンナコッタ
「フランボワーズ風味のパンナコッタ」（366ページ参照）のレシピの手順3で、フランボワーズ・ピュレの代わりにイチゴの果汁を使う。真空圧縮したイチゴ（59ページ参照）、黒粒コショウ、タイムを添えて出す。

フルーツ・サラダ
キンカン、ブルーベリー、フランボワーズのスライスを、真空圧縮したイチゴ（59ページ参照）、手順10～14の真空漬けのルバーブ、手順15～16のキューカンバーロールとミントの葉に合わせる。

チーズ・コース
スティルトンまたはシェーヴルチーズを真空圧縮したイチゴ（59ページ参照）とミントの葉とともに供する。好みで白インゲン豆のシロップ煮（手順2～5でつくったもの）を添える。

青リンゴの泡をのせたイチゴのジュース
さっぱりする夏の飲みものをつくるには、新鮮なイチゴのジュース（手順6～9）に新鮮な青リンゴの果汁でつくった泡をのせる。リンゴの果汁をホイップ用サイフォンに入れ、亜酸化窒素のカートリッジを2本チャージし、5～10秒勢いよく振ってから、ジュースのグラスに泡を出す（19ページ参照）。

モダニストのヴィシソワーズ

できあがりの分量：	4人分（950g／4カップ）
調理時間：	6時間（冷蔵等の放置5時間を含む）
保存：	冷蔵庫で3日間保存可能
難易度：	高（材料が特殊）
必要な器具、材料：	真空調理専用の器具一式、真空パック器、モルトパウダー

ジャガイモをベルベットのようになめらかにする秘訣は、製菓専門店か醸造用品店で手に入るモルトパウダーだ。これによってジャガイモのでんぷんが糖に変わり、べとついたりざらざらしたりする食感が消える。過剰な生クリームや牛乳はもう必要ない。それどころか、このレシピなら生クリームを一切入れずにつくることもできる。主な液体はピュアなポロネギのジュで、これは加熱したポロネギから絞ったものだ。ゆでたポロネギとジャガイモを繊細な細切りにして下ゆでしたものが、上品で風味豊かなつけ合わせになる。

酵素たっぷりのモルトパウダーが手に入らなければ、手順4のあとでジャガイモをきめ細かく裏漉しし、手順10から続ける。

材料	重量	分量	比率	手順
水	1kg	1L	200%	① ウォーター・バスを52℃に予熱する。
ユーコン・ゴールド・ポテト（皮をむいて2.5cm角に切る）	500g		100%	② 大きめの鍋に入れ、沸騰させる。
				③ 火を弱め、ジャガイモがとてもやわらかくなるまで、30〜40分煮込む。
塩	15g	小さじ5	3%	④ 水を切る。
砂糖	10g	小さじ2	2%	
モルトパウダー	5g		1%	⑤ 加熱したジャガイモに混ぜ込む。
				⑥ ミキサーに温かいジャガイモを入れ、なめらかになり、粘りが出るまで混ぜる。
				⑦ ジッパーつき袋に入れる。水圧を利用して、袋からできるだけ空気を抜き、密封する（58ページ参照）。
				⑧ 30分真空調理する。
				⑨ ジャガイモのピュレを鍋に移し、最低でも75℃まで加熱する。
				⑩ ピュレを冷まし、氷水か冷蔵庫で冷やす。
ポロネギ（白い部分のみ、水洗いして縦半分に切る）	1kg	4〜5本	200%	⑪ ウォーター・バスの温度を90℃にあげる。
				⑫ ポロネギを真空パックする。
				⑬ 2時間真空調理する。
				⑭ シノワで押さえながら漉して、できるだけジュを集め、しぼりかすを取り除く。
ジャガイモのピュレ（上でつくったもの）	400g		80%	⑮ 混ぜ合わせて冷まし、スープが完全に冷えるまで冷蔵庫で冷やす。
ポロネギのジュ（上でつくったもの）	400g	400ml	80%	
高脂肪生クリーム（乳脂肪分36%以上）	100g	110ml	20%	
塩	12g	大さじ1	2.4%	
ポロネギ（白い部分のみ、細いせん切り）	25g	½本	5%	⑯ 鍋に入れた水を沸騰させ、隣に氷水を用意する。
				⑰ 沸騰した湯にポロネギを入れて、5秒間ゆで、氷水に入れてから、水を切る。
ユーコン・ゴールド・ポテト（皮をむいて細いせん切り）	25g	1個	5%	⑱ 沸騰した湯にジャガイモを入れて、1分間ゆで、氷水に入れてから、水を切る。
シブレット（薄切り）	7g	大さじ3	1.4%	⑲ 水を切ったポロネギとジャガイモのせん切りを混ぜて浮き実をつくる。4つの冷やした器に浮き実を少しずつ入れる。
オリーブオイル	5g	6ml／小さじ1¼	1%	⑳ テーブルのそばで冷やしたスープを注ぐ。
塩	適量			
白ワインビネガー	適量			

1 ウォーター・バスを52℃に予熱する。

2 大きめの鍋に水、ジャガイモ、塩、砂糖を入れ、沸騰させる。水100gにつき1〜2gの砂糖を加えると、ジャガイモに備わった甘みが保たれる。

3 火を弱め、ジャガイモがとてもやわらかくなるまで、30〜40分ことこと煮る。水道水のミネラル分が多いともう少し長くかかる。

4 ジャガイモの水を切る。

5 加熱したジャガイモにモルトパウダーを混ぜ込む。

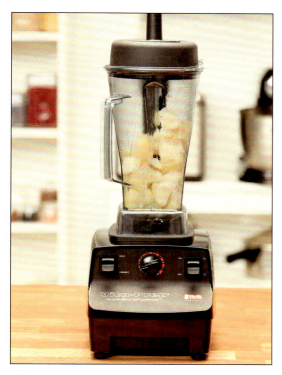

6 できるだけパワーのあるミキサーに温かいジャガイモを入れ、なめらかになって、粘りが出るまで混ぜる。必要ならば、数回止めて、ミキサーの側面についたジャガイモをこそげ落とす。

7 ジャガイモのピュレをジッパーつき袋に入れる。水圧を利用して、できるだけ袋から空気を抜き、密封する（58ページ参照）。あるいは、ピュレを真空パックする。

8 ピュレを30分真空調理する。

9 ピュレを鍋に移し、最低でも75℃まで加熱する。これにより酵素反応がとまる。温度計を使うこと。また、ピュレはこの温度以下で沸騰するかもしれないので注意。

10 ピュレを冷まし、冷たく冷やす。

11 ウォーター・バスの温度を90℃にあげる。

12 半分に切ったポロネギを真空パックする。

13 ポロネギを2時間真空調理する。ポロネギが浮く場合は、裏返した皿を使って沈ませる。

バリエーション
ジャガイモの皮のレデュクションを加えたヴィシソワーズ
ジャガイモの風味をもっと強くするには、ユーコン・ゴールド・ポテトの皮を圧力鍋に入れて、皮が完全にひたるまで水を入れ、ゲージ圧1バールで30分加熱調理する。液体を漉し、皮を取り除く。液体が半量になるまで中火で煮る。手順15で、ジャガイモの皮のレデュクションを半量の生クリーム、ポロネギのジュ、塩とともにピュレに加える。

ローストしたジャガイモのヴィシソワーズ
ローストしたジャガイモの風味をスープに加えるには、左のバリエーションのジャガイモの皮のレデュクションを加えたヴィシソワーズをつくるが、ジャガイモの皮を圧力鍋で調理する前に25g／大さじ2½のバターと1g／小さじ¼の重曹を加える。

若くて新鮮なポロネギからは絞り汁がたっぷりとれる。

次ページに続く

SALADS AND COLD SOUPS

14 袋から出した液体を漉す。ポロネギをスプーンで押して、できるだけジュを集める。しぼりかすを取り除く。手袋をつけると熱いポロネギが扱いやすくなる。

15 400g／400mlのポロネギのジュと400gのジャガイモのピュレを量る。ジュと生クリームと塩をジャガイモのピュレに混ぜ合わせる。それからスープを氷水で冷まし、スープが完全に冷えるまで冷蔵庫で少なくとも2時間は冷やす。

16 鍋に入れて沸騰させ、隣に氷水を用意する。

17 沸騰した湯にせん切りのポロネギを入れて、5秒間ゆで、穴杓子ですくい、氷水に入れてから、水を切る。

18 沸騰した湯にせん切りのジャガイモを入れて、1分間ゆで、氷水に入れてから、水を切る。

19 水を切ったポロネギとジャガイモを小さめのボウルに入れ、シブレット、オリーブオイル、塩、ビネガーを混ぜる。この浮き実を4つの冷やした器に分ける。

20 テーブルのそばで冷やしたスープを器に注ぐ。

新タマネギのコールスロー

できあがりの分量：	4人分（440g／4カップ）
調理時間：	15分
保存：	できたてを出す
難易度：	低
必要な器具、材料：	「真空調理でつくる野菜のピクルス」（130ページ参照）、「モダニストのマヨネーズ」（108ページ参照）

どうしてキャベツだけがいい思いをしなければならないのだろう？ ここで紹介する伝統的なコールスローの変化球では、いつもの赤や緑のキャベツの代わりにタマネギを使う。新タマネギなら、ヴィダリアでも、マウイでも、ワラワラでも、どんな種類でもよく合う。

あぶって焦がしたトウモロコシの粒、「鶏肉の真空調理」（244ページ参照）を刻んだもの、皮をむいたキュウリのスライスを混ぜれば、コールスローが立派なサラダになる。「モダニストのミートローフ・サンドイッチ」（214ページ参照）のようなサンドイッチに使ってもいい。

材料	重量	分量	比率	手順
新タマネギ（せん切り）	280g		100%	① よく混ぜ合わせる。
サワークリーム	100g		36%	② できたてを供する。
ネギ（スライス）	56g		20%	
赤タマネギのピクルス（130ページ参照）	40g		14%	
モダニストのマヨネーズ（108ページ参照）	20g	小さじ4	7%	
ディジョン・マスタード	12g	大さじ1	4%	
塩	4g	小さじ1	1.4%	
カイエンヌペッパー	0.4g	ひとつまみ	0.14%	

1 新タマネギ、サワークリーム、ネギ、赤タマネギのピクルス、マヨネーズ、マスタード、塩、カイエンヌペッパーをよく混ぜ合わせる。

2 できたてを供する。

すばらしいサラダを組み立てる

　サラダは野菜を盛りつけただけにとどまらない奥深さがある。すばらしいサラダの組み立ては、クラシックの交響曲でメロディーと対位旋律とハーモニーが最初から最後までバランスが取れるように組み立てられるのと同じだ。うまく組み立てられたサラダも、さまざまな食感、風味、色のバランスが取れている。作曲と同じように、サラダもさまざまなスタイル、かたち、サイズになる。サラダをつくるときにはいつも、下に挙げた主要な要素のいくつかを考えてほしい。

季節

数世代前までは、サラダの材料に何を使うかを決める最大の要因が季節だった。グローバル貿易によって世界じゅうの生産物が手に入るようになった現代ではあまり気にしなくなったが、どんなサラダでも、新鮮な野菜を使うことにその成功がかかっているのはいまも変わらない。いま何が旬なのかをつねに知っておくことが大切だ。

- 春：アスパラガス、空豆、ピーヴァイン、新ジャガイモ、ルバーブ、ラディッシュ、ベビーキャロット、エストラゴン、ボリッジ（ルリジサ）、新タマネギ
- 夏：トマト、キュウリ、サヤインゲン、ピーマン、アボカド、ズッキーニ、核果類、メロン、セルフィーユ、レモンバーベナ、バジル、シェーヴルチーズ
- 秋：ルッコラ、根セロリ（セロリアック）、サラダ菜、リンゴ、ナシ、イチジク、タイム、パセリ、チェダーチーズ
- 冬：ホウレンソウ、若採りチャード（フダンソウ）、ビーツ、根セロリ、ドライフルーツ、柑橘類、クレソン、ウィンター・セイボリー、シブレット、マメ科の野菜、穀類、熟成パルメザンチーズ

食感

食事の組み立てで大きな満足が得られる要素に食感のコントラストがある。パリパリ、カリカリ、クリーミー、やわらかい、噛みごたえがあるなど、一皿のサラダに幅広い食感を入れられる。さまざまな組み合わせで、このような食感を混ぜてほしい。

- パリパリ：レタス、キュウリ、ピーマン、リンゴのスライス、メロン
- カリカリ：スライスした生の野菜、新鮮なピクルス、ヒマワリの種、ヘーゼルナッツ、クルトン
- クリーミー：薄い野菜のピュレ、卵ベースのドレッシング、クリーミーなチーズ
- やわらかい：ベビーレタス、アボカド、ゆでたビーツ、加熱したジャガイモ、加熱したやわらかい穀類
- 噛みごたえがある：ドライフルーツ、加熱した穀類、熟成チーズ

温度

サラダは冷たいものだと思われがちだが、室温と同じものや、温かいものや、熱いものまで、おいしいサラダはたくさんある。葉野菜は温めるとしんなりするが、すばやく蒸し煮すると温度の違いを楽しませてくれる。昔からあるホウレンソウのグリーン・サラダがベーコンの脂でしんなりするのを思い出してほしい。さらに言えば、サラダに緑色の野菜が入っていなければならないという決まりもない。マスタードのヴィネグレットをかけた温かいレンズ豆のサラダは冬の心温まる一品だ。

新鮮なハーブをハサミで切って、最後にサラダに加えると、最高に香りが立つ。あらかじめハーブを刻んでしまうと、風味が失われ、色が変わってしまう。

カリカリの野菜を削って、サラダのかたちや食感にコントラストをつける。ニンジンやキクイモやアスパラガスなどをピーラーか回転スライサーを使って、細いリボンやヌードル状に削る。

HOW TO サラダドレッシングのかけ方

ドレッシングは組み合わせた材料すべてを結びつける。オリーブオイルとレモン汁（伝統的なヴィネグレットのバリエーションは117ページを参照）のようにシンプルに薄くコーティングするだけのものもあれば、さらに複雑なものもある。どんなドレッシングでも、目標はサラダの材料を水浸しにすることなく、均等にコーティングすることだ。

1 サラダボウルの底に、使うドレッシングの大半を入れる。

2 サラダの材料を加える。

3 大きめのスプーンでサラダをあえる。

4 必要であれば、さらにドレッシングをスプーンかソースボトルでふりかけ、均等にかかっているが浸ってしまわないようにする。

5 出す直前に追加の塩で味つけする。直前にしないとレタスがしんなりしてしまう。

6 はさみで切った新鮮なハーブか色あざやかな材料を飾り、供する。

ロメインレタス・ドレッシングをかけたグリーン・サラダ

できあがりの分量：	4〜6人分（436g／6カップ）
調理時間：	1時間（準備：20分　真空調理：40分）
保存：	ドレッシングは冷蔵庫で2日間保存可能
難易度：	ふつう
必要な器具、材料：	真空調理専用の器具一式

　このさっぱりしたサラダは、ベースの食材だけでなくドレッシングにも葉ものを使っている。焼いたステーキに添えるか、薄切りにした季節の野菜をあえてメインディッシュにしてもいい。ドレッシング（手順1〜9）は1〜2日前に準備できる。

材料	重量	分量	比率	手順
卵		大2個	100%	① ウォーター・バスを68℃に予熱する。 ② 40分加熱調理する。 ③ 冷まし、殻をむいてから冷蔵庫に入れる。
ロメイン・レタスの葉（緑の部分のみ）	40g		40%	④ 鍋に水を入れて沸騰させ、横に氷水を用意する。 ⑤ 野菜を1分間ゆで、すぐに氷水に入れる。 ⑥ ゆでた野菜とハーブの水気を切り、余分な水分をしぼる。
シブレット（5cmに切る）	15g		15%	
ミントの葉	15g		15%	
エストラゴンの葉	5g		5%	
バジルの葉	5g		5%	
半熟卵（上でつくったもの）	50g		50%	⑦ ゆでた野菜とともにミキサーに入れ、なめらかなピュレ状にする。
バターミルク	50g	50ml	50%	
パルミジャーノ・レッジャーノ（細かくおろす）	28g		28%	
アンチョビのフィレ（オイル漬けのオイルを切る）	10g	3尾	10%	
精製油	40g	45ml／大さじ3	40%	⑧ ピュレ状にした野菜に少しずつ加え、完全に乳化するまで混ぜる。
レモン汁	適量			⑨ ドレッシングに味つけし、冷蔵庫で保存する。
塩	適量			
サラダ菜（カットし、水洗いしてから、水気を取る）	250g	2個	250%	⑩ サラダボウルにドレッシングの半量を注ぎ、サラダ菜を入れてあえる。残りのドレッシングをふりかける。
ドレッシング（上でつくったもの）	106g		106%	
赤ラディッシュ（ごく薄切り）	80g	6個	80%	⑪ サラダの上に散らし、できたてを供する。

バリエーション：

ハーブとロメインレタスのスープ
ゆでた野菜から美しい緑色のスープをつくれば、魚や鶏肉のポシェに添えることができる。手順1〜3をとばし、手順6のあとにゆでたレタスとハーブに300g／300mlの水か野菜のストックを加えてミキサーにかける。あるいは、25g／25ml／小さじ5といった少量の液体を混ぜてピュレ状にしてもよい。

ビーツ・サラダ
ビーツなどの根菜はグリーン・サラダをもう少しボリュームのあるものにしてくれる。黄色か赤のベビービーツを切らずにジッパーつき袋に入れ、85℃のウォーター・バスでやわらかくなるまで約1時間真空調理し、冷ます。加熱したビーツを4等分するか削り、オリーブオイル、塩、コショウで味つけして、サラダとあえる。

野菜を1分だけゆでることで、ピュレにできるくらいのやわらかさになるが、明るい緑色はそのまま残る。

野菜をすべてゆでて冷ましたあとで、漉し布に一緒に包み、余分な水分をしぼり出してから、卵、バターミルク、チーズ、アンチョビを混ぜ、なめらかなピュレ状にする。

このドレッシングには新鮮なサラダ野菜ならどんなものでも使える。わたしたちはロメインレタスの代わりにルッコラを使うのが好きだ。ルッコラだともっと自己主張するドレッシングになり、根菜とよく合う。

同時につくれるもの：パルメザン・クリスプ

パルメザン・クリスプと組み合わせると、サラダにもっとパリパリした食感が出る。マイクロプレインを使って、オーブンプレートの上に3mmの厚さにパルメザンチーズを細かくおろしていく。175℃のオーブンで、チーズがきつね色になるまで10〜15分焼く。シートを冷ましてから、好きな形にカットする。

圧力鍋でつくるキヌアとカリフラワーのサラダ

できあがりの分量：	6人分（955g／6カップ）
調理時間：	45分
保存：	冷蔵庫で3日間
難易度：	低
必要な器具、材料：	圧力鍋、マカデミアナッツオイル、蜂蜜酢（なくても可）

　圧力鍋を使うと、キヌアは、食卓に出すまでに数分しかかからない。カリフラワーの房の先端のやわらかい部分だけスライスして切りとると、小さな穀物粒のようになる。わたしたちは蜂蜜酢とマカデミアナッツオイルを加えるが、好みの風味豊かな甘い酢やコクのあるナッツのオイルに代えてもいい。残ったカリフラワーの房と茎はスープやピュレ（180ページ参照）に使える。

材料	重量	分量	比率	手順
水	690g	690ml	345%	① 冷凍庫にオーブンプレートを入れて少なくとも15分間冷やす。
ホワイトキヌア	200g		100%	② 材料を圧力鍋に入れ、ゲージ圧1バールで4分加熱調理する。圧力が最大になったら、時間を計りはじめる。
				③ ぬるま湯をふたの縁にかけて、すばやく減圧する。
				④ キヌアの水気を切り、冷やしたオーブンプレートの上に均等に広げてすぐに冷ます。
カリフラワーの房	500g	中1個分	250%	⑤ カリフラワーの房の先端をマンドリーヌでスライスする。
				⑥ 次の手順で使うために、160gの削ったカリフラワーを量る。
青リンゴ（皮をむき、小さなさいの目切り）	72g		36%	⑦ 加熱したキヌアと量ったカリフラワーを他の材料と混ぜ合わせ、すべての材料が均等に行きわたるようにする。
松の実（焼く）	40g		20%	⑧ 冷やして供する。
イタリアンパセリ（みじん切り）	40g		20%	
セロリ（皮をむき、さいの目切り）	35g		17.5%	
蜂蜜酢か白バルサミコ酢	35g	40ml／大さじ2½	17.5%	
エクストラバージン・オリーブオイル	35g	40ml／大さじ2½	17.5%	
干しブドウ	34g		17%	
マカデミアナッツオイル	16g	20ml／小さじ3½	8%	
塩	適量			
レモン汁	適量			

圧力鍋調理の注意点については33ページを参照。

キヌアのゆですぎを避けるため、4分間の加熱調理のあと、ぬるま湯をふたの縁にかけてすばやく減圧し、すぐにキヌアの水気を切って、あらかじめ冷やしておいたオーブンプレートに広げる。

カリフラワーの房の先端を削るには、マイクロプレインなどのおろし器を使うこともできるが、マンドリーヌのほうが速い。もっとも細かくなるように刃をセットする。削った先端はクスクスのようになる。

残った茎はスープやピュレ（180ページ参照）か、「『ファット・フリー』のマカロニ・アンド・チーズ」（314ページ参照）に使える。

有名なモダニストのシェフ、フェラン・アドリアが、カリフラワーの表面だけを非常に鋭利なナイフで削って偽のクスクスをつくるというアイデアを思いついた。ここでは、削ったカリフラワーの先端がキヌアサラダに意外な食感を加えている。

圧力鍋でつくるヒヨコ豆のサラダ

できあがりの分量：	6人分（575g／2½カップ）
調理時間：	13時間（準備：30分　浸水と圧力鍋調理：12時間30分）
保存：	冷蔵庫で3日間保存可能
難易度：	低
必要な器具、材料：	圧力鍋

　このレシピは「真空調理でつくるマグロのコンフィ」（174ページ参照）に合うようにつくった。マグロのコンフィで風味豊かなオイルができるので、それをこのサラダのドレッシングに使うことができる。このサラダは冷蔵庫で一晩寝かすと、風味が混じりあい、味がよくなる。ヒヨコ豆をミネラルウォーターでゆでるのは、カルシウム量が多いとヒヨコ豆が割れるのを防ぎ、完全な状態を保てるからだ。もっと洗練された仕上がりにするには、手順6でゆでたヒヨコ豆の皮をむいてからサラダにするといい。

材料	重量	分量	比率	手順
水	500g	500ml	333%	① ヒヨコ豆を水に浸し、少なくとも12時間冷蔵庫に入れておく。
乾燥ヒヨコ豆	150g		100%	② 水を切る。
ミネラルウォーター	350g	350ml	233%	③ 水を切ったヒヨコ豆と一緒に圧力鍋に入れ、ゲージ圧1バールで20分加熱調理する。圧力が最大になったら、時間を計りはじめる。
塩	5g	小さじ1¼	3%	
ニンニク	3g	1片	2%	④ 鍋を減圧する。
タイム	1g	1枝	0.7%	⑤ 水を切り、ニンニクとハーブを取り除く。
生のローリエ	0.2g	中1枚	0.1%	⑥ ヒヨコ豆を完全に冷ます。
シェリービネガー	45g	50ml	30%	⑦ ミキサーに入れ、なめらかになるまで混ぜる。
アンチョビのフィレ（オイル漬けのオイルを切る）	25g	6〜8尾	17%	
レモン汁	10g	10ml／小さじ2	7%	
レモンの皮（おろす）	5g	大さじ2	4%	
エクストラバージン・オリーブオイルか真空調理でつくるマグロのコンフィのオイル（174ページ参照）	140g	160ml	93%	⑧ ビネガーとアンチョビを混ぜたものに少しずつ加え、完全に乳化するまで混ぜる。できたドレッシングは冷蔵庫に入れる。
カラマタ・オリーブ（種を抜いて刻む）	50g		33%	⑨ ヒヨコ豆とドレッシングが混ざるまでやさしくあえる。
ケーパー（刻む）	6g	小さじ2	4%	⑩ 冷たくして供する。
バジルの葉（ちぎる）	3g	5〜6枚	2%	
ミントの葉（ちぎる）	3g	5〜6枚	2%	

圧力鍋調理の注意点については33ページを参照。

1 ヒヨコ豆を水に浸し、少なくとも12時間冷蔵庫に入れておく。乾燥ヒヨコ豆は水分を吸収すると3倍の大きさになるので、たっぷりの水を使う。

2 ヒヨコ豆の水を切る。

3. ミネラルウォーター、塩、ニンニク、タイム、ローリエを、水を切ったヒヨコ豆と一緒に圧力鍋に入れ、ゲージ圧1バールで20分加熱調理する。圧力が最大になったら、時間を計りはじめる。

4. そのまま鍋を冷ますか、ぬるま湯をふたの縁にかけて、鍋を減圧する。

5. ヒヨコ豆の水を切り、ニンニクとハーブを取り除く。

6. ヒヨコ豆を完全に冷ます。見た目をよくしたい場合は、この時点で豆の皮をむく。

7. ビネガー、オイルを切ったアンチョビのフィレ、レモン汁、レモンの皮をミキサーに入れ、なめらかになるまで混ぜる。スティックミキサーを使ってもいい。

8. ミキサーで混ぜながら、7にオイルを少しずつ加え、完全に乳化するまで混ぜ続ける。すぐに使わない場合は、できたドレッシングを冷蔵庫で保存する。

9. 刻んだオリーブとケーパーとハーブ、ヒヨコ豆をドレッシングであえ、全体が混ざるまでやさしく混ぜる。

10. 冷たくして供する。「真空調理でつくるマグロのコンフィ」（次ページ参照）のスライスをサラダの上にのせるとおいしい。

真空調理でつくるマグロのコンフィ

できあがりの分量：	6人分（500g）
調理時間：	25時間30分（準備：30分　塩漬けと真空調理：25時間）
保存：	冷蔵庫で3日間保存可能
難易度：	ふつう
必要な器具、材料：	真空調理専用の器具一式、500mlの密閉ビン3本

　このレシピのマグロは、袋ではなく密閉ビンに入れて真空調理する。プラスチック袋を使わずに低温のウォーター・バスで調理する方法の見本だ。マグロが新鮮で軽く火が通っているだけなので、缶詰にして保存されているものよりも崩れやすく、傷みやすい。取扱いに注意して、冷蔵庫で保存し、3日以内に食べる。

材料	重量	分量	比率	手順
水	600g	600ml	120%	① 溶けるまで混ぜて塩漬け液をつくる。
塩	24g	大さじ2	4.8%	
砂糖	12g	小さじ2	2.4%	
キハダマグロ（2.5cm角に切る）	500g		100%	② 塩漬け液の中に入れて、24時間冷蔵庫で冷やす。
オリーブオイル	500g	560ml	100%	③ ウォーター・バスを51℃に予熱する。
				④ マグロの水を切り、冷水で洗って、水気を拭く。
				⑤ マグロを500mlの密閉ビン3本に均等に分け、マグロの上にオイルが1cmかぶるように注ぐ。ビンをしっかり密封する。
				⑥ 密封したビンをウォーター・バスに入れ、芯温が50℃になるまで1時間ほど真空調理する。
				⑦ マグロを温かいうちに出すか、密閉ビンに入れたまま冷蔵庫で保存する。

軽く火を通した食品の安全性についてはxxvページ参照

1 水に塩と砂糖を入れ、溶けるまで混ぜる。これが塩漬け液になる。

2 マグロを塩漬け液の中に入れて、24時間冷蔵庫で冷やしてマリネする。

3 ウォーター・バスを51℃に予熱する。

4 マグロを塩漬け液から出し、冷水で洗ってから、ペーパータオルで水気を拭く。

5 マグロを500mlの密閉ビン3本に均等に分け、マグロの上にオイルが1cmかぶるように注ぐ。上部に空間が多いとビンがウォーター・バスの中で浮いてしまう。ビンをしっかり密封する。

6 密封したビンをウォーター・バスに入れ、芯温が50℃になるまで1時間ほど真空調理する。

7 マグロを温かいうちに出すか、密閉ビンに入れたまま最長3日間冷蔵庫で保存する。

このレシピは、マグロの代わりにメカジキ、ギンダラ、オヒョウ、サケを使ってもおいしくできる。

通常の調理用オリーブオイルを使っているのは、エクストラバージン・オリーブオイルを使うとマグロの風味を殺してしまうからだ。だが、米油、アボカドオイル、マカデミアナッツオイルなどのマイルドなオイルならうまくいく。

同時につくれるもの：マグロのコンフィのサラダとツナ・メルト・サンドイッチ
150gのマグロのコンフィ（フレークあるいは刻んだもの）を、30g／大さじ2のマヨネーズかアイオリソース（108ページ参照）、15g／大さじ2の刻んだタマネギのピクルスと混ぜて、ツナ・サラダをつくる。ツナ・メルト・サンドイッチをつくるには、サワードウでつくったパンの上にツナ・サラダを広げ、「チーズクランブル」（316ページ参照）を上にのせる。仕上げは318ページの「グリルドチーズサンドイッチ」を参照。

圧力鍋でつくるレンズ豆のサラダ

できあがりの分量：	6〜8人分（750g／4カップ）			
調理時間：	3時間30分（準備：30分　浸水と圧力鍋調理：3時間）			
保存：	冷蔵庫で3日間保存可能			
難易度：	低			
必要な器具、材料：	圧力鍋、「モダニストのヴィネグレットソース」（117ページ参照）			

材料	重量	分量	比率	手順
乾燥グリーンレンズ豆（一般的なもの）	200g		100%	① たっぷりの冷水に浸し、室温で2時間おく。 ② 水を切る。
ニンジン（薄切り）	85g		43%	③ 漉し布で包み、口を閉じて袋をつくる。
ポロネギ（薄切り）	70g		35%	
新タマネギ（薄切り）	50g		25%	
エシャロット（薄切り）	50g		25%	
セロリ（薄切り）	50g		25%	
ニンニク（薄切り）	8g	2片	4%	
黒粒コショウ	2g	小さじ1	1%	
タイム	1g	1枝	0.5%	
生のローリエ	0.2g	1枚	0.1%	
ミネラルウォーター	750g	750ml	375%	④ レンズ豆を③の袋とともに圧力鍋に入れる。 ⑤ ゲージ圧1バールで7分加熱調理する。圧力が最大になったら、時間を計りはじめる。 ⑥ ふたの縁にぬるま湯をかけて鍋をすばやく減圧する。 ⑦ レンズ豆のやわらかさをチェックする。アルデンテになっていなければ、ふたをはずして、さらに1〜2分煮る。 ⑧ 袋を取り除き、加熱した液体の中でレンズ豆を室温で30分寝かせる。 ⑨ 水を切り、冷たくなるまで冷蔵庫で冷やす。
モダニストのヴィネグレットソース（117ページ参照）	85g	100ml	43%	⑩ 冷やしたレンズ豆をあえ、適量の塩で味つけする。
塩	適量			
クルミ（刻む）	95g		48%	⑪ レンズ豆の中に混ぜ入れる。できたてを供するか、1日冷蔵庫で保存し、風味のバランスをよくする。
ふじリンゴ（皮をむき、小さなさいの目切り）	80g		40%	
シブレット（細かく刻む）	5g	大さじ2	3%	

圧力鍋調理の注意点については33ページを参照

大きめのレンズ豆やフランス産のグリーンレンズ豆を使う場合、手順5の加熱時間は最長20分かかる。

SALADS AND COLD SOUPS

圧力鍋でつくる野菜スープ

ハイライト

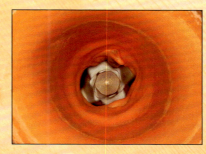

これまでの歴史では、お抱えシェフ、つまり、ゆでた野菜をすすんで裏漉ししてくれる料理人を雇う余裕のある裕福な人だけが、ベルベットのような野菜スープを日常的に味わうことができた。現在ではいいミキサーさえあれば、誰でもつくることができる。

178ページ参照

圧力鍋で加熱することによって、ネギ類のジュの風味が逃げない。ニンジン、カブ、パースニップなどの季節の根菜でもすばらしいバリエーションがつくれる。

182ページ参照

「キャラメリゼしたニンジンのスープ」のレシピのニンジンをほかの野菜に代えれば、クリエーティブな組み合わせのスープをいくつでもつくることができる。

180ページ参照

同時に、同じ方法で丸ごとの野菜を圧力鍋で加熱することで、繊細な野菜煮込みもつくれる。

185ページ参照

刻んだニンジン、バター、少量の水、重曹と塩をひとつまみずつ。これらを圧力鍋で20分加熱すれば、魔法のような結果が生まれる。わずかにアルカリ性の約7.5のpH（重曹を入れたため）と、最高で120℃の温度（圧力によるもの）によって、最高のキャラメリゼが実現するのだ。できるのは赤褐色の混合物で、これはキャラメリゼしたニンジンの濃縮したエッセンスだ。

圧力を加えると、多くの野菜や果物は劇的に新しいものに変身するが、それはわたしたちの慣れ親しんでいるものでもある。キャンベルのトマトスープのことを考えてほしい。あの独特の風味は缶詰のプロセスで高温になったトマトの反応から生まれたものだ。フレッシュなトマトスープで再現することはできない。

圧力鍋で調理すると、スイートコーンがポップコーン風味の生クリームに変身し、生のバナナが焼き立てバナナブレッドのような味になり、サツマイモの風味が10倍にも濃縮される。子どもたちに野菜を食べさせる方法があるなら、この方法かもしれない。わたしたちは昔ながらの野菜煮込みを再現するために同じテクニックを使う。圧力鍋で大麦を加熱すると、調理が速く、とてもおいしくなる。圧力によって、新タマネギ、ポロネギ、ニンニクのジュースを薄めることなく引き出し、濃厚なスープができる。そして季節の野菜はすべて、ほんの数分でソフトキャンディのような食感になる。旬の野菜なら何を使ってもいい。この章で紹介するテクニックは用途が広く、さまざまな風味に対応する。

野菜を圧力で調理する科学

野菜は強い膜のある細胞でできていて、その膜は肉の細胞膜よりも高い温度でやわらかくなる。しかし、野菜は大部分が水分でできているので、乾燥させないかぎり、野菜の温度が水の沸点である100℃を超えることはない。

圧力を高めて調理することで、このハードルを越えることができる。圧力を上げるほど沸点があがるからだ。120℃でも、完全に加圧された鍋の中の野菜は乾燥せず、すぐにやわらかくなる。そして密閉されているので、水を大量に加える必要がなく、ジュースを薄めることなく引き出せる。

キャラメリゼしたニンジンのスープ

できあがりの分量：	6人分（1.3kg／6カップ）
調理時間：	40分（準備：20分　圧力鍋調理：20分）
保存：	冷蔵庫で3日間、冷凍庫で最長2カ月間保存可能
難易度：	ふつう
必要な器具、材料：	圧力鍋、「コンロでつくるカロテン・バター」（121ページ参照）

　このスープの質は使用するニンジンの質によって決まるので、手に入る中で最高品質のニンジンを使ってほしい。ニンジンの芯にはカルシウムが豊富に含まれているが、苦みがあり食感が悪いので、わたしたちはいつも取り除いている。しかし、芯を使うかどうかはどちらでもいいので、両方の方法でつくって比べてみてほしい。

　少量のココナッツミルクと数枝のエストラゴンを最後の段階で加えると、ニンジン特有の甘みが強調される。細かく刻んだココナッツとアジョワンシードを加えるのもわたしたちは好きだ。

材料	重量	分量	比率	手順
ニンジン（皮をむく）	500g	中5本	100%	① ニンジンを縦に4等分して、固い繊維質の芯を切って取り除く。芯を取ったニンジンを5cmの長さに切る。
無塩バター	113g		22.6%	② 圧力鍋に入れ中火で溶かす。
水	30g	30ml	6%	③ 水、塩、重曹を混ぜ合わせ、ニンジンと一緒に溶けたバターに混ぜ入れる。
塩	5g	小さじ1¼	1%	④ ゲージ圧1バールで20分加熱調理する。圧力が最大になったら、時間を計りはじめる。
重曹	2.5g	小さじ⅜	0.5%	⑤ ふたの縁にぬるま湯をかけて鍋をすばやく減圧する。
				⑥ ミキサーでなめらかなピュレ状にする。
				⑦ ピュレをシノワで漉して鍋に入れる。
生のニンジンジュース	635g	690ml	127%	⑧ 別の鍋で沸騰させ、シノワで漉す。
				⑨ ニンジンのピュレに混ぜ入れる。必要なら水を加え、スープが好みの濃さになるまで薄める。
コンロでつくるカロテン・バター（無塩バターでも可）（121ページ参照）	40g	大さじ3½	8%	⑩ スープの中に入れ、スティックミキサーを使ってバターがちょうど溶けるまで混ぜる。
塩		適量		⑪ 味つけをして、温かいうちに供する。

圧力鍋調理の注意点については33ページを参照

このレシピは『モダニスト・キュイジーヌ』の中でもとくに人気が高い。このレシピでストックや生クリームを使っていないのは、ニンジンの風味が薄まるのを避けるためだ。しかし、ニンジンによってはジュースの風味がとても強いものがあるので、キャラメリゼしたニンジンの繊細な風味を消してしまう場合がある。その場合は、手順8でニンジンジュースの代わりに水かチキン・ストックか野菜のストックを使う。

1 ニンジンを縦に4等分して、かたい繊維質の芯を切って取り除く。芯を取ったニンジンを5cmの長さに切る。芯を取り除くことで、食感が良くなり、スープの甘みが増す。

2 バターを圧力鍋の中で溶かす。バターでコーティングすることで、ニンジンがくっつくのを防ぐ。

3 水、塩、重曹を混ぜ合わせる。それをニンジンと一緒に2のバターに加え、よく混ぜる。

4 ゲージ圧1バールで20分加熱調理する。圧力が最大になったら、時間を計りはじめる。ガスや電気の熱で圧力鍋の底に固形物がくっつきやすいので、底にくっつかないように、気をつけて鍋を数回振る。20分たつと、ニンジンは完全にキャラメリゼされている。

5 ふたの縁にぬるま湯をかけて鍋をすばやく減圧する。

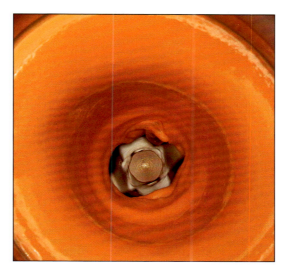

6 ミキサーでなめらかなピュレ状にする。

7 ピュレをシノワで漉して鍋に入れる。

8 ニンジンジュースを別の鍋で沸騰させる。シノワで漉して、固形物を取り除く。

9 濾したニンジンジュースをニンジンのピュレに混ぜ入れ、軽く煮立てる。必要なら水を加え、スープが好みの濃さになるまで薄める。

10 バターをスープの中に入れ、スティックミキサーを使ってバターが完全に溶けるまで混ぜる。ベルベットのような食感にするには混ぜることが重要だ。

11 適量の塩で味つけをして、温かいうちに供する。

バリエーション：
キャラメリゼしたニンジンのピュレ
「オマールの胴の身の真空調理」（288ページのバリエーション参照）とよく合うおいしいニンジンのピュレをつくるには、手順8～10をとばす。ほかのバリエーションは次ページを参照。

圧力鍋でつくるその他の野菜スープとピュレ

　圧力鍋はさまざまな野菜のスープやピュレをつくるのに適している。下のバリエーションではどれも、178ページの「キャラメリゼしたニンジンのスープ」のレシピのニンジンを他の野菜に代え、手順の1〜7に進めばいい。ニンジンジュースの代わりに指示されている風味豊かな液体を使い、手順9で好みの濃さになるように薄める。最後に添え物を加え、スープが熱いうちに供する。下のバリエーションから濃厚なピュレをつくるときは、手順8〜9をとばす。ここにあげたレシピの比率はよく計算されているが、蒸気を生み出すのは野菜の中にある水分に頼っているので、量は減らすべきではない。

カボチャのスープ

デリカタカボチャか バターナッツカボチャ （皮をむき、さいの目切り）	500g	中1〜2個
レモングラス （掃除して薄切り）	18g	茎1本
ココナッツミルク	必要量	

添え物：表面をさっと焼いたホタテ、細かく削った若いココナッツ、ライムの皮

アーティチョークのスープ

アーティチョークの芯か 皮をむいてさいの目切りにした キクイモ	500g	中10〜11個
チキン・ストック （84ページ参照）	必要量	

添え物：「ムール貝のマリニエール」（290ページ参照）、サフラン、オリーブオイル

キノコのスープ

シイタケの笠（スライス）	500g
マッシュルームのジュ （91ページ参照）	必要量

添え物：シブレット、コニャック、「圧力鍋でキャラメリゼしたタマネギ」（127ページ参照）

カリフラワーのスープ

カリフラワーの房（スライス）	500g	大1個
野菜のストック （89ページ参照）	必要量	

添え物：刻んだマルコナ・アーモンド、皮をむいたブドウ、「チャート・マサラ」（136ページ参照）

ポロネギとタマネギのスープ（写真なし）

ポロネギ（薄切り、白い部分のみ）	500g	中2〜3本
タマネギ（薄切り）	500g	大3個
チーズ・ウォーター （314ページ参照）	必要量	

浮き実：溶かしたベーコンの脂（123ページ参照）、圧力鍋でつくる蒸し野菜 ニンジンとポロネギ（272ページ参照）、低温でつくるポーチドエッグ（142ページ参照）

圧力鍋でキャラメリゼしたバナナ・ピュレ（写真なし）

無塩バター	80g	大さじ5½
砂糖	10g	大さじ1
重曹	2.5g	小さじ½
バナナ（皮をむき、スライス）	500g	バナナ4本
塩	適量	

圧力鍋でバターを溶かす。砂糖と重曹を加え、混ぜる。バナナを加え、均等にバターでコーティングされるまで混ぜる。ゲージ圧1バールで28分加熱調理する。圧力が最大になったら、時間を計りはじめる。ふたの縁にぬるま湯をかけて鍋を減圧する。バナナをミキサーに入れて、なめらかなピュレ状にする。適量の塩でピュレを調味し、温めてあるいは冷やして出す。

リンゴとパースニップのスープ

パースニップ （皮をむいてさいの目切り）	400g	中6個
リンゴ（ハニー・クリスプ種） （皮をむいてさいの目切り）	200g	中2〜3個
チキン・ストック （84ページ参照）	必要量	

浮き実：リンゴのピクルス（130ページ参照）、スペック（イタリアの生ハム）、ブール・ノワゼット（119ページ参照）

ピーマンのスープ

赤ピーマン（種を取ってスライス）	500g	中8個
真空調理でつくる魚のストック （87ページ参照）	必要量	

浮き実：ブルーチーズ、生のミント、スライスしたブラックオリーブ、カタクチイワシの酢漬け

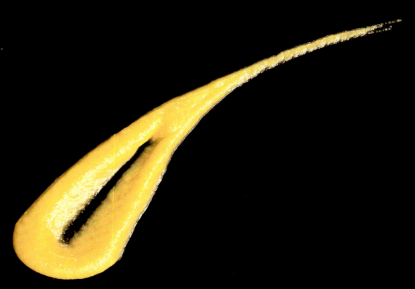

ブロッコリーとグリュイエールのスープ

ブロッコリーの房（スライス）	500g	2個
グリュイエールチーズ（おろす）	40g	
チキン・ストック （84ページ参照）	必要量	

浮き実：揚げたブロッコリーの房、焼いたヘーゼルナッツ、タイムの葉

トウモロコシのスープ

生のトウモロコシ （軸から粒をカットしてはずす）	500g	4本
焼いたトウモロコシのストック （90ページ参照）	必要量	

浮き実：真空調理したエビ（286ページ参照）、バジル、チェリートマトのスライス

圧力鍋でつくる野菜のジュ

できあがりの分量：	420g／1⅞カップ
調理時間：	2時間（準備：30分　圧力鍋調理：1時間30分）
保存：	冷蔵庫で5日間、冷凍庫で最長6カ月間保存可能
難易度：	ふつう
必要な器具、材料：	圧力鍋、500mlの密封ビン3本

　このレシピは「モダニストの野菜煮込み」（185ページ参照）までの2つのレシピと組み合わせることができる。圧力鍋調理は、通常のストックのつくり方よりずっと少ない水でできるので、野菜のエッセンスを引き出すことができる。濃縮された風味豊かな本物のジュができるが、濃厚なストックとして使って、ソースやスープをつくることもできる。このレシピのテクニックを使えば、ニンジン、カブ、パースニップなどの季節の根菜のジュ、あるいはキャベツとリンゴ、ピーマンとトマトといった、野菜と果物の組み合わせのジュといったすばらしいバリエーションをつくることができる。

材料	重量	分量	比率	手順
新タマネギ（薄切り）	265g		100%	① 混ぜ合わせ、500mlの密封ビン3本に均等に分ける。
ニンニク（薄切り）	160g		60%	
エシャロット（薄切り）	135g		51%	
ポロネギ（白い部分のみ、薄切り）	135g		51%	
水	120g	120ml	45%	② 40g／40mlの水をそれぞれのビンに加える。ふたをしっかり閉めてから、4分の1周だけゆるめ、ビンが破裂しないようにする。
				③ 圧力鍋の底においた金属製ラックか五徳の上に材料を入れたビンをのせ、2.5cmの水を加える。
				④ ゲージ圧1バールで1時間30分加熱調理する。圧力が最大になったら、時間を計りはじめる。
				⑤ ふたの縁にぬるま湯をかけて鍋を減圧する。ビンを開ける前に少し冷まし、中身が飛び出さないようにする。
				⑥ シノワで漉し、ジュを取る。固形物を取り除くか、別の用途（下のキャプション参照）のために取っておく。
塩	適量			⑦ 塩で調味し、温かいうちに供する。

圧力鍋調理の注意点については33ページを参照

タマネギ、ポロネギ、エシャロット、ニンニクはすべてネギ属に属する近い仲間だ。これらのスライスと水を密封ビンに入れ、ふたをしっかり閉めてから、4分の1周だけゆるめて、ビンが破裂しないようにするのを忘れないように。

圧力鍋調理はネギ類の風味豊かなジュをたっぷり引き出す効率のいい方法だ。ジュはリゾットや他の穀物のスープなどに使う。

透き通ったジュをつくるには、シノワでジュースを漉す。固形物を押すことでジュの量は増えるが、そうするとジュが濁ってしまう場合がある。漉したあとの固形物に塩とバターかオリーブオイルを加えてピュレをつくることもできる。

圧力鍋で調理する野菜

できあがりの分量：	300〜400g／4〜6カップ
調理時間：	10分
保存：	冷蔵庫で1日保存可能
難易度：	低
必要な器具、材料：	圧力鍋

　圧力鍋調理は、根菜、タマネギ、エシャロット、ポロネギ、ニンニク、固いカボチャ、セロリ、ルバーブ、カルドンなどの、固い野菜ならどれにも適している。圧力鍋から出すと、野菜はとてもやわらかくなって、繊細なソフトキャンディのような食感になる。圧力鍋調理は、リンゴ、アジアの梨、マルメロのような固いフルーツにも適する。ミニ野菜が手に入らなければ、皮をむいて、大きいものは一口大にカットする。均一に火が入るようにすべての野菜を同じサイズにすること。

材料	重量	分量	比率	手順
ミニニンジン（形を整える）		24個		① 圧力鍋にすべて入れる。
パールオニオン（形を整える）		24個		② ゲージ圧1バールで3分加熱調理する。圧力が最大になったら、時間を計りはじめる。
ミニカブ（形を整える）		12個		③ ふたの縁にぬるま湯をかけて鍋を減圧する。
ミニラディッシュ（形を整える）		12個		④ 湯を切り、できたての野菜を供する。
水	120g	120ml	100%	
無塩バター（角切り）	14g	大さじ1	12%	
塩	2g	小さじ½	1.7%	

圧力鍋調理の注意点については33ページを参照

あらかじめ仕込む場合

手順4で湯を切ったあと、野菜を冷まし、ふたをした容器に入れて冷蔵庫で保存する。野菜を再加熱するときは、電子レンジで使える皿に入れてラップをして、550Wで30秒加熱する。

圧力鍋で調理する大麦

できあがりの分量：	480g／3カップ
調理時間：	30分（準備：10分、圧力鍋調理：20分）
保存：	冷蔵庫で3日間保存可能
難易度：	低
必要な器具、材料：	圧力鍋

　大麦、小麦、スペルト小麦、アマランサス、キヌア、雑穀など、あらゆる穀物は圧力鍋を使うとごく短時間で調理できる（調理時間については324ページの表を参照）。ここで使っている玄麦とはふすまがついたままの大麦だが、精白大麦でも代用でき、調理時間はさらに短くなる。

材料	重量	分量	比率	手順
玄麦（ふすまがついているもの、水洗いして水気を切る）	200g		100%	① 圧力鍋に入れ、沸騰させる。 ② ゲージ圧1バールで20分加熱調理する。圧力が最大になったら、時間を計りはじめる。
水	500g	500ml	250%	③ ふたの縁にぬるま湯をかけて鍋をすばやく減圧する。 ④ 湯を切り、できたての大麦を供する。

圧力鍋調理の注意点については33ページを参照

あらかじめ仕込む場合
手順4で大麦の湯を切ったあと、冷水で洗い、水気をよく切る。大麦をオーブンプレートに移し、完全に冷めるまで冷蔵庫で約1時間冷やす。それから大麦をたっぷりのオイルであえ、くっついてしまうのを避け、ふたをして冷蔵庫で保存する。大麦を再加熱するときには、少量の水かスープを入れた鍋で温める。

同時につくれるもの：大麦サラダ
480gのゆでて冷やした大麦を、175gのホウレンソウのペスト（103ページ参照）、72gの刻んだ青リンゴ、35gの皮をむいてさいの目切りにしたセロリと混ぜ合わせる。

野菜の煮込み

できあがりの分量：	4人分（435g／2カップ）
調理時間：	準備：20分
保存：	できたてを出す
難易度：	低
必要な器具、材料：	「圧力鍋で調理する大麦」（前ページ参照）、「圧力鍋で調理する野菜」（183ページ参照）、「圧力鍋でつくる野菜のジュ」（182ページ参照）、「圧力鍋でつくるガーリック・コンフィ」のオイル（126ページ参照）

圧力鍋で調理した大麦、野菜、野菜のジュというこの章ですでに紹介した3つを合わせて、驚くほど上品な野菜の煮込みをつくることができる。それぞれの手順と盛りつけは簡単なので、あまり苦労をせず、自信をもって家庭料理をレストラン並みの品質にできるという、いい見本になっている。

材料	重量	分量	比率	手順
圧力鍋で調理した大麦（温める） （前ページ参照）	100g			① 大麦、カブ、ニンジン、タマネギ、ラディッシュを4つの器に均等に分ける。この作業にはピンセットを使うと便利だ。
圧力鍋で調理した野菜（温める） （183ページ参照）	野菜すべて			
季節の野菜とハーブ	それぞれ小さめの葉を数枚ずつ			② 想像力を駆使して飾り、さまざまな色やアレンジで試みる（下のバリエーション参照）。
圧力鍋でつくった野菜のジュ（温める） （182ページ参照）	250g	250ml		③ 4つのボウルに均等に分ける。
圧力鍋でつくったガーリック・コンフィのオイル （126ページ参照）	40g	45ml／大さじ3		④ ③にふりかける。
塩		適量		⑤ ④にふりかけ、できた煮込みはすぐに供する。

バリエーション：季節のハーブの浮き実

新鮮なハーブはさまざまな組み合わせで浮き実として使える。季節に合った組み合わせの例をあげる。

冬：アマランサス、ベビービーツの葉、ローズマリー
春：ベビーチャード（フダンソウ）、セルフィーユ、バジル、シブレットの花
夏：スベリヒユ、ナスタチウム、エストラゴン
秋：ベビーマスタードの葉、クレソン、タイム

PRESSURE-COOKED VEGETABLE SOUPS

ステーキ

従来の方法でおいしいステーキをつくるには、経験が必要だ。週末になるとグリルやコンロの前で汗を流し、タイミングや焼き加減についての直感を研ぎすませていなければならない。グリルの達人でもときにはステーキに失敗してしまう。最高のできあがりのときでも、グリルで焼いたステーキの場合、中心部が完璧な温度に達するときには、外側はどうしても焼きすぎになる。高温での調理だとそうなってしまう。

現在では、真空調理のような低温で厳密な新しい調理法のおかげで、安定しておいしいステーキを用意することがずっと楽になっている。それでも完璧なものにするにはまだ多少の技術が必要だ。肉のそれぞれの部位、リブアイからフィレ、フラットアイアンからフランク（脇腹肉）まで、脂肪や筋肉繊維の分布は違い、そういう要素が肉のやわらかさ、ジューシーさ、理想的な調理温度に影響を与えている。しかし、真空調理したステーキは肉に含まれる水分をわずか3〜5%しか失わない。従来のグリルでの調理で失われる量の約10分の1だ。つまり、少し長い調理過程と引き換えに、ジューシーさと均一な火の通り加減という大きな利点を得ることができるのだ。

わたしたちは調理と仕上げの方法を幅広くテストし、その結果を次ページ以降に載せている。均等に火が通り、ジューシーで、焼き目がついたステーキの最高の調理法だ。

熟成肉の科学

乾燥熟成肉（ドライエージドビーフ）が高価なのには理由がある。木の実のような香ばしさとマイルドなチーズのような香りは、脂肪の酸化と糖質とうまみのあるたんぱく分子が濃縮された結果だ。酵素が筋肉繊維を構成するたんぱく質を分解すると、肉はさらにやわらかくなり、調理中に肉汁をより多く保持できる。

しかし乾燥熟成にはコストがかかる。時間もかかるし、温度と湿度を管理できる貯蔵施設も必要だ。水分が取り除かれるので、肉のかさは目に見えて縮む。外側の層もカットして取り除かなければならない。その部分は基本的に腐敗しているからだ。そうなると、おいしくても高価な肉になってしまうというわけだ。

熟成過程を簡単に別の方法に代えることはできないが、ある近道を見つけた。魚醤（ステーキ100gにつき3gの魚醤）を刷毛で塗ったステーキ肉を真空パックして、3日間冷蔵庫に保存する。これによって肉がやわらかくなると同時に熟成肉の特徴である深いうまみ成分が生まれるが、手間も無駄になる部分もずっと少ない。

ハイライト

圧力鍋で溶かした脂肪は炎などなしにグリルで焼いた風味をつけてくれる。この脂肪をビンに入れて手元に置いておき、フライパンにひいて牛肉を焼く。焼いたステーキが液体になったようなものだ。

196ページ参照

グリルで焼く前にステーキ肉を部分的にパーシャル冷凍するか、表面だけ短時間で焼き色をつけることによって、高温のグリルやグリドルにさらして熱が浸透し、中まで焼きすぎることのないようにする。

196ページ参照

次のテールゲート・パーティーやピクニックでびっくりするようなステーキを出そう。湯を入れたクーラーボックスの中でステーキを真空調理するだけでいい。食べる直前にガスバーナーで焼き色をつける。

198ページ参照

ホウレンソウのクリーム煮はステーキハウスの定番だ。わたしたちのレシピの成功の秘訣は水分を吸収する加工小麦粉のワンドラだ。これに加えて、最後にチーズを入れることで、脂肪分が多くてコクのあるホウレンソウのクリーム煮ができる。

199ページ参照

ステーキの部位

「解体する」という言葉には荒々しさが含まれていて、好き勝手に切り刻むようなイメージがある。しかし、実際の解体作業は外科手術のような正確さで行われていることが多い。しかも、外科医にひけを取らない解剖学の知識も備えて行われている。そうして解体された肉が調理や食事に適した大きさにカットされていく。肉の部位は大きく分けると、グリルや直火やフライパンやオーブンで手早く焼くのに適しているやわらかい部位と、長時間蒸し煮したり、煮込んだり、鍋で蒸し焼きにしなければならない固い部位のふたつに分けられる。もっともやわらかい部位は、もっとも高価な部位でもある。しかし、安価な固い部位には風味が豊富なことが多い。長時間かけてゆっくりと加熱するか、繊維に逆らって薄切りにすると、肉の固い部位をフィレのようにやわらかくすることもできる。

やわらかい部位

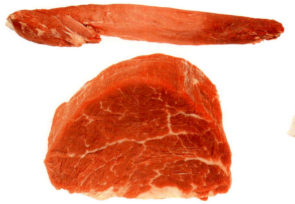

フィレまたはテンダーロイン

もっともやわらかく、キロあたりの値段がもっとも高いフィレは脂肪分の少ない部位である。食感が一定している赤身肉に若干の脂身のサシが入っている。レアかミディアムレアで焼くのが最適だ。牛肉好きの中には、この部位の風味はマイルドすぎるという人もいる。
別名：ホール・フィレ、フィレ・ミニョン・ロースト、テンダーロイン・チップ・ロースト、シャトーブリアン

ニューヨーク・ストリップ

この部位は、やわらかさと風味のバランスがいい。わたしたちは脂身の層と片側にある薄皮のついた腱の部分をカットして使うことが多い。
別名：ストリップ・ステーキ、トップ・ロイン、カンザスシティ・ステーキ、アンバサダー・ステーキ、ボンレス・クラブ・ステーキ、ホテルスタイル・ステーキ、ヴェイニー・ステーキ

リブアイ

塊リブロースト（プライムリブ）のステーキ版で、わたしたちはリブアイの味が最高だと思っている。しかし、骨の近くでは腱が軟骨状になっていて、肉の食感も固めになっている。その部分はボンレスやスペンサー・リブアイでは取り除かれている。
別名：デルモニコ・ステーキ、ビューティー・ステーキ、マーケット・ステーキ、スペンサー・ステーキ、アントルコート

Tボーン（ポーターハウス）

Tボーンはニューヨーク・ストリップとフィレを骨でつなげていて、両方の最高の部分が味わえる部位だ。大きなステーキなので、1人分には大きすぎることが多い。骨についた肉を加熱するとジューシーさが保たれ、風味が豊かになる。

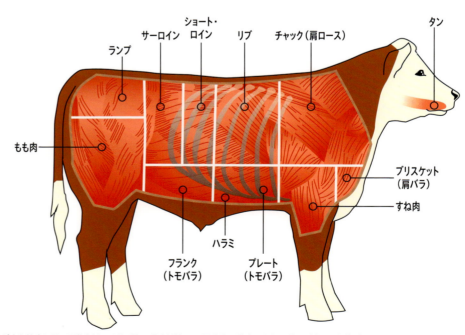

牛のさまざまな筋肉には、日常生活でそれぞれの役割がある。肩や脚の筋肉のように動きが激しく負荷がかかっている部分は固くなり、結合組織とコラーゲンが多くなる。こういう部位は挽き肉にしたり、蒸し煮にしたり、焼く前に低温調理をするのに適している。腰の部分のロインのように動きの少ない筋肉はずっとやわらかく、おいしいステーキになる。腹まわりの筋肉は繊維質で、内臓を支えて保護しているために脂肪分が多い。

固い部位

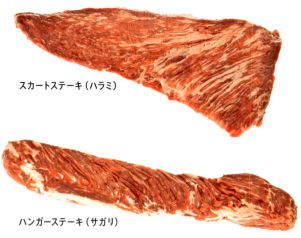
スカートステーキ（ハラミ）
ハンガーステーキ（サガリ）

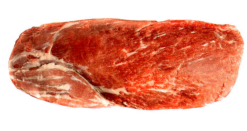

チャック・トップ・ブレード

チャック・ステーキは固くて安価な肉で、通常は蒸し煮や煮込み、ポットローストに使われるが、風味はとても豊かだ。豚の肩肉とよく似ていて、この部位にはさまざまな種類の筋肉、脂肪、腱、骨が含まれる。チャックは36〜48時間真空調理するのが最適だ。
別名：ボンレス・チャック・スライス、ボンレス・チャック・フィレ・ステーキ、チャック・アイ・ステーキ

ハンガーとスカートステーキ

スカートステーキとハンガーステーキにははっきりしたジビエのような風味があって、肉の繊維が長く噛みごたえがある。長時間の真空調理にも、また繊維に逆らって薄く切り、短時間でグリルしてレアで出すのにも適している。
別名：フィラデルフィア・ステーキ、ブッチャーズ・ステーキ、ハンギング・テンダーロイン、ハンギング・テンダー、バヴェット

フラットアイアン

肩の部分から切り出されたチャック・ステーキは薄く2枚に切られて腱の筋を取り除かれることが多い。このフラットアイアンにはすばらしい風味がある。真空調理するととてもやわらかくなる。
別名：トップ・ボンレス・チャック・ステーキ、ショルダー・チップ・ブレード・ステーキ、トップ・ブレード・ステーキ、ペティート・ステーキ、リフター・ステーキ、ブック・ステーキ、バトラー・ステーキ、パルロン

ステーキの名前

お店で肉の部位を見て、どれがどれなのかわからなくなってしまうかもしれない。肉の部位の名前は、前ページの図で示した主な部位さえ、国によって、あるいは国の中でもさまざまな呼び方が存在する。同じ部位を表すのによく使われる名前を付記してある。

フランク（トモバラ）

脂肪が少なく風味豊かなフランク・ステーキは、強い繊維質の肉であるためマリネに適している。この繊維のためにきめの粗い食感にもなる。薄切りにすると熱が通りすぎることが多い。従来の調理法では、レアかミディアムレアで、繊維に逆らって薄切りにし、レアかミディアムレアに火を通すのが最適。
別名：ロンドン・ブロイル、バヴェット・ド・フランシェ、ビフェ・デ・バシオ

タン

通常はステーキ肉というより内臓肉として分類されるが、牛のタンは実際は筋肉だ。62℃で48時間真空調理すると、固いコラーゲンがなめらかなゼラチンに変わるので、やわらかくおいしいステーキとして通用する。食感は加熱温度が高すぎたり時間が短すぎたりするとゴムのようになるが、わたしたちが「肉のバター」と呼ぶほどやわらかくもなる。

ショートリブ（トモバラ）

すべての中でわたしたちがいちばん好きな牛肉の部位がショートリブで、24〜72時間という非常に長い時間をかけてミディアムレアに調理する（229ページ参照）と、とりわけおいしくなる。ステーキのように分厚くカットすることもできるし、蒸し煮や煮込みに使うこともできる。
別名：オーブン・バスターズ、フランケン・リブズ

肉の等級

アメリカでは20世紀初頭から農務省が決めた肉の格づけシステムを使っている。これには、プライム、チョイス、セレクト、スタンダード、ユーティリティ、カッター、キャナーといった等級がある。これは食肉検査と格づけの世界初の公認システムだ。このシステムができる大きな要因になったのは、当時の食肉加工過程の嘆かわしくぞっとするような実態が詳細に描かれたアプトン・シンクレアの小説『ジャングル』が1906年に出版され、食肉業界に対して高まった国民の怒りだった。連邦議会は、政府が食肉処理と包装作業を監視する食肉検査法案を可決した。この法律によって必要とされた改革が加速した。しかし、農務省の格づけシステムは現在でもまだ、肉の質の判断においては不じゅうぶんな点が多い。アメリカのシステムを手本にしている国もあるが、日本やオーストラリアなどの国ではそれを上回るシステムをつくっている。

アメリカ

農務省は食肉の等級を成熟度や霜降りのような要素で決めている。霜降りが重要視されているのは、脂肪が含まれることが、とくにやわらかさという点で食肉の質の高さを示しているという仮定に基づいている。霜降りは質を判断するのに便利ではあるものの、つねに信頼できるわけではない。とくにやわらかさや風味を測定する場合は注意が必要だ。「セレクト」より等級の低い肉はそのままの状態で消費者の目に触れることはほとんどない。こういった肉は食品加工業者が加工肉製品をつくるために使われる。

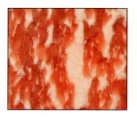

プライム
すばらしい品質と霜降り。とてもやわらかくジューシーで、通常は高級レストランか高級食肉店でしかお目にかかれない。

チョイス
やわらかく風味豊か。霜降りのレベルは「少ない」、「並」、「適量」の3段階あり、スーパーマーケットで購入できる。

セレクト
脂肪が少ないためあまりやわらかくはない。小売店で売られている最低レベル。かつては「グッド」と呼ばれていた。

日本

日本の食肉格づけシステムは、アメリカよりきめ細かく、厳しい。霜降り、色、肉の締まり、きめ、脂肪の質、歩留まりが検査され、1から5の等級に査定される。これは、筋肉繊維内の霜降りの多さで知られている日本特産の「和牛」の肉の検査にも採用されている。アメリカ農務省のプライムは日本の3等級（平均的品質）と同等で、日本での最高等級はA5ランクになる。

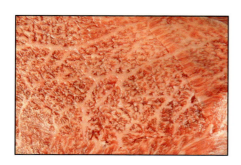

日本の和牛

ヨーロッパ

驚くべきことに、ヨーロッパには政府が定めた食肉の格づけシステムがまったくない。大規模な買いつけ業者と納入業者は独自の基準を定めている。経済性を求める牧場主は肉の品質よりも枝肉歩留まりに力を入れる。

だからといってヨーロッパにすばらしい食肉がないわけではない。それどころか、小規模な農場主や牧場主は高級肉を生産することで注目を集めようと努力していることが多い。しかし、そのような農場主や牧場主は規模を比較的小さくしたまま、一般客か独立レストランに直接販売するか、知名度の高い高級ブランドをつくりあげることに成功する必要がある。

カナダ

カナダの牛肉格づけシステムは、霜降りに焦点を当てていて、アメリカのシステムと同じように、カナダ・プライム、AAA（アメリカの「チョイス」と同等）、AA（アメリカの「セレクト」と同等）、Aに格づけされる。Aランクがカナダの格づけ牛肉の90％にあたるが、B〜Eランクは未成熟か成熟しすぎの牛の肉に使われる。格づけは任意に行われ、生産業者はカナダ牛肉格付協会に要請し、手数料を支払わなければならない。したがって、低品質の肉が販売されるときには、「ノー・ロール」や「等級なし」というマークがついていることが多い（検査は任意ではない）。

オーストラリア

オーストラリアの牛肉格づけシステムは「食味保証」として知られており、特定の牛の各部位の品質を予測するための洗練された統計学的モデルを使っている。生産者の最高品質の肉をつくるための努力が報いられるようになっている。その努力とは、入念な交配の選択、牛のえさや生活への気配り、そしておそらくもっとも重要な、入念に管理された解体処理で、他の国の格づけシステムにはないものだ。このシステムは霜降りをベースにしていない。研究によれば、肉のやわらかさを決定するのに霜降りの役割はわずか20％にすぎないことがわかっている。わたしたちはオーストラリアのシステムが世界最良でもっとも革新的な格づけシステムだと信じている。

高級牛肉の種類

和牛、神戸牛、神戸スタイル

　和牛は日本の牛の特定品種から得られる最高級の肉につく名前だ。和牛の肉の多くが出荷される港湾都市にちなんで「神戸牛」と呼ばれることもあるが、和牛の肉は日本じゅうで飼育されている高級牛から得られる。

　和牛の肉はその豊かな風味、やわらかさ、ジューシーさで世界じゅうから高い評価を受けている。その驚くほどの霜降りはほかのどんな牛肉より多く、それは遺伝形質、エサ、長く時間をかけた歩行や定期的なマッサージ、ビールや日本酒を与えるといった贅沢な成育環境から生まれたものだ。

　和牛の市場価格もまた法外で、日本では1キロ当たり20,000円を超えることが多い。国外ではもっと高くなるが、そもそもなかなか手に入らない。脂肪が多すぎると言う人もいるが、特別な機会に味わうなら、忘れがたい経験にはなるだろう。

　通常、和牛の最高の部位はリブアイとストリップ・ロイン（ニューヨーク・ストリップ）で、霜降りがいちばん多い。和牛のフィレ（テンダーロイン）もすばらしいが、和牛以外のフィレとの差はさほどない。和牛はミディアムレアで食べるのが最適のことが多く、そのコクゆえに少ない量を食べるのがいい。

　アメリカとオーストラリアには、国内で育てた「神戸スタイル・ビーフ」を売っている牧場がある。現在日本は生きた和牛の輸出を禁じているが、禁止される前に少数の牝牛が輸出された。本物の和牛に比べると色が濃く霜降りが少ないが、すばらしい味わいが楽しめる。

アンガス牛

　アンガス牛は19世紀半ばのスコットランドのアバディーンとアンガス地方が原産だ。この種の開発に大きくかかわったのはヒュー・ワトソンで、この地域で伝統的に生育されていた角のない牛からつくられた。ワトソンの厳選した品種改良によって、肉の量も質も有名になった牛が生まれた。アンガス牛のほとんどは黒いが、純血のアンガスの中には赤毛のものもある。

　現在アメリカでは「認定アンガス牛肉」を買うことができるが、ほとんどは中身のない商売上のスローガンにすぎない。「認定アンガス」とされるのは、

51％の黒毛、サイズと霜降りと成熟度テストに合格した牛だけだ。たまたま赤毛になった純血のアンガスは認定されず、遺伝的にはアンガスではないがたまたま黒いという牛なら認定されてしまう。ラベルが「認定半黒毛牛肉」になっていればもっと正確だが、それだとあまり売れないだろう。

エサ

　食肉販売店が牛肉につけるプレミアム価格は、肉の種類や生産地によるだけでなく、どんな種類のエサを与えられてきたかによっても変わる。解体直前の"最終"段階で与えられたエサはとくに重要だ。しかしその選択肢の基準は、マーケティングで考えられるほど明確なものではない。

　通常、最終段階の牛にはトウモロコシ、大豆、大麦、アルファルファ、その他の穀物が与えられ、それぞれのエサを支持する人がいる。トウモロコシにはたんぱく質と糖質がバランスよく含まれているが、大豆は脂肪とたんぱく質の含有量が多い。アルファルファは大豆の遠い親戚にあたるマメ科植物だが、たんぱく質が比較的豊富で、ばらばらになりやすい干し草に比べると、ペレット状に固められるので輸送が楽だ。

　"草で育てられた"牛を宣伝文句にしている牧場もある。一般的には草だけで育てられた牛のほうが味はよくなる。しかし、風味のよしあしは草の質によって変わる。低品質の牧草や苦い草を食べた牛の肉は、安い穀物を与えられた牛よりも悪くなる場合がある。その一方で、すばらしい草を与えられた牛からは驚くほど上質の肉がとれる。残念ながら、店のカウンターに並べられる前に牛に正確に何が与えられたかは、ラベルを見ただけでは判断できない。

ステーキの調理

安定しておいしいステーキをつくる秘訣は、最初は内部、それから外側という2段階の加熱だ。従来のやり方ではそれを同時にやろうとしているが、その場合、完璧に近いタイミングが要求される。それよりいいのは内部をゆっくりと低温で加熱する方法だ。真空調理が望ましいが、低温のオーブンか、(低温のオーブンを真似て)炭を片側に寄せてカバーをした間接グリルでもうまくいく。高温で外側を焼くと、褐色になるメイラード反応が起こる。するとステーキの見た目がよくなり、すばらしい味になる。ステーキの準備、調理、仕上げの選択肢をすべて以下にリストアップしている。右の図で示しているように、仕上げのテクニックは加熱調理の前段階に入れてもあとでもいい。自分が望む仕上がりと、使える時間と道具に適した選択肢を選んでほしい。

ステーキの準備と調理の組み合わせ

```
         (任意)
    味つけかテンダライズ
    (肉をやわらかくする)
              │
      ┌───────┼───────┐
      ▼       ▼       ▼
   表面を焼く  加熱調理   冷凍
      │       │       │
      ▼       ▼       ▼
    加熱調理  表面を焼く  表面を焼く
                         │
                         ▼
                      オーブン
                      かグリルで
                      加熱調理
```

適したもの：低温のオーブンか間接グリルでの調理

適したもの：真空調理や、食材を密封する他の調理法

適したもの：真空調理専用の器具一式を持っていない場合に低温調理を真似るやり方

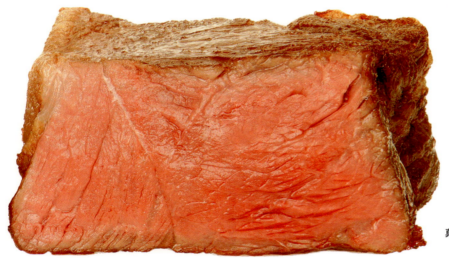

真空調理したステーキ(194ページ参照)

真空調理でつくるやわらかい肉のおすすめ真空調理法

ステーキを真空調理するには、194ページの手順に従う。目標とする芯温と他の真空調理テクニックについては第3章を参照。固い肉を真空調理するときの推薦時間と温度は、228ページを参照。フランク・ステーキは、やわらかい部位としても固い部位としても扱うことができる。

	目標とする芯温					
	レア	ミディアムレア	ピンク	ミディアム		
材料	(℃)	(℃)	(℃)	(℃)	備考	参考
牛肉 (フィレ)	50	53	56	62		
牛肉 (フランク)	54	56	59	62	最大限のやわらかさを得るには、繊維に逆らって薄切りにするか、カルビ・マリナードでマリネする	134
牛肉 (リブアイ)	54	56	58	60	やわらかく火を通すには、56℃で3時間加熱する	
牛肉 (ストリップ・ステーキ)	52	55	57	62	乾燥熟成が最適。熟成を真似るテクニックは、186ページを参照	196
ラム・ロイン (ラック)	54	57	59	62	強いラム臭を防ぐためにオリーブオイルでコーティングする	
豚ロイン・チョップ	該当なし	58	60	62	調理の前に塩漬け液に漬ける	202
豚フィレ肉	該当なし	56	59	61		

(赤字になっている温度がわたしたちのおすすめ)

ステーキの準備と調理方法の組み合わせ

塩漬け、マリネ、スパイスのすり込み
調理前にこうした準備をきちんと行えば、肉に風味を与え、やわらかくもできる。スパイスやマリナードは表面を焼いたり加熱調理した後の肉の味つけに使うこともできる。

冷凍
内部に火が通りすぎるのを避けるために、最初に肉の外側だけを冷凍する方法がある。それから表面を焼くと、凍っていた部分が解凍され、内部に火が通るまで低温で調理できる。

加熱調理法

ウォーター・バスでの真空調理
デジタル管理されたウォーター・バスは、もっとも正確に真空調理ができる器具だ（63ページ参照）。お金をかけずに風味豊かなステーキをつくる唯一の方法でもある（228ページ参照）。

クーラーボックスでの真空調理
クーラーボックスをウォーター・バスの代用として使うことができる。野外でのバーベキュー、テールゲート・パーティー、キャンプ旅行には最適の方法だ（198ページ参照）。大きめのクーラーボックスなら、最長5時間は設定温度から数度の範囲に保温することができる。

低温オーブン
普通のオーブンでいちばん低い温度に設定すると、コンビ・オーブンとほとんど同じようにステーキの内部を穏やかに加熱できる。最初に肉の外側を冷凍しておけばさらに効果が高い（196ページ参照）。

囲んだ炭でのグリル
完璧なタイミングが要求されるため、ステーキをグリルで焼くのはいちばんむずかしい方法だ。しかし、わたしたちが考案した間接的なグリルなら成功の可能性がかなり高くなる（200ページ参照）。

表面の焼き方

ガスバーナーで焼く
信じられないかもしれないが、ガスバーナーはステーキの表面をもっとも速く焼く方法だ（14ページ参照）。プロパンよりもMAPPかプロピレン・ガスをおすすめする。炎の温度が高く、においも残らないからだ。

揚げる
油の熱伝導率は驚くほど高い。その特性を利用して、肉の外側に美しい焼き色をつけつつ、内側に熱が通らないようにできる。加熱調理したステーキを熱した油でごく短時間揚げるだけでいい。

フライパンで焼く
ステーキの表面をかりっと焼くための方法でもっともなじみがあるのは、フライパンで焼く方法だろう（196ページ参照）。内部に火が通りすぎないようにするためにはフライパンをかなり高温にしなければならない。重い鋳鉄製のフライパンやグリドルが最適だ。

グリルやオーブンで焼く
グリルやオーブンの上火はステーキ全体に熱を通すことより、表面を焼くことに適している。気をつけたうえでなら、ヘアドライヤーを使ってグリルの炭を超高温にすることができる（47ページ参照）。

真空調理でつくるステーキ

できあがりの分量:	4人分（1kg／ステーキ2枚）
調理時間:	1時間（真空調理：50分）
保存:	できたてを供する
難易度:	ふつう
必要な器具、材料:	真空調理専用の器具一式、ガスバーナーか揚げる道具

　ステーキを完璧に加熱するために真空調理し、その後すばやく表面を焼いてかりっとおいしそうな焼き色をつける。わたしたち好みの2つの方法は、かなりの高温の油で揚げる方法と、ガスバーナーで焼く方法だ。あるいは、油をひいたスキレットでステーキの表面をかなりの高温で30秒ずつ焼いてもよい。ここでは、ストリップ・ステーキをわたしたちの好みぴったりに焼くための温度をあげたが、それ以外のやわらかいステーキ肉やチョップの調理温度は192ページの表を参照してほしい。

材料	重量	分量	比率	手順
牛ストリップ・ステーキ （少なくとも厚さ2.5cm）	1kg	大2枚	100%	① ウォーター・バスを55℃に予熱する。 ② ステーキ肉を1枚ずつ別々のジッパーつき袋に少量の油とともに入れる。水圧を利用してできるだけ空気を抜き、密封する（58ページ参照）。 ③ 芯温が54℃になるように50分ほど真空調理する。
精製油	必要量			
加熱用精製油 （xxiiページ参照）	必要量			④ 大きめの深い鍋に半分以上にならないように油を入れ、225℃に予熱する。 ⑤ 加熱したステーキを袋から出し、油気を拭き取る。 ⑥ ステーキが濃い茶色になってかりっとするまで、約30秒揚げ、金網台の上で油を切る。
無塩バター（溶かす、なくても可）	必要量			⑦ ステーキの上に刷毛で塗る。
フレーク塩（マルドン）	適量			⑧ しっかり味つけする。スライスして、できたてを供する。

フライ調理の注意点については26ページを参照。
バーナーを使うときの注意点については15ページを参照。

「ホウレンソウのクリーム煮」（199ページ参照）や「ホウレンソウのバター」（121ページのバリエーション参照）はステーキのすばらしいつけ合わせになる。

  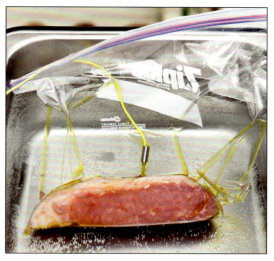

1 ウォーター・バスを55℃に予熱する。

2 ステーキ肉を1枚ずつ別々のジッパーつき袋に肉をコーティングできるだけの少量の油とともに入れる。可能な限り空気を抜き、密封する。

3 ミディアムレアにするためには、芯温が54℃になるように50分ほど真空調理する。調理時間は肉の厚さと開始時の温度によって変わるので、プローブ（探針）を使って芯温を確認する。たとえば、5cmの厚さのステーキだと、この芯温になるまでに3時間以上かかる。もっと火を通したい場合は、192ページの表で望ましい芯温を選び、ウォーター・バスの温度をそれよりも1℃高くセットする。

4 大きめの深い鍋に精製油が深さの半分以上にならないように入れ、225℃に予熱する。

5 加熱したステーキを袋から出し、油気を拭き取る。

6 ステーキが濃い茶色になってかりっとするまで、約30秒揚げ、金網台の上で油を切る。

7 ステーキの上に溶かしたバターを刷毛で塗る。

8 適量の塩でしっかり味つけする。スライスしてできたてを供する。

低温オーブン・ステーキ

できあがりの分量：	4人分（1kg／ステーキ2枚）
調理時間：	1時間30分（準備：10分、冷凍とオーブン調理：80分）
保存：	できたてを供する
難易度：	低
必要な器具、材料：	オーブンで使えるプローブ（探針）のついたデジタル温度計

プロの料理人の中には、スチームオーブンを使って、かなりの低温でとても精密な調理をしている人がいる。家庭用オーブンではそのような「セットしてあとは忘れる」という便利さは望めないが、従来型オーブン（あるいは高品質のオーブントースターでも）とプローブ（探針）つきのデジタル温度計を使って、ひんぱんにオーブンの温度を確かめて調節することで、同じような結果を得ることができる。

とくにおすすめしたいのは、最初にステーキの外側を冷凍して、内部に火が通りすぎないように表面を焼く方法だ。表面を焼いたら低温のオーブンで完璧な状態に調理する。この方法には多少の根気が必要だが、仕上がりにはその値打ちがある。自宅のオーブンが低温を保てないようなら、198ページのクーラーボックスでの調理のような、別のレシピを試してみてほしい。

材料	重量	分量	比率	手順
牛ストリップ・ステーキ （少なくとも厚さ2.5cm）	1kg	大2枚	100%	① オーブンプレートにステーキ肉を置き、30分間冷凍する。 ② オーブンを70℃か、いちばん低い温度設定で予熱する。
加熱用精製油か 圧力鍋で溶かした牛脂 （xxiiか123ページ参照）	25g	25ml／大さじ2	2.5%	③ パーシャル冷凍したステーキ肉に油を刷毛で塗る。 ④ 油をひいていないスキレットを強火で熱し、ステーキ肉が濃い茶色になるまで、両面を約60秒ずつ焼く。 ⑤ 表面を焼いたステーキをオーブンプレートに移し、オーブンに入れられるデジタル温度計のプローブ（探針）をステーキのいちばん厚い部分に差し込む。 ⑥ オーブンで芯温が55℃になるように50分ほど加熱する。
無塩バター（溶かす、なくても可）	必要量			⑦ ステーキの上に刷毛で塗る。
フレーク塩（マルドン）	適量			⑧ しっかり味つけし、スライスして、できたてを供する。

1 オーブンプレートにステーキ肉を置き、外側を凍らせるために30分間冷凍する。肉の内部は凍らせないようにする。

2 オーブンを70℃か、もっとも低い温度設定で予熱する。スチームオーブンか家庭用コンビ・オーブンがあれば、ステーキの最適芯温（192ページの表参照）ですすめられている芯温より1℃高く設定する。

3 パーシャル冷凍したステーキ肉に油を刷毛で塗る。

4 油をひいていないスキレットを強火で熱し、ステーキ肉が濃い茶色になるまで、両面を約60秒ずつ焼く。ステーキに焼き色がつくように押さえる。ステーキの側面も押さえて、脂の部分を焼いてもいい。

5 表面を焼いたステーキを網かオーブンプレートに移す。オーブンに入れられるデジタル温度計のプローブ（探針）をステーキのもっとも厚い部分に差し込む。

6 ステーキをオーブンに入れ、ストリップ・ステーキのミディアムレアなら芯温が55℃か、192ページの表で選んだその他の温度になるように加熱する。調理時間は肉の厚さによって大きく変わる。厚さ2.5cmのストリップ・ステーキなら約50分。芯温は最初はゆっくりと上昇するが、時間がたつと上昇が速くなる。目標温度の10℃以内になったら、毎分温度を確認して、過熱を避ける。ステーキをオーブンから出したあとも芯温は数度上がる。

7 ステーキの上に溶かしたバターを刷毛で塗る。

8 適量の塩でステーキに味つけをする。肉をスライスし、できたてを供する。

バリエーション：冷凍してつくるステーキ
このレシピは完全に冷凍したステーキ肉でもうまくいく。加熱用精製油をひいたフライパンを煙があがるまで熱する。ステーキ肉を加え、片面が濃い茶色になるまで焼く。片面を焼けば通常見た目も風味も望ましいものになるが、引っくり返してもう片面を焼いてもいい。その後、手順5から続ける。手順6で調理時間を20～25分ほど長くする。

STEAK

クーラーボックス真空調理ステーキ

できあがりの分量：	4人分（1kg／ステーキ2枚）
調理時間：	1時間（真空調理：50分）
保存：	できたてを供する
難易度：	低
必要な器具、材料：	クーラーボックス、ガスバーナーかグリル

テールゲート・パーティーやピクニックでも、クーラーボックスをウォーター・バスにしてしまえば、完璧に調理されたステーキをつくることができる。クーラーボックスに熱い湯を入れ、真空パックしたステーキ肉を入れたら、ゲームをしたりビーチに行ったりすればいい。それでできあがりだ！　水温を保つためにはステーキ1枚当たり約7.5Lの湯が必要だ。肉を入れると水温は下がる。

ステーキ肉を室温にしておき、目標とする芯温より8℃分高い湯から始める。ステーキは湯に入れてから4時間以内に食べる。それ以上置くと安全に食べられないからだ。魚や鶏肉のやわらかい部位もこの方法で調理できる。温度については281ページと245ページの表を参照のこと。

材料	重量	分量	比率	手順
牛ストリップ・ステーキ（少なくとも厚さ2.5cm）	1kg	大2枚	100%	① ステーキ肉と大きめのクーラーボックスを室温にする。 ② ステーキ肉を1枚ずつ別々のジッパーつき袋に、10g／15ml／大さじ1の油とともに入れ、水圧を利用してできるだけ空気を抜き、密封する（58ページ参照）。
加熱用精製油	20g	25ml／大さじ1½	2%	③ クーラーボックスを60℃の湯で満たし、袋を入れ、ふたを閉める。2枚のステーキのあいだはじゅうぶん隙間をあけておくこと。 ④ 芯温が52℃になるように、50分ほど真空調理し、ミディアムレアにする。 ⑤ 加熱したステーキ肉を網かオーブンプレートに移す。 ⑥ すべての面をガスバーナーかごく高温のグリルで焼く。
無塩バター（溶かす、なくても可）	必要量			⑦ ステーキに刷毛で塗る。
フレーク塩（マルドン）	適量			⑧ しっかり味つけし、スライスして、できたてを供する。

バーナーを使うときの注意点については15ページを参照。

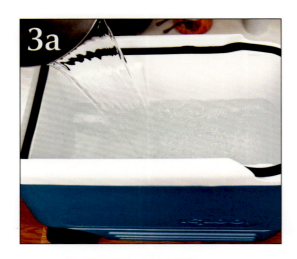

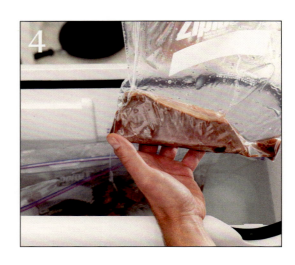

ホウレンソウのクリーム煮

できあがりの分量：	4〜8人分（525g／2⅓カップ）
調理時間：	30分
保存：	できたてを供する
難易度：	低
必要な器具、材料：	キサンタンガム、コンテ・チーズ、「圧力鍋でつくるガーリック・コンフィ」（なくても可、126ページ参照）

　ホウレンソウのクリーム煮はグリルで焼いたステーキに伝統的に添えられてきたものだが、典型的なつけ合わせという以上に注目を浴びてもいい料理だ。レシピの最初に塩を加えているが、これはホウレンソウから余分な水分を引き出すためだ。キサンタンガムは余分な水分を吸収し、味を薄めることなくソースにとろみをつける。少量のレモンの皮と食欲をそそるナッツの風味を持つコンテ・チーズによって、単品でもじゅうぶん楽しめる料理になる。

材料	重量	分量	比率	手順
ベビーホウレンソウ（洗う）	600g		100%	① 束のまま、中強火でホウレンソウがしんなりするまで約1分ソテする。あるいは、やわらかくなるまでさっと蒸す。
精製油	20g	25ml／大さじ1½	3%	② ホウレンソウを完全に冷ます。
塩	2g	小さじ½	0.3%	③ 漉し布に包んでしぼるか、シノワに押しつけて余分な水気を切る。
				④ 細かく刻む。
圧力鍋でつくるニンニクのコンフィ（すりつぶす、ディジョン・マスタードでも可）（126ページ参照）	24g	大さじ1½	4%	⑤ エシャロットが透明になるまで約2分ソテする。
エシャロット（みじん切り）	20g	大さじ2½	3%	⑥ 刻んだホウレンソウに混ぜ入れ、3分間加熱する。
精製油	20g	25ml／大さじ1½	3%	
マスカルポーネ・チーズ	100g		17%	⑦ ホウレンソウに加えて溶けるまで混ぜ、火からおろす。
全乳（冷やす）	80g	80ml	13%	⑧ ボウルで混ぜ合わせる。
キサンタンガム	0.4g		0.07%	⑨ 準備したホウレンソウに混ぜ、煮立てる。
コンテ・チーズ（細かくおろす）	40g		7%	⑩ 食卓に出す直前に温かいホウレンソウのクリーム煮の中に混ぜ入れる。
レモンの皮（細かくおろす）	0.5g	小さじ½	0.08%	
黒粒コショウ	適量			⑪ ホウレンソウに味つけし、温かいうちに供する。
塩	適量			

3

4

9

キサンタンガムが手に入らない場合は、2g／小さじ½のUltra-Sperse 3（タピオカ加工でんぷん）かワンドラを手順8でキサンタンガムの代わりに使うことができる。Ultra-Sperse 3は加熱加工したタピオカからできていて、小麦やコーンスターチからつくられた商品より風味が立つ。

バリエーション：南部インド風クレソン

手順1〜4で、ホウレンソウの一部あるいは全部をクレソンに代える。手順5で、40g／大さじ4のみじん切りエシャロットと5g／小さじ2½のブラックマスタードシードを25g／25ml／大さじ2のマスタードオイルで炒める。手順7〜10をとばす。その代わり、30gずつのココナッツミルクとココナッツクリームを野菜に混ぜ入れ、火からおろし、手順11から続ける。削った若いココナッツと細切りにしたミントの葉を添える。

グリルで焼くステーキ

できあがりの分量：	4人分（1kg／ステーキ2枚）
調理時間：	2時間半（準備：1時間　解凍、加熱：1時間半）
保存：	できたてを供する
難易度：	高（温度管理）
必要な器具、材料：	炭火グリル

裏庭でのバーベキューでステーキを焼くときは、華やいだ社交の場なので、ステーキの焼き具合にはあまり注意を払わないことが多い。ここで説明しているモダニストのテクニックを使えば、グリルで焼いたステーキの香りと見た目に加えて低温調理のようにジューシーでむらのない仕上がりが得られる。その秘訣は、グリル上の温度をごく低く均等に保つことだ。熱いグリルの上で焼く前にステーキ肉をパーシャル冷凍することでこれが可能になる。それから炭がくすぶっているあいだにグリルからはずして解凍する。調理の最終段階は、緩衝材となる冷たいスライスしたタマネギ（または別の根菜）の上にのせてゆっくりと間接的な熱で加熱する。この時点でタマネギに完全に火は通らないが、焼いた牛肉の風味が多少つくので、さっと焼くかソテすればステーキのサイドディッシュとして出すことができる。

材料	重量	分量	比率	手順
牛ストリップ・ステーキ（少なくとも厚さ2.5cm）	1kg	大2枚	100%	① ステーキ肉をオーブンプレートに置き、40分間凍らせる。 ② ステーキ肉を凍らせているあいだに、炭火グリルに多めの炭で火をおこす。炭が灰色になったら、グリルの片側に寄せて積む。 ③ 清潔な網を炭の上に置き、少なくとも10分は温める。
加熱用精製油（xxiiページ参照）	必要量			④ 凍らせたステーキ肉のすべての面に油をたっぷり刷毛で塗る。 ⑤ 非常に高温のグリルで、ステーキに網目がつき、表面がよく焼けるまで、各面1分ほど焼く。 ⑥ オーブンプレートの上においた網に移し、完全に解凍するまで室温で約1時間おく。
新タマネギ	1.2kg	中3〜4個	120%	⑦ タマネギを1cmの厚さにスライスする。 ⑧ グリルの空気孔を調節し、炭火が低温でくすぶる程度になる状態を保つ。炭を積んだのと反対側に氷を満たしたスチール鍋をおく。 ⑨ 氷の上のグリル網の上にスライスしたタマネギをおく。タマネギの上にステーキをのせる。 ⑩ グリルにふたをして、ステーキを5分ごとにひっくり返して回転させながら、芯温が50℃になるように、30〜40加熱する。 ⑪ ステーキをグリルから下ろし、5分間寝かせる。
フレーク塩（マルドン）	適量			⑫ ステーキにしっかり味つけし、スライスして、できたてを供する。

1 ステーキ肉をオーブンプレートに置き、40分間凍らせる。凍らせるのは外側の1cmだけで、内部に火を通さず表面だけを焼くことができる。

2 ステーキ肉を凍らせているあいだに、炭火グリルに多めの炭で火をおこす。ほとんどの炭が灰でおおわれたら、グリルの片側に寄せて積む。これで肉の表面を焼くための強い火ができる。

3 清潔な網を炭の上に置き、少なくとも10分は温める。

ほかの焼き加減にしたい場合は、192ページの表を見て、目標とする芯温を選ぶ。

4 ステーキ肉のすべての面に油をたっぷり刷毛で塗る。

5 非常に高温になった炭の上で、ステーキに網目がつき、表面がよく焼けるまで、各面1分ほど焼く。

6 オーブンプレートの上に置いた網にステーキをのせ、完全に解凍するまで室温で約1時間置く。

7 タマネギを1cmの厚さにスライスする。

8 ステーキを解凍しているあいだ、グリルの空気孔を調節し、炭火が低温でくすぶっている状態を保つ。温度を一定にするためには、10分ごとに炭を3個足さなければならない。炭を足すたびに空気孔を開け閉めすると、灰が消え、熱い炭の上に空気が通るようになる。炭を積んだ側と反対の網の下に氷を満たしたスチール鍋をおく。氷がゆっくりと解け、蒸発することで、温度がおさえられて、さらに均一に加熱できる。

9 氷の上のグリル網の上にスライスしたタマネギを置く。タマネギの上にステーキをのせる。タマネギがグリルの網から直接伝わる熱と炭から出る熱をやわらげてくれる。オーブン用の温度計か赤外線温度計を使って、ふたをしたグリル肉の温度をステーキの位置で測る。適温は80℃。

10 グリルにふたをして焼く。5分ごとにひっくり返して回転させる。ミディアムレアにするには、30〜40分加熱して芯温が50℃になったら、火から下ろす。芯温は最初ゆっくり上昇するが、やがて上昇が速くなる。芯温が43℃に達したら、ひんぱんに確認して過熱を避ける。ステーキは火から下ろしても火が通り続けるので、最終的な芯温は54℃になる。

11 ステーキをグリルから下ろし、5分間寝かせる。

12 ステーキに塩で好みの味つけをする。肉をスライスし、できたてを供する。

グリルで焼くポークチョップ

できあがりの分量：	4〜8人分（1kg／ポークチョップ4枚）
調理時間：	1時間30分（真空調理：1時間）
保存：	できたてを供する
難易度：	ふつう
必要な器具、材料：	真空調理専用の器具一式、ポータブル扇風機かヘアドライヤー
合う料理：	「グリルでつくるアップルソース」（124ページ参照）、「シイタケ・マーマレード」（151ページ参照）、「中華風ガーリックチリソース」（261ページ参照）

グリルで焼いたポークチョップはかわいそうだ！ 安全のために乾いた革のような状態まで火を通さなければいけないと、みな思ってしまう。しかし、『Modernist Cuisine』で説明したように、そんな心配はもう時代遅れだ。現在の豚肉は牛肉のように安全なので、仕上がりはジューシーで表面はかりっとした状態で出されるべきだ。低温で加熱調理し、高温で表面を焼くことでいつでもそんな仕上がりになる。このレシピでは、炭に風を送るのにヘアドライヤーを使うことをすすめている。そうすれば、肉を焼く直前に炭が非常に高温になる。最初は炭から灰が飛び、燠（おき）が通常よりかなり速く燃えるので、注意が必要だ。火がついたグリルから離れてはいけない。

材料	重量	分量	比率	手順
ポークチョップ（ロインエンド：腰後部、骨つき、少なくとも2.5cmの厚さ）	1.8kg	大4枚	100%	① ウォーター・バスを57℃に予熱する。 ② ポークチョップを1枚ずつ別々のジッパーつき袋に10g／15ml／大さじ1の油とともに入れる。水圧を利用して袋からできるだけ空気を抜き、密封する（58ページ参照）。 ③ 芯温が56℃になるように1時間ほど真空調理する。
加熱用精製油（xxiiページ参照）	40g	45ml／大さじ3	2%	
溶かしたベーコンの脂か	200g	220ml	11%	④ ポークチョップを真空調理しているあいだに、炭火グリルに多めの炭をおこす。 ⑤ 炭が灰色になったら、片側に寄せて積み上げる。 ⑥ 炭の上にきれいな網をのせ、少なくとも10分温める。 ⑦ ベーコンを脂が溶けるまでゆっくり温める。 ⑧ ポークチョップを袋から出し、油気を拭く。 ⑨ ポークチョップのすべての面にベーコンの脂を刷毛でたっぷり塗る。 ⑩ グリルの下にヘアドライヤーを構え、空気孔を開け、風を炭に向ける。 ⑪ 非常に高温になった炭の上で、ポークチョップに網目がつくまで、30〜60秒焼く。ひっくり返してすべての面を焼く。 ⑫ ヘアドライヤーのスイッチを切り、ポークチョップを3分寝かせる。
加熱用精製油（123ページ参照）				
塩		適量		⑬ 肉を骨から切り離し、必要ならスライスする。肉に味つけし、熱いうちに供する。

すばやく表面を焼くためには、グリルの下の空気孔を開け、その下からヘアドライヤーをあてることで、炭の温度を上げられる。風を炭に向け、燃焼が加速して赤くなるのを見守ること。グリルのさらなる情報は47ページを参照。

192ページの表にあるステーキ用のどの方法でもポークチョップの調理はうまくいく。

真空調理でつくるラムの串焼き

できあがりの分量：	4人分（300g）
調理時間：	1時間30分（準備：30分　マリネと真空調理：1時間）
保存：	できたてを供する
難易度：	ふつう
必要な器具、材料：	真空調理専用の器具一式(なくても可)、1Lのホイップ用サイフォン、亜酸化窒素のカートリッジ4本、ガスバーナー、金属か竹の串、スマック

　圧力によってマリネすると肉に風味がつき、固い肉でもわずか20分でやわらかくなる。時間がないときは、その肉を生のまま串に刺し、熱いグリルで3～4分焼くこともできる。このレシピで使うラム・ロイン（鞍下肉）はいちばん風味がよくやわらかい部位だが、代わりにラムのももやトップラウンド（内もも）を使うこともできる。あるいは、牛肉、豚肉、鶏肉、その他の肉でも試してみてはしい（調理温度については192ページ、他の串焼きレシピについては262ページ参照）。

　スマックはアメリカ先住民や中東の料理で使われる酸味のある赤いスパイスで、この料理に独特の風味を与えてくれる。地中海食品店で手に入る。

材料	重量	分量	比率	手順
トマトジュース	300g	320ml	100%	① ウォーター・バスを58℃に予熱する。
赤タマネギ（薄切り）	75g		25%	② 材料を合わせる。
塩	21g	大さじ2	7%	③ 1Lのサイフォンに入れ、亜酸化窒素のカートリッジ2本をチャージする。あるいは、サイフォンを使わずに、②の材料で覆って肉を6～12時間マリネし、手順⑩に進む。
エクストラバージン・オリーブオイル	9g	10ml／小さじ2	3%	④ サイフォンをよく振り、そのまま20分間放置して漬け込む。
ニンニク（つぶす）	6g	2片	2%	⑤ サイフォンのノズルを上に向けて気をつけて減圧し、ゆっくりとガスを出す。
オレガノの枝	3g	2～3枝	1%	⑥ 漉して固形物を取り除き、マリネードは取っておく。
ローズマリーの枝	3g	大1枝	1%	
レモン汁	3g	3ml／小さじ½	1%	
スマック	0.8g	小さじ¼	0.27%	
生のローリエ	0.3g	1～2枚	0.1%	
ラム・ロイン（2.5cmの角切り）	300g		100%	⑦ 1Lのサイフォンの中でマリネードと合わせ、亜酸化窒素のカートリッジ2本をチャージする。
				⑧ よく振り、20分間冷蔵庫で冷やしてマリネする。
				⑨ サイフォンを減圧する。
				⑩ マリネードから肉を取り出し、ジッパーつき袋に入れる。水圧を利用してできるだけ袋から空気を抜き、密封する（58ページ参照）。
				⑪ 肉の芯温が57℃になるように25分ほど真空調理する。
赤パールオニオン（皮をむき、半分にカット）	80g	タマネギ8～10個	27%	⑫ 沸騰した湯で火が通るまで3分ほどゆでる。冷ましておく。
				⑬ ラム肉とタマネギを串に刺す。
				⑭ ガスバーナーを使って肉に焼き色をつけるか、グリルで焼くか、非常に高温のフライパンでソテし、すべての面を15秒加熱する。熱いうちに供する。

バーナーを使うときの注意点については15ページ参照

あらかじめ仕込む場合
手順13のあとで、串をジッパーつき袋に入れて密封しておく。食べるときに58℃のウォーター・バスで15分加熱する。手順14から続ける。

STEAK

チーズバーガー

　チーズバーガー以上にアメリカ的な料理があるだろうか？　挽き肉のパテの起源はドイツのハンブルクのようだが、ハンバーガーという名のわたしたちが大好きなサンドイッチは間違いなくアメリカの発明だと多くの歴史家が言っている。コネティカット州ニューヘイヴンの〈ルイス・ランチ〉という店が、20世紀に入ったばかりの頃、2枚のトーストのあいだに牛挽き肉をはさんだものを出しはじめ、いまでも出している。テキサス州アセンズのカフェは、1880年代からハンバーガーを売りはじめたと言われている。

　わたしたちのチーズバーガーはかなりオリジナルに忠実だが、ひとつひとつの材料を洗練されたものにしている。パンはしっとりして濃密で、シードがさらなる食感と風味を加えている。スライスチーズはシルクのようだ。ケチャップは濃密。ケチャップを使わないのなら、わたしたちのビッグマックへのオマージュ「MCのスペシャルソース」を試してほしい。

　どんなハンバーガーでもその中心はパテだが、3つのテクニックを使うことで、単なる肉のフィリングでしかないものをほんとうにすばらしいものに変身させることができる。まず、最高級の肉を使って、それを上手に挽く。わたしたちが好きなのは、ショート・リブと熟成リブアイのブレンドで、そこに少量のハンガーステーキを混ぜる。このブレンドには脂肪がたっぷり入っているので、やわらかさとジューシーさが保てる。次は、中ができるだけ自分好みの焼き具合になるように、注意深くパテを加熱することだ。それには低温調理に勝るものはない。最後に、熱い油で肉をすばやく焼いて、表面を美しく均一に固める。

　このような最高級チーズバーガーをつくるには、複数の要素を同時に仕上げるための計画と調整が必要だ。ほかの複雑なグルメ料理をつくるいい練習になる。何よりもとてもおいしい。

挽き肉の味つけの科学

　固くてゴムのようなハンバーグが好みというわけでないのなら、牛肉を挽いたあとで、グリルにのせる少し前に味つけするべきだ。牛肉を挽いてパテに成形すると、たんぱく質、とくにミオシンが肉から放出される。このたんぱく質は、肉を加熱すると固まってゲル状になる。これが加熱したパテをくっつけてくれる。塩や他の添加物を加えるのが早すぎると、ミオシンが出てくるのが加速され、肉に粘りが出てしまう。この力を利用しているレシピもある。たとえば、214ページの「モダニストのミートローフ・サンドイッチ」などだ。しかしハンバーグの場合は、挽き肉を加熱するちょうど1時間前に少量の塩を加えるのがベストだとわかった。

　料理人の多くは、卵、パン粉のようなでんぷん、牛乳のようなたんぱく質の入った液体を挽き肉に加えているが、このような材料は加熱中にゲル化し、食べられる糊のようになる。こういうものは最高のハンバーガーの味や食感を損なうとわたしたちは信じている。

ハイライト

スタンドミキサーに安価なアタッチメントをつければ、自宅で挽き肉を簡単につくれる。小型の自動肉挽き器も百貨店で手に入る。挽き肉にさまざまな部位を混ぜ込めば、すばらしい結果が得られる。

206ページ参照

パテの中の空気が肉をほぐれやすくする。そのため、パテはあまり強く押さえつけず、真空調理のときには真空パックではなく、ジッパーつき袋を使う。押さえつけると肉の密度が増し、ジューシーさが減ってしまう。

208ページ参照

トーストの上に少量の溶かした牛脂を塗ることで、コクのある風味の層ができる。圧力鍋で溶かした脂（123ページ参照）は、手近にある中でもっとも風味豊かで用途の広い食材だ。

212ページ参照

ハンバーガーはうまみたっぷりではっきりした味なので、空気のように軽くてクリーミーなミルクシェイクとよく合う。わたしたちのミルクシェイクはとてもシンプルで、絶品の甘いミルクの味がする。

213ページ参照

HOW TO プロ並みの挽き肉をつくる方法

　ハンバーグやソーセージ用に挽き肉をつくるときは、2、3種類の部位を混ぜることで幅広い風味と食感を得ることができる。それぞれの部位を別々に加工するが、さらに脂身を取り除いてそれも別に挽くといい。そして最後に挽いたものをすべて合わせる。208ページのハンバーガー・パテのレシピでは、肉挽き器に中レベルのプレートをセットして、手で刻むよりも少し細かい食感になるようにしている。詰めものや乳化タイプのソーセージによく使われる肉のようにもっと細かい挽き方にするには、最初に粗いプレートに肉を通し、それからじょじょにプレートを細かいものにしていく。

ハンバーガー・パテのおすすめブレンド

肉のブレンド	材料	(比率)	赤身の割合	加熱時の芯温 (℃)
希少な肉	フィレ	100%	80%	52
	ショートリブ	45%		
ショートリブ	ショートリブ	100%	70%	54
MCのお気に入り	ショートリブ	100%	75%	54
	熟成リブアイ	100%		
	ハンガーステーキ	22%		
ステーキハウス・ブレンド	チャック	100%	75%	56
	サーロイン	50%		
	フランク	50%		

1 筋、薄皮、結合組織を取り除く。肉から簡単に離れる脂身を切り取って、おいておく。

2 肉を2.5cm角に切る。

3 肉を凍る寸前（−1℃）まで冷やす。脂身は凍る温度より低く（−10℃）する。

4 肉挽き器を氷水ですすぐ。

5 中（4〜6mm）か、大（10mm）のプレートを肉挽き器にセットする。

6 少量ずつ挽く。自分の指でプレートの温度を確認して、熱くなりすぎていたら止める。

7 作業の合間に必要であれば何度でも肉挽き器を氷水ですすいで冷やす。

8 必要ならもっと細かい穴のプレートに代え、4〜7を繰り返す。

9 4〜8を繰り返して、あとでブレンドする脂身と他の種類の肉も挽く。

赤身肉の角切りは、固いけれども凍っていない状態まで冷凍庫で冷やす。最高の挽き肉にするには、最初に肉から脂身を取り除き、脂身は凍る温度以下まで冷やし、別々に挽く。

固定リングはしっかり閉めて、プレートが刃先に対してしっかり固定されるようにする。そうしないと、肉と脂身は切られずに、詰まってしまう。

刃先が肉と脂身をおさえる過程で熱が出る。作業の合間に肉挽き器のヘッドと肉を冷やして、きれいなカットになるようにする。

プレートの穴から出た肉は、そのあとでもっと細かくすることができる。肉を挽くときはつねに大きめか中くらいのプレートから始める。

HOW TO 四角形のハンバーガー・パテをつくる方法

　ハンバーガーが最初に発明されたときは四角形で、トーストした食パンの上にパテを押さえていた。ここに載せているテクニックは、その本物のつくり方を再現したものだ。もちろん、バンズにのせるのなら丸いパテをつくればいい。

　形はどうであれ、パテは固すぎてもゆるすぎてもいけない。形をとどめているだけの固さがあり、口の中でほぐれたときにちょうどいいジューシーさが残っていなければならない。

食パン型かオーブンプレートでつくる

1 食パン型かオーブンプレートにラップを敷く。

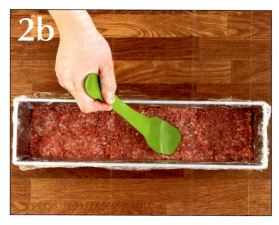

2 挽き肉をゴムベラで押しつけるようにして、肉を均等に詰めていく。肉を押しすぎるとパテのやわらかさが失われるので気をつける。オーブンプレート（2a）を使う場合は、肉を2.5cmの厚さに詰める。食パン型（2b）を使う場合は、食パン型の深さいっぱいに肉を詰める。

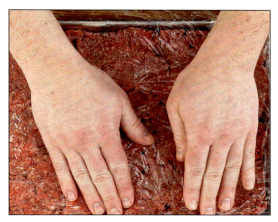

3 肉にラップをかける。カバーすることで、酸化を防ぎ、肉に膜ができないようにする。

4 肉を25分間冷凍庫に入れて固める。

5 オーブンプレートから肉を出し、四角形に切る（5a）。あるいは食パン型から出して、2.5cmの厚さに切る（5b）。

手と四角形のケーキ型でつくる

1 肉を200gずつに分ける。パテを成形するために、片手を親指を上にしてカウンターの端に沿って置き、立てた手のひらにもう片方の手で肉を押しつける。4回回転させて四角のパテをつくる。丸いパテをつくる場合は、上に向けた手をくぼめて成形する。

2 端を美しく成形するために、肉をケーキ型に入れ、ヘラを使ってそっと隅に肉を押し込む。

3 パテをオーブンプレートにのせ、手のひらかゴムべらでそっと押し、上下を平らにする。

モダニストのハンバーガー・パテ

できあがりの分量：	パテ4つ（各200g）
調理時間：	2時間（準備：1時間15分　真空調理：45分）
保存：	できたてを供する
難易度：	ふつう
必要な器具、材料：	肉挽き器か肉挽き用のアタッチメントがついたスタンドミキサー、真空調理専用の器具一式

　自分で肉を挽くというひと手間（206ページ参照）によって、すばらしい食感と風味が味わえるし、自分好みの脂身の分量ややわらかさにすることもできる。わたしたちはショートリブとリブアイとハンガーステーキの組み合わせが好きだが、ショートリブ100%のパテが好きな人もいる。ほかの組み合わせについては206ページの表を見てほしい。

　わたしたちは肉に塩をするタイミングと量について何度も実験を繰り返した。塩が多いと、ソーセージ・パテのように弾力が増すが、塩を加えるのが早すぎると、固くゴムのようになってしまう。

　表面をかりっとさせつつ肉に火を通しすぎないように、短時間揚げるが、パテのすべての面をガスバーナー（14ページ参照）で1分半〜2分焼いて、濃い茶色の焼き色をつけるという方法もある。あるいは、非常に高温のグリルでパテのすべての面を30秒ずつ焼いてもいい。

材料	重量	分量	比率	手順
骨なしリブアイ	360g		100%	① 肉から脂身を取り、それぞれの肉と脂身を別々に4.5mmのプレートで挽く。
骨なしショートリブ	360g		100%	② 挽いた肉をやさしく合わせ、加熱の1時間前まで冷蔵庫で冷やす。
ハンガーステーキ	80g		22%	
塩	6.4g	小さじ1½	1.8%	③ ウォーター・バスを55℃に予熱する。
				④ 混ぜた挽き肉に、加熱のちょうど1時間前に塩をそっと混ぜる。
				⑤ 肉を約200gずつ4等分する。2.5cm厚さの四角いパテに成形する（前ページ参照）。
加熱用精製油（xxiiページ参照）	20g	20ml／小さじ1½	5.6%	⑥ それぞれのパテを、別々のジッパーつき袋に5g／5ml／小さじ1の油とともに入れる。水圧を利用して袋からできるだけ空気を抜き、密封する（58ページ参照）。真空パックはしない。
				⑦ 塩を入れてから1時間たつまで冷蔵庫に入れる。
				⑧ 芯温が54℃になるように45分ほど真空調理する。
加熱用精製油	必要量			⑨ 大きめの深鍋の半分までの深さに油を入れ、220℃に熱する。
				⑩ ペーパータオルを敷いたトレイにパテを移し、油気を拭く。
				⑪ パテを1個ずつ、濃い茶色になって表面がかりっとするまで、30秒ほど揚げる。
				⑫ ペーパータオルの上で油を切る。
塩	適量			⑬ パテにしっかり味つけし、熱いうちに供する。

フライ調理の注意点については26ページを参照
軽く火を通した食品の安全性についてはxxvページ参照

塩の分量の計算法
もっと少量、あるいは大量のパテをつくる場合、挽き肉に混ぜる塩の量は、肉の重さの0.8%で計算する。たとえば、1.6kgの肉を使うのなら、塩は12.8gになる。

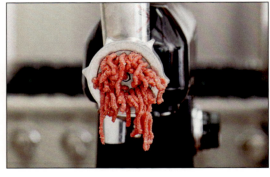

1 リブアイ、ショートリブ、ハンガーステーキから脂身を取り、それぞれの肉と脂身を別々に4.5mmのプレートで挽く。肉を挽く手順は206ページ参照。

2 挽いた肉と脂身を合わせ、加熱の1時間前まで冷蔵庫で冷やす。

3 ウォーター・バスを55℃に予熱する。

バリエーション：固いハンバーガー・パテ
もっとコクと歯ごたえがあるパテが好きなら、挽き肉400gにつき15gの卵黄（1個分）を、手順4で塩を加えるのと同時に加え、手順5から続ける。

4 加熱のちょうど1時間前まで待ち、時間をメモして、混ぜた挽き肉に塩をそっと混ぜる。塩は肉のたんぱく質をつなげる働きがあるので、塩を混ぜることで、肉の食感が均質になる。力を入れて肉を混ぜたり、長時間混ぜたりすると、やわらかさが損なわれる。

5 重さを量って、肉を約200gずつ4等分する。分けた肉を2.5cm厚さの四角いパテに成形する（207ページ参照）。食パンではなくバンズで出す場合は丸いパテにする。

6 それぞれのパテを別々のジッパーつき袋に5g／5ml／小さじ1の油とともに入れる。水圧を利用してできるだけ袋から空気を抜き、密封する（58ページ参照）。真空パックにすると、肉に圧力がかかりすぎて、密度が高くなり、ジューシーさが失われる。

7 塩を入れてから1時間、冷蔵庫で冷やす。塩漬けから1時間たつと、パテはしっかりつながるが、ほぐれやすくやわらかい食感になる。塩を加えてから時間を置きすぎると、ソーセージ・パテのような固い弾力になる。

8 パテの芯温が54℃になるように45分ほど真空調理する。

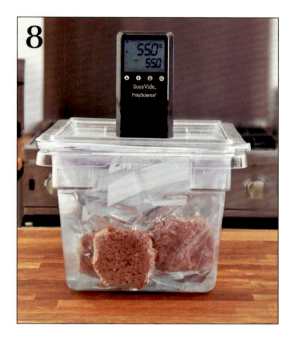

9 大きめの深鍋の半分までの深さに加熱用精製油を入れ、220℃に熱する。

10 加熱したパテを袋から出し、ペーパータオルを敷いたトレイに移し、油気を拭く。

11 パテを1個ずつ、濃い茶色になってかりっとするまで、30秒ほど揚げる。

12 ペーパータオルの上で揚げたパテの油を切る。

13 パテに塩でしっかり味つけし、熱いうちに供する。チーズバーガーのつくり方は212ページ参照。

サンドイッチ用食パン

できあがりの分量：	40cm×12cm1本か23cm×13cm2本（1.5kg）
調理時間：	4時間（準備：30分　発酵および焼成：3時間半）
保存：	2日間保存可能
難易度：	ふつう
必要な器具、材料：	パレットとフックのアタッチメントがついたスタンドミキサー、食パン型、バターミルク・パウダー

『Modernist Cuisine』には究極のハンバーガー・バンズのレシピを載せたが、正直なところ、あれにはかなりの手間がかかる。家庭では、近所のパン屋で高級バンズかロールパンを買うか、昔風の食パンをつくってトーストするかフライパンで焼くという方法がある。ハンバーグの肉汁がトーストのかりっとした食感とよく合う。

全粒粉にキャラメリゼしたタマネギを混ぜたものなど、別の小麦粉や風味でもこのレシピを試してほしい。昔ながらの濃密で噛みごたえのある食パンにするには、ゴマとけしの実は使わない。わたしたちの「とろーりとろけるチーズスライス」（317ページ参照）を使えば、「グリルドチーズサンドイッチ」（318ページ参照）のパンとしてもとてもよく合う。

材料	重量	分量	比率	手順
水	460g	460ml	54%	① 鍋に合わせる。弱火にかけ、ときどきかき混ぜながら、バターが溶けてバターミルク・パウダーが完全に混ざるまで熱する。
無塩バター	125g		15%	
バターミルク・パウダーか脱脂粉乳	50g	大さじ7	6%	② 室温まで冷ます。
オイルスプレーかオイル	必要量			③ 食パン型をオイルスプレーで薄くコーティングするか、オイルをぬり、小麦粉をまぶす。
小麦粉	必要量			
小麦粉	850g		100%	④ 半量（425g）の小麦粉をパレットのアタッチメントがついたスタンドミキサーのボウルに入れる。残りの小麦粉は手順⑧で使うので取っておく。
砂糖	50g		6%	⑤ ボウルの小麦粉と合わせる。
塩	15g	小さじ5	2%	⑥ 低速で混ぜながら①のバターミルクを溶かしたものを少しずつ混ぜ入れる。
活性ドライイースト	3g	小さじ1	0.4%	⑦ 低速で5分間混ぜる。
重曹	1g	小さじ¼	0.1%	
上で取っておいた小麦粉	425g		50%	⑧ フックに切り替え、中速で混ぜ続ける。そこに少しずつ残りの小麦粉を入れていき、完全に混ぜ合わせる。
				⑨ 中速で8分間混ぜる。
黒ゴマ	15g	大さじ2	2%	⑩ ゴマとけしの実を振り入れ、均等に散らばるまで低速で混ぜる。
けしの実	15g	大さじ2	2%	⑪ ⑩のパン生地を軽く粉を振った作業台に移す。食パン型の大きさと形に合わせて長方形に成形する。
				⑫ 生地を用意しておいた食パン型に入れ、ラップか清潔な乾いたふきんで覆う。
				⑬ 温かく風の通らない場所で、パン生地が2倍にふくらむまで3～4時間発酵させる。
				⑭ オーブンを190℃に予熱する。
				⑮ パンの上部が均一にきつね色になるまで、25～30分焼く。
				⑯ すぐにパンを食パン型から出し、網の上にのせて、完全に冷めてからスライスする。

1 水、バター、バターミルク・パウダーを鍋で合わせる。混ぜたものを弱火にかけ、ときどきかき混ぜながら、バターが溶けてバターミルク・パウダーが完全に混ざるまで熱する。

2 火から下ろし、室温になるまで冷ます。

3 食パン型をオイルスプレーで薄くコーティングするか、オイルを塗り、小麦粉を薄くまぶす。

4 半量の小麦粉をスタンドミキサーのボウルに入れ、残りの小麦粉は手順8で使うので取っておく。ミキサーにパレットのアタッチメントをつける。

5 砂糖、塩、ドライイースト、重曹をボウルの小麦粉と合わせる。

6 低速で混ぜながら、室温まで冷ましたバターミルクを少しずつ混ぜ入れる。

7 低速で5分間混ぜ続ける。混ぜるにつれて、小麦粉のたんぱく質であるグルテンがパン生地のつながりを強くする。

8 パレットをフックのアタッチメントに代える。中速で混ぜ続け、そこに少しずつ残りの小麦粉を入れていき、完全に混ぜ合わせる。小麦粉が完全に混ざってもパン生地がボウルの側面から離れない状態であれば、離れるようになるまで少量の小麦粉を加える。

9 中速で8分間混ぜ続ける。

10 ゴマとけしの実を振り入れ、均等に散らばるまで低速で混ぜる。

11 混ぜたパン生地を軽く粉を振った作業台に移す。食パン型の大きさと形に合わせて長方形に成形する。食パン型を2つ使う場合は、成形する前にパン生地を2つに分ける。

12 用意しておいた食パン型にパン生地を入れ、ラップか清潔な乾いたふきんで覆う。

13 風の通らない、温度が24℃くらいの場所で、パン生地が2倍にふくらむまで3〜4時間発酵させる。ゆっくりとふくらむ生地なので、あせらないこと。

14 オーブンを190℃に予熱する。

15 パン生地の上部が均一にきつね色になるまで、25〜30分焼く。芯温が95℃になると焼きあがる。

このレシピはパン用小麦粉より普通の小麦粉のほうがうまくいく。

16 すぐにパンを食パン型から出す。網の上にのせて、完全に冷めてからスライスする。

モダニストのチーズバーガー

できあがりの分量：	4人分
調理時間：	材料を組み立てるのに10分
保存：	できたてを供する
難易度：	低

必要な器具、材料：「サンドイッチ用食パン」（210ページ参照）、「モダニストのハンバーガー・パテ」（208ページ参照）、「とろーりとろけるチーズスライス」（317ページ参照）、「MCのスペシャルソース」（109ページ参照）か「圧力鍋でキャラメリゼしたケチャップ」（110ページ参照）

オリジナルのハンバーガーはトーストした食パンを使い、パテ以外にはほとんど何も入っていなかった。わたしたちはその伝統に敬意を払うが、もちろん市販のバンズを使ってもいい。トマトが旬でなければ、レタス、グリルで焼いたマッシュルーム、薄切りの生のタマネギ、厚切りのピクルスで代用できる。このレシピをもとにして、自分好みの組み合わせにすればいい。

材料	重量	分量	比率	手順
サンドイッチ用食パン（1cmの厚さに切る）（210ページ参照）		8枚		① オーブンの上火を予熱する。 ② パンの片面に牛脂を均等に塗る。 ③ 牛脂の面を上にして、上火の下で、きつね色になるまで約2分トーストする。
圧力鍋で溶かした牛脂か溶かした無塩バター（123ページ参照）	必要量			
モダニストのハンバーガー・パテ（208ページ参照）		パテ4枚		④ 加熱したハンバーガー・パテをオーブンプレートに置き、その上にチーズを1～2枚のせる。 ⑤ チーズが溶けるまで1～2分上火で焼く。
チーズクランブル（317ページ参照）		4～8枚		
MCのスペシャルソースか圧力鍋でキャラメリゼしたケチャップ（109ページ、110ページ参照）	80g	大さじ5		⑥ 用意したパンの上に4等分してのせ、その上にチーズバーガーのパテと残りのパンをのせる。 ⑦ できたてを供する。
トマトか新タマネギ（スライス）		厚切り4枚		

ふわふわ泡のミルクシェイク

できあがりの分量：	4〜8人分（1L／4¼カップ）
調理時間：	1時間半（準備：10分　冷やす時間：1時間20分）
保存：	できたてを供する
難易度：	低
必要な器具、材料：	乾燥卵白、乳清たんぱく質分離物、「フリーズドライ・フランボワーズのパウダー」（377ページ参照）

　このシェイクは牛乳そのもののような味がするので、わたしたちは近所の乳製品販売所で買った新鮮な生乳を使う。代わりにスーパーで売っている通常の牛乳を使うこともできるが、それだと同じような繊細な風味にはならない。コクのあるシェイクにするには、ハーフアンドハーフ（全乳と脂肪分の少ない生クリームを混ぜたもの）を使うか、高脂肪生クリームと牛乳を混ぜて使う。

　わたしたちは「フリーズドライ・フランボワーズのパウダー」をシェイクに加えているが、ココアパウダー、モルトパウダー、粉末イチゴなどでも申し分ない。

牛乳に直接風味を足すこともできる。たとえば、5g／5ml／小さじ1のバニラエキスを混ぜれば、コクのあるバニラシェイクになる。しかし、わたしたちは純粋な牛乳味のほうが好きだ。

　いやな風味がつくのを避けるために、わたしたちは除臭加工された高級な乳清たんぱく質分離物だけを使っている。これは健康食品店かオンラインで手に入る。

材料	重量	分量	比率
新鮮な生乳の全乳	1kg	1L	100%
砂糖	180g		18%
乾燥卵白	20g	大さじ3	2%
乳清たんぱく質分離物	10g	大さじ1	1%
塩	必要量		
フリーズドライ・フランボワーズのパウダー（377ページ参照）	10g	小さじ4	1%

手順

① 金属かガラスのボウルで合わせ、スティックミキサーを使って、砂糖、乾燥卵白、乳清たんぱく質分離物が完全に合わさるまで混ぜる。
② 冷蔵庫で1時間冷やし、粉に水分を含ませる。これはシェイクをちゃんと泡立てるために必要な手順だ。
③ クラッシュアイスを用意し、その中にたっぷりの塩を混ぜる。
④ 冷やした牛乳のボウルを③の氷に20分間ひたす。
⑤ 冷たくなった牛乳をミキサーに入れて高速で3分間混ぜ、空気を含ませる。
⑥ ミルクシェイクを小さめの冷やしたグラスに注ぎ、フランボワーズのパウダーをその上からふりかけ、できたてを供する。

同時につくれるもの

モダニストのミートローフ・サンドイッチ

できあがりの分量：	サンドイッチ4個分（各約200g）
調理時間：	13時間半（準備：1時間　冷蔵と真空調理：12時間半）
保存：	できたてを供する
難易度：	ふつう
必要な器具、材料：	肉挽き器か肉挽き用のアタッチメントがついたスタンドミキサー、真空調理専用の器具一式、「新タマネギのコールスロー」（165ページ参照）

残りもののミートローフはサンドイッチになることが多い。しかし、わたしたちはこの翌日のお楽しみがそれ自体で値打ちのある料理だと考える。すばらしいものにするためにいくつかの秘訣がある。まず、肉を挽く前に塩漬けにして、粘りを生み出すミオシン・たんぱく質を引き出し、ミートローフの食感をよくして、つなぎとして使う卵の量を減らす。ミートローフはハンバーグより密度と弾力があるべきだ。次に、真空調理することで肉のジューシーさを保つ。そして最後に、パテ状の肉を短時間揚げて、表面をカリッとした完璧な状態に仕上げる。豚肉の代わりにショートリブのような脂身の多い牛肉を使って、牛肉だけのミートローフをつくることもできる。全体の脂身の量を同じくらいにすればいい。

材料	重量	分量	比率	手順
牛チャック（肩ロース、2.5cm角に切る）	400g		100%	① 浅い容器に入れて、よく混ぜ合わせ、漉し布でおおい、冷蔵庫で一晩（約12時間）塩漬けする。
豚肩肉（2.5cm角に切る）	120g		30%	② 4.5mmのプレートでひく。
塩	5g	小さじ1¼	1.25%	
新タマネギ（おろす）	200g		50%	③ ウォーター・バスを60℃に予熱する。
加熱用精製油（xxiiページ参照）	10g	10ml／小さじ2	2.5%	④ タマネギを中火で、水気がなくなるが茶色にならないように、約12分炒め、そのまま冷ます。
ケチャップ（市販品）	32g	大さじ2	8%	⑤ 冷ましたタマネギに合わせる。
卵（混ぜる）	20g	大さじ1	5%	⑥ 挽き肉を加え、よく混ぜる。
乾燥パン粉	10g	大さじ1½	2.5%	⑦ ⑥を約160gずつ4等分し、2cm厚さのパテに成形する。
魚醤	10g	8ml／大さじ½	2.5%	
ディジョン・マスタード	8g	小さじ2	2%	
ウスターソース	8g	7ml／大さじ½	2%	
パルメザンチーズ（おろす）	4g	大さじ1	1%	
黒粒コショウ（挽く）	2g	小さじ½	0.5%	
加熱用精製油	20g	20ml／大さじ1½	5%	⑧ それぞれのパテを別々のジッパーつき袋に5g／5ml／小さじ1の油とともに入れる。水圧を利用して空気をできるだけ袋から抜き、密封する（58ページ参照）。真空パックはしない。
				⑨ 芯温が59℃になるように35分ほど真空調理する。
加熱用精製油	必要量			⑩ 深鍋に5cmの加熱用精製油を入れ、190℃に熱する。
乾燥パン粉	120g		30%	⑪ ペーパータオルを敷いたトレイに加熱したパテを移し、水気を拭く。
				⑫ 温かいパテにパン粉をまぶす。
				⑬ パン粉をつけたパテを1個ずつ、濃い茶色になってこんがりするまで、約30秒ずつ揚げる。
				⑭ ペーパータオルの上でパテの油を切る。
新タマネギのコールスロー（165ページ参照）	110g		28%	⑮ スライスしてトーストしたパンにパテとタマネギをのせる。できたてを供する。
サンドイッチ用食パン（トーストする）（210ページ参照）		8枚		

フライ調理の注意点については26ページを参照。
軽く火を通した食品の安全性についてはxxvページを参照。

1 牛肉と豚肉に塩を振り、よく混ぜ合わせる。塩をした肉を浅い容器に入れ、漉し布でおおい、冷蔵庫で一晩（約12時間）塩漬けする。漉し布は肉の表面が乾燥するのを防ぐために使う。

塩漬けする前（左）としたあとの肉

2 4.5mmのプレートで塩漬けした肉を挽く。

3 ウォーター・バスを60℃に予熱する。

4 タマネギを中火で、水気がなくなるが茶色にならないように、油で約12分炒める。タマネギを完全に冷ます。

5 炒めたタマネギにケチャップ、溶き卵、パン粉、魚醤、マスタード、ウスターソース、パルメザンチーズ、黒コショウを合わせる。

6 5に挽き肉を加え、よく混ぜる。

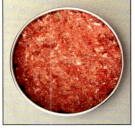 

7 6を4等分して（丸か四角）の約160gのパテに成形する。パテの厚さが2.5cm以内だと均等に加熱でき、2cmだとサンドイッチにしたときに食べやすい。

8 それぞれのパテを別々のジッパーつき袋に5g／5ml／小さじ1の油とともに入れる。水圧を利用して空気をできるだけ袋から抜き、密封する（58ページ参照）。肉を押しつぶしてしまうので、真空パックはしない。

9 芯温が59℃になるように35分ほど真空調理する。

10 パテを真空調理しているあいだに、深鍋に5cmの油を入れ、190℃に熱する。あるいは、深みのあるスキレットに6mmの油をひいて熱する。

11 加熱したパテを袋から出し、ペーパータオルを敷いたトレイに移して、油気を拭く。

12 温かいパテに乾燥パン粉をまぶす。

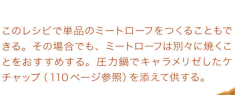

このレシピで単品のミートローフをつくることもできる。その場合でも、ミートローフは別々に焼くことをおすすめする。圧力鍋でキャラメリゼしたケチャップ（110ページ参照）を添えて供する。

13 パン粉をつけたパテを1個ずつ、濃い茶色になってかりっとするまで、約30秒ずつ揚げる（スキレットで焼く場合は各面30秒ずつ）。

14 ペーパータオルの上でパテの油を切る。

15 スライスしてトーストしたパンにパテとタマネギをのせてサンドイッチをつくる。できたてを供する。

CHEESEBURGER

カルニタス

　この章では、モダニストのメキシコ料理の本質を紹介する。カルニタスだけでなく、フリホレスの泡や、豚の皮からつくるカリカリのチチャロンもだ。こういった料理が一緒になると、メキシコ料理の核である伝統的な風味や食感がよくわかる。

　カルニタスの伝統的なつくり方は長時間ゆっくりと煮るもので、これは最長8時間かかるが、真空調理するともっと時間がかかる。わたしたちは圧力鍋を使うことで、調理時間をわずか30分に縮めた。圧力鍋による高熱で、骨格筋のかたい繊維をつないでいるコラーゲンをすばやく溶かしゼラチンに変える。その結果、やわらかくフレーク状になった肉は、フォークをあてたり、口の中に入れたりすると崩れる。細かく刻んだカルニタスはタマレス（レシピは340ページ参照）の完璧なフィリングにもなる。

　圧力鍋を使うと、豆類の調理もすばやくできる。フリホレスは不当に扱われていることが多い。できばえがよくないことが多く、どろどろして味がなかったり、しまって皮が固かったり、生煮えでざらついた食感になったりするからだ。わたしたちは、よく気をつけて火を通し、ピュレ状にしてからホイップ用サイフォンを使って空気を含ませている。インゲン豆には泡を安定させるでんぷんが含まれているので、それを活用している。その結果、コクのある風味でありながら、ふわふわの豆のピュレができる。

硬水とやわらかい豆の科学

　調理するときに使う水のミネラル量によって豆の食感は大きく変わる。水の硬度が高いほど豆が固くなるのは、硬水にはカルシウムイオンとマグネシウムイオンが含まれ、それが豆のたんぱく質に作用するからだ。したがって、豆をやわらかくしたければ、軟水で料理する。軟水器に通した水道水でも市販のものでもいい。脱イオン水か蒸留水が最適だ。そして、サラダに使うような固い豆にしたかったら、塩化カルシウム（Ballブランドの"Pickle Crisp"という名でも売られている）をひとつまみ加えるといい。

ハイライト

ジューシーでやわらかいカルニタスを約1時間でつくる。

218ページ参照

同じ圧力鍋のテクニックを使って、ラムやショートリブや鴨も蒸し煮できるし、豚肩肉を使った別の2種類の料理もできる。

220ページ参照

乾燥させて揚げることで、たるんだ豚の皮がパリパリにふくらんだおやつになる。きっと多めにつくりたくなるだろう。

222ページ参照

フィリピンの国民的料理である豚ばら肉のアドボは見かけによらずシンプルな材料でできている。それなのに、甘さと酸っぱさのバランスが絶妙だ。

224ページ参照

圧力鍋でつくるカルニタス

できあがりの分量：	6〜8人分（1kg／4カップ）
調理時間：	1時間15分（準備：15分　圧力鍋調理：1時間）
保存：	冷蔵庫で5日間、冷凍庫で最長6カ月間保存可能
難易度：	低
必要な器具、材料：	圧力鍋、アチョーテ・ペースト（アナトー・ペースト）、「ブラウン・ポーク・ストック」（86ページのバリエーション参照）
合う料理：	「圧力鍋でつくるフレッシュコーンのタマーリ」（340ページ参照）、「サルサベルデ」（111ページ参照）

　カルニタスの伝統的なつくり方は、ラードを入れた大鍋の中で大きな豚肉のかたまりをゆっくり加熱するというものだ。わたしたちのレシピでは、圧力鍋を使うことで、脂肪分を減らし調理時間を短縮しているが、風味はそのままだ。豚肩肉（ポークバットとかボストンバットと呼ばれることが多い）を一口サイズに切ってつくり、それを「圧力鍋でつくるフレッシュコーンのタマレス」のフィリングとして使う。あるいは、できた肉をほぐして、ブリトーかタコスの中身にする。大きめの圧力鍋があれば、レシピの量を倍にしてもいい。カルニタスは冷凍してもとてもおいしい。

材料	重量	分量	比率	手順
骨と皮なしの豚肩肉 （2.5〜3cmの角切り）	1.3kg		100%	① 圧力鍋の中で合わせる。 ② ゲージ圧1バールで30分加熱調理する。圧力が最大になったら、時間を計りはじめる。 ③ 鍋を減圧する。 ④ 煮汁を大きめの鍋に濾し入れる。
ブラウン・ポーク・ストック （86ページのバリエーション参照、あるいは水）	460g	460ml	35%	
アチョーテ・ペースト （市販品か次ページ参照）	15g	大さじ1	1.2%	⑤ 煮汁に混ぜ、強火でとろりとした状態になるまで約25分加熱する。 ⑥ ⑤に豚肉を加え、中強火にかけ、そっとひっくり返しながら、茶色になり、液体が煮つまって肉に絡まるまで、約6分加熱する。
チポトレ・チリパウダー （なくても可）	2.5g	小さじ1	0.19%	
塩		適量		⑦ 煮汁が絡まってつやっとした豚肉に味つけし、温かいうちに供する。
ライム果汁		適量		
パクチー		適量		
チリパウダー		適量		

圧力鍋調理の注意点については33ページを参照

1 豚肩肉とストックを圧力鍋の中で合わせる。

2 ゲージ圧1バールで肉を30分加熱調理する。圧力が最大になったら、時間を計りはじめる。

3 そのまま鍋を冷ますか、ぬるま湯をふたの縁からかけて、鍋を減圧する。

4 煮汁を大きめの鍋に濾し入れる。時間があれば、肉を煮汁に入れたまま冷蔵庫に一晩入れておくと、風味がさらに増す。

5 アチョーテ・ペーストとチリパウダーを煮汁に混ぜ、強火で少なくとも3分の2の量に煮つまってとろりとした状態になるまで約25分加熱する。

6 5に豚肉を加える。中強火にかけ、そっとひっくり返して豚肉に煮汁をかけながら、豚肉が茶色になり、液体が煮つまって肉に絡まるまで、約6分加熱する。

7 煮汁が絡まってつやっとした豚肉を塩、ライム果汁、パクチー、チリパウダーで味つけし、温かいうちに供する。

カルニタスをほぐすには、2本のフォークを使って、煮汁の絡まった豚の角切りを引っぱってばらばらにしていく。ほぐすのは、タコスやブリトーやタマレスのフィリングとしてカルニタスを使うときだけだ。チリパウダーとコリアンダーをかける。

バリエーション：
真空調理でつくるカルニタス
豚肩肉の角切りとブラウン・ポーク・ストックを凍らせたアイスキューブ（86ページのバリエーション参照、ストックは製氷皿で冷凍できる）を真空パックし、65℃で36時間真空調理する（風味が飛ぶのを避けるために、ジッパーつき袋は使わない）。手順4から続ける。真空調理でつくったカルニタスは圧力鍋でつくるより水分が多く、ばらばらになりにくい。

丸ごとの肩肉
風味を増すために骨と皮つきの豚肩肉を使う。1.3kgの豚肩肉と460g／460mlのブラウン・ポーク・ストック（86ページのバリエーション参照）を圧力鍋に入れ、ゲージ圧1バールで2時間加熱調理する。鍋を減圧し、「圧力鍋でつくるチチャロン」（222ページ参照）用に皮を取り除く。骨をはずして、肉を自然な筋肉のかたまりごとに分け、余分な脂身や軟骨を取り除く。手順4から続ける。

同時につくれるもの：アチョーテ・ペースト

アナトーシード	78g	
圧力鍋でつくるガーリック・コンフィ（126ページ参照）	40g	大さじ3
ハバネロトウガラシ（種と柄を取る）	25g	2個
黒粒コショウ	7g	大さじ1
コリアンダーシード	2g	大さじ½
クミンシード	2g	小さじ1
乾燥オレガノ	1g	大さじ½
オールスパイス（ホール）	1g	8個
クローブ（ホール）	0.7g	8個
オレンジ果汁	124g	125ml
白ワインビネガー	119g	140ml
レモン汁	50g	50ml
テキーラ	4g	5ml／小さじ1

アナトーシードとスパイス類を混ぜ合わせ、コーヒーミルで挽く。挽いたスパイスをガーリック・コンフィ、オレンジ果汁、ビネガー、レモン汁、テキーラとともにミキサーに入れ、なめらかになるまで混ぜる。

その他の肉や家禽類の蒸し煮

ラムもも肉のタジン

骨なしラムもも肉 （2.5〜3cmの角切り）	1.3kg	
ブラウン・ラム・ストック （86ページ参照）	460g	460ml
加熱用精製油 （xxiiページ参照）	30g	30ml／大さじ2
タマネギ（みじん切り）	160g	
乾燥アプリコット （小さめのさいの目切り）	40g	
トマトペースト	20g	大さじ1
蜂蜜	20g	大さじ1
ショウガ（みじん切り）	15g	大さじ2
シナモン（挽く）	3g	小さじ2
クミンシード（挽く）	2g	小さじ½
レモンの皮	0.3g	小さじ¼
塩	適量	
生のミント	必要量	
くし形に切ったレモン	必要量	

218ページの手順1〜4にそって、ラム肉とラム・ストックを圧力鍋で調理する（あるいは、ラムとラム・ストックを62℃で48時間真空調理する。詳細は前ページのバリエーション「真空調理でつくるカルニタス」を参照）。濾した煮汁を中強火でとろりとした状態に煮つめる。油をひいた大きめのスキレットで、タマネギ、アプリコット、トマトペースト、蜂蜜、ショウガ、シナモン、クミンを、タマネギが透明になるまで中火で加熱する。シロップ状に煮つまった煮汁を加え、手順6で終わらせる。レモンの皮と塩で味つけし、ミントとくし形のレモンを添える。ライスかクスクスを添えて供する。

リンゴとモリーユを添えた豚肩肉のフリカッセ

骨と皮なしの豚肩肉 （2.5〜3cmの角切り）	1.3kg	
ブラウン・ポーク・ストック （86ページのバリエーション参照）	460g	460ml
加熱用精製油 （xxiiページ参照）	30g	30ml／大さじ2
ポロネギ （白い部分のみ、みじん切り）	100g	
乾燥モリーユかポルチーニ	14g	
ニンニク（みじん切り）	7g	小さじ2¼
タイム	1g	1枝
リンゴ果汁	150g	150ml
アップルジャックか アップル・ブランデー	100g	125ml
高脂肪生クリーム （乳脂肪分36％以上）	100g	110ml
黒粒コショウ	適量	
塩	適量	
バゲット（スライスしてトースト）		1本
青リンゴ（細切り）	必要量	

218ページの手順1〜4にそって、豚肩肉とポーク・ストックを圧力鍋で調理する（あるいは、豚肩肉とポーク・ストックを62℃で48時間真空調理する。詳細は前ページのバリエーション「真空調理でつくるカルニタス」を参照）。濾した煮汁を中強火でとろりとした状態に煮つめる。大きめのスキレットで、ポロネギ、もどした乾燥キノコ、ニンニク、タイムを中火で油を使ってソテする。リンゴ果汁とアップルジャックを加え、この液体もとろりとなるまで煮つめる。煮つめた豚の煮汁をスキレットに加え、手順6で終わらせる。生クリームを混ぜ入れ、塩とコショウで味つけする。トーストしたバゲットにのせ、青リンゴを添える。

ナンを添えたポーク・ヴィンダルー

骨と皮なしの豚肩肉 （2.5〜3cmの角切り）	1.3kg	
ブラウン・ポーク・ストック （86ページのバリエーション参照）	460g	460ml
加熱用精製油 （xxiiページ参照）	30g	30ml／大さじ2
タマネギ（みじん切り）	110g	
ヴィンダルー・スパイス・ミックス （135ページのバリエーション参照）	25g	大さじ3
ショウガ（みじん切り）	20g	大さじ1
ニンニク（みじん切り）	8g	大さじ1
トマトペースト	40g	大さじ2½
米酢	適量	
黒コショウ	適量	
塩	適量	
ナン	必要量	

218ページの手順1〜4にそって、豚肩肉とポーク・ストックを圧力鍋で調理する。煮汁を中強火でとろりとした状態に煮つめる。油をひいた大きめのスキレットで、タマネギ、ショウガ、ニンニク、ヴィンダルー・スパイス・ミックスを、タマネギとニンニクがほぼ透明になるまで中火で加熱する。トマトペーストを加え、弱火でほぼ水分がなくなるまで加熱する。煮つめた煮汁を加え、手順6で終わらせる。米酢と塩とコショウで味つけする。豚肉とソースを、温めたナンとともに供する。

韓国風ショートリブのレタス包み

骨なしショートリブ （2.5cmの角切り）	900g	
ブラウン・ビーフ・ストック （86ページ参照）	300g	300ml
韓国風ウィングソース （260ページ参照）	60g	
サラダ菜	必要量	

218ページの手順1〜4にそって、ショートリブとビーフ・ストックを圧力鍋で調理する（あるいは、228ページを参照して真空調理する）。余分な骨と脂身と軟骨を取り除く。肉をほぐすか、かたまりに分ける。手順5で、アチョーテ・ペーストとチリパウダーを韓国風ウィングソースに代える。手順6で終わらせる。牛肉とソースをレタスの葉にのせて供する。

蒸しパンを添えた鴨肉の蒸し煮

鴨の骨つきもも肉	900g	
鴨のストック （86ページ参照）	300g	300ml
海鮮醤（李錦記ブランド）	35g	大さじ3
蒸しパン（市販品）	必要量	
ネギ（せん切り）	必要量	

218ページの手順1〜4にそって、鴨のもも肉と鴨のストックを圧力鍋で調理する。皮と骨と軟骨を取り除く。肉をほぐすか、かたまりに分ける。手順5で、アナトー・ペーストとチリパウダーを海鮮醤に代える。手順6で終わらせる。鴨肉とソースを温めた蒸しパン（アジア食料品店で入手可能）にのせ、せん切りのネギを添えて供する。

圧力鍋でつくるチチャロン

できあがりの分量：	200g／大きなシート2枚か20個
調理時間：	12時間30分（準備：30分　圧力鍋調理と乾燥：12時間）
保存：	乾燥後は密閉容器で1日、揚げたあとは2日間保存可能
難易度：	ふつう
必要な器具、材料：	圧力鍋、食品乾燥器（なくても可）

チチャロンは、豚の皮を乾燥させて揚げ、ふくらませてパリパリにしたものだ。やめられなくなるおやつ、つけ合わせなので、大量につくらないと、テーブルにのせる前になくなってしまう。豚の皮は多くの食肉販売店やアジアやラテンアメリカの食料品店で買うことができる。おいしいチチャロンをつくる秘訣は、揚げる前にちょうどいい状態まで乾燥させることだ。この時点での乾燥した皮は少し曲がり、半分に割れる。水分が多すぎたり、乾燥させすぎたりすると、熱い油に入れたときにちゃんとふくらまない。

材料	重量	分量	比率	手順
水	460g	460ml	102%	① 圧力鍋に入れる。
豚皮	450g	大きめ2枚	100%	② ゲージ圧1バールで2時間加熱調理する。圧力が最大になったら、時間を計りはじめる。
				③ そのまま鍋を冷ますか、ふたの縁にぬるま湯をかけて、鍋を減圧する。
				④ 皮の水気を切り、余分な脂身をそっとこそげ取る。
				⑤ 皮を63℃の食品乾燥器（あるいは自宅のオーブンで可能な最低温度）で、皮が少し曲がり、最後に半分に割れるようになるくらいまで、約10時間乾燥させる。
加熱用精製油 （xxiiページ参照）	必要量			⑥ 油を190℃に熱する。
				⑦ 乾燥させた豚皮を同じサイズにハサミで切るか手で割る。
				⑧ 豚皮がふくらんでパリッとするまで約2分揚げる。
				⑨ ペーパータオルで油を切る。
塩		適量		⑩ 皮に味つけをして、できたてを供するか、密閉容器に入れて保存する。

圧力鍋調理の注意点については33ページを参照。
フライ調理の注意点については26ページを参照。

バターナイフのような切れ味の鈍い道具で加熱した皮からそっと脂身をこそげ取る。皮を破ってしまわないように気をつける。

皮を乾燥させるには食品乾燥器が最適だが、ない場合はオーブンを最低温度にセットし、オーブンプレートの上に置いた網に皮を並べ、革のようになり、プラスチックのように曲がるまで、8～10時間加熱する。

皮を数枚ずつ揚げる。必要なだけ何回かに分ける。

フリホレスの泡

できあがりの分量：	4人分（665g／3¼カップ）
調理時間：	1時間30分（準備：30分　圧力鍋調理：1時間）
保存：	泡はできたてを使い、ピュレは冷蔵庫で最長1日保存可能
難易度：	低
必要な器具、材料：	圧力鍋、1Lのホイップ用サイフォン、亜酸化窒素のカートリッジ3本
合う料理：	「圧力鍋でつくるカルニタス」（218ページ参照）

　伝統的なメキシコ料理の最新版は、モダニストのテクニックを2つ組み合わせている。豆を乾燥した状態のまま、少しカルシウムの入った水で圧力鍋調理することで、豆が破裂し、とてもやわらかくなる。そのあとにホイップ用サイフォンを使って、完璧になめらかでプディングのようなピュレをふわふわの軽い泡にする。飛び散るのを避けるため、泡は深みのある容器に出し、食卓に出す皿の上にスプーンでよそう。泡は10分ほどしか安定した状態でとどまらないので、食卓に出す準備ができるまでサイフォンから出さないこと。

材料	重量	分量	比率	手順
ブラウン・ポーク・ストック またはボトル入り飲料水 （86ページのバリエーション参照）	400g	400ml	267%	① 圧力鍋に入れ、ゲージ圧1バールで1時間加熱調理する。圧力が最大になったら、時間を計りはじめる。 ② そのまま鍋を冷ますか、ぬるま湯をふたの縁にかけて、鍋を減圧する。
乾燥インゲン豆	150g		100%	③ 豆を少し冷ます。
ラードか精製油	10g	10ml／小さじ2¼	7%	④ 豆と残ったストックをミキサーに入れ、なめらかなピュレ状にし、できたピュレを鍋に入れる。
高脂肪生クリーム （乳脂肪分36%以上）	100g	110ml	67%	⑤ 豆の中に泡立て器で混ぜ入れ、プディングのような固さになるまでかき混ぜる。
塩	適量			⑥ ピュレを中火にかけ、55℃まで加熱し、しっかり味つけする。ピュレを泡状にすると、風味はさらに繊細になる。 ⑦ 温めたピュレを1Lのホイップ用サイフォンに入れ、亜酸化窒素のカートリッジ3本をチャージする。 ⑧ 飛び散るのを防ぐために泡を深めの容器に出す。 ⑨ 皿の上に泡をスプーンでよそう。

圧力鍋調理の注意点については33ページ参照。

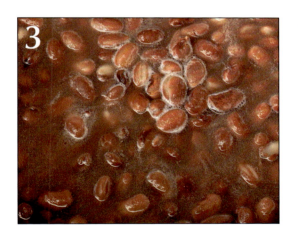

バリエーション：
フリホレスのピュレ
手順5で、好みの食感になるのに必要なだけの生クリームを加え、手順6に進んで、ピュレに味つけする。

その他の豆の泡
ラードを他の脂肪に、インゲン豆をほかの豆に代えることもできる。脂肪分と豆の天然のでんぷんがじゅうぶん含まれていれば、安定した泡をつくることができる。フランスの白インゲン豆（フラジョレ）とバター、ギガンテ豆かリマ豆とニンニクとオリーブオイルかバター、フムス風の泡にはヒヨコ豆とタヒニなどの組み合わせを試してほしい。サイフォンに入れる前のピュレは完璧になめらかでプディングのようなテクスチャーになっていなければならない。

あらかじめ仕込む場合
ピュレ状にした豆は手順5のあと、最長24時間冷蔵庫で保存できる。保存後に手順6から続ける。
手順7のあと、温めたピュレを入れたサイフォンを50℃のウォーター・バスに最長1時間保温してから、泡を出すことも可能。

フリホレスは伝統的にはラードでつくられるが、豆をボトル入り飲料水か野菜のストックで煮て、ココナッツオイルのような植物性の精製油を使えば、このレシピをベジタリアン版に簡単に変えることができる。できあがりの濃度と食感はオリジナルとは少し違う。

同時につくれるもの

圧力鍋でつくる豚ばら肉のアドボ

できあがりの分量：	8人分（1.2kg／6カップ）
調理時間：	1時間45分（準備：1時間　圧力鍋調理：45分）
保存：	冷蔵庫で3日間保存可能
難易度：	ふつう
必要な器具、材料：	圧力鍋

アドボの語源は古いスペイン語の動詞で「煮込む」という意味のアドバル（adobar）で、かつてスペインの支配下にあった地域ならどこにでもある料理だ。しかし、その料理は地域によって違い、スパイスの混合や、使う肉も煮込まれていたり、蒸し煮されていたり、ローストされていたりするという違いがある。ここで紹介しているヴァージョンはフィリピンの国民的料理とされているもので、しょうゆ、酢、大量の黒コショウで大胆に味つけされた鶏肉または豚肉の煮込みだ。ここでは、専門の食肉店で手に入る新鮮な皮つきの豚ばら肉を使っている。皮があるので煮汁にとろみがつき、煮込んでも肉がばらばらにならない。皮なしの食感が好きなら皮を取り除いてもいい。角切りにした豚肩肉も脂身の少ない代用品として使える。アドボに蒸した米、サツマイモのピュレ（230ページのバリエーション参照）、あるいは焼いたキクイモを添えて出す。

材料	重量	分量	比率	手順
加熱用精製油かラード（xxiiページ参照）	50g	55ml	3.3%	① 弱火でやわらかく、薄いきつね色になるまで、7～10分ソテする。
タマネギ（おろす）	550g		37%	
ニンニク（つぶす）	10g	1½片	0.7%	
新鮮な豚ばら肉（皮つき、3.75cmの角切り）	1.5kg		100%	② タマネギをソテしたものと一緒に圧力鍋に入れて混ぜ合わせる。
米酢	230g	270ml	15%	③ ゲージ圧1バールで45分加熱調理する。圧力が最大になったら、時間を計りはじめる。
しょうゆ	130g	110ml	8.7%	④ そのまま鍋を冷ますか、ふたの縁にぬるま湯をかけて、鍋を減圧する。
魚醤	85g	70ml	5.7%	⑤ 煮汁から肉を穴杓子ですくい、フライパンに入れる。
砂糖	62g	大さじ5	4.1%	⑥ 煮汁を鍋に濾し入れる。できるだけ脂肪を取り除く。
八角	3g	1～2個	0.2%	⑦ 250g／250mlの煮汁を豚ばら肉の入ったフライパンに移し、中強火で肉をそっとひっくり返したり、煮汁をかけたりしながら、煮汁が煮つまって肉に絡むまで12～15分間煮る。
黒粒コショウ	0.7g	小さじ¼	0.04%	
生のローリエ（ちぎる）	0.7g	3枚	0.04%	
追加の生のローリエ（ちぎる）	0.7g	3枚	0.04%	⑧ 残った煮汁の鍋に加え、沸騰させる。
追加の八角	3g	1～2個	0.2%	⑨ 火から下ろし、7～10分置いて風味をつける。
米酢	適量			⑩ 濾す。
つぶした黒粒コショウ	適量			⑪ ⑦の豚ばら肉をスプーンで食卓に出す器に盛りつけ、⑩の煮汁をかけ、温かいうちに供する。

圧力鍋調理の注意点については33ページを参照。

あらかじめ仕込む場合
手順4のあと、圧力鍋で加熱した豚ばら肉と調理液を冷蔵庫で一晩冷やすか、冷凍する。ゆっくりと再加熱し、手順5から続ける。

バリエーション：真空調理でつくる豚ばら肉のアドボ
豚ばら肉を真空調理すると、圧力鍋でつくるよりもジューシーで、ほぐれにくい食感になる。手順3で豚ばら肉と煮汁の材料を真空パックする。62℃で48時間真空調理する。手順6から続ける。

1 おろしたタマネギとつぶしたニンニクを油かラードで、やわらかく、薄いきつね色になるまで、弱火で7～10分ソテする。

2 豚ばら肉、米酢、しょうゆ、魚醤、砂糖、八角、コショウ、ローリエを、タマネギをソテしたものと混ぜ合わせる。

3 ゲージ圧1バールで45分加熱調理する。圧力が最大になったら、時間を計りはじめる。

4 そのまま鍋を冷ますか、ふたの縁にぬるま湯をかけて、鍋を減圧する。

5 煮汁から肉を穴杓子ですくい、フライパンに入れる。

6 煮汁を鍋に濾し入れる。できるだけ脂肪を取り除く。台所用品店で売っているあく取り用の網杓子を使うとよく取れる。

7 250g／250mlの煮汁を豚ばら肉の入ったフライパンに移し、中強火で肉をそっとひっくり返したり、煮汁をかけたりしながら、肉が茶色になって煮汁が煮つまり肉に絡まるまで、12～15分間煮込む。

8 追加のローリエと、八角、米酢、コショウを残った煮汁の鍋に加える。ローリエから出るエッセンシャルオイルの風味は加熱すると弱くなる。ここで追加することで、新鮮でスパイシーな味を高める。煮汁を沸騰させる。

9 火から下ろし、7～10分おくか、使うときまで置き、風味をつける。

10 9を濾す。

11 7の豚ばら肉をスプーンで食卓に出す器に盛りつける。10の煮汁を上から注ぎ、アドボが温かいうちに供する。

CARNITAS

ショートリブの蒸し煮

　夕食をつくるのに72時間もかける？ とんでもない話だということはわかっている。しかし実は簡単なことだ。ショートリブを真空パックし、ウォーター・バスに入れるだけ。それだけで信じられないほどおいしい料理ができあがる。肉をひっくり返して、あとは運頼みのコンロでの調理にはもう戻れなくなるはずだ。

　ショートリブが蒸し煮に最適な部位なのは、手に入りやすく、全体に脂身とコラーゲンがほどよく含まれているおかげで、とても味がよいからだ。真空調理の精密さによって得られる食感の幅（228ページ参照）を示すためにわたしたちはショートリブを使う。しかしこのテクニックはリブアイでも使えるし、オックステール、牛すね肉、タンのような固い部位でもうまくいく。

　肉をゆっくり加熱する際には3つのことを覚えておいてほしい。まず、肉を密封する前に塩をかけないこと。かけてしまうと72時間のあいだに塩漬けになり、コンビーフができてしまう（しかし、塩を加えていない牛肉のジュかビーフ・ストックの中に肉を密封して、牛肉の風味を強めることはできる）。第2に、筋や薄皮はすべて取り除くこと。こういうものは加熱してもやわらかくならない。第3に、肉の表面を焼きたいのなら、調理のあとにして、いやな風味が生じたり、色が悪くなったりするのを避ける。

　ゆっくり加熱した肉にほどこす最後の仕上げでわたしたちが好きなのは、ショートリブのレシピで説明している方法だ。温かい肉をほんの1分だけ、とろりとした状態に煮つめたソース（この場合は赤ワインのたれ）を入れた小さめの鍋に入れて、風味とつやをさらに加える。ソースの中で火を通すわけではなく、これによって肉全体を温める。

ハイライト

ショートリブは出発点にすぎない。わたしたちの「肉の固い部位のおすすめ調理法」には、ブリスケットやオックステールから豚ばら肉に至るまで、あらゆる種類の部位に適した調理時間と温度を示している。

228ページ参照

たれに濃口しょうゆとバルサミコ酢を加えることで肉の風味にコクが出る。これによってソースにとろみをつけるために煮つめすぎるのを避けられる。

97ページ参照

マッシュポテトがべとついたり、ざらざらのマッシュになってしまった経験はないだろうか。ジャガイモをつぶしすぎずになめらかなマッシュをつくるには、ポテトマッシャーが不可欠だ。

230ページ参照

そのほかにつくれるものとして、別の肉を塩漬け液に漬けてゆっくり加熱し、伝統的なサンドイッチを変身させてみよう。カリッとしているのにやわらかい豚ばら肉を使ったわたしたちのBLTには、スモーキーな風味を少し加えるためにベーコン・マヨネーズが入っている。

232ページ参照

肉の固い部位を調理する科学

ショートリブなどの肉の固い部位には固いコラーゲンが多く含まれている。そのような部位をやわらかくジューシーにするには、50℃にならないと起こらない化学反応でコラーゲンをゼラチンに変えなければならない。肉が熱くなるほど、この変化は速くなる。しかしこれには代償があり、高熱になると筋肉繊維からしぼり出される肉汁が増え、たんぱく質の変成も加速してしまう。60℃以下で長時間加熱することで、肉の色とジューシーさを保ちつつ、コラーゲンをゼラチン化して肉の蒸し煮の特徴であるなめらかな食感も得られる。

圧力鍋はこれよりもずっと高い温度になるので、固い肉を速く調理できるが、その結果、肉のジューシーさが失われてしまう。肉を煮汁の中で休ませることでこれを補うことができる。冷ましているあいだに、筋肉繊維が水分をいくらか再吸収するので、肉はもとのジューシーさをある程度取り戻すことができる。

わたしたちはショートリブの蒸し煮（次ページ参照）をジャガイモのピュレ（230ページ参照）の上にのせるのが好きだ。

肉の固い部位のおすすめ調理法

下にリストアップしたような肉の固い部位を真空調理するには、好みの食感を選んで、ウォーター・バスを指示されている温度に熱し、肉を真空パックして、指示された時間真空調理すればいい。あるいは、ゲージ圧1バールで指示された時間圧力鍋で調理し、食卓に出せる温度になるまで煮汁の中で冷ます。固い肉にはじゅうぶんな加熱が必要だ。つまり、高温で調理するか、低温で非常に時間をかけて調理するかだ。真空調理についての詳細は50ページを参照、圧力鍋調理についての詳細は32ページを参照。

| | 真空調理 | | | | | | 圧力鍋調理 | | |
| | やわらかくしなやか | | やわらかくほぐれやすい | | とてもほぐれやすい | | | | |
材料	(℃)	(時間)	(℃)	(時間)	(℃)	(時間)	(分)	備考	参照ページ
牛のショートリブ	58	72	62 65	72 24	88	7	50	手に入れば骨つきを使うこと。食卓に出す直前にカットすると最高の食感になる。	229
牛のブリスケット	60	72	63	72	70	72	40	圧力鍋調理のときはとくに、ノーズと呼ばれるブリスケットの脂肪の多い分厚い端の部分を使うこと。	
オックステール	60	100	65	48	70	24	70	温かいうちに肉を骨からはずすこと。	
ラムのすね肉	62	48	85	5	88	5	60	調理の前に薄皮を取り除くこと。	234
ラムの肩肉（大きめの角切り）	62	48	65	24	85	5	40	5％のオリーブオイルと0.1％のタイムで肉をコーティングして、強いラム臭が広がるのを防ぐこと。	
豚ばら肉	65	36	70	18	88	8	50	しまった食感にするには、調理前に232ページの手順1を使って、塩漬け液に漬ける。	232
豚肩肉かもも肉（2.5cmの角切り）	60	72	65	36	84	4	30	手に入るときはサシの多い色の濃い肉を使うこと。	218
ポークリブ	60	48	65	48	75	7	35	「グリル・スパイス・ミックス」（139ページ参照）を添えて出す。	

（赤字の温度がわたしたちのおすすめ）

ショートリブの蒸し煮

できあがりの分量：	4人分（600g、1人分は骨なしリブ1枚）
調理時間：	3日（準備：15分　真空調理：72時間）
保存：	冷蔵庫で3日間、冷凍庫で最長3カ月間保存可能
難易度：	低
必要な器具、材料：	真空調理の器具一式、真空パック器、「赤ワインのグレーズ」（97ページ参照）
合う料理：	「ジャガイモのピュレ」（次ページ参照）

　真空調理したショートリブは、ひと言で言うなら、最高だ。調理時間と温度を変えることで、劇的に違う食感にすることができる。ミディアムレアのステーキのような色と食感のショートリブにしたいなら、58℃で72時間真空調理する。フォークが刺さる程度のやわらかさだがピンク色を残したいのなら、このレシピのように温度を62℃にあげて、72時間調理する（これだけ長時間の調理の前には肉に焦げ目をつけないこと。いやな風味が生じる）。これより高い温度で調理すると、リブは昔ながらの蒸し煮の風味と色に近くなる。これだけ長時間加熱するときには肉を真空パックすることが不可欠だ。詳細は52ページを参照してほしい。ショートリブは骨つきでも骨なしでもこのレシピでうまくいく。

材料	重量	分量	比率	手順
牛のショートリブ（骨つきか骨なし）	1.2kg	リブ4枚	100%	① ウォーター・バスを62℃に予熱する。 ② 真空パックして、72時間真空調理する。 ③ 肉を骨からはずす。
赤ワインのグレーズ（97ページ参照）	200g		17%	④ グレーズを鍋に入れて軽く煮立たせる。 ⑤ 肉を加え、グレーズをかけながら1分間煮る。
塩		適量		⑥ 味つけし、温かいうちに供する。

長時間の加熱には、安全性と信頼性の点からジッパーつき袋はおすすめしない。酸化といやな風味が生じるのを避けるためにも真空パックすることが大切だ。

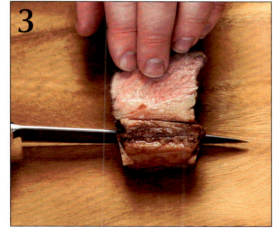

グレーズをかけているときに加熱しすぎて、真空調理の利点を台無しにしないように気をつけること。

あらかじめ仕込む場合

手順2でリブを真空調理したあと、袋を氷水に入れて肉を完全に冷ましてから、袋のまま冷蔵庫で保存する。リブを再加熱するときは、袋から出して、骨をはずす。肉を真空パックし、最初に加熱したときと同じ温度のウォーター・バスで30分再加熱する。その後、手順4から続ける。

ジャガイモのピュレ

できあがりの分量：	4～6人分（630g／2½カップ）
調理時間：	2時間（準備：30分　真空調理：1時間30分）
保存：	冷蔵庫で2日間保存可能
難易度：	ふつう
必要な器具、材料：	真空調理の器具一式、ポテトマッシャー

　伝統的なふわふわのマッシュポテトは、ラセットやマリス・パイパーといったでんぷんの多いジャガイモでつくるのが適している。適量の液体と脂肪分を加えて、水分を含ませるだけでできあがる。フランス料理のポム・ピュレのようになめらかな食感にするには、ユーコン・ゴールドやフィンガリングのようなねっとりしたジャガイモを使う。

　おいしいジャガイモのピュレの真の秘訣は、フードライターのジェフリー・スタインガーテンとシェフのヘストン・ブルメンタールによって明らかになった。それは、でんぷんを糊化し、でんぷん粒を安定化させる調理前の熱処理だ。ピュレをつくるときにはできるだけその粒をつぶしてしまわないように気をつけることも大事だ。ジャガイモをゆっくり裏漉しし（フードプロセッサーは使わないこと）、たっぷり脂肪を加えると流れ出したでんぷんによってピュレに粘りが出るのを防げる。

材料	重量	分量	比率	手順
ユーコン・ゴールド・ポテト（皮をむく）	500g	約4個	100%	① ウォーター・バスを70℃に熱する。 ② ジャガイモを2.5cmくらいの大きさに切る。
水	1kg	1L	200%	③ ジャガイモと水をジッパーつき袋に入れ、水圧を利用して袋からできるだけ空気を抜き、密封する（58ページ参照）。 ④ 35分間真空調理する。 ⑤ 袋から水を抜き、ジャガイモを取り出して、完全に冷めるまでふたをしないで30分間冷蔵庫で冷やす。
水	必要量			⑥ ジャガイモを鍋に移し、かぶる程度の水を入れる。 ⑦ 水を沸騰させる。火を弱め、やわらかくなるまで約25分ゆでる。 ⑧ ジャガイモの水を切り、ポテトマッシャーでマッシュする。
無塩バター（角切り、室温にする）	200g		40%	⑨ ジャガイモに混ぜ入れる。食感をさらにきめ細かくするには、バターを入れたボウルにジャガイモを裏漉しして加え、よく混ぜる。
高脂肪生クリーム（乳脂肪分36%以上）か全乳（沸騰させる）	125g	140ml	25%	⑩ 熱した生クリームか牛乳をジャガイモに混ぜる。 ⑪ ⑩を鍋に入れ、中弱火にかけて、くっつかないようにヘラでよく混ぜる。
塩適量				⑫ 味つけし、温かいうちに供する。

バリエーション：

風味づけしたクリームでつくるジャガイモのピュレ
ジャガイモの風味をさらに際立たせるには、ジャガイモの皮を取っておいて、それを高脂肪生クリームに加える。沸騰させて火から下ろし、ふたをする。30分間風味づけする。その後皮を取り除き、生クリームを手順10で使う。水で戻した乾燥キノコ（ポルチーニかモリーユかシイタケ）を手順10の前にこのクリームに浸して、伝統的なフランス料理のポム・フォレスティエール風にすることもできる。

ガーリック・マッシュポテト
手順11で、200gのピュレ状にした「圧力鍋でつくるガーリック・コンフィ」（126ページ参照）を混ぜ入れる。

サツマイモのピュレ
ユーコン・ゴールドの代わりにサツマイモを使う。

あらかじめ仕込む場合
手順9でジャガイモとバターを混ぜたあと、食卓に出すまで冷蔵庫で保存する。手順10から続ける。

1 ウォーター・バスを70℃に熱する。

2 ジャガイモを2.5cmくらいの大きさに切る。

3 ジャガイモと水をジッパーつき袋に入れ、袋からできるだけ空気を抜き、密封する（58ページ参照）。

ジャガイモと脂肪と液体の割合によって、マッシュポテトの食感が変わる。伝統的なレシピでは、ジャガイモの半量のバターを使うが、このレシピではバターとジャガイモは2：5になっている。これでもバターが多すぎる場合は、手順9で加えるバターの量を減らすか、バターの半量までをオリーブオイルや、溶かした鶏肉や豚肉や子牛肉の脂に代える。

4 35分間真空調理する。これによりでんぷんを安定させてジャガイモに粘りが出るのを防ぐが、完全に火を通すわけではない。

5 袋を開け、水を捨てる。ジャガイモを取り出して、完全に冷めるまでふたをして30分間冷蔵庫で冷やす。

6 ジャガイモを鍋に移す。かぶる程度の水を入れる。

7 水を沸騰させる。火を弱め、ジャガイモが全体的にやわらかくなるまで約25分ゆでる。ジャガイモがピュレにできるほどやわらかくなっていることを確認するには、いちばん厚みのあるジャガイモに串を刺し、すっと刺さればよい。

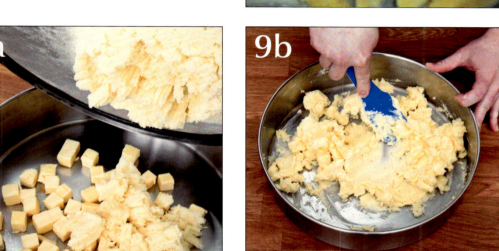

8 ジャガイモの水を切り、ポテトマッシャーでマッシュする。フードミルを使ってもいい。

9 バターをジャガイモに混ぜ入れる。食感をさらにきめ細かくするには、角切りのバターを入れたボウルに裏漉しする。厚めのゴムベラかゴムのスケッパーを使ってジャガイモを裏漉ししてバターを加え、よく混ぜる。

マッシュポテトは、シンプルかつ定番中の定番料理だ。このレシピはクリーミーなマッシュポテトを洗練されたものにするために多大な時間をかけたシェフやフードライターたちへのオマージュだ。ジョエル・ロブションは裏漉しを導入し、ヘストン・ブルメンタールとジェフリー・スタインガーテンはジャガイモをあらかじめ糊化する真空調理の手順を確立した。

10 熱した生クリームか牛乳をジャガイモのピュレに混ぜる。生クリームかミルクの量を増やすことで好みの固さにできる。

11 10を鍋に入れ、中弱火にかけて、くっつかないようにヘラでよく混ぜる。

12 ピュレを適量の塩で味つけし、温かいうちに供する。

豚ばら肉のBLT

できあがりの分量：	サンドイッチ4個（調理した豚ばら肉1.2kg）
調理時間：	5日半（準備：30分　冷蔵と真空調理：136時間）
保存：	調理した豚ばら肉は冷蔵庫で3日間保存可能。完成したサンドイッチはできたてを供する
難易度：	ふつう
必要な器具、材料：	真空調理専用の器具一式、Insta Cure #1（亜硝酸塩入りの塩、なくても可）、「ベーコン・マヨネーズ」（108ページのバリエーション参照）

伝統的なBLTサンドイッチにわたしたちが加えたひねりは、カリカリベーコンを、パリッとしているけれどもやわらかい豚ばら肉に代えることだ。豚ばら肉を塩漬け液に漬けることで、肉に赤い色が残り、食感を安定させ、風味を変える（ハムやコンビーフもそうなっている）。塩漬けを省略して店であらかじめ塩漬けされたばら肉を買ったとしてもおいしくできるが、違いはある。

ベーコン・マヨネーズによって、サンドイッチにわずかなスモーキーさが加わる。最高級のトマトが手に入らない場合は、代わりに焼いたタマネギ、生のリンゴか洋梨、あるいは炒めたマッシュルームを使う。あるいは、わたしたちの「トマトのコンフィ」（128ページ参照）を試してほしい。残った豚ばら肉は煮込みに使うか、野菜のサイドディッシュに加えて豪華にしてもいい。

材料	重量	分量	比率	手順
水	1kg	1L	67%	① 完全に溶けるまで混ぜ、塩漬け液をつくる。
塩	70g		4.7%	
砂糖	30g	大さじ3	2%	
InstaCure#1（亜硝酸塩入りの塩、なくても可）	30g		2%	
新鮮な豚ばら肉（皮つき）	1.5kg		100%	② 豚ばら肉と塩漬け液をジッパーつき袋に入れ、水圧を利用してできるだけ空気を抜き、密封する（58ページ参照）。72時間冷蔵庫に入れ、1日に1回袋をひっくり返す。
				③ 塩漬け液からばら肉を出し、よく水洗いし、水気を拭きとる。
				④ ばら肉を真空パックする。24時間冷蔵庫に入れ、ばら肉の中に塩漬け液を行きわたらせる。
				⑤ ウォーター・バスを65℃に予熱する。
				⑥ 豚ばら肉を36時間真空調理する。
				⑦ 袋を氷水に入れて冷やしてから、完全に冷えるまで少なくとも4時間冷蔵庫に入れる。
上で真空加熱した豚ばら肉	つくりたい量			⑧ 豚ばら肉を1.5cmの厚さにスライスする。
加熱用精製油（xxiiページ参照）	必要量			⑨ フライパンに薄く油をひき、強火でかなり熱くなるまで加熱する。豚肉の片面だけを、かりっとしてきつね色になり、中がちょうど温まるくらいまで、約2分焼く。
食パン（トーストする）		8枚		⑩ すべてのトーストにベーコン・マヨネーズを塗る。
ベーコン・マヨネーズ（108ページのバリエーション参照）	60g		4%	⑪ 焼いた豚ばら肉を上にのせる。
キュウリ（皮をむいてスライス）		薄切り20枚		⑫ 均等に分けて食パンにはさみ、できたてを供する。
トマト（スライス）		12～16枚		
アボカド（スライス）		薄切り12枚		
ビッブレタスまたはサラダ菜		4～8枚		

バリエーション：

圧力鍋でつくる豚ばら肉のBLT
急いでいるときは、肉を圧力鍋で調理すると、蒸し煮のような食感にすることができる。塩漬けの手順を飛ばせばいい。できあがりは真空調理とはかなり違うが、それでもとてもおいしい。ばら肉をゲージ圧1バールで50分加熱調理する。スライスして焼く前に肉を完全に冷まさないと、くずれてしまう。あるいは、肉をほぐして炒め、ミートソースをはさんだスロッピー・ジョー・スタイルのサンドイッチにする。

スモークベーコンのBLT
手順5からはじめ、手順6でスモークベーコンの厚切りを使う。ベーコンは塩漬けの工程で塩を強くきかせているため、食感は少し固くなるが、味はよい。ベーコンを65℃で12時間真空調理し、手順8でスライスする。

あらかじめ仕込む場合
手順7で豚ばら肉を冷やしたあと、氷水から出し、密閉したまま、最長3日間冷蔵庫で保存する。その後、手順8から続ける。

1 水、塩、砂糖、InstaCure#1を完全に溶けるまで混ぜ、塩漬け液をつくる。InstaCure#1はなくてもいいが、調理中に肉の色を保ってくれる。InstaCure#2で代用しないこと。

2 豚ばら肉を大きめ (4L) のジッパーつき袋に入れ、塩漬け液を注ぎ、できるだけ空気を抜き、密封する。72時間冷蔵庫に入れ、毎日袋をひっくり返して豚肉が均等に塩漬けされるようにする。

3 塩漬け液からばら肉を出し、流水で水洗いし、水気を拭き取る。

4 ばら肉を真空パックし、24時間冷蔵庫に入れ、肉の中に塩漬け液が均等に浸透するようにする。

5 ウォーター・バスを65℃に予熱する。

6 豚ばら肉を36時間真空調理する。

7 袋を氷水に入れて肉を冷やしてから、袋入りの肉が完全に冷えるまで冷蔵庫に入れる。

8 豚ばら肉を1.5cmの厚さにスライスする。

9 フライパンに薄く油をひき、強火で煙が出るまで加熱する。豚ばら肉の片面だけを、かりっとしてきつね色になり、中がちょうど温まるくらいまで、約2分焼く。

10 トーストにベーコン・マヨネーズを塗る。風味を足すには、パンをトーストする代わりにベーコンの脂をひいたフライパンで焼く。

11 パンの上に焼いた豚ばら肉をのせる。

12 キュウリとトマトとアボカドのスライスとレタスを均等に分けて食パンにはさみ、できたてを供する。

手順8を飛ばして豚ばら肉のメインディッシュをつくることもできる。豚肉のすべての面を手順9で焼き、食卓に出せるようにスライスする。

ラム・カレー

できあがりの分量：	4人分（850g／4カップ）
調理時間：	2日（準備：30分　真空調理：48時間）
保存：	冷蔵庫で2日間、冷凍庫で最長3カ月間保存可能
難易度：	低
必要な器具、材料：	真空調理専用の器具一式、真空パック器、「ムガール・カレーソース」（104ページ参照）

ラムがしばしばいやがられるのは、その強い野生的な風味のせいだ。そういう風味が立ってしまう理由は、ラムの脂肪が壊れやすく、すぐに酸化してしまうからだ。同じ理由で、ラムを再加熱すると、食欲をそそられない温め直した風味になってしまう。新鮮な風味を保つためには、肉を真空パックしてから真空調理しなければならない。おいしいラムの煮込みをつくるには、カレーソースの代わりにわたしたちの「マッシュルームのジュ」（91ページ参照）、薄切りのタマネギ、生のホウレンソウを使う。

材料	重量	分量	比率	手順
子羊のすね肉（骨つき）	1.4kg	大2枚か小4枚	100%	① ウォーター・バスを62℃に予熱する。
精製油	40g	45ml／大さじ3	3%	② すね肉から脂身と薄皮を取り除く。
				③ すね肉を1個ずつ別々に油とともに真空パックする。
				④ 48時間真空調理する。
				⑤ 肉から骨をはずし、脂身や軟骨を取り除く。肉を一口サイズにカットする。
ムガール・カレーソース（104ページ参照）	350g		25%	⑥ 大きめの鍋に入れたソースをラムの調理温度まで温める。
				⑦ ⑤のラムを混ぜ入れ、全体をゆっくり温める。
塩	適量			⑧ カレーに味つけする。
ナツメヤシ（薄切り）	50g		4%	⑨ カレーに散らし、温かいうちに供する。
ミントの葉（刻む）	2g	小さめの葉12枚	0.1%	

あらかじめ仕込む場合
手順5で肉をカットしたあと使うまで冷蔵庫で保存し、手順6から続ける。

バリエーション
圧力鍋で煮た子羊のすね肉
ラムを圧力鍋調理すると、昔ながらの方法で煮込んだ食感と同じになるが、ずっと速くできる。子羊のすね肉と100g／100mlの水を圧力鍋に入れ、ゲージ圧1バールで1時間加熱調理する。漉して煮汁をムガール・カレーソースに加え、10分間軽く煮立てる。手順5に進んでシャンクから骨をはずす。手順7から続ける。

丸ごとの子羊のすね肉
子羊のすね肉を丸ごと出す場合は、手順4まで指示通りに調理し、煮汁を取っておく。加熱したすね肉を濃い茶色になるまでかなり高温の油で揚げるか、ガスバーナーを使う（15ページ参照）。見栄えをよくするために骨をきれいにする。取っておいた煮汁を漉して煮つめて、ソースに複雑な深みを与える。

「丸ごとの子羊のすね肉」のバリエーションは、もも肉、肩肉、首肉など、ラムのどの部位でもつくることができる。

1 ウォーター・バスを62℃に予熱する。

2 子羊のすね肉から脂身と薄皮を取り除く。真空調理をしても、薄皮は(どんな肉のものでも)やわらかくならない。

3 すね肉を1個ずつ別々に油とともに真空パックする。

4 48時間真空調理する。袋が沈んでいるのを確認する。

5 肉から骨をはずし、脂身や軟骨を取り除く。ラムが温かいうちに手で筋をはずしてから、肉を一口サイズにカットするかフォークを使って割る。

6 大きめの鍋に入れたムガール・カレーソースを温める。温度計を使って、ソースがラムの調理温度より高くならないように気をつける。

7 下ごしらえしたラムをソースに混ぜ入れ、全体をゆっくり温める。

8 適量の塩でカレーに味つけする。

9 ナツメヤシとミントをカレーに散らし、温かいうちに供する。

ローストチキン

　最高の状態だと、ローストチキンは世界最高の料理に入るだろう。焼き色のついたパリッとした皮が、やわらかくジューシーな肉をおおっている。その風味と食感のコンビネーションは、ただただすばらしい。だが、完璧なローストチキンというのは実際にはほとんどつくることができない。皮に焼き色をつけてパリッとさせるにはかなりの高温にしなければならないので、その下の肉が焦げて乾燥してしまう。同様に、色の濃いももやすねの肉も色の薄いむね肉に適した温度よりも高温にすることが必要だ。鶏肉を塩水に漬けることで、高温になっても繊細なむね肉に肉汁を多くとどめられるようにはなるが、塩漬け液は皮にも同じ影響をもたらすので、皮が必要以上の噛みごたえになってしまう。

　そのため、従来の方法で鶏を丸ごとローストする場合は、完璧な皮とぱさぱさで火が通りすぎたむね肉か、完璧なむね肉と黄色いゴムのような皮か、どちらかを選ばざるをえなかった。雑誌の表紙で見るような"完璧な"ローストチキンは、フードスタイリストの技によるものであることが多く、生焼けか焼きすぎで、とても食べたいとは思えない代物だ。

　モダニストの非常に実際的なアプローチでは、鶏肉の各部位を別々に調理して完璧をめざす。だがそれは鶏肉を切り離すという意味ではない。ここでは、家庭のオーブンでは決してできない最高のローストチキンをつくる、鶏肉を丸ごと焼くテクニックをお見せしよう。正直なところ、簡単な方法ではない。このテクニックは北京ダックのアイデアを一部使っている。そこには、皮を繰り返し湯通しして乾かす、鶏肉をゆっくりローストする、オーブンの上火か、かなり高温のオーブンか、フライパンで皮に焼き色をつけるという方法も含まれている。

　このような特別な料理のためには、手に入る最高の鶏肉を買うべきだ。肉厚で新鮮でなければならない。空冷処理されたものやユダヤ教の戒律に従って処理された鶏肉は、おいしいものが多い。水につける方法で密閉包装したものは避ける。肉の質はニワトリがどのような生活をして、どのように食肉処理されたのかを反映しているので、動物の福祉に配慮しているところから買うこと。

色の濃い肉と薄い肉の科学

　鶏むね肉は薄い色なのに、もも肉は濃い色なのはなぜだろう。その理由は、その部分の筋肉（と筋肉をつくっている繊維）が、ニワトリが生きているときにどのような役割を果たしていたかに関係しているからだ。顕微鏡でむね肉を観察してみると、色が薄く、収縮が速い筋肉繊維が、おなかをすかせたキツネから逃げるときのような急激な動きに備えていることがわかる。こういう繊維は脂肪を燃やさないので、むね肉には脂身が少ない。それに対して、鶏のすねとももはスタミナを蓄えるようにできている。したがって、その大部分は耐久性をもたらす色の濃い繊維でできている。こういう筋肉は燃料として脂肪を燃やすので、むね肉よりも風味が豊かで色も濃くなる。

ハイライト

鶏肉の皮を沸騰した湯でゆでてから一晩乾かすのは、伝統的な北京ダックのつくり方で、皮のたんぱく質をゼラチン化し、パリッとした食感がとても強くなる。

238ページ参照

鶏むね肉に火が通りすぎるのを避けるために皮に穴をあけずに注射器で塩漬け液を注入する。

238ページ参照

完璧にパリッとした皮にするために、肉を低温でゆっくり加熱してから、オーブンの上火やフライパンで皮をさっと焼く。

238ページ参照

真空調理の鶏肉はとてもおいしい。とくにスープやサラダにぴったりだ。七面鳥のもも肉やむね肉もこの調理法が最適だ。一般的な家禽類のレシピに加えて、鴨、ひな鳥、ウズラを真空調理する際のおすすめ時間と温度も掲載している。

244〜247ページ参照

ローストチキン

できあがりの分量:	4〜8人分（1.5kg）			
調理時間:	29時間（準備：1時間　寝かせ・オーブン：18〜28時間）			
保存:	できたてを供する			
難易度:	高（鶏をさばくのがむずかしい、厳密な温度管理が必要）			
必要な器具、材料:	塩水注射器、オーブン用デジタル温度計			
合う料理:	自家製ジュ・グラ（93ページ参照）、パン・グレイビー（95ページ参照）			

　このレシピには事前の計画と根気、それに少し練習が必要なので、日常的につくるには向かない。だが特別な日に出すと、このうえなくおいしいごちそうになる。上手につくるには、オーブンが正しい温度になるよう調整しておくこと（35ページ参照）がとくに重要になる。しょうゆはローストチキンをつくるときにオーソドックスな調味料ではないが、しょうゆを使うと表面がカリッときつね色になり、香ばしさも出る。さらに濃い色をつけたければ、手順9の手前でしょうゆにパプリカパウダーを5g／小さじ½混ぜるとよい。

材料	重量	分量	比率	手順
丸鶏	2kg	中くらいのもの1羽	100%	① フルシェット（鎖骨）を切り取る。 ② 脚の端のところで皮に切り込みを入れ、骨の周りにナイフを入れて皮を骨からはがし、ナイフの背で肉を上に押しやって骨が見えるようにする。むき出しになった骨の端から関節部分を切り取る。
水	200g	200ml	10%	③ 塩が完全に溶けるまで混ぜ、塩水をつくる。
塩	12g	大さじ1	0.6%	④ むねの両側にそれぞれ塩水を70mlずつ注入し、残りをももとすねに注入する。このとき、皮を突き刺さないように注意する。
しょうゆ	20g	15ml／大さじ1	1%	⑤ 大鍋にたっぷりの湯を沸かし、隣に氷水を準備する。どちらの鍋（容器）も鶏全体が完全に水につかるくらいの大きさであること。 ⑥ 鶏を熱湯に沈め、20秒間湯通しし、その後20秒間氷水につける。 ⑦ ⑤と⑥の手順をさらに2回繰り返す。 ⑧ ペーパータオルで軽く押さえるようにして鶏の水気を拭き取る。 ⑨ 刷毛でしょうゆをむらなく表面に塗る。 ⑩ 鶏を網にのせ、ラップはせずに冷蔵庫に入れて、一晩から丸一日置く。
オイルスプレーまたは加熱用精製油（xxiiページ参照）	適量			⑪ オーブンを95℃に予熱する。 ⑫ オーブンプレートに網をのせ、鶏の両面にオイルスプレーで油を吹きつけるか、刷毛で薄く塗る。網に鶏をのせて、肉のもっとも厚い部分の中心にデジタル温度計を差し込む。 ⑬ むき出しになっている脚の骨をアルミホイルでしっかりと包み、芯温が60℃になるまで3〜4時間焼く。 ⑭ 45分間、鶏を常温に置いておく。
加熱用精製油または無塩澄ましバター（119ページ参照）	30g	30ml／大さじ2½	1.5%	⑮ 肉の上面が熱源から6cm離れるようにオーブンプレートの高さを調整する。 ⑯ 上火を高温に設定して予熱する。 ⑰ 鶏にさっと刷毛で油を塗り、胸を下にしてオーブンプレートに置く。 ⑱ 皮がカリッときつね色になるまで5〜6分焼く。 ⑲ 鶏を裏返して、今度はむね肉側が上になるように置き、皮がカリッときつね色になるまで4〜5分焼く。 ⑳ 熱々を供する。

軽く火を通した食品の安全性についてはxxvページを参照。

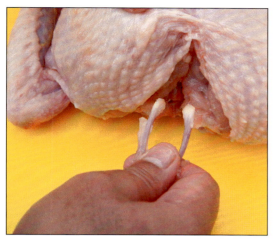

1 よく切れるさばき用ナイフを使ってフルシェット（鎖骨）を切り取る。このとき、皮やむね肉を傷つけないように気をつける。これをしておくと、鶏に均一に熱が伝わり、より簡単にローストチキンが切り分けられるようになる。

2 まず、脚の端から2.5cmのところに骨に対して垂直、骨に当たるまで切り込みを入れる。そのまま骨に沿ってナイフを一周させ、皮を骨からはがす。次に、ナイフの背を使って肉の部分を上の方へ押しやる。骨がむき出しになったら、端の関節部分を切り取る。こうすることで、もも肉に熱が伝わりやすくなる。

3 水に塩を入れ、完全に溶けるまでかき混ぜる。これが鶏肉に注入する塩水になる。

4 むねの両側にそれぞれ塩水を70mlずつ注入し、残りをももとすねに注入する。皮を突き刺さないよう気をつける。でないと、調理中に皮が破れてしまい、そこから出た肉汁で皮が濡れ、パリッとした食感にならない。なお、塩水を注入する場所についての詳細は133ページを参照。

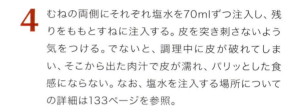

5 大鍋にたっぷりの湯を沸かし、隣に氷水を準備する。どちらの鍋（容器）も鶏全体が完全に水につかるくらいの大きさであること。

6 20秒間、鶏全体を熱湯に沈め、その後すぐに氷水に20秒間ひたす。大きな網杓子を使うといい。この工程を終えた後は皮が破れやすくなっているので注意する。

7 6の湯通し―氷水の工程をさらに2回繰り返す。こうすることで、脂肪が抜けて皮がしまり、よりパリッとした食感のローストチキンができる。

8 ペーパータオルで軽く押さえるようにして鶏の余分な水気を拭き取る。

9 できあがりの色をよくし、パリパリに仕上げるために、しょうゆを刷毛でむらなく塗る。さらに濃い琥珀色にしたいときは、しょうゆに5g／小さじ½のパプリカパウダーを混ぜるとよい。

10 薄く油を塗った網に鶏をのせ、ラップをせずに冷蔵庫に入れ、12時間から24時間置く。

冷蔵庫に入れている間に塩水が鶏全体にいきわたり、皮が乾燥するので、中はしっとり、外はパリッとした食感に仕上がる。

次のページへ続く

ROAST CHICKEN

11 オーブンを95℃に予熱する。もしあれば、コンベクション機能を使う。

12 オーブンプレートに網をのせ、両面にオイルスプレーで油を吹きつけるか、刷毛で薄く油を塗る。網に鶏をのせ、肉のもっとも厚い部分の中心にデジタル温度計を差し込む。

13 むき出しになっている脚の骨をアルミホイルでしっかりと包む。こうすると、全体に熱が伝わりやすくなり、足先も焦げない。芯温が60℃になるまで3〜4時間焼く。

14 オーブンから鶏を出し、常温で45分間寝かせる。わたしたちの実験から、切り分けたときの肉汁の量は45分間休ませたときがもっとも多いことがわかっている。

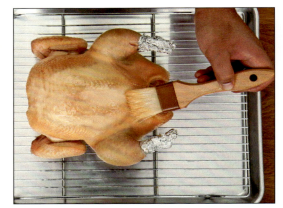

15 鶏の上面が上火の熱源から6cmほど離れるように、オーブンプレートの高さを調整する。

17 鶏全体にむらなく油または澄ましバターを刷毛で塗り、胸を下にしてオーブンプレートに置く。

18 背中の皮がカリッときつね色になるまで5〜6分焼く。

16 上火を高温に設定して予熱する。

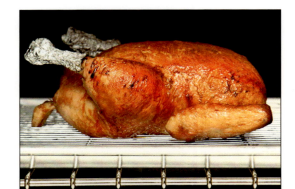

19 鶏を裏返して、むね肉側が上になるように置き、上面の皮がカリッときつね色になるまで4〜5分焼く。

20 ローストチキンを切り分け、熱々を供する。皮はオーブンから出したときがもっともパリッとしているので、間を置かずにすぐに食卓に出す。

バリエーション：

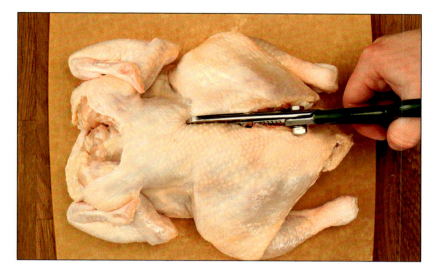

ピンクッション・チキン
少し残酷に見えるかもしれないが、ジューシーなむね肉は焼きすぎずに、もも肉にしっかり熱を伝える効果的な方法のひとつとして、両側のももにそれぞれ12本のくぎを骨に当たるまで打つ方法がある。手順12のときに行うことで、もも肉にはじゅうぶんに火を通しつつ、むね肉はジューシーなまま焼き上げることができる。ハロウィン・ディナーにもぴったりだ。

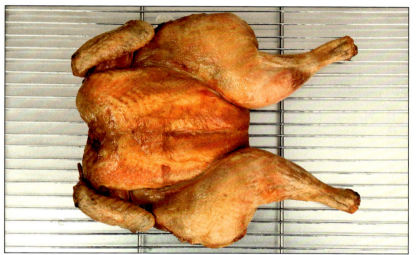

飛びっきりジューシーなチキン（写真なし）
手順12で別の浅い鍋に2.5cmの深さまで水を入れ、オーブンプレートの下、オーブンの底に置く。手順13の焼き時間が1時間増えるが、待つだけの価値はある。手順15で水の入った鍋を取り出す。

背開き
手順8の後に、キッチンバサミで背骨を切り取り、鶏を平らにする。この後残りの手順に進むが、上火で焼くときは、皮目を上にして焼き、裏返さなくてもよい。手順2は省いてよい。

フライドチキン（下の写真）
鶏の皮をカリッときつね色にさせるのに、上火ではなく揚げもの用の深鍋を使う方法もある。深めの鍋に加熱用精製油を半分ほど入れる（xxiiページ参照）。油を220℃に熱しておく。手順14の後、やけどをしないよう気をつけながら、むね側を下にして鶏を油に入れる。油がはねてかからないよう注意する。フライ用バスケットに鶏を入れて揚げるのがもっとも安全な方法だ。皮がきつね色になるまで2分ほど揚げる。油を切り、熱々を食卓に出す。なお、揚げものを安全に調理する方法については26ページを参照。

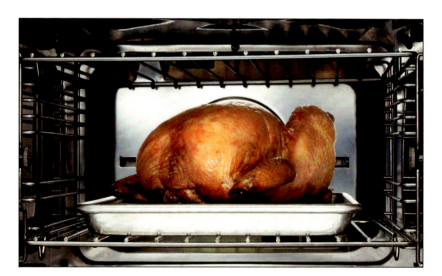

コンビ・オーブンでつくるローストチキン
低めの温度を長時間保つことができるコンビ・オーブンが家にあれば、手順13でコンベクション機能を使い、芯温が62℃になるまで焼くとよい。この温度で焼くと中くらいの大きさの鶏で3～3時間半かかる。

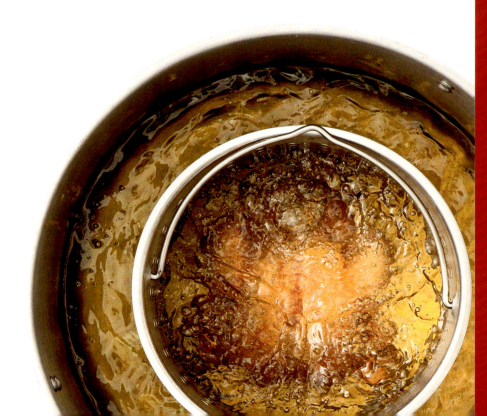

鶏とタマネギのじっくり焼き

できあがりの分量：	4人分 (900g)	
調理時間：	3時間30分（準備：30分　オーブン：3時間）	
保存：	できたてをすぐに供する	
難易度：	ふつう	
必要な器具、材料：	塩水注射器、オーブン用デジタル温度計	

　外はカリッときつね色で中は飛びっきりジューシー、そんな鶏肉を簡単に楽しみたいなら、鶏に塩水を注入し、薄くスライスしたタマネギをたっぷりのせてオーブンで焼き、最後に皮をフライパンで焼くといい。低温でじっくり焼くことで、タマネギが鶏に風味をプラスするだけでなく、鶏肉がパサパサになるのも防いでくれる。もも肉もむね肉も肉屋で手に入るが、質のいい丸鶏を買って自分でさばくほうがいい。お金も節約でき、余った部位を別のレシピに使うこともできる。

材料	重量	分量	比率	手順
水	200g	200ml	13%	① オーブンを75℃に予熱する。オーブンにここまで低い設定温度がない場合、もっとも低い温度に設定する。
塩	12g	大さじ1	0.8%	② 水と塩を混ぜ、塩が完全に溶けるまでかき混ぜ、塩水をつくる。
丸鶏（骨つきもも肉2本と皮つきむね肉2枚でも構わない）	1.5kg	小さめのもの1羽	100%	③ 丸鶏からもも肉とむね肉を切り分ける。皮を傷つけないよう気をつける。 ④ 皮を突き刺さないように注意しながら、もも肉とむね肉になるべく均等に塩水を注入する。
新タマネギ（マンドリーヌで薄くスライスする）	300g	中1個半	20%	⑤ ペーパータオルで軽く押さえるようにして鶏の水気を拭き取り、オーブンプレートの上に焼き網をのせ、オイルスプレーか刷毛で薄く油を塗る。皮を下にして並べる。
オイルスプレーまたは精製油	適量			⑥ たっぷりの薄切りタマネギでまんべんなく鶏を覆い、むね肉のもっとも厚い部分の中心にオーブン用デジタル温度計を差し込む。 ⑦ 芯温が60℃になるまで3時間ほどむね肉を焼き、この温度をさらに20分保つ。もも肉は芯温が65℃になるまで、むね肉の時間に加えてさらに約15分ほど焼く。 ⑧ タマネギを取り除く。手順⑩で炒めるので、取り分けておく。
加熱用精製油（xxiiページ参照）	適量			⑨ 大きめのフライパンに強めの中火で油を熱し、鶏の皮目を下にして、皮がカリッときつね色になるまで2〜3分焼く。裏返さなくてよい。
塩	適量			⑩ 鶏を取り出したら、火加減を中火に落とし、取り分けておいたタマネギをあめ色になるまで2分ほど炒める。 ⑪ 鶏を薄く切ったら塩で味を調え、あめ色になったタマネギを添えて熱々を供する。

軽く火を通した食品の安全性についてはxxvページを参照。

1 オーブンを75℃に予熱する。庫内の温度は、オーブン用温度計を使って確認する（8ページ参照）。手持ちのオーブンで75℃に設定できないなら、もっとも低い温度に設定する。

2 水に塩を入れ、塩が完全に溶けるまでかき混ぜて塩水をつくる。

3 丸鶏からもも肉とむね肉を切り分ける。このとき、皮を傷つけないように気をつける。すね、手羽、背は取っておき、別のときに使う。

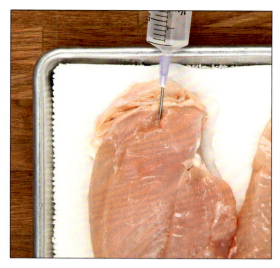

4 塩水注射器に塩水を入れ、皮を突き刺さないように注意しながら、もも肉とむね肉になるべく均等に塩水を注入する。

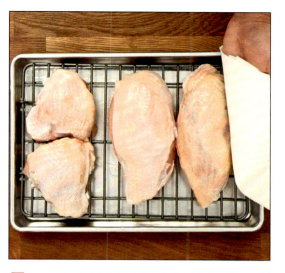

5 ペーパータオルで軽く押さえるようにして鶏の水気を拭き取る。オーブンプレートの上に焼き網か、きれいな乾いたタオルをのせる。鶏に薄く油を塗り、皮を下にして並べる。

6 たっぷりの薄切りタマネギでまんべんなく鶏を覆い、むね肉のもっとも厚い部分の中心にオーブン用デジタル温度計を差し込む。

7 まず芯温が60℃になるまで3時間ほどむね肉を焼き、この温度を20分間保つ。もも肉は、芯温が65℃になるまでむね肉の時間に加えてさらに約15分ほど焼く。庫内の湿度が上がると、2〜3時間後に芯温の上昇が停止する。そうした場合は、庫内の温度を5℃上げる。

8 タマネギを取り除く。手順10で使うので、取り分けておく。

9 大きめのフライパンに強めの中火で油を熱し、鶏の皮目を下にして、皮がパリッとこんがり色づくまで2〜3分焼く。裏返さなくてよい。

10 鶏を取り出し、火加減を中火に落とす。残っている油で、取り分けておいたタマネギをあめ色になるまで2分ほど炒める。

11 鶏を薄く切り、あめ色になったタマネギを添えて供する。好みで塩を振る。

ROAST CHICKEN

真空調理した鶏肉

できあがりの分量： 4人分（600g）
調理時間： 2時間30分（バスがひとつしかない場合）、1時間45分（バスが2つある場合）（準備：10分　あとは真空調理時間）
保存： 冷蔵庫で3日間保存可能
難易度： 低
必要な器具、材料： 真空調理専用の器具一式（バスは2つあったほうがいい）

　真空調理した鶏はえもいわれぬおいしさなので、スープやサラダと合わせるとき、わたしたちはたいていこの方法を使っている。273ページの「チキンヌードルスープ」でこの鶏を使う場合は、手順7の後すぐに切り分けた鶏をスープに加えるか、皮を取らずに熱した油でこんがり焼いてからスープに入れる。わたしたちは、コクのあるブラウン・チキン・ストック（85ページのバリエーション参照）に入れて供するときは鶏をこんがりと焼く。

材料	重量	分量	比率	手順
鶏の骨なしむね肉（皮つき）	400g	鶏むね肉1枚	100%	① ウォーター・バスに水を入れ、あらかじめ65℃に温めておく。
骨つき鶏もも肉（皮つき）	300g	鶏もも肉2本	75%	② 鶏肉を1枚ずつジッパーつきの袋に入れ、それぞれの袋に10g／10ml／小さじ2の油を加える。水圧を利用して袋からできるだけ空気を抜き、密閉する（58ページ参照）。
精製油	30g	30ml／大さじ2	7.5%	③ 90分間、もも肉を真空調理する。氷水に入れて冷やす。
				④ バスの温度を62℃に下げる。
				⑤ 芯温が60℃になるまで40分ほどむね肉を真空調理する。低温殺菌するために、さらに20分間その状態を保つ。
				⑥ むね肉ができあがる10分前に、もも肉をバスに戻す。
				⑦ 皮と骨を取り、1cm幅に切り分ける。熱いうちに、または冷やして供する。

軽く火を通した食品の安全性についてはxxvページを参照。

1 バスに水を入れ、あらかじめ65℃に温めておく。バスが2つある場合は、次ページのレシピを参照。

2 鶏肉を1枚ずつジッパーつきの袋に入れ、それぞれの袋に10g／10ml／小さじ2の油を加える。水圧を利用して袋からできるだけ空気を抜き、密閉する（58ページ参照）。

4 むね肉の芯温の目標温度より2℃高い62℃までバスの温度を下げる。氷を何個か入れると、水の温度が速く下がる。

5 芯温が60℃になるまで40分ほどむね肉を真空調理する。低温殺菌するために、さらに20分間その状態を保つ。

すねの部分も調理したければ、手順2でもも肉と一緒にジッパーつきの袋に入れる。

3 90分間もも肉を真空調理する。煮込みや蒸し煮のような口当たりに仕上げたければ、3時間、真空調理する。その後、氷水にとって冷やす。袋は開けない。

6 むね肉のできあがる10分前に、袋に入ったもも肉をバスに戻してじっくり温め直す。こうすると、もも肉とむね肉が同時に温められる。

7 皮と骨を取り、1cm幅に切り分ける（皮も骨もつけたまま、油をひいて熱したフライパンに皮目を下にして並べ、こんがり焼き色をつけてから、ももの骨を取ってもよい）。熱いうちに、または冷やして供する。

あらかじめ仕込む場合

手順1～5でもも肉とむね肉を真空調理した後、氷水に袋を沈める。冷めたら冷蔵庫に入れる。食べる前に60℃の湯で肉を10～15分、温め直してから手順7に進む。

バス2つでつくる場合

むね肉ともも肉を同時に調理することで45分節約できる。2つのバスに水を入れ、それぞれ65℃（もも肉用）、62℃（むね肉用）にあらかじめ温めておく。もも肉を90分間真空調理する。むね肉を芯温が60℃になるまで40分ほど真空調理し、低温殺菌するためにさらに20分間その状態を保つ。手順7へ進む。

むね肉の皮を残すときは、皮を熱い油で焼くといい。ほどよく火の通った肉ときれいな焼き色のついた皮、両方を楽しむことができる。

> **家禽類の調理の安全性**
>
> 鶏や七面鳥など家禽類は、サルモネラ菌など病原菌のすみかになることがあるため、安全性が長いあいだ、関心の的になってきた。だが、家禽類を安全に調理するための温度については、科学情報とアメリカ食品医薬品局が公表している正式なガイドラインとのあいだで大きな隔たりがある。このページの表は2010年における最新の研究結果を反映したもので、これによると家禽類のむね肉ともも肉は芯温が60℃になるまで加熱し、その状態を20分保てば安全であり、さらに高い温度まで加熱するならそれより短い時間でじゅうぶんだとしている。一方、食品医薬品局は、家禽類の調理に対して74℃で15秒という、科学的に根拠のない高い温度を推奨している。
>
> だが、幼児やお年寄り、免疫力の弱い人には、より高い温度で調理するほうが賢明だろう。なお、詳しくはxxvページを参照されたい。

おすすめの温度と時間：やわらかい家禽類を調理する場合

つくり方は、244ページのレシピの鶏のむね肉の手順に従う。肉が芯温に達するまで調理する真空調理法については66ページを参照のこと。肉が目標温度に達したら、低温殺菌するために、指定された時間、ウォーター・バスの中でその温度を保つ。

材料	ミディアムレア (℃)	最終温度で維持する時間* (時間)	ミディアム (℃)	最終温度で維持する時間* (分)	備考	参照ページ
鶏むね肉	該当なし		60	20	少なくとも2倍の時間がかかるが、おすすめはむね肉を骨つきで調理すること。骨つきのまま調理することで、肉がくずれず、ジューシーさが保たれる。	前のページ
			65	5		
鴨のむね肉	54	2時間17分	58	30	より歯ごたえのある食感にしたい場合は、水100gに対して塩5g、砂糖3.5gの割合でマリネ液をつくり、丸一日つけてから調理をする。	133
ウズラのむね肉	50	12	56	35	皮をつけたまま調理し、ごく強火で表面を焼く。	
子鳩のむね肉	54	2時間17分	58	30	皮を取り除き、薄くスライスしたベーコンで巻いてから真空調理する。	
七面鳥のむね肉	該当なし		56	35	「ジュ・グラ」の七面鳥のバリエーションを添えて供する。	247
			62	8		

（赤字はおすすめの時間と温度）
*（低温殺菌するのに必要な時間）

おすすめの温度と時間：固い家禽類を調理する場合

すね肉、もも肉、手羽を真空調理する場合は、前ページのレシピの鶏もも肉の手順に従う。この真空調理法では、時間と温度は素材の芯温（66ページ参照）ではなく、水温を示している。

材料	やわらかくジューシーな仕上がり (℃)	(時間)	蒸し煮したような仕上がり (℃)	(時間)	備考	参照ページ
鶏のすね肉、もも肉	65	1.5	68	3	フライドチキンをつくる場合は、真空調理の後、ポテトスターチとワンドラを同量で混ぜたものをまぶし、195℃で約3分揚げる。	前のページ
鶏手羽	65	1	62	12		249
鴨のもも肉	60	48	65	24	鴨のコンフィをつくる場合は、もも肉を12時間塩漬け液に漬けた後、ひとつずつプラスチック袋に入れ、それぞれの袋に鴨の脂12g／大さじ1を加えて密封し、真空調理する。	次のページ
			82	5		
七面鳥のもも肉	65	8	70	10	バーベキューソースを刷毛で塗り、グリルで仕上げる。	次のページ
七面鳥の手羽	62	18	80	8	七面鳥の手羽はアメリカでは年末に出回る。	

（赤字はおすすめの時間と温度）

七面鳥のコンフィ

できあがりの分量：	4人分（450g）
調理時間：	24時間30分（準備：30分　真空調理：24時間）
保存：	冷蔵庫で5日間、冷凍庫なら最長1カ月間保存可能
難易度：	低
必要な器具、材料：	真空調理専用の器具一式、真空パック器、先の細いペンチ、鴨の脂、ジュニパーベリー

　鴨のコンフィは、鴨の肉をたっぷりの脂の中で調理する伝統的なフランス料理である。この感謝祭のバージョンでは、秋のハーブの香りをコクのある鴨の脂と混ぜて複雑な風味の脂をつくり、その中で七面鳥のもも肉を真空調理している。鴨の脂が手に入らないときは、バターまたは精製油で代用する。また七面鳥の代わりに鴨や鶏のもも肉を使ってもよい。わたしたちは、ジューシーな「真空調理でつくるターキーブレスト」（次ページ参照）に「自家製ジュ・グラ」（93ページ参照）をかけ、この七面鳥のコンフィとともに出している。

材料	重量	分量	比率	手順
七面鳥のもも肉	900g	2本	100%	① ウォーター・バスをあらかじめ60℃に温めておく。 ② くるぶしの骨の周りに切り目を入れ、腱を切断する。 ③ 先の細いペンチを使って腱を1本ずつ抜く。 ④ 足首からひざ関節の方へ肉と皮を押し上げ、こすって骨をきれいにする。
塩	40g	大さじ3½	4.4%	⑤ 塩と砂糖を混ぜ、七面鳥のももにたっぷりまんべんなくすり込む。次の手順で使用するので、すり込めなかった塩と砂糖は取っておく。
砂糖	4g	小さじ1	0.4%	
鴨の脂（冷たいもの）	150g		17%	⑥ 鴨の脂、塩と砂糖をすり込んだもも肉、⑤で残った塩と砂糖、ハーブやスパイス類を混ぜて袋に入れ、真空パックする。 ⑦ 24時間、真空調理する。 ⑧ 袋からもも肉を取り出し、香辛料を取り除く。脂は漉して、他のレシピに利用する。
ローズマリー	2g	中くらいのもの1枝	0.2%	
タイム	2g	5枝	0.2%	
ジュニパーベリー（砕く）	2g	大さじ½	0.2%	
ニンニク（押しつぶす）	2g	½片	0.2%	
黒粒コショウ	0.5g	小さじ⅛	0.05%	
生のローリエ	0.2g	1枚	0.01%	
加熱用精製油 （ページxxii参照）	適量			⑨ 鍋に6mmの深さまで油を入れ、220℃に熱しておく。 ⑩ 皮がパリッときつね色になるまで片面につき2〜4分、焼く。または、きつね色になるまで片面を3〜5分、オーブンの上火で焼く。 ⑪ できたてをすぐに供する。細く裂いてもいい。

フライ調理の注意点については26ページ参照。

くるぶしの骨近くにある脚の腱を切断したら、先の細いペンチで1本ずつ切断された腱を抜く。きれいに抜けるものもあるが、大きな腱を取るときは、ナイフを使って丁寧に肉の部分と腱を分けてから抜いたほうがいいだろう。

腱を全部抜いたら、ナイフの刃を使って肉と皮をひざ関節の方へ押し上げ、骨をむき出しにする。むき出しになった骨はこすってきれいにする。

砂糖と塩は七面鳥のももにすべてつくわけではない。残った分はかき集めてハーブやスパイスと混ぜる。

真空調理でつくるターキーブレスト

できあがりの分量：	4〜6人分（700g）
調理時間：	14時間（準備：15分　冷蔵庫、真空調理：13時間45分）
保存：	冷蔵庫で3日間保存可能
難易度：	ふつう
必要な器具、材料：	真空調理専用の器具一式、塩水注射器

　七面鳥に牛乳とリンゴジュースを注入する、つまり肉にリン酸塩を注入すると、それはもうやわらかな肉に仕上がる。リンゴジュースは七面鳥に心地よい甘い香りを与えるので、それだけでも効果的だ。

　芯温が56℃になるまで真空調理しても、七面鳥はピンク色のままだが、心配する必要はない。長時間真空調理しているので、間違いなく低温殺菌されている。もっと伝統的な見た目、味、食感が好みなら、ウォーター・バスを62℃にセットして、芯温が61℃になるまで真空調理すればいい。とてもジューシーな仕上がりになるはずだ。

材料	重量	分量	比率
リンゴジュース	75g	75ml	10%
牛乳	75g	75ml	10%
塩	10g	小さじ2½	1.3%
砂糖	9g	小さじ2	1.2%
七面鳥のむね肉（骨なし、皮なし）	750g	中くらいのもの1枚 または小さめのもの2枚	100%

手順

① 材料を合わせ、塩と砂糖が溶けるまでかき混ぜ、塩漬け液をつくる。
② むね肉に塩漬け液を注入する。あふれた分は集めておく。
③ むね肉と②で集めた塩漬け液をジッパーつきの袋に入れる。水圧を利用して袋の空気を抜き、密封する（58ページ参照）。冷蔵庫で12時間、寝かせる。
④ ウォーター・バスをあらかじめ57℃に温めておく。
⑤ 袋から七面鳥を取り出し、冷たい水でさっと洗い、軽く押さえるようにして水気を拭き取る。
⑥ 新しいジッパーつきの袋にむね肉を入れ、できるだけ袋から空気を抜いて（58ページ参照）、密封する。
⑦ 芯温が56℃になるまで約1時間45分、真空調理し、さらに35分その温度を保つ。
⑧ 熱いうちに、または冷やして供する。

軽く火を通した食品の安全性についてはxxvページを参照。

「圧力鍋でつくるホワイト・チキン・ストック」（84ページ参照）、「圧力鍋で調理する野菜」（183ページ参照）とターキーを組み合わせた一品。

レストランのような盛りつけにしたければ、手順6で塩漬け液に漬けた肉を円筒形に巻いて、ジッパーつきの袋には入れずにラップでくるむ。ラップの端をひねったら、手順7へと進む。

チキンウィング

バッファローウィング（鶏の手羽肉を素揚げにし、辛みの強いソースをまぶしたもので、ブルーチーズのディップを添えてセロリとともに出される）は熱くて冷たく、カリッとしているのにジューシー、スパイシーだがうまみが食欲をそそる料理で、アメリカ人にとっては、チキンヌードルスープ（この本でも1章を割いている。264ページ参照）と同じくらい馴染みのある料理である。しかし、チキンを使った手軽な食事があるのはアメリカに限ったことではない。カリカリした鶏肉からつくられたスナックや軽食、屋台の食べものは世界各地で見られる。日本の焼き鳥、シンガポールやマレーシアのサテ、トルコのケバブなどである。

手羽肉がこれほど人気なのは、肉が少なく、皮が多いからであろう。これは言い換えれば、手羽が旨みを多く含んでいて、食感もよく、深みのある豊かな味わいがじゅうぶんに楽しめる部位だということになる。だからどんなふうに手羽肉を調理しようとも、それが最高の軽食になることは間違いない。

ローストチキン（13章、237ページ参照）のときと同じように、わたしたちは手羽肉を料理する最善の方法を見つけようと、何度も何度も調理し、食べてみた。どうすれば表面はカリッと、中はジューシーになるのか？　どうすればソースを絡めてもしんなりせずにすむのか？　カリッと音をさせるには衣をつけるのが一般的だが、この方法だと衣が皮を覆ってしまうので、ジューシーな肉とカリッとした衣の間にふにゃふにゃの層ができてしまう。そこでわたしたちは皮を取り除いてみることにした。そうすると、これが極めて有効なやり方であることに気づいた。

ほかにも、絹のようになめらかな口当たりを求めて、ベルベッティングと呼ばれる中華料理の手法を試してみた。手羽肉をマリナード液につけ、でんぷんをまぶしてから、揚げるというものだ。さらに肉にジューシーさを加えるために、手羽肉をマリナード液につけ、肉が骨からすっと取れるほどやわらかくなるまで真空調理する方法も試した。この方法では、最後に熱い油で手羽肉を揚げると皮がカリカリになることがわかった。

適切なソースは、おいしい手羽肉をさらにグレードアップさせる。コクのあるドロっとしたソースなら手羽肉はしんなりしない。レシピの中でわたしたちは特定の組み合わせを提案しているが、ここに挙げたソースはいずれも、手羽肉のどのバリエーションとも、またどんな肉とも相性がよい。

揚げものの科学

熱い油に食材を入れた瞬間、油の中でめまぐるしい変化が起こる。まず、油の対流が食材の表面温度を一気に上昇させる。いったん表面温度が水の沸点に達したら、食材に含まれる水分が一気に蒸発し、小さな蒸気の火山のように破裂する。食材から泡が出ているものは、表面にまだ水分があり、表面温度は沸点に達していない。

泡の勢いが弱まりだしたら、よく注意して見よう。泡が少なくなったということは、表面の水分が失われて、固い皮が形成されつつあるということだ。食材の色が変わり始めたら、最終段階が近づいている。表面温度が急激に上がり、沸騰ゾーンが食材の表面から中心に向けて移動しているのだ。ここで、カリカリでパリパリの表面が形成される。これぞ、揚げものの「レーゾンデートル」といえよう。

ハイライト

きつね色でカリカリの食感に仕上げるためには、ワンドラとポテトスターチを同量ずつ混ぜたものを軽くまぶすのがいちばんだ。

252ページ参照。

フライドチキンに皮がついてないのかって？　いや、皮がついてなくてもカリッと揚がる（それに健康にもいい）。ホイップ用サイフォンを使って衣にガスを注入すればサクっと仕上がる。また、骨つき肉を調理しているので、ジューシーさも損なわれない。

254ページ参照。

いくつかのレシピでは、表面をカリッとさせるために、通常よりも高い温度をすすめている。油を使った調理はキッチンでももっとも危険な作業のひとつである。26ページの安全対策はしっかり行うこと。

256ページ参照。

わたしたちのつくる「バッファローソース」のポイントは、水分が少ないこと。これでウィングがすぐにべったりすることもなくなる。

258ページ参照。

真空調理でつくるバッファローウィング

できあがりの分量：	4人分（1kg、20〜24個）
調理時間：	4時間30分（冷蔵：3時間　真空調理：1時間）
保存：	できあがりをすぐに供する
難易度：	ふつう
必要な器具、材料：	真空調理専用の器具一式、真空パック器、「バッファローソース」（258ページ参照）
合う料理：	「ブルーチーズソースの泡」（261ページのバリエーション参照）

中国の鶏の辛味炒めで使用される伝統的な方法にヒントを得て、アルカリ塩溶液に手羽を漬け込んでみた。この方法なら肉がやわらかくなり、またメイラード反応が促進されるので手羽肉の表面がこんがりと色づく。わたしたちは塩漬けの後、手羽肉を真空調理し、フライパンで焼いている。

材料	重量	分量	比率	手順
水	500g	500ml	50%	① 材料をかき混ぜ、塩漬け液をつくる。
塩	35g	大さじ3½	3.5%	
重曹	5g	小さじ1	0.5%	
鶏手羽肉（骨つき）	1kg	20〜24個	100%	② 関節で切り分ける。手羽先は捨てるか、ストック用に取っておく。
				③ ジッパーつきの袋に鶏と塩漬け液を入れ、冷蔵庫に3時間入れる。
				④ ウォーター・バスに水を入れ、あらかじめ65℃に温めておく。
				⑤ 手羽の水気を切り、さらにペーパータオルで軽く押さえるようにして水気を拭き取る。
				⑥ 新しいジッパーつきの袋に重ならないように手羽肉を並べ、水圧を利用してできるだけ袋の空気を抜き（58ページ参照）、密封する。1時間、真空調理する。
				⑦ トレイに手羽肉を置き、ペーパータオルで水気を拭き取る。
加熱用精製油 (xxiiページ参照)	適量			⑧ 深めのスキレットに加熱用精製油を1cm入れ、200℃に熱しておく。
				⑨ 熱した油に1回に数個ずつ鶏を入れ、皮がカリッとなるまで3分ほど揚げ焼く。
				⑩ ペーパータオルにのせ、油を切る。
バッファローソース (258ページ参照)	適量			⑪ 刷毛でソースを塗る（ソースを絡めてもよい）。熱々を供する。

フライ調理の注意点については26ページを参照。

1 水、塩、重曹をかき混ぜ、塩漬け液をつくる。塩は必ず完全に溶かす。

2 関節で手羽肉を3つに切り分ける。このレシピでは手羽先は使わないが、捨てずにストック用に取っておいてもよい（84ページ参照）。

3 塩漬け液と手羽肉を大きめのジッパーつきの袋（4L）に入れ、ジッパーを閉める。冷蔵庫に3時間入れる。

4 ウォーター・バスをあらかじめ65℃に温めておく。

真空パック、真空調理法については3章「真空調理」（48ページ）を参照。

5 手羽肉の水気を切り、さらにペーパータオルで軽く押さえるようにして水気を拭き取る。

6 大きな新しいジッパーつきの袋（4L）の中に手羽肉が重ならないように並べる。必要なら、袋は複数枚使う。水圧を利用して袋から空気をできるだけ抜き、密封する（58ページ参照）。1時間、真空調理する。

7 トレイに手羽肉を並べ、ペーパータオルで水気を拭き取る。余分な水分がついていると、油に入れたときに油はねの原因となり危険なので注意する。

8 深めのスキレットに加熱用精製油を1cm入れ、200℃に熱しておく。昔ながらの鋳鉄のスキレットなら、焼いている間、温度を一定に保ち、こんがり色づくのも速い。

9 熱した油に1回に数個ずつ鶏を入れ、皮がカリッとなるまで3分ほど揚げ焼く。

10 ペーパータオルにのせ、油を切る。

11 刷毛でソースを塗る、またはソースを絡める。熱々を供する。

CHICKEN WINGS

韓国風クリスピーチキンウィング

できあがりの分量：	4人分（1kg、20〜24個分）
調理時間：	1時間（準備：30分　冷蔵庫：30分）
保存：	揚げる前なら、マリナードにつけて冷蔵庫に入れた状態で最長24時間保存可能
難易度：	ふつう
必要な器具、材料：	ミーチュウ（米酒）、ワンドラ、ポテトスターチ、うま味調味料（好みで）、「韓国風ウィングソース」（260ページ参照）

　このレシピは、中国のベルベッティングという、衣揚げしてからソースを絡める方法と、韓国風のマリネ液とソースを組み合わせてつくったものである。でんぷんなどで肉をコーティングすると、揚げているあいだに、でんぷんのコーティングが水分を閉じ込める膜をつくるので、肉はジューシーなまま、表面はカリッと茶色に仕上がる。わたしたちは、肉をコーティングする材料はどのようなものがいいのか何度も実験を重ねた。その結果、手羽肉をカリッと茶色に仕上げるには、ポテトスターチとワンドラ（あらかじめ糊化させている小麦粉）の組み合わせがベストであることがわかった。また、ほかのスターチ、たとえばコーン、タピオカ、ヒシの実のでんぷんを肉に絡めても、パリパリの食感が得られた。ミーチュウ（米酒）は沸点が低いので、油の中で蒸発するのが速く、とても繊細な衣をつくる。ミーチュウが手に入らなければ、酒か辛口の白ワインまたは水3にウォッカ1の割合で混ぜたものを使うとよい。

材料	重量	分量	比率	手順
ピーナッツオイル	100g	110ml	10%	① 材料を合わせ、塩と砂糖が完全に溶けるまでかき混ぜて、マリナードをつくる。
ミーチュウ（米の蒸留酒）	70g	80ml	7%	
しょうゆ	20g	15ml／小さじ3½	2%	
塩	5g	小さじ1¼	0.5%	
ゴマ油	5g	5ml／小さじ1	0.5%	
うま味調味料（なくても可）	3g		0.3%	
砂糖	2g	小さじ½	0.2%	
鶏手羽肉（カットしておく）	1kg	20〜24個	100%	② 手羽肉にマリナードを絡め、ラップをして冷蔵庫で30分寝かせる。
加熱用精製油（xxiiページ参照）	適量			③ 深めの鍋に油を半分ほど入れ、176℃に熱する。
ワンドラ	40g		4%	④ ワンドラとポテトスターチを混ぜ合わせる。
ポテトスターチ	38g		3.8%	⑤ マリナードにつけた手羽肉にかけ、薄くむらなく衣がつくよう混ぜる。
				⑥ 1度に5〜7個ずつ手羽肉を油に入れていく。完全に火が通り、きつね色になるまで7分ほど揚げる。
				⑦ ペーパータオルにのせ、油を切る。
「韓国風ウィングソース」（260ページ参照）	280g		28%	⑧ 手羽肉にたっぷりソースをかけ、絡める。熱々を供する。

フライ調理の注意点に関しては26ページを参照。

1 ピーナッツオイル、ミーチュウ、しょうゆ、塩、ゴマ油、うま味調味料（なくても可）、砂糖を合わせ、塩と砂糖が完全に溶けるまでよくかき混ぜる。これがマリナードになる。

2 手羽肉とマリナードを絡め、ラップをして、冷蔵庫で30分寝かせる。

3 深めの鍋かフライパンに油を半分ほど入れ、176℃に熱しておく。このレシピでは、油の温度がほかの手羽肉のレシピに比べて少し低くなっている。韓国風マリナードは砂糖がほかのソースよりも多いので、衣が焦げやすいからだ。

4 ワンドラとポテトスターチがまんべんなく混ざるようかき混ぜる。

5 マリナードに漬けた手羽肉に4をまぶし、マリナードとスターチが手羽肉にむらなく絡み、薄い衣をつくるよう、よく混ぜ合わせる。

6 一度に5〜7個ずつ何回かに分けて揚げる。手羽肉に完全に火が通り、きつね色になるまで7分ほど揚げる。時間は鍋やフライパンの大きさによって異なる。油の量が多いほど、冷たい手羽肉を油に入れても温度が下がりにくい。

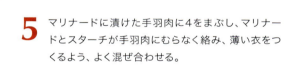

7 ペーパータオルにのせ、油を切る。

8 手羽にたっぷりソースをかけ、絡める。熱々を供する。

CHICKEN WINGS

スキンレス・クリスピー・チキンウィング

できあがりの分量:	4人分（875g、20〜24個分）	
調理時間:	45分	
保存:	できあがりをすぐに供する	
難易度:	ふつう	
必要な器具、材料:	容量500mlののホイップ用サイフォン、亜酸化窒素の入ったカートリッジ2本、「チリ・スパイス・ミックス」（138ページ参照）	

　このレシピには、こんなフライドチキンが欲しかったというわたしたちの思いがすべて詰まっている。まず、カリッとした衣とジューシーな肉のあいだにある皮は不要だと思い、取り除くことにした。また、衣にはアルコールを入れた。アルコールは油に入れると蒸発が速く、完全になくなる。結果的に、より低い温度で衣の中の水分が蒸発し、皮つきウィングを揚げるよりもカリッとした繊細で香ばしい衣ができる。こうしてできあがった料理は、言ってみれば、手羽肉の天ぷらといったところだろうか。揚げる前に、手羽肉は必ず常温に戻しておくこと。そのほうが肉を入れた後の油の温度の回復が速くなるからだ。肉を冷たいまま入れると、どうしても揚げすぎて油っこくなってしまう。反対に、衣液はよく冷やしておく。

材料	重量	分量	比率	手順
小麦粉	57g		5.7%	① 材料をすべて混ぜ合わせる。
コーンスターチ	45g		4.5%	
塩	6g	小さじ1½	0.6%	
ベーキングパウダー	1g	小さじ¼	0.1%	
水	200g	200ml	20%	② 水とウォッカを①に加え、なめらかになるまで泡立て器でかき混ぜる。
ウォッカ	25g	30ml／大さじ2	2.5%	③ 500mlのサイフォンに注ぎ、カートリッジ2本分の亜酸化窒素をサイフォンに注入して冷蔵庫に入れる。
鶏手羽肉（カットしておく）	1kg	20〜24個	100%	④ 手羽の皮を取る。
加熱用精製油（xxiiページ参照）	適量			⑤ 深めの鍋に加熱用精製油を半分ほど入れ、190℃に熱しておく。
コーンスターチ	適量（コーティング用）			⑥ 手羽肉にコーンスターチをまぶし、均一に絡むよう混ぜる。余分な粉をはたく。
				⑦ 冷蔵庫で冷やしておいた③の衣液を手羽肉に注ぎ、よく絡むよう混ぜ合わせる。
				⑧ 一度に2、3個ずつ手羽肉を油に入れていく。完全に火が通り、きつね色になるまで5〜6分揚げる。
				⑨ ペーパータオルにのせ、油を切る。
「チリ・スパイス・ミックス」（138ページ参照）	20g	大さじ2	2%	⑩ チリ・スパイス・ミックスと仕上げ用の塩をたっぷりかけ、熱いうちに供する。
塩		好みの量		

フライ調理の注意点については26ページを参照。

同時につくれるもの：鶏の皮のふっくら揚げ

鶏の皮はここでは使わないが、皮だけでもおいしいおやつができる。ジッパーつきの袋に入れて密封し、88℃で12時間真空調理する。袋から皮を出し、コーンスターチをまぶす。オーブンプレートの上に皮を置き、食品乾燥器か低温オーブンを使って、60〜120℃で4〜8時間乾燥させる。1cmの深さの油で、皮が膨れてカリッと茶色になるまで揚げる。塩またはスパイスミックスを振って食べる。

なお、ポークスキンを使う「チチャロン」のレシピについては222ページを参照。

1 小麦粉、コーンスターチ、塩、ベーキングパウダーを合わせる。

2 水、ウォッカを粉に混ぜ、泡立て器でなめらかな衣になるまで混ぜる。

3 500mlのサイフォンに衣を注ぐ。カートリッジ2本分の亜酸化窒素をサイフォンに注入して冷蔵庫に入れる。カリッと仕上げるには、衣が冷えていないといけない。

4 皮をはがす。筋と腱を切り、ナイフの背で手羽肉を押さえながら、皮を引っ張ってはがす。またはハサミで切り込みを入れてからはがす。

5 深めの鍋に加熱用精製油を半分ほど入れ、190℃に熱しておく。

6 手羽にコーンスターチをまぶして均一に絡むように混ぜ、余分な粉をはたく。スターチをまぶすことで衣が手羽肉にくっつきやすくなる。

7 冷たい衣液をサイフォンから注ぎ、よく絡むように混ぜ合わせる。

8 一度に2、3個ずつ何回かに分けて油に入れる。完全に火が通り、きつね色になるまで5〜6分揚げる。

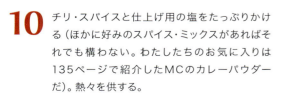

9 ペーパータオルにのせ、油を切る。

10 チリ・スパイスと仕上げ用の塩をたっぷりかける（ほかに好みのスパイス・ミックスがあればそれでも構わない。わたしたちのお気に入りは135ページで紹介したMCのカレーパウダーだ）。熱々を供する。

骨なし鶏手羽肉の焼き鳥

できあがりの分量：	4人分（300g、約12個）
調理時間：	25時間（冷蔵、真空調理：24時間）
保存：	揚げ焼く前に、冷蔵庫で最長3日間保存可能
難易度：	高（手羽の扱いがむずかしい）
必要な器具、材料：	真空調理専用の器具一式、真空パック器、ポテトスターチ、「焼き鳥ソース」（260ページ参照）

骨なし鶏手羽肉は、意外とおいしい部位だ。このレシピには手羽の真ん中の部位、手羽中を使うといいだろう。骨をはずすコツは、先に骨の先を切り落とし、手羽を真空調理した後、温かいうちに骨を引っ張り出すこと。

このレシピは七面鳥の手羽で試してもおいしく、ちょっぴり感謝祭を思い出させてくれる味である。七面鳥の手羽は鶏手羽よりも大きいが、調理時間は同じである。

材料	重量	分量	比率	手順
鶏手羽中	500g	約12個	100%	① 手羽は関節部分で切り分け、手羽中の筋と腱を切ったら、ナイフの先を使って見えている骨の周りの肉をはがしておく。
水	500g	500ml	100%	② 材料を合わせ、塩と砂糖が完全に溶けるまで混ぜて、塩漬け液をつくる。
塩	30g	大さじ3	6%	③ 手羽肉に塩漬け液をかけ、冷蔵庫に12時間入れる。
砂糖	25g	大さじ2½	5%	④ 冷蔵庫から取り出して水気を切り、さらにペーパータオルで軽く押さえるようにして水気を拭き取る。
無塩澄ましバターまたは精製油（119ページ参照）	15g	小さじ5（油なら15ml／大さじ1）	3%	⑤ ウォーター・バスをあらかじめ62℃に温めておく。 ⑥ 手羽を重ならないように袋に入れ、バターまたは油を加えて真空パックする。 ⑦ 12時間、真空調理する。 ⑧ 手羽がまだ温かいうちに、慎重に骨を取り除く。皮を切らないように気をつける。 ⑨ ペーパータオルで表面の汁気を拭き取る。
加熱用精製油（xxiiページ参照）	適量			⑩ テフロン加工のフライパンに油を1cm入れ、200℃に熱しておく。 ⑪ 手羽にポテトスターチをまぶし、余分な粉をはたく。
ポテトスターチ	25g	大さじ2	5%	⑫ 両面ともカリッとこんがり色づくまで2分ほど揚げ焼く。 ⑬ ペーパータオルにのせ、油気を切る。
「焼き鳥ソース」（温めたもの）（260ページ参照）	適量			⑭ スプーンでソースをかけ、揚げたてを供する。

フライ調理の注意点については26ページを参照。

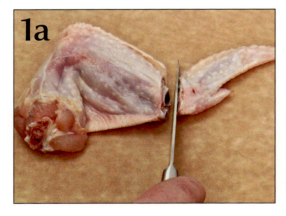

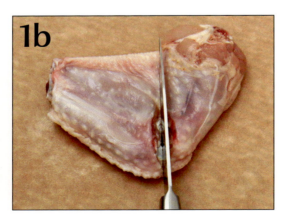

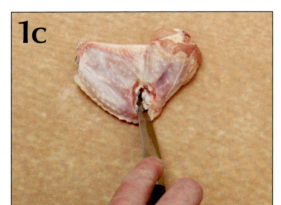

1 手羽を各部位に分ける。皮を傷つけないよう気をつける。まず、関節のところにナイフを入れて3つの部位に切り分ける。ここでは真ん中の手羽中を使う。次に、手羽中の筋と腱を切る。最後に、見えている骨の周りにナイフの先を滑らせるようにして入れ、骨から肉をはがしておく。この作業をすることで、真空調理の後に骨を取る作業がずっと楽になる。

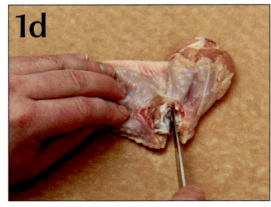

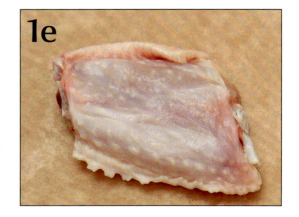

2 水に塩と砂糖を入れ、完全に溶けるまで混ぜる。これで塩漬け液の完成。

3 手羽肉をマリネ液につけ、冷蔵庫に12時間入れておく。

4 手羽肉の水気を切り、さらにペーパータオルで水気を拭き取る。

5 ウォーター・バスをあらかじめ62℃に温めておく。

6 手羽肉を重ならないように袋に入れ、バターまたは油を加えて真空パックする。

7 12時間、真空調理する。

8 袋から手羽肉を出し、温かいうちに、慎重に骨を取り除く。皮を切らないように気をつける。

9 ペーパータオルで汁気を拭き取る。

10 テフロン加工のフライパンに油を1cm入れ、200℃に熱しておく。

11 手羽にポテトスターチをまぶし、余分な粉をはたく。

あらかじめ仕込む場合
骨を取り、手順9で汁気を切った後、冷蔵庫で最長3日間保存できる。温め直すときは、袋に手羽肉を入れ、62℃のウォーター・バスに30分つける。その後、手順10へと進む。

12 両面ともカリッとこんがり色づくまで2分ほど揚げ焼く。

13 ペーパータオルにのせ、油気を切る。

14 スプーンで焼き鳥ソースをかけ、揚げたてを供する。

CHICKEN WINGS

バッファローソース

韓国風ウィングソース

ブルーチーズソース

中国風
ガーリックチリソース

バッファローソース

できあがりの分量：	235g（1カップ分）
調理時間：	1時間（準備：30分　炒める時間：30分）
保存：	冷蔵庫で3日間保存可能
難易度：	ふつう

　わたしたちのバッファローソースは、言ってみれば、風味づけしたオイルでつくったスパイシーなマヨネーズの一種である（ちなみに、単独のソースとしても使える）。ここでは生卵の卵黄を使っているが、低温殺菌された卵を使ってもよい（142ページ参照）。このスパイシーでクリーミーなソースはほとんど何にでも使うことができる。また、このソースには水分がほとんど含まれていないので、せっかくのカリカリのチキンウィングがしんなりすることはない。ソースが分離して油っぽくなったら、なめらかになるまで泡立て器で泡立てるか、スティックミキサーでかき混ぜる。

材料	重量	分量	比率	手順
精製油	200g	220ml	100%	① 鍋に材料を入れ、ニンニクとタマネギが完全にやわらかくなるまでとろ火で30分ほど炒める。または密封ビンに材料を入れて10分間、加圧調理する（126ページ参照）。
新タマネギ（薄切り）	80g		40%	
ニンニク（薄切り）	80g		40%	
ハラペーニョ（刻む）	30g	大さじ3	15%	② 中に漉し布を敷いたシノワで漉す。シノワに残った方は捨て、漉したオイルは室温まで冷ます。
チポトレ缶詰（アドボソース漬け、みじん切り）	20g	中くらいの大きさのもの1個	10%	③ 次の手順で使用するので、②の香りづけしたオイル150gを量っておく。
パプリカパウダー	10g	大さじ1½	5%	
カイエンヌペッパー	10g	大さじ1½	5%	
卵黄（生または低温殺菌したもの）	50g	卵3〜4個分	25%	④ ボウルに卵黄を入れ、風味づけしたオイルとレモン汁を少しずつ加えて、完全に乳化するまでスティックミキサーで混ぜ合わせる。
レモン汁	50g	50ml／大さじ3½	25%	
塩	8g	小さじ2	4%	⑤ 塩で味を調える。室温で使う。

焼き鳥ソース

圧力鍋でキャラメリゼした
ピーナッツソース（111ページ参照）

ハニーマスタードソース

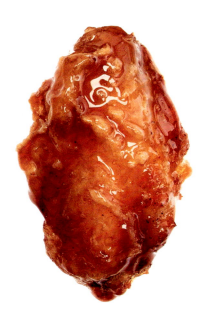

ハニーマスタードソース

できあがりの分量：	200g（1カップ分）
調理時間：	5分
保存：	冷蔵庫で7日間保存可能
難易度：	低

　このソースの風味は、材料として用いる蜂蜜とマスタードの種類に大きく左右される。これはと思うものでいろいろ試してみるといい。蜂蜜の代わりにメープルシロップを使うこともできる。エストラゴン、シナモン、クローブのようなハーブやスパイスを加えればちょっとした変化をつけられる。粉マスタード、チリパウダー、カイエンヌペッパー、ホースラディッシュ、日本のわさびを加えてソースをさらにピリッとさせてもいいだろう。燻製の風味をつけるために燻液を数滴たらしてもよい。粒マスタードは口の中でプチプチとはじける食感が楽しい。好みによって分量を2倍まで増やすことができる。

材料	重量	分量	比率	手順
ディジョン・マスタード	100g		100%	① 材料を合わせ、よくかき混ぜる。
蜂蜜	50g	大さじ3	50%	
「圧力鍋でつくるマスタードシードのピクルス」（水気を切っておく） （125ページ参照）	40g	大さじ2½	40%	
リンゴ酢	12g	15ml／大さじ1	12%	
塩		適量		② 塩で味を調え、温めて、または冷やして使う。

焼き鳥ソース

できあがりの分量：	500g（2カップ分）
調理時間：	12時間15分（準備：15分　冷蔵：12時間）
保存：	冷蔵庫で3日間保存可能
難易度：	低
必要な器具、材料：	みりん、酒、かつお節

　この人気のある日本の軽食は、スペインのタパスにどことなく似ている。つくり方はさまざまだが、もっとも一般的な方法は、ひと口大に切った鶏を竹串に数個刺して高温の炭火であぶり、このおいしいタレを刷毛で塗るというものである。タレのパイナップルに含まれているブロメラインと呼ばれる酵素には、肉の表面をやわらかくする働きがある。なければ照り焼きのタレで代用できる。

材料	重量	分量	比率	手順
みりん	200g	230ml	89%	① 材料を鍋に入れ、軽く煮立つまで温める。
蜂蜜	110g		49%	
薄口しょうゆ	100g	85ml	44%	
酒（辛口）	100g	120ml	44%	
かつお節（パック入り）	20g		9%	
ショウガ（すりおろす）	5g	小さじ2	2%	
パイナップルの皮と果肉（角切り）	225g		100%	② パイナップルに①のソースをかけ、冷ます。 ③ 冷蔵庫に12時間、入れておく。 ④ 中に漉し布を敷いたシノワで漉し、タレは取っておく。パイナップルの皮は捨て、角切りにした果肉は強火でさっと炒めて、他のレシピに利用する。
米酢	25g	30ml／大さじ2	22%	⑤ ④のタレに米酢と塩を加え、味を調える。
塩	15g	小さじ5	6.7%	⑥ 軽いとろみがつくまで（だいたい330gくらいになるまで）、15分ほどことことタレを煮つめる。熱いまま、または冷まして使う。

韓国風ウィングソース

できあがりの分量：	280g（1カップ分）
調理時間：	15分
保存：	冷蔵庫で5日間保存可能
難易度：	低
必要な材料：	コチュジャン（トウガラシなどを発酵させてつくった韓国のペースト状の調味料）、紹興酒

　この甘くてスパイシーなタレは、一度食べると病みつきになる。材料をスーパーで探す価値はじゅうぶんにある。コチュジャンは四角い容器で売られていることが多く、ほとんど何にでも塗ってしまいたくなるような、甘くて複雑な味のするトウガラシ入り調味料である。このレシピには薄口しょうゆを使うのがおすすめだ。紹興酒が見つからないときは、中辛口のシェリーで代用できる。

材料	重量	分量	比率	手順
コチュジャン	135g		100%	① 材料を合わせ、砂糖が溶けるまで泡立て器で混ぜる。
砂糖	50g		37%	② そのまま、または温めて使う。
しょうゆ	30g	25ml／小さじ5	22%	
紹興酒	27g	30ml／大さじ2	20%	
ゴマ油	20g	20ml／大さじ1½	15%	
ニンニク（みじん切り）	10g	大さじ1	7.4%	
ショウガ（みじん切り）	8g	大さじ1	6%	

ブルーチーズソース

できあがりの分量:	600g（2¼カップ分）
調理時間:	15分
保存:	冷蔵庫で3日間保存可能
難易度:	低
必要な材料:	ワンドラ、クエン酸ナトリウム

メイタグ、ロックフォール、ゴルゴンゾーラ、スティルトンなど、風味の強いブルーチーズを使う。ふつう、チーズソースを加熱しすぎるのはよくないが、ここでは乳化剤としてクエン酸ナトリウムを使っているため、ソースをなめらかにするには、チーズを少しずつ加えて混ぜながら軽く煮立てる必要がある。

材料	重量	分量	比率	手順
ワンドラ	12g	小さじ5	3%	① よく混ぜ合わせる。
クエン酸ナトリウム	4g		1%	
牛乳（冷たいもの）	200g	210ml	50%	② 中くらいのソースパンに①と牛乳を入れて泡立て器で混ぜ、軽く煮立てる。だまができるようなら、牛乳がじゅうぶんに冷たくなかったということだ。
ブルーチーズ（砕く）	400g		100%	③ ②を軽く煮立てている中にブルーチーズを少しずつ加え、チーズが溶けてソースが完全になめらかになるまでスティックミキサーで混ぜる。
				④ 完全に冷ます。冷たいものを使う。

バリエーション：ブルーチーズソースの泡
軽くてふんわりした、ブルーチーズソースのバリエーション。容量1Lのサイフォンに温かいソースを注ぎ、そこにカートリッジ2本分の亜酸化窒素を注入する。チキンウィングの隣に、または大皿に盛った生野菜に、たっぷりの泡をのせる。

中国風ガーリックチリソース

できあがりの分量:	145g（1⅓カップ分）
調理時間:	30分
保存:	30分以内に使う
難易度:	ふつう

これと似たような薬味は中国料理によく見られる。辛さは好みで調整する。さらに香りを強くしたければ、ショウガのみじん切り、パクチー、レモングラスをハラペーニョと一緒に入れる。この調味料は、チキンウィングだけでなく、カエルの脚のから揚げ、揚げた豆腐、「グリルで焼くポークチョップ」（202ページ参照）、ゴマ油であえた冷麺に添えてもおいしい。

材料	重量	分量	比率	手順
精製油	432g	470ml	288%	① 鍋の上に漉し器をセットし、レンジの近くに置く。
ニンニク（みじん切り）	150g		100%	② ニンニクと油を別の鍋に入れる。ニンニクは揚げると泡立つので、油は鍋の半分以下の量になるようにする。
				③ 強火にかけ、たえずかき混ぜながら、ニンニクがきつね色になるまで6分ほど揚げる。ニンニクは色づき始めたらすぐに焦げるので、注意する。
				④ 漉し器で漉す。
				⑤ ニンニクをペーパータオルに広げ、油を切る。
ネギ（白い部分、みじん切り）	40g		27%	⑥ 漉した油を熱し、ネギを加える。別の鍋に漉し器をセットする。
				⑦ 強火で、たえずかき混ぜながら、ネギがきつね色になるまで4分ほど揚げる。
				⑧ 漉し器で漉す。
				⑨ ネギをペーパータオルに広げ、油を切る。
				⑩ 次の手順で使うので、油を3g／3ml／小さじ½計量しておく。残った油は蒸した魚やパスタの風味づけに使うとよい。
ハラペーニョ（みじん切り）	33g	大さじ3	22%	⑪ ⑩で計った油、揚げたニンニク、揚げたネギと合わせ、よく混ぜる。
塩	8g	小さじ2	5.3%	⑫ ニンニクとネギがカリッとしているうち（30分以内）に使う。

串刺し料理

　串に刺して食べるというのは、それだけで楽しいものである。串焼きは世界各国の食文化で見られる。日本の焼き鳥、タイやマレーシアの露店で売られている驚くほど多様な種類のサテ、ミネソタ州の農産物品評会で売られている綿菓子、アメリカンドッグ、さらにリンゴ飴やアイスキャンディ。スパムを串刺しにした「スパムシクル」やコオロギを串刺しにしてカリカリに焼いたものさえある。

　わたしたちは、この世界中で大人気の串焼きにモダニスト流アレンジを加えてみた。完璧な温度になるまで肉を真空調理してから、串に刺すという方法である。この方法のいいところは、事前につくって真空パックし、冷蔵庫で保存できる点だ。食べるときは、55℃のウォーター・バスに袋を15～20分沈めて温め直し、熱したフライパンまたは熱々のグリルで焼く、ガスバーナーであぶる、高温の油で揚げるなどすればいい（193ページ参照）。ソースはつけてもつけなくてもよい。

フライ調理の注意点については26ページを参照。
バーナーを使うときの注意点については15ページを参照。

鶏ももの串焼き、ピスタチオのペスト

鶏のもも肉（骨なし、皮つき、一口大［2.5cm］に切る）300g。鶏を重ならないように袋に入れ、真空パックする。65℃で1時間30分、真空調理する。鶏を袋から取り出して水気を拭き、皮が同じ方向を向くように3～5個ずつ串に刺す。仕上げに、熱したフライパンで油は入れずに皮を下にして焼く。「ピスタチオのペスト」（102ページ参照）50gを表面に刷毛で塗る。

韓国風豚ばらの串焼き

豚ばら（皮つき、2.5cmの角切り）300g。重ならないように袋に入れ、真空パックする。62℃で48時間、真空調理する。肉を袋から取り出して水気を拭き取り、3～5個ずつ串に刺す。仕上げにガスバーナーであぶるか、190℃の加熱用精製油で揚げる。「韓国風ウィングソース」（260ページ参照）50gを塗って照りを出す。

つくねのから揚げ

次ページの「つくね」のレシピに従って鶏の肉だんごの串を準備する。肉だんごの中まで完全に火が通るまで190℃の加熱用精製油で3分ほど揚げる。「真空調理でつくるスパイス・チリオイル」（118ページ参照）を表面に刷毛で塗る。

鶏皮の焼き鳥

200gの鶏皮を重ならないように袋に入れ、真空パックする。88℃で12時間、真空調理する。熱いうちに皮を1個ずつ離し、串に刺す。完全に冷めたら、190℃の加熱用精製油でカリッとなるまで4～5分揚げる。「焼き鳥ソース」（260ページ参照）50gを塗って照りを出す。

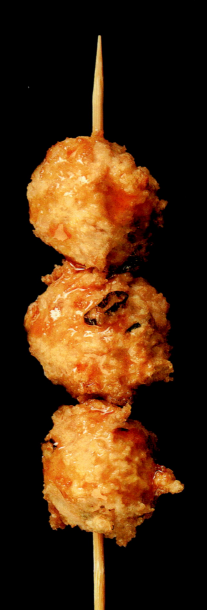

つくね

鶏もも肉のミンチ （骨なし、皮なし、もも肉3枚分）	400g	
ポロネギ（白い部分、みじん切り）	45g	
卵白（ほぐしたもの）	35g	大さじ3
焼き鳥ソース（260ページ参照）	20g	大さじ1
ゴマ油	10g	10ml／小さじ2¼
ショウガ（みじん切り）	6g	小さじ2
ワンドラ	5g	小さじ1½
塩	4g	小さじ1

鶏の肉だんごは日本語で「つくね」と呼ばれている。串に刺すなどして出され、とてもおいしい。

まず、材料すべてをスタンドミキサー付属のボウルに入れ、材料がひとつにまとまるまで付属のパレットで2分ほど混ぜる。生地をひきしめ、水分をゆきわたらせるために冷蔵庫で1時間、寝かせる。串に刺した肉だんごが熱源から5cmほど離れるようにオーブンプレートを調整し、上火を高温に予熱する。

小さなさじで（または手を濡らして）、生地を2.5cmの球状に丸める。竹串に肉だんごを3個ずつ刺す。油を塗ったオーブンプレートに肉だんごを置き、きつね色になって完全に火が通るまで片面につき3〜4分ずつ焼く。何もつけずにそのまま、熱々を供する。または焼き鳥ソース（分量外）を刷毛で塗って甘みをプラスしてもよい。

ラム肉の串焼き、ミントヨーグルト添え

ラムもも肉（2.5cmの角切り）300g。ラム肉を重ならないように袋に入れ、真空パックする。56℃で3時間、真空調理する。肉を袋から取り出して水気を拭き取り、3〜5個ずつ串に刺す。仕上げにガスバーナーで全面をあぶる。ミントヨーグルトを添えて供する。

ミントヨーグルト：プレーンヨーグルト150gと新鮮なミント（刻んだもの）15gを混ぜる。塩で味を調える。

鶏むね肉のサテ

鶏むね肉（骨なし、皮なし）300gを丸ごと袋に入れ、真空パックする。60℃で、芯温が59℃になるまで真空調理し、さらにその温度を1時間保つ。袋から肉を取り出して水気を拭き、2.5cm角に切る。3〜5個ずつ串に刺す。さらに、熱々のグリルで焼くかガスバーナーであぶるかしてもよい。「圧力鍋でキャラメリゼしたピーナッツソース」（111ページ参照）50gを塗る。

ショートリブの串焼き、シイタケ・マーマレード

骨なしショートリブ300gを下処理し、2.5cm角に切る。重ならないように袋に入れ、真空パックする。58℃で72時間、真空調理する。肉を袋から取り出して水気を拭き、3〜5個ずつ串に刺す。仕上げにカリッとこんがり色づくまで表面を焼く（または190℃の加熱用 精製油で揚げる）。「シイタケ・マーマレード」（151ページ参照）50gを塗り、おろしたグリュイエールチーズをのせる。

牛フィレ肉の串焼き、モンペリエ・バター

牛フィレ肉300gを下処理する。フィレ肉を丸ごと袋に入れ、真空パックする。54℃で35分ほど、芯温が53℃になるまで真空調理する。肉を袋から取り出し、水気を拭き、2.5cmの角切りにする。3〜5個ずつ串に刺す。仕上げに、ガスバーナーで全面をあぶり、すりおろしたモンペリエ・バター（120ページ参照）50gをつけ、バターが溶けるようにガスバーナーでもう一度さっとあぶる。

チキンヌードルスープ

チキンスープといえば、食べるとほっとする料理の代表で、さまざまな形で世界各地に存在している。マツァボールスープ、プール・オ・ポ、海南チキンライス、鶏のフォー、トルテッリーニ・イン・ブロードなど、列挙すればきりがない。スープに麺を入れるチキンヌードルスープというアイデアは、スープだけのものよりもはるかに魅力的だ。ところが残念なことに、ヌードルスープの汁はたいていとても水っぽく、塩の味くらいしかない。しかも、すべてを一緒に煮込んでいるので、鶏肉はパサパサで、野菜は味がなく、麺は溶けてドロドロということが多い。

このオーソドックスな栄養たっぷりの料理は、食材を別々に準備して、それぞれのもっともいいところを引き立たせることで、最終的な味を際立たせることができる。鶏肉は真空調理するとジューシーに、卵パスタはつくり立てを使うことでおいしくなり、野菜は圧力鍋で調理するとやわらかくなる。食卓に出す直前にスープに香りをプラスすると、さらに風味がよくなる。

使う野菜を変えてもいいし、肉の代わりに鶏ミンチでつくったミートボールを使ってもいい。ぜひ試してほしい。さらに栄養をプラスしたければ、65℃でポシェした卵を入れる（142ページ参照）。

香りの科学

新鮮な風味を抽出した液体を使えば簡単に香りのいいストックをつくることができるが、そのためにはどの香り成分がどの液体に溶けるかを知っておく必要がある。同じ食材でもウォッカに浸したときと水に浸したときとでは引き出される香りが異なる。そして食材にはすべて、香り成分が抽出されるのに最適な温度と時間がある。香水やエッセンシャルオイルをつくっている会社のカタログに詳しく載っている。『Modernist Cuisine』では、香りづけや香りの抽出の科学を探究し、さまざまなスープ、エクストラクト、エッセンシャルオイルを使って実験している。ここでは手軽なフレンチプレスを使い、スープを食卓に出す直前に香りを移す。紅茶を扱うように、フレッシュハーブや炒ったスパイスを扱うのだ。紅茶やコーヒーをよく飲む人なら簡単に要点を理解できるだろう。抽出不足（水の量に対して香りの材料が少なすぎて香りが弱い）や過抽出（抽出時間が長すぎて渋く苦くなる）がどういう結果になるかをよく理解しているだろうから。

ハイライト

タイムやエストラゴンのように揮発性の高い成分が含まれているハーブで香りづけする場合は、料理の完成直前に火からおろした状態で行うのがよい。フレンチプレスは、ハーブやスパイスの香りをチキンブロス（鶏のスープ）に移すのに便利な道具である。

266ページ参照

このテクニックは、フォー、グーラッシュ、トルティーヤスープ、タイや中国のスープ麺など、香りのよいヌードルスープをつくるのに幅広く応用できる。

267ページ参照

絶品のフレッシュパスタをつくる秘訣は、グルテンを加えることだ。パスタに弾力がないと感じることはよくある。歯ごたえのあるパスタに仕上げるには、小麦グルテンを加えるといい。コシが出て、ゆですぎてものびにくい麺になる。

268ページ参照

プロのようにスープをよそう。トップシェフのようにスープの具を盛りつける手順をすべて紹介する。

273ページ参照

香り広がるチキンスープ

できあがりの分量：	4人分（1kg、4¼カップ分）	
調理時間：	10分	
保存：	できたてをすぐに供する	
難易度：	低	
必要な器具、材料：	ガスバーナー（なくても可）、フレンチプレス（なくても可）、うま味調味料（好みで）	

　このレシピでは、オーソドックスなホワイト・チキン・ストック、または鶏を焼いてつくる香ばしいブラウン・チキン・ストックを使う。ポイントは、273ページでも説明しているように、スープを食卓に出す直前に材料を合わせること。そうすれば最後の最後にハーブやスパイスを加えることによって、食卓でスープを注いだときにすべての香りが優しく引き出され、ふくよかな香りを楽しむことができる。コーヒーや紅茶を入れるのと同じ要領だ。前もって香りづけをしておくこともできるが、自然の香りは置いておくと飛んでしまう。おすすめは、フレンチプレスでスープに香りを移し食卓で注ぐという方法だが、鍋でつくって漉してもよい。

材料	重量	分量	比率	手順
ニンニク	20g	5片	2%	① ニンニクを厚めに縦に切る。 ② 両面をガスバーナーであぶる、またはフライパンで空炒りする。
八角	4g	1個	0.4%	③ 油をひいてないフライパンに八角と黒粒コショウを入れ、つねにかき混ぜながら中強火で香りが立つまで3分ほど空炒りする。
黒粒コショウ	4g	小さじ½	0.4%	
塩	15g	小さじ5	1.5%	④ 材料を、あぶったニンニクと炒ったスパイスと一緒に大きめのフレンチプレスのガラスポットに入れる。
セルフィーユ（すりつぶす）	14g	12枚	1.4%	
タイム（すりつぶす）	2g	4枝	0.2%	
エストラゴン（すりつぶす）	1g	7枚	0.1%	
ローリエ（細切りにしておく）	0.4g	2枚	0.04%	
うま味調味料（好みで）	5g		0.5%	
ホワイト・チキン・ストックまたはブラウン・チキン・ストック （84ページ参照）	1kg	1L	100%	⑤ ストックを沸騰させる。フレンチプレスに注ぎ、かき混ぜる。 ⑥ 2分置いて香りをつける。最後にフィルターを押し下げ、熱々を供する。

バーナーを使うときの注意点については15ページを参照。

1 ニンニクを厚めに縦に切る。

2 両面をガスバーナー（MAPPまたはプロピレン燃料を使う）でむらなくあぶる。油をひかずに熱したフライパンで20秒間空炒りしてもよい。すると、表面は黒っぽくなり、中はしっとりという状態になる。こうすることで、生のニンニクのにおいが消え、複雑な風味のスープに仕上がる。

3 油をひいていないフライパンに八角と黒粒コショウを入れ、つねにかき混ぜながら中強火で香りが立つまで3分ほど空炒りする。さらに香りを立たせたければ、すり鉢とすりこぎでスパイスを砕く。

4 ハーブ、塩、うま味調味料（好みで）を、あぶったニンニクや炒ったスパイスと一緒に、大きめのフレンチプレスのガラスポットに入れる。

5 沸騰させたチキンストックをフレンチプレスに注ぎ、かき混ぜる。フレンチプレスがなければ、ストックの入った鍋を火からおろし、ハーブやスパイスを加えて混ぜ、ふたをすればよい。

6 2分置いてスープに香りをつける。最後にフィルターを押し下げ、熱々を供する。

他のスープの香りづけに応用する

前ページの「香り広がるチキンスープ」で使った香りづけの方法は、さまざまなスープの香りづけにも役に立つ。下のレシピはいずれも同じ簡単な手順でつくることができる。まず、鍋に麺以外の材料をすべて合わせて火にかける。次にかき混ぜてふたをし、火からおろして2〜3分置き、香りを移す。最後にスープを漉し、ゆでた麺を加えて供する。レシピはどれも4人分である。（1kg／4¼カップ）。

フォー

材料	重量	容量
ビーフ・ストック（熱々を準備する）（86ページ参照）	1kg	1L
タマネギ（半分に切って、あぶる）	240g	大1
ショウガ（半分に切って、あぶる）	50g	6cmの長さのもの1片
砂糖	30g	大さじ2
魚醤（ナンプラー）	10g	9ml／小さじ1¾
うま味調味料（好みで）	5g	小さじ1
黒粒コショウ	4g	大さじ1⅓
八角	2g	1〜2個
シナモンスティック（砕いたもの）	2g	長めのもの1本
オールスパイス	1g	小さじ½
ライスパスタ（271ページのバリエーション参照）	適量	

タイ風スープ麺

材料	重量	容量
「圧力鍋でつくる甲殻類のストック」（熱々を準備する、88ページ参照）	1kg	1L
ココナッツミルク	100g	100ml
パームシュガー（粉末）	40g	
魚醤（ナンプラー）	20g	20ml／小さじ3½
ガランガル（炒ってつぶしておく）	10g	大さじ2／3〜4かけ
ライム果汁	6g	6ml／小さじ1¼
レモングラス（刻む）	5g	大さじ1
こぶみかんの葉（つぶす）	1g	1枚
ココナッツパスタ（271ページのバリエーション参照）	適量	

グーラッシュ

材料	重量	容量
ポーク・ストック（熱々を準備する）（86ページのバリエーション参照）	1kg	1L
トマトの缶詰	150g	
赤パプリカのジュース	150g	150ml
生のディルの茎（つぶす）	30g	
シェリービネガー	20g	25ml／大さじ1½
キャラウェイシード	6g	小さじ2¼
ホットパプリカパウダー	2g	小さじ1
クミンシード	1g	小さじ½
ライ麦パスタ（270ページのバリエーション参照）	適量	

中国風スープ麺

材料	重量	容量
鴨のストック（熱々を準備する）（84ページ参照）	1kg	1L
ショウガ（薄切り）	15g	大さじ2½
紹興酒	10g	10ml／小さじ2⅜
ネギ（小口切り）	8g	大さじ2
生ハム（せん切り）	8g	大さじ2
うま味調味料（好みで）	5g	小さじ1
全粒粉パスタ（271ページのバリエーション参照）	適量	

トルティーヤスープ

材料	重量	容量
チキン・ストック（熱々を準備する）（84ページ参照）	1kg	1L
トマトの缶詰	100g	
タマネギ（角切り）	50g	
トルティーヤ・チップス（砕く）	10g	
ハラペーニョ（薄く切る）	5g	小さじ1
パクチーの茎	4g	
ライム果汁	2g	2ml／小さじ⅜
クミンシード	0.4g	小さじ½
トウモロコシパスタ（270ページのバリエーション参照）	適量	

卵入りフレッシュパスタ

できあがりの分量：	4人分（640g）
調理時間：	2時間30分（準備：30分　冷蔵：2時間）
保存：	生地は真空パックして、冷蔵庫に入れて2日、麺は冷蔵庫で24時間保存可能
難易度：	ふつう
必要な器具、材料：	スタンドミキサー（フード・プロセッサーでも可）、フックのアタッチメント、真空パック器、パスタマシン

歯ごたえのあるフレッシュパスタをつくるコツは、グルテンを加えること。全粒粉、ソバ粉など、いろいろ試してみるといいかもしれない。

フレッシュパスタづくりで時間がかかるのは、パスタをゆでる工程（わたしたちのゆで時間はきっかり30秒だ）ではなく、生地を寝かせる工程だ。時間がなければ、675gのフレッシュパスタまたは乾麺は市販のものを使い、パッケージの説明通りにゆでてもよい。

リングイーネ用カッターがあれば、パスタシートから幅の広い麺をつくることができる。パスタマシンがなければ、麺棒で生地を伸ばしてナイフでカットする。

材料	重量	分量	比率	手順
小麦粉	420g		100%	① スタンドミキサーのボウルに材料を入れ、フックをミキサーにつけて8分間混ぜる。
水	125g	125ml	30%	② 生地を真空パックする（またはジッパーつきの袋に入れて密閉する）。最低1時間、冷蔵庫で休ませる。
卵	50g	1〜2個	12%	③ 冷蔵庫から生地を出して4等分する。
エクストラバージン・オリーブオイル	25g	30ml／大さじ2	6%	④ 生地に打ち粉をして、平らに伸ばす。乾いたふきんに軽く粉を振り、トレイに敷く。
小麦グルテン（Bob's Red Mill ブランドのもの）	16g	大さじ2	4%	⑤ パスタマシンに生地を入れ、2mm厚さのシート状に伸ばす。準備しておいたトレイに並べる。
塩	4g	小さじ1	1%	⑥ パスタシートを並べたトレイをラップをかけずに冷蔵庫に入れ、1時間ほど寝かせる。
				⑦ シートをスパゲッティのような細長い麺になるようにカットしていく。
				⑧ 麺に打ち粉をして、ふきんを敷いたトレイに戻す。
				⑨ 大鍋に水を量って入れ、水100gに対して0.5〜0.75gの塩を加え、沸騰させる。
				⑩ 固めの麺にしたければ30秒、やわらかめが好みなら60秒ゆでる。
オリーブオイルまたは「圧力鍋で溶かす鶏の脂身」（123ページ参照）		適量		⑪ 水気を切り、オイルまたは鶏の脂を絡め（あるいはパスタソースであえ）、できたてをすぐに供する。

スタンドミキサーの代わりにフード・プロセッサーを使ってもいい。まず、水、卵、オイルをフード・プロセッサーにかける。別に、小麦粉、グルテン、塩を混ぜ合わせる。粉類を加えて、生地がまとまるまでプロセッサーをパルス操作して混ぜる。清潔な台に生地を置き、生地に弾力が出て表面がなめらかになるまで3分ほどこねる。この後、手順2へと進む。

1 小麦粉、水、卵、オリーブオイル、グルテン、塩をスタンドミキサーのボウルに入れる。ミキサーにフックを取りつけて8分間混ぜる。生地がひとつにまとまり、ボウルにくっつかなくなって、弾力のあるなめらかな球状になればいい。

2 生地を真空パックする（またはジッパーつきの袋に入れて密閉する）。一晩（最低でも1時間は）冷蔵庫で休ませる。密封することで生地が乾かず、全体に水がゆきわたる。

3 生地を4等分する。

4 生地に打ち粉をし、手のひらを使って平らに伸ばす。乾いたふきんに軽く粉を振り、トレイに敷く。

5 生地をパスタマシンのローラーにくぐらせ、2mm厚さのシート状に伸ばす。できあがったパスタシートをトレイに並べる。このとき、それぞれのシートが重ならないように気をつける。必要なら、トレイをいくつか使う。

6 パスタシートを並べたトレイを、ラップをかけずに冷蔵庫に入れ、1時間ほど寝かせる。寝かせた後、生地が少し乾燥して革のように丈夫でしなやかになっていればよい。

7 シートをスパゲッティのような細長い麺になるようにカットする。この料理ではどんな形のパスタでもよいが、太ければ太いほど、ゆでるのに時間がかかる。

8 麺がトレイにくっつかないように、たっぷり打ち粉をして、ふきんを敷いたトレイに戻す（もしくはパスタドライラックにかける）。

9 大鍋に水を量って入れ、水100gに対して0.5〜0.75gの塩を加えて沸騰させる。生地自体にたっぷり塩が入っているので、塩の量は通常パスタをゆでるときよりも少なめにしてある。

10 固めの麺にしたければ30秒、やわらかめが好みなら、60秒ゆでる。麺を太めに切った場合は、少量ずつ試してみて、好みの固さにゆで上がる時間を見つけるとよい。

11 麺の水気を切り、オイルまたは鶏の脂を絡め（またはパスタソースであえ）、できたてをすぐに供する。

パスタシート
このパスタの生地も次のページで紹介する生地も、シートを太めに切ったり丸めたりしてラザーニャやカネロニに使える。

あらかじめ仕込む場合
手順8で麺に打ち粉をした後、ラップをして冷蔵庫に入れる。冷蔵庫で最長24時間保存できる。調理するときは、手順9から始める。

さまざまなパスタ

ここで紹介するバリエーションは、268ページの「卵入りフレッシュパスタ」とほぼ同じ手順でつくれる（いずれもグルテン粉を含む）。また、新たにソースや具材も提案している。ここに挙げた分量で400g分の生地ができる。

このレシピに必要な粉は、品揃えのいいスーパーか食料品専門店で購入できる。特殊な粉の製造業者の中では、ボブズレッドミル社とキングアーサー社がわたしたちのお気に入りだ。「フラワー（穀粉）」という言葉は非常に紛らわしく、ものによっては誤解を生じかねない。たとえば、ポテトフラワー（ジャガイモ粉）やココナッツフラワー（ココナッツ粉）は正確には穀物を挽いてつくった粉ではなく、乾燥させたジャガイモやココナッツを細かく挽いてつくられている。市販のポテトスターチやココナッツミルクパウダー、ココナッツクリームパウダーは、ジャガイモ粉やココナッツ粉の代わりにはならないので注意する。

ポテトパスタ

00粉（ゼロゼロ粉）*	275g	
水	120g	120ml
溶き卵	75g	2個分
ジャガイモ粉	52.5g	
精製油	45g	50ml／大さじ3½
小麦グルテン （Bob's Red Mill ブランドのもの）	20g	大さじ2½
塩	6g	小さじ1¾

おすすめのソースとトッピング：ほぐした卵黄135g（9〜10個分）を62℃で40分間、真空調理する。薄くスライスしたパンチェッタ115gをソテする。ゆでて水気を切った麺を、温かい卵、パンチェッタ、薄切りにしたネギ40g、パスタのゆで汁60g／60mlとあえ、黒コショウを振る。

ライ麦パスタ

水	125g	125ml
00粉（ゼロゼロ粉）*	125g	
ライ麦粉	105g	
小麦グルテン （Bob's Red Mill ブランドのもの）	72g	
溶き卵	50g	1個分
オリーブオイル	12.5g	15ml／大さじ1
塩	2g	小さじ½

おすすめのソースとトッピング：小口切りにしたニラ100gと薄くスライスしたシイタケ200gを油56g／60mlでようやくやわらかくなるくらいにソテする。ゆでて水気を切った麺を、「ゴマのドレッシング」（117ページのバリエーション参照）142g、ソテしたニラ、シイタケとあえる。炒ったゴマ、薄く切って、カリッと炒めた中国のソーセージ43gをトッピングする。

トウモロコシパスタ

水	130g	130ml
00粉（ゼロゼロ粉）*	125g	
マサアリーナ （トルティーヤをつくるのに 使われるトウモロコシ粉）	105g	
小麦グルテン （Bob's Red Mill ブランドのもの）	72g	
溶き卵	50g	1個分
コーン油	12.5g	15ml／大さじ1
塩	2g	小さじ½

おすすめのソースとトッピング：スイートコーンの皮をむいて実をはずし、345gを無塩バター56g／大さじ5でソテする。ゆでて水気を切った麺をソテしたコーンと混ぜ、好みで、おろしたケソ・フレスコやコティハなどのメキシコのチーズとすりおろしたライムの皮をのせる。

大麦パスタ

00粉（ゼロゼロ粉）*	195g	
卵黄（ほぐしておく）	75g	5個分
水	60g	60ml
大麦粉	53g	
オリーブオイル	45g	50ml／大さじ3½
小麦グルテン（Bob's Red Mill ブランドのもの）	7.5g	大さじ1
塩	3g	小さじ¾

おすすめのソース：ゆでて水気を切った麺に「ピスタチオのペスト」（102ページ参照）235gを絡める。

ココナッツパスタ

00粉（ゼロゼロ粉）*	195g	
卵黄（ほぐしておく）	75g	5個分
水	60g	60ml
ココナッツ粉	53g	
精製油	53g	55ml
小麦グルテン（Bob's Red Mill ブランドのもの）	7.5g	大さじ1
塩	3g	小さじ1

おすすめのソースとトッピング：ゆでて水気を切った麺を「タイ風の甘酸っぱくピリッとしたグレーズ」（115ページ参照）160gと合わせ、焼いて砕いたピーナッツ、ココナッツクリームパウダー、乾燥小エビをトッピングする。

全粒粉パスタ

全粒粉	260g	
水	90g	60ml
溶き卵	50g	1個分
オリーブオイル	25g	30ml／大さじ2
小麦グルテン（Bob's Red Mill ブランドのもの）	5g	小さじ2
塩	2g	小さじ½

おすすめのソースとトッピング：ゆでて水気を切った麺を「マリナラ」（112ページ参照）400gであえ、細長く切ったバジルをのせる。

00粉（ゼロゼロ粉）とは、イタリアの小麦粉で粒子が極めて細かく、パスタの生地がなめらかになる。手に入らなければ、代わりに普通の小麦粉を使うといい。

ライスパスタ

水	120g	120ml
00粉（ゼロゼロ粉）*	150g	
米粉	100g	
溶き卵	50g	1個分
小麦グルテン（Bob's Red Mill ブランドのもの）	40g	大さじ5
米油	20g	20ml／大さじ1½
塩	2g	小さじ½

おすすめのソースとトッピング：ゆでて水気を切った麺を、「圧力鍋でキャラメリゼしたピーナッツソース」（111ページ参照）145gであえる。「圧力鍋で溶かす鶏の脂身」（123ページ参照）45g／50ml／大さじ3½をたらし、ひとつまみのチリパウダーを振る。

圧力鍋で蒸したニンジンとポロネギ

できあがりの分量：	4人分（250g）
調理時間：	10分
保存：	冷蔵庫で24時間保存可能
難易度：	低
必要な器具、材料：	圧力鍋

シンプルな方法だが、たった数分で野菜がとてもやわらかくなる方法である。調理時間は野菜の太さによって異なるので、野菜の太さによって時間を調整するとよい。

材料	重量	分量	比率	手順
ニンジン （直径2.5cmくらいのもの、皮はむかない）	200g	2本	100%	① 圧力鍋のラックまたは五徳にのせ、水を1cm入れる。調理中、野菜が水に浸らないよう注意する。 ② ゲージ圧1バールで、5分間加熱調理する。圧力が最大になったら、時間を計る。 ③ ふたの縁にぬるま湯をかけてすばやく減圧する。野菜がまだ好みのやわらかさになっていなければ、ふたをしてもう1〜2分加熱調理する。 ④ ニンジンは皮をこそげ落とし、ポロネギはいちばん外側の皮をむいて捨てる。 ⑤ それぞれ、斜め1cm幅に切る。 ⑥ 食卓に出すまで保温しておく。
ポロネギ （直径2.5cmくらいのもの、よく洗う）	150g	1〜2本	75%	

圧力鍋調理の注意点については33ページを参照。

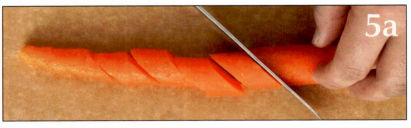

あらかじめ仕込む場合
加熱調理した野菜を冷蔵庫に入れておく。蒸し器で2分間温め直すか、電子レンジ対応の皿に入れ、電子レンジ対応のラップをかけて、温まるまで500Wで30秒ほど加熱する。

バリエーション
この方法はビーツ、カブ、ジャガイモ、根セロリ、パースニップのような他の根菜でもうまくいく。加熱調理する前に、大きさを揃えて切る。183ページの「圧力鍋で調理する野菜」参照。

チキンヌードルスープ

できあがりの分量：	4人分（2.4kg、10カップ分）
調理時間：	15分
保存：	できたてをすぐに供する
難易度：	ふつう
必要な材料：	「卵入りフレッシュパスタ」（268ページ参照）、「圧力鍋で蒸したニンジンとポロネギ」（前ページ参照）、「真空調理した鶏肉」（244ページ参照）、「香り広がるチキンスープ」（266ページ参照）、「圧力鍋で溶かす鶏の脂身」（123ページ参照）

見た目はシンプルなこのスープを完璧に仕上げるコツは、ひとつひとつの食材にしっかり味つけすること。最後に手際よく食材をスープ皿に盛れるよう、すべての食材をあらかじめ準備しておき、熱々を供する。

材料	重量	分量	手順
「卵入りフレッシュパスタ」 （熱々を準備する）（268ページ参照）	400g		① マッシュルームの皮をむき、マンドリーヌで紙のように薄くスライスする。
「圧力鍋で蒸したニンジンとポロネギ」 （温かいもの、前ページ参照）	250g	カットしたニンジン20個 カットしたポロネギ16個	② パスタ、野菜、チキンを4つの器に均等に分ける。
ホワイトマッシュルーム （傘の開いていない小さなもの）	22g		
「鶏肉の真空調理」 （温かいもの、切っておく） （244ページ参照）	700g		
「香り広がるチキンスープ」 （266ページ参照）	1kg	1L	③ 材料を入れたスープ皿にチキンスープを注ぐ。
「圧力鍋で溶かす鶏の脂身」 （溶かしたもの、なくても可） （123ページ参照）	40g	45ml／大さじ3	④ 鶏の脂をスープの上にたらし、さらに風味をプラスする。

サーモン

「サーモン」は「家禽」と同じくらい広範囲のものを指す名称である。信じられないほど多様な種類があって、湖で捕れる紅鮭、河口や川で漁獲されるキングサーモン、海で捕獲されるギンザケ、カラフトマス、スチールヘッド(厳密に言えばマス)、養魚場で育つサーモンがある。

わたしたちが住んでいる太平洋岸北西部では、幸運なことに、毎年春と夏になると、さまざまな種類のサーモンが捕れる。だが、残念なことに野生のサーモンの多くが脅威にさらされている。近年、自然環境に配慮して漁獲された魚介類を選ぼうという動きがあり、そんなサステイナブルな選択肢のひとつとして、化学物質を使わずに養殖されたオーガニックサーモンが市場に出回り始めている。

家庭で調理してもプロのシェフが調理しても、サーモンは焼きすぎてしまうことが多い。身が低い温度で変化し始めるためだ。だが、真空調理を正確に行えば、海の香りはそのままにカスタードのようになめらかなサーモンができる。だから、サーモンはどうも好きになれないと思っている人にも、もう一度試してみるようおすすめしたい。

科学:なぜ魚は低温で調理するとおいしく焼けるのか

肉や魚の理想的な調理温度は、その動物の平常体温による。ほとんどの場合、哺乳類の体温は37℃前後である。魚は水の中に住んでいるので、哺乳類よりもずっと体温が低い(もっとも、魚の体温にはかなり差があり、極地の近くに住む魚なら5℃以下、熱帯地方の海にいる魚なら30℃とさまざまである)。ほとんどの肉ならレアにしかならない温度で調理しても、魚はタンパク質が完全に固まってパサパサになり、崩れやすくなってしまう。わたしたちが食べたところでは、ほとんどの場合42〜50℃で調理するのがいちばんいいように思えた。

しかしここで注意しなくてはいけないのが、この温度では殺菌できない可能性があるということだ。だが、アメリカ食品医薬品局が推奨する温度で調理しても同じ結果になる可能性はある。食品医薬品局のガイドラインに従えば、魚が焼きすぎになるのは確実だが、絶対安全とは言い切れないのだ。低温殺菌されていないが適切な方法で料理された魚を食べるというのは少しばかり危険だが、冒す価値のあるリスクだと考えている。なお、食の安全に関する詳しい情報についてはxxvページを参照してほしい。

ハイライト

サーモンを塩漬け液につけてから調理することで、魚に味がつき、身が引き締まる。また、アルブミンが表面に出てくるのを抑え、きれいなオレンジがかった赤がくすんだ白っぽい色に変色することもなくなる。

276ページ参照

真空調理をしてから数秒間、熱いバターまたは油を魚にかける。これには表面を熱くして少し引き締め、風味を加える効果がある。

276ページ参照

魚の種類によって理想的な調理温度は異なる。タラ、オヒョウ、サバ、サーモン、フエダイ、シタビラメ、マグロのおすすめの調理温度を挙げる。

280ページ参照

真空調理してから揚げることで、ベーコンのようにパリパリでおいしい皮になる。

279ページ参照

真空調理でつくる香り豊かなサーモン

できあがりの分量：	4人分（600g）	
調理時間：	5時間15分（準備：15分　冷蔵：5時間）	
保存：	できたてをすぐに供する。塩漬けした魚は冷蔵庫で最長24時間保存可能	
難易度：	低	
必要な器具：	真空調理専用の器具一式、「魚用スパイス・ミックス」（なくても可、137ページ参照）	

　サーモンは手に入るかぎり最高の品質のものを用意する。ここでは最初にサーモンを塩漬け液につけてから真空調理しているが、これはサーモンに味をつけ、身を引き締め、繊細な色合いを守るためだ。時間があれば、塩を20g、砂糖を15gに減らして、24時間つけ込んでもいいだろう。いっそうやわらかい味になる。この料理は熱いままでも、冷めてからでもおいしい。冷めてから供する場合は、脂が固まらないように、バターではなくオイルを入れて真空調理すること。もっと固めのサーモンにしたければ、芯温が51℃になるまで真空調理する。

材料	重量	分量	比率	手順
水	1kg	1L	100%	① 塩と砂糖を水に入れて完全に溶けるまで混ぜ、塩漬け液をつくる。
塩	50g	大さじ4½	5%	
砂糖	40g	大さじ2½	4%	
サーモンの切り身（皮と血合い骨は取っておく）	600g	4切れ	60%	② サーモンを塩漬け液につけ、冷蔵庫に3〜5時間入れる。 ③ サーモンの水気を切る。
精製油またはオリーブオイルまたは溶かしバター	120g	130ml	12%	④ ウォーター・バスを46℃に予熱する。 ⑤ ジッパーつきの袋にサーモン一切れと油またはバターを30g／30ml／大さじ2入れる。これを4袋つくる。水圧を利用してできるだけ袋の空気を抜き（58ページ参照）、密封する。 ⑥ 芯温が45℃になるまで25分ほど（厚みが2.5cmの切り身の場合）真空調理する。 ⑦ 袋からそっと取り出し、皿に移す。
無塩バター	80g		8%	⑧ テフロン加工のフライパンを弱中火にかけ、バターを溶かす。
「魚用スパイス・ミックス」（好みで）（137ページ参照）	15g	大さじ2	1.5%	⑨ 好みで魚用スパイスを入れ、火を強めてバターが泡立つまで待つ。 ⑩ サーモンを入れ、片面につき30秒ほど熱いバターをかけながら焼く。できたてを供する。

軽く火を通した食品の安全性についてはxxvページを参照。

春にはさっとソテしたアスパラガスとエンドウ豆、寒い時期にはキャベツ、シイタケ、タイムをつけ合わせにするのがおすすめだ。

あらかじめ仕込む場合
手順3で塩漬け液の水気を切ったあと、冷蔵庫で最長24時間まで保存できる。

1 塩と砂糖を水に入れて完全に溶けるまでかき混ぜ、塩漬け液をつくる。湯を使う場合は（そのほうが速く溶ける）、サーモンを入れる前に塩漬け液を完全に冷ます。

2 サーモンを塩漬け液につける、またはジッパーつきの袋に塩漬け液と一緒にサーモンの切り身を入れる。そのまま冷蔵庫で3〜5時間置く。塩漬け液につけることで風味がよくなり、サーモンの表面が引き締まって扱いやすくなる。

3 サーモンの水気を切る。

4 ウォーター・バスを46℃に予熱する。

5 ジッパーつきの袋にサーモン一切れと油またはバター30g／30ml／大さじ2を入れる。これを4袋つくる。面積の広い面を下にする。こうすると、真空調理中のサーモンの反り返りを防げる。水圧を利用してできるだけ袋の空気を抜き（58ページ参照）、密封する。

6 サーモンの芯温が45℃になるまで真空調理する。厚さ2.5cmの切り身なら、もっとも厚い部分が目標温度に達するまでに25分ほどかかる。それよりも薄い場合は12〜15分で調理できるが、それよりも厚い場合は30分以上かかる。袋をバス壁面にクリップで留める。

7 その後扱いやすいように、サーモンを袋からそっと取り出し、皿に移す。

8 テフロン加工のフライパンを弱中火にかけ、バターを溶かす。

9 好みで魚用スパイスを入れ、強火にしてバターが泡立つまで待つ。

10 サーモンを入れ、片面につき30秒ほど熱いバターをかけながら焼く。できたてを供する。熱々ではないので、冷めるのが速い。季節の野菜とよく合う。

HOW TO 台所のシンクでサーモンを低温調理する方法

ここで紹介するのは、真空調理の器具を買わなくても低温調理のよさを味わえる、楽しくて簡単な方法だ。鍋に入れた水は最長1時間一定の温度を保つが、これは魚を真空調理するのに必要な時間よりもずっと長い。それどころかステーキでさえじゅうぶんに調理できる時間だ（ピクニック用のクーラーボックスなら水の温度を5時間まで一定に保ってくれる。クーラーボックスを使った真空調理法については198ページを参照）。水の容器に食材を詰め込めば詰め込むほど、食材が冷たければ冷たいほど、水の温度は下がりやすくなる。そうならないように、調理する前に食材を室温に戻しておき、家にあるもっとも大きな鍋にたっぷり水を入れて調理する。

1 前ページの手順1〜3に従ってサーモンを塩漬け液につける（この手順は省いてもよい）。

2 目標となるサーモンの芯温を選ぶ。レアなら45℃（おすすめ）、ミディアムなら48℃、固めなら52℃。

3 デジタル温度計で、水道水の温度が目標温度より2〜5℃高めになるよう調整する。

4 シンクに大きめの鍋を置き、湯を入れる。用意している魚が大きいときは、大きなクーラーボックスを使ってもいいし、シンクに湯を張ってもいい（64ページ参照）。

5 サーモンの切り身を一切れずつジッパーつきの袋に入れ、ひとつの袋に30g／30ml／大さじ2の油またはバターを加える。水圧を利用して袋からできるだけ空気を抜き、密封する（58ページ参照）。

6 目標の芯温になるまで、25分ほど（厚みが2.5cmほどの切り身の場合）真空調理する。前ページのレシピの手順7へと進み、サーモンを完成させる。

HOW TO オーブントースターでサーモンを焼く方法

オーブントースターを使っても真空調理に近い条件で調理でき、この方法なら最後の手順も必要ない。温度が低温調理より高く、庫内が乾燥しているので、サーモンが少し固くなるかもしれない。また、水分を使わないで加熱するので熱伝導がいいとは言えず、ウォーター・バスに入れて真空調理するときよりも時間がかかる。だがそれでもできあがりは申し分ない。

1 前ページの手順1〜3に従ってサーモンを塩漬け液につける（この手順は省いてもよい）。

2 トースターを正しい温度になるように調整する（35ページ参照）。90〜110℃にセットする。

3 サーモンを小さなオーブンプレートに置き、芯温が45℃になるまで38〜40分焼く。芯温はデジタル温度計を使って計る。焼き時間が半分すぎたところで精製油か澄ましバターをかけ、好みで137ページの「魚用スパイス・ミックス」を振る。

魚の皮のパリパリ揚げ

できあがりの分量：	4枚（長さ7.5cm、幅5cm）
調理時間：	5時間15分（準備：15分　真空調理：5時間）
保存：	揚げたてを供する。真空調理の後、冷蔵庫で最長24時間保存可能
難易度：	高（魚の処理がむずかしい）
必要な器具：	真空調理専用の器具一式、真空パック器

　このレシピは、サーモン以外の魚の皮を使ってもうまくいく。タラやフエダイのようにサーモンよりやわらかい皮なら、真空調理時間を5時間ではなく3時間にする。手順5の氷水での冷却が、皮をうまく扱い、きれいに揚げるためには不可欠である。

材料	重量	手順
サーモンの皮	2切れ分（10cm×15cm）	① ウォーター・バスを88℃に予熱する。
		② 鱗を取る。
		③ 皮がカールしないように、内側についている身、脂肪、筋を取る。
		④ 真空パックし、5時間真空調理する。
		⑤ 袋を氷水に沈め、完全に冷ます。
加熱用精製油 （xxiiページ参照）	適量	⑥ 袋を切り開き、そっと皮をはがす。軽く押さえるようにして皮の水気を拭き取る。
		⑦ 皮を5cm×7.5cmにカットする。
		⑧ 鍋に半分ほど加熱用精製油を入れ、185℃に熱する。
		⑨ 皮を2、3枚ずつ油に入れる。長いトングを使い、皮の水分で熱い油がはねるのでじゅうぶん注意する。
		⑩ カリカリになるまで1〜3分揚げる。
		⑪ ペーパータオルで油を切る。
塩	適量	⑫ 塩で味を調え、揚げたてを供する。

フライ調理の注意点については26ページ参照。

あらかじめ仕込む場合
手順5のあと皮が冷めたら、密封した袋に入れて冷蔵庫に入れる。最長24時間保存できる。その後、手順6から続ける。

バリエーション：
焼いた魚の皮のチップス
魚の皮を焼いてチップスをつくるには、真空調理した皮に油を刷毛で塗るか、オイルスプレーで吹きつけ、調味をした後、2枚のシリコンマットとオーブンプレート2枚のあいだに挟む。165℃のオーブンで20〜45分、カリッとするまで焼く。

鶏皮と豚皮のパリパリ揚げ
サーモンの皮の代わりに鶏の皮や豚の皮を使ってもいい。手順4のところで鶏の皮なら12時間、豚の皮なら18時間、真空調理する。その後、手順5から続ける。なお「圧力鍋でつくるチチャロン」のレシピは222ページを参照されたい。

サーモンを選ぶ

　サーモンとは7種の魚類の総称で、さらに非常に細かく分類される興味深い魚である。淡水で生まれ、ほとんどの種は海に下る。産卵の時期になると、嗅覚に従って正確に生まれた川に戻る。季節ごとに個体数が異なるのは、時期がくると産卵のため川を上るサーモンの回帰性のためである。7種のうち6種は太平洋海域で回遊している。

　ここに挙げた種類は鮮魚店に置いていないものもあるが、そういった種についてはモンテレーベイ水族館のウェブサイトの「シーフード・ウォッチ」をチェックしてみるといい。持続可能な水産物の選択肢という視点からのおすすめが見つかるかもしれない。水産養殖の世界は近年大きな進歩を遂げていて、じゅうぶんに自然環境に配慮し、水産資源を持続できる方法で有機養殖されているサーモンもある。

従来の方法で魚を調理するには完璧なタイミングが必要で、下のさまざまな芯温で調理されたサーモンの合成写真で示しているように、経験を積んだシェフでもむずかしい。

ホワイトキングサーモン
チヌークサーモン（別名キングサーモン）はサーモンの中でももっともおいしいもののひとつだろう。脂ののったジューシーな身は通常は明るいピンクか赤だが、およそ100匹に1匹の割合で身の白い個体が存在する。海洋生物学者によると、これはサーモンの主要な餌であるオキアミのピンクの色素を吸収するタンパク質が欠乏しているからだそうだ。
別名：アイボリーキングサーモン
平均体重：7.25〜9kg
平均体長：90〜100cm
旬の時期：4〜9月

スチールヘッド
スチールヘッドは降海型のニジマス。サーモンのように生まれた川を下り、海で生活する。サーモンの親戚で、同じように調理できる。
平均体重：1.8〜2.7kg
平均体長：50cm
旬の時期：11〜8月

魚を真空調理する場合のおすすめの温度

サーモンを真空調理する手順については276ページで説明した通りである。下におすすめの芯温を示しておくが、味覚は人によって違うので、他の温度も試してみるとよい。2.5cmの厚さのものなら、冷蔵庫から出して目標温度になるのに通常25分ほどあればじゅうぶんである。だが、魚の厚みによって時間は大きく左右されるので、デジタル温度計を使って（8ページ参照）仕上がりをチェックしたほうがよい。ウォーター・バスの温度は、表の目標とする芯温よりも1℃高めに設定すること。真空調理した魚に、バターで表面を焼くあるいはさっとグリルするなど最後の仕上げをすると、魚の表面が熱くなり、身が引き締まる。

材料	ちょうど火が通るくらい (℃)	身をほぐせるくらい (℃)	備考	参照ページ
ギンダラまたはマダラ	45	48	魚100gに対して塩7gと砂糖5gをすり込み、3時間置くとおいしくなる	133
オヒョウ	42	46	炭を片側に寄せて積み上げたグリルで表面を焼くとおいしい	193
サバまたはイワシ	42	46	魚100gに対して塩7gと砂糖5gをすり込み、3時間置くとおいしくなる	132
サーモン	40	45	塩と砂糖の溶液につける	276
フエダイ	46	50	真空調理の後、スパイスのきいたオイルをたらすとおいしい	118
シタビラメまたはヒラメ	48	52	上身が薄い場合、ふたつ重ねて真空調理すると、魚から出た天然のゼラチンでふんわりとくっつく。上身が厚い場合、端の薄い部分を下に折り込んで、端から端までの厚みを均一にする。骨つきの小さな魚は真空調理した後、表面をバターで焼く	
マグロ	42	55	真空調理の後、ブール・ノワゼットで表面をさっと焼く。55℃で真空調理する場合は、魚を塩漬け液につけて真空調理し、最後に香りをつけたオイルで仕上げるというのがおすすめだ	133（魚の塩漬けについて） 118（スパイス・チリオイル）

（赤字はおすすめの温度）

コッパー川のサーモン

アラスカのコッパー川で卵を産むサーモンは200マイル離れたところから川を上らないといけない。その旅のあいだは餌を食べないので、体に脂肪の形でエネルギーを蓄える必要がある。これがサーモンをおいしくする！　キングサーモンも、それより小さなベニザケもギンザケも、毎年短い漁獲時期にコッパー川で捕獲される。

平均体重：2.25〜2.7kg
平均体長：60cm
旬の時期：5月〜10月

養殖のタイセイヨウサケ

タイセイヨウサケは小売店で売られているもっとも一般的なサーモンで、養殖の95％以上がこの種である。だが、サーモンは海の囲いの中で養殖されていることが多く、給餌法や排泄物がその土地の生態系を破壊しつつある。そんな魚をあなたは買いたいだろうか。養殖されたサーモンのそのままの色は天然のサーモンよりも淡いピンクなので、きれいな色を出すために着色料を注射されているものもある。一方、水槽で養殖された魚は、養殖のサーモンの中ではもっともサステイナブルな方法で育てられているといえる。

平均体重：3.5〜4.5kg
平均体長：50〜65cm
旬の時期：養殖なので一年中

貝、甲殻類

　太平洋岸北西部に居を構えることができて幸せだ。いくらでも新鮮な魚介類を手に入れることができるのだから。そういう意味では、オマール、クラム、ムール貝、食用エスカルゴとさまざまな貝や甲殻類をこの本で取り上げなかったら、怠慢だと言われても仕方がない。とくにわたしたちの好みの調理法である真空調理は、貝や甲殻類に火を通しすぎないようにするための完璧な対応策になりうるのだから。貝や甲殻類を調理するとき、火を通しすぎてしまうことが実に多い。たとえばムール貝のマリニエールでは、ムール貝が固くてかみにくく、"クリーミーなソースのつけ足し"になっている場合が多い。

　この章で挙げたのは、貝や甲殻類の長所を最大限に引き出すレシピばかりだ。たとえば、ひんやりと冷たくて、独特の風味や酸味が食欲をそそるオマールとマヨネーズのフィリングと、熱々のロールパンが鮮やかな対照をなす「オマールロール」。オマールをみずみずしく、ジューシーに焼き上げると、ニューイングランドの伝統的なサンドイッチが完璧なものになる。

　ムール貝を白ワインで蒸したフランス料理「ムール貝のマリニエール」は、真空調理法を使うことでさらに改良を加えた。泡状のソースの上にジューシーな貝を飾った「クラムのチャウダーソース」はチャウダーにおける「モダニスト」の真髄とも言うべきものだ。やわらかな「真空調理でつくるエスカルゴの蒸し煮」は、パエリアの中に入れても、古典的なエスカルゴ料理として食べてもおいしい。

鮮やかなオレンジ色のバターの科学

　加熱するとオマールの殻は真紅に染まる。この色素は、オマールの風味と同じように、脂溶性である。つまり、バターでオマールの殻を炒めると、色素が風味と一緒にバターに溶け出すということだ。水を使えば、色素も溶け出さず、貝や甲殻類のスープのようにほんのり甘くてしょっぱい味になる。オマールバターは、オマールの殻と、殻に残った身を残らず使い切るのにもってこいの料理だ。レシピは122ページ参照。

ハイライト

オマールを丸ごと調理するのは間違いだ。胴の部分とハサミの身を別々に違う温度で調理すると、完璧な仕上がりになる。

288ページ参照

ムール貝やクラムは、一般的に口が開くまでゆでるか蒸すが、そこまでしたら火が通りすぎてしまう。味の濃いジューシーなムール貝にするには、白ワインでさっと蒸して殻を取り、貝そのものの汁にひたして真空調理する。

290ページ参照

バターに浮かぶ固くてかみにくいエスカルゴのことなど忘れよう。真空調理をすれば、食べたくなること間違いなしのやわらかなエスカルゴができるのだから。

293ページ参照

写真つきでひとつひとつ順を追って説明しているので、それに従えばムール貝やクラムの殻をはずすのもオマールの殻をむくのもむずかしくない。

284〜287ページ参照

わたしたちは、ゆでたオマールの殻を注意してはずし、その後、中身をもう一度組み立てている。

HOW TO オマールの活け絞めの仕方と殻のむき方

　魚介類は何よりも鮮度が命である。そんな活きのいい甲殻類を手に入れるには評判のいい魚屋や魚市場を見つけるのがいちばんである。貝や甲殻類は、強すぎない程度にほどよく海のしょっぱい香りがしなくてはいけない。だから、クラム、ムール貝、オマールは水揚げされたばかりのものを直接買うか、水のきれいな水槽に入れられていたものを買うこと。また、市場では回転が速い食材を探すといい。その地域で一般的でない食材はどちらかといえば回転が遅いから、回転の速いものを探せば地元の人が何を食べているのかがわかる。

　貝や甲殻類を生きたまま買ってきたら、自分で絞めてきれいにし、殻を取る。オマールは調理する直前に絞めたほうがおいしい。オマールは痛みを感じることができるとする研究結果があるので、あまり苦しませないようにしたい。下に示した方法がもっとも思いやりのある方法だと言う人もいるが、冷凍して仮死状態にしてからゆでるのがいちばんだと言う人もいる（次ページ参照）。

1 大きめのよく切れる包丁を殻の上から尾に向けて縦に当てる。包丁の先が目から2.5cmほどのところにあたるようにする。頭に向かって一気に深く切り込みを入れる。

2 頭を胴体からねじるようにしてはずし、ハサミをちぎり取る。オマールは手順1の完了と同時に死んでいるが、神経細胞がまだ生きているため、ピクッと動くことがある。

3 できあがりをきれいに見せたいので、オマールが曲がらないように箸か串を尾の身の部分に突き刺す（この作業は省略しても構わない）。胴体や脚、深緑色の卵巣もバターやスープの風味づけに使うので（122ページ参照）取っておくように気をつける。

4 大きな鍋で水を沸騰させる。隣に氷の入った水を用意する。

5 オマールの胴を沸騰させた湯に90秒くぐらせ、氷水に入れる。ハサミは沸騰した湯で4分間ゆで、氷水につける。これで身が殻から離れ、はがしやすくなる。

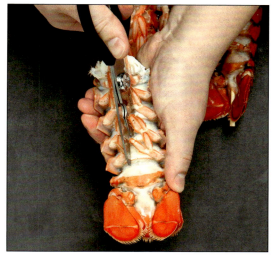 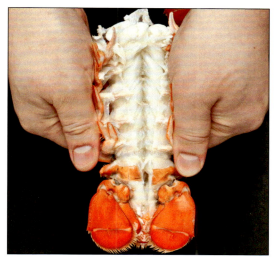 

6 よく切れるキッチンバサミで殻を切って胴から身をはがし、けがをしないよう注意して殻をはずす。殻の尖った部分で手を切らないように手袋をするとよい。湯通ししたときにアルブミンが凝乳のように固まったものは洗い落とす。

7 同じようにしてハサミと関節部分（ハサミと胴体のつなぎ目のところ）の殻をはがす。

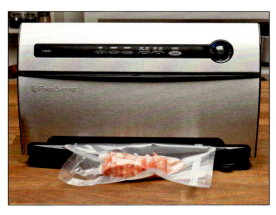

8 身はすぐに調理する。保存する場合は、オマールの胴とハサミを別々に真空パックし、冷蔵庫に入れる。最長24時間まで保存できる。

バリエーション：オマールを凍らせる
生きたオマールを冷凍庫に30分入れ、仮死状態にする。身の部分まで凍らないようにする。こうして仮死状態にすることでゆでたときの衝撃を和らげられる。大きな鍋に湯を沸かし、隣に氷水を用意する。オマールを丸ごと沸騰した湯に入れ、2分間ゆでて殺す。すぐに、胴とハサミを頭からはずす。氷水に胴をつける。沸騰した湯にハサミを戻してさらに2分ゆで、氷水につける。上記の手順6～8を行い、仕上げる。

SHELLFISH

HOW TO ムール貝の殻のはずし方

さっと蒸して氷水につけると、ムール貝やクラムが殻を閉じておくために使う閉殻筋（貝柱）が緩む。この処理を行うことで、貝類の殻が簡単にはずせるようになる。殻が開かなくても悪くなっていると決めつけてはいけない。殻の中が泥でいっぱいなだけかもしれない。

殻を開けたら、見た目やにおいに注意する。いやなにおいがしたら、確実に腐っている。身がふっくらしてみずみずしくなく、しわが寄って乾いていたら、捨てたほうがいい。

1 ムール貝のひげ（足糸）を取る。出ている部分を無理に引っ張っても、中にひげが残ってしまうだけなので、包丁の腹か先端が細くなっているラジオペンチを使ってひげ全体を引っ張る。

2 ひげを取ったムール貝を固いブラシでよく洗う。すでに口の開いているものや、においを嗅いでみて、強いにおいのするものは捨てる。

3 ジッパーつきの袋にムール貝を入れる。湯を沸騰させた鍋の中で、ふたをして2分間蒸す。氷水に袋をつける。

4 シノワの下にボウルを置き、袋の中身を空ける。ムール貝から出た汁は取っておく。この汁をソースやスープに加えると、風味が一段と豊かになる。ムール貝はきれいなボウルに移す。

5 ムール貝の殻から身をはずす。貝から出る汁を無駄にしないように、ボウルの上で行う。まず、幅が広い方の殻のあいだからよく切れる小さなナイフの刃を差し込み、両側の貝柱を切る。殻を開け、身をはずす。

6 取っておいた貝の汁はしばらく置いて底に砂を沈殿させ、その上澄みを漉し布またはコーヒーフィルターを敷いたシノワにそっと注ぐ。

貝や甲殻類を真空調理するときのおすすめの温度と時間

上記の方法あるいは次のページで説明する方法でムール貝やクラムを蒸して殻をはずしたら、真空調理を行う。ムール貝やクラム、あるいはその他の甲殻類を真空調理するには、殻をはずした身を香味材料、油脂、液体と一緒にジッパーつきの袋に入れて、密封する。次に、下の表から好みのできあがりの芯温を選ぶ。ウォーター・バスを目標温度より1℃高くなるように温め、下に示した時間、

食材の芯温が目標温度に到達するまで真空調理する。貝や甲殻類は軽く火を通した方がおいしい。軽く火を通した食品の安全性についてはxxvページを参照。貝や甲殻類はできたてを出しても冷やして出してもよい。いくつかの種類の甲殻類を組み合わせて使う場合は、個別に真空調理してから合わせる。

材料	準備	わずかに火が通ったくらい		やわらかめ		固め		備考	参照ページ
		(℃)	(分)	(℃)	(分)	(℃)	(分)		
クラム	蒸して殻を取る	48	10	56	8	65	5	貝の汁の中で調理する	287
オマールのハサミ	殻をむく	54	芯温に達するまで	60	芯温に達するまで	65	芯温に達するまで	バターで調理するのがもっともおいしい	288
オマールの胴	殻をむく	49	芯温に達するまで	54	芯温に達するまで	59	芯温に達するまで	バターで調理するのがもっともおいしい	288
ムール貝	蒸して殻を取る	62	10	65	10	68	7	貝の汁の中で調理する	290
牡蠣	殻を取る	45	10	48	10	52	7	貝の汁の中で調理する	
ホタテ貝	殻を取る、卵巣は取っても取らなくてもよい	42	芯温に達するまで	50	芯温に達するまで	54	4	熱々のフライパンで片面につき10秒ずつ焼く	
小エビ、エビ	殻を取る	48	芯温に達するまで	60	7	80	4	半透明に見えるくらい	288

（赤字はおすすめの時間と温度）

HOW TO クラムの殻の取り方

砂の入ったクラムは食べたくない。ソフトシェルクラム（オオノガイ）のような砂底に深く穴を掘って生息する種類の貝は砂がたくさんたまっている可能性がある。ハードシェルクラム（ホンビノスガイ）のような貝は生涯のほとんどを殻を閉じたまま過ごすので、どちらかといえば砂は少ない。砂をたくさん噛んでいる貝を砂抜きする場合は、ヨウ素無添加塩の塩水につけ、貝の腹の底についている内臓の小さな袋を切り取るとよい。

1 冷たい塩水に貝をつけて冷蔵庫に最低でも4時間置き、砂を抜く。1kgの水に対して15gの割合でヨウ素無添加塩を使う（ヨウ素入りだとクラムが死んでしまう）。

2 貝を塩水からそっと出す。ボウルの下に溜まっている砂を巻き上げないように気をつける。食器洗い用スポンジか専用の爪ブラシで貝をゴシゴシ洗う。

3 ジッパーつきの袋に貝を入れる。湯を沸騰させた鍋の中で、ふたをして2分間蒸して貝柱を緩める。氷水に袋をつける。

4 シノワの下にボウルを置き、袋の中身を空ける。貝から出た汁は取っておく。この汁をソースやスープに加えると、風味がより豊かになる。貝はきれいなボウルに移す。

5 貝の殻から身をはずす。貝から出る汁を無駄にしないように、ボウルの上で行う。2枚の殻のあいだによく切れる小さなナイフの刃を入れ(5a)、つなぎ目の近くの貝柱を切る(5b)。殻を開け、身をはずす。

6 取っておいた貝の汁はしばらく置いて底に砂を沈殿させ、その上澄みを漉し布を敷いたシノワに静かに注ぐ。

従来の方法で調理されたクラム（右）は、身から水分がたくさん出てしまい、縮んで皺が寄り固くなっていることが多い。役に立つのは、貝から出た汁だけだ。だが、真空調理されたクラム（左）はいつもふっくらとしてジューシーだ。写真では内臓は切り取ってある。

SHELLFISH

オマールロール

できあがりの分量：	4人分（750g、オマールサラダ3カップ分）
調理時間：	2時間（準備：1時間30分　真空調理：30分）
保存：	真空調理済みのオマールの状態でも、オマールサラダの状態でも、冷蔵庫で最長24時間保存可能
難易度：	ふつう
必要な器具、材料：	真空調理専用の器具一式、「真空調理で風味づけしたセロリ」（131ページ参照）、「トマト・レザー」（好みで、129ページ参照）

　昔ながらの方法でつくるオマールロールにこれ以上どうやって改良を加えるのだろうと思われるかもしれない。では、理想の甘みとやわらかさを引き出すために温度と時間で真空調理したオマールを使ったものをぜひ食べてみてほしい。焼いたパンに「圧力鍋でつくる甲殻類のバター」（122ページ参照）を塗ると、パンがこんがり色づき、さらにおいしくなる。青リンゴとハーブはオマールサラダをさっぱりさせてくれる。さらに、トマト・レザーと真空で風味づけしたセロリをパンにはさむことで、「モダニスト」ならではのひねりを効かせた。これでもう、伝統的なニューイングランドのサンドイッチのために、ベーカリーまでホットドッグ用のパンを買いに行く必要はない。スーパーで売っている普通のパンでじゅうぶんだ。高級なロールパンではかえってオマール本来の風味を損ねてしまう。

材料	重量	分量	比率	手順
生きているオマール	1.5kg	大きめのオマール2尾	300%	① ウォーター・バスをあらかじめ50℃に温めておく。隣に氷水を用意する。 ② オマールを絞めて、熱湯にくぐらせ、殻を取る。方法については284ページを参照。
精製油	10g	10ml／小さじ2	2%	③ 胴の身の部分と油の半量をジッパーつきの袋に入れる。ハサミと関節部分の身を残りの油と一緒に別のジッパーつきの袋に入れる。水圧を利用して袋からできるだけ空気を抜いて密封する。 ④ 胴の身を49℃の芯温になるまで15分ほど真空調理し、袋を氷水につける。 ⑤ バスの水を55℃に温める。ハサミと関節部分の身を芯温が54℃になるまで15分ほど真空調理し、袋を氷水に沈める。 ⑥ 1cm幅、あるいはもっと小さく切る。
真空調理したオマールの身 （上のオマールを調理したもの）	500g		100%	⑦ 左記の材料を合わせ、よく混ぜる。
モダニストのマヨネーズ （108ページ参照）	200g		40%	
グラニースミスアップル （小さなさいの目切り）	40g		8%	
シブレット（刻む）	4g	大さじ2	0.8%	
エストラゴン（刻む）	4g	大さじ1	0.8%	
黒コショウ	適量			
塩	適量			⑧ 塩で調味する。
ホットドッグ用のパン（市販のもの）		4個		⑨ バターを室温に戻し、パンの内側にたっぷり塗る。油をひいてないフライパンにバターを塗った方を下にして置き、きつね色になるまで2分ほど中火で焼く。
「圧力鍋でつくる甲殻類のバター」または 無塩澄ましバター （122ページまたは119ページ参照）	30g	大さじ2	6%	
「真空調理で風味づけしたセロリ」 （131ページ参照）	20g	大さじ2½	4%	⑩ 焼いたパンのあいだに⑧のオマールの身を均等になるように入れる。セロリとトマト・レザーをあしらい、できたてを供する。
トマト・レザー（細く切る、好みで） （129ページ参照）		16枚		

軽く火を通した食品の安全性についてはxxvページを参照

バリエーション：

シュリンプロールとクラブロール
手順7から始める。オマールではなく、シュリンプロールをつくるなら加熱調理した小エビ、クラブロールなら市販の加熱調理済みのカニを使う。

オマールの胴の身の真空調理
メインディッシュとしてつくる。ウォーター・バスをあらかじめ55℃に温めておく。殻を取ったオマールの尾の身をバター20gと一緒にジッパーつきの袋に入れて空気を抜き、密封する。芯温が54℃になるように12分ほど真空調理する。袋に残ったバターをかけ、生のハーブをあしらう（「キャラメリゼしたニンジンのピュレ」（179ページのバリエーション参照）をかけ、「チャート・マサラ」（136ページ参照）を振ってもよい）。

1 ウォーター・バスをあらかじめ50℃に温めておく。隣に氷水を用意する。

2 オマールを絞めて、熱湯にくぐらせ、殻を取る。方法については284ページを参照。

3 胴の身と油の半量をジッパーつきの袋に入れる。ハサミと関節部分の身を残りの油と一緒に別のジッパーつきの袋に入れる。袋からできるだけ空気を抜いて密封する。

4 胴の身を芯温が49℃になるまで15分ほど真空調理する。すぐに袋を氷水につける。

5 ウォーター・バスの水を55℃に温める。ハサミと関節部分の身を芯温が54℃になるまで15分ほど真空調理し、袋を氷水に沈める。

6 オマールの身を1cm幅、あるいはもっと小さく切る。殻が混じっていたら取り除く。

7 切ったオマールの身、マヨネーズ、リンゴ、シブレット、エストラゴン、黒コショウを合わせ、よく混ぜる。

8 塩で調味する。

9 パンの内側にたっぷりバターを塗る。油をひいてないフライパンにバターを塗った方を下にして置き、きつね色になるまで2分ほど中火で焼く。

10 8で調味したオマールの身を焼いたパンのあいだに均等になるように入れる。セロリとトマト・レザーをあしらい、できたてを供する。

SHELLFISH

ムール貝のマリニエール

できあがりの分量：	4人分（500g、約35個分）
調理時間：	45分（準備：35分　真空調理：10分）
保存：	できたてをすぐに供する
難易度：	ふつう
必要な器具：	真空調理専用の器具一式

　フランスの至るところで、ビストロやブラッスリー（ビアレストラン）に座った人たちが、ワインやニンニクを加えて蒸し煮にした甘くやわらかなムール貝を楽しんでいるのを目にする。だが、この伝統的な料理である「ムール貝のマリニエール」はついつい加熱しすぎてしまうので、ムール貝の身が固くぼそぼそしていてがっかり、ということがよくある。この問題は、ムール貝を真空調理することで解決できる。

　火を通しても口が開かないムール貝は悪くなっているという古い考えは捨てよう。貝が完全に口を開けるまで待っていると、加熱しすぎになってしまう。悪くなったムール貝は、強烈なにおいがするか、ぼそぼそして縮んでいるように見える。だから殻を取ったら、調理する前に、においや見た目をよく調べたほうがいい。

材料	重量	分量	比率	手順
生きているムール貝	500g	約35個	100%	① ウォーター・バスを62℃に温める。蒸し器にたっぷりの湯を沸かし、湯の上に大きな蒸しかごを置く。隣に氷水を用意する。
辛口の白ワイン	150g	150ml	30%	② ムール貝のひげ（足糸）を取り、よく洗う（286ページの手順1〜2を参照）。
エシャロット（薄切り）	100g		20%	③ ムール貝、エシャロット、ワインを耐熱プラスチック袋に入れる。
				④ 2分間蒸したら氷水に沈め、貝の殻を取る。殻を取ったときに出たムール貝の汁はためて漉しておく（286ページの手順3〜6を参照）。
				⑤ ジッパーつきの袋にムール貝の身と漉した汁を入れて密封し、10分間真空調理する（58ページ参照）。
				⑥ ⑤を漉して身と汁に分ける。手順⑩で使うムール貝の汁70g／70mlを計量しておく。
エクストラバージン・オリーブオイル	10g	10ml／小さじ2	2%	⑦ エシャロットとニンニクが薄く色づいて香りが出るまで5分ほど中火でソテする。
エシャロット（みじん切り）	10g	大さじ1	2%	
ニンニク（みじん切り）	8g	小さじ2½	1.6%	
チリフレーク	0.5g	小さじ¼	0.1%	⑧ ⑦の鍋にチリフレークを加え、数秒炒める。
辛口の白ワイン	45g	45ml／大さじ3	9%	⑨ 白ワインを加え、とろりとした状態になるまで4分ほど煮つめる。
ムール貝の汁（上記の貝のもの）	70g	70ml	14%	⑩ ムール貝の汁を加え、軽く沸騰するまで煮る。鍋を火からおろす。
イタリアンパセリ（細切り）	2g	大さじ1	0.4%	⑪ 材料をソースに入れて混ぜ、ムール貝の身を加え、やさしくかき混ぜてソースを絡める。熱いソースの中で火が通りすぎないよう鍋からムール貝を取り出す。
エストラゴン（刻む）	1g	小さじ1	0.2%	
タイムの葉	1g	小さじ1	0.2%	
塩	適量			⑫ 塩、レモン汁で味を調え、できたてを供する。
レモン汁	適量			

軽く火を通した食品の安全性についてはxxvページを参照。

ムール貝から出る汁

ムール貝を開けたときに出る汁は、それはもう風味豊かでおいしい。プロの料理人は、魚用のバターソースやスープの味に深みを加えるためにこのムール貝の汁を使う。この極上の汁は一滴残らず取っておくこと。または、おいしいパンとオリーブオイルを用意して、この貴重な汁を一滴も無駄にしないようにしよう。

1 ウォーター・バスをあらかじめ62℃に温めておく。蒸し器にたっぷりの湯を沸かし、上に大きな蒸しかごを置く。隣に氷水を用意する。

2 286ページの手順1〜2に従って、ムール貝のひげ（足糸）を取って洗う。

3 ローストバッグ、フリーザーバッグ、真空調理用の袋などの耐熱プラスチック袋にムール貝、エシャロット、ワインを入れる。袋に入れることでムール貝から出た汁が無駄にならない。密封する必要はない。

4 2分間蒸したら、すぐにムール貝を氷水に沈め、殻を取る。殻を取ったときに出たムール貝の汁はためて漉す（286ページの手順3〜6を参照）。これは貝の殻を取りやすくするための手順なので、ムール貝には完全に火が通らないようにする。

5 ジッパーつきの袋にムール貝の身と漉した汁を入れる。できるだけ空気を抜き（58ページ参照）、密封する。10分間真空調理する。

6 5を漉して身と汁に分ける。手順10で使うムール貝の汁70g／70mlを計っておく。

7 鍋に油、エシャロット、ニンニクを入れ、薄く色づいて香りが出るまで5分ほど中火でソテする。

8 チリフレークを加え、数秒炒める。

9 白ワインを加え、とろりとした状態になるまで4分ほど煮つめる。

10 取っておいたムール貝の汁を加える。軽く沸騰するまで煮たら鍋を火からおろす。

11 イタリアンパセリ、エストラゴン、タイムの葉をソースに入れて混ぜ、ムール貝の身を加え、やさしくかき混ぜてソースを絡める。火が通りすぎないように鍋からムール貝を取り出す。

12 塩、レモン汁で味を調え、できたてを供する。熱いソースの中にムール貝を入れたら、すぐに取り出す。でないと身が固くなりすぎてしまう。

SHELLFISH

クラムのチャウダーソース添え

できあがりの分量：	4人分（360g、アサリ30～40個）
調理時間：	1時間（準備：45分　圧力鍋：15分）
保存：	冷蔵庫で24時間保存可能
難易度：	ふつう
必要な器具：	圧力鍋、アエロラッテ（ハンディミルクフォーマー）、乳清たんぱく質分離物（なくても可）

　オーソドックスなチャウダースープにアレンジを加えて軽くし、温かい泡状ソースの上にクラムをのせてみた。普通のチャウダーのようにボリュームがほしければ、チャウダーの煮汁を追加し、「圧力鍋でキャラメリぜしたタマネギ」（127ページ参照）と電子レンジで蒸して一口サイズにカットしたフィンガリングポテトを入れて混ぜるといい（126ページ参照）。

　乳清たんぱく質分離物は乳由来のタンパク質で、スープを泡状にするために加えている。健康食品店で見つかるが、プロテインシェイクミックスをつくるために売っている甘い、風味づけしたホエイパウダーと間違わないように気をつけよう。貝にじゅうぶんに火を通したいのであれば、好みのできあがりに応じて真空調理の時間と温度をまとめた286ページの表を参照してほしい。

材料	重量	分量	比率	手順
クラム（ホンビノスガイ）	750g	30～40個	100%	① 287ページの手順1～2で示したように、クラムを砂出ししてからゴシゴシ洗う。
辛口の白ワイン	150g	150ml	20%	② 鍋にたっぷりの湯を沸騰させ、上に大きな蒸しかごを置く。隣に氷水を用意する。
エシャロット（薄切り）	100g		13%	③ クラム、ワイン、エシャロットを耐熱ポリ袋に入れる。
				④ 2分間蒸したら、袋を氷水に沈め、クラムの殻を取る。クラムから出た汁はためて漉す（287ページの手順3～6参照）。
				⑤ 手順⑨で使うクラムの汁240g／245mlを計る。
				⑥ 冷たい水でクラムの身を洗う。
ベーコン（角切り）	36g		4.8%	⑦ 圧力鍋にベーコンを入れ、少し脂が出てくるまで（茶色くならないように）中火で2分ほどじんわり火を通す。
タマネギ（角切り）	65g		9%	⑧ タマネギ、セロリを加え、透き通るまで2分ほど火を通す。
セロリ（角切り）	65g		9%	⑨ 取っておいたクラムの汁を加えたら、ゲージ圧1バールで15分間加熱調理する。圧力が最大になったら、時間を計る。
				⑩ 鍋を冷まして（ふたの縁にぬるま湯をかけてもよい）減圧する。
				⑪ 漉す。次の手順で使うクラムチャウダースープを200g／200ml計っておく。
高脂肪生クリーム（乳脂肪分36%以上）	300g	330ml	40%	⑫ 鍋に高脂肪生クリームを⑪のクラムチャウダースープと一緒に入れ、弱火で⅔くらいの量になるまで煮つめる。
乳清たんぱく質分離物（なくても可）	6g	大さじ1½	0.8%	⑬ 軽く煮立っているスープに乳清たんぱく質分離物を入れて泡立て器でかき混ぜる。
				⑭ スティックミキサーかアエロラッテを使って、スープがなめらかな泡状になるまで攪拌する。
ウスターソース	0.5g	1滴	0.07%	⑮ ウスターソース、カイエンヌペッパー、塩で味を調える。
カイエンヌペッパー	0.1g	少量	0.01%	⑯ ソースにクラムの身を入れてかき混ぜ、火を止める。20秒間そのまま置き、クラムがソースの熱で温まったらすぐに供する。
塩	適量			

圧力鍋調理の注意点については33ページを参照。
軽く火を通した食品の安全性についてはxxvページを参照。

あらかじめ仕込む場合
手順6でクラムの身を洗ったら、ジッパーつきの袋に残っている汁と一緒に入れてジッパーを閉め、冷蔵庫に入れる。最長24時間まで保存できる。チャウダーをつくるときは手順7から始める。手順16ではクラムを1分間熱いソースに入れて温める。

バリエーション：

オイスターシチュー
ベーコンの代わりに角切りにしたポロネギを、クラムの代わりに牡蠣の身と汁を使うこともできる。

ピスタチオのペスト風味のクラムチャウダー
手順13で「ピスタチオのペスト」（102ページ参照）36g／大さじ3を入れてかき混ぜる。

南フランス風チャウダー
「ルイユソース」（108ページのバリエーション参照）39g／大さじ3を食卓に出す直前に加える。

真空調理でつくるエスカルゴの蒸し煮

できあがりの分量：	4人分（200g、24個分）
調理時間：	5時間15分（準備：15分　真空調理：5時間）
保存：	冷蔵庫で5日間保存可能、冷凍庫なら3カ月間保存可能
難易度：	低
必要な器具、材料：	真空調理専用の器具一式、フランス産のヘリックスエスカルゴ缶詰
合う料理：	圧力鍋でつくるパエリア・デル・ボスコ（326ページ参照）

　エスカルゴの缶詰はすでに加熱調理済みだが、ここで説明している真空調理法を行うことでエスカルゴに風味がつき、驚くほどやわらかくなる。蒸し煮にしたエスカルゴは、パエリアに使うか、溶かしたバターに刻んだニンニクとパセリを加えたエスカルゴバター、あるいはモンペリエ・バター（120ページ参照）を絡めて供するといい。

材料	重量	分量	比率	手順
フランス産エスカルゴ缶詰	200g	大きめのもの24個	100%	① ウォーター・バスをあらかじめ68℃に温めておく。 ② エスカルゴを洗う。水気を切り、胃と腸を取り除く。
ホワイト・チキン・ストック （冷凍または冷蔵したもの） （84ページ参照）	300g	300ml	150%	③ 材料を、下処理を済ませたエスカルゴと一緒に袋に入れて真空パックする。 ④ 5時間、真空調理する。 ⑤ 汁気を切り、汁は取っておく。
ニンジン（薄切り）	100g		50%	⑥ エスカルゴを取り出し、野菜とハーブは捨てる。
新タマネギ（薄切り）	90g		45%	⑦ 熱いうちに供する。保存する場合は取っておいた汁と一緒に冷蔵庫に入れる。
塩	7.5g	小さじ2	3.8%	
タイム	0.7g	大きめのもの1枝	0.4%	
生のローリエ	0.2g	1枚	0.1%	

エスカルゴの胃と腸にはよく砂が入っている。ナイフの腹を使って取り除く。

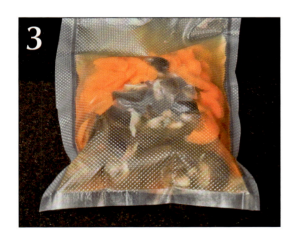

エスカルゴの養殖はさほどむずかしいことではない。人類学者は、エスカルゴは人間が養殖した最初の軟体動物のひとつだと考えている。エスカルゴ以前から養殖されていたのは牡蠣だけである。

真空調理したエスカルゴ（左）と、溶かしたモンペリエ・バターと刻んだイタリアンパセリを絡めたエスカルゴ（右）は、焼いたバゲットにのせるとすばらしいおやつや前菜になる。

ピッツァ

　ピッツァはイタリアで生まれたが、その子孫はいまや世界中に広まり、さまざまな形に進化を遂げている。ニューヨーカーのお気に入りはビッグサイズの生地の薄いピッツァで、ピース単位で購入できる。シカゴ名物ディープディッシュピッツァは深い型に入れて焼いたピッツァで、少なくとも2.5cmは厚さがある。伝統を重んじる人たちはピッツァの生地は底が少し焦げているものがよく、薪窯で焼くべきだと主張する。どれがいいか議論しても仕方がない。どれもみなほんとうにおいしいのだから。ここで紹介するのは、表面はカリッとしているが中はふんわりやわらかなナポリ風にできるだけ近い焼き上がりのピッツァを、家庭のオーブンで焼く方法だ。この生地はナポリ風以外のピッツァにも使える。

　ここに挙げた6つの生地はどれもわたしたちの好みのものばかりである。昔から親しまれてきたオーソドックスなもの、手間をかけずにふんわりした生地をつくるもの、スターターを発酵させてつくるため複雑な風味をもち、パンのようにもちもちで噛みごたえのあるもの、あまり一般的ではない食材を使ってつくるものがふたつ（ひとつはキヌアを使ってつくり、もうひとつはソバ粉を使ってつくる）。シンプルなトマトガーリックソースも紹介しているが、たっぷり量があるので、冷凍しておくか、パスタやポレンタと相性抜群のマリナラソースにしてもいい。また、ピッツァの生地の成形の仕方や、もったりしたクラストにしない方法も合わせて紹介する。

　ピッツァを焼いているあいだずっとわたしたちの頭を悩ませていたことがある。それは、普通の家庭のオーブンに何か金属の板を入れることで、レンガでできた薪釜オーブンで焼いた生地になんとか近づけられないか、という問題だ。そして試行錯誤の結果ついに、金属と温度の最高の組み合わせを発見した。厚さ12mmのスチール板を使ってオーブンを260℃で1時間予熱すればいい。さあ、これでピッツェリアに足を運ばなくても、気泡ができてふくらんだ、軽くてカリカリした食感のピッツァを、ほんの数分焼くだけでつくることができる。

グルテンの役割の科学
（しっかりとした噛みごたえのある生地をつくるために）

　小麦粉を水でこねると、小麦粉のタンパク質が混ざり合ってタンパク質の複合体ができる。これがグルテンだ。グルテンのおかげで粘性と弾性に富んだ生地ができる。グルテンはおいしい生地をつくるときに不可欠だ。パン用小麦粉が生地としてまとまるにはつなぎ役となる質の高いグルテンが多く含まれていなければならない。小麦粉のグルテン含有率が高ければ高いほど弾力のある生地ができ、焼き上がりが固くなる。生地をこねることで、タンパク質にくっついていたでんぷんが離れ、グルテンが網目構造を形成し、強い弾力のある生地になる。生地を休ませると、網目構造は緩む。

　このようにイーストの入った生地はすべて質の高いグルテンの恩恵を受けており、とくにピッツァの生地はそうである。そこでわたしたちは、不純物を取り除いた形でもっと小麦グルテンを加えてみることにした。その結果、小麦グルテンをわずか0.5%加えるだけで、あまり練らなくても、焼いたときに適度な噛みごたえのある生地ができることがわかった。

ハイライト

生地を伸ばしたり転がしたりしながらなめらかな球状にまとめることで、グルテンの網目構造が発達し、気体や気泡を生地内部に閉じ込める。この工程は、理想的なピッツァの生地をつくるには欠かせない。
297ページ参照

フライド・ピッツァはほとんどの人にとって新しい発想だろう。さっと簡単につくれて、意外にも生地は油っぽくない。
305ページ参照

根菜とリコッタチーズ、カポコッロ（イタリアの生ハム）とルッコラ。ピッツァのトッピングとして6つのアイデアを提案している。ここからヒントを得て、ぜひあなた流のピッツァを考えてみてほしい。
306ページ参照

スチール板を使えば家庭のオーブンがレンガの窯に早変わりする。ピッツァ用石板や鋳鉄製のグリドルで焼くときの時間と温度も提示している。
301ページ参照

ナポリ風ピッツァの生地

できあがりの分量：	800g（直径30〜35cmのピッツァ4枚分）	
調理時間：	1時間30分（準備：30分　寝かせ：1時間）	
保存：	ラップに包んで冷蔵庫で3日間、冷凍庫なら最長3カ月間保存可能	
難易度：	ふつう	
必要な器具：	スタンドミキサー、フックのアタッチメント、アンティコ・カプート社製00粉、グルテンパウダー	

　懐かしいナポリ風ピッツァの生地である。薄く伸ばし、さっと高温で焼くとおいしくできる。カプート社のゼロゼロ粉は、粒子の極めて細かい小麦粉で、ナポリでは弾力のある生地をつくるためにほとんどのピッツェリアで使われている。ネットか専門の食料品店で手に入れることができる。普通の小麦粉で代用する場合は、必要に応じて最大10%水を増やす。

材料	重量	分量	比率	手順
00粉（ゼロゼロ粉、アンティコ・カプート社製のもの）	500g		100%	① スタンドミキサー付属のボウルに材料を入れて、均一に混ざるまでフックで撹拌する。
水	310g	310ml	62%	② 中速で5分間こねる。
蜂蜜またはアガベシロップ	10g	小さじ2	2%	③ 室温で生地を10分休ませ、もう一度中速で5分間こねる。
塩	10g	小さじ2½	2%	④ 打ち粉をした台に生地を移し、200gのかたまり4つに切る。伸ばしたり転がしたりしながら、なめらかできれいな球状にまとめる。
小麦グルテン（Bob's Red Mill ブランドのもの）	2.5g	小さじ1½	0.5%	
インスタントドライイースト	2.5g	小さじ¾	0.5%	
精製油（xxiiページ参照）	適量			⑤ 生地に薄く油を塗り、ラップをして室温で1時間寝かせてから使う。

ピッツァの生地：（左から順に）こねない生地（300ページ参照）、キヌア（下のバリエーション参照）、田舎風（298ページ参照）、全粒粉（298ページのバリエーション参照）

バリエーション：

キヌアピッツァの生地

キヌア粉は健康食品店や高級食品を扱うグルメ向けスーパーで手に入る。キヌア粉でつくった生地は栄養価が高く、目が詰まっていて噛みごたえがあり、ナッツのように香ばしい。小麦粉だけでつくったものより伸びにくいので、成形するときには注意が必要だ。
00粉の代わりに、小麦粉250gとキヌア粉250gを使う。グルテンパウダーの量を5g／小さじ2½に増やす。

ソバ粉のピッツァの生地

ソバ粉は香りが強く、舌触りがザラザラしている。
00粉150gを、ふるいにかけて粒子を細かくしたソバ粉に代える。小麦グルテンの量は5g／小さじ2½に増やす。

ブレッドスティック

休ませた生地を55gずつに分け、長い棒状に成形して、薄く油を塗ったオーブンプレートに並べる。溶き卵を刷毛で薄く塗り、おろしたパルメザンチーズをそれぞれに約1g／小さじ½ずつ振りかける。220℃できつね色になるまで12〜15分焼く。

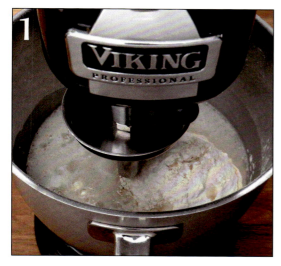

1 スタンドミキサー付属のボウルに、粉、水、蜂蜜、塩、グルテン、イーストを入れ、じゅうぶんに混ざるまでフックで撹拌する。

2 中速で5分間こねる。

3 室温で生地を10分休ませ、もう一度中速で5分間こねる。途中でグルテンを休ませることで、生地がとてもなめらかで伸びやすくなる。

トラブルシューティング

こね上がった生地はボウルの底ではなく、側面からはがれるようになる。きれいにはがれないときは、小さじ1杯の小麦粉を入れ、よく混ぜ込む。ボウルの側面がきれいになるまで繰り返す。

4 打ち粉をした台に生地を移し、200gのかたまり4つに切る。伸ばしたり転がしたりしながら、なめらかできれいな球状にまとめる。表面が引っ張られることでグルテンの網目構造が発達し、空気を生地内部に閉じ込めるので、焼いた時に気泡がふくらみ軽い生地に仕上がる。

5 生地に薄く油を塗り、ラップをして室温で1時間ふくらませてから使う。もっと複雑な味わいにしたい場合は、生地を冷蔵庫で一晩寝かせ、室温に1時間置いてから使う。

この生地の他の使い方

ガーリックノット

15gの生地(クルミほどの大きさ)をロープ状にし、ゆるく結び目をつくる。175℃の加熱用精製油できつね色になるまで90秒ほど揚げ、油を切る(220℃のオーブンできつね色になるまで3～4分焼いてもよい)。「ガーリックオイル」(118ページのバリエーション参照)を刷毛で塗って塩を振り、熱いうちに供する。

「エブリシング」プレッツェル

生地を45gずつに分け、転がしながら細長くひものように伸ばしてプレッツェルの形をつくる。薄く油を塗ったオーブンプレートにのせる。溶き卵を薄く刷毛で塗り、オニオンフレーク20g／大さじ3、黒ゴマ10g／小さじ1¼、塩7g／小さじ2、ポピーシード5g／小さじ2、ガーリックパウダー5g／大さじ1を混ぜ、生地に振る。220℃のオーブンできつね色になるまで12分ほど焼く。

シナモンシュガー風味のドーナッツホール

10gの生地をブドウくらいの大きさの球状に丸める。175℃の加熱用精製油できつね色になるまで90秒ほど揚げる。油を切り、砂糖100gとシナモンパウダー2g／小さじ1を混ぜてつくったシナモンシュガーをまぶす。熱いうちに供する。

田舎風ピッツァの生地

できあがりの分量：	1kg（直径30〜35cmのピッツァ5枚分）
調理時間：	24時間30分（準備：30分　冷蔵庫：24時間）
保存：	冷蔵庫で3日間、冷凍庫なら最長3カ月間保存可能
難易度：	高（こねるのがむずかしい）
必要な器具、材料：	スタンドミキサー、フックのアタッチメント、「ポーリッシュ」（次ページ参照）、小麦グルテン

発酵させたポーリッシュ（次ページに記載）を加えることで、生地に複雑な味わいを与えるとともに、酵母の酵素活性により単糖が生成することでメイラード反応を起こし、生地を褐色化させる。この素朴なカントリースタイルの生地はほかのピッツァやパンの生地よりもやわらかくべたべたしているので、スタンドミキサーを使ってこねるといい。手でこねる場合、粉は生地に直接足さないで手に軽くつける。生地がちぎれないよう気をつけて成形する。

材料	重量	分量	比率
小麦粉	500g		100%
ポーリッシュ（次ページ参照）	312g		62%
水	200g	200ml	40%
蜂蜜またはアガベシロップ	48g	大さじ2½	10%
塩	15g	小さじ5	3%
小麦グルテン（Bob's Red Mill ブランドのもの）	10g	大さじ2	2%
インスタントドライイースト	1g	小さじ¼	0.2%
加熱用精製油（xxiiページ参照）	適量		

手順

① スタンドミキサー付属のボウルに材料を入れて、フックでよく混ぜ合わせる。手でこねる場合は下の説明を参照。
② 中速でさらに5分こねる。生地がボウルにつくかもしれないが、粉は加えない。
③ 生地をボウルに入れたまま室温で10分休ませたら、もう一度中速で5分こねる。生地がボウルの側面からはがれないときは、小さじ1の小麦粉を振り、もう一度こねる。ボウルがきれいになるまで必要に応じてこれを繰り返す。
④ 打ち粉をした台に生地を移し、200gのかたまり5つに切る。
⑤ 伸ばしたり転がしたりしながら、丸くなめらかなボール状にまとめる。
⑥ 生地に薄く油を塗り、ラップをして、風味が増すように冷蔵庫で24時間寝かせる。
⑦ 冷蔵庫から生地を取り出し、室温で1時間寝かせてから、ピッツァ用に生地を成形する。

バリエーション：全粒粉ピッツァの生地
小麦粉の代わりに全粒粉を使うと、しっかりと目の詰まった噛みごたえのあるヘルシーな生地ができる。

田舎風ピッツァの生地は、ほかにもさまざまな粉でつくることができる。粉によっては、味わいが少し複雑になり、弾力のある生地になることもある。

HOW TO 手でこねる方法

スタンドミキサーがなくてもピッツァはつくれる！　ここでは手でうまく生地をこねる方法を簡単に説明する。この方法は、この本のほかのピッツァ生地をつくるときにも使える。

1 ボウルに材料を入れ、よく混ぜる。木べらを使う。

生地が手についてうまくいかなくなったら、一方の手で生地を折りながら、もう一方の手でスケッパーを使う。

2 7〜8分、手で生地をこねる。冷たいスチールか大理石の台があれば、その上で行う。生地が手についても、粉は加えないようにする。こね終わって手から生地を取るときは、手に粉をこすりつけて取る。

3 生地を10分休ませ、さらに7〜8分こねる。弾力があってなめらかな生地になればいい。まだベタつくようなら、小さじ1杯の小麦粉を振ってよくこねる。手順4〜7へ進む。

ポーリッシュ

できあがりの分量：	1.4kg
調理時間：	24時間（準備：5分　発酵：24時間）
保存：	定期的に酵母に「栄養」を与え、「世話」をしてやれば永久に使い続けることができる
難易度：	低

ポーリッシュとは「あらかじめ発酵させた液種」を指し、かつてはフランスで広く使われていた。アメリカのサワードウ・スターターのようなものと考えればいいかもしれない。ポーリッシュは生きた有機体で、パンや生地の元となるので「マザー・ドウ」とも「プレファーメント（あらかじめ発酵させた種）」とも呼ばれる。温度や湿度によって風味や香りが引き出される速度が変わる。このレシピだと前のページの「田舎風ピッツァの生地」のレシピで必要な量より余分にできるが、定期的に酵母に「栄養」を補給し、「世話」さえしてやれば何年でも生き続ける。この生地は、ピッツァはもちろんパンや菓子をつくるのにも使える。全粒粉を入れるのを忘れないように。全粒粉の栄養素が入ることでポーリッシュが元気になる。

材料	重量	分量	比率
水	875g	875ml	350%
強力粉（パン用粉）	250g		100%
全粒粉	250g		100%
インスタントドライイースト	1g	小さじ¼	0.4%

手順

① 材料をすべてよく混ぜ合わせる。
② 深めの容器に入れる。発酵したらかさが増えるので、かさが容器の¼を超えないようにする。ふきんをかける。
③ 暗い場所で15〜21℃で保存する。
④ 翌日になったら味とにおいをチェックする。気泡が出て、酵母臭に混じって甘いにおいがして、口に含んでみると少し酸っぱい味がするはずだ。使う前にかき混ぜる。

1 粉、水、イーストをよく混ぜ合わせる。

2 1を容器に入れる。発酵したらかさが最初の4〜5倍に増える。それを見越してじゅうぶんな大きさの容器を使う。覆いをする。

3 台所の食器棚のような暗所に保存する。温度は15〜21℃に保つ。これより温度が低いとなかなか発酵しない。これより温度が高いと発酵が速くなり、酵母が死滅する。

4 24時間たったら、見た目、味、においを調べる。気泡が現れ、少し酸っぱい味がし、酵母臭がすると同時に甘いにおいとほんのりアルコールのにおいもするはずだ。使う前にかき混ぜる。ポーリッシュの「世話」の仕方については下の説明を参照。

ポーリッシュの「世話の仕方」と「栄養の与え方」

ポーリッシュの酵母が生き続けるには、最初の2週間は1日おきに「栄養」を与えないといけない。この期間は冷蔵庫に入れない。栄養の与え方は、まず容器からポーリッシュの半量を取り、重さを量ったら捨てる（もしくは使う）。次に、水と小麦粉を同重量ずつ、容器に残っているポーリッシュに入れてかき混ぜる。このとき、新たに入れる水の重さと小麦粉の重さの合計が容器から取ったポーリッシュと同じ重さになるようにする。次に栄養を与える時まで覆いをしておく。
2週間たったら、ポーリッシュを冷蔵庫に入れ、酵母を休眠状態にする。これ以後、栄養を与えるのは1週間に1回でよい。栄養を与えた後はすぐに冷蔵庫に戻さずに、2、3時間室温に置き、覆いをかけて冷蔵庫に戻す。

スターター

サワードウ・スターターは、酵母と乳酸をつくるバクテリア（通常乳酸菌）を植えつけたポーリッシュの一種で、サワードウ特有の酸味はここから来る。サワードウ・ポーリッシュは発酵菌の培養から始めなければならない。サワードウ・インターナショナル（www.sourdo.com）ではさまざまな種類の培養したスターターを注文できる。

こねないピッツァ生地

できあがりの分量：	850g（直径30〜35cmのピッツァ4枚分）
調理時間：	17時間30分（準備：30分　発酵：17時間）
保存：	冷蔵庫で3日間、冷凍庫なら最長3カ月間保存可能
難易度：	ふつう
必要な材料：	小麦グルテン

　このピッツァは軽くふわふわした食感でおいしく、しかもつくりやすい。元になっているのはジム・レイヒーの「こねずにつくるカンパーニュ」のレシピである。生地を折りたたむ作業はこねる作業の変形のように思えるかもしれないが、こちらのほうがずっとやさしく生地を扱う必要がある。生地は押さえつけてもこねてもいけない。そんなことをすれば気泡が押しつぶされてしまう。折りたたんで寝かせる、これを繰り返すだけだ。

材料	重量	分量	比率	手順
小麦粉	500g		100%	① 大きめのボウルで材料を混ぜる。
塩	10g	小さじ2½	2%	
小麦グルテン （Bob's Red Mill ブランドのもの）	5g	大さじ1	1%	
インスタントドライイースト	1.5g	小さじ½	0.3%	
水	375g	375ml	75%	② ①の材料に水を加え、混ぜ合わせる。 ③ きれいな乾いたタオルをボウルにかけ、暖かい場所（21〜27℃）で16〜48時間生地を寝かせる。 ④ じゅうぶんに打ち粉をした作業台に、③のボウルからきれいにかき取った生地を置く。 ⑤ 生地を押さえつけないように、やさしく半分に折りたたむ。弾力が出て簡単に折りたためなくなるまで繰り返す。1分間、生地を休ませる。これを繰り返し、5分間で8回折りたたむ。 ⑥ 生地を200gのかたまり4つに切り分ける。伸ばしたり転がしたりしながら、丸くなめらかな球状にまとめる。
精製油		適量		⑦ 刷毛で薄く油を塗ってラップをかけ、室温で1時間休ませてから使う。

水とそれ以外の材料を混ぜる。材料がひとつにまとまって水分がゆきわたればそれでよく、生地がなめらかになる必要はない。

風味を育てる
48時間以上生地を発酵させると、ポーリッシュ（前ページ参照）に近い、酵母の複雑な風味やサワードウに似た風味が生まれる。

折りたたむときは生地をやさしく扱う。押さえつけたり、こねたりしない。最初の3〜4回は折りたたむことができるが、そのうち弾力が出て簡単に折りたためなくなる。そのときは生地を1分間休ませ、それからまた折りたたみ始めるとよい。生地は徐々に扱いにくくなるので、最初に休ませた後で1〜2回折ったら、また寝かせが必要になる。5分間で8回折りたためば終了だ。この作業の目的は、生地内部に新たな気泡をつくり、グルテンの網目構造を発達させるとともに、すでに発酵の過程で自然にできている泡をつぶさないことにある。

生地を転がしてボール状に成型すると、生地の表面が引っ張られ、グルテンの網目構造が生地内部に空気を閉じ込める。その結果、焼き上がったときにいい具合に気泡が入ってふくれた軽い生地となる。

ピッツァ用石板、金属板、グリドル

『お熱いのがお好き』という映画が昔あったが、ピッツァが好むのは間違いなく熱い環境だ。伝統的なピッツァ用薪釜は、気泡がふくらんでカリッとしたピッツァを焼くのに理想的な温度帯、430〜540℃にあっという間に到達し、温度を均一に保つことができる。これより高い温度になると、ピッツァに完全に火が入る前に生地が焦げる恐れがあり、低すぎると生地が固くなり、カリッとしない。

冷たいピッツァは庫内の熱をすぐに吸収するので、オーブンをじゅうぶんに予熱しておくことが大切だ。熱の貯蔵庫として機能するオーブンにかたまりの物体を加えることも、温度が下がりすぎないようにするのに役立つ。わたしたちは最良の道具を見つけようと、実験用のキッチンでさまざまな金属板、ピッツァ用石板、グリドルなどを試してみた。以下にその結果を示す。アルミニウムの板や厚みが2.5cm以上あるスチール板はピッツァの底の生地が焦げやすくなるので避けたほうがよい。

スチール板

スチール板（厚さ6〜12mm）
予熱時間：1時間以上
メリット：熱容量が大きいので、むらなく焼き上がり、気泡がたくさんふくらんで焦げができる。
デメリット：高価で重い。特注が必要。

石板

ピッツァ用石板
予熱時間：30分以上
メリット：熱分布が均一なため、気泡がふくらんだ生地が色よく焼き上がる。
デメリット：熱容量が小さく、温度安定性が低い。

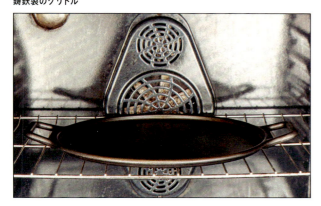
鋳鉄製のグリドル

鋳鉄製のグリドルまたはフライパン
予熱時間：30分以上、薄く油を塗ってから予熱する
メリット：安価で、広く出回っていて手に入りやすい。熱容量が大きい。
デメリット：ピッツァの生地が少し乾燥し、気泡もほとんどふくらまない。油を薄く塗ると、生地の風味が少しだけ変わる。

鋳鉄製のフライパン

家庭のオーブンでピッツァを焼く場合のおすすめの備品

わたしたちは100枚以上のピッツァを焼き、何十回も実験を重ねて、家庭でピッツァをおいしく焼くにはどうすればいいのか、さまざまな道具や方法を検証した。検証に当たっては、コンピューターで制御された温度計測記録装置を使い、加熱調理中のオーブンの壁面からオーブンプレート、生地の温度にいたるまで、8つの温度を追跡した。

最大の目的は、生の生地にもっとも熱が伝わりやすいプレートを見つけることであった。生地を入れると庫内のどの面もある程度温度は下がるが、下げ幅はできるだけ少なく、時間は短くしなければならない。

結果はわたしたちの予想どおり、分厚い板は薄いものより予熱温度を保つが、同時に予熱するにも下がった温度を元に戻すにも時間がかかるというものになった。12mmの厚さのダークスチール（つやのないくすんだ色のスチール）板を使うのがもっともいいというのが、わたしたちの最終的な結論だ。この半分の厚さのスチール板でもうまくいく。

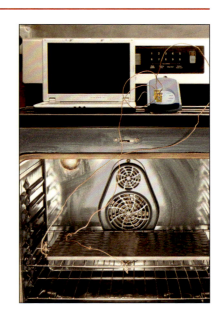

HOW TO ピッツァの伸ばし方と焼き方

生地、トッピング、焼き方。ピッツァづくりに欠かせないこの3つの要素をマスターすれば、あなたにもおいしいピッツァが焼ける。ピッツァの生地を伸ばすのは根気強い練習が必要な、繊細な技術だ。トッピングはバランスがすべてだ。生地とトッピングの理想のバランスを見つけ、速く均一に火を通すことで、サクサク、モチモチが組み合わさった食感に仕上げる。さらに、ピッツァをおいしく焼くためには、何といっても適切な器具が必要だ。高温になり、庫内の温度を一定に保てるオーブン、オーブンプレート、適切な大きさのピッツァピール、そしてタイミングを見逃さない鋭い勘も。

1 ピッツァの生地を冷蔵庫から出し、ふきんをかけて室温になるまで1時間置いておく。冷凍庫から出した場合は、まず冷蔵庫で一晩かけて解凍する。生地にふきんをかけると、表面が乾燥せず、生地が固くならない。

2 生地を室温に戻すあいだに、プレート(詳しくは前ページを参照)を準備する。オーブンの温度を最高温度に設定する。最低でも260℃は必要。

3 じゅうぶんに打ち粉をした作業台で指を使って生地を平たく伸ばす。真ん中を押さえて平らにし、中心から外側に向かって伸ばしていく。ふちは少し厚くしておく。

4 ピッツァピール(オーブンプレートでも可)に軽く均一に粉を振る。ピールの側面をたたいて、余分な粉を落とす。焼き上がったピッツァの生地が小麦粉の焦げたような味がしたら、打ち粉が多すぎたということだ。生地がピールにくっつくようなら、粉が足りなかったということになる。

5 手の甲に生地をのせ、ゆっくりと回転させる。生地そのものの重さを利用して伸ばし、直径30〜35cmの均一な厚さの円形にする。小さな気泡が生地中に散らばっていればいい。この気泡がおいしいピッツァをつくる!

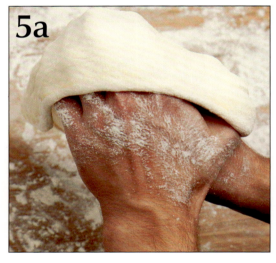

6 ピッツァピールに生地をのせ、前後に強くゆする。こうすると生地がピールにくっつかない。

7 生地のふち2.5cmは残して、内側にソースを広げる。

8 おろしたチーズをまんべんなく散らす。

9 オーブンから熱が逃げないように、すばやく生地をすべらせるようにしてピールからプレートに移す。

10 生地がきつね色になって気泡がふくらむまで3～5分焼く。大きめの気泡が焦げ始めていればよい。

11 ピールまたはオーブンプレートでオーブンからピッツァを取り出し、網にすべらせて冷ます。こうすると生地のパリッとした食感が損なわれない。

12 バジルをのせ、チリフレーク、塩、オリーブオイルで調味する。生地のふちも忘れずに。できたてをすぐに供する。

気泡がふくれていなくてもおいしいピッツァもあるが、うまく焼けているピッツァの裏側を見てみると、気泡の部分が焦げている。焼き上がったときに気泡がふくれていないのは、生地がオーブンの中で接している面がじゅうぶんに熱くなっていなかったということだ。301ページで説明したように金属板を試してみるといいかもしれない。なお、オーブンについては34ページに詳しい説明を載せているので参照のこと。

バリエーション：定番のピッツァ

ピッツァ・ナポレターナ

「ピッツァソース」 （112ページのバリエーション参照）	65g	
モッツァレラチーズ（すりおろす）	125g	
焼いた赤パプリカ（薄切り）	30g	
オリーブ（薄切り）	25g	大さじ2
アンチョビの酢漬けのフィレ	20g	7～9枚
ペコリーノ・ロマーノチーズ（薄く削る）	15g	
ミントの葉	3g	大さじ1

手順1-8の後でパプリカとオリーブをのせ、手順9へ進む。焼いたピッツァに、カタクチイワシの酢漬け、ペコリーノ・ロマーノチーズをのせ、ミントの葉をちぎって散らす。できたてをすぐに供する。

キノコのピッツァ

「ピッツァソース」 （112ページのバリエーション参照）	65g
モッツァレラチーズ （すりおろす）	125g
キノコ （ジロール、シャントレル、マイタケ、ポルチーニなど、ソテする）	125g

手順1-8まで行った後ソテしたキノコを加える（クロラッパタケを使う場合は、ソテせずに生のものを加える）。手順9へ進む。

ハワイアンピッツァ

「パイナップル・マリナラ」 （112ページのバリエーション参照）	100g	
モッツァレラチーズ （すりおろす）	125g	
クラテッロなどの生ハム （薄切り）	50g	3～5枚

手順1～11まで行った後、焼いたピッツァにクラテッロまたはプロシュートを散らし、できたてをすぐに供する。

ピッツァ・マルゲリータ

できあがりの分量：	直径30～35cmのピッツァ1枚分
調理時間：	15分（予熱時間は含まない）
保存：	できたてを供する
難易度：	高（専用の器具が必要）
必要な器具、材料：	厚さが12mmのスチール板、ピッツァピール

お馴染みのベーシックなピッツァである。マルゲリータのバリエーションはいろいろあるが、具をのせすぎないように注意しなければならない。150～200g以上のせると生地がしんなりしてやわらかくなってしまうが、たいていの人はマルゲリータにソースやチーズをのせすぎる。チーズは、水牛のモッツァレラチーズを真空乾燥する（下の写真を参照）か、袋に入った細切りのものを使う。ピッツァをオーブンから出した後で、乾燥させていないモッツァレラチーズか「ブッラータチーズ」をのせてもよい。生地のつくり方については前のページを参照。

材料	重量	分量	比率
ピッツァ生地 （296、298、300ページ参照）	200g	1枚	100%
「ピッツァソース」 （112ページのバリエーション参照）	80g	大さじ5½	40%
真空乾燥した水牛の モッツァレラチーズ （細かくちぎったもの）または 細切りモッツァレラ	80g		40%
生のバジルの葉（ちぎる）	3g	7～8枚	4%
チリフレーク	適量		
塩	適量		
エクストラバージン・オリーブオイル	適量		

手順

① 生地を冷蔵庫に入れていた場合は、室温に戻るまで1時間ほど置いておく。
② その間に、オーブンの上段に12mmの厚さのスチール板を入れる。オーブンを最高温度（最低でも260℃）に設定し、1時間予熱する。
③ 打ち粉をした作業台で生地を平たく伸ばす。生地の真ん中を指で押して平らにし、外側に向かって伸ばしていく。ふちは少し厚くしておく。手の甲に生地を広げてのせ、回転させながら直径30～35cmの円形にする。
④ 軽く打ち粉をしたピッツァピールに生地をのせ、生地がピールにくっつかないように強くゆする。
⑤ 生地のふち2.5cmは残して、その内側にソースを広げる。
⑥ チーズをまんべんなく散らす。
⑦ すばやく生地をすべらせるようにしてスチール板に移す。
⑧ 生地がこんがり色づいて気泡がふくらみ、大きめのふくらみが焦げ始めるまで3～5分焼く。
⑨ ピールを使ってオーブンからピッツァを取り出し、網に置いて冷ます。
⑩ 調味する。生地のふちにもオリーブオイルをたらす。できたてを供する。

水牛のモッツァレラチーズはとてもしっとりしていて、生地にのせるとすぐに湿ってしまう。これを避けるには、水分の少ない袋入りの細切りチーズを使ってもいいが、わたしたちは水牛のモッツァレラチーズを真空乾燥させることで問題を解決している。まず、チーズを細かくちぎって、ペーパータオルのあいだにはさむ。次に、真空調理専用の袋にペーパータオルをすべらせて入れ、真空パックする。こうすると、空気圧によってモッツァレラチーズからほとんどの水分が絞り出せる。水分はペーパータオルが吸ってくれる。

トッピングのアイデアについては、前のページの「バリエーション：定番のピッツァ」または306ページの「ピッツァのトッピング」を参照されたい。

オーブン・フライド・ピッツァ

できあがりの分量：	直径30〜35cmのピッツァ1枚分
調理時間：	15分（予熱時間は含まない）
保存：	できたてを供する
難易度：	高（生地の扱いがむずかしい）
必要な器具、材料：	大きなスキレット、ピッツァピール

ペンシルベニア州にある炭鉱町オールドフォージには、ちょっと変わったピッツァがある。油で揚げた生地がカリッとした食感の、長方形のピッツァだ。わたしたちのつくる「オーブン・フライド・ピッツァ」は、ジギアレリ一家がつくった本物のオールドフォージスタイルではないが、アイデアはそこから得た。油で揚げた生地と焼いたものとでは、風味が全く異なる。このピッツァは、スキレットに油を多く入れるが、きちんとつくると油っぽくはならない。トッピングはのせすぎないように。さもないと均一に火が通らなくなってしまう。

材料	重量	分量	比率	手順
ピッツァ生地 （296、298、300ページ参照）	200g	ボール状の生地1個	100%	① ピッツァ生地を室温に戻す。 ② オーブンを最高温度（最低でも260℃）に設定し、1時間以上予熱する。 ③ 打ち粉をした作業台で生地を平らに伸ばす。生地の真ん中を指で押して平らにし、外側に向かって伸ばす。ふちは少し厚くしておく（302ページ参照）。手の甲に生地を広げてのせ、回転させながら手持ちのスキレットの大きさになるまで伸ばす。
ソース、チーズ、 その他上にのせるもの （次ページ参照）		全部で175gを超えないようにする		④ 軽く打ち粉をしたピッツァピールに生地をのせる。ソース、チーズ、好みのトッピングをまんべんなくのせる。のせ終わったら、ピールを強くゆすり、ピールと生地がくっついていないか確認する。くっついていたら、風を当てて生地を持ち上げ、ピールに打ち粉をする。 ⑤ 真ん中に小さな十字の切り込みを入れる。
精製油 （xxiiページ参照）	80g	85ml	40%	⑥ スキレットを高温になるまで強火で3〜5分熱する。 ⑦ スキレットに油を入れ、煙が出始めるまで加熱する。 ⑧ 高温の油に注意しながらスキレットにピッツァをすべらせるようにして入れる。スキレットをすぐに熱いオーブンに移し、生地がこんがり色づいて気泡がふくらむまで3〜4分焼く。 ⑨ スキレットをオーブンから出す。ペーパータオルを敷いたオーブンプレートにピッツァを移し、油を切って、できたてを食卓に出す。続けて焼く場合は、油のかすをすくい取って使うか新しい油を入れ、煙が出るまでスキレットを熱する。

生地の真ん中に切り込みを入れると、ピッツァを焼いているときに蒸気を逃がすことができる。

熱したスキレットに入れてオーブンで3〜4分焼いた後、ピッツァの生地の裏側がこんがり色づいて気泡がふくらんでいればいい。何度か試してみて、もっとも望ましいオーブンの焼き時間とスキレットの予熱温度を見つけるといいだろう。生地の裏を見て焼けすぎていたら、スキレットの温度を少し下げる。表面が生焼けの場合は、もう1〜2分オーブンで焼く。

バリエーション：
ディープディッシュ・フライド・ピッツァ

カリッとしたフォカッチャのような、分厚く噛みごたえのあるピッツァをつくるには、生地の量を2倍にして、手順8でオーブンの焼き時間を7〜8分にする。

ピッツァのトッピング

ピッツァにトッピングを加えるときは、慎重になったほうがよい。のせすぎるとピッツァの風味が損なわれ、生地が湿気てしまう。またピッツァを焼く短い時間で完全に火が通らない食材は、必ず前もって下ごしらえしておこう。焼き上がった後は、生の食材をのせて、異なる食感や温度の食材を楽しんでもよい。食卓に出す直前に、焼き上がったピッツァにとっておきのエクストラバージン・オリーブオイルをたらし、赤トウガラシフレークと塩を振るのもいいかもしれない。ここに挙げた量は直径30～35cmのピッツァ1枚分である。手順は、304ページの「ピッツァ・マルゲリータ」のレシピを参照してほしい。

菜の花（ブロッコリーラーブ）ピッツァ

菜の花（ブロッコリーラーブ）	50g	
「圧力鍋でつくるガーリック・コンフィ」（ピュレにする）（126ページ参照）	50g	大さじ3
リコッタチーズ（山羊乳製または牛乳製）	80g	大さじ3/8
ジロール（ソテにする）	65g	
レモンの皮（すりおろす）	1g	小さじ1

菜の花（ブロッコリーラーブ）を190℃のオーブンで軽く色づくまで焼く。マルゲリータのレシピ通りに1～4までを行う。手順5、6でピッツァソースの代わりにガーリック・コンフィのピュレを、モッツァレラの代わりにリコッタチーズをのせる。さらにソテしたジロールとローストした菜の花（ブロッコリーラーブ）をのせ、手順7へと進む。焼き上がったピッツァにレモンの皮を散らし、できたてを供する。

カポコッロピッツァ

ピッツァソース（112ページのバリエーション参照）	80g	大さじ5½
「真空乾燥した水牛のモッツァレラチーズ」（304ページの写真参照）	100g	
カポコッロ（コッパ［豚肩肉の生ハム］、薄切り）	25g	4～5枚
ルッコラ	35g	
青トウガラシ（薄切り）	10g	大さじ1½

マルゲリータのレシピ通りに1～4までを行う。ピッツァソースとモッツァレラチーズをのせ、カポコッロをトッピングする。手順7へ進む。焼き上がったピッツァにルッコラと青トウガラシをのせ、できたてをすぐに供する。

ジェノベーゼピッツァ

ピスタチオのペスト（102ページ参照）	75g	
「真空乾燥した水牛のモッツァレラチーズ」（304ページの写真参照）	100g	
芽キャベツ（極薄くスライスする）	65g	
生のバジルの葉（ちぎる）	3g	8枚
粗挽き黒コショウ	適量	

マルゲリータのレシピ通りに1～4までを行う。手順5でピッツァソースの代わりにピスタチオのペストをのせる。手順6では真空乾燥させた水牛のモッツァレラチーズを100g散らす。薄くスライスした芽キャベツをのせ、手順7へと進む。焼き上がったピッツァに、バジルの葉を散らして粗挽き黒コショウを振り、できたてを供する。

ウオーヴォピッツァ

ブール・ノワゼット （119ページ参照）	20g	20ml／大さじ1½
ペコリーノ・ロマーノチーズ（すりおろす）	35g	
セージの葉（せん切り）	1g	4〜5枚
挽きたての黒コショウ	適量	
ウズラの卵	5〜7個	

マルゲリータのレシピ通りに1〜4までを行う。手順5でピッツァソースの代わりにブール・ノワゼットをかけ、手順6でモッツァレラチーズの代わりにペコリーノ・ロマーノを使う。セージの葉をのせ、黒コショウを振ったら、手順7へと進む。生地が固まったら焼き色がつく前にオーブンから取り出し、生のうずらの卵をのせる。もう一度オーブンに戻し、手順8へ進む。

フィノッキオーナピッツァ（写真なし）

フェンネルシード入りイタリアンソーセージ （あらかじめ加熱調理しておく）	100g	1〜2リンク
高脂肪生クリーム（乳脂肪分36％以上）	50g	55ml
モッツァレラチーズ（すりおろす）	80g	
フェンネル（薄切りにしてソテする）	33g	
ポロネギ（薄切りにしてソテする）	32g	

マルゲリータのレシピ通りに1〜4までを行う。火を通したソーセージを小さくちぎってクリームに入れ、よく混ぜる。手順5でピッツァソースの代わりに使う。チーズ、フェンネル、ポロネギをトッピングし、手順7へと進む。

ピッツァ・クルーダ

チェリートマト（プチトマト）	50g	
プロシュート（リボン状にスライスする）	35g	3枚
ルッコラ	35g	
パルメザンチーズ（極薄く削る）	30g	

マルゲリータのレシピ通りに手順1〜9までを行う。焼き上がったピッツァにチェリートマト、プロシュート、ルッコラ、スライスしたパルメザンチーズをトッピングし、できあがりをすぐに供する。

マカロニ・アンド・チーズ

マカロニ・アンド・チーズの伝統的なレシピでは、たいてい小麦粉が使われているが、小麦粉を使ってチーズソースをつくると、どんなにおいしいチーズを使ってもその良さが失われてしまう。なぜ風味の乏しい、魅力に欠ける食感をもつでんぷんを加えて、ソースの重要な材料であるチーズの豊かな風味を損ねるようなことをするのだろうか。いっそのことチーズソースをつくるときにはベルビータチーズを使い、とっておきのチーズは一杯のワインと合わせたほうがずっといいと思う(プロセスチーズが駄目だといっているわけではない。プロセスチーズのことはもちろん大好きだ)。

だが、わたしたちのモダニストバージョンなら、おいしいチーズを使い、なおかつその風味を損ねることなくソースをつくることができる。エマルションの基本的な科学をほんの少し使えば、チーズの風味の強い、信じられないほどなめらかなチーズソースをつくることができるのだ。チーズは乳脂肪と水からなるエマルションであるが、このエマルションは高温になると水と油に分離しやすい性質をもっている。そこでわたしたちは、加熱したときにソースが脂っぽくならないように、クエン酸ナトリウム(天然の柑橘類に含まれるクエン酸ナトリウム塩)と呼ばれる乳化剤をチーズソースに加えてエマルションを安定させることにした。その結果、とろりとしたアメリカンチーズのようになめらかな舌触りで、どんなチーズにも負けないくらい複雑で豊かな風味のソースが生まれた。

この章では、ガスコンロでつくるオーソドックスなマカロニ・アンド・チーズのレシピの他に、オーブンで焼くもの、ファットフリーのものも載せている。また、好みのチーズからスライスチーズをつくるコツも示した。このスライスチーズはチーズバーガーやグリルドチーズサンドイッチに入れるのにぴったりだ。

加熱されたエマルションの科学

溶けたチーズは簡単に脂と水に分離してしまう。従来のマカロニ・アンド・チーズのレシピでは、チーズソースが脂っぽくならないように、小麦粉とバターを加熱してつくったルーを牛乳でのばしたベシャメルソースを使う。このベシャメルソースに含まれるでんぷん粒と乳タンパク質は乳化剤として働きはするものの、あまりうまく機能しない。だからといって、余分なベシャメルソースを加えればチーズの風味が損なわれてしまうし、チーズの風味を残そうと思うと、ソースが少し脂っぽくなってしまう。これはオーブンで焼くとさらに顕著になる。

だが、もうそんなことで悩む必要もなくなった。1916年、ジェームズ・L・クラフトはアメリカンチーズの製法の特許を取得した。彼は、リン酸ナトリウムがあれば、チーズが溶けても水中に油滴が分散し続けると示したのだ。クエン酸ナトリウムにもこれと同じ効果があり、また手に入れやすいので、本書ではリン酸ナトリウムの代わりにクエン酸ナトリウムを使うことにする。

ハイライト

このチーズソースはなめらかで、チーズの風味が強いが、でんぷんは含まれていない。クエン酸ナトリウムを乳化剤として使い、クリーミーな口当たりのソースに仕上げている。

310、312ページ参照

チーズの風味はそのままに、低カロリーで、ほとんど脂肪の入っていないマカロニ・アンド・チーズをつくる。ポイントはマカロニのゆで汁にチーズの風味を移すこと。

314ページ参照

チーズソースのレシピに少し手を加えれば、好みのチーズからサンドイッチにはさむスライスチーズがつくれる。

317ページ参照

好みのチーズを完璧にスライスする方法がわかれば、おいしいグリルドチーズサンドイッチがつくれる。ここでは5種類のレシピを紹介する。

318ページ参照

マカロニ・アンド・チーズ

できあがりの分量：	5人分（800g、5カップ分）
調理時間：	30分
保存：	マカロニはすぐに供する。チーズソースは冷蔵庫で1週間、冷凍庫なら最長2カ月間保存可能
難易度：	ふつう
必要な材料：	クエン酸ナトリウム

　このレシピは『Modernist Cuisine』が出版されて以来、もっとも人気のあるレシピのひとつとなった。このレシピを元に、あなた流の洗練されたマカロニ・アンド・チーズをつくってほしい。おいしいチーズソースと具の候補はたくさんあるが、ページ数の都合上その中から6つしか掲載できず、選ぶのに苦労した。

　マカロニ・アンド・チーズでは一般にエルボ・マカロニが使われるが、他のどんなショートパスタでもかまわない。表面のざらざらしたパスタのほうがソースとよく絡む。チーズ好きならパスタに対するソースの割合を増やしたいと思うかもしれないが、このソースはとても濃厚だということは頭に入れておいたほうがいい。ちょっとしたことが大きな差を生む。

材料	重量	分量	比率	手順
水または牛乳	265g	265ml	93%	① 鍋に水（または牛乳）とクエン酸ナトリウムを入れ、泡立て器でかき混ぜて溶かす。中火で軽く沸騰するまで加熱する。
クエン酸ナトリウム	11g		4%	
ホワイトチェダーチーズ（細かくおろす）	285g		100%	② 軽く沸騰した①の鍋に少しずつホワイトチェダーチーズを加える。チーズを加えながらスティックミキサーでかき混ぜる。チーズは溶かして完全になめらかにする。
水		マカロニをゆでるのに必要な分量		③ 大きめの鍋に水をたっぷり入れ、沸騰させる。
乾燥マカロニ	240g		84%	④ パッケージの説明に従って、マカロニがアルデンテになるまで5〜6分ゆでる。
				⑤ マカロニの水気を切る。マカロニは水で洗わない。
				⑥ 温めたチーズソースをマカロニに加え、好みの具（下のバリエーション参照）を加えて混ぜ合わせる。
塩		適量		⑦ 塩で味を調え、できたてを供する。

（このレシピはハロルド・マギーのレシピを元にわたしたちがつくったもの）

バリエーション

下のバリエーションでは、それぞれ手順2でホワイトチェダーをほかのチーズに代え、具を手順6で加える。

モントレージャックとスティルトンでつくるマカロニ・アンド・チーズ
チーズ：モントレージャックチーズ200g、スティルトンチーズ50g
加える具：焼いたピーマンとベビーホウレンソウ

シャープチェダーとスイスチーズでつくるマカロニ・アンド・チーズ
チーズ：シャープチェダーチーズ200g、スイスチーズ85g
加える具：焼きリンゴを切ったものとカリカリに炒めたみじん切りベーコン

ゴルゴンゾーラとフォンティーナでつくるマカロニ・アンド・チーズ
チーズ：ゴルゴンゾーラチーズ50g、フォンティーナチーズ235g
加える具：くるみとソテしたマッシュルーム

グリュイエールでつくるマカロニ・アンド・チーズ
チーズ：グリュイエールチーズ285g
加える具：ローストしたカリフラワーとローストしたトマト

ゴートゴーダとゴートチェダーでつくるマカロニ・アンド・チーズ
チーズ：ゴートゴーダチーズ142g、ゴートチェダーチーズ142g
加える具：「圧力鍋でキャラメリゼしたタマネギ」（127ページ参照）と黒オリーブ

同時につくれるもの
ブロッコリーのチーズソース
マカロニの代わりに蒸したブロッコリーを使って、おいしいサイドメニューをつくる。チーズソースとよく絡むように、ブロッコリーの房を一口サイズにカットする。他にもカリフラワー、蒸したフィンガリングポテト、サヤインゲン、サヤをむいた枝豆、ソテしたマッシュルーム、ベビーチンゲンサイ、芽キャベツで試してみるといいだろう。

フォンデュ
手順1で、水の代わりに水200g／200mlと辛口の白ワイン118g／120mlを使う。手順2ではフォンデュがほどよく糸を引くように、ミキサーではなく泡立て器でチーズをかき混ぜる。伝統的なスイスの味にしたい場合は、エメンタールチーズを使い、キルシュをほんの少し加える。

1 鍋に水（または牛乳）とクエン酸ナトリウムを入れて、泡立て器で完全に溶けるまでかき混ぜ、軽く沸騰するまで加熱する。

2 細かくすりおろしたホワイトチェダーチーズをスプーンで1杯ずつ1に加えていく。チーズを入れるあいだ、コンロの上で軽く沸騰させておく。チーズを入れながらスティックミキサーで混ぜる。チーズが溶けて完全になめらかになるまで続ける。マカロニをゆでているあいだ、チーズソースは横に置いておく。あるいは冷蔵庫に入れておいて再加熱する。

3 大きめの鍋に水をたっぷり入れ、沸騰させる。

トラブルシューティング

この写真のような状態になったら、いったん作業を中止する。
脂と液体、つまりエマルションが分離し始めたら、液体を完全に沸騰させ、スティックミキサーで混ぜる。うまくいかないときは、スプーン1杯の高脂肪生クリームを加えて、もう一度スティックミキサーで混ぜる。

4 パッケージの説明に従って、アルデンテになるまで5〜6分マカロニをゆでる。

5 マカロニの水気を切る。マカロニは水で洗わない。

6 マカロニに温めたチーズソースを入れてかき混ぜる。風味たっぷりの具（アイデアについては前ページのバリエーション参照）を加えて混ぜ合わせる。

7 塩で味を調える。できたてをすぐに供する。

オーブンで焼くマカロニ・アンド・チーズ

できあがりの分量：	5人分（900g、5カップ分）
調理時間：	45分（準備：30分　オーブン：15分）
保存：	オーブンで焼く前なら冷蔵庫で3日間保存可能
難易度：	ふつう
必要な器具、材料：	クエン酸ナトリウム、「チーズクランブル」（316ページ参照）

　マカロニ・アンド・チーズのオーブン焼きをおいしくつくる秘訣は、オーブンで焼いたときにマカロニがドロドロにならずにほどよいやわらかさに仕上がるように、ゆでるときに完全に火を通さないようにすること。完全に火を通さないとゆですぎは紙一重なので気をつける。チーズは310ページのバリエーションの組み合わせの中から選んでもよい。

材料	重量	分量	比率	手順
水		マカロニをゆでるのに必要な分量		① 金属製のオーブンプレートを冷凍庫に最低30分、入れておく。 ② オーブンを260℃に予熱する。 ③ 大きめの鍋にたっぷりの水を入れ、沸騰させる。
乾燥マカロニ	200g		44%	④ 2分30秒、マカロニをゆで、完全に火が通っていない状態でやめる。 ⑤ マカロニの水気を切る。水で洗わない。 ⑥ 冷たいオーブンプレートに重ならないようにマカロニを広げる。ラップはせずに5分間冷やす。手順⑪用に450gを量っておく。
水または牛乳	185g	185ml	41%	⑦ 鍋に水（または牛乳）とクエン酸ナトリウムを入れ、泡立て器で溶けるまでかき混ぜる。中火で軽く沸騰するまで加熱する。
クエン酸ナトリウム	13g		3%	
グリュイエールチーズ（すりおろす）	200g		44%	⑧ 軽く沸騰している⑦の鍋にチーズを少しずつ加える。チーズが溶けて完全になめらかになるまで、チーズを入れながらスティックミキサーで混ぜる。
クリームチーズ	85g		19%	
シャープチェダーチーズ（すりおろす）	65g		14%	⑨ チーズソースを少し冷ます。チーズが固まらないように気をつける。次の手順用に450g量っておく。
上のチーズを混ぜてソースにしたもの	450g		100%	⑩ チーズソースにマスタードパウダー、カイエンヌペッパーを入れて混ぜる。
マスタードパウダー	0.5g	ひとつまみ	0.1%	
カイエンヌペッパー（なくても可）	適量			
上のマカロニを半ゆでにしたもの	450g		100%	⑪ 量っておいたマカロニを温かいチーズソースに加えて混ぜ、塩で味を調える。 ⑫ ラムカン（オーブンに入れることができる小ぶりの陶製の器）5個に均等に分ける。大きめのグラタン皿1皿に入れてもよい。
塩	適量			
「チーズクランブル」（316ページ参照）	100g		22%	⑬ チーズクランブルをたっぷりのせる。 ⑭ きつね色になってグツグツ音がするまで13〜15分、オーブンで焼く。熱々を供する。

あらかじめ仕込む場合

手順6でマカロニを冷やしたら、薄く精製油でコーティングし、使うまで冷蔵庫に入れておく。

チーズソースは冷蔵庫なら1週間、冷凍庫なら2カ月まで保存できる。

手順11まで準備した場合、冷蔵庫で最長3日間保存できる。ただし、マカロニは水分を吸収し続けるので、時間が経つにつれやわらかくなることは頭に入れておいたほうがいいだろう。チーズクランブルはオーブンに入れる直前にのせること。冷蔵庫から出したものを焼く場合は上のレシピより10〜12分余分に時間がかかる。

1 冷凍庫に金属製のオーブンプレートを入れ、最低30分冷やす。

2 オーブンを260℃に予熱する。

3 大きめの鍋にたっぷりの水を入れ、沸騰させる。

4 2分30秒、マカロニをゆで、完全に火が通っていない状態でやめる。マカロニはこの後、オーブンで仕上げるので、表面は火が通っているが、中は生で芯が残っているくらいがよい。

5 ゆでたマカロニの水気を切る。マカロニは水で洗わない。次の手順にすぐに取りかかる。

6 冷やしたオーブンプレートに重ならないようにマカロニを広げ、ラップはせずに5分間冷やす。この方法だと効率よくマカロニが冷え、表面のでんぷんが洗い流されることはない。冷めたら、手順11用に450gを量っておく。

7 鍋に水（または牛乳）とクエン酸ナトリウムを入れ、溶けるまで泡立て器でかき混ぜる。中火で軽く沸騰するまで加熱する。

8 7の鍋にスプーンで1杯ずつチーズを入れていく。鍋はガスコンロの上で軽く沸騰させておく。チーズが溶けて完全になめらかになるまで、チーズを入れながらスティックミキサーで混ぜる。

9 チーズソースを少し冷ます。チーズが固まらないように気をつける。次の手順用に450g量っておく。

10 計量したチーズソースにマスタードパウダー、カイエンヌペッパーを入れて混ぜる。

11 量っておいたマカロニを温かいチーズソースに加えて混ぜ、塩で味を調える。

12 5個のラムカンに等分に分ける。大きめのグラタン皿1皿に入れてもよい。

13 チーズクランブルをたっぷりのせる。

14 きつね色になってグツグツ音がするまで13～15分、焼く。皿の下にオーブンプレートを置いておく。熱いソースがこぼれたときの受皿になってくれ、また焦げ防止の役目も果たしてくれる。熱々を供する。

「ファットフリー」のマカロニ・アンド・チーズ

できあがりの分量:	5人分（750g、4カップ分）
調理時間:	1時間45分（準備：30分　加熱、真空調理、冷やす時間：1時間15分）
保存:	できたてを供する。「チーズ水」は冷蔵庫なら5日間、冷凍庫なら最長6カ月間保存可能
難易度:	ふつう
必要な器具、材料:	真空調理専用の器具一式

　紅茶の葉やコーヒー豆と同じように、チーズの風味成分には水に溶ける性質がある。わたしたちはチーズのこの性質を利用して、「チーズ水」の中でマカロニをゆでることにした。この方法だと、チーズの風味がマカロニに移り、いつものマカロニ・アンド・チーズの濃厚な風味はそのままに、脂肪のほとんどない繊細で洗練された一品がつくれる。

　ここではピュレ状にしたカリフラワーも加えている。このピュレは濃厚な口当たりや色はチーズソースに似ているが、ソースを重たくしない。チーズ水をつくるのは簡単で、一度食べれば余分につくって置いておきたくなるにちがいない。冷凍保存が可能なので、冷凍しておけばおいしいスープの素としても使える。また春野菜のグラッセか冬の葉野菜の蒸し煮の煮汁として使うこともできる。

材料	重量	分量	比率	手順
水	150g	150ml	30%	① 鍋にカリフラワーと水を入れ、やわらかくなるまで30分ほどコトコト煮る。
カリフラワー（薄切り）	100g		20%	② 水を切る。
				③ なめらかなピュレ状にする。
				④ シノワでピュレを漉し、手順⑫で使う75g分を量っておく。
水	500g	500ml	100%	⑤ ウォーター・バスをあらかじめ80℃に温めておく。
モントレージャックチーズ（細かくおろす）	275g		55%	⑥ 大きなジッパーつきの袋（4L）に水とチーズを入れ、袋からできるだけ空気を抜いて、密封する（58ページ参照）。
グリュイエールチーズ（細かくおろす）		275g	55%	⑦ 30分間、真空調理する。
				⑧ 室温で15分間、冷ます。
				⑨ 内側に漉し布を敷いたシノワで漉して、出てきた液体を集める。次の手順で使う「チーズ水」500g／500mlを量っておく（漉し布に残った固体については次ページの「同時につくれるもの」を参照）。
砂糖	2g	小さじ½	0.4%	⑩ 中くらいの鍋にチーズ水と砂糖を入れて砂糖が溶けるまでかき混ぜ、強火にかけて沸騰させる。
乾燥マカロニ	180g		36%	⑪ 沸騰しているチーズ水にマカロニを入れてかき混ぜ、火加減を中火に落とす。
				⑫ マカロニがチーズ水をほとんど吸収し、アルデンテになるまで7分ほどゆでる。カリフラワーのピュレを加えて混ぜる。
塩		適量		⑬ 塩で味を調え、熱々を供する。

バリエーション:

マカロニ・アンド・フォンティーナ
チーズ：若いフォンティーナチーズ 550g（細かくおろす）
中に加える具：「圧力鍋でキャラメリゼしたタマネギ」（127ページ参照）または「マッシュルーム・ピュレ」（150ページ参照）75g

マカロニ・アンド・パルメザン
チーズ：パルメザンチーズ 550g（細かくおろす）
中に加える具：「ホウレンソウのクリーム煮」（199ページ参照）または薄切りの乾燥トマト

マカロニ・アンド・チェダー
チーズ：シャープチェダーチーズ 550g（細かくおろす）
中に加える具：ブロッコリーのピュレまたは角切りにした焼きリンゴ

1 鍋にカリフラワーと水を入れ、やわらかくなるまで30分ほどコトコト煮る。

2 カリフラワーの水を切る。

3 混ぜてなめらかなピュレ状にする。

4 シノワでピュレを漉し、手順12で使う75g分を量る。

5 ウォーター・バスをあらかじめ80℃に温めておく。

6 大きなジッパーつきの袋（4L）に水とチーズを入れる。水圧を利用して袋からできるだけ空気を抜き、密封する（58ページ参照）。

7 30分間、チーズを真空調理する。凝固した牛乳のように見えるようになればよい。

8 バスから袋を取り出し、室温で15分間冷ます。

9 ボウルの上に、内側に漉し布を敷いたシノワを置いてチーズ水を漉し、ボウルに取る。次の手順で使うチーズ水500g／500mlを取っておく。余ったチーズ水はまた使うときまで冷蔵庫か冷凍庫で保存する。残ったチーズの固体は右下で使い方を提案しているので、そちらを参照されたい。

10 中くらいの鍋にチーズ水と砂糖を入れる。砂糖が溶けるまでかき混ぜ、強火にかけて沸騰させる。チーズの甘みのほとんどは固体の方に残っているので、ここで砂糖をひとつまみ加えるとチーズ水の風味がいっそうよくなる。

同時につくれるもの：チーズ・クリスプ
手順9でチーズ水を漉した後に残るチーズの固体部分は、チーズの風味が一部失われてはいるものの、焼くととてもおいしい。オーブンプレートにチーズを広げ、175℃できつね色になるまで約45分焼き、細かく砕いて飾ればできあがりだ。ベイクトポテトやグリーンサラダにかける、または塩気のあるクラッカーにのせる、あるいは次のページのレシピ「チーズクランブル」の手順9でチーズクランブルの代わりに用いてもよい。

11 チーズ水にマカロニを入れてかき混ぜ、火加減を中火に落とす。

12 マカロニがチーズ水をほとんど吸収し、アルデンテになるまで7分ほどゆでる。取っておいたカリフラワーのピュレを加えて混ぜる。

13 塩で味を調え、熱々を供する。

MAC AND CHEESE

チーズクランブル

できあがりの分量：	250g（2½カップ分）			
調理時間：	1時間15分（準備：25分　オーブン：50分）			
保存：	冷蔵庫で2〜3日間保存可能			
難易度：	ふつう			
必要な器具、材料：	フード・プロセッサー（なくても可）、クエン酸ナトリウム、タピオカデンプン			
使われる料理：	「オーブンで焼くマカロニ・アンド・チーズ」（312ページ参照）			

材料	重量	分量	比率	手順
水	60g	60ml	30%	① オーブンを175℃に予熱する。
クエン酸ナトリウム	2.5g		1.25%	② 鍋に水とクエン酸ナトリウムを入れ、溶けるまで泡立て器でかき混ぜ、軽く沸騰させる。
グリュイエールチーズ（細かくおろす）	200g		100%	③ 軽く沸騰している液体に少しずつチーズを入れる。チーズが溶けて完全になめらかになるまで、チーズを入れるたびにスティックミキサーで混ぜる。
タピオカデンプン	100g		50%	④ タピオカデンプンを⅓ずつ加える。だまにならないように、1回加えるごとによく混ぜる。すぐにとろみがついて、パン生地に似たものができあがる。
				⑤ まだ温かいうちにシリコンマットにすくってのせ、麺棒を使って薄く均一なシート状に伸ばす。
				⑥ オーブンプレートに⑤のマットを置き、チーズクラッカーが完全に乾燥して、きつね色になるまでオーブンで45〜50分焼く。
				⑦ できあがったチーズクラッカーを冷まして、砕く。
				⑧ さらに細かくそぼろ状になるようにフード・プロセッサーで砕く。またはジッパーつきの袋に入れ、麺棒か肉たたきで砕く。
グリュイエールチーズ（細かくおろす）	40g		20%	⑨ 砕いたチーズクランブルにチーズとパン粉を混ぜる。
パン粉	20g	大さじ2	10%	⑩ 冷蔵庫で保存する。

このチーズクランブルはどんなグラタン料理にトッピングしてもよい。スキャロップドポテト（ポテトグラタン）、サヤインゲンのキャセロール（インゲンとクリームソースのオーブン焼き）、アップル・ベティとよく合う。グリュイエールチーズの代わりにほかの半硬質か硬質のチーズ、たとえばチェダーやパルメザンを使うこともできる。

あらかじめ仕込む場合

さらに長く保存したい場合は、手順8で砕いたチーズクランブルを密封容器に保存する。使う直前におろしたグリュイエールチーズとパン粉を混ぜる。

同時につくれるもの

とろーりとろけるチーズスライス

できあがりの分量：	500g（12〜14枚）
調理時間：	2時間15分（準備15分　冷蔵：2時間）
保存：	冷蔵庫で10日間、冷凍庫なら2カ月間保存可能
難易度：	ふつう
必要な器具、材料：	クエン酸ナトリウム
使われる料理：	「モダニストのチーズバーガー」（212ページ参照）、「グリルドチーズサンドイッチ」（次ページ参照）

クエン酸ナトリウムを乳化剤として使うことで、どんなチーズでもアメリカンスタイルのサンドイッチのチーズのようにとろりととろけるスライスチーズにすることができる。このチーズスライスは、チーズバーガー、グリルドチーズサンドイッチにはさんだり、野菜サラダ、アップルパイ、その他、水と脂が分離しないでとろけるチーズを必要とするどんな料理にも合う。後で薄いスライス状にしやすいように、チーズは薄いシート状に伸ばすか円筒状またはブロック状にしておく。

材料	重量	分量	比率	手順
冷えた小麦ビール（または水）	115g	115ml	57.5%	① オーブンをもっとも低い温度に予熱する。
クエン酸ナトリウム （71ページ参照）	14g		7%	② オーブンプレートにシリコンマットを敷き（オーブンプレートに薄く油を塗ってもよい）、チーズを準備しているあいだ、オーブンに入れて温めておく。
				③ 鍋にビールとクエン酸ナトリウムを入れて溶けるまでかき混ぜ、中火にかけて軽く煮立たせる。
グリュイエールチーズ（おろす）	200g		100%	④ 軽く煮立っている③の鍋にチーズを少しずつ加える。チーズが溶けて完全になめらかになるまで、チーズを1回加えるごとにスティックミキサーで混ぜる。
シャープチェダーチーズ（おろす）	180g		90%	⑤ 温めたオーブンプレートに④を入れる。必要に応じて傾けたりしながら、平らにする。またはオイルスプレーで油を吹きつけた型にチーズを注ぐ。
				⑥ ラップをして、完全に固まるまで2時間以上、冷蔵庫で寝かせる。
				⑦ 直径7.5cmの丸い、または四角い型でシートを抜いていく。くっつかないよう、あいだにラップかクッキングシートを挟み、冷蔵庫か冷凍庫で保存する。

このチーズスライスをつくる方法は元々、『Modernist Cuisine』の「マッシュルーム・スイス・バーガー」のレシピのために編み出した。そちらは、このレシピより使う液体（ビール！）の量が多い。またチーズが流れるようにしたかったので、海藻から抽出される増粘剤カラギーナンを加えて、冷たい状態でのチーズの粘度を調整した。だがその後、このレシピのように液体の量を少なくすればカラギーナンは必要ないとわかった。一方、クエン酸ナトリウムはチーズが溶けるときに分離しないようにするにはどうしても必要である。

クエン酸ナトリウムの量の特別な計算方法

できあがりの分量を増やす、または減らすときは、液体とおろしたチーズの重さを一緒に量り、その重さに2.8%を掛けることで、クエン酸ナトリウムの量を求めることができる。たとえば、750gのチーズスライスをつくる場合は、クエン酸ナトリウムは21g使う。

グリルドチーズサンドイッチ

　グリルドチーズサンドイッチをつくるには、パンの外側にたっぷりバターを塗って具をはさんだら、パンがきつね色になってチーズがとろけるまで、中火で片面につき2〜3分ずつフライパンで焼く。わたしたちはスキレットを使っているが、調理台にあるサンドイッチグリル（またはパニーニプレス）でもうまく焼ける。パンが分厚すぎて具のおいしさが半減してしまうのはよくないが、サンドイッチをひとつにまとめるのにある程度の厚みは必要だ。わたしたちは1〜1.5cmの厚さに切っている。ここに載せたチーズスライスをつくるときは、材料と分量は下に挙げたものを使い、つくり方は前ページの「とろーりとろけるチーズスライス」の手順に従う。ほかのものに比べて水の量が半分以下になっているレシピがある。疑問に思うかもしれないが、砕けやすいチーズは固まるときに水をあまり必要としない。一度にたくさんのサンドイッチを仕上げたいときは、チーズをつくり、サンドイッチに具をはさみ、190℃のオーブンでチーズがとろけるまでいっきに焼くとよい。ここに挙げたレシピはいずれも4人分である。

サワードウ・ブレッドでつくる
熟成ホワイトチェダーとリンゴのサンドイッチ

サワードウ・ブレッド	8枚	
熟成ホワイトチェダーのチーズスライス	8枚	
ハニークリスプ・アップル（薄切り）	8枚	
または「グリルでつくるアップルソース」 （マスタードは抜く） （124ページ参照）	120g	
ハラペーニョ（薄く切る）	30g	大さじ3
熟成ホワイトチェダーチーズスライス：		
水	115g	115ml
クエン酸ナトリウム	14g	
熟成ホワイトチェダーチーズ（おろす）	380g	

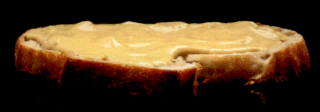

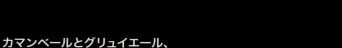

カマンベールとグリュイエール、
ハム、マッシュルームのブリオッシュサンド

ブリオッシュ	8枚	
カマンベールと グリュイエールのチーズスライス	8枚	
ブラックフォレストハム	8枚	
マッシュルーム（薄切りにしてソテする）	100g	
ディジョン・マスタード	40g	
目玉焼き	卵4個分	
カマンベールとグリュイエールのチーズスライス：		
水	115g	115ml
クエン酸ナトリウム	14g	
カマンベールチーズ （表面の皮の部分は取り除く）	190g	
グリュイエールチーズ（おろす）	190g	

フェタチーズと野菜のコンフィのポテトブレッドサンド

ポテトブレッド	8枚	
フェタチーズスライス	8枚	
「地中海野菜のコンフィ」 (126ページのバリエーション参照)	120g	
バジルの葉	8〜12枚	

フェタチーズスライス：

水	38g	38ml／大さじ2½
クエン酸ナトリウム	11g	
フェタチーズ（砕く）	380g	

シェーヴルチーズとトマトのコンフィ、バジルのバゲットサンド

バゲット（縦に切れ目を入れ、10cm長さに切る）	4枚	
シェーヴルチーズスライス	8枚	
「トマトのコンフィ」 (128ページ参照)	120g	
「ピスタチオのペスト」 (102ページ参照)	80g	
バジルの葉	8〜12枚	

シェーヴルチーズスライス：

水	38g	38ml／大さじ2½
クエン酸ナトリウム	11g	
ビュシュロンシェーヴルチーズ（皮は取り除き、砕く）	380g	

スティルトンチーズ、エシャロットマーマレードのクルミパンサンド

クルミパン	8枚	
スティルトンチーズスライス	8枚	
エシャロットとポートワインのマーマレード	120g	
洋梨（薄切り）	8枚	
セロリ（皮をむいて、薄く切る）	40g	

スティルトンチーズスライス：

水	38g	38ml／大さじ2½
ワンドラ	26g	大さじ3½
クエン酸ナトリウム	11g	
スティルトンチーズ（砕く）	380g	

エシャロットとポートワインのマーマレード：

エシャロット（みじん切り）	200g	
オリーブオイル	30g	35ml／大さじ2
レッド・ポート	130g	130ml
タイム	1枝	

エシャロットをオリーブオイルでゆっくりとやわらかくなるまで炒める。ポートワインとタイムを加え、弱めの中火でエシャロットがやわらかくジャムのようになるまで20分ほどコトコト煮る。塩で味を調える。

リゾットとパエリア

従来の方法でおいしいパエリアやリゾットをつくるとなると、大変な時間や集中が必要で、ときにはつくるのがおっくうになることもあるだろう。確かにこれらは家庭の夕食用に手早くつくれる料理ではない。だがもし、パエリアもリゾットもちょうど7分で一から調理できるとしたらどうだろうか。あらかじめ半ば火を通しておけば（最長で3日間保存できる）、当日は4分あれば料理を完成させられるとしたら？　圧力鍋を持っているなら、鍋ひとつでできるこのすばらしい料理をもっと楽しまない手はない。

リゾットもパエリアも短粒米を使う。短粒米は加熱によってでんぷんが流れ出て、クリームのようなトロッとした食感となる。どちらの料理もさまざまな穀物と風味づけの材料を使ってつくることができ、白ワインやサフランの入ったオーソドックスなミラノ風リゾットから、ウニ、ココア、グレープフルーツなどを加えたエキゾチックなものまでバラエティに富んでいる。わたしたちがとくに気に入っている穀物と風味づけの材料の組み合わせは330〜333ページに掲載した。

リゾットやパエリアの米は、完全にやわらかくするのではなく、ちょうどアルデンテになるよう炊くとうまくいく。従来の方法では、少しずつ水分を加え、でんぷんが懸濁液の状態になって液体中に均一に分散するよう、つねにかき混ぜる必要があった。だが、わたしたちは、圧力鍋を使えば、水を一度にすべて加えても同じようにおいしくできることを突きとめた。圧力鍋はかき混ぜる手間も省いてくれる。

圧力鍋の最大の欠点はふたが開けられないので、できぐあいを確かめられないことだ。そこでわたしたちは、米が炊ける直前に火を止め、2〜3分コンロにかけて様子を見ながら理想的な食感に仕上げるという方法を取ることにした。

科学：なぜリゾットはかき混ぜないといけないのか

でんぷんは加熱によって短粒米から流れ出し、パエリアやリゾットのような料理にとろみをつけてくれる。でんぷんはアミロース（ゲル化しやすい）とアミロペクチン（水の分子を取り込むことで粘度が高まる）の2種類のポリマー（重合体）から構成されている。含まれる比率は米の種類によって異なる。短粒米は長粒米に比べてアミロペクチンをより多く含み、粘度が高い。パエリアやリゾットに長粒米ではなく短粒米が向いている理由は、そこにある。

でんぷんは植物の細胞中に粒の形で蓄えられていて、タマネギのような層構造をもつ。加熱すると、でんぷん粒が水を吸収してふくらみ、粘度が高まる。だが、細胞が破裂して粘りのあるでんぷんがスープの中に流れ出るまでとろみはつかない。

だから、パエリアやリゾットをつくるときには加熱しながら米をかき混ぜないといけない。かき混ぜることででんぷん粒が壊れ、煮汁の中にでんぷんが流れ出て、とろみがつく。やさしく混ぜ続ければ、だまができるのを防ぐことにもなる。この過程ででんぷんのゲル化力を見るには、リゾットを冷ましてみるとよい。かたまりになっているのがわかる。

圧力鍋を使う場合は、米をかき混ぜる必要はない。調理過程で多くの水がでんぷん粒に入り込むので、かき混ぜなくても破裂するでんぷん粒が多いからである。

ボンバ米でつくるブロッコリーとグリュイエールのスープと
チョリソ入りのリゾット
333ページのバリエーション参照

ハイライト

米に半ば火を通しておく。これはミシュランの3つ星レストラン『ザ・フレンチ・ランドリー』のシェフ、トーマス・ケラーから教わったこつで、この方法だとかなり時間を節約できる。冷蔵庫で冷やしたオーブンプレートを使って米をすばやく冷やし、でんぷんが流れ出ないようにする。

328ページ参照

ここに挙げたレシピと相性のいい短粒米はいくつかある。リゾットにはカルナローリ米、アルボリオ米、ヴィアローネ・ナノ米、パエリアにはボンバ米、カラスパラ米。もちろん他の米でもおいしくできる。

324〜325ページ参照

パエリア発祥の地スペインのバレンシア地方でつくられていたパエリアは、元々、農場のウサギやエスカルゴを米と一緒に煮込んだ素朴な料理であった。わたしたちはエスカルゴを具として使っている。

326ページ参照

「ボンバ米でつくるブロッコリーとグリュイエールのスープとチョリソ入りのリゾット」や「イカ墨と真空調理したクラムの紫黒米リゾット」をぜひ試してほしい。

333ページおよび330ページ参照

乾燥したアルボリオ米（左端）が完璧なアルデンテのリゾットに仕上がる（右端）までのあいだには、著しい変化が起こっている。詳しくは320ページの「科学：なぜリゾットはかき混ぜないといけないのか」を参照。

米の炊き方

従来の方法でおいしいリゾットやパエリアをつくろうと思えば、鍋につきっきりになる必要があり、時間と労力がかかる。だが、モダニストの方法でつくれば、このすばらしい料理が家庭でもっと気軽にできるようになる。わたしたちがおすすめするのは最初から最後まで圧力鍋で米を炊く方法で、この方法だと7分しかかからない。

前もって準備しておく場合は、米に半ば火を通した後、急激に冷やして冷蔵庫に入れておく。こうしておけば、夕食に出すときにはほんの数分でリゾットを仕上げることができる。大量につくるときにはとくにこの方法がいい。どちらの方法でも実質的な調理時間は30分もかからない。

下に、米などの種類とわたしたちがおすすめするリゾットとパエリアの仕込み、炊き方、仕上げの選択肢を示している。好みの仕上がり、時間や手持ちの道具に合わせて選ぶといいだろう。

HOW TO リゾット、パエリアを圧力鍋で炊く方法

1 油かバターで香味材料を炒める。リゾットもパエリアも通常、香味材料を油で炒めたベースの中で調理される。リゾットの場合は、オーソドックスな素材として刻んだタマネギ、フェンネル、セロリ、パエリアの場合はたいていピーマンや種を取ったトマト、タマネギを刻んだもの（これを炒めたものをソフリートと呼ぶ）である。

2 炒めた香味材料に米を加え、中強火で1～2分炒める。米につやが出てきつね色に色づき、少し透き通ってくればよい。

3 液体を加える。通常パエリアはストックを、リゾットの場合はワインとストックを加える。代わりに水で炊いてもいいし、また野菜ジュース、フルーツジュース、ワインなどのアルコールを組み合わせて、いろいろ試してみるのもいいだろう。玄米を使う場合は精米よりも多めの液体が必要になる。

4 ゲージ圧1バールで、米がアルデンテになるまで圧力鍋で炊く。時間は下の表を参考にする。時間を計るのは、圧力が最大に達してから。

5 ふたの縁にぬるま湯をかけてすばやく減圧する。

6 できぐあいを確認する。完璧なアルデンテになるまでほぼ火が通っていればよい。レシピにも指示があるが、必要に応じて水分を加えるか、さらに1～3分煮る。

7 塩で味を調える。リゾットはバターとおろしたてのチーズで仕上げる。調理した野菜や野菜のピュレ、生のハーブを混ぜ入れてもよい。パエリアの場合、プロのシェフたちはたいていストックや中に入れる具材を重視する。たとえば、伝統的なバレンシア風パエリアでは、ウサギやエスカルゴが使われる。現代的なものは、さまざまな種類の新鮮な貝、甲殻類を入れることが多い。

炊き時間

圧力鍋がない場合でも、従来の方法でリゾットやパエリア、米などを入れたその他の煮込みをつくることができる。時間は下の表を、風味づけの食材は330～333ページで紹介しているので、参考にしてほしい。わたしたちのレシピより量を多くつくる場合はこれより時間がかかる。

	圧力鍋（分）	ガスコンロ（分）
ボンバ米	7	22
紫黒米	12	25
リゾット用の米（アルボリオ米、ヴィアローネ・ナノ米、カルナローリ米）	6	18-20
短粒の日本米	4	13-15
ファッロ（エンマー小麦）	15	22-25
精白玉麦	20	28-30
キヌア	4	15-18
スチールカットオーツ（オート麦の挽き割り、洗う）	7	12-15

圧力鍋調理の注意点については33ページを参照

HOW TO 前もって半ば火を通しておき、食卓に出す直前に仕上げる方法

1 前ページの手順1で説明したように、まず香味材料を炒める。下の手順5で使用する金属のオーブンプレート1枚(たくさんつくる場合は数枚)を冷凍庫に入れる。

2 米を加える。米につやが出てきつね色になり、透き通るくらいまで香味材料と一緒に炒める。

3 液体を加え、こまめにかき混ぜながら下の表に示した時間煮て、半ば火を通す。またはゲージ圧1バールの圧力鍋で炊く。時間は下の表を参考にする。ふたの縁にぬるま湯をかけて急速に減圧する。

4 手早く漉して、米と煮汁に分ける。煮汁は手順6で使うので取っておく。

5 汁気を切った米を冷凍庫で冷やしたオーブンプレートに移し、薄く広げて冷ます。覆いをし、使うときまで冷蔵庫に入れておく。

6 食卓に出す直前に、取っておいた煮汁の中に米を入れ、かき混ぜながら米がアルデンテになるまでコトコト煮る。必要に応じて水分を少し足す。

7 さらに風味づけの食材を入れて混ぜ、味を調え、食卓に出す。加えるものはシンプルにおろしたチーズやバターでもいいし、野菜のピュレや肉の蒸し煮のように複雑な風味のものでもよい。

半ば火を通しておく場合の炊き時間

米や穀物に半ば火を通した後、仕上げをして食卓に出す前に冷蔵庫で最長3日間保存できる。圧力鍋またはコンロで半ば火を通すときには下の表の時間を参考にする。上の手順6でも説明したように、最後の仕上げとして、鍋で米をコトコト煮る(時間は目安として2〜5分)。

	圧力鍋 (分)	ガスコンロ (分)
ボンバ米	4	8
紫黒米	7	17
リゾット用の米(アルボリオ米、ヴィアローネ・ナノ米、カルナローリ米)	3	6
短粒の日本米	2½	4
ファッロ(エンマー小麦)	10	20–22
精白玉麦	12	25
キヌア	2	7
スチールカットオーツ(オート麦の挽き割り、洗う)	5	7

圧力鍋調理の注意点については33ページを参照

圧力鍋でつくるパエリア・デル・ボスコ

できあがりの分量：	4人分（400g、2カップ分［エスカルゴを除く］）
調理時間：	25分
保存：	できあがりをすぐに供する。半ば火を通した米は冷蔵庫で3日間保存可能
難易度：	低
必要な器具、材料：	圧力鍋、ボンバ米、ピメントン・ドゥルセ（パプリカパウダー）、ピキーリョピーマン、「ブラウン・チキン・ストック」（85ページのバリエーション参照）、「真空調理でつくるエスカルゴの蒸し煮」（なくても可、293ページ参照）

　パエリアは特別な日のための料理だと思われている。つくるのにとても時間がかかるからだ。だが、そうとは限らない。25分もあれば、このレシピを使って信じられないほど風味豊かでクリーミーなバレンシア風パエリアをつくることができる。伝統的にはエスカルゴが本来の具なので、ここではエスカルゴを加えている。エスカルゴの代わりに（または一緒に）鶏、エビ、カニの身、鴨のむね肉を、火を通してから加えてもいい。生のポルチーニが旬の時期なら、仕上げたパエリアの上に薄く削ると上品な感じになる。

材料	重量	分量	比率	手順
オリーブオイル	40g	45ml／大さじ3	27%	① 圧力鍋に油と野菜を入れ、野菜がやわらかくなって透き通ってくるまで3分ほど中火で炒める。
ピキーリョピーマン（市販のもの、みじん切り）	50g		33%	
フェンネル（みじん切り）	25g		17%	
新タマネギ（みじん切り）	25g	大さじ3	17%	
ニンジン（みじん切り）	20g	大さじ2	13%	
ニンニク（みじん切り）	7.5g	大さじ1	5%	
ボンバ米（他のパエリア用の短粒米でもよい）	150g		100%	② ①に米を入れてかき混ぜ、米につやが出て透き通ってくるまで2分ほど炒める。
ブラウン・チキン・ストック（85ページのバリエーション参照）	300g	300ml	200%	③ ブラウン・チキン・ストックとドライシェリーを入れて混ぜる。 ④ ゲージ圧1バールの圧力鍋で7分加熱調理する。圧力が最大に達してから、時間を計り始める。 ⑤ 鍋の圧力を下げる。 ⑥ 米のやわらかさを確認する。アルデンテになっていればよい。必要なら、もう1～2分ふたはしないでコトコト煮る。
ドライシェリー	70g	70ml	47%	
ピメントン・ドゥルセ（燻製パプリカパウダー）	7g	大さじ1	5%	⑦ ⑥に混ぜ入れ、そのまま1分間置く。
タイムの葉	2g	大さじ1	1%	
サフラン（なくても可）		5本		
塩	適量			⑧ 塩で味を調える。
「真空調理でつくるエスカルゴの蒸し煮」（なくても可、半分に切り、温めておく）（293ページ参照）	200g	エスカルゴ24個	133%	⑨ パエリアにエスカルゴとレモンの皮を入れて混ぜ、できたてを供する。
レモンの皮（細かくすりおろす）	適量			

圧力鍋調理の注意点については33ページを参照

あらかじめ仕込む場合

オーブンプレートを30分以上冷凍庫に入れて冷やしておく。手順1～5までを行うが、手順4の圧力鍋の調理時間は4分にする。米は漉して煮汁と分け、煮汁は取っておく。冷凍庫で冷やしておいたオーブンプレートに米と野菜を薄く広げ、冷ます。米、煮汁を別々の容器に入れ、冷蔵庫に入れる（最長3日間）。最後の仕上げは鍋に米と煮汁を入れて混ぜ、米がアルデンテになるまで4分ほどコトコト煮る。手順7へと進む。

1 圧力鍋にオリーブオイルと野菜を入れ、野菜がやわらかくなって透き通るまで（色づかないように）3分ほど中火で炒める。

2 1に米を入れてかき混ぜ、米のつやが出て透き通ってくるまで2分ほど炒める。

3 チキン・ストックとドライシェリーを入れて混ぜる。

4 ゲージ圧1バールの圧力鍋で7分加熱調理する。圧力が最大になってから、時間を計り始める。米の量が多い場合はこれより時間がかかる。

5 ふたの縁にぬるま湯をかけ、鍋の圧力をすばやく下げる。

6 米のできぐあいを確認する。アルデンテになっていればよい。噛みごたえはあるが、カリカリと固すぎてはいけない。もしまだ米がじゅうぶんなやわらかさになっていなければ、もう1〜2分ふたはしないで絶えずかき混ぜながらコトコト煮る。

7 ピメントン・ドゥルセ、タイム、サフランを入れて混ぜる。風味がパエリアに移り、でんぷんが少し冷めてとろみがつくようそのまま1分間置く。

8 塩で味を調える。

9 エスカルゴ、レモンの皮を入れて混ぜる。上にエスカルゴ（分量外）をのせる。できたてを供する。

野菜のリゾット

できあがりの分量：	4人分（500g、2カップ分）	
調理時間：	40分（オーブンプレートを冷凍庫に入れる時間：30分）	
保存：	完成したリゾットは、できたてを供する。半ば火を通した米と煮汁は冷蔵庫で最長3日間保存可能	
難易度：	低	
必要な器具：	ジューサー	

　従来の方法でリゾットをつくる場合、米をぎりぎりまで絶えずかき混ぜて気を使う必要があるとプロのシェフは言う。おいしいリゾットは、米をアルデンテの状態に仕上げて、できあがりをすぐに食卓に出すのがベストだという点には賛成だが、わたしたちは、もっと速くできて、シェフのようにずっと鍋につきっきりにならずにすむ方法のほうが好みだ。米に半ば火を通した後、冷凍庫で冷やしたオーブンプレートの上で米を冷ます方法を採用し、それ以上米に火が通らないようにし、貴重なでんぷんが流れ出ないようにする。最後の仕上げ（これは数日後に行うこともできる）は食卓に出すまでにほんの数分もあればできる。

　結果は、従来の方法でつくったものにも劣らぬおいしさである。おいしいストック、新鮮な野菜のジュース、熟成ゴーダチーズがリゾットに野菜の強い風味をプラスしている。リゾットはさまざまな風味を生かすベースになる。330〜333ページを参照。

材料	重量	分量	比率	手順
エシャロット（みじん切り）	40g	大さじ6	20%	① オーブンプレートを30分以上冷凍庫に入れておく。
加熱用精製油（xxiiページ参照）	20g	20ml／大さじ1½	10%	② 中くらいの鍋に油とエシャロットを入れ、エシャロットがやわらかく透き通ってくるまで2分ほど加熱する。
カルナローリ米（またはアルボリオ米やヴィアローネ・ナノ米のようなリゾット用の短粒米）	200g		100%	③ ②に米を入れて混ぜ、米につやが出てわずかに色づくまで2分ほど炒める。
野菜のストック（89ページ参照）	180g	180ml	90%	④ ストック、ジュース、ドライベルモット（または白ワイン）を入れて混ぜ、6分ほどコトコト煮て、米に半ば火を通す。
新鮮なニンジンジュース	110g	110ml（ニンジン2〜3本分）	55%	⑤ 米は漉して煮汁と分け、煮汁は取っておく。
新鮮なセロリジュース（または野菜のストック）	110g	110ml（セロリ3〜4本分）	55%	⑥ 冷凍庫で冷やしておいたオーブンプレートに米を重ならないように広げて冷やす。 ⑦ 仕上げは米と煮汁を鍋に入れ、煮汁にとろみがついて米がアルデンテになるまで3〜5分、中強火で絶えずかき混ぜながらコトコト煮る。
ドライベルモット（または白ワイン）	50g	50ml／大さじ3½	25%	
熟成ゴーダチーズ（細かくおろす）	100g		50%	⑧ 温かいリゾットにチーズとバターを入れて混ぜる。
無塩バター（さいの目切り）	12g	大さじ1	6%	
塩		適量		⑨ 塩で味を調え、できあがりをすぐに供する。

1 オーブンプレートを冷凍庫に入れ、30分以上冷やす。

2 中くらいの鍋にエシャロットと油を入れ、エシャロットがやわらかく透き通ってくるまで（色づかないように）2分ほど加熱する。

3 米を入れて混ぜ、米につやが出てわずかに色づくまで2分ほど炒める。

4 野菜のストック、野菜ジュース、ドライベルモット（または白ワイン）を入れて混ぜ、6分ほどコトコト煮る。ここで米に半ば火を通すが、中は芯が残っているようにする。

5 米は漉して煮汁と分け、煮汁は取っておく。

6 冷凍庫で冷やしておいたオーブンプレートに米が重ならないように素早く広げ、これ以上火が入らないようにする。オーブンプレートを5分間、冷凍庫に入れ、早く冷ましてもよい。

7 仕上げは米と煮汁を鍋に入れ、煮汁にとろみがついて米がアルデンテになるまで3〜5分、中強火で絶えずかき混ぜながらコトコト煮る。必要に応じて液体を足す。

8 温かいリゾットにチーズとバターを入れる。

9 塩で味を調え、できあがりをすぐに食卓に出す。

バリエーション：圧力鍋でつくるリゾット

このレシピよりもさらに速くつくりたいときは、圧力鍋で米を炊くとよい。材料と分量は「野菜のリゾット」のレシピを使うが、つくり方は326ページの「圧力鍋でつくるパエリア・デル・ボスコ」のレシピを使い、手順1〜6を行う。その後左の手順8へと進む。

RISOTTO AND PAELLA

リゾットとパエリアのバリエーション

　下のレシピのバリエーションには、いずれもきちんと調理手順がついているが、つくり方は326ページの「圧力鍋でつくるパエリア・デル・ボスコ」のレシピにおおむね沿ったものになっている。いずれの場合も圧力鍋のゲージ圧を1バールで、圧力が最大になったら時間を計り始め、ふたの縁にぬるま湯をかけて鍋の圧力をすばやく下げてから、ふたを開ける。圧力鍋調理の注意点については33ページを参照してほしい。圧力鍋で炊いた後、米や穀物がまだちゃんと炊けていない場合は、もう1〜2分煮る。水分の少ないリゾットやパエリアにしたければ、圧力鍋で調理した後、コトコト煮て水分を飛ばす。水分の多いトロッとした仕上がりにしたければ、液体を加える。328ページのレシピのように米などに半ば火を通しておく場合は、水分の蒸発量が増えることも考えて液体の分量を最大25%まで増やす必要があるかもしれない。

　エシャロットの代わりにみじん切りにした新タマネギを使ってもいいし、さらにバターやオリーブオイルを加えてコクを出してもいい。

イカ墨と真空調理したクラムの紫黒米リゾット

エシャロット(みじん切り)	30g	
加熱用精製油	20g	20ml／大さじ1½
紫黒米	150g	
「圧力鍋でつくる甲殻類のストック」 (88ページ参照)	150g	150ml
フィノシェリー	75g	75ml／大さじ5
イカ墨	7.6g	小さじ1½
クラムの身(真空調理する*) (36ページ参照)		12個分
エクストラバージン・オリーブオイル	50g	55ml
塩	適量	
マイヤーレモンの皮(すりおろす)	適量	

圧力鍋に油とエシャロットを入れ、エシャロットが透き通るまで3分ほど中火で炒める。米を加え、さらに1分中火で炒める。甲殻類のストック、シェリー、イカ墨を加えて混ぜ、加圧して12分加熱調理する。米を炊いている間に、貝のひもを取って刻む。刻んだひもとオリーブオイルを炊きあがった米に入れて混ぜる。塩で味を調え、残った貝の身とおろしたレモンの皮をトッピングする。

*軽く火を通した食品の安全性についてはxxvページを参照。

カボチャのキャラメリゼとサフランのアルボリオ米リゾット

エシャロット(みじん切り)	20g	大さじ2
加熱用精製油	20g	20ml／大さじ1½
アルボリオ米(またはそれとよく似たリゾット用の短粒米)	150g	
新鮮なニンジンジュース	200g	200ml
シャルドネまたはフルーティな白ワイン	100g	100ml
カボチャのスープ (180ページのバリエーション参照)	100g	
サフラン		4〜5本
グラナパダーノチーズ(おろす)	90g	
塩	適量	
マルコナ・アーモンド	適量	

圧力鍋に油とエシャロットを入れ、エシャロットが透き通るまで3分ほど中火で炒める。米を加え、さらに1分炒める。ニンジンジュース、シャルドネを加えて混ぜ、加圧して6分加熱調理する。カボチャのスープ、サフラン、チーズを入れて混ぜる。塩で味を調え、マイクロプレインで薄くおろしたアーモンドをかける。

野生のキノコと赤ワインの大麦リゾット

キノコ (マイタケ、ヒラタケ、シイタケ、みじん切り)	140g	
エシャロット（みじん切り）	40g	
無塩バター	35g	大さじ3
加熱用精製油 （xxiiページ参照）	20g	20ml／大さじ1½
精白玉麦	150g	
「マッシュルームのジュ」 （乾燥ポルチーニを砕いて入れ、 さらに旨みと香りを加えたもの） （91ページ参照）	180g	180ml
赤ワイン（シラー）	100g	100ml
グリュイエールチーズ（おろす）	65g	
塩	適量	
黒コショウ	適量	

圧力鍋にバター、油、キノコ、エシャロットを入れ、エシャロットが透き通るまで中火で3分ほど炒める。玉麦を入れて混ぜ、さらに1分炒める。キノコのストックとワインを加え、加圧して20分間加熱調理する。おろしたチーズを入れ、溶けるまでかき混ぜる。塩とコショウで味を調える。好みで、チーズ（分量外）とソテしたキノコ（分量外）をトッピングする。

スチールカットオーツとエスカルゴのリゾット

スチールカットオーツ （オート麦の挽き割り）	150g	
「チキン・ストック」 （84ページ参照）	230g	230ml
パスティスまたはウーゾ （アニス風味のリキュール）	50g	65ml
「圧力鍋でつくるガーリック・コンフィ」 （ガーリックは裏漉ししておく） （126ページ参照）	60g	
無塩バター	50g	
パルミジャーノ・レッジャーノチーズ （細かくおろす）	40g	
「真空調理でつくるエスカルゴの蒸し煮」 （293ページ参照）	65g	エスカルゴ約8個
塩	適量	
青リンゴ（角切り）	25g	
イタリアンパセリ（みじん切り）	8g	大さじ2½

圧力鍋にオーツ、チキン・ストック、パスティス（またはウーゾ）を入れて混ぜ、加圧して7分加熱調理する。ガーリック・コンフィ、バター、パルミジャーノ・レッジャーノを入れてかき混ぜる。エスカルゴを入れて、やさしくかき混ぜる。塩で味を調え、リンゴとイタリアンパセリをのせる。好みで、エスカルゴ（分量外）とおろしたチーズ（分量外）をトッピングする。

このレシピは、ヘストン・ブルメンタールの有名な料理「エスカルゴのポリッジ」からヒントを得ている。

チキン、アーティチョーク、黒オリーブ入りのファッロリゾット

エシャロット（みじん切り）	30g	
加熱用精製油 （xxiiページ参照）	28g	30ml／大さじ2
ファッロ（エンマー小麦）	150g	
「野菜のストック」 （89ページ参照）	200g	200ml
辛口の白ワイン	80g	80ml
「真空調理した鶏肉」（角切り） （244ページ参照）	120g	
「電子レンジで調理した アーティチョークの芯」（薄切り） （347ページの表を参照）	100g	2〜3個
オリーブオイル	40g	45ml／大さじ3
黒オリーブ（細く切る）	18g	大さじ2
塩	適量	

圧力鍋に油とエシャロットを入れ、エシャロットが透き通るまで3分ほど中火で炒める。ファッロを加え、さらに1分炒める。野菜のストック、ワインを加えて混ぜ、加圧して15分加熱調理する。鶏肉、アーティチョーク、オリーブオイル、オリーブを入れて混ぜる。塩で味を調える。

ピスタチオのペスト、アスパラガス入りのキヌアリゾット

キヌア（洗って水気を切っておく）	150g	
加熱用精製油 （xxiiページ参照）	10g	10ml／小さじ2
「野菜のストック」 （89ページ参照）	275g	275ml
ドライベルモット	75g	75ml／大さじ5
アスパラガス（極薄く切る）	70g	
「ピスタチオのペスト」 （102ページ参照）	200g	
無塩バター（さいの目切り）	20g	大さじ2
塩	適量	
リコッタ・サラータチーズ（細かくおろす）	40g	

圧力鍋に油とキヌアを入れ、中火で1分ソテする。野菜のストック、ベルモットを加え、加圧して4分加熱調理する。薄く切ったアスパラガス、ピスタチオのペスト、バターを加えて混ぜ、塩で味を調える。おろしたリコッタ・サラータチーズとソテしたアスパラガスの穂先に近い部分をのせる。

ボンバ米でつくるブロッコリーとグリュイエールのスープとチョリソ入りのリゾット

エシャロット（みじん切り）	50g	大さじ6
加熱用精製油 （xxiiページ参照）	40g	45ml／大さじ3
スペイン産チョリソ（皮は取る）	150g	
ボンバ米（またはそれと よく似たパエリア用の短粒米）	150g	
水	230g	230ml
小麦ビール	80g	80ml
「ブロッコリーと グリュイエールのスープ」 （181ページのバリエーション参照）	150g	
エクストラバージン・オリーブオイル	70g	80ml
塩	適量	
ニンニク（薄切りにして、 カリッとするまで揚げる）	適量	

圧力鍋に油とエシャロットを入れ、エシャロットが透き通るまで3分ほど中火でソテする。チョリソと米を加え、さらに中火で1分炒める。水とビールを入れてかき混ぜ、加圧して7分加熱調理する。ブロッコリーのスープとエクストラバージン・オリーブオイルを入れて混ぜる。塩で味を調え、揚げたニンニク、小房に分けてゆでたブロッコリー（分量外）を飾る。

アルボリオ米でつくるウニとココアのリゾット

エシャロット（みじん切り）	35g	
加熱用精製油 （xxiiページ参照）	20g	20ml／大さじ1½
アルボリオ米（またはそれと 似たリゾット用短粒米）	150g	
「真空調理でつくる魚のストック」 （87ページ参照）	200g	200ml
辛口の日本酒	60g	60ml
しぼりたてのグレープフルーツジュース	40g	40ml
ウニ（裏漉ししておく）＊	30g	大さじ3
グレープフルーツの皮 （細かくすりおろす）	4g	大さじ1
塩	適量	
ココアパウダー	適量	
エストラゴンの葉	適量	

圧力鍋に油とエシャロットを入れ、エシャロットが透き通るまで3分ほど中火でソテする。米を加え、さらに中火で1分炒める。魚のストック、酒、グレープフルーツジュースを加え、加圧して6分間加熱調理する。ウニ、グレープフルーツの皮を入れて混ぜる。塩で味を調え、エストラゴンの葉、少量のココアパウダー、ウニをのせる。

＊軽く火を通した食品の安全性についてはxxvページを参照。

コーンミール

トウモロコシは、もともと新世界（南北アメリカ大陸）で栽培されていたが、世界各地に伝わり、いまでは世界中でもっとも重要な食糧作物のひとつになっている。一般的には、コーンミール（トウモロコシを乾燥させて挽いた粉）として使われることが多く、挽き方にはさまざまな種類がある。コーンミールはやわらかくなるまで煮てそのまますぐ食べたり、煮たものを固めて焼いたりする。

コーンミールでつくったポリッジは世界各地で主食として食べられていて、イタリアではポレンタ、アメリカ南部ではグリッツやマッシュという名で知られている。ポリッジより固めのテクスチャでコーンミールを生地のベースとして使う料理には、ジョニーケーキやハッシュパピーがある。さらに中南米では、タマーリやトルティーヤが、アルカリ処理されたトウモロコシの生地からつくられている（右の「トウモロコシのアルカリ処理の科学」を参照）。

粗挽きのコーンミールはコーンの風味が強く、栄養価も高い。だが、従来の方法でコーンミールを使って料理をするには、1時間近く熱い火のそばに立ってかき混ぜなければならない。近頃は、コーンミールにももっと実用的な「インスタント」が出回っているが、細かく挽いて一度加熱してある分、風味や栄養に欠ける。ここでわたしたちがしている、密封ビンに入れて圧力鍋で調理する方法は、その両方のいいところを活かすことができる。粗挽きであろうと細挽きであろうと手間をかけずに手早く調理できる。

トウモロコシのアルカリ処理の科学

メキシコではマサアリーナと呼ばれる粗挽きのトウモロコシ粉は、トルティーヤやタマーリをつくるのに使われる。またメキシコでは、トウモロコシは、石灰水を使って、ニシュタマリゼーション（アステカの言葉で、コーンミールを意味する「ニシュタマル」に由来）と呼ばれるアルカリ処理を施されている。これによってトウモロコシが消化しやすくなり、栄養素、とくにビタミンB3（ナイアシン）の吸収が容易になる。

トウモロコシがヨーロッパや米国で主食のひとつになったとき、このアルカリ処理は施されず、また製粉過程で胚芽が取り除かれることも多かった。その結果、主としてトウモロコシでつくられたものしか食べられなかった貧しい人々の間でペラグラと呼ばれる皮膚の損傷を伴う病気が大流行した。病気の原因は長いあいだ、トウモロコシによって媒介される細菌や毒素によるものとされてきた。だが、ついに米国の科学的研究によって病気のほんとうの原因が突き止められた。ナイアシンの欠乏である。これによって先進地域では食事が改善され、ペラグラはほとんど見られなくなった。

アルカリ処理は、マサアリーナに独特の、香ばしいミネラルの風味を与える。マサアリーナはわたしたちのグリッツやポレンタのレシピで使うこともできる。

ハイライト

ビンに入れてから鍋に入れることでトウモロコシが直接高温の鍋底に触れずにすむ。そのため鍋底のこびりつきの心配がなく、ずっとかき混ぜている必要もない。
336ページ参照

タマーリはトウモロコシではなく、中のフィリングに関心が行くことが多い。フレッシュコーンを使ったこのタマーリは繊細な味わいの蒸しトウモロコシパンで、それだけで食べてもじゅうぶんおいしい。
340ページ参照

残ったタマーリの生地と卵白を使ってハッシュパピーをつくる。
340ページ参照

小エビのストックと一緒にグリッツを圧力鍋で調理することで、本物のメキシコ湾岸地域の味を堪能できる。しかも、ずっと火のそばについてかき混ぜていなくてもよい。
338ページ参照

圧力鍋でつくるポレンタ

できあがりの分量：	4人分（450g、2カップ分）
調理時間：	20分（準備：8分　加熱調理：12分）
保存：	冷蔵庫で3日間保存可能
難易度：	ふつう
必要な器具、材料：	圧力鍋、500ml容量の密封ビンふたつ、リコッタ・サラータチーズまたはコティハチーズ
合う料理：	「イチゴのマリナラ」（114ページ参照）

代々、イタリアの料理人たちは外国から食材を取り入れ、それを自分たちのものにしてきた。驚くべきことに、トマトはもともとイタリア料理の食材ではなく、バジルもナスもニンニクもパスタも最初からイタリア料理で使われていたわけではない。16世紀にトウモロコシがイタリアに伝えられると、ポー川流域一帯で広く栽培されるようになり、ポレンタはイタリアの北東部で現在わたしたちが知るような料理になった。ポレンタを従来の方法で調理すると1時間以上かかることもあるが、圧力鍋を使うことで時間と労力を大いに節約できるようになった。また、トウモロコシのすばらしく強い風味を堪能しようと、ここではトウモロコシのストックの中でポレンタを調理するという工夫も行っている。ほとんどのポレンタ粉は飼料などに用いるフィールドコーンからつくられているので、スイートコーンからつくられたストックでポレンタを煮ることで、風味に深みが加わる。

材料	重量	分量	比率	手順
無塩澄ましバターまたは精製油（119ページ参照）	15g	15ml／大さじ1	15%	① 鍋に澄ましバター（または油）を入れ、弱火で熱する。
ポレンタ粉（インスタントポレンタではなく、挽いたコーンミール）	100g		100%	② ポレンタ粉を入れ、絶えずかき混ぜながら、きつね色になるまで4分ほど炒める。
「焼いたトウモロコシのストック」（野菜のストック、肉のストックあるいは水でもよい）（90ページ参照）	300g	300ml	300%	③ 炒めたコーンミールを500mlの密封ビンふたつに均等に分ける。 ④ ストック（または水）を半分ずつビンに入れ、かき混ぜる。ふたを完全に閉めてから4分の1周ゆるめておく。 ⑤ 圧力鍋の底に金属ラックまたは五徳を置き、水を底から2.5cm入れ、ラックの上に中身を入れたビンを置く。 ⑥ ゲージ圧1バールで12分間加熱調理する。圧力が最大になったら、時間を計り始める。 ⑦ 鍋を減圧し、ビンは少し冷ましてから開ける。 ⑧ 調理したポレンタを小さめの鍋にスプーンで移す。
マスカルポーネまたはクリームチーズ	20g	小さじ4	20%	⑨ 調理したポレンタにチーズを入れ、弱火で完全に混ざるまでかき混ぜる。
リコッタ・サラータチーズまたはコティハチーズ（細かくおろす）	15g	大さじ3	15%	
バジル（せん切り）	1g	3枚	1%	⑩ 塩で味を調え、バジル、おろしたチーズをトッピングする。マリナラ（112、114ページ参照）と相性がいい。
リコッタ・サラータチーズ	適量			
塩	適量			

圧力鍋調理の注意点については33ページを参照。

1 鍋に澄ましバター（または油）を入れ、弱火で熱する。澄ましバターを使うと、バターが焦げないのでポレンタがきれいに仕上がる。

2 コーンミールを入れ、絶えずかき混ぜながら、きつね色になるまで4分ほど炒める。これがポレンタに香ばしくおいしい風味を与える。

3 炒めたコーンミールを500mlの密封ビンふたつに均等に分ける。

4 ストック（または水）を半分（150g／150ml）ずつビンに入れ、かき混ぜる。ビンが割れないように、ふたを完全に閉めてから、4分の1周ゆるめておく。

5 圧力鍋の底に金属ラックまたは五徳を置き、水を2.5cmの深さになるように入れ、ラックの上に中身を入れたビンを置く。

6 ゲージ圧1バールで12分間加熱調理する。圧力が最大になったら、時間を計り始める。

7 圧力鍋のふたの縁にぬるま湯をかけ、減圧する。ビンは少し冷ましてから開ける。こうすることで、ビンの中身が飛び散るのを避けられる。

8 調理したポレンタを小さめの鍋にスプーンで移す。

9 マスカルポーネとリコッタ・サラータをポレンタに入れ、弱火でチーズが完全に混ざるまでかき混ぜる。わたしたちは、特別な夕食に出すときには、よりリッチな味わいのポレンタになるようさらにマスカルポーネを足している。

10 塩で味を調え、マリナラ（112ページ参照）をかけ、おろしたリコッタ・サラータ、バジルのせん切りをトッピングする。

あらかじめ仕込む場合

ポレンタは、手順7の後、使うときまで冷蔵庫に入れておく。ポレンタを温め直すときは、鍋にポレンタを入れて弱火にかけ、水または生クリームを大さじで2〜3杯入れてかき混ぜる。

バリエーション：コーンジュースグリッツ

さらにトウモロコシの風味を加えたいときは、トウモロコシのストックの代わりにコーンジュースを使う。コーンジュースは、生または冷凍トウモロコシの実1.5kgをジューサーにかけ、そのジュースを入れた容器を2時間ほど静かに置いておき、でんぷんを底に沈ませてつくる。でんぷんは捨てる。

小エビのグリッツ

できあがりの分量：	4人分（950g、4カップ分）
調理時間：	50分（準備：30分　加熱調理：20分）
保存：	できたてをすぐに供する
難易度：	低
必要な器具、材料：	真空調理専用の器具一式、圧力鍋、500mlの密封ビンふたつ、「圧力鍋でつくる甲殻類のストック」（88ページ参照）、「レッドアイ・グレイビー」（96ページ参照）

粗挽きコーンミールなら、ホワイトでもイエローでもブルーでも、ほとんどどんな種類のコーンミールからでもグリッツをつくることができるが、トウモロコシの種類や挽き方によって調理時間や必要な水の量は異なる。インスタントのグリッツは使わないほうがよい。調理時間は短くてすむが、甘みが出ないからだ。わたしたちは、圧力鍋を使っている。そうすれば、本物のグリッツの味が楽しめ、しかもつきっきりで鍋をかき混ぜる必要もなく、手早くつくれる。もう少しだけ伝統的なグリッツにしたければ、表面を手早く焼くか真空調理でポシェしたエビ（286ページの表を参照）をボウルに盛ったグリッツの上にのせるとよい。

材料	重量	分量	比率	手順
卵		大4個		① ウォーター・バスをあらかじめ65℃に温めておく。 ② 卵を殻つきのまま、45分間ゆでる。
「圧力鍋でつくる甲殻類のストック」 （小エビでつくる） （88ページ参照）	500g	500ml	400%	③ ストックとコーングリッツをよくかき混ぜ、500mlの密封ビンふたつに均等に分ける。ふたを完全に閉めてから、4分の1周ゆるめておく。 ④ 圧力鍋の底に金属ラックまたは五徳を置き、水を底から2.5cm入れ、ラックの上に中身を入れたビンを置く。 ⑤ ゲージ圧1バールで20分間加熱調理する。圧力が最大になったら、時間を計り始める。 ⑥ 圧力鍋のふたの縁にぬるま湯をかけ、減圧する。ビンは少し冷ましてから開けると、中身が飛び散らない。 ⑦ 調理したグリッツを小さめの鍋にスプーンで移し、よく混ぜる。
コーングリッツ （粗挽きのコーンミール）	125g		100%	
無塩バター（さいの目切り）	50g	大さじ3	40%	⑧ バターをグリッツに入れ、弱火にかけながらかき混ぜる。
塩		適量		⑨ 塩で味を調え、大皿に均等に分けて入れる。 ⑩ 半熟卵は殻をむき、それぞれのグリッツにのせる。
「レッドアイ・グレイビー」（温めておく） （96ページ参照）	80g		64%	⑪ グリッツと卵の上からかけ、できたてを供する。

圧力鍋調理の注意点については33ページを参照。

バリエーション：チーズグリッツ
甲殻類のストックの代わりに牛乳、水、チキン・ストック、野菜のストックのいずれかを使う。手順8でバターを加えるときに、高脂肪生クリームとおろしたチェダーチーズをそれぞれ100gずつ入れて、かき混ぜる。薄く切ったネギと青トウガラシをグレイビーの代わりにトッピングする。

1 ウォーター・バスをあらかじめ65℃に温めておく。

2 卵を殻つきのまま45分間、ゆでる。これで繊細でクリーミーな口当たりの半熟卵ができる。卵をゆでているあいだ、手順3〜9を行う。

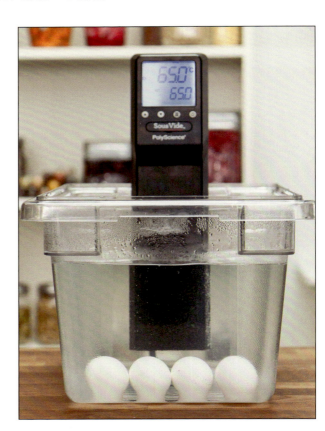

3 甲殻類のストックとグリッツを混ぜ合わせる。500mlの密封ビンふたつに均等に分ける。ふたを完全に閉めてから4分の1周ゆるめておくと、ビンが割れるのを防げる。または圧力鍋の高温に対応できる袋に冷凍したストックとグリッツを入れ、真空パックする(袋に入れた場合の加熱調理の時間は5で示している)。

4 圧力鍋の底に金属ラックまたは五徳を置き、水を底から2.5cm入れ、ラックの上に中身を入れたビンを置く。

5 ゲージ圧1バールで20分間加熱調理する。圧力が最大になったら、時間を計り始める。袋に入れて真空パックした場合は、ビンに入れたものより少し速く、15分ほどでできる。

6 圧力鍋のふたの縁にぬるま湯をかけ、すばやく減圧する。中身が飛び散らないよう、ビンは少し冷ましてから開ける。

7 調理したグリッツを小さめの鍋にスプーンで移し、よく混ぜる。

8 バターをグリッツに入れ、弱火にかけながらかき混ぜる。

9 塩で味を調える。大皿4枚に均等に分ける。

10 半熟卵は殻をむき、それぞれのグリッツにのせる。

11 グリッツと卵の上から温かいグレイビーをかけ、できたてを供する。

CORNMEAL

圧力鍋でつくるフレッシュコーンのタマーリ

できあがりの分量：	6～10人分（1.5kg、約20個）
調理時間：	3時間30分（準備：1時間　加熱調理、冷ます、蒸す時間：2時間30分）
保存：	冷蔵庫で3日間、冷凍庫なら最長6ヵ月間保存可能
難易度：	ふつう
必要な器具、材料：	スタンドミキサー、フード・プロセッサー、圧力鍋、マサアリーナ（トウモロコシ粉）、コーンハスク
合う料理：	「圧力鍋でつくるカルニタス」（218ページ参照）、「サルサベルデ」（111ページ参照）

　トウモロコシの粉を練って蒸したタマーリは、アメリカ南部で人気のコーンミール・マッシュやイタリアで人気のポレンタのラテンアメリカ版である。トウモロコシの風味がしっかりと感じられる一品で、すばらしいサイドディッシュになる。メインディッシュとして食べたい場合は、カルニタス（218ページ参照）、ショートリブ（221ページのバリエーション参照）、アドボ（224ページ参照）などの肉をほぐして入れるとよい。野菜やおろしたコティハチーズ、リコッタチーズ、ホワイトチェダーチーズなど新しい具をいろいろ試してみるのもいいだろう。ラードの代わりに、豚脂、鶏脂、ベーコンの脂（溶かし方は123ページを参照）を使うと、さらに風味が増す。上にトウガラシのピクルスをのせ、メキシカンサルサソース（市販のもの、もしくは「サルサ・ベルデ」（111ページ参照））をかけてもおいしい。

材料	重量	分量	比率	手順
コーンハスク（乾燥させたトウモロコシの皮）		20枚		① ハスクはやわらかくなるまで、30分以上湯につける。振って乾かす。
ラードまたは無塩バター	225g		50%	② スタンドミキサーで、ラードが空気を含んでふわっと軽くなるまで5分ほど、ボウルの内側についたラードをこすり落としながら混ぜる。
マサアリーナ（トウモロコシ粉）（マセカブランド）	450g		100%	③ ②のミキサーに、マサアリーナとストックをかわるがわる少しずつ加えていき、よく混ぜてトウモロコシ粉の生地をつくる。
「焼いたトウモロコシのストック」またはぬるま湯（90ページ参照）	300g	300ml	67%	
生のトウモロコシの実（実は芯から切ってはずしておく）	525g	4本	117%	④ フード・プロセッサーに材料を入れて混ぜ、トウモロコシのピュレをつくる。
無塩バター（溶かしておく）	22g	25ml／大さじ2	4.9%	⑤ ピュレと③の生地を混ぜ、タマーリの生地をつくる。
サワークリームまたはクレームフレッシュ（発酵クリーム）またはメキシコのクレマ	22g	大さじ1½	4.9%	⑥ コーンハスクの上にタマーリの生地を約70g／大さじ5ずつのせていき、しっかりと包む。
砂糖	15g	大さじ1	3.3%	⑦ 圧力鍋の金属ラックか五徳に閉じ目を下にして置いていき、水を2.5cmの深さに入れる。
塩	14g	大さじ1	3.1%	⑧ ゲージ圧1バールで20分間加熱調理する。圧力が最大になったら、時間を計り始める。
				⑨ 鍋を減圧する。
				⑩ タマーリが固まるまで2時間ほど置いて冷ましておく。
				⑪ 沸騰した湯の上で15～20分蒸して温め直し、熱いうちに供する。

圧力鍋調理の注意点については33ページを参照。

バリエーション：コーンジュースタマーリ
さらにしっかりとコーンの風味をつけたいときは、タマーリの生地にトウモロコシのストックや水ではなく、「コーンジュース」（337ページのバリエーション参照）を使うとよい。

同時につくれるもの：ハッシュパピー
上の手順2～5に従って、タマーリの生地をつくる。生地を小さく丸めて（15g／大さじ1）、175℃の加熱用精製油（xxiiページ参照）でカリッとこんがり色づくまで3～4分揚げる。また、ラボのシェフの家族から教わったオハイオ南部に伝わるレシピ──ストックまたは水の¼をレモンライムソーダに代えるというのもおすすめだ。手順5の後に、卵の白身108g（卵約3個分）を泡立て、生地に混ぜてもいい。こうすることで生地が軽くふわっと仕上がる。さらに、フリーズドライさせたトウモロコシを粉に挽き、その上で生地を転がすという方法もある。この方法でつくると、トウモロコシの風味が口いっぱいに広がり、カリカリとした食感が得られる。なお、フライ調理の注意点については26ページを参照されたい。

1 コーンハスクはやわらかくなるまで30分以上湯につける。振って乾かす。

2 スタンドミキサーで、ラード（またはバター）が空気を含んでふわっと軽くなるまで、ボウルの内側についたラードをこすり落としながら混ぜる。

3 2のミキサーに、マサアリーナとストック（またはぬるま湯）をかわるがわる少しずつ加え、よく混ぜてトウモロコシ粉の生地をつくる。しっかりとこねた生地は、少量取ってグラスの水に入れてみると浮くのがわかる。

4 フード・プロセッサーにトウモロコシの実、溶かしたバター、サワークリーム、砂糖、塩を入れてまんべんなく混ざるよう攪拌し、トウモロコシのピュレをつくる。ピュレは完全になめらかにならなくてもいい。刻んだ状態の実が、タマーリにシャキシャキした食感を与えてくれる。

5 トウモロコシのピュレを3の生地に入れて混ぜ、タマーリの生地をつくる。

6 コーンハスクの上にタマーリの生地のかたまりを約70g／大さじ5ずつのせていき、それぞれしっかりと包む。ハスクの一方の端は自然にくるりと丸まっている。ここに生地をのせ、この丸みを利用して生地を包み、端を折り曲げて閉じる。必要なら、細長く切ったハスクか、もしくは別のひもでくくる。

7 圧力鍋の金属ラックまたは五徳に閉じ目を下にして重ねていく。水を2.5cmの深さに入れる。

8 ゲージ圧1バールで20分間加熱調理する。圧力が最大になったら、時間を計り始める。

9 鍋が自然に冷めるのを待つか、ふたの縁にぬるま湯をかけて減圧する。

10 タマーリが完全に冷めるまで2時間ほど（でんぷんがゲル化するのに必要な時間）置いておく。

11 沸騰した湯の上で15〜20分蒸して温め直す。または、一度に数個ずつ最大出力で1〜2分電子レンジにかける。熱々を供する。

電子レンジでつくる料理

電子レンジは、家庭のキッチンでもっともよく使われていると同時に、もっとも過小評価されている器具のひとつである。たとえば加熱むらを起こすといって文句をいう人がいる。もっとも、この問題なら簡単に解決できる。レンジにかけるときは、必ずふたをすればいい。真空調理用の袋に入れるか、皿に入れる場合は電子レンジ対応のラップをふんわりとかければいい。こうすれば熱くて湿った空気と蒸気が食材の周りを取り囲み、むらなく、速く調理できる。

電子レンジを使う理由はなにも速さだけではない。この章のレシピの中には従来の方法でつくるのとほとんど同じくらい準備に時間がかかるものもある。レンジを使う時間は全体の作業の中でほんの一部だからだ。わたしたちがレンジを使うもうひとつの理由は、蒸したり乾燥させたりするのに、精密機械としての電子レンジの力が大いに役立つからだ。

たとえば、わたしたちのレシピ「電子レンジでつくるナスのパルミジャーナ」では、従来の方法に電子レンジを組み合わせて、水分の多い野菜をゴムのようにするのではなく、やわらかでなめらかな食感にする。まず、従来の方法でナスの薄切りに塩を振って余分な水分を抜き、ペーパータオルのあいだにはさむ。その後、電子レンジで蒸してやわらかくする。加熱中に出た余計な水分はペーパータオルが吸収してくれる。この方法だと、水分を蒸発させるのに油で揚げていた従来の方法よりもヘルシーな料理がつくれる。

電子レンジを使った料理の科学

電子レンジで調理した冷凍食品にはなぜ、とても熱いところと凍ったままのところがあるのだろうか。マイクロ波の波長は122mmである。マイクロ波は庫内の壁に反射して広がるが、場所によってむらがあり、熱くなる部分とそうでない部分ができる（42ページ参照）。マイクロ波は、水分を多く含む食品の表面から数cmまでしか入っていけないからだ。この後、熱が食品内に広がり、食品全体が温まって加熱むらはなくなるものの、これには時間がかかる。だから、電子レンジで調理するときは、パワーレベルを調整するとうまくいくことが多い。ここにあるレシピはすべて出力1,100Wで実験を行っている。だから、もしあなたのレンジの出力が1,350Wで、レシピに1,100Wと書かれている場合は、1,100は1,350の約80%に当たるので、パワーレベルを80%に設定する（パワーレベルが10まである場合はレベル8にセットする）。電子レンジの出力は取扱説明書かレンジ本体に記載されている。

ハイライト

濃い緑の葉物野菜には水分がたくさん含まれているので、電子レンジで調理するのに向いている。レンジを使えば、四川風チンゲンサイを完璧に短時間で調理することができる。

346ページ参照

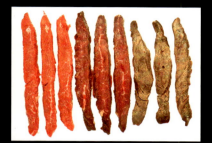

電子レンジは効率よく食品を乾燥させることができるので、12〜24時間もかかっていたビーフジャーキーの乾燥が4分でできる。

350ページ参照

魚の揚げものなどカリカリした食感の料理に、完璧に平らにしたハーブの素揚げを飾る。

354ページ参照

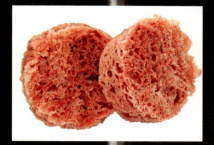

スポンジケーキを焼くのにオーブンを温める必要はない。ホイップ用サイフォンで生地にガスを含ませたら、後はそれをペーパーカップに分けて入れるだけでいいのだから。

356ページ参照

電子レンジでつくるナスのパルミジャーナ

できあがりの分量: 4人分(850g)
調理時間: 45分
保存: 冷蔵庫で3日間、冷凍庫なら6カ月間保存可能
難易度: ふつう

材料	重量	分量	比率	手順
パン粉	50g	7/8カップ	15%	① オーブンを175℃に予熱する。
パルミジャーノ・レッジャーノ(おろす)	50g	3/4カップ	15%	② パン粉とチーズを合わせて、オーブンプレートにまんべんなく広げ、チーズとパン粉がきつね色になるまで10分ほど焼く。このパン粉とチーズは手順⑫で使うので取っておく。
イタリアのナス(皮をむいて、6mmの厚さにスライスする)	330g	スライスしたもの12枚(ナス1個分)	100%	③ 電子レンジ対応の皿にペーパータオルを敷く。ナスのスライスを重ならないよう並べ、塩を振り、上からペーパータオルで覆う。
塩	2g	小さじ1/2	0.6%	④ 1,100Wで3分、電子レンジにかける。必要なら、数回に分けて行う。
オリーブオイル	50g	55ml	15%	⑤ ナスの両面に刷毛でオリーブオイルを塗り、別のきれいな皿に並べ直して、電子レンジ対応のラップをかける。
				⑥ 1,100Wでじゅうぶんにやわらかくなるまで4分ほど電子レンジにかける。
マリナラ(112ページ参照)	400g		121%	⑦ マリナラをスプーンにたっぷり取り、12.7cm四方の電子レンジ対応の器に広げる。
				⑧ ソースの上に、ナスのスライスを4枚のせる。
高脂肪リコッタチーズ	150g		45%	⑨ ナスの上にバジルの葉とチーズをそれぞれ1/3ずつのせる。好みで塩を軽く振る。
フレッシュモッツァレラチーズ(薄くスライス)	150g		45%	⑩ もう一度マリナラをスプーンにたっぷり取り、⑨の上にのせる。
				⑪ 手順⑧〜⑩をさらに2回繰り返し、最後に残っているマリナラを全部のせる。
バジルの葉(ちぎる)	10g		3%	⑫ ②のパン粉とチーズを振りかける。
塩	適量			⑬ 電子レンジに入れ、1,100Wで5〜6分、真ん中が熱くなって両サイドがふつふつ泡立つまで、加熱する。できたてを供する。

1 オーブンを175℃に予熱する。

2 パン粉とチーズを合わせてオーブンプレートに広げ、チーズとパン粉がきつね色になるまで10分ほど焼く。このパン粉とチーズは手順12で使うので、取っておく。

3 電子レンジ対応の皿にペーパータオルを敷き、ナスのスライスを重ならないように並べる。塩を振り、上からペーパータオルで覆う。

4 1,100Wで3分、電子レンジにかける。レンジの出力が低い場合は、時間を長めにする。ペーパータオルが蒸気を吸収するので、ナスが水っぽくならない。ナスは重ならないように並べ、必要なら数回に分けて行う。

5 ナスの両面に刷毛でオリーブオイルを塗り、電子レンジ対応の別の皿に並べ直して、電子レンジ対応のラップをきっちりかける。きっちりラップをすることで、加熱中に出る蒸気を閉じ込めることができる。必ず、電子レンジ専用につくられたラップを使うこと。

6 電子レンジに入れ、1,100Wで4分ほど中までじゅうぶんに火が通ってやわらかくなるまで加熱する。まだ少し固いときは、レンジでもう2分加熱する。

7 スプーンにマリナラをたっぷり取り、深さ5cm、一辺12.7cm四方の、電子レンジ対応の器に広げる。

8 ソースの上に、ナスのスライスを4枚重ならないようにのせる。

9 ナスの上にリコッタチーズ、スライスしたモッツァレラ、バジルの葉をそれぞれ⅓ずつのせる。すでにじゅうぶん塩気はあるが、好みで塩を軽く振る。バジルの葉はハサミで切ってもいい。

10 もう一度スプーンにマリナラをたっぷり取り、9の上に広げる。

11 手順8〜10をさらに2回繰り返し、ソース、ナス、チーズ、バジルを三層に重ねていく。最後に残ったマリナラをのせる。

12 パン粉とチーズを上にたっぷりのせる。

13 電子レンジに入れ、1,100Wで5〜6分、真ん中が熱くなって両サイドがふつふつ泡立つまで加熱する。ソースがふきこぼれるので、下に皿を置いておくといいだろう。

DISHES FOR THE MICROWAVE

四川風チンゲンサイ

できあがりの分量：	4人分（350g、チンゲンサイ4株分）
調理時間：	10分
保存：	すぐに供する
難易度：	低
必要な器具、材料：	豆豉入りチリペースト、紹興酒、「真空調理でつくるスパイス・チリオイル」（118ページ参照）

これは、野菜を完璧に調理するための実用的で速い方法だ。野菜を密封することで水蒸気を逃さず、レンジで効率よく加熱できる。豆豉入りチリペーストが手に入らなければ、ニンニク入り豆豉醤とサンバルウレック（トウガラシと塩などでつくる調味料）を重量比2:1で混ぜたペーストを使うといい。この本で紹介した「韓国風ウィングソース」（260ページ参照）や細かくみじん切りにしたレモングラスが入った「圧力鍋でキャラメリぜしたピーナッツソース」（111ページ参照）100gを使って違う風味を楽しむのもいいだろう。

材料	重量	分量	比率	手順
海鮮醬（李錦記ブランド）	20g	20ml／小さじ4	7%	① 鍋に材料をすべて入れて混ぜ、火にかけて軽く煮立たせる。
豆豉入りチリペースト（李錦記ブランド）	15g	大さじ1	5%	② 火からおろして少し冷ます。
紹興酒	8g	9ml／小さじ2	2.6%	
しょうゆ	5g	4ml／小さじ⅞	1.7%	
ゴマ油	1g	1ml／小さじ¼	0.3%	
ベビーチンゲンサイ（洗って半分に切る）	300g	中4株	100%	③ チンゲンサイと水をジッパーつきの袋に入れ、袋の空気をできるだけ抜いて密封する。
水	50g	50ml	17%	④ 1,100Wで2分、電子レンジにかける。レンジから出したら、袋に入れたまま2分置いておく。
				⑤ チンゲンサイを袋から出し、振って余分な水気を落とし、皿に盛りつける。
「真空調理でつくるスパイス・チリオイル」（118ページ参照）	10g	10ml／小さじ2¼	3.3%	⑥ ②のソース、ラー油と塩で調味する。熱いうちに供する。
塩		適量		

バリエーション

チンゲンサイといろいろな野菜の盛り合わせ

ベビーチンゲンサイ（縦に半分に切る）	300g	中4株
「圧力鍋で調理する大麦」（温めておく）（184ページ参照）	60g	大さじ4
イベリコハム（紙のように薄くスライス）	40g	8枚
カリフラワー	32g	8房
ロマネスコ	32g	8房
芽キャベツの葉	12g	12〜16枚
「ホウレンソウのバター」（温めておく）（121ページのバリエーション参照）	12g	大さじ1
マイヤーレモンの皮（すりおろす）	1g	小さじ1

加熱用精製油を175℃に熱し、カリフラワーとロマネスコをきつね色になるまで10分ほど揚げる。芽キャベツの葉は60秒間、熱湯でゆで、すぐに氷水にとる。上の手順3〜5に従い、チンゲンサイを調理する。加熱したチンゲンサイの葉を1枚ずつはずす。チンゲンサイ、ハム、大麦、野菜を美しく皿に盛りつける。ホウレンソウのバターをたらしてレモンの皮を飾り、塩で調味する。

秋の風味広がるチンゲンサイ

ベビーチンゲンサイ（半分に切る）	300g	中4株
「ブロッコリーとグリュイエールのスープ」（181ページのバリエーション参照）	60g	
「ハニークリスプ・アップルのピクルス」（さいの目切り）（130ページ参照）	24g	大さじ3
コンテチーズ（おろす）	8g	小さじ4
ヘーゼルナッツオイル	4g	4ml／小さじ1

上の手順3〜5に従い、チンゲンサイを調理する。温めたブロッコリーのスープをスプーンでかけ、リンゴのピクルスを飾る。おろしたチーズとヘーゼルナッツオイルを上からかける。

レンジでつくるポテトサラダ

フィンガリングポテト	400g	
水	15g	大さじ1
紫タマネギ（みじん切り）	55g	
「ベーコン・マヨネーズ」（108ページのバリエーション参照）	55g	
ディジョン・マスタード	15g	大さじ1½
塩		適量

ジャガイモと水をジッパーつきの袋に入れ、1,100Wで4分ほど、ジャガイモがやわらかくなるまで電子レンジにかける。冷めたら、2.5cm厚の輪切りにする。タマネギ、マヨネーズ、マスタードを混ぜ合わせる。塩で味を調える。「圧力鍋でつくるマスタードシードのピクルス」（125ページ参照）とカリカリのベーコンビッツをトッピングする。

1 海鮮醬、豆豉入りチリペースト、紹興酒、しょうゆ、ゴマ油を鍋に入れて混ぜ、火にかけて軽く煮立たせる。

2 火からおろして少し冷ます。

3 洗って縦半分に切ったチンゲンサイと水をジッパーつきの袋に入れる。袋の空気をできるだけ抜いて密封する。または、チンゲンサイを電子レンジ対応の耐熱皿に並べ、水を加えて、レンジ対応の耐熱ラップをきっちりとかける。

4 1,100Wで2分間レンジにかけ（レンジの出力が低い場合は、最大出力にして少し長めにかける）、レンジから出したら、袋に入れたまま（またはラップを取らないで）2分置いておく。耐熱皿を使った場合は、これより加熱時間がかかる。電子レンジの出力は機種によって異なるので、調理前にレンジの出力を確認し、出力レベルや時間を調整する。

5 チンゲンサイを袋から出し、余分な水気を振って落とし、皿に盛りつける。

6 2のソース、ラー油と塩で調味する。熱いうちに供する。

電子レンジで野菜に火を通すときのおすすめの時間

この章で紹介するレシピはすべて、とくに断りがない限り、最大出力1,100Wで試している。電子レンジで野菜を調理するのに必要な時間は、カットした野菜の厚み、密度、野菜に含まれる水分量によって異なる。水分の少ない野菜は、袋に入れて密封するか、あるいは皿に入れて耐熱ラップをかけるときに少し水を足すと、より均一に火が通る。

方法	具体的な材料	準備	手順	時間（分）
根菜に火を通す	ビーツ、ニンジン、根セロリ、ジャガイモ、カブ	丸ごと使うのでとくになし	真空パックする、または皿に入れて耐熱ラップをかけて密封する。中くらいの大きさのビーツなら6分、レンジで加熱し、皮をむく。	3–7
葉物野菜に火を通す	チンゲンサイ、ブロッコリー、キャベツ	丸ごと使うのでとくになし	50mlの水と一緒に野菜をジッパーつきの袋に入れる。または水を2mm入れた耐熱皿に野菜を並べ、耐熱ラップをかける。	2–5
鱗茎菜類と繊維質の野菜に火を通す	アーティチョーク、カルドン、セロリ、フェンネル、ポロネギ、タマネギ	丸ごと使うのでとくになし	真空パックする。	2–5

ギンダラ、ネギ、ショウガのレンジ蒸し

できあがりの分量: 2人分（450g）
調理時間: 15分
保存: すぐに供する
難易度: 低

このレシピのオリジナルは、わたしたちのクッキング・ラボの開発部門のシェフであるジョニー・シューの母、マーガレット・ルーのレシピだ。わたしたちはそれに改良を加えた。もともと、ミセス・ルーはこの料理をティラピアでつくっていた。ジョニーはこれをタラに変えたが、他にオヒョウの切り身、小さな丸ごとのフエダイ、メバル、マス、ブラックシーバス、マナガツオ、シタビラメを代わりに使ってもいいだろう。魚によって密度が少し違っているので、調理時間は調整する必要がある。

材料	重量	分量	比率	手順
ギンダラ（皮はつけたまま）	450g	2切れ	100%	① ギンダラの切り身を別々に電子レンジ対応のジッパーつきの袋に入れ、電子レンジ対応の皿に皮を下にして置く。
ネギ（白い部分、せん切り）	25g	5〜6本	5.6%	② ネギとショウガを合わせ、魚の切り身の上に半分ずつのせる。
ショウガ（皮をむいて、輪切りにする）	10g	輪切り2〜3枚	2.2%	③ 紹興酒を半量ずつそれぞれの袋に入れる。
紹興酒	5g	5ml／小さじ1¼	1%	④ 魚が白っぽくなって袋から身が裂けるようになるまで、800Wで3分30秒〜5分、レンジにかける。袋から出し、ネギとショウガを取り除く。レンジの出力が800W以上の場合は、出力レベルを下げる。
しょうゆ	25g	20ml／小さじ4¼	5.6%	⑤ 混ぜ合わせる。魚の切り身の上に半量ずつ全体に行きわたるようにかける。
ゴマ油	2g	2ml／小さじ⅜	0.4%	
ネギ（緑の部分、細めのせん切り）	10g		2.2%	⑥ 切り身の上にのせる。
ショウガ（皮をむいて、細めのせん切り）	3g	大さじ1	0.7%	
ピーナッツオイル	50g	55ml／大さじ3½	11%	⑦ 小さなフライパンでピーナッツオイルを190℃に熱する。
				⑧ ⑥の魚の上にピーナッツオイルをたらす。できたてを食卓に出す。

バリエーション

ブラックシーバス、ティラピア、オヒョウ、シタビラメのレンジ蒸し
上のレシピを他の種類の魚に代えるときは、下に示した調理時間で行う。

香りのいいタラのレンジ蒸し
さらにしっかりとした香りを魚につけたい場合は、まず、紹興酒、みじん切りにしたショウガ10g／小さじ4、みじん切りにしたネギ（白い部分）25g／小さじ4を混ぜ合わせる。これを切り身の表面にそっとまんべんなく広げたら、手順1のとおりに切り身を袋に入れる。手順4へと進む。

丸ごとのブラックシーバス（450g）：6分30秒

丸ごとのティラピア（800g）：6分

1 ギンダラの切り身を別々に電子レンジ対応のジッパーつきの袋に入れ、電子レンジ対応の皿に皮を下にして置く。皿を下に置くことで、魚が扱いやすくなる。

2 ネギ（白い部分）と輪切りにしたショウガを合わせ、魚の切り身の上に半分ずつのせる。

3 紹興酒を半量ずつ、袋の中の魚の周りに入れる。

4 魚が白っぽくなって身が裂けるようになるまで800Wで3分30秒〜5分、レンジにかける。袋から出し、ネギとショウガを取り除く。袋の中の蒸気はとても熱いので気をつける。レンジの出力が800W以上の場合は、出力レベルを下げる。たとえば、出力が1,100Wなら、75％あるいはレベル7に設定する。

5 しょうゆとゴマ油を混ぜ、レンジで加熱した魚の切り身の上に半量ずつ均等になるようにかける。

6 せん切りにしたショウガとネギ（緑の部分）を切り身の上にのせる。

7 小さなフライパンでピーナッツオイルを190℃に熱する。

8 熱々のピーナッツオイルを魚の上からゆっくりと均等になるようにたらす。オイルは、かけるとジュッと音がしてネギの香りが立ち上がるくらいじゅうぶんに熱しておくこと。できたてを食卓に出す。

オヒョウの切り身（170g）：2分15秒

ドーバーソールの切り身（170g）：1分30秒

電子レンジでつくるビーフジャーキー

できあがりの分量：	310g（約32本）
調理時間：	5〜25時間（準備：1時間　冷蔵：4〜24時間）
保存：	密閉容器に入れて5日間保存可能
難易度：	ふつう
必要な器具、材料：	ホイップ用サイフォン（1Lの容量のもの）、亜酸化窒素の入ったカートリッジ2本（なくても可）

　ビーフジャーキーづくりには時間のかかる工程がふたつ含まれる。マリナードに漬け込む工程と乾燥させる工程で、従来の方法で行うとそれぞれの工程に丸一日、あるいはそれ以上かかる。これを、「モダニスト」流に行うと5時間に短縮できる。ホイップ用サイフォンを使えば牛肉に圧力をかけながらマリナードにつけ込むことができ、その後は電子レンジでほんの数分間乾燥させればいいからだ。

　牛肉の脂は室温に置いておくとすぐに酸化するので、赤身部分を使う。フランクステーキが理想だが、ほかの赤身肉でもじゅうぶんだ。鹿肉やラム肉の赤身でも構わない。わたしたちは厚めに切ったジャーキーが好きだが、フラットアイアンステーキのように固い肉の場合は、できるだけ薄く細長く切るとよい。このレシピではマイルドなアジアンフレーバーを出すために、しょうゆと魚醤を使っている。スパイシーさやスモーキーさをもつジャーキーや南アフリカ風ジャーキーにしたければ、下のバリエーションを参照してほしい。

材料	重量	分量	比率
牛のフランクステーキ（きれいに下処理する）	715g		100%
しょうゆ	60g	50ml／大さじ3½	8.3%
魚醤	30g	25ml／大さじ1½	4.2%
砂糖	40g	大さじ3	5.6%
メープルシロップ（グレードB）	15g	大さじ1	2.1%
ウスターソース	4g	3ml／小さじ½	0.6%
黒コショウ	0.2g	小さじ⅛	0.03%
カイエンヌペッパー	0.2g	小さじ⅛	0.03%

手順

① 肉は、長さ10cm、厚さ12mmに、繊維を断ち切るようにスライスする。
② 材料を合わせて、砂糖が溶けるまでかき混ぜ、マリナードをつくる。
③ 肉をマリナードの中に浸して、肉全体にマリナードが絡むよう混ぜる。
④ 1Lの容量のホイップ用サイフォンに肉とマリナードを移して、カートリッジ2本分の亜酸化窒素をサイフォンに注入し、4時間冷蔵庫に入れる。または、ジッパーつきの袋に肉とマリナードを入れ、できるだけ袋から空気を抜いて密封し、15〜24時間冷蔵庫に入れる。
⑤ 肉の汁気を切り、さらにペーパータオルで軽く押さえるようにして汁気を拭き取る。
⑥ 電子レンジ対応の皿に細切り肉を並べる。空気が肉の周りで循環するように肉と肉の間にじゅうぶん間隔をあける。
⑦ ラップをかけ、500Wで2分30秒、レンジにかける。
⑧ 1〜2分、肉を休ませる。
⑨ ラップを取って、汁気を切り、さらにペーパータオルなどで汁気を拭き取る。肉を裏返したり、場所を変えたりして、火がじゅうぶんに通っていない部分を上に向け、皿の外側に移動させる。
⑩ ラップをかけずに、500Wで30秒、レンジにかける。同じように肉の汁気を拭き取って、裏返す。
⑪ 500Wで短時間レンジにかけ、加熱中に出た水分を拭き取り、必要に応じて場所を変える。その工程を、肉がこげ茶色になって乾燥するまで、もう2〜3分続ける。
⑫ 調理が終わったジャーキーはきれいな皿に移し、ラップをかける。
⑬ 残りの細切り肉に対しても同じように、手順⑦〜⑫を行う。
⑭ 室温で供する。

バリエーション

スパイシージャーキー
手順2で、4g／小さじ2のレッドチリフレークをマリナードに加える。

スモーキージャーキー
手順2で、1.7g／小さじ½のヒッコリーの燻液をマリナードに加える。

ビルトンジャーキー
手順2で、7.5g／大さじ1½の挽いたコリアンダーをマリナードに加え、黒コショウの量を7.5g／大さじ1½に増やす。

乾燥肉の簡単な歴史

肉を塩漬けあるいは乾燥させて保存するという方法は、もっとも古くから行われている食料保存法のひとつで何千年も前に開発され、今日でも冷蔵庫のない地域では一般にこの方法が使われている。赤身の肉を乾燥させて食べる国は多い。アメリカではビーフジャーキーと呼ばれている。南アフリカではビルトンと呼ばれ、エランドなどの狩猟肉でつくられることが多い。スイスにはビュンドナーフライシュがあり、イタリアにはブレザーオがある。もともと塩漬け肉や乾燥肉は、食料確保の必要から発明されたが、やがて乾燥肉の風味と食感の独特の組み合わせが人々を魅了し、いまもわたしたちの生活に根づいている。

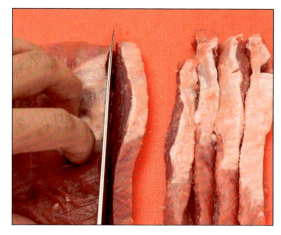

1 フランクステーキは、長さ10cm、厚さ12mmに、繊維を断ち切るようにスライスする。わたしたちは厚めに切ったジャーキーが好きだが、フラットアイアンステーキのように固い肉の場合は、薄く細長く切るとよい。

2 しょうゆ、魚醤、砂糖、メープルシロップ、ウスターソース、黒コショウ、カイエンヌペッパーを合わせて、砂糖が溶けるまでかき混ぜ、マリナードをつくる。

3 スライスした細切り肉をマリナードの中に浸して、肉全体にマリナードが行きわたるように混ぜる。

4 1Lの容量のホイップ用サイフォンに肉とマリナードを移して、カートリッジ2本分の亜酸化窒素をサイフォンに注入し、4時間冷蔵庫に入れる(4a)。高圧をかけることで、短い時間で漬け込みができる。または、ジッパーつきの袋に肉とマリナードを入れ、袋からできるだけ空気を抜いて密封し(4b)、15〜24時間冷蔵庫に入れる。袋はできるだけ平らに置き、肉全体がまんべんなくマリナードに浸かるようにときどき裏返す。

5 肉の汁気を切り、さらにペーパータオルで軽く押さえるようにして汁気を拭き取る。

6 電子レンジ対応の皿に、肉と肉のあいだにじゅうぶんな間隔をあけつつ、皿いっぱいに肉を並べる。肉がきちんと乾燥するためには空気が肉の周りで循環する必要がある。そのため、肉を詰め込まず、必要なら何皿かに分けてレンジにかける。

7 皿にラップをかけ、500Wで2分30秒、レンジにかけて、肉を加熱する。

生の牛の細切り肉(左)、マリナードに漬けたもの(真ん中)、レンジで加熱したもの(右)

8 1〜2分、肉を休ませる。加熱して、肉を休ませることによって、肉のやわらかさが保たれ、乾燥時間も短縮できる。

9 ラップを取って、汁気を切り、さらにペーパータオルで汁気を拭き取る。肉を裏返したり、場所を変えたりして、火がじゅうぶんに通っていない部分を上に向け、皿の外側に移動させる。

10 ラップをかけずに、500Wで30秒、レンジにかける。同じように肉の汁気を拭き取って、裏返す。

11 レンジにかけ、水気を拭き取り、裏返すという工程を、肉が乾燥してこげ茶色になるまで、2〜3分続ける。

12 調理が終わったジャーキーは、きれいな皿に移し、ラップをかける。こうすると肉のあいだに残っている湿気が全体に均一に行きわたる。

13 残りの細切り肉に対しても同じように手順7〜12を行う。

14 室温で供する。

DISHES FOR THE MICROWAVE

クリスピー・ビーフ・ストランド

できあがりの分量：	80g／2カップ分
調理時間：	49時間30分（準備：1時間30分　冷蔵：48時間）
保存：	密封容器に入れて5日間保存可能
難易度：	ふつう

　このレシピでは、「電子レンジでつくるビーフジャーキー」とよく似た加熱法や乾燥方法を使って調理し、ひも状に細長く裂いた牛肉をカリカリに揚げる。わたしたちはこれを、タイ料理からヒントを得てつくった「牛肉とエシャロットのサラダ」（次ページ参照）に使っているが、「ステーキ」（194ページ参照）や「ショートリブの蒸し煮」（229ページ参照）やその他の肉料理に添えることもでき、これをのせるだけで、カリカリの食感と強いうまみが口の中に広がる。

材料	重量	分量	比率	手順
牛のフランクステーキ（下処理する）	500g		100%	① 肉は、長さ10cm、厚さ12mmに、繊維に沿ってスライスする。この場合は肉の繊維を切らずに長いまま残すほうがよい。
しょうゆ	125g	110ml	25%	② 材料を合わせ、砂糖、塩が溶けるまでかき混ぜる。
魚醤	85g	70ml／大さじ4½	17%	③ 肉をマリネードに入れ、マリネードが肉全体に絡むよう混ぜる。
砂糖	14g	大さじ1	2.8%	④ ジッパーつきの袋に入れ、袋からできるだけ空気を抜いて、密封する。
塩	5g	小さじ1¼	1%	⑤ 冷蔵庫に48時間入れる。
				⑥ 肉の汁気を切り、さらにペーパータオルで軽く押さえるようにして汁気を拭き取る。
				⑦ 電子レンジ対応の皿に肉を並べ、空気が肉の周りで循環するように、肉と肉のあいだは2cm以上あける。
				⑧ 一回に数切れずつ、800Wで3〜5分、レンジにかける。1〜2分おきに裏返し、ペーパータオルで汁気を拭き取る。肉にこんがり色がついて乾燥するまで、レンジにかける。このとき肉にまだ少しやわらかさが残っているようにする。
加熱用精製油（xxiiページ参照）	適量			⑨ 深鍋に油を深さ2.5cm入れ、180℃に熱する。
				⑩ 乾燥した肉をひも状に長く、細く裂いていく。
				⑪ 裂いた牛肉を、熱い油で牛肉の水分が抜けてカリッとなるまで1分ほど揚げる。
				⑫ ペーパータオルで油を切る。
				⑬ 熱々を食卓に出す。

フライ調理の注意点については26ページを参照。

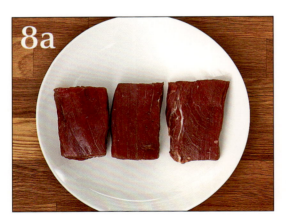  

マリネした肉（左）を加熱、乾燥してジャーキーのような肉にするには、電子レンジに数分かければじゅうぶんである。

カリカリに揚げた牛肉とエシャロットのサラダ

できあがりの分量：	4人分（200g／3カップ分）
調理時間：	20分
保存：	すぐに供する。揚げたエシャロットは密封容器に入れて最長5日間保存可能
難易度：	ふつう
必要な器具、材料：	「クリスピー・ビーフ・ストランド」（前ページ参照）、「タイ風の甘酸っぱくピリッとしたグレーズ」（115ページ参照）

このサラダはもともと、『Modernist Cuisine』の中の料理、「真空調理したショートリブ」のつけ合わせとしてつくられたもので、わたしたちはこれを、オーストラリア人のシェフ、デヴィッド・トンプソンの料理からヒントを得ている。ビーフ・ストランドがカリカリとおいしく、サラダの持つアジア風フレーバーとのコントラストが何ともいえずすばらしい。もっとボリュームを出したければ、細かく刻んだパイナップルやグリーンパパイヤ（アジアンマーケットやラテンアメリカンマーケットで手に入る）、あるいはせん切りにしたヒカマ（クズイモ）やキュウリを加えてみてもいいだろう。洋風にしたければ、ベビールッコラ、刻んだフェンネル、紫タマネギを試してみるといい。

材料	重量	分量	比率	手順
加熱用精製油（xxiiページ参照）	適量			① 深いスキレットに加熱用精製油を深さ1cm入れ、170℃に熱しておく。
エシャロット（1mmの厚さにスライス）	50g		63%	② エシャロットの水分が抜けてきつね色になるまで2分ほど揚げる。
				③ ペーパータオルで油気を拭き取る。
塩	適量			④ 揚げたエシャロットは塩で調味し、置いておく。
「クリスピー・ビーフ・ストランド」（前ページ参照）	80g		100%	⑤ 揚げたエシャロットと混ぜ合わせる。
パクチーの茎（長さ1cmに切る）	3g	大さじ1	3.8%	
ネギ（細いせん切り）	2g	大さじ1	2.5%	
パクチーの小さな葉	2g	大さじ1	2.5%	
ミントの小さな葉	2g	大さじ1	2.5%	
タイのバジルの小さな葉	2g	大さじ1	2.5%	
ライムの皮（細いせん切り）	1.5g	大さじ1½	1.8%	
タイのトウガラシ（種を取って、紙のように薄くスライスする）	1g	1〜2本	1.3%	
「タイ風の甘酸っぱくピリッとしたグレーズ」（115ページ参照）	100g		125%	⑥ グレーズを温め、サラダにかける。
ライム果汁	適量			⑦ ライム果汁と塩で味を調え、できたてを供する。
塩	適量			

フライ調理の注意点については26ページを参照。

グレーズは、食欲をそそるカリカリとした食感を大事にするなら軽めに、より強い風味のもちもちした食感にしたい場合はたっぷりかける。

バリエーション：クリスピー・エシャロット
手順4の後、カリカリに揚げて塩を振ったエシャロットを密封容器に入れる。ステーキ、サラダ、「風味のいいチーズパイ」（379ページ参照）にのせる。

レンジでつくるパセリの素揚げ

できあがりの分量：	約50枚
調理時間：	15分
保存：	できたてを供するのがベストだが、密封容器に入れれば24時間保存可能
難易度：	低

　この印象的なハーブの飾りは、電子レンジを使うとあっという間につくれ、油で周りが汚れることもない。イタリアンパセリは、レンジにかけると、色は鮮やかなエメラルドグリーンのまま、食感は驚くほどパリパリに、葉は完全に平らになる。セージ、バジル、ディル、ニンジンの葉の部分、ベビーホウレンソウ、ラヴィッジでも同じようにうまくいくが、レモンバーベナ、レモンバームだと茶色くなってすぐにしおれてしまう。ラップは、安価なポリ塩化ビニル製は避け、電子レンジ専用につくられたものを使うこと。

材料	重量	分量	比率	手順
精製油またはオイルスプレー	適量			① 電子レンジ対応の皿にレンジ対応のラップをピンと張る。ラップは端までぴっちりかける。 ② ラップに刷毛で薄く油を塗るか、オイルスプレーで油を吹きつける。
イタリアンパセリの葉		約50枚		③ 用意したラップの上にパセリの葉を並べる。葉と葉のあいだは2cmの間隔をあける。一皿に全部のせようとせず、何回かに分ける。 ④ 葉の表面に刷毛で油を薄く塗る。オイルスプレーで吹きつけてもいいし、指でそっと押さえながら塗ってもよい。 ⑤ パセリがパリパリになるまで800Wで4分ほど、電子レンジにかける。90秒ごとにパセリの葉を確認して、焦がさないようにする。
塩		適量		⑥ ペーパータオルを敷いたトレイにカリカリになった葉を移し、塩で調味する。 ⑦ 残っているパセリの葉も同じように油を塗ってレンジにかける。ラップが熱くなりすぎないよう、2回に1回はラップを取り替える。 ⑧ 室温で供する。

（ヘストン・ブルメンタールより採用）

1 電子レンジ対応の皿にレンジ対応のラップをピンと張る。ラップは端までぴっちりかける。

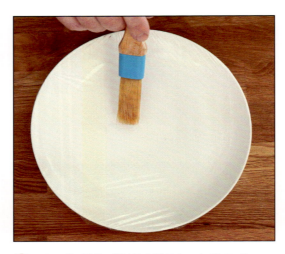

2 ラップに刷毛で薄く油を塗るか、オイルスプレーで油を吹きつける。

3 ラップの上にパセリの葉を並べる。葉と葉のあいだは2cmの間隔をあける。一皿に全部のせようとせず、何回かに分けて皿にのせる。

イタリアンパセリ

ディル

セルフィーユ

ニンジンの葉

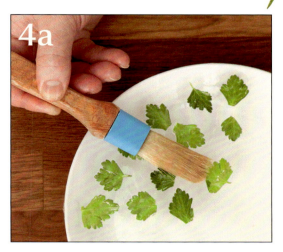

4 葉の上に刷毛で油を薄く塗る。オイルスプレーで吹きつけてもいいし、指でそっと押さえながら塗ってもよい。

5 パセリがパリパリになるまで800Wで4分ほど、電子レンジにかける。90秒ごとにパセリの葉が焦げていないか、確かめる。

6 ペーパータオルを敷いたトレイに、カリカリになったパセリの葉を移し、塩で調味する。

7 残っているパセリの葉も同じように油を塗ってレンジにかける。ラップが熱くなりすぎないよう、2回に1回はラップを取り替える。

8 室温で供する。

レンジに入れる前に必ず、ラップやプラスチック袋が電子レンジ対応であることを確かめること。通常ポリエチレン製の袋やラップは電子レンジに対応しているが、ポリ塩化ビニル製のものは一般に対応してないので気をつける。

DISHES FOR THE MICROWAVE

簡単チョコレートスポンジケーキ

できあがりの分量：	6〜8人分（650g）
調理時間：	40分（寝かせ：20分）
保存：	生地は冷蔵庫で24時間保存可能
難易度：	低
必要な器具、材料：	1Lの容量のホイップ用サイフォン、亜酸化窒素のカートリッジ3本、丈夫な紙コップ6〜8個、ワンドラ、キサンタンガム（なくても可）

ホイップ用サイフォンを使うと、あっという間にふわふわで温かなケーキを焼くことができる。このケーキは、伝統的な方法でつくったものよりもきめが粗く、素朴な風合いで、焼いたというよりむしろ蒸したスポンジケーキに近い。これだけで食べてもいいし、フルーツやアイスクリームあるいは「真空調理した卵でつくるレモンカード」（365ページ参照）を添えてもいいだろう。

丈夫な紙コップが手に入らない場合は、ふつうの紙コップをふたつ重ねて使う。ワックスコーティングされた紙コップは、ワックスが溶けるので使わないほうがいい。このレシピで使っているキサンタンガムは生地をつなぐ働きがあるので、生地が固まるときに空気を含んで軽くなるが、なくてもうまくいく。

材料	重量	分量	比率	手順
全乳	150g	150ml	120%	① 紙コップの底の周囲に等間隔に4カ所切り込みを入れる。
セミスイートチョコレート（刻んでおく）	115g		92%	② 牛乳、チョコレート、バターを電子レンジ対応のボウルに入れて混ぜ、チョコレートとバターが溶けるまで、1,100Wで1分ほどレンジにかける。
無塩バター（角切り）	75g		60%	③ なめらかになるまで泡立て器で混ぜる。少し冷ます。
卵（溶きほぐす）	100g	約2個	80%	④ ③に卵を入れ、泡立て器で混ぜる。
ワンドラ	125g		100%	⑤ 材料を合わせて、ふるいにかける。
粉砂糖	125g		100%	⑥ ④のチョコレートの生地⅓を粉類に入れて混ぜ、残りも入れてよく混ぜ、なめらかな生地をつくる。
ココアパウダー（ダッチプロセスのもの）	6g	小さじ2	4.8%	⑦ 1L容量のホイップ用サイフォンに生地を注ぎ、カートリッジ3本分の亜酸化窒素を注入する。
塩	5.5g	小さじ1½	4.4%	⑧ 室温に20分、サイフォンを置いておく。
重曹	0.6g	小さじ⅛	0.48%	
キサンタンガム（Bob's Red Millブランドのもの、なくても可）	0.3g		0.24%	
オイルスプレー	適量			⑨ オイルスプレーで紙コップの内側に油を吹きつけ、余分な油は拭き取る。
				⑩ 1個の紙コップに、4分の1の高さまで生地を入れる。
				⑪ ⑩を1,100Wで50秒レンジにかけ、完全に火を通す。
				⑫ 数秒間休ませてから、コップをひっくり返してケーキを皿に出す。
				⑬ 残っている生地も同じように手順⑩〜⑫に従って焼いていく。温かいうちに供する。

ハサミかかみそりの刃を使って、紙コップの底に4カ所切れ込みを入れる。6〜8個の紙コップすべてに入れる。切れ込みは等間隔にして、空気の流れをつくる。生地はドロッとしているので、切り込みから流れ出ることはない。

チョコレートなどを溶かしたものは泡立て器で混ぜた後、卵を加えたときに卵に火が通らないように少し冷ます。

混ぜすぎないようにするため、チョコレートの生地はまず⅓量を粉類に加え、あとから残りの生地を入れて混ぜる。

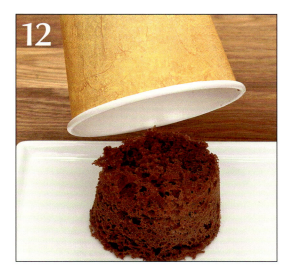

ガスを注入したサイフォンでムース状に泡立てられた生地は、電子レンジで焼くと少しふくらむ。ケーキは数秒置いてから、皿にひっくり返して中身を出す。サイフォンでムース状に泡立てた生地をレンジで加熱するというアイデアは、偉大なスペイン人シェフ、フェラン・アドリアの考え出したものである。

バリエーション

まず、前ページの手順1の説明どおりに紙コップを準備する。次に、レシピの最初のグループの材料を合わせて、泡立て器でかき混ぜる。次に、2番目のグループの粉の材料を合わせてふるいにかける。その後、手順6～13を行う。

ピーナッツバタースポンジケーキ

全乳	150g	150ml
ピーナッツバター（無糖、粒なし）	115g	
卵（泡立てる）	100g	2個
ヘーゼルナッツオイル	76g	80ml
粉砂糖	187g	
ワンドラ	125g	
塩	9g	小さじ2¼
重曹	0.6g	小さじ⅛

ゴマのスポンジケーキ

牛乳	150g	150ml
タヒニ（中東料理で使われる練りゴマ）	115g	
卵（泡立てる）	100g	2個
ゴマ油	50g	55ml
粉砂糖	187g	
ワンドラ	125g	
塩	9g	小さじ2¼
重曹	0.6g	小さじ⅛

フランボワーズとマカデミアナッツのスポンジケーキ

フランボワーズジュース	150g	150ml
マカデミアナッツバター	115g	
卵（泡立てる）	100g	2個
マカデミアナッツオイル	76g	80ml
卵白（泡立てる）	40g	大さじ3
粉砂糖	187g	
ワンドラ	125g	
フリーズドライ・フランボワーズのパウダー（377ページ参照）	15g	大さじ2
塩	9g	小さじ2¼
粉ミルク	5g	小さじ2
重曹	0.6g	小さじ⅛

DISHES FOR THE MICROWAVE

カスタードとパイ

モダニストのテクニックや材料は、おいしい食事だけでなく、デザートにも応用できる。実際、モダニストのコンセプトをお菓子づくりに応用するという内容で簡単に一冊の本が書けるだろう。デザートだけで本を一冊書くことはこの本の目的ではないが、おいしい食事に含まれる要素をすべてレシピに取り込むことは大切なことだと思っている。だからこの最後の章は、とくに応用範囲の広い2種類のデザート、カスタードとパイに注目する。

まず、驚くほどおいしいカスタードのつくり方を紹介する。カスタードと一口に言っても、液状のもの(クレーム・アングレーズ)から固形のもの(パンナコッタ)、仕上げに表面の砂糖を焦がすもの(クレームブリュレ)やジャム、レモンカードを上にのせたもの(ポセット)、ビーガン用のデザート(卵、乳製品を使わないアイスクリーム)までバラエティに富んでいる。

最後に、さまざまな種類のカスタードとパイ生地を組み合わせて、対照的な風味と食感を楽しむパイのつくり方を紹介する。これらのレシピをヒントにすれば、甘党のあなたも大満足のデザートができるはずだ。

ハイライト

フランボワーズのパンナコッタ、コーヒー風味のクレームブリュレ、チョコレートクリームパイと可能性は無限にある。わたしたちのおすすめの味やテクニックをうまく組み合わせて、独自のすばらしいデザートをつくってほしい。

361ページ参照

ゼラチンは「ジェロ」だけのものではない。パンナコッタのレシピでは、このすばらしい材料を正確かつ確実に使う方法を紹介する。

366ページ参照

タピオカデンプンやキサンタンガムのようなとろみをつけるつなぎを入れれば、乳製品も卵も使わずにピスタチオのジェラートをつくれる。このジェラートはとてもおいしくてなめらかな口当たりなので、ビーガンだけのものにしておくのはもったいない。誰が食べてもおいしいのだから。

370ページ参照

ニンジンのスープ（178ページ参照）に使った、圧力鍋を使ってキャラメリゼする方法は、バナナで試しても驚くほどうまくいく。バナナが濃いきつね色になり、強い風味がつく。わたしたちはこれを「バナナクリームパイ」に取り入れている。

379ページ参照

カスタード

「カスタード」の材料やつくり方には実に多くの可能性があるので、カスタードを一定の食感や口当たりをもつものと考えるといいかもしれない。何世紀ものあいだ、カスタードは卵と高脂肪生クリームを混ぜたものに軽く火を入れるという方法でつくられてきたが、モダニストのシェフたちが数多くの新しいテクニックを考え出した。これらの方法でつくると、つねに一定の食感に仕上がるようになり、口当たりがふわっとしたものや流れるようなものから重いものや固いものまで、食感がよりコントロールしやすくなった。サラサラしたカスタードは、ホイップ用サイフォンでガスを含ませれば、なめらかでクリーミーな泡状になりやすい。どのカスタードにも共通しているのはたくさんの脂を使うことだが、この脂によってカスタード特有の口当たりが生まれるだけでなく、脂溶性の風味や香りもプラスされる。

レシピ	とろみをつける またはゲル化の方法	口当たり	用途	備考	参照ページ
クレーム・アングレーズ	卵黄、加熱	軽い、流れるよう	フルーツサラダまたは温かいケーキのソースに、アイスクリームまたはミルクセーキのベースに	なめらかな口当たりにしたい場合は真空調理を行う	368
クレームブリュレ、ポ・ド・クレーム	卵黄、加熱	濃厚、なめらか	単品のデザートとして成立している	ウォーター・バスの中で加熱することで、火を通しすぎて液体が分離したり、すが入ったりするのを避けることができる。卵黄と卵白をどの割合で混ぜれば魅力的な口当たりになるか、いろいろ比率を変えて試してみるのもいいだろう	362
カスタードプリン	全卵、加熱	プルプルして、形が崩れやすい			
ジェラート	ナッツミルク、乳製品または増粘作用のあるガム、冷やす	ねっとりして、なめらか	アイスクリーム・サンドイッチ、デザートの盛り合わせ	脂肪含有量は30～50％、氷の結晶が細かいほどよい。ハイドロコロイド増粘剤を使えばビーガン（完全菜食主義者）の人でも食べられるようになる	370
パンナコッタ	乳製品、ゼラチンまたは寒天、加熱	引きしまって弾力があり、とてもなめらか ゴムのようになることもある	型に流してつくり、カットする	ゼラチンを使った場合は時間がたつと固くなる。ベジタリアン向けには寒天を使う	366
カスタードクリーム	卵黄、加熱	プリンのような口当たり	パイのフィリング、ナポレオンパイ、シュークリームのフィリング、プディング	でんぷんを増粘剤として使わず、流動性のあるゲルとしてつくる。卵黄がまだ温かいうちに、液体と混ぜる	374
ポセット	乳製品、酸味のあるもの、加熱	濃厚、ねっとりしている	甘いポセットに酸味のあるフルーツやソースを合わせる	つねに一定の食感に仕上げるために重さと温度を正確に計る	364
サバイヨン	卵黄、加熱	泡状、ふんわり	パイのトッピング、料理では蒸し野菜に添えて	ホイップ用サイフォンを使えば、一瞬でカスタードを泡状にできる	369

クレーム・アングレーズ

カスタードプリン

ジェラート

パンナコッタ

カスタードクリーム

ポセット

HOW TO 牛乳または生クリームに風味づけする方法

わたしたちのデザートのレシピでは、風味をつけた液体を使うことも多い。たいてい風味は生クリームや牛乳に移しておく。下の説明は、362〜369ページのレシピのバリエーションをつくるときに使える。できあがりの分量は、つくるレシピに合わせて調整する。

液体に風味をつける

1 牛乳（生クリームやシュガーシロップ、または生クリームと牛乳を等分に合わせたものでも可）を300g／300ml計量する。

2 液体に材料を混ぜる。

3 材料を一緒に密封すると指示がある場合は、ジッパーつきの袋に入れ、水圧を利用してできるだけ袋から空気を抜き、密封する（58ページ参照）。

4 指示に従って風味をつける。一晩冷蔵庫で寝かせるか、あらかじめ温めておいたウォーター・バスで真空調理することが必要になる。

5 風味づけしたものをシノワで漉す。カスタードのレシピで、風味づけしたシロップや牛乳や生クリームの代わりに使う。

ベーコンブラウンシュガー風味
レシピの砂糖をブラウンシュガーにする。薄切りにしたベーコン60gと液体をジッパーつきの袋に入れて密封し、85℃で2時間真空調理する。粗熱を取り、シノワで漉す。

シナモンバニラ風味
10g／2本のシナモンスティック、1g／小さじ¼のバニラの種（サヤ1本分、こそげ取る）、液体をジッパーつきの袋に入れて密封する。一晩、冷蔵庫で寝かせて風味を移す。シノワで漉す（時間が限られているときは、一晩寝かせる工程は飛ばして、2g／小さじ1のおろしたてのシナモンとバニラの種を生クリームと牛乳を混ぜたものに加えるだけでよい）。

シトラス風味
おろしたレモンの皮3g／大さじ1、おろしたライムの皮3g／大さじ1、おろしたオレンジの皮3g／大さじ1、液体をジッパーつきの袋に入れて密封する。一晩冷蔵庫で寝かせて風味を移す。シノワで漉す。

ココナッツ風味
高脂肪生クリームの代わりにココナッツクリームを、牛乳の代わりにココナッツミルクを使う。液体と、焼いたココナッツ25gをジッパーつきの袋に入れて密封する。一晩冷蔵庫で寝かせて風味を移す。シノワで漉す。

フルーティペブルズ風味
液体と、シリアルのフルーティペブルズ50gをジッパーつきの袋に入れて密封する。一晩冷蔵庫で寝かせて風味を移す。シノワで漉す。

中東風
カルダモンシード8g／大さじ1½、サフラン4〜5本、液体をジッパーつきの袋に入れて密封する。一晩冷蔵庫で寝かせて風味を移す。シノワで漉す。オレンジ花水3g／小さじ½、バラ水3g／小さじ½を加える。

ミント風味
ミントの葉32gと液体をジッパーつきの袋に入れて密封し、80℃で1時間、真空調理する。冷ましてシノワで漉す。

レモングラス＆ジンジャー風味
細切りにしたレモングラス100g、薄切りにしたショウガ15gを液体と一緒にジッパーつきの袋に入れて密封する。冷蔵庫で一晩寝かせて風味を移す。シノワで漉す。

ポップコーン風味
電子レンジでつくったバター風味のポップコーン45gと液体を合わせる。粗めのピュレ状になるまでミキサーにかける。スティックミキサーを使うとうまくいく。ジッパーつきの袋に入れて密封し、冷蔵庫に一晩寝かせて風味を移す。レードルを使って、ふくらんだポップコーンから汁気を押し出しながらシノワで漉す。

アールグレイ風味
アールグレイ紅茶の茶葉15g／大さじ3と液体をジッパーつきの袋に入れて密封する。一晩冷蔵庫で寝かせて風味を移す。シノワで漉す。ベルガモットエッセンシャルオイルを3〜5滴たらす（好みで）。

風味のいろいろ

下のレシピは、次ページの「コーヒー風味のクレームブリュレ」を元にしている。この方法を使えば、さまざまな風味のクリーミーなデザートをつくることができる。

蜂蜜風味
レシピの砂糖を蜂蜜50g／大さじ2½に置き換える。

抹茶風味
抹茶4g／小さじ2を混ぜ合わせたカスタードの材料に加える。

マンダリン風味
マンダリンエッセンシャルオイル15滴を混ぜ合わせたカスタードの材料に加える。

ピスタチオ風味
卵黄160gと砂糖80gを使う。なめらかなピスタチオバター80gを混ぜ合わせたカスタードの材料に加える。

アーモンド風味
カスタードをつくるとき、砂糖80gと卵黄160gを使う。なめらかなローストアーモンドバター80gと質のいいビターアーモンドエクストラクト1滴をカスタードに加える。

キャラメル風味
ソースパンに砂糖を入れ、濃い琥珀色になるまで炒る。生クリームと牛乳を加える。蒸気が熱いので、顔や手がやけどをしないよう、気をつける。泡立て器で混ぜる。冷やしてから使う。

チョコレート風味
細かく刻んだブラックチョコレート100gを液体に入れて溶かす。室温になるまで冷ましてからレシピで使う。

フランボワーズ風味
牛乳をフレッシュフランボワーズシロップ125gまたは裏漉ししたフランボワーズピュレに変える。高脂肪生クリーム（乳脂肪分36％以上）175g／190mlと砂糖42g／大さじ3をカスタードに使う。

コーヒー風味のクレームブリュレ

できあがりの分量：	4人分（330g／1½カップ）
調理時間：	15時間45分（準備：15分、冷蔵：14時間30分　加熱調理：1時間）
保存：	冷蔵庫で2日間保存可能
難易度：	低
必要な器具、材料：	真空調理専用の器具一式、ガスバーナー、100mlの容量のラムカン型4個

　コーヒーに熱を加える従来の方法よりも冷たいまま香りづけをしたほうが、コーヒーの風味がしっかりと感じられ、香りがより引き立つ。コーヒーを温めるとすぐに飛んでしまう揮発性アロマ成分の多くが、この方法だと失われずにすむからだ。方法はといえば、これほど簡単なことはない。挽いていないコーヒー豆を生クリームに一晩漬けておくだけでいいのだから。

　ほとんどの卵料理と同じで、ほどよい口当たりのカスタードをつくるには、正確な温度管理が欠かせない。温度計を使って、ウォーター・バスまたはコンビ・オーブンが設定温度を保っているか確認しよう（コンビ・オーブンを使う場合は、手順3でオーブンのスチームモードを最大にして、温度は82℃に設定する）。

材料	重量	分量	比率	手順
高脂肪生クリーム（乳脂肪分36%以上）	150g	165ml	100%	① 材料を混ぜ合わせ、冷蔵庫に12時間入れて香りを移す。 ② シノワで漉す。手順④で使用する生クリーム200gを量っておく。 ③ ウォーター・バスに五徳を入れ、その上に100mlの容量のラムカン型を4個置いて、ラムカン型の上面から1cmの高さまで水を注ぐ。バスをあらかじめ82℃に温めておく。
全乳	150g	150ml	100%	
深煎りで挽いていないコーヒー豆	80g		53%	
卵黄	80g	卵4〜5個分	53%	④ 風味づけした生クリーム200gと材料を合わせ、じゅうぶんに混ざるまで攪拌する。 ⑤ シノワで漉し、しばらく置いておく。 ⑥ 4個のラムカン型に均等に分ける。 ⑦ ラムカン型にきっちりラップをかける。 ⑧ 芯温が80℃になるまで約1時間、加熱する。 ⑨ 熱いので気をつけながら、トングを使ってウォーター・バスからラムカン型を取り出す。 ⑩ カスタードがじゅうぶんに冷えるまで2時間ほど冷蔵庫に入れる。冷蔵庫から出し、ラップをはずす。
砂糖	50g		33%	
塩	0.3g	ひとつまみ	0.2%	
砂糖	適量			⑪ カスタードの上に砂糖をまぶす。 ⑫ ガスバーナーで砂糖を溶かし、茶色くなるまで焦がす。 ⑬ カラメルがパリパリになるまで冷やし、供する。

バーナーを使うときの注意点については15ページを参照。

バリエーション

ポ・ド・クレーム
手順10〜12を飛ばす。カスタードは冷やして供する。

湯煎にしてつくるクレームブリュレ
カスタードを従来の方法でつくる場合、手順3を行う代わりに、オーブンをあらかじめ160℃に温めておく。オーブン皿の底にタオルを敷き、手順3で記した高さまで水を注いで、手順4へと進む。手順7のところで、オーブンでカスタードを25〜30分焼く。手順8へと進む。

カスタードプリン
プリンはクレームブリュレよりも弾力があるが、つくり方は似ている。高脂肪生クリームの代わりに牛乳を、卵黄の代わりに100gの全卵を溶いて使えばいい。カラメルをつくって（次ページの「仕上げのバリエーション」参照）ラムカン型に入れ、その上からカスタードを注ぐ。

調理時間を短縮するには、手順4の前に風味づけした生クリームを温めて、卵黄に速く火が通るようにする。手順4では、卵黄に温めた生クリームを加えて、やさしく泡立て器で混ぜる。

1 生クリーム、牛乳、コーヒー豆を混ぜ合わせ、冷蔵庫に12時間入れて香りを移す。

2 シノワで漉す。手順4で使用する生クリーム200gを量っておく。

3 空のウォーター・バスに100mlの容量のラムカン型（小さなカップや深皿でもよい）を4個置いて、容器の上面から1cmの高さまで水を注ぐ。容器の下を水が循環するように、台かラックを使う。ウォーター・バスはあらかじめ82℃に温めておく。

4 風味づけした生クリーム200gと卵黄、砂糖、塩を混ぜる。スティックミキサーを使うとうまく混ざる。これがカスタードのベースになる。

5 シノワで漉し、しばらく置いておく。気泡が少なければ少ないほど濃厚でねっとりした口当たりになる。

6 ラムカン型に均等にカスタードを分ける。

7 きっちりラップをかける。

8 芯温が80℃になるまで約1時間、ウォーター・バスの中で加熱する。温度計を使って温度を確認する。加熱時間はラムカン型の大きさ、生クリームの最初の温度、バスの構造による。下から熱せられるタイプのバスなら速くできる。

9 熱いので気をつけながら、トングを使ってウォーター・バスからラムカン型を取り出す。

10 カスタードがじゅうぶんに冷えるまで2時間ほど冷蔵庫に入れる。冷蔵庫から出し、ラップをはずす。

11 冷やしたカスタードの上に砂糖をまぶす。

12 ガスバーナーの炎で表面をなめるようにして砂糖を溶かし、茶色くなるまで焦がす。

13 カラメルがパリパリになるまで冷やし、供する。

仕上げのバリエーション

ガスバーナーでカスタードの上面を焦がすという方法以外に、浅めのフライパンを中火にかけ、焦がさないように気をつけながら砂糖をこげ茶色になるまで煮つめてカラメルをつくる方法もある。フライパンは砂糖が焦げる前に火からおろす。手順10の後、カスタードの上からカラメルを注ぎ、カラメルがパリパリになるまで冷やす。つくる人数が多いときは、ガスバーナーを使うよりもこのほうが速くつくれる。

レモンポセット

できあがりの分量:	6人分 (415g)
調理時間:	12時間30分 (準備:30分　冷蔵:12時間)
保存:	冷蔵庫で4日間保存可能
難易度:	低
必要な器具、材料:	クエン酸、「真空調理した卵でつくるレモンカード」(なくても可、次ページ参照)

　乳製品のゲルは、もっとも古くは柑橘類のジュース(クエン酸を含む)のような酸味のあるものを加えてつくられていたのではないだろうか。酸には牛乳のタンパク質を固めてカードにする働きがある。リコッタやパニールのようなフレッシュチーズはこうしてつくられている。シェークスピアの『マクベス』にも登場するほど古くからある、クリーミーで繊細なポセットも同じようにしてつくられる。モダニストバージョンではクエン酸を使ってポセットをつくる。レモン果汁よりもクエン酸を使ったほうがつねに一定のものがつくれて安定するからだが、レモン果汁57g／57mlを使ってもよい。季節に応じて、旬のベリー類や柑橘類のサラダを添える。

材料	重量	分量	比率	手順
高脂肪生クリーム(乳脂肪分36%以上)	300g	330ml	100%	① 鍋に材料を入れ、かき混ぜて砂糖を溶かす。
砂糖	51g		17%	② かき混ぜながら、生クリームを88℃に熱する。
クエン酸	2.1g		0.7%	③ 鍋を火からおろし、クエン酸を入れる。クエン酸が完全に溶け、生クリームに薄いカスタードくらいのとろみがつくまでかき混ぜる。
				④ そのまま固まっていくと手順⑤や⑦の作業がしづらいので、室温で10分間冷まし、流動性をもたせる。
				⑤ ④を6個のラムカン型または他の小さな容器に均等に分ける。
				⑥ ラップをかけ、冷蔵庫に12時間置く。
「真空調理した卵でつくるレモンカード」(なくても可)(次ページ参照)	120g		40%	⑦ カスタードがまだやわらかいうちに(カスタードは冷えると固まる)、それぞれのポセットの上にレモンカードを絞り袋に入れて絞り出すか、スプーンで薄くのせる。
				⑧ ポセットをかき混ぜてふわりとさせ、冷やして供する。

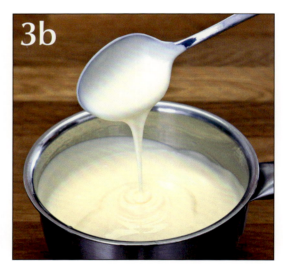

真空調理した卵でつくるレモンカード

できあがりの分量：	6〜8人分（850g／3カップ分）
調理時間：	4時間45分（準備：15分　真空調理、冷蔵庫：4時間30分）
保存：	冷蔵庫で3〜4日間保存可能
難易度：	低
必要な器具、材料：	真空調理専用の器具一式、クエン酸、1Lの容量のホイップ用サイフォンと亜酸化窒素の入ったカートリッジ2本（なくても可）、レモンエッセンシャルオイル（なくても可）

レモンカードの卵を真空調理することで、湯煎鍋のことも卵の固まりすぎも心配することなく、たっぷりレモンカードがつくれる。また、ホイップ用サイフォンがあるなら、カードが完全に固まる前にサイフォンに注げば、レモンカードのムースができる。流れるような泡をつくりたければ、最初にカードを室温に戻しておく。レモンカードの酸味は、クエン酸の量を加減してカードの口当たりを変えずに酸味だけを調整することもできる。レモンエッセンシャルオイルの代わりに、おろしたてのレモンの皮を使ってもいい。

材料	重量	分量	比率	手順
卵黄（溶きほぐす）	120g	卵8〜10個分	30%	① ウォーター・バスをあらかじめ65℃に温めておく。 ② ジッパーつきの袋に卵黄を入れ、水圧を利用して袋から空気をできるだけ抜いて、密封する（58ページ参照）。 ③ 35分間、真空調理する。 ④ 袋を氷水に沈める。
砂糖	300g		75%	⑤ 中くらいの鍋に材料を入れて混ぜ、砂糖とクエン酸が完全に溶けるまで2分ほど煮立てる。 ⑥ シロップを室温まで冷ます。 ⑦ ミキサーに真空調理した卵黄を入れる。シロップを少しずつ加えながらミキサーにかける。
水	40g	40ml／大さじ2½	10%	
クエン酸	8g		2%	
無塩バター（室温に戻しておく、角切り）	400g		100%	⑧ ミキサーで混ぜ続けながら、角切りにしたバターを入れ、バターがすべて完全に混ざるまでよく攪拌する。
レモンエッセンシャルオイル（なくても可）	1g	1ml／小さじ¼	0.3%	⑨ ⑧と混ぜ合わせる。 ⑩ 覆いをして、とろみがつくまで冷蔵庫で4時間ほど寝かせる。 ⑪ 冷やして供する。
塩	0.5g	小さじ⅛	0.1%	

材料がなめらかに混ざるかどうかはバターの温度による。バターが冷たすぎるとなめらかに混ざらない。逆にバターが温まりすぎていると、カードが脂肪と水分に分離したり、脂っぽくなったりする。

バリエーション

フルーツカード

手順5で、水とクエン酸の代わりに、グレープフルーツ、マンダリン・オレンジ、オレンジ、マイヤーレモン、ライムなどのしぼりたての柑橘類の果汁を使う。手順9で、すりおろした柑橘類の皮を加える。あるいは、柑橘類の果汁の代わりに、しぼりたてを半分になるまで煮つめたパイナップルの果汁、しぼりたてのパッションフルーツピュレ、クランベリーを使う。

レモンカードの泡

手順9の後、カードにまだ流動性があるあいだに、1Lの容量のホイップ用サイフォンにカードを半分注ぎ、カートリッジ2本分の亜酸化窒素を注入する。サイフォンから泡状になったカードを出す。エッセンシャルオイルの代わりにレモンの皮を使う場合は、サイフォンに入れる前にカードをシノワで漉す。

フランボワーズ風味のパンナコッタ

できあがりの分量：	6人分（350g）
調理時間：	5時間30分（準備：30分　冷蔵：5時間）
保存：	冷蔵庫で2日間保存可能
難易度：	低
必要な器具、材料：	ゼラチン（ベジタリアン用としてつくる場合は、寒天とキサンタンガムまたはイオタカラギーナンとカッパカラギーナン）

　このパンナコッタのレシピは、たとえシンプルな料理でも基本的なモダニストの手順（ゼラチンの重さをきちんと計量すること！）を的確に行えば、料理がさらにレベルアップすることを示すいい例となっている。ゼラチンは小袋ごとあるいはティースプーンでドサッと入れたりしない。はかりを使って、パンナコッタを固めるのに必要最低限のゼラチンを計量する。レシピの量を増減する場合は、液体100gに対してノックスの粉ゼラチンを0.8g使う。ゼラチンからつくられたゲルは、時間がたつにつれて固くなる。1日か2日前につくり置きする場合、パンナコッタが固くなってしまうので注意する。通常パンナコッタは冷やして食卓に出すが、室温に戻して少しやわらかくしてから出してもいい。ゼラチンは37℃で溶けるので、温かくなりすぎないように気をつける。

材料	重量	分量	比率	手順
全乳（冷たいもの）	30g	30ml／大さじ2	10%	① 冷たい牛乳にゼラチンを入れる。
粉ゼラチン（ノックス）	4.3g		1.4%	② 5〜10分置いて、ゼラチンをやわらかくする。
高脂肪生クリーム（乳脂肪分36％以上）	300g	330ml	100%	③ 鍋に材料を混ぜ合わせ、やわらかくしたゼラチンと牛乳を入れて混ぜる。
				④ 弱めの中火でゼラチンが溶けるまで煮る。
フレッシュフランボワーズピュレ	200g		67%	⑤ シノワで漉す。
砂糖	75g		25%	⑥ 室温まで冷まし、小さな容器6個に均等に分ける。
塩	0.3g	ひとつまみ	0.1%	⑦ ラップをして、完全に固まるまで、5時間以上冷蔵庫に入れる。

ゼラチンについて

ゼラチンは、フランスのパテからイギリスのアスピック、アメリカのジェロまで、多くの伝統的な料理に使われているゲル化剤である。板、顆粒、粉の形で売られていて、ブルーム値で表されるゼリー強度はさまざまである。ブルーム値が高ければ高いほど、一定量のゼラチンを一定量の水に溶かしたときにできるゲルの強度が高い。

上のレシピではノックスの粉ゼラチンを使っていて、ブルーム値は225である。これに匹敵するブルーム値を持つものなら、板ゼラチンを使ってもかまわない。板ゼラチンには、ブルーム値ではなく、ブロンズ、シルバー、ゴールド、プラチナという分け方をしているものもある。右の表ではこのふたつの分類を互いに関連づけているので、確認するといいだろう。ゴールドまたはプラチナのゼラチンをノックスの粉ゼラチンの代わりに用いる場合は、ノックスの粉ゼラチンの分量をそのまま使えばいい。シルバーのゼラチンを用いる場合は、100gの液体に対して1.1g、ブロンズのゼラチンなら1.3gに増やす。

板状ゼラチンは食料品専門店で販売されている。板状のものを使うときは、やわらかくなるまで水につけてから、水気を切り、さらにやさしく絞って余分な水気を切る。ゼラチンをやわらかくしておくことで、手順3または4で熱い液体に入れたときに溶けやすくなる。

ゼラチンの種類

名前	ブルーム値	1枚当たりのg数
ブロンズ	125–155	3.3
シルバー	160	2.5
ゴールド	190–220	2.0
ノックス	225	粉末状
プラチナ	235–265	1.7

ブルーム値の換算

ゼラチンAの重量をMAとし、ブルーム値をBAとしよう。ブルーム値BBを持つゼラチンBをゼラチンAの代わりに使いたい場合、次の公式を使えば、ゼラチンBがどれだけ必要か、その重量MBを計算することができる。MB＝MA×BA÷BB。
たとえば、あるレシピにノックスのゼラチン2.6gを使うと書かれている場合、2.6×225÷160＝3.7gのシルバーゼラチンを代わりに使えばいい。

バリエーション：

フルーツゼリー

フルーツジュース100gに対してノックスの粉ゼラチン2.1gを用いる。楽しくてカラフルなデザートができる。

ベジタリアン向けパンナコッタ

ゼラチンの代わりに0.8gの寒天と0.65gのキサンタンガムを混ぜて使う。またはイオタカラギーナン0.65gとカッパカラギーナン0.5gを混ぜたものを使う。これらのゲル化剤は海藻から抽出されるか、微生物による発酵させることによってつくられる。これに対して、ゼラチンは豚や魚の皮を使った動物由来である。ゲルのつくり方についてさらに詳しく知りたい場合は98ページを参照してほしい。

1 冷たい牛乳にゼラチンを入れる。

2 5〜10分置いて、ゼラチンをやわらかくする。

3 鍋に生クリーム、フランボワーズピュレ、砂糖、塩を合わせ、やわらかくしたゼラチンと牛乳を入れて混ぜる。

4 弱めの中火でゼラチンが完全に溶けるまで煮る。

5 シノワで漉す。

6 室温まで冷まし、小さな容器6個に均等になるよう分ける。ひとつの容器に約60gずつ入る。

7 ラップをして、完全に固まるまで、5時間以上冷蔵庫に入れる。8時間置いておくのが望ましい。新鮮なフランボワーズまたは旬のフルーツを飾る。

真空調理でつくるバニラ風味のクレーム・アングレーズ

できあがりの分量:	6〜8人分（775g／3カップ分）
調理時間:	1時間（準備：15分　真空調理：45分）
保存:	冷蔵庫で3日間保存可能
難易度:	低
必要な器具、材料:	真空調理専用の器具一式

　クレーム・アングレーズは、流動性のある薄いカスタードで、濃厚なミルクセーキに変身させたり、新鮮なベリーにかけたり、冷やしながら撹拌してこってりしたアイスクリームにしたりと、さまざまなデザートに利用できる。ガスレンジを使う従来の方法だと、手間がかかって大変だ。そこで、真空調理法でつくってみることにした。そうすると、調理しているあいだに別のことができるようになり、従来の方法でつくったものにも劣らない、なめらかなカスタードに仕上がった。

　わたしたちはこのレシピにバニラの種を選んだ。カスタードに強い香りを与えてくれるからだ。バニラ好きの人なら、使う種の量を思わず倍に増やしたくなるかもしれない。もちろん、バニラの代わりに別の香味材料を使ってもかまわない。クレーム・アングレーズをホイップ用サイフォンで泡立てると、新鮮な果物やアップルパイに軽くふわっとかけられる。こちらもぜひ試してみてほしい。

材料	重量	分量	比率	手順
全乳	500g	520ml	100%	① ウォーター・バスをあらかじめ83℃に温めておく。
卵黄（溶きほぐす）	150g	卵8〜10個分	30%	② 材料を泡立て器で混ぜる。泡はスプーンで取り除く。
高脂肪生クリーム（乳脂肪分36%以上）	63g	70ml／大さじ5	13%	③ ジッパーつきの袋に入れ、水圧を利用して袋からできるだけ空気を抜いて（58ページ参照）密封する。
砂糖	63g	大さじ5	13%	④ 45分間、真空調理する。
バニラの種	1.8g	サヤ1〜2本分	0.36%	⑤ ウォーター・バスから袋を取り出し、完全に冷めるまで氷水につける。
				⑥ スティックミキサーでなめらかになるまで混ぜる。
				⑦ シノワで漉し、温めて、または冷やして供する。

バニラとバニラエクストラクト（バニラ抽出液）

バニラは、タヒチ、マダガスカル、セイシェル、メキシコなどの熱帯地域で栽培されるラン科の植物で、小さな種子の周りのベタベタした成分に香りがある。最高の香りのものは、サヤがふっくらしていて、中が少し湿っている。バニラエクストラクトは、バニラビーンズをアルコールにつけてつくられた香料である。このレシピではバニラの種の代わりにバニラエクストラクトを使うこともできるが、香りは種ほどよくない。

1 ウォーター・バスをあらかじめ83℃に温めておく。

2 牛乳、卵黄、生クリーム、砂糖、バニラの種を泡立て器で混ぜる。泡をつくらないように気をつける。表面に泡ができてしまった場合は、スプーンで取り除く。

3 ジッパーつきの袋にカスタードを入れる。水圧を利用して袋からできるだけ空気を抜いて、密封する（58ページ参照）。

4 45分間、真空調理する。

5 ウォーター・バスから袋を取り出し、完全に冷めるまで氷水につける。

6 スティックミキサーでなめらかになるまで混ぜる。

7 シノワで漉し、温めて、または冷やして食卓に出す。バニラの種は時間がたつと底に沈むので、必要ならその都度かき混ぜ、供する。

バリエーション：サバイヨン

イタリア料理では、卵黄でつくったカスタードで安定させた、ふわふわの泡状クリームはザバイオーネと呼ばれ、マルサラ酒または他のアルコールを入れてつくられることが多い。フランスではサバイヨンと呼ばれ、アルコールを入れずにつくられる。つくり方は、まず150gの卵黄（卵約10個分）を溶きほぐしてジッパーつきの袋に入れ、袋からできるだけ空気を抜いて密封する。次に、70℃のウォーター・バスで35分間、真空調理する。卵黄がまだ熱いうちに50gの砂糖と175g／180mlの牛乳（水やフルーツジュースでもよい）と一緒に混ぜ合わせる。冷ましてから、ホイップ用サイフォンに注ぐ。カートリッジ3本分の亜酸化窒素をサイフォンに注入し、よく振る。すぐにサイフォンから泡を出す、またはサイフォンに入れたまま冷蔵庫で冷やす。

ピスタチオのジェラート

できあがりの分量：	8人分（1kg／4カップ分）	
調理時間：	5時間（準備：30分　冷凍：4時間　アイスクリームメーカーで撹拌する時間：30分）	
保存：	24時間以内に供するのが望ましい（冷凍庫で最長1週間保存可能）	
難易度：	ふつう	
必要な器具、材料：	アイスクリーム・メーカー、タピオカデンプン、キサンタンガム、ピスタチオバター、ピスタチオオイル	

このジェラートはいまや『Modernist Cuisine』を代表する料理となった。何かイベントがあれば、必ずといってもいいくらいこのジェラートを出しているからだ。最高のジェラートといってもいいほど味が濃くなめらかなのに卵も乳製品も不使用なので、とくにビーガン（完全菜食主義者）たちからは喜ばれている。さらに、冷凍して固くなりすぎても、溶かしてもう一度撹拌して出せるというプラスの面もある。24時間以上冷凍庫に入れておいた場合は、室温に10分間置いてから供するほうがいい。

このレシピでは、市販のナッツバターでバイタミックスのようなパワフルなミキサーを使って自分でつくっても、どんな種類のナッツバターを使ってもうまくいく。下のバリエーションは例であって、ほかにもたとえば、カシューナッツやアーモンドのバターを使ってもおいしいジェラートができる。なお、ナッツバターは見つけられるかぎり最高品質のものを使うこと。ピスタチオのジェラートをつくる上で大事なことは、着色料も他の食品添加物も含まれていないピスタチオ100％のピスタチオバターを使うことである。

材料	重量	分量	比率	手順
冷たい水	680g	680ml	100%	① 鍋に計量した水を入れる。
砂糖	155g		23%	② 材料を混ぜ合わせる。
タピオカデンプン	25g		3.7%	③ 冷たい水に少しずつ加え、スティックミキサーを使って混ぜる。
塩	7g	小さじ1¾	1%	④ ミキサーでずっと混ぜながら煮立たせる。
キサンタンガム （Bob's Red Mill ブランドのもの）	0.3g		0.04%	⑤ 鍋を火からおろす。
ピスタチオバター （ピスタチオ100%、 シチリア島ブロンテ産、 PreGel ブランド製）	210g		31%	⑥ 材料を⑤の鍋に少しずつ入れ、完全に混ざるまで混ぜ合わせる。 ⑦ 氷水で冷やす。 ⑧ アイスクリーム・メーカーに移し、しっかり冷えて固まるまで30分ほど撹拌する。
ピスタチオオイル （Castelmuro ブランド）	102g	110ml	15%	⑨ ジェラートを容器に移して表面にラップを張りつけ、容器のふたをして密封する。固まるまで最低4時間冷凍庫に入れる。

バリエーション：

ヘーゼルナッツ
ピスタチオバターとピスタチオオイルの代わりにヘーゼルナッツバターとヘーゼルナッツオイルを使う。脂肪含有量が多いので、見た目はピスタチオのジェラートほどなめらかではないが、食べてみればピスタチオのジェラートにも劣らぬくらいクリーミーであることがわかる。

ストロベリーマカデミア
水の代わりにフレッシュストロベリージュースを、ピスタチオバターとピスタチオオイルの代わりに生のマカデミアナッツバターと生のマカデミアナッツオイルを使う。大切なのは炒ってない生のナッツからつくる生ナッツバターを使うこと。さもないと、炒ったナッツの風味がストロベリージュースの風味とぶつかり合ってしまう。

ピーナッツバター＆ジェリー
ピスタチオバターとピスタチオオイルの代わりにピーナッツバターと炒ったピーナッツでつくったオイルを使い、水の代わりにフレッシュストロベリージュースかフレッシュコンコードグレープジュースを使う。砂糖の量を125gに減らす。

1 鍋に計量した水を入れる。

2 砂糖、タピオカデンプン、塩、キサンタンガムを混ぜ合わせる。液体に加える前に増粘剤をよく混ぜ合わせることで、増粘剤が次の手順で均等に行き渡る。

3 スティックミキサーで混ぜながら、粉の材料を水に少しずつ入れる。

4 ミキサーでずっと混ぜながら煮立たせる。

5 鍋を火からおろす。

6 ピスタチオバターとピスタチオオイルを少しずつ鍋に入れ、完全に混ざるまで混ぜ合わせる。スティックミキサーを使う。

7 氷水で冷やす。冷え方にむらが出ないように、ときどき泡立て器でかき混ぜる。

8 アイスクリーム・メーカーに移し、冷えて固まるまで撹拌する。

9 容器に移したジェラートの表面にラップを張りつけ、容器のふたをして密封する。しっかり固まるまで最低4時間冷凍庫に入れる。ラップをすると、ジェラートの表面が固くならないようにしてくれる。ジェラートが固すぎる場合は、室温にしばらく置いて固さを調整してから食卓に出す。

CUSTARDS AND PIES

サクサクのパイ生地

できあがりの分量：	パイ生地475g（直径30cmのパイ生地1枚分または直径11cmのタルト生地4枚分）
調理時間：	2時間30分（準備：30分　真空調理：45分　冷蔵庫：1時間　オーブン：12分）
保存：	冷蔵庫で最長3日間、真空パックして冷凍すれば3カ月間保存可能
難易度：	ふつう
必要な器具、材料：	真空調理専用の器具一式、フード・プロセッサー、アーモンドパウダー

　パート・シュクレ（甘いタルト生地）とパート・サブレ（サブレ生地）は、これまで試作に試作を重ねて40種類以上もつくってきた。このレシピは両方の生地のいいところを取り入れて組み合わせたもので、いままでつくった試作の中でも最高のものだ。アーモンドパウダーを少し使っているので、どんなタルトやパイにもよく合う、甘く繊細でバターの風味たっぷりの生地ができる（特別に相性がいいのはベルベットのようになめらかなカスタードクリーム［375ページ参照］だ）。このレシピはアレンジがしやすいので、さまざまな風味のバリエーションをつくって楽しんでほしい。わたしたちのお気に入りをいくつか下に挙げておく。

材料	重量	分量	比率	手順
卵黄（溶きほぐす）	50g	大さじ3½ 卵3〜4個分	25%	① ウォーター・バスをあらかじめ67℃に温めておく。 ② 卵黄をジッパーつきの袋に入れ、水圧を利用してできるだけ袋から空気を抜き（58ページ参照）、密封する。 ③ 45分間真空調理する。
小麦粉	200g		100%	④ 材料をフード・プロセッサーに入れ、見た目がコーンミールのようになるまでパルス操作で混ぜる。 ⑤ 真空調理した卵黄を少しずつ加えていく。プロセッサーはずっと回しておく。 ⑥ 生地がひとつにまとまり始めるまでプロセッサーを回し続ける。 ⑦ 生地を厚めの円盤状に成形し、ラップをかけ、1時間以上冷蔵庫に入れる。 ⑧ オーブンを190℃に予熱する。 ⑨ パイ皿よりも直径が約5cm大きい円形に伸ばす。小さなタルトをつくる場合は、生地を4等分し、それぞれ別々に伸ばす。 ⑩ パイ皿に生地を敷く。縁からはみ出た余分な生地も落とさずに垂らしておく。 ⑪ フォークで生地全体に穴をあけ、硫酸紙をのせ、その上にパイ用重石または乾燥した豆を敷きつめる。 ⑫ パイ生地が1枚の場合は約12分、小さなタルト生地4枚の場合は8〜9分、生地がきつね色になるまで焼く。 ⑬ 豆と硫酸紙を取る。必要なら、さらに2〜3分焼く。 ⑭ 室温まで冷まし、縁の余分な生地を落とす。
無塩バター（冷やしておく、角切り）	165g		83%	
粉砂糖	80g		40%	
アーモンドパウダー （Bob's Red Mill ブランド）	30g		15%	
塩	4g	小さじ1	2%	
ベーキングパウダー	2g	小さじ½	1%	

バリエーション：さまざまな風味のパイ生地

ダブルアーモンド
手順5で、アーモンドエクストラクト（アーモンド抽出液）を2.5g／小さじ¾加える。

ブラウンバター
手順4で、無塩バターの半量を凍らせたブール・ノワゼット（119ページ参照、いくつかに切っておく）で代用する。

ジンジャーブレッド
手順4で、「秋のスパイス・ミックス」（138ページ参照）53g／大さじ6½を加える。

ピーナッツ
手順4で、アーモンドパウダーの代わりに焼いて細かく挽いたピーナッツを使い、40g／大さじ3のなめらかなピーナッツバターを加える。

キャロット
卵黄の量を63g（卵約4個分）に増やす。手順4で、ニンジンパウダー（フリーズドライさせたもの）70gを加える。

チーズ
手順4で、細切りのパルメザンチーズ60gを加え、粉砂糖の量を20g／大さじ3に減らす。

ココナッツ
卵黄の量を63g（卵約4個分）に増やし、手順4でココナッツクリームパウダーを70g加える。

フランボワーズ
卵黄の量を63g（卵約4個分）に増やす。手順4でフリーズドライのフランボワーズ・パウダー（377ページ参照）を70g加える。

チョコレート
卵黄の量を68g（卵約4〜5個分）に増やす。手順4で、細かく刻んだブラックチョコレート186g、グラニュー糖80g／大さじ8、ココアパウダー（ダッチプロセス）34g、バニラエクストラクト（バニラ抽出液）を2g／小さじ¼加える。ベーキングパウダーの代わりに重曹を使う。手順12では、焼き時間を1〜2分増やす。手順13では硫酸紙を気をつけてそっとはがす。

焼いた生地の表面に溶かしたカカオバターを薄く刷毛で塗り、室温でカカオバターを固まらせてから、カスタードクリームを流し入れると、パイ生地のサクサク感が保てる。カカオの脂の層がバリアをつくり、生地が湿気るのを防いでくれる。

1 ウォーター・バスをあらかじめ67℃に温めておく。

2 卵黄をジッパーつきの袋に入れる。水圧を利用してできるだけ袋から空気を抜き、密封する（58ページ参照）。この手順と次の手順は飛ばすこともできるが、生の卵黄を使うと焼いたときに生地が縮んで固くなってしまう。

3 45分間、卵黄を真空調理する。

4 小麦粉、角切りにしたバター、粉砂糖、アーモンドパウダー、塩、ベーキングパウダーをフード・プロセッサーに入れ、見た目がコーンミールのようになるまでパルス操作で混ぜる。

5 卵黄を少しずつたらす。プロセッサーは、回し続ける。

6 生地がひとつにまとまり始めるまでプロセッサーを回し続ける。水分が足りないように見えても、最終的にはまとまる。

7 生地をボール状に丸め、厚めの円盤状に成形し、ラップをきっちりとかける。1時間以上冷蔵庫に入れ、グルテンを休ませ、バターを固くする。

8 オーブンを190℃に予熱する。

9 パイ皿よりも直径が約5cm大きい、厚さ3mmの円形に伸ばす。小さなタルト生地をつくる場合は、生地を4等分し、それぞれ伸ばす。生地がくっつくようなら、2枚のビニールまたは硫酸紙のあいだにはさんで伸ばすか、少しのあいだ冷蔵庫で冷やす。

10 パイ皿に生地を敷く。余分な生地も落とさずに、パイ皿のふちから垂らしておく。生地をしっかりとパイ皿のふちに押しつける。すぐに焼かない場合は、冷蔵庫に入れておく。

11 フォークで生地全体に穴をあける。保護層の役割を果たす硫酸紙をのせる。その上にパイ用重石または乾燥した豆を敷きつめ、焼いているあいだ、生地が浮き上がらないように側面に押しつける。

12 オーブンプレートにパイ皿をのせ、パイ生地が1枚の場合は約12分、小さなタルト生地4枚の場合は8〜9分、生地がきつね色になるまで焼く。途中生地を半回転させる。

13 火傷をしないように気をつけながら、豆と硫酸紙を取る。生地がまだ少し湿っぽく見える場合は、さらに2〜3分焼く。

14 室温まで冷まし、ふちの余分な生地を切り取る。

真空調理でつくるバニラとシナモン風味のカスタードクリーム

できあがりの分量：	500g／2カップ分（直径23cmのパイなら1個分、直径11cmのタルトなら4個分、直径30cmのパイなら半分満たす量）
調理時間：	2時間50分（準備：15分　冷蔵庫：2時間　真空調理：35分）
保存：	冷蔵庫で最長2日間保存可能
難易度：	低
必要な器具、材料：	真空調理専用の器具一式

カスタードクリーム（クレーム・パティシエール）はカスタードの中でも使われる頻度の高いクリームである。だが、従来のレシピではでんぷんの量が多すぎて、卵黄のエマルションは安定するものの、味がぼやけ、食感が粗くなるという欠点があった。

この問題を解決するために、わたしたちのレシピでは、まず卵黄を真空調理し、その後シナモンとバニラの香りを移した生クリームに混ぜている。この方法だとカスタードが凝固することもなく、さまざまな風味と食感の組み合わせが可能になる。その一部を次ページに掲載する。

材料	重量	分量	比率	手順
高脂肪生クリーム（乳脂肪分36%以上）	100g	110ml	100%	① ウォーター・バスをあらかじめ80℃に温めておく。
全乳	100g	100ml	100%	② 鍋に材料を入れて弱めの中火にかけ、砂糖と塩が完全に溶けるまで泡立て器でかき混ぜる。
砂糖	64g	大さじ5	64%	③ 冷蔵庫に2時間入れる。
シナモンスティック	3g	1本	3%	④ シナモンスティックを取り出す。
バニラの種（サヤからこそげ取る）	1g	小さじ¼／サヤ1本分	1%	
塩	0.3g	ひとつまみ	0.3%	
卵黄（溶きほぐして、漉しておく）	200g	卵11〜12個分	200%	⑤ ジッパーつきの袋に卵黄を入れ、水圧を利用して袋からできるだけ空気を抜き（58ページ参照）、密封する。
				⑥ 35分間、真空調理する。
				⑦ 真空調理の後、すぐに卵黄をミキサーに入れ、ピュレ状にする。
				⑧ 香りづけした牛乳と生クリームを少しずつ加えながらミキサーにかける。
無塩バター（やわらかくしておく）	50g		50%	⑨ ミキサーのスピードを高速に上げ、やわらかくしたバターを加えて、なめらかなクリーム状になるまで混ぜる。
				⑩ 温めて、または冷やして供する。

1 ウォーター・バスをあらかじめ80℃に温めておく。

2 鍋に生クリーム、牛乳、砂糖、シナモンスティック、バニラの種、塩を入れて弱めの中火にかけ、砂糖と塩が完全に溶けるまで泡立て器でかき混ぜる。

3 冷蔵庫に2時間入れて、生クリームと牛乳にシナモンとバニラの香りをつける。

4 シナモンスティックを取り出して捨てる。シノワで漉してバニラの種を取り除いてもよい。

5 溶きほぐした卵黄をジッパーつきの袋に入れ、水圧を利用して袋からできるだけ空気を抜き、密封する（58ページ参照）。

6 35分間、真空調理する。真空調理の後、卵黄はしっかりと完全に固まっている。

7 真空調理の後、すぐに卵黄をミキサーに入れて低速で回し、ピュレ状にする。すぐにピュレにできない場合は、卵黄の温度が下がらないようにしておく。でないと少しきめの粗いカスタードクリームになる。

8 香りづけした牛乳と生クリームを少しずつミキサーに加えながらミキサーにかける。

9 ミキサーのスピードを高速に上げ、やわらかくしたバターを加える。必要に応じて、ミキサーの側面についたクリームをこそげ落とす。なめらかなクリーム状になるまで混ぜる。混ぜた後、シノワで漉してもよい。

10 温めて、または冷やして供する。冷やせば冷やすほどとろみがつく。保存する場合は、クリームの表面に膜ができないように、表面に直接ラップを張りつけ、保存する。

バリエーション：さまざまな風味のカスタードクリーム

アマレット
シナモンスティックとバニラの種は入れない。手順8で、アマレットリキュールを5g／6ml／小さじ1¼加える。

レモン
シナモンスティックとバニラの種の代わりに、すりおろしたレモンの皮7.5g／大さじ2½（レモン2個分）を使う。手順8で、クエン酸4gを加える。

ココナッツ
高脂肪生クリームと牛乳の代わりに、無糖のココナッツクリームまたは無糖のココナッツミルクを使い、砂糖の量を80gに増やす。シナモンスティックとバニラの種は入れない。手順9では、やわらかくした無塩バター20g／大さじ2だけを使う。

ジンジャー
手順2ではシナモンスティックとバニラの種は入れずに、砂糖の量を57g／大さじ4½に減らし、みじん切りにしたショウガの砂糖漬け100g、ショウガ粉末0.5g／小さじ½、挽きたての黒コショウ0.1g／小さじ⅛を加える。手順4で牛乳と生クリームを混ぜたものをシノワで漉す。その後、ミキサーに入れる。

チーズ
この風味豊かなカスタードクリームをアレンジすれば、おいしいチーズディップや、シュークリーム用の甘みのないフィリングがつくれる。手順2では砂糖、シナモンスティック、バニラの種を入れず、代わりに細切りにしたグリュイエールチーズ200gを温めた牛乳と生クリームに少しずつ加え、チーズが完全に溶けてなめらかになるまでスティックミキサーを使って混ぜる。室温まで冷ます。冷蔵庫に入れると固まってしまうので注意する。手順5へと進む。

コーヒー（圧力をかけて風味づけする）
高脂肪生クリーム150g／165ml、牛乳150g／150mlをホイップ用サイフォンに注ぎ、深煎りの挽いていないコーヒー豆120gを加える。カートリッジ2本分の亜酸化窒素をサイフォンに注入して4時間、冷蔵庫に入れる。サイフォンの圧力を少しずつ解放する。生クリームは泡にしては出さない。コーヒーの香りを移した生クリームを漉して鍋に入れ、この後、手順1へ進む。シナモンスティックとバニラの種は入れない。サイフォンがない場合は、冷やした高脂肪生クリームと牛乳の中にコーヒー豆を入れて、12時間冷蔵庫に入れ、漉すといい。この後、手順1へと進む。

チョコレート
シナモンスティック、バニラの種、バターは入れない。手順2で、牛乳、砂糖、塩（ここでは生クリームは入れない）、細かく刻んだブラックチョコレート100g、カカオパウダー（ダッチプロセス）24gを湯煎にした鍋に入れて混ぜ合わせる。中火にかけ、砂糖、チョコレート、カカオパウダーが完全に溶けて全体がなめらかになるまで泡立て器で混ぜる。室温まで冷ます。手順5へと進む。手順8では、真空調理した卵黄に冷ましたチョコレートソースを少しずつ加えて混ぜ、高脂肪生クリームも少しずつ加える。必要に応じて高脂肪生クリームを追加し、カスタードのとろみを調整する。

固めのカスタードクリーム
ゼラチンを加えることで、固めのカスタードをつくることができる。カスタードクリーム550gに対してノックスの粉ゼラチン1gを使う。たとえば、上のレシピでは500gのカスタードクリームができるので、必要なゼラチンの量は0.9gとなる。冷たい生クリームまたは冷たい牛乳20g／20ml／大さじ1½（分量外）にゼラチンを入れて混ぜ、やわらかくする。ゼラチンが完全に溶けるまで弱中火にかける。手順9で、溶かしたゼラチンをバターと一緒に加える。パイのフィリングとして使うときは、手順9の後すぐにカスタードをパイケースに流し入れ、完全に固まるまで最低3時間、冷蔵庫に入れる。

ゼラチンを冷たい牛乳または冷たい生クリームに加え、弱中火でゼラチンを溶かす。詳しくは、366ページの「ゼラチンについて」を参照してほしい。

パイのトッピング

わたしたちのパイづくりの方法はシンプルだが、応用が利く。さまざまなパイ生地やカスタードクリーム、トッピングをうまく組み合わせれば、いくらでもおいしい組み合わせができる。下に挙げた甘いトッピングを使えば、378〜379ページのパイやこの章の他のデザートをさらに引き立たせることができる。

ココナッツクリームパイ

リンゴの泡

グラニースミスアップルジュース	200g	200ml
粉ゼラチン（ノックス）	2.4g	
ライム果汁	適量	
砂糖	適量	
塩	適量	

冷たいリンゴジュース50g／50mlを小さめの器に量り、ゼラチンを入れる。ゼラチンがやわらかくなるまで数分待ち、ゼラチンが溶けるまで弱中火で温める。残りのリンゴジュースを加え（写真参照）、ライム果汁、砂糖、塩で調味する。ここでしっかりと味をつける。ホイップ用サイフォンに注ぎ、カートリッジ2本分の亜酸化窒素をサイフォンに注入する。冷蔵庫に4時間入れ、サイフォンから泡を出す。このレシピを応用すれば、風味豊かなジュースはもちろん他のほとんどどんな飲みものからでも泡を簡単につくることができる。

パッションフルーツのグレーズ

パッションフルーツのピュレ （Perfect Purée of Napa Valley ブランド製）	20g	小さじ4
キサンタンガム	0.2g	

材料をとろみがつくまでかき混ぜる。新鮮なパッションフルーツの果肉を漉して自分でピュレをつくることもできる。

カカオニブとカルダモンダスト

カルダモンシード20gをコーヒーミルに入れ、粒子の粗いコーンミールのようになるまでミルにかける。カカオニブ20g／大さじ2½を加え、細かい粉になるまでさらにミルにかける。漉して、皮や大きなかたまりを取り除く。カフェラッテやカプチーノなどに飾ってもよく合う。

アップルクリームパイ

チョコレートクリームパイ

バナナクリームパイ

アーモンド
チェリークリームパイ

ガスバーナーでキャラメリゼしたバナナ

| バナナ（5mm厚さの斜め切り） | 120g | 大きめのもの1本 |
| 砂糖 | 30g | 大さじ3 |

オーブンプレートにバナナのスライスを並べ、20分ほど冷凍庫に入れる。¼量の砂糖をバナナの上にかける。ガスバーナー（15ページ参照）を使って砂糖を溶かし、キャラメリゼする。これをさらに3回繰り返し、濃いキャラメル色の層でバナナをコーティングする。バナナがやわらかくなったり、バナナに火が通ったりしないよう、必要に応じて冷凍庫に戻す。冷凍庫で保存する。

キャラメリゼしたアーモンド

スライスアーモンド	50g	
砂糖	25g	大さじ2½
卵白（溶きほぐしておく）	10g	小さじ2½
塩	ひとつまみ	

オーブンをあらかじめ175℃に熱しておく。オーブンプレートに硫酸紙を敷く。材料をよく混ぜ合わせ、硫酸紙の上に重ならないように均一に広げる。きつね色になるまで6分ほど焼く。室温まで冷まし、砕く。密封容器に入れて保存する。

フリーズドライ・フランボワーズのパウダー

フリーズドライしたフランボワーズをコーヒーミル（フード・プロセッサーまたはミキサーでも可）に入れ、粉末にする。シノワで漉して、種や大きなかたまりを取り除く。

フランボワーズレモンクリームパイ

ジンジャークリームパイ

クリームパイ

　ここで紹介するレシピは、この章で見てきたパイ生地やカスタードクリーム、トッピングのバリエーションを組み合わせたものだが、それ以外にもいくつかのフィリングやトッピングをつけ加えてある。これらのレシピを使えば、ほとんどどんな料理にも合うおいしいデザートがつくれる。まず、指示された生地をつくる。レシピは372ページを参照する。次に、374ページのレシピを見てフィリングを準備する（30cmのパイをつくる場合は、レシピの分量を倍にする）。カスタードクリームを焼いた生地に流し入れ、クリームが固まるまで最低1時間、冷蔵庫に入れる。最後に、指示されたトッピング（レシピは376〜377ページ参照）またはホイップクリーム、新鮮なフルーツなどをパイに飾る。ここに挙げたトッピングの分量は、11cmのタルト4個分だ。これより大きなパイをつくる場合は分量を調整する。

アーモンドチェリークリームパイ
パイ生地：ダブルアーモンド
フィリング：アマレット風味のカスタードクリーム
トッピング：タルト1個につき半分に切ったチェリー6つ分をのせ、「キャラメリゼしたアーモンド」を15g／大さじ1を砕いてのせる。

ジンジャークリームパイ
パイ生地：ジンジャーブレッド
フィリング：ジンジャー風味のカスタードクリーム
トッピング：タルト1個につき、みじん切りにしたショウガの砂糖漬け（市販のもの）15g／大さじ1をのせる。

ココナッツクリームパイ
パイ生地：ココナッツ
フィリング：ココナッツ風味のカスタードクリーム
トッピング：カスタードクリームの表面をなめらかにして、「パッションフルーツのグレーズ」5g／小さじ1をそれぞれのタルトに薄く広げる。グレーズの上に薄切りにした若いココナッツを散らす。パリパリした食感にしたい場合は、せん切りのココナッツを焼いて砕いたものを出す直前にタルトの上にのせて供する。

チョコレートクリームパイ
パイ生地：チョコレート
フィリング：チョコレート風味のカスタードクリーム
トッピング：ホイップ用生クリーム200g／220mlと深煎りで挽いていないコーヒー豆53gを混ぜ合わせ、12時間冷蔵庫に入れて、コーヒーの香りを生クリームに移す。生クリームを漉し、ホイップ用サイフォンに注ぐ。カートリッジ2本分の亜酸化窒素をサイフォンに注入し、カスタードクリームの上にコーヒー風味のホイップクリームを広げる。「カカオニブとカルダモンダスト」を飾る。

バナナクリームパイ
パイ生地：ピーナッツ
フィリング：まず、「圧力鍋でキャラメリゼしたバナナ・ピュレ」（181ページ参照）65gをパイ生地に流し入れ、なめらかにする。その上に、「圧力をかけて風味づけしたコーヒー風味のカスタードクリーム」を流し入れる。
トッピング：供する直前に、凍らせた「ガスバーナーでつくるキャラメルバナナ」をのせる。

アップルクリームパイ
パイ生地：ブラウンバター
フィリング：真空調理でつくるバニラとシナモン風味のカスタードクリーム
トッピング：供する直前に「リンゴの泡」をのせる。

風味のいいチーズパイ
パイ生地：チーズ
フィリング：「圧力鍋でキャラメリゼしたタマネギ」（127ページ参照）50gを入れ、なめらかにする。その上に「チーズ風味のカスタードクリーム」を流し入れる。
トッピング：タルト1個につき、10g／大さじ2½の「チーズクランブル」（316ページ参照）、「クリスピー・エシャロット」（353ページのバリエーション参照）、刻んだ生のタイムを供する直前にのせる。

フランボワーズレモンのクリームパイ
パイ生地：フランボワーズ
フィリング：「レモン風味のカスタードクリーム」または「真空調理した卵でつくるレモンカード」（365ページ参照）
トッピング：「フリーズドライ・フランボワーズのパウダー」をふりかける。

参考にすべき文献リスト

Achatz, G. *Alinea.* Achatz, 2008.
Adrià, F. *The Family Meal: Home Cooking with Ferran Adrià.* Phaidon, 2011.
Adrià, F., Soler, J., and Adrià, A. *elBulli 1983–1993.* RBA Practica, 2004.
Adrià, F., Soler, J., and Adrià, A. *elBulli 1994–1997.* Ecco, 2006.
Adrià, F., Soler, J., and Adrià, A. *elBulli 1998–2002.* Ecco, 2005.（『エルブリ──1998-2002』角川書店、2004年）
Adrià, F., Soler, J., and Adrià, A. *elBulli 2003–2004.* Ecco, 2006.
Adrià, F., Soler, J., and Adrià, A. *A Day at elBulli: An Insight into the Ideas, Methods and Creativity of Ferran Adrià.* Phaidon, 2008.
Aduriz, A. L. *Mugaritz: A Natural Science of Cooking.* Phaidon, 2012.
Aftel, M. and Patterson, D. *Aroma: The Magic of Essential Oils in Food & Fragrance.* Artisan, 2004.
Alford, J. and Duguid, N. *Mangoes & Curry Leaves: Culinary Travels Through the Great Subcontinent.* Artisan, 2005.
Andrés, J. and Wolffe, R. *Made in Spain: Spanish Dishes for the American Kitchen.* Clarkson Potter, 2008.
Angier, B. *Field Guide to Edible Wild Plants.* Stackpole Books, 2008.
Baldwin, D. E. *Sous Vide for the Home Cook.* Paradox, 2010.
Beranbaum, R. L. *The Cake Bible.* William Morrow Cookbooks, 1988.
Barham, P. *The Science of Cooking.* Springer, 2001.（『料理のわざを科学する──キッチンは実験室』丸善出版、2003年）
Batali, M. *The Babbo Cookbook.* Clarkson Potter, 2002.
Blumenthal, H. *Family Food: A New Approach to Cooking.* Michael Joseph, 2002.
Blumenthal, H. *In Search of Perfection: Reinventing Kitchen Classics.* Bloomsbury USA, 2006.
Blumenthal, H. *The Big Fat Duck Cookbook.* Bloomsbury USA, 2008.
Blumenthal, H. *Heston Blumenthal at Home.* Bloomsbury USA, 2011.
Bouley, D., Lohninger, M., and Clark, M. *East of Paris: The New Cuisines of Austria and the Danube.* Ecco, 2003.
Boulud, D. and Kaminsky, P. *Chef Daniel Boulud: Cooking in New York City.* Assouline, 2002.
Bras, M. *Essential Cuisine.* Ici La Press, 2002.
Brown, A. *Good Eats: The Early Years.* Stewart, Tabori & Chang, 2009.
Chang, D. and Meehan, P. *Momofuku.* Clarkson Potter, 2009.
Child, J., Bertholle, L., and Beck, S. *Mastering the Art of French Cooking.* Knopf, 2001.
Clark, M. *Cook This Now: 120 Easy and Delectable Dishes You Can't Wait to Make.* Hyperion, 2011.
Cook's Illustrated, the editors of. *The New Best Recipe.* America's Test Kitchen, 2004.
Corriher, S. O. *BakeWise: The Hows and Whys of Successful Baking with Over 200 Magnificent Recipes.* Scribner, 2008.
Corriher, S. O. *CookWise: The Secrets of Cooking Revealed: The Hows and Whys of Successful Cooking with Over 230 Great-Tasting Recipes.* William Morrow Cookbooks, 1997.
The Culinary Institute of America. *The Professional Chef,* Ninth Edition. Wiley, 2011.
Curious Cook. curiouscook.com
Davidson, A. *Mediterranean Seafood: A Comprehensive Guide with Recipes.* Ten Speed Press, 2002.
Davidson, A. *Seafood: A Connoisseur's Guide and Cookbook.* Simon & Schuster, 1989.
Davidson, A. *The Oxford Companion to Food,* Second Edition. Oxford University Press, 2006.
Ducasse, A. and Piège, J.-F. *Grand Livre de Cuisine: Alain Ducasse's Culinary Encyclopedia.* Ducasse Books, 2005.
Escoffier, A. *The Escoffier Cookbook and Guide to the Fine Art of Cookery: For Connoisseurs, Chefs, Epicures.* Crown Publishers, 2000.
Gayler, P. *The Sauce Book: 300 World Sauces Made Simple.* Kyle Books, 2009.（『Paul Gayler'sソースブック──シンプルで簡単なおいしい世界のソースレシピ300』ガイアブックス、2009年）
Girardet, F. *The Cuisine of Fredy Girardet: The Incomparable Recipes of the Greatest Chef in Europe.* William Morrow and Company, 1987.
Green, C. and Scott, S. *The Wild Table: Seasonal Foraged Food and Recipes.* Studio, 2010.
Henderson, F. *The Whole Beast: Nose to Tail Eating.* Ecco, 2004.
Herbst, S. T. and Herbst, R. *The Deluxe Food Lover's Companion.* Barron's, 2009.
Humm, D. and Guidara, W. *Eleven Madison Park: The Cookbook.* Little, Brown and Company, 2011.
Ideas in Food. blog.ideasinfood.com
Iuzzini, J. and Finamore, R. *Dessert FourPlay: Sweet Quartets from a Four-Star Pastry Chef.* Clarkson Potter, 2008.
Joachim, D., Schloss, A., and Handel, A. P. *The Science of Good Food: The Ultimate Reference on How Cooking Works.* Robert Rose, 2008.
Kamozawa, A. and Talbot, H. A. *Ideas in Food: Great Recipes and Why They Work.* Clarkson Potter, 2010.
Katz, S. E. *Wild Fermentation: The Flavor, Nutrition, and Craft of Live-Culture Foods.* Chelsea Green Publishing, 2003.（『天然発酵の世界』築地書館、2015年）
Keller, T. *The French Laundry Cookbook.* Artisan, 1999.
Keller, T. *Bouchon.* Artisan, 2004.
Keller, T. *Ad Hoc at Home: Family-Style Recipes.* Artisan, 2009.
Kunz, G. and Kaminsky, P. *The Elements of Taste.* Little, Brown and Company, 2001.
Kurlansky, M. *Salt: A World History.* Penguin, 2003.（『塩の世界史──歴史を動かした小さな粒』中央公論新社、2014年）
Lahey, J. *My Pizza: The Easy No-Knead Way to Make Spectacular Pizza at Home.* Clarkson Potter, 2012.
Librairie Larousse's Gastronomic Committee. *Larousse Gastronomique: The World's Greatest Culinary Encyclopedia.* Clarkson Potter, 2009.
Lo, E. Y.-F. *The Chinese Kitchen: Recipes, Techniques, Ingredients, History, and Memories from America's Leading Authority on Chinese Cooking.* William Morrow Cookbooks, 1999.
Logsdon, J. *Cooking Sous Vide: A Guide for the Home Cook.* CreateSpace, 2009.
McGee, H. *Keys to Good Cooking: A Guide to Making the Best of Foods and Recipes.* Penguin Press, 2010.
McGee, H. *On Food and Cooking: The*

Science and Lore of the Kitchen. Scribner, 2004.（『マギーキッチンサイエンス——食材から食卓まで』共立出版、2008年）

McLagan, J. *Bones: Recipes, History, & Lore.* William Morrow Cookbooks, 2005.

Migoya, F. J., The Culinary Institute of America. *The Modern Café.* Wiley, 2009.

Mikanowski, L. and Mikanowski, P. *Egg.* Flammarion, 2007.

Myhrvold, N., Young, C. and Bilet, M. *Modernist Cuisine: The Art and Science of Cooking.* The Cooking Lab, 2011.

North, J. *French Lessons: Recipes and Techniques for a New Generation of Cooks.* Hardie Grant Books, 2007.

Oliver, J. *Jamie's Food Revolution: Rediscover How to Cook Simple, Delicious, Affordable Meals.* Hyperion, 2009.

Passard, A. *The Art of Cooking with Vegetables.* Frances Lincoln, 2012.

Pelaccio, Z. *Eat with Your Hands.* Ecco, 2012.

Pépin, J. *Jacques Pépin's Complete Techniques.* Black Dog & Leventhal, 2001.

Peterson, J. *Vegetables: The Most Authoritative Guide to Buying, Preparing, and Cooking, with More than 300 Recipes.* William Morrow Cookbooks, 1998.

Peterson, J. *Sauces: Classical and Contemporary Sauce Making,* Third Edition. Wiley, 2008.

Peterson, J. *Kitchen Simple: Essential Recipes for Everyday Cooking.* Ten Speed Press, 2011.

Pollan, M. *The Omnivore's Dilemma: A Natural History of Four Meals.* Penguin Press, 2006.（『雑食動物のジレンマ——ある4つの食事の自然史』東洋経済新報社、2009年）

Pollan, M. *In Defense of Food: An Eater's Manifesto.* Penguin, 2008.（『ヘルシーな加工食品はかなりヤバい——本当に安全なのは「自然のままの食品」だ』青志社、2009年）

Potter, J. *Cooking for Geeks: Real Science, Great Hacks, and Good Food.* O'Reilly Media, 2010.（『Cooking for Geeks ——料理の科学と実践レシピ』オライリー・ジャパン、2011年）

Psilakis, M. *How to Roast a Lamb: New Greek Classic Cooking.* Little, Brown and Company, 2009.

Redzepi, R. *Noma: Time and Place in Nordic Cuisine.* Phaidon, 2010.（『ノーマ——北欧料理の時間と場所』ファイドン、2011年）

Reinhart, P. *American Pie: My Search for the Perfect Pizza.* Ten Speed Press, 2003.

Richard, M. and Heller, S. *Happy in the Kitchen: The Craft of Cooking, the Art of Eating.* Artisan, 2006.

Ripert, E. and Le Coze, M. *Le Bernardin Cookbook: Four-Star Simplicity.* Clarkson Potter, 1998.

Ripert, E. and Muhlke, C. *On the Line: Inside the World of Le Bernardin.* Artisan, 2008.

Robuchon, J. *Cooking Through the Seasons.* Rizzoli, 1995.

Robuchon, J. *The Complete Robuchon.* Knopf, 2008.

Roca, J. and Brugués, S. *Sous Vide Cuisine.* Montagud Editores, 2005.

Roden, C. *Arabesque: A Taste of Morocco, Turkey, & Lebanon.* Knopf, 2005.

Ruhlman, M. *The Elements of Cooking: Translating the Chef's Craft for Every Kitchen.* Scribner, 2007.

Ruhlman, M. *Ratio: The Simple Codes Behind the Craft of Everyday Cooking.* Scribner, 2010.

Ruhlman, M. *Ratio: Ruhlman's Twenty: 20 Techniques, 100 Recipes, A Cook's Manifesto.* Chronicle Books, 2011.

Sass, L. *Pressure Perfect: Two Hour Taste in Twenty Minutes Using Your Pressure Cooker.* William Morrow Cookbooks, 2004.

Silverton, N., Molina, M., and Carreno, C. *The Mozza Cookbook: Recipes from Los Angeles's Favorite Italian Restaurant and Pizzeria.* Knopf, 2011.

Sokolov, R. *Why We Eat What We Eat: How Columbus Changed the Way the World Eats.* Touchstone, 1993.

Stampfer, V. *Sous-vide: Cooking in a Vacuum.* Matthaes, 2008.

Standage, T. *An Edible History of Humanity.* Walker & Company, 2009.

Steingarten, J. *The Man Who Ate Everything.* Vintage, 1998.（『すべてを食べつくした男』文藝春秋、2005年）

Steingarten, J. *It Must've Been Something I Ate: The Return of the Man Who Ate Everything.* Knopf, 2002.（『やっぱり美味しいものが好き』文藝春秋、2005年）

Stewart, M. *Martha Stewart's Cooking School: Lessons and Recipes for the Home Cook.* Clarkson Potter, 2008.

This, H. *Kitchen Mysteries: Revealing the Science of Cooking.* Columbia University Press, 2007.

This, H. *The Science of the Oven.* Columbia University Press, 2009.

Thompson, D. *Thai Food.* Ten Speed Press, 2002.

Thompson, D. *Thai Street Food: Authentic Recipes, Vibrant Traditions.* Ten Speed Press, 2010.

Thompson, R. B. *Illustrated Guide to Home Chemistry Experiments.* O'Reilly Media, 2008.

Tierno, P. M., Jr. *The Secret Life of Germs: What They Are, Why We Need Them, and How We Can Protect Ourselves Against Them.* Atria Books, 2004.

Tosi, C. *Momofuku Milk Bar.* Clarkson Potter, 2011.

Trotter, C. *Charlie Trotter's Vegetables.* Ten Speed Press, 1996.

Tsuji, S. *Japanese Cooking: A Simple Art.* Kodansha International, 2007.

van Wyk, B.-E. *Food Plants of the World: An Illustrated Guide.* Timber Press, 2005.

de La Varenne, F.-P. *La Varenne's Cookery: The French Cook, The French Pastry Chef, The French Confectioner.* Prospect Books, 2006.

Vega, C., Ubbink, J., and van der Linden, E., editors. *The Kitchen as Laboratory: Reflections on the Science of Food and Cooking.* Columbia University Press, 2012.（『The Kitchen as Laboratory ——新しい「料理と科学」の世界』講談社、2017年）

Vetri, M. *Rustic Italian Food.* Ten Speed Press, 2011.

Vetri, M. and Joachim, D. *Il Viaggio di Vetri: A Culinary Journey.* Ten Speed Press, 2008.

Voltaggio, B. and Voltaggio, M. *VOLT ink.: Recipes, Stories, Brothers.* Olive Press, 2011.

Vongerichten, J.-G. *Asian Flavors of Jean-Georges.* Clarkson Potter, 2007.

Vongerichten, J.-G. and Ko, G. *Home Cooking with Jean-Georges: My Favorite Simple Recipes.* Clarkson Potter, 2011.

Vongerichten, M. and Turshen, J. *The Kimchi Chronicles: Korean Cooking for an American Kitchen.* Rodale, 2011.

Wolfert, P. *The Cooking of Southwest France: Recipes from France's Magnificent Rustic Cuisine.* Wiley, 2005.

Wolke, R. L. and Parrish, M. *What Einstein Told His Cook: Kitchen Science Explained.* W. W. Norton & Company, 2002.（『料理の科学1——素朴な疑問に答えます』楽工社、2012年）

Wolke, R. L. and Parrish, M. *What Einstein Told His Cook 2: The Sequel: Further Adventures in Kitchen Science.* W. W. Norton & Company, 2005.（『料理の科学2——素朴な疑問に答えます』楽工社、2013年）

Wrangham, R. *Catching Fire: How Cooking Made Us Human.* Basic Books, 2009.（『火の賜物——ヒトは料理で進化した』エヌティティ出版、2010年）

料理用語集

00粉（ゼロゼロ粉）──イタリアの小麦粉。小麦粒の中心部を粉に挽いたもの。上質のタンパク質を含むので、フレッシュパスタや、ピッツァやチャバッタのようなパンをつくるのに最適。

N-ソルビット──ナショナル・スターチ社がタピオカからつくるマルトデキストリンに用いるブランド名。

MAPPガス──比較的クリーンな排気で、高温で燃焼する燃料ガス。メチルアセチレンとプロパジエンからつくられ、台所のバーナーで使われる。いまではMAPPガスは北米では使われていないが、それに代わるプロピレンベースの燃料でも代用できる。プロパンとブタン燃料はMAPPガスほど料理においては力を発揮しない。

PID制御器──温度の精密制御のための自動デジタルコントローラ。ウォーター・バス、新型のオーブン、高性能のエスプレッソマシンで使われている。

PVC──広く製造されているプラスチックのポリ塩化ビニル。

アイオリ──ニンニクの風味をしっかりと効かせたマヨネーズに似たソース。伝統的なつくり方ではジャガイモやパンを加えることが多い。

アエロラッテ──ハンディタイプの電池式泡立て器のブランド名。ミルクを泡立てるのに使われることが多い。

アガベシロップ（アガベネクター）──剣のような形の葉をもつ、砂漠に生育する背の低い多肉植物リュウゼツランからつくられる甘味料。

アスコルビン酸──ビタミンCの化学名。

アシュケナージ──ユダヤ人の主要なグループのひとつ。イディッシュ語を話し、主に東欧に住む。

アジョワン──ラヴィッジと同じセリ科の植物の、小さな種のような形をした果実。タイムやキャラウェイに似た風味をもち、インド料理で使われる。

アチョーテ・ペースト──ベニノキの種子の周りの仮種皮からつくる赤いペースト。料理に色とコショウに似たかすかな風味を与える。

圧力鍋で脂肪を溶かす──ローストのようなおいしい風味をつけるために、圧力鍋を使って脂肪を溶かす。

圧力で風味をつける──圧力をかけて食材に風味をつけるプロセスを速めること。ホイップ用サイフォンは、圧力をかけてマリナードにハーブやスパイスの風味をつけたり、生クリームにコーヒー風味をつけたりするのに使うことができる。

アドボ──酢のたっぷり入った煮汁で、つやが出るまで肉を煮込んだ料理。フィリピンの国民食。

アナルダナ（乾燥ザクロの実）──ザクロの種子とそれを包む仮種皮を乾燥させたインドの香辛料で、チャツネやカレーに酸味をつけるためによく使われる。主に野生の酸っぱいザクロから取られる。

網杓子──長い柄のついた平たい網じゃくし。蜘蛛の巣のような金網でできていることが多い。

アミノ酸──タンパク質を構成する化学的成分のひとつ。ほぼすべてのタンパク質は22種類のアミノ酸から構成されている。

アミロース──天然のデンプン粒を構成するグルコース（ブドウ糖）から成るポリマーの一種。アミロペクチンよりもゲル化しやすい。

アミロペクチン──天然のデンプン粒を構成するグルコースから成るポリマーの一種。水の分子を取り込んでアミロースよりも膨潤しやすく、粘りを与える。

アムチュール──グリーンマンゴー（熟す前のマンゴー）を乾燥させ、粉にしたもの。酸味を加える調味料として使われる。

アルカリ性──pHの値が7より大きいこと。

アルボリオ米──デンプンを多く含む短粒米。リゾットやライスプディングで使われることが多い。

泡安定剤──泡が消えないように使われる物質。

イースト──単細胞の真菌類。ワインを発酵させたり、パンを膨らませる気泡をつくったりするのに使われる。

合わせバター──やわらかくしたバターに風味づけの材料を混ぜ合わせ、もう一度冷やしたもの。ソースまたは薬味代わりに使われる。

イベリコハム（ハモン・イベリコ、イベリアハム）──塩漬け・乾燥によってつくられるスペインの生ハム。イベリア種の黒豚からつくられる。もっとも評価の高いハムは、自然の中で放牧されて運動し、オリーブやどんぐりをたっぷり食べて育った豚からつくられたハムである。

イマージョン・サーキュレーター（取りつけ式サーキュレーター）──水の入った容器に取りつけ、水を温めて循環させる、ウォーター・バス用の装置。

イミッシブル（不混和の）──混ざらずに攪拌を停止すると分離していくこと。たとえば、油と水は不混和である。

インスタ・キュア#1（亜硝酸塩入りの塩）──93.75パーセントの塩、6.25パーセントの亜硝酸ナトリウム、食用色素をブレンドした塩せき剤。インスタ・キュア#2はこれとは異なり、代わりに使うことはできない。

インフュージョン──紅茶やバニラエクストラクトのように、材料を煎じたり浸したりして風味や色を

つけた液体。

インフューズ（しみ込ませる、風味を移す）──風味や微粒子を液体に溶かすために煎じたり浸したりする。

ヴィンダルー──ポルトガル領だったゴア発祥のスパイシーなカレー料理。ソースには大量のトウガラシ、酸味としてビネガーと乾燥させたマンゴーの皮（またはそのどちらか）が入っていることが多い。豚でつくられることが多い。

うまみ──アミノ酸であるグルタミン酸やその塩のグルタミン酸ナトリウムなどによって生じる味。さまざまな食品に高濃度で含まれていて、ミルク、チーズ、トマト、キノコ、中でも海藻に多く含まれている。

ウッフ・アン・ココット──小さな型に割り入れてオーブンで火を通した卵料理。

裏漉し、ふるい──とても目の細かい網を張った円筒形の器具。

液胞──植物細胞の中の細胞液で満たされた空間のこと。

エスカルゴ（リンゴマイマイ）──陸に住む大きな食用カタツムリのひとつ。缶詰で売っている。よくガーリックハーブバターと共にオーブンで焼いて、フランス料理として出される。

枝豆──まだ熟してない緑色の大豆。サヤのまま売られていることが多い。

エッセンシャル・オイル──スパイス、ハーブ、花、その他の植物に含まれる、芳香をもつ揮発性の化合物の高濃度の混合物。抽出された油は一般に香料として用いられ、食品や料理に適した品質等級であることが多い。

エネルギー──物理学における仕事をする能力。

エマルション──油や水のように、通常は互いに混じり合わない2種類の液体の一方が他方の中に細粒状に分散した混合物。

塩化カルシウム──カルシウムの無機塩類のひとつ。豆の皮を引きしめるのに使われる。モダニスト流ゲルをつくるのにも使う。

遠心力──物体が軸の周りで回転するとき、外に向かって作用する力。

塩分──水に溶けている塩（塩類）の濃度。

オイルスプレー──スプレーに入った料理用の精製油。市販のオイルスプレーにはレシチンが含まれている。

オゼイユ（スイバ）──大きく平らな葉とレモンのような風味をもつハーブの一種。風味づけやサラダ用野菜として使われる。

温度──摂氏、華氏のような相対的尺度で計られる「熱さ」や「冷たさ」の値。接する物体間の熱が流れの方向を決める。

海鮮醬──甘く、スパイシーな赤褐色の中国のソース。大豆、ニンニク、チリ・ペッパー、その他スパイスからつくる。

海南チキンライス──中国の海南島発祥のチキン料理。とくにシンガポールとマレーシアで人気がある。ゆでたチキンを、そのゆで汁で煮た米、スパイシーなディップ、鶏のだしが効いたゆで汁と一緒に出す。スライスしたキュウリとトマトがつけ合わせとしてよく出される。

拡散──接触する領域がすべて平衡状態になるまで、熱または物質（たとえば塩漬け液など）が高濃度の領域から濃度の低い隣の領域へ移動する自然現象。

風袋──はかりで量るときの容器。容器を置いたとき、目盛りをゼロにリセットすることで内容量が量れる。

カシミール・チリ──南インドで人気がある、長くて真っ赤な乾燥トウガラシ。あまり辛味をつけずに、色と複雑な風味を加えることができる。

かつお節──サバ科のカツオ類の身を加熱してから乾燥させ、削ったもの。だしの主原料となり、調味やあしらいにも使われる。

活性ドライイースト──顆粒状のドライイーストで、ほとんどのスーパーで手に入る。脱水・乾燥し、イーストを生きたまま休眠状態に保つ。

カード──乳がゲル状にかたまったもの。牛乳などの乳に凝固剤を加えてつくる。チーズの原料となる。

過熱水蒸気オーブン──過熱水蒸気と熱風を使う調理用オーブン。ウィンストン社がつくっているCVapがもっとも有名なブランドである。

加熱用精製油──高温に耐える料理用油。油特有の風味を食材に与えない。

カポコッロ（キャピコロ、コッパ）──豚の肩から首にかけての部分の肉を塩漬けし、豚の腸などに詰めて熟成させたイタリアの生ハム。サラミソーセージと同じように出されることが多い。

ガム──植物から得られる多糖類。水分が加わると膨潤し、さまざまな要因によってとろみをつけたり、ゲル化させたりする。

カラギーナン──ゼラチンに代わるベジタリアン用のゲル化剤。さまざまな紅藻類（アイリッシュ・モスとも呼ばれる）から抽出される。イオタタイプのカラギーナンはやわらかく弾力性のあるゲルを形成する。カッパタイプは固く脆いゲルを形成する。ラムダタイプは高い粘性を与えるが、ゲル化能力はもたない。

カラナマック──ブラックソルトの項目を参照。

ガランガル──ショウガ科の植物の根茎の地下茎。ショウガに似た味で、ほんのりコショウのような、ショウノウのような香りがする。タイ料理でよく使われる。

カルドン──アーティチョークの仲間のヨーロッパ野菜。筋の多い茎を食用にする。

カルナローリ米──デンプンを多く含むイタリア米。リゾットに使われることが多い。

カルニタス──メキシコ料理。時間をかけて火を通した豚肉をほぐし、炒めて茶色く色づけたもの。

カルビ──韓国語で「リブ（あばら骨）」を意味する。通常、スライスしたショートリブ（トモバラ）をさす。また韓国の焼肉で使われる醬油ベースの漬けだれも指す。

カレーリーフ──インドやスリランカ料理に生でよく使われる、つやがあって香りのいい葉。南インドでは油で炒めて香味料や飾りとして使われることが多い。

カロテン──ニンジンやカボチャのような植物に含まれる脂溶性の色素。体内でビタミンAに変換

v

される。カロテンの中でベータカロテンがもっとも多い。

乾球温度――空気の温度のこと。湿球温度とは異なり、湿度に影響を受けない。

乾燥卵白（アルブミンパウダー）――卵白タンパク質から水分を除いたもの。

寒天――海藻から抽出した、透明で味のないゲル化剤。増粘剤や安定剤として使うこともできる。

ギー――ゆっくりと時間をかけてつくられた無塩の澄ましバター。とくにインド料理に使われる。

ギガヘルツ――周波数の単位。10億ヘルツ。

ギガンテ豆――平たくとても大きな白い乾燥豆。ギリシャでサラダまたは前菜としてよく出される。

キサンタンガム――増粘剤。炭水化物を発酵して得られる。広い温度範囲、pH範囲にわたって働く。その条件によって、性質が異なるハイドロコロイドになる。キサンタンガムでとろみをつけたソースはかき混ぜるととろみの程度が薄くなるが、放置するとまた濃くなる。

キヌア――インカ帝国でも栽培されていた、古代から伝わる植物の種子。粒が小さくて丸い。穀類よりタンパク質を多く含み、炭水化物が少ない。

キノコのひだ――キノコの裏面。黒く薄い放射状の器官。胞子をつくる。本書ではソースの色づけに使われる。

キャリブレート――温度計、オーブンのような器具の性能が、既知の基準値からはずれていないか確認し、はずれている場合は、基準値と一致するよう調整すること。不正確さを補うためレシピの内容を変えることもある。

キュア――塩を使って食材を保存すること。この後、燻製にされることも多い。そのための塩漬け液を「ピクル」と呼んだり、酸味のある液に漬けることも「キュア」と言ったりするので紛らわしいが、このふたつは基本的なプロセスが異なる。

キュアリング――塩や亜硫酸ナトリウムのような化学物質を混ぜたものを肉に擦り込む（またはそれらの溶液に肉を漬ける）こと。食感、風味、色などを変化させるために行う。

強制対流――ファンまたはポンプを使って高温流体（たとえば空気または水）を食品の周囲に動かしたときに生じる熱伝達。

魚醤（ガルム、ナンプラー、ニョクマム、ムリア）――魚類を塩漬けにして発酵させてつくる、透明で塩辛い香味料または調味料。東南アジアで広く使われている。

筋繊維――筋肉を構成する収縮性の細胞。

筋膜――筋肉を覆う灰色の膜状の結合組織。固く食用に適さない。

グアーガム――グアーの種子の胚乳から得られる。増粘剤として用いられる。ローカストビーンガム（キャロブガム）に似ている。

クエン酸ナトリウム――クエン酸の塩。よくプロセスチーズの乳化剤として使われている。また飲料に酸味を加えるのにも使われる。保存料としても働く。

クラウン――家禽のむね肉、胸郭、手羽をひとかたまりにして切ったもの。

グラニータ――シャーベットに似ているが、シャーベットよりも大きな氷の結晶をもつフレーバーアイス。糖分と溶解固形分が少ないため、大きな氷の結晶がつくられる。

グリーンパパイヤ――未熟のパパイヤ。東南アジア料理ではサラダの材料として人気がある。丸ごとまたは細く切って売っている。

グリーンマンゴー――熟する前に収穫した酸味のある固いマンゴー。生のものは、ピクルスにしたり南アジア料理で使われたりする。乾燥のものは、インドの調味料アムチュールをつくるのに使われる。

グルタミン酸ナトリウム（MSG）――食材にうまみを加えるアミノ酸の塩。多くの食材に天然に含まれているが、小売店でも食卓塩と同じように売られている。

グルテン――穀物、とくに小麦に含まれるタンパク質の混合物。生地に独特のまとまりを与える。

クレソン――かすかな苦みのある水生の葉野菜。安全な水質の場所で採取されている。

クレーム・フレッシュ――生クリームを指すフランス語。酸味のある半固形状の発酵クリームは、昔は自然発酵させていたが、今日では商業的につくられている。

ゲージ圧――圧力釜内部の圧力と周囲の気圧との差。釜内部の圧力の値の方が高い。釜の圧力計に示される。

ケソ・フレスコ（ケソ・ブランコ）――中南米のマイルドな味わいのやわらかな白いチーズ。

嫌気性菌――生育に酸素を必要としない細菌。

嫌気性の――酸素なしで生存できる。

甲殻類――水生無脊椎動物。オマール、カニ、エビなど。複数の体節からなる甲殻に覆われている。

抗酸化物質――酸化反応を抑制する化合物。切ったリンゴにレモン汁やクエン酸をかけると、それらが抗酸化物質として働き、酸化によるリンゴの変色を抑えてくれる。

硬水――マグネシウム塩、カルシウム塩などが溶解し、特定のイオンを含む水。

酵素――他の物質の化学反応に対して触媒として機能するタンパク質分子。その過程で壊れたり、変化したりしない。

効率――一定の期間内に機械が行う有効仕事量。通常、その期間に機械を稼働させるのに必要なエネルギー量との比で表される。

ココナッツウォーター――若いココナッツの内側にある通常透明なまたは透明に近い液体。

ココナッツクリーム――成熟したココナッツの新鮮な果肉をすりおろし、水と混ぜて搾ったココナッツミルクから、脂肪分に富む「クリーム」の上澄みをすくったもの。ねっとりとして、クリーミーな液状。

ココナッツクリームパウダー――乾燥させた粉末状のココナッツクリーム。アジアンマーケットや専門店で手に入れることができる。

ココナッツミルク――濃厚な乳状の液体。すりおろしたココナッツの「果肉」に水を加えて目の粗い漉し布で搾ったもの。

コチュジャン――大豆やトウガラシを発酵させたペースト状の韓国の辛い調味料。調味料としても香味料としても用いられる。

コティハ（ケソ・アニェーホ）――乾燥した塩気の強いメキシコの牛乳のチーズ。

木の芽――山椒の木の新芽。葉がやわらかい春先のものがいい。柑橘類のような香りとコショウのようなピリッとした辛みをもつ。山椒の実の外皮を乾燥させて粉末にしたものも使われる。

コブミカン（カフィア・ライム）――枝にとげのある灌木。香りのよい葉がタイ料理でよく使われる。

コーム（製菓用）――製菓で生地などに、凹凸をつくったり、線を引いたりするのに使われる歯のついた道具。

小麦グルテン（グルテン粉）――グルテニンとグリアジンという2種類のタンパク質から構成される、抽出された乾燥グルテン。ふたつのタンパク質が結びつき、生地に粘性と弾性を与える。市販の活性グルテンは、麺にコシを与えたり、パンの食感をよくしたりするのに使うことができる。

米油――米の胚芽や種皮から抽出した油。ナッツのような風味がある。耐熱性があり、加熱用に使える。

コラーゲン――皮、肉、骨、結合組織に見られる繊維状タンパク質。加熱すると、ゼラチンに変わる。

コンソメ――風味豊かで、さらさらとした透明の液体。元々、肉のブイヨン（煮出し汁）からつくられていたが、今日では野菜や果物のジュースからもつくられる。

コンテ――フランスでつくられている牛乳の熟成チーズ。バターのような、ナッツのような風味をもつ。風味や製造の過程で原産地呼称の基準を満たさないコンテは、フランス産グリュイエールチーズとして売られる。

コンビ・オーブン――ファンで対流させる熱風（この機能はコンベクション・オーブンと同じ）と蒸気発生装置から出る水蒸気の両方で加熱調理することができるオーブン。

昆布――乾燥させたケルプ（昆布）。日本では料理に風味を加えるだしには重要な食材。たくさんの種類があり、数段階の等級に分けて市販されている。乾燥させた昆布を粉末状にしたものもある。

コンフィ――「保存のために漬けた」という意味のフランス語。肉のコンフィは、塩漬けした肉を油脂の中で加熱した後、そのまま油脂の中で保存するという調理法。遮断されることで、食品を長く保存することができる。果物の場合、コンフィおよびコンフィチュールは、果物の砂糖漬け、ジャムを指す。いまではコンフィは、肉や果物だけでなく、油脂の中でやわらかくなるまでじっくり時間をかけて加熱したほとんどすべての食品を指す。

コンベクション（対流）――空気や水などの流体が熱せられることによって生じる流れ。また、それにともなって起こる熱の伝達。

コンベクション・オーブン――庫内にファンが備わっていて、熱風をファンで対流させる方式のオーブン。

コンベクション・カレント（対流）――コンベクションによって生じる、流体内部で熱エネルギーや物質が運ばれる現象。

サイフォン――ホイップ用サイフォンの項目を参照。

酒――精米からつくられたアルコール度数の低い日本のアルコール飲料。よくライスワインと言われるが、製造方法はワインよりはむしろビールに近い。

ザボン（パメロ）――巨大な柑橘類の一種。ほんのり甘いグレープフルーツの先祖だと考えられている。マレーシア原産。

酸化――物質が酸素と化学的に結合する化学反応。酸化によって食品の色が変化することがある。

サンマルツァーノ・トマト――イタリアの細長い形のトマトの一品種。強い風味が高く評価されている。缶詰で売られている。

シアード――小さな型または皿に入れてオーブンで焼く料理、とくに卵について言う。

ジェラティナイズ――デンプンが糊化して粘度が高くなる、あるいはコラーゲンがゼラチンになる。

塩漬け液――食材の保存のため、また風味をつけたり食感を変えるために用いる、塩を含む溶液。この中に漬けるほか、これを注入して染み込ませることもある。

紫黒米――中国ではかつては皇帝に献上されていたという、栄養価の高い品種。粒が小さくて滑らかで、加熱しても多くのアジア米のように粘りが出ない。

シソ――ミントと同じシソ科の一年草。葉の縁がギザギザしていて、風味が強い。日本で寿司、刺身、天ぷら、あえ物などに広く使われる。

自然対流――熱することで生じる密度変化によって引き起こされる流体運動にのみ起因する、流体内での熱伝達。

シチリア島産ピスタチオ――明るい緑色と風味ゆえに高く評価されている。殻をむいて売られていることが多い。

シチリア島ブロンテ産ピスタチオ――シチリア島のエトナ山に近いブロンテ周辺で栽培されている強く際立つ風味の鮮やかな緑色のピスタチオ。

湿球温度――周囲の空気と平衡状態にある湿った物体の温度。空気の相対湿度が100パーセントより少なければ、気化熱のため湿球温度は乾球温度より低くなる。空気にさらされている食品は、一般に、調理時間の大半を湿球温度で調理される。湿球温度は、球部をつねに湿った状態に保った温度計によって測定される。

シフォナード――葉物野菜を細く切ったもの。つけ合わせなどのベースとして使われることが多い。

種――生物学上、構造的に似ており、交配可能な個体群をいう。

シャントレル――漏斗の形をした、野生のキノコ。金色で、ナッツのような香ばしさとバターのような風味をもつもの（ジロール）は評価が高い。黒、白、グレーのものはそれほど一般的ではない。

シュマルツ――鶏の脂肪という意味のイディッシュ語。

脂溶性の――物質が油（脂）に溶ける性質。

ジャガイモ粉――細かくすりつぶして乾燥させたジャガイモからつくった粉。

ジャガイモデンプン――ジャガイモからとったデン

プン。きめ細かな粉末状でとろみづけに用いる。

ジャカード──肉の組織を切断するのに使う、細長く鋭利な刃が多数ついたコンパクトなミート・テンダライザー（肉突き器）のブランド名。

ジュ──英語の「ジュース」に相当するフランス語。加熱調理中に肉からにじみ出る汁のこともいう。

シュエ（汗をかかせる）──最小限の油脂を用いて野菜を低温でじっくり加熱し、色づけずにやわらかくすること。

ジュ・グラ──フランス語で「脂肪分の多い肉汁」という意味。デンプンでとろみをつけるのではなく、煮つめたり、脂肪を用いて乳化させたりして軽いとろみをつけた肉汁ソースを指す。

酒石酸──一般にブドウから得られる粉末状の酸。酸味料や酸化防止剤として使われる。蔗糖を結晶化しないブドウ糖と果糖の混合物に転化させることで、糖液の結晶化を防止するために使われることもある。

シュリンプペースト──（ブラチャン、ガピ、カピ）挽きつぶして発酵させたエビ。かたまりで売っている。多くの南アジア料理で重要な調味料である。国によって味つけや呼び名が異なる。

紹興酒──中国のもっとも有名な米の醸造酒のひとつ。中国東部の紹興（シャオシン）の原産。ドライシェリーに似た風味をもつ。

蒸発──液体の表面で気化が起こる現象。

シルパット──グラスファイバーを織り込んだシリコンマットのブランド名。

芯温──食材の中心の温度。通常デジタル温度計に付属の探針で測定する。

芯温○○に調理する──食材のもっとも分厚い部分の中心が所定の温度に達するまで加熱調理することを指す。

真空調理──食品を入れた容器（袋）を真空にして密封し（必須ではない）、精密に管理された温度で加熱する調理方法。

真空漬け──減圧することによって、風味づけした液体または水を食品に染み込ませること。

ベルベッティング──下味をつけたデンプンをまぶし、油通ししてから調味料とともに炒めてなめらかに仕上げる中国料理の調理法。

水圧を利用して袋の空気を抜く方法──ウォーター・バスの中にジッパーつき袋の口を少し開けたままゆっくりと沈め、袋から空気を抜く方法。水圧が食材の周りに袋を押しつけ、袋の中にほとんど空気を残さず、密封できる。

水産養殖──水生動物または水生植物の養殖。

水蒸気──水が気化した蒸気。目に見えない。空中の水蒸気が凝結して目に見えるようになった霧としばしば混同される。

水和させる──粉状のものがじゅうぶんに水を吸収するように扱うこと。ハイドロコロイドを用いるときに、それを機能させる重要な手順である。じゅうぶんに水和させるためには、ほとんどの増粘剤とゲル化剤が液体の中で均一に分散され、所定の温度以上に加熱されなければならない。温度は、おのおののハイドロコロイドとそれが分散する液体の性質によって変わる。

スエット──子羊、牛などの動物の腎臓付近の脂肪組織。

スター・アニス（八角）──中国やベトナムに生育する木の、星型をした小さな茶色の果実。鼻にツンとくるアニスに似た香りをもつが、スター・アニスのほうがより強い香りを放つ。乾燥させ、ホールまたは粉末にしてスパイスとして使う。とくに中華料理で使われる。

スティックミキサー──手で持って操作できる電動ミキサー。調理する容器の中で食材を細かく切り刻んだり、混ぜたり、ピュレ状にしたりする。

スベリヒユ（プルピエ）──低い地をはうように広がる背の低い多肉植物で、サラダ用野菜によく使われる。少し酸味はあるが爽やかな味である。

澄ました──澄ましバターや澄まし脂をつくるには、脂を溶かしてあくを取り除き、上澄みをすくい取る。

スマック──低木スマックの果実を乾燥させたスパイス。酸味とほのかな渋みをもち、中東やアメリカ先住民の料理で人気がある。フムス（ヒヨコ豆のペースト）にかかっているのをよく見かける。

正確さ──計器の表示した値がその真の値にどれだけ近いかを示す。「精密さ」とは異なるので注意する。

精製油──油に特有の風味を食材に加えない料理用油。

精密さ──微妙に異なる値を器具がどこまで細かく区別することができるかを示す。正確さとは違うことに注意する。

絶縁体──電気を通しにくい物質。

背開き──家禽類の背骨を取り除いて平たく開くこと。グリルやローストなどがしやすくなる。

セルフィーユ──やわらかな、パセリのようなハーブで、ほのかな甘草の風味がある。フランス料理で使われるフィーヌゼルブというミックスハーブの伝統的な材料のひとつ。

せん切り──細長く棒状に切ること。

剪断──ミキサーなどで攪拌しながら細粒化すること。

ゼンマイ──食用の、やわらかなうずまき状のシダの新芽。早春に採集する。

相対湿度──空気中の水蒸気の量と、その温度で空気が含みうる水蒸気の最大量との比率。

臓物類──内臓など、精肉以外の食用になる部分。

属──生物学上、類縁関係が近く、生物学上のひとつのグループと考えられる一群の種からなる。

ソース・スービーズ──タマネギを使った、フランスのクリーミーな古典的ソース。

ソフリット──タマネギ、ニンニク、ピーマンなどを油で炒めたもの。ラテン系諸国の料理のベースに使う。

大豆レシチン──レシチンの項目を参照。

タイのトウガラシ──バーズアイ・チリの項目を参照。

タイのバジル──東南アジア料理で人気の香りの強いバジルの品種。紫がかった小さな葉で、やや

スパイシーな強い香りがする。ヨーロッパのバジル、大きな葉のバジルよりも熱に強い。

対流——コンベクションに同じ。

タージュ（研修）——将来有望な料理人が仕上げとして行うインターンシップ。

タジン——香辛料の効いたモロッコの煮込み料理。よくクスクスと一緒に出される。

脱イオン水（純水）——無機鉄を完全に取り除くことにより浄化された水。

タピオカデンプン——マニオク（キャッサバ、ユカとも呼ばれる）。根茎から取った精製デンプン。

タピオカ・マルトデキストリン——タピオカから抽出した加工デンプン。マルトデキストリンには、油を粉粒状に変える、水分が加わると溶けて油に戻る、というユニークな性質がある。

タヒニ——炒ったゴマをすりつぶしてペースト状にしたもの。

ターメリック（生）——鮮やかなオレンジ色の小さな根茎。インドのマーケットやその他のアジアンマーケットで手に入る。より鮮やかな色やスパイシーな風味がほしい場合に、乾燥ターメリックの代わりに、皮をむいてすりおろして使う。2.5cmの生のターメリック1切れは10g／小さじ1の乾燥ターメリックに相当する。

炭化する——炭になる。黒焦げになる。

炭酸化——物質に炭酸ガスを溶かすこと。飲料が一般的だが、固形食材の中に炭酸ガスを入れることもできる。

タンパク質——アミノ酸が連結してできた高分子化合物。タンパク質は生細胞を構成する必要不可欠な成分で、すべての動物の食べものにはなくてはならない成分である。タンパク質は動物の組織の重要な構成物質だが、植物にも含まれている。

調味料——好ましい味と香りをつけるために、食べものに加える材料。

チェンバー・シーラー——食品を入れたプラスチック袋内の空気を抜いて包装する装置。ポンプを用いて空気を抜く。空気が抜けると、シーリング・バーによって袋の開口部が溶かされ、密封される。

チチャロン——豚の皮をカリカリになるまで揚げたもの。

チミチュリ——アルゼンチン発祥の調味料で、刻んだハーブと香味野菜を油であえてつくる。主にグリルした肉にかけて食べる。

チャート——インドの言葉で軽食のこと。屋台で売られているスパイスの効いた料理を指す場合が多い。

チャートマサラ——さまざまな香辛料を混ぜ合わせたもの。インドでは日常的に料理やフルーツにかけて使われる。地域やつくる人によって配合が異なる。

茶碗蒸し——日本の料理用語で、碗にだしの効いた卵液を入れ、蒸したもの。魚介類を加えてつくられることが多い。

抽出——物質に含まれる成分を、溶媒などを使って取り出すこと。

チョリソ——香辛料がしっかり効いた豚肉のソーセージ。スペインのチョリソは塩漬けまたは燻製してつくられることが多い。メキシコのチョリソは一般に生の状態。

つくね——ひき肉（鶏の場合が多い）をこねて丸めたものを指す日本語。焼き鳥のように串に刺して焼いて出したりする。

低温殺菌——一定時間、所定の温度まで食品を加熱し、食品に存在するおそれのある有害生物を所定の割合まで死滅させる。

グラッセ（ワインなどを加えて鍋に付着した肉汁を煮溶かすこと）——多くの食材を高温で焼いたときに、水分が抜けて茶色い膜状または小片状にフライパンにこびりついたものを、液体を加えて煮溶かすこと。

デカンテ（デカント）——液体を沈殿物と分けるために、上澄みを別の容器に注ぐこと。

デメララシュガー——粒子の大きな風味のよいブラウンシュガーの結晶。原産地は、ガイアナ共和国のデメララ。

テュルボ（ターボット）——北大西洋に住む大型のヒラメの類の魚。上質の身は評価が高い。

伝導——物体を構成する粒子の、隣接する粒子同士の接触により熱が伝わる現象。

テンパー——ゆっくりと穏やかに加熱する、熱い液体を加えることで徐々に温めるなど、料理用語としてさまざまな意味がある。

トウチチリペースト——大豆を塩漬け発酵させたトウチとトウガラシをベースにした調味料。市販品が入手可能。

ドーサ——南インドのパンケーキ。豆と米を軽く発酵させた生地からつくる。

ドライブレンド——粉末状の材料をほかの材料に加える前に、まんべんなく混ぜ合わせる。ハイドロコロイドの増粘剤やゲル化剤を加えるときに、これが重要な手順となる。

ドライ・ラブ——風味をよくしたり、水分を保持したりするために、肉にもみ込む砂糖や調味料。

鶏手羽先——手羽の先端部。

鶏手羽中——手羽の一部。尺骨と橈骨がある。初列風切羽と手羽元の間にある。

トルテッリーニ・イン・ブロード——濃厚なチキンスープにトルテッリーニを浮かべた北イタリアの料理。

内転筋（閉殻筋）——体の中心軸に組織を近づける働きをする筋肉。殻を閉じるための両殻を引っ張る筋肉。

菜の花（ブロッコリーラーブ）——イタリア料理などで使われる、やわらかなつぼみのついた緑の葉物野菜。

ナミガイ（白ミル）——大きな二枚貝。軟体動物。非常に長い水管をもつ。北アメリカの北西海岸に生息。

ナン——北インドの、発酵させた、涙の滴形の平たいパン。タンドールと呼ばれる土のかまどで焼くのが伝統的な方法。

煮つめる——軽く煮立たせながら（沸騰寸前または沸騰状態で）、液体の水分を蒸発させて濃縮すること。

乳化剤──互いに混じり合わない2種類の液体の混合物を安定させる、クエン酸ナトリウムのような化合物。

乳酸──酸乳、ヨーグルト、チーズ、その他多くの乳製品に含まれる酸のこと。乳製品のような酸味を料理に与えるのに使うことができる。また、凝固剤として使われてタンパク質を含む溶液をゲル化させる。

乳酸カルシウム──乳酸と炭酸カルシウムの反応によってつくられる塩。ベーキングパウダーに使われている。また塩化カルシウムの代わりに使って豆やピクルスの食感を変えたり歯ごたえを加えたりすることができる。モダニストのシェフたちが球状ゲルをつくるときによく使う。

乳清タンパク質分離物──乳糖を取り除いた濃縮ホエイプロテイン。乳化剤、発泡剤、増粘剤、ゲル化剤として使うことができる。味をつけたホエイパウダーと混同しないこと。

寝かせる──調理過程で、加熱した食品をしばらくおいておくこと。寝かせることで、食品の温度も水分（汁）分布も均一になり、落ち着く。

粘性──剪断応力がかかったときに、気体や液体が変形することに抵抗する性質。

濃縮タマリンド──タマリンドの果肉を水に浸して、液体を糖蜜のようになるまで煮つめてつくられる、酸味のある黒いシロップ。

ハイドロコロイド──水または相当量の水を含む液体に粘度をつけたり、ゲル化したりする物質。

バクテリア──核、クロロフィルをもたない単細胞の微生物。

発酵──微生物が少しずつ生育し、代謝することによって食品にもたらされる変化。例として、ワインやパンは酵母を使ってつくられる。

パコジェット──冷凍した食材を特殊刃で粉砕しながら高圧エアージェットを噴射して極めて細かい粒子にする。ピュレ状にする、混ぜる、乳化させるなどの機能をもつ。

パスティス──アニスで香りをつけたフランスのアペリティフ。

波長──進行方向に沿った波の二点間の距離。

バーズアイ・チリ──小ぶりだが、辛みの強い赤トウガラシ（未熟なものは緑色）。タイ料理で使われることが多いが、似たような品種が世界中にある。

発酵種──パン生地をつくる際に使用する粉の一部、水、イーストで前もって生地をつくり、発酵させたもの。フランスでかつて主流だったポーリッシュ、イタリアのビガ、アメリカのサワードウはすべて発酵種である。

ハニーパウダー──蜂蜜を噴霧乾燥して粉末状にしたもの。健康食品店やアジアンマーケットで手に入る。

パームシュガー（ジャガリー）──結晶化したヤシの樹液を煮つめて結晶化させた、未精製で粒子の粗い砂糖。

バール──メートル法の気圧の単位。標準大気圧は海面上で1.013バール（1013ミリバール）。圧力鍋で使うゲージ圧1バールとは、内部の圧力が周囲の外気の気圧より1バール高いという意味。

パンチェッタ──イタリア料理に使う、塩漬けにして熟成させた豚のバラ肉。燻製はしていない。ベーコンに似ているが、パンチェッタはしばしば、きつく巻いたロール状のかたまりを薄くスライスして売られている。

ピアーヴェ・ヴェッキオ──牛乳の熟成チーズ。イタリア産ピアーヴェチーズはより若い、よりフレッシュなチーズ。ピアーヴェ・ヴェッキオは熟成させた乾燥したチーズで、パルメザンチーズに似ている。

ピキーリョピーマン──スペインの円すい形をした固めの赤ピーマン。油漬けにしてビン詰めで売られている。

膝骨──ひざの骨を連接する関節部分の骨。牛について言う。

ビスク──甲殻類からつくられる、濃厚な味わいのとろみのあるスープ。米またはピュレにした野菜を加えて少しとろみをつけ、クリームを加えて仕上げる。

ピメントン──スペイン産のスモークされたパプリカのパウダー。辛味のないタイプ（ドゥルセ）と辛いタイプ（ピカンテ）がある。

病原体──病気の原因となる微生物。とくに細菌類、原生生物、ウイルス。

ヒヨコ豆──ガルバンソ（スペイン語）、チェーチ（イタリア語）、ベンガルグラム（インド）。高タンパクな豆。乾燥させたものや缶詰になったものが売っているが、生で手に入るときもある。

ビルトン──ジャーキーに似ているスパイスの効いた南アフリカの切り干し肉。

ピンボーンズ（上椎体骨）──筋肉間にあって、たとえばサーモンのような魚で背骨と連結していない「浮いた状態にある」骨。火を通す前に、上身から取り除く。

ファッロ（エンマー小麦）──古代小麦。しっかりした歯ごたえでモチモチした食感。

フィーヌゼルブ──フランス料理で使われる伝統的なミックスハーブ。生のパセリ、セルフィーユ、シブレット、エストラゴンが使われる。フランス料理ではおなじみのハーブ。マジョラム、クレス、レモンバームなどを加えてもよい。

フィッシュ・アイ（魚の目）──水の中のデンプンまたはハイドロコロイド増粘剤の不完全な分散からつくられるだま。

フィノシェリー──酒精強化されたスペインのワイン。色の薄いタイプ。

フィンガリングポテト──粘質で皮が薄く、ほんのり甘いジャガイモの種類。人の指に似た細長い楕円形である。

フォー──ベトナムの米粉の麺。また、それをスープに入れ、牛肉などを加えた料理。

フォン──フランス語で、料理の下地（ベース）となるソースをいう。

プライマルカット──肉を下処理するには、まず大まかな部位にカットする。このカットされた大きな部位を食品加工用語でプライマルカットという。一般に、プライマルカットされた肉はさらに私たちがよく知っているステーキ肉や部位にカットされる。

フラジジョレ豆──淡緑色でカネリーニ豆もしくは白インゲン豆ほどの大きさのフランスの豆。ナッツのような香ばしさとバターのような風味、肉のような食感で高い評価を受けている。

フラッシュ（瞬間）調理——食品を極端に熱いまたは冷たい温度にさらすこと。たとえば、液体窒素で瞬間冷凍する（フラッシュ・フリーズ）、熱い油または熱々のフライパンで短時間揚げたり炒めたりする（フラッシュ・フライ）ことをいう。

ブラックソルト（カラナマック）——不純物の混じった塩化ナトリウム結晶からつくられるインドの調味料。色は暗褐色で、硫化鉄や硫黄化合物のような風味がある。

フリカッセ——白いソースで煮込まれた白い肉の料理。伝統的には鶏肉が使われる。さまざまな野菜を入れたり、ソースに白ワインを入れたりすることもある。

フリークエンシー（周波数）——定期的に同じことが繰り返されるとき、その現象が所定の時間内で繰り返される回数。電磁波の場合は、1秒間にある地点を通過する波の数をいう。

ブリュレ——焦がしたという意味のフランス語。クレーム・ブリュレの表面のカラメル状に焦がした砂糖に対して用いられることが多い。

フルクトース（果糖）——蔗糖（砂糖）よりも50％ほど甘い糖の一種。蜂蜜や多くの果実に含まれている。顆粒状のものが市販されている。

プール・オ・ポ——フランス語で「深鍋でつくる鶏の煮込み」のこと。元々この料理は、詰めものをした丸鶏と野菜を煮込んだもので、日曜日に家族で食べる料理であった。

ブール・ノワール——「ブラックバター」という意味のフランス語。バターを乳固形分が濃い茶色になるまで加熱するが、焦がさないようにしてつくる。

ブール・ノワゼット——「ヘーゼルナッツ・バター」、つまりヘーゼルナッツのような色になるまで加熱したバターという意味のフランス語。乳固形分がきつね色になり、ナッツの香りがするまで加熱する。

ブール・ブラン——「ホワイトバター」という意味のフランス語。白ワインとエシャロット風味の乳化させたバターソース。

ブルーム値——ゼラチンゲルの強度を示す単位。オスカー・ブルームによって開発された装置を使って測る。

フレーク塩——大きく平らなフレーク状に成長した塩の結晶。マルドンブランドの海塩はよく知られている。

ブレーズ（蒸し煮）——密封した鍋の中で水分または蒸気で食材（多くは肉）をじっくり煮ること。

フレンチ（骨の先端をむき出しにする）——精肉店が骨の端の肉に切り込みを入れて除き、胴体の方へ押しやる方法。骨を見せることで、見た目がより美しくなる。ラム・チョップは通常この方法で下処理している。

ブロメライン——パイナップルなどに含まれる天然のタンパク質分解酵素。肉をやわらかくするのに使われる。

分散させる——均等に分布させること。寒天やキサンタンガムのようなハイドロコロイドの増粘剤やゲル化剤が働くための重要な手順である。

平衡——物体に作用し合う力や反応速度が拮抗しているため、見た目になんの変化も起こらないように見える状態。

平衡状態になる——徐々に他の何かと同レベルに達すること。たとえば、食品がその周囲の温度と同じ温度になる場合に、均衡状態になるという。

平衡調理——食材の最終仕上げ温度またはそれに近い温度にある熱源（たとえば真空調理のウォーター・バス）を使って行う加熱調理。食材はその温度と同じ温度になる。

ベシャメル——ホワイトソース。小麦粉とバターでつくったルーを牛乳でのばすことで、牛乳にとろみと風味をつけた、フランス料理の古典的な「基本のソース」。

ベニノキの種——熱帯原産の低木の赤い種子。食用色素。コショウに似たマイルドな辛みがあり、香辛料としても使われている。アチョーテパウダーやアチョーテペーストをつくるのに使われる。

変性——タンパク質の変性をいい、これによりタンパク質の機能が失われる。高温、低温、pHの変化、高い塩分濃度、アルコールのような溶媒の添加によって、タンパク質が変性する。

ホイップ用サイフォン——液体が入った金属容器にガスを圧力をかけて注入すると、容器から出る時に液体の中で広がって泡になる。この泡をつくる器具のことをホイップ用サイフォンという。

放射エネルギー——電磁波として空間を伝わるエネルギー。料理では放射エネルギーは一般的に赤外線である。

放射加熱——電磁波として空間を伝わるエネルギーを利用した加熱。

放射熱——放射加熱の項目を参照。

飽和——物質（たとえば分子や液体）が最大限に別の物質と結びつくまたは溶けている状態。

ポセット——レモン汁を加えて固めた、甘いクリームの繊細なデザート。元々は、ワインまたはエールを混ぜた新鮮な牛乳にスパイスを入れ、甘みをつけた温かい飲みものであった。

ホモジナイズ（均質化）——じゅうぶんな剪断力で混ぜて、小さな滴をさらに小さく壊し、成分を均一にすること。2種類以上の液体の滑らかな混合物をつくる。

ポリエチレン——耐薬品性、耐水性に優れた軽量の熱可塑性物質。絶縁性が高く、とくに容器や絶縁材料に使われる。

ポリ塩化ビニル——PVCの項目を参照。

ポーリッシュ（液種）——水、粉、イーストを混ぜ、発酵させた、かなり水分の多い発酵種。フランスパンをつくる際にかつては広く使われていた。イタリアのビガやアメリカのサワードウに似ている。

ホワイトポート——白ブドウからつくられるポルトガルの酒精強化ワイン。味は辛口から甘口まで多岐にわたり、ベルモットやシェリー酒よりもフルーティーな風味をもつ。

ホワイトポピーシード——インド、中東、アジア料理に使われるオフホワイト色の固い種子。ソースにとろみ、食感、風味をつける。オリーブオイルに似た風味豊かなオイルが取れる。

ボンバ米——主にスペインで栽培される短粒種の米。昔からパエリアをつくるのに使われてきた。

マイクロ波——波長約0.3〜30cm、周波数1〜100ギガヘルツの電磁波。

マイクロプレイン——おろし器のブランド名。薄くおろしたり削ったりするのに使う。

マイタケ──すばらしいうまみで評価の高い野生のキノコ。

マイヤーレモン──レモンとマンダリンオレンジを掛け合わせたものと考えられている柑橘類の栽培品種。果皮は薄くて黄色い。柑橘類特有の鼻にツンとくる香りをもつ。酸味は弱く、甘みがある。

マグネトロン──マイクロ波を発生する電子装置。

マサアリーナ──アルカリ処理したトウモロコシの穀粒をペースト状にしたもの（マサ）を乾燥させて粉にしたもの。トルティーヤやタマーリをつくるのに使われる。

マザー・ドウ──発酵種の項目を参照。

摩擦──接触するふたつの物体の間の相対運動を阻害する力。

マスカルポーネ──イタリアのロンバルディア州原産のフレッシュチーズ。粘度の高いとてもマイルドな味のクリームチーズ。

抹茶──日本の高級茶葉からつくられる緑茶を粉末にしたもの。

マツァボールスープ──パン種の入っていない生地（マツァ）からつくられたダンプリング（団子）を鶏の煮汁に入れてつくったユダヤ人のスープ。元々過ぎ越しの祝いで出されていた。

まとまる──つながり合って、ひとまとまりになること。

マーマレード──果実と皮の薄片が混ざって見える柑橘類のジャム。

マルコナ・アーモンド──スペインのずんぐりした形の丸いアーモンドで、ほんのり甘い。油で揚げて、塩味をつけて売られていることが多い。

マロングラッセ──クリの砂糖漬けを表わすフランス語。

マンドリーヌ──金属またはプラスチック製の薄い板の手動のスライサー。切る食材の厚さを調整できる刃がついている。

ミオシン──アクチンと結合して、アクトミオシン（筋肉収縮に関わる複合タンパク質）をつくるタンパク質。ミオシンは筋肉の中でタンパク質の半分を占めている。

味噌──大豆などを発酵させてつくったペースト状の日本の食品で、調味料として使われている。さまざまな種類がある。たとえば、白味噌は色が薄く、マイルドな味わいだ。一方、より長く熟成させた赤味噌はしっかりとした風味で塩辛い。

ミーチュウ（米酒）──清酒に似た中国の米の醸造酒。アルコール飲料を売るライセンスをもたない店でも販売することができるように、「料理用ワイン」とラベルが貼ってあるものには塩が入っている。

密封ビン──開け閉めが何度もでき、密封できるネジぶたのついた分厚いガラスの耐熱ビン。

メース──ナツメグの種子の周りについている仮種皮を乾燥させたもの。

メイラード反応──アミノ酸と糖の間で生じる一連の複雑な反応。焼く・ローストする・揚げるなどした食品の茶色い色と基本的な香気成分と風味を多く生成する。加熱調理において、メイラード反応は通常水の沸点よりも高い温度で活発に起こり、高熱を使う加熱方法と関係がある。メイラード反応による褐色化はしばしば砂糖のカラメル化と混同されるが、これはメイラード反応とは関係がない。

メティ（フェヌグリークの葉）──マメ亜科の植物から採取される緑の葉。フェヌグリークの種子はスパイスとして使われる。生で食べると苦いが、火を通すと甘みが加わる。

目張り用テープ──ドアや窓を目張りするのに使われる、裏が粘着性の合成樹脂発泡体のテープ。ほとんどの金物店で手に入れることができる。

モルトパウダー──デンプンを糖類に分解する酵素のジアスターゼを含むパウダー。麦芽からつくられる。

モンテ──ソースにコクやとろみを加えるために、仕上げに冷たいバターのかたまりをいくつか入れてかき混ぜることを指すフランス語。

焼き鳥──グリルした鶏肉を指す日本語。たいていは小さく切った肉を串に刺して焼く。

誘導──導線のコイルに流れる交流電流が振動する磁場を発生させる物理現象。次いで、振動する磁場が今度は近くの導体に電流を誘発する。スチールや鉄のようなある種の金属には電気抵抗があるため、電流が流れると発熱する。そういった金属でできた底をもつ鍋やフライパンを加熱するのに、IH調理器で使われている。

ユズ──豊かな香りと強い酸味をもつ柑橘類。ポン酢をつくるのに使われることが多い。ユズコショウにも使われる。

湯通し（下ゆで）──食材の表面が白くなる程度に軽く火を通すこと。熱湯に食材をさっとくぐらせることで、皮がむきやすくなり、表面の汚れが落ち、雑味や嫌な臭いを取り除くことができる。

溶液──一様に分散して全体が均一となっているふたつ以上の成分の混合物。

ラヴィッジ──セロリに似た葉の多い植物。ハーブまたは葉野菜として南ヨーロッパで長く使われてきた。セイボリーパイによく使われる。

ラス・エル・ハヌート──北アフリカのスパイスブレンド。50種類ものスパイスがブレンドされているものもある。

ラップチョン（中国のソーセージ）──塩漬けして自然乾燥するという伝統的な方法でつくられた、脂が多くてやや甘めの豚肉のソーセージ。レバーで風味づけしたものも手に入れることができる。

ラムソン──野生のリーキ。春に摘み取られる。切らずにそのままで、あるいはピュレ状にして出される。

ラルドン──豚の脂身またはベーコンの細片。カリカリに炒めるなどして使う。

リコッタ・サラータ──イタリアの塩気の効いた白いチーズ。崩れやすく、食感はフェタチーズに似ている。フレッシュ・リコッタを塩漬けし、固めて、熟成したもの。しばしば羊乳からつくられる。

流動性のあるゲル──ゲル構造が破壊され、液体のように流動性をもつゲル。

リンゴ酸──リンゴをはじめ種々の果実から抽出される酸。

リン酸塩──リン酸の塩。軟化剤、防腐剤として、またゲル化剤の働きを高めるために使われる。

リン脂質──分子内にリン酸を含む複合脂質。動物の細胞膜の主要な構成要素。

ルイユ──さびという意味のフランス語で、一般に、たっぷりのニンニクと赤トウガラシの味を効かせた、赤いマヨネーズのようなソースを指す。

レモンタイム──タイムの一種。斑入りの葉をもち、レモンに似た際立つ香りがする。

レモンバーム──ミントの仲間のハーブ。薄緑色の大きな葉をもち、レモンのような香りがほんのり漂う。

レシチン──卵黄に含まれる主要な乳化剤。大豆にも含まれる。市販されているレシチン製品は、ほとんど大豆から抽出されている。

レンコン──ハスの地下茎。若いもののほうがやわらかい。

レンダー（脂肪を溶かしてとる）──ゆっくりと肉を加熱することで、肉と脂肪を分けること。

ロブスター・マッシュルーム──赤みがかったオレンジ色の大きなキノコ。歯ごたえのあるしこしことした食感をもつ。正確にはキノコではなく、キノコに寄生し、宿主を変貌させる。そのため、購入するときは、信頼できる所から来たものを買うこと。

ロマネスコ──淡緑色の野菜。カリフラワーやブロッコリーの仲間。食用の蕾の部分は円錐形で、繊細な風味をもつ。

和牛──日本の在来種を元に交配した家畜牛の数品種。霜降り肉。近年和牛は、評価の高い神戸牛と同義となっている。

ワンドラ──ゼネラル・ミルズ社製のアルファ化された小麦粉のブランド。ダマにもならないし、「粉っぽく」もならずに、とろみがつく。

参照表

一般的な材料のグラムから分量(容量)への換算

下の表を使うと、特定の材料の重量からそのおおよその分量(容量)を計算することができる。薄い液体であれば、表の右端のミリリットルの数字をグラム数で掛けると、何ミリリットルになるかがわかる。たとえば、75グラムの酢であれば、75×1.16で約87ミリリットルになる。

しかし大切なのは、本書のレシピはすべて、材料の重量を量って進化させ、テストされたものであると理解することだ。私たちが分量を量らないのにはちゃんとした理由がある。計量スプーンやカップ(240ミリリットル)を使っても、正確に分量を量るのは不可能に近いからだ。食物をどれだけ細かく刻むか、それをどれだけきつく押し込むか、近似値を得るためにどれだけ四捨五入するかなどによって、分量は最大15パーセントも変わってしまうことがよくあり、それだけ変わればレシピの質を落としてしまう。したがって、この本のレシピで調理するときには私たちと同じように材料の重さを量ってほしい。

とはいえ、分量を量ったほうが速いし、そのほうが一般的なやり方であることはわかっているので、表の左から重量を分量に換算したものを載せた。ただし、乳化剤やゲル化剤のようにもともと分量が正確に量れないものはレシピを台無しにしてしまう可能性があるので載せていない。分量をできるだけ正確にするために、薄い液体の分量はその密度から計算した。濃い液体と乾燥した材料は、材料をすくって、平らにすり切り1杯になるようにした。すべての分量は、台所用品店で買える大さじの1/2やカップの1/3や1/8を含む近似値に四捨五入している。メートル法の分量は、10ミリリットル以下の分量では1ミリリットル単位、100ミリリットル以下の分量では5ミリリットル単位、それ以上の分量では10ミリリットルか25ミリリットル単位の近似値に四捨五入した。

四捨五入の結果、たとえばあるレシピでは20ミリリットルが小さじ3と1/2になっているのに、別のレシピでは20ミリリットル/大さじ1と1/2になっているのに気づくかもしれない。これは、重量からの換算が最初のケースでは17.7ミリリットル(20ミリリットルに四捨五入)だったのに対し、次のケースでは22.2ミリリットル(こちらも20ミリリットルに四捨五入)だったためだ。スプーンに換算すると、17.7ミリリットルと22.2ミリリットルでは違う結果が出てしまう。

乾燥した材料で大さじ4となっていれば、なぜシンプルに1/4カップと書かないのだろうと思うかもしれない。それはこの2つが、小麦粉のように押し込むことで分量が大きく変わってしまう材料では同じにならないからだ。自分で試してみるといい。1/4カップの小麦粉を量って、大さじすり切り4杯分を取り除くと、まだ計量カップの底に小麦粉が残っているのがわかるはずだ。このような混乱を避けるためには材料の重さを量るのがいちばんいい。

一般的な液体	1グラム	5グラム	25グラム	100グラム	450グラム	換算の目安
水、ストック、スープ、ジュ	1ミリリットル/小さじ1/4	5ミリリットル/小さじ1	25ミリリットル/小さじ5	100ミリリットル/3/8カップ	450ミリリットル/2カップ	1グラム=1.0ミリリトル
ワイン、ベルモット酒、日本酒、ビール	1ミリリットル/小さじ1/4	5ミリリットル/小さじ1	25ミリリットル/小さじ5	100ミリリットル/3/8カップ	450ミリリットル/2カップ	1グラム=1.0ミリリトル
リンゴ、レモン、ニンジンのような野菜・フルーツの薄いジュース	1ミリリットル/小さじ1/4	5ミリリットル/小さじ1	25ミリリットル/小さじ5	100ミリリットル/3/8カップ	450ミリリットル/2カップ	1グラム=1.0ミリリトル
酢	1ミリリットル/小さじ1/4	6ミリリットル/小さじ1	30ミリリットル/大さじ2	120ミリリットル/1/2カップ	525ミリリットル/2と1/4カップ	1グラム=1.16ミリリトル
バーボンやウォッカのような蒸留酒	1ミリリットル/小さじ1/4	6ミリリットル/小さじ1と1/2	30ミリリットル/大さじ2	125ミリリットル/1/2カップ	560ミリリットル/2と3/8カップ	1グラム=1.25ミリリトル
しょうゆ、魚醤	1ミリリットル/小さじ1/4	4ミリリットル/小さじ3/4	20ミリリットル/小さじ4と1/4	85ミリリットル/1/3カップ	380ミリリットル/1と5/8カップ	1グラム=0.84ミリリトル
ピュレや濃い野菜ジュース	1ミリリットル/小さじ1/4	5ミリリットル/小さじ1	30ミリリットル/小さじ5	110ミリリットル/1/2カップ	490ミリリットル/2カップ	
油脂類						
キャノーラ油、大豆油、トウモロコシ油のような精製油	1ミリリットル/小さじ1/4	5ミリリットル/小さじ1	25ミリリットル/大さじ2	110ミリリットル/1/2カップ	490ミリリットル/2カップ	1グラム=1.08ミリリトル
オリーブオイル、グレープシードオイル、ナッツオイル、ゴマ油のような低温圧搾油	1ミリリットル/小さじ1/4	6ミリリットル/小さじ1と1/4	30ミリリットル/大さじ2	110ミリリットル/1/2カップ	500ミリリットル/2と1/8カップ	1グラム=1.11ミリリトル
溶かした脂肪とバター	1ミリリットル/小さじ1/4	6ミリリットル/小さじ1と1/4	30ミリリットル/大さじ2	110ミリリットル/1/2カップ	500ミリリットル/2と1/8カップ	1グラム=1.11ミリリトル
固形脂肪とバター	小さじ1/4	小さじ1と1/2	大さじ2と1/2	1/2カップ	2カップ	大さじ1=15グラム

乳製品	1グラム	5グラム	25グラム	100グラム	450グラム	同量
全乳	1ミリリットル／小さじ1/4	5ミリリットル／小さじ1	25ミリリットル／大さじ2	100ミリリットル／3/8カップ	460ミリリットル／2カップ	1グラム=1.03ミリリットル
高脂肪生クリーム（乳脂肪分36％以上）	1ミリリットル／小さじ1/4	6ミリリットル／小さじ1と1/4	30ミリリットル／大さじ2	110ミリリットル／1/2カップ	495ミリリットル／2カップ	1グラム=1.1ミリリットル
クレーム・フレッシュ（発酵クリーム）、サワークリーム		小さじ1と1/4	大さじ2	3/8カップ	1と1/2カップ	
パルメザンやペコリーノ・ロマーノのようなドライチーズ（細かくおろしてパックしたもの）		小さじ5	大さじ6	2カップ	7カップ	1カップ=60グラム
グリュイエール、チェダー、ゴーダのようなセミソフトチーズ（細く刻んだもの）		大さじ1	1/3カップ	1と1/3カップ	6と1/2カップ	1カップ=67グラム
クリームチーズ、マスカルポーネ、シェーヴルのようなソフトチーズ		小さじ1	小さじ5	1/2カップ	1と1/2カップ	1カップ=230グラム
ブルーチーズ、フェタチーズのようなドライチーズ（細かく砕いたもの）		大さじ1/2	大さじ2と1/2	3/4カップ	3と3/4カップ	1カップ=115グラム
卵（鶏卵、アメリカのLサイズ）						
全卵（ときほぐしたもの）		小さじ1と1/4	大さじ1と1/2	大さじ7		1個45グラム
卵白（ときほぐしたもの）		小さじ1と1/4	大さじ1と1/2	大さじ7		1個30グラム
卵黄（ときほぐしたもの）		小さじ1と1/4	大さじ1と1/2	大さじ6と1/2		1個15グラム
常備品（計量スプーンかカップに入れ、平らにすり切り1杯にする）						
コーシャーソルト（私たちのレシピの「塩」はこれのこと）	小さじ1/4	小さじ1と1/4	大さじ2と1/2			小さじ1=4グラム
細かい海塩	小さじ1/4	小さじ3/4	小さじ5			小さじ1=5.5グラム
精白グラニュー糖	小さじ1/4	大さじ1/2	大さじ2と1/2	1/2カップ	2と3/8カップ	1カップ=202グラム
粉砂糖	小さじ1/2	小さじ2と1/2	大さじ4	1カップ		
パームシュガー（おろしたもの）		小さじ2	大さじ3	3/4カップ		
シナモン、コリアンダー、パプリカのような細かく挽いたスパイス	小さじ1/2	小さじ2と1/2	大さじ3			小さじ1=2グラム
チリフレーク	小さじ1/2	大さじ1	大さじ5			小さじ1=2.25グラム
バニラの種（水分を含んだ大きめのサヤ1本から取り出したもの）						1グラム
小麦粉		大さじ1	大さじ4	3/4カップ	3と1/8カップ	1カップ=115グラム
粉（ゼロゼロ粉）		小さじ2	大さじ3	3/4カップ	3と1/2カップ	
全粒粉		小さじ2と1/2	大さじ3	3/4カップ	3と1/8カップ	
マサアリーナ		小さじ2	大さじ3	3/4カップ	3と1/2カップ	1カップ=130グラム
ワンドラ		小さじ1と1/2	大さじ3と1/2	3/4カップ		大さじ1=10グラム
小麦グルテン		大さじ1	大さじ4	3/4カップ		大さじ1=5グラム
重曹	小さじ1/4	小さじ1	大さじ1と1/2			小さじ1=5グラム
粉ゼラチン（Knox）	小さじ1/4	小さじ1と1/4				1袋=7グラム
板ゼラチン（シルバー、160ブルーム）						1枚=2.5グラム
インスタントのドライイースト	小さじ1/4	小さじ1と1/4	小さじ5			1袋=7グラム
挽いていないコーヒー豆	9～12粒	大さじ1	1/3カップ	1と1/2カップ	1カップ=67グラム	1 cup = 67 g
乾燥エルボ・マカロニ（小）				3/4カップ	3と3/4カップ	1カップ=125グラム

xv

	1グラム	5グラム	25グラム	100グラム	450グラム	同量
粗く挽いたコーンミール、ポレンタ、コーングリッツ			大さじ2と1/2	5/8カップ	3カップ	1カップ=164グラム
常備品（続き）	1グラム	5グラム	25グラム	100グラム	450グラム	同量
パン粉		大さじ1と1/2	1/2カップ	2カップ		1カップ=76グラム
アルボリオ米、ボンバ米、玄米などの短粒米				1/2カップ	2と3/8カップ	1カップ=200グラム
大麦やファッロなどの全粒穀物				1/2カップ	2と1/3カップ	1カップ=200グラム
キヌアやスチールカットオーツのような小粒の食品				1/2カップ	2と5/8カップ	
ヒヨコ豆、ピント豆、ブラックビーンのような乾燥豆				1/2カップ	2と1/2カップ	1カップ=200グラム
乾燥レンズ豆				1/2カップ	2と1/4カップ	
刻んだナッツ			大さじ2と1/2	3/4カップ		
ピスタチオ、アーモンド、マカデミアなどのナッツバター		小さじ1	小さじ5	1/3カップ		1カップ=240グラム
トマトペースト		小さじ1	小さじ5	1/3カップ		
蜂蜜		小さじ1	小さじ4	1/3カップ		
メープルやアガベのようなシロップ		小さじ1	大さじ1と1/2	1/3カップ		1カップ=310グラム
ディジョン・マスタード		小さじ1と1/4	大さじ2	3/8カップ		
ケチャップ		小さじ1	大さじ2	1/3カップ		
マヨネーズ		小さじ1と1/2	大さじ2	1/2カップ		
果物と野菜						
パセリの葉		1/2カップ	2カップ			1枝=3グラム
バジルの葉		1/4カップ	1と1/2カップ			1枝=2グラム
シブレット（刻む）		大さじ2	3/4カップ			シブレット1本=0.3グラム
パセリ、バジル、パクチー、エストラゴンのような葉の大きなハーブ（みじん切り）	小さじ1	小さじ5	大さじ6			1枝=2.5グラム
タイムやローズマリーのような葉の小さなハーブ（みじん切り）	小さじ1	小さじ5	1/2カップ			1枝=1グラム
生のローリエ						1枚=0.2グラム
柑橘類の皮（マイクロプレインで細かくおろしたもの）	小さじ1		1/4カップ			レモン1個分=2.5グラム
生のハラペーニョ			大さじ2と1/2			1本=30グラム
タマネギ（小さめのさいの目切り）		小さじ2	大さじ3	3/4カップ	3と1/2カップ	
タマネギ（2mmの薄切り）			1/4カップ	1カップ	4カップ	
タマネギ（おろしたもの）		小さじ1	大さじ1と1/2	1/2カップ	2と2/3カップ	
エシャロット（細かいみじん切り）		小さじ2	大さじ3	7/8カップ		
エシャロット（1mmの薄切り）			1/4カップ	1カップ		
ポロネギ（2mmの薄切り）			3/8カップ	1と1/2カップ		
ポロネギ（6mmのさいの目切り）		大さじ1	大さじ5	1カップ		
皮をむいた中サイズのニンニク						1片=3グラム

ニンニク（1mmの薄切り）			大さじ1	大さじ5	1カップ	
ニンニク（みじん切り）	小さじ1/4	小さじ2	大さじ3			
果物と野菜（続き）	**1グラム**	**5グラム**	**25グラム**	**100グラム**	**450グラム**	**同量**
ショウガ（4mm厚さの輪切り）						1枚=3グラム
ショウガ（皮をむいてみじん切り）	小さじ1/4	小さじ2	大さじ3			
ニンジン（2mmの薄切り）		1/4カップ	1カップ	4と1/4カップ	4¼ cups	
カリフラワーまたはブロッコリー（小さめの房）			1/4カップ	1カップ	4と1/2カップ	1個=500グラム
セロリ（2mmの薄切り）			1/4カップ	1カップ		
トウモロコシの粒			大さじ2と1/2	5/8カップ	3カップ	1本あたりの粒=140グラム
生のマッシュルーム（みじん切り）			1/4カップ	1カップ	4と1/2カップ	1個=20グラム
生のシイタケの笠（6mmの薄切り）			1/2カップ	2カップ	10カップ	
ネギ（根を落としたもの）						1本=15グラム
ネギ（緑の部分のみ、1mmの薄切り）		大さじ1と1/2	1/2カップ			
ネギ（白い部分のみ、1mmの薄切り）		小さじ2と1/2	1/4カップ			
生のトマト（皮と種を取り、さいの目切り）			小さじ5	1/2カップ	1と1/2カップ	
缶詰のトマト（つぶしたもの）			小さじ5	1/3カップ	1と7/8カップ	

制作スタッフ紹介

ネイサン・マイアーボールド

マキシム・ビレット

料理チーム

グラント・リー・グリリー
開発シェフ

アンジャナ・シャンカー
開発シェフ

ジョニー・シュー
開発シェフ

サム・フェイヒー＝パーク
開発シェフ

クリス・ラブ
カッティング技術

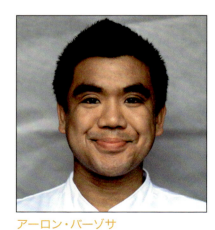

アーロン・バーゾサ
開発シェフ

キンバリー・シャウブ
開発シェフ

ジョナサン・ビダーマン
レシピ・テスター

その他の貢献者：ライアン・マシュー・スミス、アレクサンドラ・ニッカーソン、クリスタン・ケイシー、ラリー・ロフトハウス、アーロン・シャタック、リチャード・シャーマン、テッド・エリス、マイク・ビントン、エイミー・ハッチ

編集チーム

ウェイト・ギブズ
編集長

トレイシー・カッチロー
編集主幹

マーク・クレメンス
アート・ディレクター

ジェニファー・サグデン
制作部長

キャリー・ウィックス
コピー編集

スーザン・ボランド
レシピのテストと編集

ダニエル・マッコイ
編集補佐

ジュディー・オールドフィールド＝ウィルソン
オンライン・ライター

写真チーム

メリッサ・レフタ
撮影リーダー

クリス・フーバー
写真編集

ステファニー・ビルメイヤー
写真編集補佐

タイソン・ストール
撮影

出版チーム

ブルース・ハリス
出版顧問

マーク・ピアソン
出版顧問

キャリー・バックマン
広報

スコット・ヘイメンディンガー
業務推進部長

謝辞

本書の完成を支援していただいた多くの企業や個人のみなさまからの惜しみないご協力に、著者ふたりから感謝の意を表したい。
先に紹介した貢献者に加えて、ここにあげた人々や企業から、専門知識、助言、物質的支援、貴重な援助をいただいた。
もちろん、完成した本に間違いがあれば、すべて著者の責任である。

専門知識と助言をいただいた人々

ジョン・ベイリー、シェルビー・バーンズ、キム・クリスティアンセン、リー・ディックス・ジュース、ゲイリー・ホーキー、クラウディア・レスチュク

調理器具・材料を提供していただいた企業

シェフラバー、クックテック、エレクトロラックス、フレッシュ・ミールズ・ソリューションズ、ガゲナウ、iSi、クーン・リコン、ミクニワイルドハーベスト、オムニ、パコジェット、ポリサイエンス、ラショナル、ロビンソンレーザー、スーヴィド・シュプレーム、テイラーシェルフィッシュ、テラスパイス、ヴァイキング、バイタミックス、ヴォルラース、ウィンストンインタストリーズ

写真クレジット

場所の表示：t=上段、m=中段、b=下段、l=左、c=中央、r=右、u=上部、L=下部

表紙と見返し

メリッサ・レフタ：表紙、表紙見返し、裏表紙見返しの内側
ネイサン・マイアーボールド：裏表紙
ライアン・スミス：表紙見返しの内側、裏表紙見返し

前付け

スコット・ダンカン／マーサ・スチュアート・リビング・オムニメディア社：xii
デボラ・ジョーンズ：xiii
メリッサ・レフタ：xiv〜xvi；xxii
ライアン・スミス：xxiv〜xxv

第1章：調理台上の道具

メリッサ・レフタ：02〜03；06：l；07：ur；08〜10；11：ul、uc、ur、Lr；12；14：Lr；15：Lc；16〜17；18：l、lc、rc、r；20：l、ur；21
ネイサン・マイアーボールド：04〜05；06：r
ライアン・スミス：05：b；11：Ll；13；14：ur、Ll；15：ul、Ll、Lr；18：b；19；20：Lr
タイソン・ストール：07：ul、Ll、Lc、Lr

第2章：従来の調理器具

クリス・フーバー：45；46
メリッサ・レフタ：22〜23；24：r；25；27：ul、uc、Ll、Lc、Lr；29；32：ur、ml、mc、mr；33：uc；34；35：r；36〜38；39：ul、ur、Ll、Lr；41：Ll、Lc；44
ライアン・スミス：22：b；24：l；28；32：ul、Ll、Lr；33：mc；39：b；40；41：Lr；42〜43；45〜46
タイソン・ストール：27：ur；30〜31；35：l、c；41：uc、ur；42〜43；47

第3章：真空調理

クリス・フーバー：64：l
メリッサ・レフタ：48〜49；51：ul、ur、Ll、Lr；53：ur；59：ml、mr、Ll、Lr；60；63：t；64：r；66；67：Ll
ネイサン・マイアーボールド：54〜55
ライアン・スミス：49：t、b；53：ul、uc、Ll、Lc、Lr；54：ur、Ll；57：ul、ml、Lr；61〜62；64：b；65：ur、b
タイソン・ストール：50；51：uc；52；56；57：uc、ur、mc、mr、Ll、Lc；58；59：ul、uc、ur；63：m、、b；65：Ll；67：ul、ur、m、Lr

第4章：材料

メリッサ・レフタ：70〜71；72：ul、Lr；73：ul、Ll；74；75：ul、ur、Ll；76〜77；79
ネイサン・マイアーボールド：68〜69
ライアン・スミス：69：b；72：ur；73：ur、Lr、b
タイソン・ストール：69：r；72：Ll；75：Lr；78
シェフラバー：72：b

第5章：基本となる食品

クリス・フーバー：90：ur；91：r；102；103：t；112：t；116：t；121：Lr；135；139：t
メリッサ・レフタ：82〜83；85；87：ul、ur、Ll、Lc；91：ul、um、Ll、Lm；92〜93；96：ul、uc、Ll、Lc、Lr；98：Lc、Lr、b；99：t、Ll；100〜101；103：l、c、r；104〜107；109：ul、Ll；111；112：l、c、r；113：ul、uc、ur、Lr；118；120；121：ul、ur、Ll、Lc；122；123：l；124〜127；128：ul、uc、ur；130〜134；136：l、uc、Lc；137：ul、uc、Ll、Lc；139：b
ライアン・スミス：84；86；87：Lr；88〜89；90：ul；94；97；114〜115；116：b；119：Ll；123：c、r；128：Ll、Lr；129；137：r
タイソン・ストール：90：uc、Ll；95；96：ur；98：ul、uc、ur、Ll；99：ul、uml、Loml；108；109：r；110；113：ml、mc、mr、Ll；117；119：ul、uc、ur、ml、mr；136：r

第6章：朝食の卵料理

クリス・フーバー：140〜141；145；151：b
メリッサ・レフタ：144：uc、ur、Ll；147：ur、Lr、149；151：r；152〜153
ネイサン・マイアーボールド：149：Ll
ライアン・スミス：141：b；142〜143；144：ul、Lr；146；147：ul、uc
タイソン・ストール：150；151：l、c

第7章：サラダと冷製スープ

クリス・フーバー：154〜155；166〜167
メリッサ・レフタ：156〜160；162：b；163〜164；165：l、c、r；167：t、ur；168：r；169：ul；170〜175
ライアン・スミス：155：b；162：t；166：b
タイソン・ストール：161；165：b；167：Lr；168：l；169：uc、ur、b

第8章：圧力鍋でつくる野菜スープ

メリッサ・レフタ：180〜181
ネイサン・マイアーボールド：176〜177；179：b
ライアン・スミス：176：b；178；179：ul、uc、ur、Lm；182〜183；184：l、c、r；185
タイソン・ストール：184：b

第9章：ステーキ

クリス・フーバー：189：Lr；202：r
メリッサ・レフタ：188：ul、Ll；189：ul、buc、ml、Ll、Lc；191：ur、b；192；193：ul、ur、ml、mlc、mrc、Ll、Llc、Lrc；194；195：ul、uc、ur、b；196〜200；201：ul、ml、b；203
ネイサン・マイアーボールド：186〜187；190：b；191：ul
ライアン・スミス：187：b；188：uc、ur；189：tuc、ur、mr；190：ul、uc、ur
タイソン・ストール：193：mr、Lr；195：m；201：uc、ur、mr；202：l
キャロル・ズバー＝マリソン：188：Lr（図）

第10章：チーズバーガー

メリッサ・レフタ：207〜210；211：ul、ml、mc、mr、Ll；212：ur、Lr；213〜214；215：mc、mr
ライアン・スミス：204〜205；205：b；206
タイソン・ストール：211：Lr；212：ul、uc、ml、Ll；Lr；215：ul、ur、ml、Lr、b

第11章：カルニタス

メリッサ・レフタ：218：l、c、r；219：ul、uc、ur、Lc；220〜221；222：ul、ur、Lr；223；225
ライアン・スミス：217：b
タイソン・ストール：216〜217；218：b；219：Lr、b；222：Ll；224

第12章：ショートリブの蒸し煮

メリッサ・レフタ：230；231：ul、ur、ml、mr、Ll、Lr；233；235
ネイサン・マイアーボールド：226〜227
ライアン・スミス：228；229：ur、b；231：b；234
タイソン・ストール：229：ul、uc；232

第13章：ローストチキン

クリス・フーバー：243：ur、ml
メリッサ・レフタ：236〜237；239〜240；241：Lr；242；243：ul、ur、mr、Lr；246：Lr、b；247
ライアン・スミス：237：b
タイソン・ストール：239；241：ul、ur、m、Ll；243：Ll、Lc；244〜245；246：ul、uc、ur

第14章：チキン・ウィング

メリッサ・レフタ：250：l、r；251：ul、ur、Ll、Lr；257；262〜263
ネイサン・マイアーボールド：248〜249；258〜261
ライアン・スミス：249：b
タイソン・ストール：250：c；251：ml

第15章：チキンヌードルスープ
クリス・フーバー：264〜265；267：Lr
メリッサ・レフタ：267：ul、ur、ml、Ll；269：ur、Lr、Ll；270〜271
ライアン・スミス：265：b；268：r；269：ul、uc；273
タイソン・ストール：266；268：l、c；272

第16章：サーモン
メリッサ・レフタ：279；280：Ll、Lr；281
ネイサン・マイアーボールド：274〜275
ライアン・スミス：275：b；276；277：ur、ml、mc、mr、Ll、Lr；278：ul、uc、ur、Ll；280：t
タイソン・ストール：277：ul、uc；278：Lc、Lr

第17章：貝、甲殻類
クリス・フーバー：284；285：ul、uc、ur、ml、mc、mr、Ll
メリッサ・レフタ：285：Lr；286；287：ul、uc、ur、ml、mc、Ll；290〜292
ライアン・スミス：282〜283；233：c；288；289：ul、ur、ml、mr、Ll；293：Ll
タイソン・ストール：287：Lr；289：mc、Lr；293：ul、uc、ur、Lr

第18章：ピッツァ
スコット・ヘイメンディンガー：301：ul
クリス・フーバー：294〜295；301：ml、mr、Ll、Lr；304：l；304：l；306〜307
メリッサ・レフタ：296〜300；301：ur、ml、mr、b；302〜303；305
ライアン・スミス：295：b
タイソン・ストール：304：c、r

第19章：マカロニ・アンド・チーズ
クリス・フーバー：r；318〜319
メリッサ・レフタ：311：b；312；315〜319
ネイサン・マイアーボールド：308〜309
ライアン・スミス：309：b；311：ul、uc、ur、Ll、Lc、Lr；313
タイソン・ストール：310；314

第20章：リゾットとパエリア
メリッサ・レフタ：320〜323；324〜325；328-333
ライアン・スミス：321：b；326〜327

第21章：コーンミール
メリッサ・レフタ：334〜335；336；337：ul、uc、ur；338：l；339：ul、uc、ur、ml、mr；340〜341
ネイサン・マイアーボールド：334〜335
ライアン・スミス：335：b；337：ml、Ll、Lr
タイソン・ストール：338：r；339：Ll、Lr

第22章：電子レンジでつくる料理
メリッサ・レフタ：344：c、r；345：ul、uc、ml、mr、Ll；347〜348；349：Ll、Lr；351；354〜355；357：m、b
ライアン・スミス：342〜343
タイソン・ストール：344：l；345：Lr、b；346；349：ul、uc；ur、m；350；352〜353；356；357：ul、uc、ur

第23章：カスタードとパイ
クリス・フーバー：374：uc
メリッサ・レフタ：358〜359；360：ul、uc、ur、Lc；361〜363；364：uc；365：Lr、b；366：b；367：ul；368〜370；371：ul、uc、ml、Ll；372；373：ul、ur、ml、mc、mr、Ll；374：ul、ur、b；375；376：ur、mr、Lr；377：ur、ml、mc、mr、Ll、Lr；378：ul、Ll、Lr；379：Ll
ネイサン・マイアーボールド：358〜359

ライアン・スミス：359：b
タイソン・ストール：360：Ll、Lr；364：ul、ur、Ll、Lr；365：ul、Ll、Lr；366：t；367：uc、ur、ml、mc、mr、b；371：r；373：Lc、Lr；376：ml、Ll；377：ul；378：ur；379：ur、Lr

貢献してくれた人々
ステファニー・ビルメイヤー：ulc
メリッサ・レフタ：XXIV：ul、ur、mrc、Ll、Lrc、Lr；XXV：ul、urc、ur、m、l、umrc、umr、Lml、Lmlc、Lmrc、Lmr、Llc、Lr
ルー・マナ：XXV：Lrc
ライアン・スミス：XXIV：ml、mlc、mr；XXV：umlc
アーロン・パーゾサ：XXIV：Llc
ローズマリー・ハリス：XXV：Ll

ステップ・バイ・ステップの手順と
おすすめ調理法の表

手順

分量の調整法	xx
デジタルはかりで容器の重さを差し引くには	7
温度計の精度をテストするには	8
サイフォンの使い方	18
フライヤーを使わずに揚げるには	27
圧力鍋の使い方	32
オーブンの温度を調整する	35
エッジ・シーラーの使い方	56
ジッパーつき袋で食材を密封するには	58
携帯用ポンプを使うには	59
果物や野菜を圧縮するには	59
中心温度を確認するには	66
風味を逃さないグレイビーをフライパンでつくる方法	95
ゲルと流動性のあるゲルのつくり方	98
澄ましバターとブール・ノワゼットのつくり方	119
サラダドレッシングのかけ方	167
プロ並みの挽き肉をつくる方法	206
四角形のハンバーガー・パテをつくる方法	207
台所のシンクでサーモンを低温調理する方法	278
オーブントースターでサーモンを焼く方法	278
オマールの活け締めの仕方と殻のむき方	284
ムール貝の殻のはずし方	286
クラムの殻の取り方	287
ピッツァの伸ばし方と焼き方	302
リゾット、パエリアを圧力鍋で炊く方法	324
リゾット、パエリアを前もって半ば火を通しておき、食卓に出す直前に仕上げる方法	325
牛乳または生クリームに風味づけする方法	361

おすすめ調理法

真空調理でつくるやわらかい肉のおすすめ真空調理法	192
ハンバーガー・パテのおすすめブレンド	206
肉の固い部位のおすすめ調理法	228
おすすめの温度と時間：やわらかい家禽類を調理する場合	245
おすすめの温度と時間：固い家禽類を調理する場合	245
魚を真空調理する場合のおすすめの温度	281
貝や甲殻類を真空調理するときのおすすめの温度と時間	286
電子レンジで野菜に火を通すときのおすすめの時間	347

INDEX 索引

A-Z

Auber Instruments 社のデジタル温度制御器, 65
AWS のデジタルはかり, 6
Bamix のスティックミキサー, 6
Cuisinart のスティックミキサー, 6
egullet.org, 72
Electrolux 社のコンビ・オーブン, 38
Escali のデジタルはかり, 6
Excalibur の食品乾燥機, 6
Fagor の圧力鍋, 6, 28, 29
Fluke の温度計, 6
FoodSaver のエッジ・シーラー, 54
FoodSaver のエッジ・シーラー真空パック器, 6
Fresh Meals Solutions 社のデジタル温度制御器, 65
Gaggenau 社のコンビ・オーブン, 38
IH 調理器, 24-25
 IH 調理器の断面図, 25
Insta Cure＃1（亜硝酸塩入りの塩）
 Insta Cure＃1について, 71
 豚ばら肉の BLT, 232-233
iSi のホイップ用サイフォン, 6
KitchenAid のスティックミキサー, 6
Kuhn Rikon の圧力鍋, 6, 28
MAPP（バーナーの燃料）, 15, 193
MC のカレーパウダー, 135
 ケララ・カレーソース, 104
 ムガール・カレーソース, 104-105
 ムスリム・カレーソース, 104
 バリエーション, 135
MC のスペシャルソース, 109
 モダニストのチーズバーガー, 212
『Modernist Cuisine : The Art and Science of Cooking』（マイアーボールド、ヤング、ビレット著）, xii, xiv, xv, xvii, xviii
modernistcuisine.com, xx
MSG（グルタミン酸ナトリウム参照）
My Weigh のデジタルはかり, 6
N ソルビット
 N ソルビットについて, 69, 70
 魚用スパイス・ミックス, 137
 真空調理でつくる香り豊かなサーモン, 276-277
Pickle Crisp（豆を固くゆでる）, 217
Polder のデジタルはかり, 6
PolyScience のウォーター・バス, 6
Salter のデジタルはかり, 6
SFG のホイップ用サイフォン, 6
Silpat のシリコンマット, 6, 9, 148
ThermoWorks の温度計, 6
Toddy の水出しコーヒーメーカー, 6
TurboTorch のバーナー, 6
Ultra-Sperse, 199
Vitamix のミキサー, 6

あ

アーティチョーク
 アーティチョークのスープ, 180
 チキン、アーティチョーク、黒オリーブ入りのファッロリゾット, 332
アーモンド
 アーモンドチェリークリームパイ, 378
 キャラメリゼしたアーモンド, 377
  アーモンドチェリークリームパイ, 378
 ムガール・カレーソース, 104-105
  ラム・カレー, 234-235
  圧力鍋で煮た子羊のすね肉, 234
 ホウレンソウのペスト, 103
アーモンドオイル
 アーモンドオイルの発煙点, xxiii
 ホウレンソウのペスト, 103
アーモンドパウダー
 ブラウンバターのパイ生地, 372
  アップルクリームパイ, 379
 キャロットのパイ生地, 372
 チーズのパイ生地, 372
  風味のいいチーズパイ, 379
 チョコレートのパイ生地, 372
  チョコレートクリームパイ, 378
 ココナッツのパイ生地, 372
  ココナッツクリームパイ, 378
 ダブルアーモンドのパイ生地, 372
  アーモンドチェリークリームパイ, 378
 サクサクのパイ生地, 372-373
  バリエーション, 372
 ジンジャーブレッドのパイ生地, 372
  ジンジャークリームパイ, 378
 フランボワーズのパイ生地, 372
アーモンド風味, 361
 ローストアーモンドバター, 361
 ビターアーモンドエクストラクト, 361
アールグレイ風味, 361
 ベルガモットエッセンシャルオイル, 361
アイオリソース, 108
アイスクリーム・メーカー
 アイスクリーム・メーカーについて, 12
 ヘーゼルナッツのジェラート, 370
 ピーナッツバター&ジェリーのジェラート, 370
 ピスタチオのジェラート, 370-371
  バリエーション, 370
 ストロベリーマカデミアのジェラート, 370
アイボリーキングサーモン, 280
赤タマネギ
 真空調理でつくるラムの串焼き, 203
 新タマネギのコールスロー, 165
  モダニストのミートローフ・サンドイッチ, 214-215
 真空調理でつくる野菜のピクルス, 130, 131
アガベシロップ
 パクチーのヴィネグレットソース, 117
 圧力鍋でキャラメリゼしたケチャップ, 110
  モダニストのチーズバーガー, 212
 スパイス・チリ・ドレッシング, 117
赤ワイン
 野生のキノコと赤ワインの大麦リゾット, 331
 赤ワインのグレーズ, 97
  ショートリブの蒸し煮, 228, 229
秋のスパイス・ミックス, 138
 ジンジャーブレッドのパイ生地, 372
秋の風味広がるチンゲンサイ, 346
揚げ焼き, 27
揚げる
 揚げることについて, 27
 肉に焼き色をつけるために揚げる, 193
 油で揚げるときの安全性について, 26
 揚げものの科学, 249
 真空調理した食材を焼く, 51
 揚げもの用の温度計, 8
 フライヤーを使わずに揚げるには, 27
揚げることを含んだレシピ
 ショートリブの串焼き、シイタケ・マーマレード, 263
 チンゲンサイといろいろな野菜の盛り合わせ, 346
 シナモンシュガー風味のドーナッツホール, 297
 カリカリに揚げた牛肉とエシャロットのサラダ, 353
  バリエーション, 353
 韓国風クリスピーチキンウィング, 252-253
 クリスピー・エシャロット, 353
 スキンレス・クリスピー・チキンウィング, 254-255
 フライドチキン, 241
 つくねのから揚げ, 262
 ガーリックノット, 297
 ハッシュパピー, 340
 韓国風豚ばらの串焼き, 262
 モダニストのミートローフ・サンドイッチ, 214-215
 圧力鍋でつくるチチャロン, 219, 222
 真空調理でつくるステーキ, 192, 194-195
アジョワンシード
 チャート・マサラ, 136
 アジョワンシードの入手先, 74
アスコルビン酸（ジュースを新鮮に保つには）, 20
アスパラガス
 アスパラガスについて, 79
 紫アスパラガス, 79
 ピスタチオのペスト、アスパラガス入りのキヌアリゾット, 332
アチョーテ・ペースト, 219
 圧力鍋でつくるカルニタス, 218-219
アッケシソウ, 78
アップルクリームパイ, 376, 379
アップルジャック／アップル・ブランデー（リンゴとモリーユを添えた豚肩肉のフリカッセ）, 220
圧力がま, 29
圧力で風味づけする
 真空調理で風味づけしたセロリ, 131
 圧力をかけて風味づけしたコーヒー風味のカスタードクリーム, 375

あ

圧力鍋

バナナクリームパイ, 379
ホイップ用サイフォンで風味をつける, 18

圧力鍋
圧力鍋について, 23, 28-31, 83
圧力鍋の利点, 28
リンゴとパースニップのスープ, 181
カボチャのキャラメリゼとサフランのアルボリオ米リゾット, 330
アルボリオ米でつくるウニとココアのリゾット, 333
アーティチョークのスープ, 180
バーベキュー・ケチャップ, 110
野生のキノコと赤ワインの大麦リゾット, 331
ボロネーゼ, 112
ボンバ米でつくるブロッコリーとグリュイエールのスープとチョリソ入りのリゾット, 320, 333
蒸しパンを添えた鴨肉の蒸し煮, 221
圧力鍋のブランド、価格、使用, 6
ブロッコリーとグリュイエールのスープ, 181
　秋の風味広がるチンゲンサイ, 346
　ボンバ米でつくるブロッコリーとグリュイエールのスープとチョリソ入りのリゾット, 320, 333
牛肉のブラウン・ジュ, 92
ブラウン・ポーク・ストック, 86
　フレンチ・オニオンスープ, 127
　韓国風ショートリブのレタス包み, 221
　フォー, 267
　タイ風の甘酸っぱくピリッとしたグレーズ, 115
鶏肉のブラウン・ジュ, 92
　自家製ジュ・グラ, 93
　シイタケ・マーマレード, 151
　バリエーション, 92
ブラウン・チキン・ストック, 85
　香り広がるチキンスープ, 266
　鶏肉のブラウン・ジュ, 92
　圧力鍋でつくるパエリア・デル・ボスコ, 326-327
ブラウン・ポーク・ストック, 86
野菜のブラウン・ストック, 89
バッファローソース, 258
　真空調理でつくるバッファローウィング, 250-251
キャラメリゼしたニンジンのスープ, 178-179
キャラメリゼしたタマネギのグレイビー, 101
カリフラワーのスープ, 180
チーズグリッツ, 338
クラムのチャウダーソース添え, 292
　バリエーション, 292
圧力鍋で豆を調理する, 217
米や穀物の圧力鍋での炊き時間, 324

野菜を圧力で調理する科学, 177
コーンジュースグリッツ, 337
コーンジュースタマーリ, 340
トウモロコシのスープ, 181
圧力鍋の断面図, 30-31
圧力鍋の圧力を下げる, 33
ドライ・キャラメリゼ・オニオン, 127
チキン、アーティチョーク、黒オリーブ入りのファッロリゾット, 332
フィンガリングポテトのコンフィ, 126
イカ墨と真空調理したクラムの紫黒米リゾット, 330
フレンチ・オニオンスープ, 127
ジビエのジュ, 92
リゾット、パエリアに前もって半ば火を通しておき、食卓に出す直前に仕上げる方法, 325
リゾット、パエリアを圧力鍋で炊く方法, 324
圧力鍋の使い方, 32-33
韓国風ショートリブのレタス包み, 221
ラムもも肉のタジン, 220
ポロネギとタマネギのスープ, 181
圧力鍋でカルニタスをつくる, 217
マリナラ, 112
　電子レンジでつくるナスのパルミジャーナ, 344-345
　バリエーション, 112
地中海風野菜のコンフィ, 126
　フェタチーズと野菜のコンフィのポテトブレッドサンド, 319
牛フィレ肉の串焼き、モンペリエ・バター, 263
マッシュルームのジュ, 91
　マッシュルームのクリームスープ, 150
　マッシュルーム・ピュレ, 150
　キノコのスープ, 180
圧力鍋の圧力をかけすぎる, 32
オイスターシチュー, 292
米や穀物に半ば火を通しておく場合の炊き時間, 325
パイナップル・マリナラ, 112
　ハワイアンピッツァ, 303
ピスタチオのペスト風味のクラムチャウダー, 292
ピッツァソース, 112
リンゴとモリーユを添えた豚肩肉のフリカッセ, 220
ナンを添えたポーク・ヴィンダルー, 221
圧力鍋でキャラメリゼしたバナナ・ピュレ, 181
　バナナクリームパイ, 379
圧力鍋でキャラメリゼしたケチャップ, 110
　モダニストのチーズバーガー, 212
　バリエーション, 110
圧力鍋でキャラメリゼしたタマネギ, 127

圧力鍋でキャラメリゼしたピーナッツソース, 111, 259
鶏むね肉のサテ, 263
圧力鍋で調理する大麦, 184
　大麦サラダ, 184
　チンゲンサイといろいろな野菜の盛り合わせ, 346
　野菜の煮込み, 185
圧力鍋でつくるブラウン・ビーフ・ストック, 86
　バリエーション, 86
圧力鍋でつくるカルニタス, 218-219
　バリエーション, 219
圧力鍋で蒸したニンジンとポロネギ, 272
　チキンヌードルスープ, 273
圧力鍋でつくるチチャロン, 219, 222
圧力鍋でつくるヒヨコ豆のサラダ, 172-173
圧力鍋でつくる甲殻類のバター, 122
　甲殻類のオランデーズソース, 106
　オマールロール, 288-289
　バリエーション, 122
圧力鍋でつくる甲殻類のストック, 88
　チーズグリッツ, 338
　イカ墨と真空調理したクラムの紫黒米リゾット, 330
　小エビのグリッツ, 338-339
　タイ風スープ麺, 267
圧力鍋でつくるドリッピング, 101
　バリエーション, 101
圧力鍋でつくるフレッシュコーンのタマーリ, 340-341
圧力鍋でつくるガーリック・コンフィ, 126
圧力鍋で煮た子羊のすね肉, 234
圧力鍋でつくるレンズ豆のサラダ, 175
圧力鍋でつくるオマールのビスク, 122
圧力鍋でつくるパエリア・デル・ボスコ, 326-327
圧力鍋でつくるマスタードシードのピクルス, 125
　ハニーマスタードソース, 259
圧力鍋でつくるポレンタ, 336-337
　バリエーション, 337
圧力鍋でつくる豚ばら肉のアドボ, 224-225
　バリエーション, 224
豚ばら肉のBLT, 232
圧力鍋でつくるキヌアとカリフラワーのサラダ, 170-171
圧力鍋でつくるリゾット, 329
圧力鍋でつくるスパイス・チリオイル, 118
圧力鍋でつくる野菜のジュ, 182
　野菜の煮込み, 185
圧力鍋でつくる野菜のストック, 89
圧力鍋で調理する野菜, 183, 247
　野菜の煮込み, 185

圧力鍋でつくるホワイト・チキン・ストック, 84-85, 247
　香り広がるチキンスープ, 266
　真空調理でつくるエスカルゴの蒸し煮, 293
　バリエーション, 85
密封ビンに入れて圧力鍋調理をする, 33
圧力鍋で溶かす鶏の脂身, 123
　チキンヌードルスープ, 273
　フィンガリングポテトのコンフィ, 126
　自家製ジュ・グラ, 93
　地中海風野菜のコンフィ, 126
　ピスタチオのペスト、アスパラガス入りのキヌアリゾット, 332
　赤ワインのグレーズ, 97
　ショートリブの蒸し煮, 228, 229
フリホレスの泡, 223
　バリエーション, 223
フリホレスのピュレ, 223
ローストしたジャガイモのヴィシソワーズ, 163
圧力鍋の安全性, 33
小エビのグリッツ, 338-339
　バリエーション, 338
圧力鍋でナッツやシードをやわらかくする, 104
南フランス風チャウダー, 292
カボチャのスープ, 180
　カボチャのキャラメリゼとサフランのアルボリオ米リゾット, 330
スチールカットオーツとエスカルゴのリゾット, 331
焼いたトウモロコシのストック, 90
トマト・ソフリート, 112
　スペイン風オムレツ・フィリング, 145
肉の固い部位を圧力鍋で調理する, 227
圧力鍋の種類, 29
圧力鍋でつくる野菜スープ, 177
　ジャガイモの皮のレデュクションを加えたヴィシソワーズ, 163
ホワイト・ビーフ・ストック, 86
丸ごとの肩肉, 219
圧力鍋に圧力をかけすぎる, 32
圧力鍋の圧力を下げる, 33
圧力鍋のパッキン, 31, 32, 33
アナトーシード（アチョーテ・ペースト用）, 219
　圧力鍋でつくるカルニタス, 218-219
アナルダナ
　チャート・マサラ, 136
　アナルダナの入手先, 74
アプトン・シンクレア, 190
油から火が出たとき, 26
油の引火点, xxii
油の発煙点, xxii
脂身を溶かす方法, 123
脂身を液体を使わずに溶かす, 123

アフリカの食材店

あ

アフリカの食材店, 75
アプリコット（フルーツ・レザー用）, 129
アボカドオイル
　アボカドオイルの発煙点, xxiii
　真空調理でつくるマグロのコンフィ, 174
アマランサス（野菜の煮込み用）, 185
アマレット風味のカスタードクリーム, 375
　アーモンドチェリークリームパイ, 378
アミロース, 320
アミロペクチン, 320
アムチュール
　チャート・マサラ, 136
　アムチュールの入手先, 74
アメリカ・キュウリ, 77
アメリカ食品医薬品局（FDA）
　調理温度のガイドライン, xxv, 245, 274
　食品保存法, 54
アメリカ食品医薬局
　調理温度のガイドライン, xxv, 245, 274
アメリカ農務省（USDA）
　調理温度のガイドライン, xxv
　肉の等級, 190
アルガンオイル, xxiii
アルザス風オムレツ・フィリング, 145
アルファルファ（最終段階の牛のエサ）, 191
アルボリオ米
　カボチャのキャラメリゼとサフランのアルボリオ米リゾット, 330
　アルボリオ米でつくるウニとココアのリゾット, 333
　アルボリオ米の炊き時間, 324
　アルボリオ米の半ば火を通しておく場合の炊き時間, 325
　圧力鍋でつくるリゾット, 329
　アルボリオ米の調理中の変化, 322-323
　野菜のリゾット, 328-329
　バリエーション, 329
泡
　リンゴの泡, 376
　アップルクリームパイ, 379
　バーナーで泡立った液体の気泡を破裂させる, 15
　ホイップ用サイフォンで泡立てる, 19
　ウォーター・バスの温度による泡の軽さ, 106
　粉末の大豆レシチンで泡をつくる, 93
　フリホレスの泡, 223
　バリエーション, 223
　サバイヨン, 369
　青リンゴの泡をのせたイチゴのジュース, 161
泡立て器, 11
　目玉焼き, 152-153
泡立て器
　目玉焼き, 152-153
スティックミキサー, 11
　目玉焼き, 152-153
スタンドミキサー（泡立て器のアタッチメント参照）
泡立て器のアタッチメントが付いたスタンドミキサー
　コーンジュースタマーリ, 340
　圧力鍋でつくるフレッシュコーンのタマーリ, 340-341
　バリエーション, 340
アンガス牛, 191
アンジー、ブラッドフォード, 79
アンズタケ（ジロール）
　アンズタケについて, 79
　菜の花（ブロッコリーラーブ）ピッツァ, 306
　キノコのピッツァ, 303
　ジロール, 78
　シャントレル, 78, 79
　マッシュルーム・ピュレ（マッシュルーム（マッシュルーム・ピュレ用）も参照）, 150
　シイタケ・マーマレード, 151
　シャントレル, 78
安全性（電子レンジにかける食品の安全性とプラスチックの袋やラップの安全性も参照）, 42, 52, 354, 355
安全性について
　バーナーを使うときの危険性について, 15
　揚げものの安全性について, 26
　軽く火を通した食材の安全性について, xxv
　圧力鍋を使うときの安全性について, 33
　温度計を使うときの注意点, 67
　真空密封の安全性について, 54
アンチョビの酢漬けのフィレ（ピッツァ・ナポレターナ用）, 303

い

イオタカラギーナン、カッパカラギーナンベジタリアン向けパンナコッタ, 366
イカ墨と真空調理したクラムの紫黒米リゾット, 330
板状ゼラチン, 366
イタリアンソーセージ（フィノッキオーナピッツァ用）, 307
イタリアンパセリ, 354
　ソース・ヴェルデ, 102, 103
イチゴ
　チーズ・コース, 161
　フルーツのミネストローネ, 158-161
　バリエーション, 161
　フルーツ・サラダ, 161
　ピーナッツバター＆ジェリーのジェラート, 370
　青リンゴの泡をのせたイチゴのジュース, 161
　ストロベリーマカデミアのジェラート, 370
　イチゴのマリナラ, 114
　イチゴのパンナコッタ, 161
田舎風ピッツァの生地, 298
　バリエーション, 298
イラクサ, 78, 79
色
　ニンジンの色, 121
　鶏肉の色の科学, 237
　甲殻類の殻の色, 122, 282
　ジュースの色を保つ, 20
　色の運び役としての油脂, 116, 121
イワシを真空調理する場合のおすすめの温度, 281
インゲン豆（フリホレスの泡用）, 223
インスティテュート・オブ・カリナリー・エデュケーション, xv
インターネット
　インターネットで材料の入手先の情報を得る, 73
　オンラインのフード・フォーラム, 72
　オンラインストア, 72
インド食材店, 74
インパルス・シーラー, 56

う

ヴァインズ＝ラッシング、アリソン, xv
ヴィアローネ・ナノ米
　炊き時間, 324
　半ば火を通しておく場合の炊き時間, 325
　圧力鍋でつくるリゾット, 329
　野菜のリゾット, 328-329
　バリエーション, 329,
ヴィシソワーズ
　ヴィシソワーズについて, 155
　モダニストのヴィシソワーズ, 162-164
　バリエーション, 163
　ローストしたジャガイモのヴィシソワーズ, 163
　ジャガイモの皮のレデュクションを加えたヴィシソワーズ, 163,
ヴィネグレット
　サクランボのヴィネグレットソース, 117
　パクチーのヴィネグレットソース, 117
　ピスタチオバター入りのフィーヌゼルブのヴィネグレットソース, 117
　モダニストのヴィネグレットソース, 117
　　圧力鍋でつくるレンズ豆のサラダ, 175
　バリエーション, 117
ウィルトン・シリコンマット, 6, 9
ヴィンダルー・スパイス・ミックス, 135
　ナンを添えたポーク・ヴィンダルー, 221
ウーゾ（スチールカットオーツとエスカルゴのリゾット用）, 331
ヴェラ、マルク, xii, 78
ウオーヴォピッツァ, 307
ウォーター・バス（真空調理、圧力鍋参照）
　ウォーター・バスについて, 62
　ウォーター・バスの利点, 60
　ウォーター・バスの種類、ブランド、価格, 6
　ウォーター・バスの水の循環構造, 62-63
　ウォーター・バスがもたらす効率性, 24
　即席ウォーター・バス, 64-65, 193
　水を循環させないウォーター・バス, 62
　食材を入れすぎた場合, 60
　ウォーター・バスの予熱効果, 51
　残りものの再加熱, 61
　ウォーター・バスの設定温度, 51, 64
　デジタル温度制御器, 65
　冷凍した食材を解凍するために, 61
　平衡調理におけるウォーター・バス, 60
　軽い泡をつくるには, 106
ウォルドーフ・サラダ, 131
ヴォンゲリヒテン、ジャン＝ジョルジュ, 20
牛のエサ, 191
ウズラの卵
　ウズラの卵の入手先, 74
　ウオーヴォピッツァ, 307
ウズラのむね肉を調理する場合のおすすめの温度と時間, 245
ウニ
　アルボリオ米でつくるウニとココアのリゾット, 333
　ウニの入手先, 74

え

衛生, xxiv
液状大豆レシチン
　液状大豆レシチンについて, 71
　サクランボのヴィネグレットソース, 117
　パクチーのヴィネグレットソース, 117
　ピスタチオバター入りのフィーヌゼルブのヴィネグレットソース, 117
　自家製ジュ・グラ, 93
　バリエーション, 93
　モダニストのヴィネグレットソース, 117
　　圧力鍋でつくるレンズ豆のサラダ, 175
　バリエーション, 117
　ゴマのドレッシング, 117
　粉末レシチンとの違い, 93
　スパイス・チリ・ドレッシング, 117
　とても安定したバターソース, 93

ベトナム風ドレッシング, 117
液体を真空密閉する際の問題点, 54, 56
　解決策, 57
液体を使わない魚の塩漬け, 133
エクルヴィスの身と殻と頭
　圧力鍋でつくる甲殻類のバター, 122
　　甲殻類のオランデーズソース, 106
　　オマールロール, 288-289
　　バリエーション, 122
　真空調理でつくる甲殻類のバター, 122
エシャロット
　カリカリに揚げた牛肉とエシャロットのサラダ, 353
　クリスピー・エシャロット, 353
　MCのスペシャルソース, 109
　　モダニストのチーズバーガー, 212
　ムガール・カレーソース, 104-105
　　バリエーション, 104
　タマネギの流動性のあるゲル, 100
　　バリエーション, 100
　オニオン・レザー, 129
　圧力鍋でキャラメリぜしたピーナッツソース, 111, 259
　圧力鍋でつくる野菜のジュ, 182
　野菜の煮込み, 185
　エシャロットとポートワインのマーマレード, 319
　　スティルトンチーズ、エシャロットマーマレードのクルミパンサンド, 319
エスカルゴ
　ヘストン・ブルメンタールの有名な料理「エスカルゴのポリッジ」, 331
　真空調理でつくるエスカルゴの蒸し煮, 293
　　圧力鍋でつくるパエリア・デル・ボスコ, 326-327
　　スチールカットオーツとエスカルゴのリゾット, 331
エスコフィエ, xviii
　『ル・ギッド・キュリネール』, xiv
エストラゴン
　ピスタチオバター入りのフィーヌゼルブのヴィネグレットソース, 117
　野菜の煮込み, 185
枝豆 (ブロッコリーのチーズソース用), 310
エッジ・シーラー (真空パック器も参照), 52, 53, 54
　エッジ・シーラー用真空バッグ, 53, 54
　エッジ・シーラーの使い方, 56
エッセンシャル・オイル
　ベルガモットエッセンシャル・オイル (アールグレイ風味), 361
　ジュースに風味を与えるエッセンシャル・オイル, 20
　レモン (レモンエッセンシャルオイル参照)
　マンダリンエッセンシャルオイル (マンダリン風味), 361
エビの殻と頭
　圧力鍋でつくる甲殻類のバター, 122
　　甲殻類のオランデーズソース, 106
　　オマールロール, 288-289
　　バリエーション, 122
　真空調理でつくる甲殻類のバター, 122
「エブリシング」プレッツェル, 297
エマルション
　エマルションの分離の解決法, 311
　エマルション (チーズ), 308
　エマルション (マヨネーズ), 108
エメンタールチーズ (フォンデュ用), 310
塩化カルシウム (豆を固くする), 217
遠心分離でつくるジュース, 20
円すい形のシノワ, 17

お

オーガニック運動, 69
オーストラリアの牛肉格づけ, 190
オーブン (コンビ・オーブン、従来のオーブン、電子レンジも参照)
　コンベクション・オーブン, 34
　ウォーター・バスとしてオーブンを使う, 65
　オーブンでピッツァを焼く場合の予熱, 301
　オーブントースターでサーモンを焼く方法, 278
　オーブンの湿度, 34
オーブンで焼くマカロニ・アンド・チーズ, 312-313
オーブントースターでサーモンを焼く方法, 278
オーブンの上火で肉を焼く, 193
オーブンバッグ (真空調理用), 53
オーブン・フライド・ピッツァ, 305
オーブン・プローブ温度計 (デジタル温度計参照)
オーブン・プローブ温度計
　オーブン・プローブ温度計について, 8
　オーブン・プローブ温度計でオーブンの温度を調整する, 35
　コンビ・オーブンでつくるローストチキン, 241
　飛びっきりジューシーなチキン, 241
　冷凍してつくるステーキ, 197
　低温オーブン・ステーキ, 196-197
　　バリエーション, 197
　ピンクッション・チキン, 241
　ローストチキン, 238-240
　　バリエーション, 241
　鶏とタマネギのじっくり焼き, 242-243
　背開き, 241
大麦 (ふすまがついているもの、圧力鍋で調理する大麦用), 184
　大麦サラダ, 184
　ダリン風味), 361
　チンゲンサイといろいろな野菜の盛り合わせ, 346
　野菜の煮込み, 185
大麦粉 (大麦パスタ用), 271
オールドフォージスタイルのピッツァ, 305
オクラ, 77
おすすめ
　魚を真空調理する場合のおすすめの温度, 281
　貝や甲殻類を真空調理するときのおすすめの温度と時間, 286
　真空調理でつくるやわらかい肉のおすすめ真空調理法, 192
　おすすめの温度と時間：やわらかい家禽類を調理する場合, 245
　肉の固い部位のおすすめ調理法, 228
　電子レンジで野菜に火を通すときのおすすめの時間, 347
　ハンバーガー・パテのおすすめブレンド, 206
おすすめの温度と時間：固い家禽類を調理する場合, 245
オゼイユ、ネギとオゼイユのペスト, 102, 103
汚染
　温度計を使う時の注意点, 67
　汚染を防ぐ, xxiv-xxv
オックステール
　牛肉のブラウン・ジュ, 92
　圧力鍋でつくるブラウン・ビーフ・ストック, 86
　　フレンチ・オニオンスープ, 127
　　韓国風ショートリブのレタス包み, 221
　　フォー, 267
　　タイ風の甘酸っぱくピリッとしたグレーズ, 115
　オックステールのおすすめ調理法, 228
　圧力鍋でつくるブラウン・ビーフ・ストック, 86
　　バリエーション, 86
　牛テールの入手先, 75
　ホワイト・ビーフ・ストック, 86
オヒョウ
　オヒョウを真空調理する場合のおすすめの温度, 281
　ブラックシーバス、ティラピア、オヒョウ、シタビラメのレンジ蒸し, 348, 349
　真空調理でつくるマグロのコンフィ, 174
オマール
　新鮮なオマールを買う, 284
　オマールを凍らせる, 285
　オマールの活け締めの仕方と殻のむき方, 284-285
　オマールの汁, 122
オマールの殻と頭

オマールの殻と頭の風味, 122, 282
オマールの殻と頭の色素, 122, 282
　圧力鍋でつくる甲殻類のバター, 122
　　甲殻類のオランデーズソース, 106
　　オマールロール, 288-289
　　バリエーション, 122
　圧力鍋でつくる甲殻類のストック (圧力鍋 (圧力鍋でつくる甲殻類のストック用) も参照), 88
　圧力鍋でつくるオマールのビスク, 122
　真空調理でつくる甲殻類のバター, 122
オマールの身
　オマールのハサミを真空調理するときのおすすめの温度と時間, 286
　オマールロール, 288-289
　　バリエーション, 288
　圧力鍋でつくる甲殻類のバター, 122
　　甲殻類のオランデーズソース, 106
　　オマールロール, 288-289
　　バリエーション, 122
　真空調理でつくる甲殻類のバター, 122
オマールの胴
　オマールの胴を真空調理するときのおすすめの温度と時間, 286
　オマールの胴の身の真空調理, 288
オムレツ
　オムレツのフィリング, 145
　アルザス風オムレツ・フィリング, 145
　スペイン風オムレツ・フィリング, 145
　フィレンツェ風オムレツ・フィリング, 145
　ラビオリ・オムレツ・フィリング, 145
　蒸してつくるハーブオムレツ, 146-147
　ストライプ・マッシュルーム・オムレツ, 148-149
おもり式のバルブがついた圧力鍋, 28, 29
オランデーズソース
　オランデーズソースについて, 83
　甲殻類のオランデーズソース, 106
　ガーリック・オランデーズソース, 106
　真空調理でつくるオランデーズソース, 106-107
　　バリエーション, 106
　スパイシー・オランデーズソース, 106
オリーブ
　黒オリーブ (チキン、アーティチョーク、黒オリーブ入りのファッロリゾット用), 332
　ピッツァ・ナポレターナ, 303
オリーブオイル
　地中海風野菜のコンフィ, 126
　オリーブオイル・スクランブルドエッグ, 144

お

オリーブオイル
- スペイン風オムレツ・フィリング, 145
- 圧力鍋でつくるガーリック・コンフィ, 126
- バリエーション, 126
- プロヴァンス風ガーリック・コンフィ, 126
- オリーブオイルの発煙点, xxiii
- 真空調理でつくるマグロのコンフィ, 174
- マグロのコンフィのサラダとツナ・メルト・サンドイッチ, 174

オルニー, リチャード, xiv

オレンジ／オレンジの皮
- シトラス風味, 361
- フルーツカード, 365
- フルーツ・レザー, 129
- メキシコ風マリナード, 134

温度
- 炭酸ガスの溶解性, 18
- 木炭グリル, 44
- 真空調理に使用するコンビ・オーブン, 51
- 安全に冷やすための時間, xxv
- サラダの組み立て, 166
- 従来のオーブン
  - 従来の調理器具, 22
  - オーブンの温度を調整する, 35
  - オーブン, 34
- アメリカ食品医薬品局が推奨する温度での調理, xxv, 245, 274
- 魚の調理, 274
- やわらかい家禽類の調理, 245
- 肉の固い部位を調理する科学, 227
- 固い家禽類の調理, 245
- 調理した料理を冷やす, 61
- 芯温（芯温、目標温度参照）
- 揚げる, 27
- 食品を乾燥させる, 21
- 乾球と湿球, 34
- 冷たさと脂肪がいかに食感に影響を与えるかの科学, 155
- ホット・タブ, 65
- ステーキをグリルで焼く際の芯温, 200-201
- 泡の軽さ, 106
- レモンカードの泡, 365
- ポーリッシュ, 299
- 圧力鍋, 28-31
- 冷蔵庫, xxiv, xxv
- 食品の再加熱, 61
- 家禽類の調理の安全性, 245
- 真空調理した食品の保存, xxiv
- 野菜の保存, xxiv
- 目標（目標温度参照）
- 調理した卵の食感, 141, 142-143

温度計
- アナログ温度計, 8
- 揚げ油の温度を測る, 8, 26
- デジタル温度計, 8
- 高温, 8
- 赤外線温度計, 8
- 瞬間測定温度計, 8
- ジッパーつきの袋に入れて中心温度を確認する, 66
- オーブン・プローブ温度計, 8
- 糖液温度計, 8
- 熱電対温度計, 8

オンラインのフードフォーラム, 72

か

ガーキン（キュウリのピクルス）（タルタルソース用）, 108

カーラナマック（チャート・マサラ用）, 136

貝（各種貝も参照）
- 貝や甲殻類を真空調理するときのおすすめの温度と時間, 286
- 新鮮な魚介類を買う, 284
- 貝の香り, 286

海藻
- 海藻入りの魚用塩漬け液, 133
- 海藻の入手先, 74

香り
- 乾燥の過程で失われる香り, 21
- 圧力鍋調理で閉じ込める香り, 28
- 真空調理した食材を焼くことで加わる香り, 51
- 貝や甲殻類の香り, 284

香梨, 76

香りのいいタラのレンジ蒸し, 348

香り広がるチキンスープ, 266

チキンヌードルスープ, 273

カカオニブとカルダモンダスト, 376

チョコレートクリームパイ, 378

カカオバター, 372

牡蠣
- 牡蠣を真空調理するときのおすすめの温度と時間, 286
- オイスターシチュー, 292

柿
- フルーツ・レザー, 129
- 柿の入手先, 74

カキノキダケ, 77

家禽類（各種家禽類も参照）
- 家禽類調理のおすすめの温度と時間, 245
- 目標温度を長時間保つ, 60
- 家禽類を調理するときの安全性, 245

カクタス・ペア, 76

カシミールトウガラシ
- MCのカレーパウダー, 135
- パプリカパウダーで代用, 135
- ヴィンダルー・スパイス・ミックス, 135
- ナンを添えたポーク・ヴィンダルー, 221

カシューナッツ
- ムガール・カレーソース, 104-105
- ラム・カレー, 234-235

圧力鍋で煮た子羊のすね肉, 234

生のカシューナッツの入手先, 74

焼き赤ピーマンのペスト, 103

カシューナッツの入手先, 74

ガスグリル, 44

ガスコンロ, 24

カスタード, 360
- 湯煎にしてつくるクレームブリュレ, 362
- コーヒー風味のクレームブリュレ, 362-363
- バリエーション, 362
- カスタードプリン, 362
- ポ・ド・クレーム, 362
- 真空調理でつくるバニラ風味のクレーム・アングレーズ, 368-369
- バリエーション, 369

カスタードクリーム
- カスタードクリームについて, 374
- アマレット風味のカスタードクリーム, 375
- アーモンドチェリークリームパイ, 378
- チーズ風味のカスタードクリーム, 375
- チョコレート風味のカスタードクリーム, 375
- チョコレートクリームパイ, 378
- ココナッツ風味のカスタードクリーム, 375
- ココナッツクリームパイ, 378
- 固めのカスタードクリーム, 375
- ジンジャー風味のカスタードクリーム, 375
- ジンジャークリームパイ, 378
- レモン風味のカスタードクリーム, 375
- フランボワーズレモンのクリームパイ, 379
- 圧力をかけて風味づけしたコーヒー風味のカスタードクリーム, 375
- バナナクリームパイ, 379
- 真空調理でつくるバニラとシナモン風味のカスタードクリーム, 374-375
- アップルクリームパイ, 379
- バリエーション, 375

カスタードプリン, 362

カスタードプリンについて, 360

ガスパチョ
- ガスパチョについて, 155
- フランボワーズのガスパチョ, 156-157

固いハンバーガー・パテ, 208

堅木（炭焼きグリル用）, 45

カタバミ, 78, 79

固めのカスタードクリーム, 375

かつお節
- かつお節の入手先, 74
- 焼き鳥ソース, 259, 260
- 骨なし鶏手羽肉の焼き鳥, 256-257
- 鶏皮の焼き鳥, 262

つくね, 263,

家庭用のアイスクリーム・メーカー, 12

カナダの肉の等級, 190

カニ
- クラブロール, 288
- オマールロール, 288-289
- 圧力鍋でつくる甲殻類のバター, 122
- 甲殻類のオランデーズソース, 106
- オマールロール, 288-289
- バリエーション, 122
- 真空調理でつくる甲殻類のバター, 122

カブ
- 圧力鍋で蒸したニンジンとポロネギ, 272
- 圧力鍋でつくる野菜のジュ, 182
- 野菜の煮込み, 185
- 圧力鍋で調理する野菜, 183
- 野菜の煮込み, 185

カポコッロピッツァ, 306

カボチャ
- バターナッツカボチャのスープ, 180
- カボチャのキャラメリゼとサフランのアルボリオ米リゾット, 330
- デリカタカボチャのスープ, 180
- カボチャのキャラメリゼとサフランのアルボリオ米リゾット, 330
- ダンプリング・カボチャ, 77
- 地中海風野菜のコンフィ, 126
- フェタチーズと野菜のコンフィのポテトブレッドサンド, 319

カボチャのキャラメリゼとサフランのアルボリオ米リゾット, 330

カボチャの種（パクチーのペスト用）, 103

カマンベールチーズ
- アルザス風オムレツ・フィリング, 145
- カマンベールとグリュイエールのチーズスライス, 318
- カマンベールとグリュイエール、ハム、マッシュルームのブリオッシュサンド, 318

紙コップ（簡単チョコレートスポンジケーキ用）, 356-357
- バリエーション, 357

鴨
- 鴨のむね肉を調理する場合のおすすめの温度と時間, 245
- ジビエのジュ, 92
- 鴨のもも肉を調理する場合のおすすめの温度と時間, 245
- 蒸しパンを添えた鴨肉の蒸し煮, 221
- 生のアヒル肉の入手先, 74

鴨脂
- 鴨脂の発煙点と引火点, xxii
- 七面鳥のコンフィ, 246

カモミールの花（乾燥）
- 魚用スパイス・ミックス, 137
- 真空調理でつくる香り豊かなサーモン, 276-277

カモミールの入手先, 75
ガランガル
  ガランガルについて, 111
  ガランガルの写真, 77
  圧力鍋でキャラメリゼしたピーナッツソース, 111, 259
    鶏むね肉のサテ, 263
  ガランガルの入手先, 75
  タイ風スープ麺, 267
カリカリに揚げた牛肉とエシャロットのサラダ, 353
  バリエーション, 353
カリフラワー
  チンゲンサイといろいろな野菜の盛り合わせ, 346
  ブロッコリーのチーズソース, 310
  カリフラワーのスープ, 180
  「ファットフリー」のマカロニ・アンド・チーズ, 314-315
    バリエーション, 314
  圧力鍋でつくるキヌアとカリフラワーのサラダ, 170-171
  真空調理でつくる野菜のピクルス, 130, 131
軽く火を通した食材
  軽く火を通した食材の安全性, xxv
  軽く火を通した食材の科学, xxv
カルダモンシード
  カカオニブとカルダモンダスト, 376
    チョコレートクリームパイ, 378
  中東風, 361
  カルダモンシードの入手先, 74
カルナローリ米
  カルナローリ米の炊き時間, 324
  カルナローリ米に半ば火を通しておく場合の炊き時間, 325
  圧力鍋でつくるリゾット, 329
  野菜のリゾット, 328-329
    バリエーション, 329
カルニタス
  カルニタスについて, 217
  蒸しパンを添えた鴨肉の蒸し煮, 221
  韓国風ショートリブのレタス包み, 221
  ラムもも肉のタジン, 220
  リンゴとモリーユを添えた豚肩肉のフリカッセ, 220
  ナンを添えたポーク・ヴィンダルー, 221
  圧力鍋でつくるカルニタス, 218-219
    バリエーション, 219
  圧力鍋でつくるチチャロン, 222
  真空調理でつくるカルニタス, 219
  丸ごとの肩肉, 219
ガルバンゾ (ヒヨコ豆参照)
カルビ・マリネード, 134
カレーソース
  ケララ・カレーソース, 104
  ムガール・カレーソース, 104-105
    ラム・カレー, 234-235
    圧力鍋で煮た子羊のすね肉, 234
    バリエーション, 104

ムスリム・カレーソース, 104
カレーム, xviii
カレーリーフ
  ケララ・カレーソース, 104
  カレーリーフの入手先, 74
カロテン, 121, 122
ガン型の注射器, 16
韓国食材店, 75
韓国風ウィングソース, 258, 260
  韓国風クリスピーチキンウィング, 252-253
  韓国風豚ばらの串焼き, 262
  韓国風ショートリブのレタス包み, 221
  四川風チンゲンサイ, 346-347
  スパイシー・オランデーズソース, 106
韓国風クリスピーチキンウィング, 252-253
韓国風ショートリブのレタス包み, 221
韓国風豚ばらの串焼き, 262
間接グリル, 45
甘草 (リコリス)
  甘草の根の入手先, 74
  野生のリコリス, 79
乾燥インゲン豆 (フリホレスの泡用), 223
  バリエーション, 223
  フリホレスのピュレ, 223
乾燥オレンジピール
  秋のスパイス・ミックス, 138
  ジンジャーブレッド風味のパイ生地, 372
乾燥器 (食品乾燥機参照)
乾燥グリーンマンゴーの粉末 (チャート・マサラ用), 136
乾燥ザクロの種 (チャート・マサラ用), 136
乾燥させたトウモロコシの皮 (コーンハスク)
  コーンジュースタマーリ, 340
  ハッシュパピー, 340
  圧力鍋でつくるフレッシュコーンのタマーリ, 340-341
    バリエーション, 340
  乾燥させたトウモロコシの皮の入手先, 75
  焼いたトウモロコシのストック, 90
乾燥熟成肉 (ドライエイジドビーフ), 186
乾燥卵白 (粉末アルブミン)
  乾燥卵白について, 71
  ストライプ・マッシュルーム・オムレツ, 148-149
  ふわふわ泡のミルクシェイク, 213
簡単チョコレートスポンジケーキ, 356-357
  バリエーション, 357
寒天
  寒天について, 70, 71
  ゲルと流動性のあるゲルのつくり方, 98
  タマネギの流動性のあるゲル, 100
    バリエーション, 100

イチゴのパンナコッタ, 161
ベジタリアン向けパンナコッタ, 366

ギー
  ギーのつくり方, 119
  ケララ・カレーソース, 104
  ムガール・カレーソース, 104-105
    ラム・カレー, 234-235
    圧力鍋で煮た子羊のすね肉, 234
    バリエーション, 104
  ムスリム・カレーソース, 104
  ギーの入手先, 74
キウイ, 76
キクイモ
  アーティチョークのスープ, 180
  真空調理でつくる野菜のピクルス, 130
キサンタンガム, 69
  キサンタンガムについて, 70, 83, 94
  ベーコン・マヨネーズ, 108
    レンジでつくるポテトサラダ, 346
    豚ばら肉のBLT, 232-233
    スモークベーコンのBLT, 232
  バーベキュー・ケチャップ, 110
  キャラメリゼしたタマネギのグレイビー, 101
  セルフィーユとタイムとネギのペスト, 102, 103
  パクチーのペスト, 103
  ホウレンソウのクリーム煮, 194, 199
    フィレンツェ風オムレツ・フィリング, 145
    マカロニ・アンド・パルメザン, 314
    バリエーション, 199
  フルーツ・レザー, 129
  ネギとオゼイユのペスト, 102, 103
  ヘーゼルナッツのジェラート, 370
  自家製ジュ・グラ, 93
    バリエーション, 93
  簡単チョコレートスポンジケーキ, 356-357
    バリエーション, 357
  マンゴー・チリ・レザー, 129
  オニオン・レザー, 129
  グレイビーをフライパンでつくる方法, 95
  パッションフルーツのグレーズ, 376
    ココナッツクリームパイ, 378
  ピーナッツバター&ジェリーのジェラート, 370
  ピスタチオのジェラート, 370-371
    バリエーション, 370
  ピスタチオのペスト, 102-103
  圧力鍋でキャラメリゼしたケチャップ, 110
    モダニストのチーズバーガー, 212
    バリエーション, 110
  圧力鍋でつくるドリッピング, 101

キャラメリゼする

  バリエーション, 101
  フランボワーズのガスパチョ, 156-157
  焼き赤ピーマンのペスト, 103
  ソース・ヴェルデ, 102, 103
  南部インド風クレソン, 199
  ホウレンソウのペスト, 103
  ストロベリーマカデミアのジェラート, 370
  イチゴのパンナコッタ, 161
  トマト・レザー, 129
    オマールロール, 288-289
    バリエーション, 129
  とても安定したバターソース, 93
  ベジタリアン向けパンナコッタ, 366
生地
  風味を育てる生地の発酵, 300
  生地を手でこねる方法, 298
  ピッツァ (ピッツァ生地参照)
  生地をこねることの科学, 295
キジ (ジビエのジュ用), 92
生地をこねる
  手で生地をこねる方法, 298
  グルテンの役割の科学, 295
季節の食材
  サラダを組みたてる, 166
  野菜の煮込みの野菜, 185
『キッチンサイエンス―食材から食卓まで』 (ハロルド・マギー著), xiii
キッチンのシンク
  キッチンのシンクを使って真空調理する, 51
  シンクでサーモンを塩漬け液につける方法, 278
  シンクでサーモンをゆでる方法, 278
  シンクをウォーター・バスとして使う, 64
キヌア
  キヌアの炊き時間, 324
  キヌアに半ば火を通しておく場合の炊き時間, 325
  圧力鍋でつくるキヌアとカリフラワーのサラダ, 170-171
  ピスタチオのペスト、アスパラガス入りのキヌアリゾット, 332
キヌア粉 (キヌアピッツァの生地用), 296
キノコのピッツァ, 303
キハダマグロ (真空調理でつくるマグロのコンフィ用), 174
基本のチリオイル, 118
キャノーラ (菜種) 油の発煙点と引火点, xxii
キャラメリゼしたアーモンド, 377
  アーモンドチェリークリームパイ, 378
キャラメリゼしたタマネギのグレイビー, 101
キャラメリゼしたニンジンのスープ, 178-179
キャラメリゼする
  バーナーでキャラメリゼする, 14

キャラメリゼする

野菜を圧力で調理する科学, 177
フライパンでキャラメリゼする, 363
キャラメル風味, 361
牛脂の発煙点と引火点, xxii
牛ショートリブ（トモバラ）, 189
　ショートリブの串焼き、シイタケ・マーマレード, 263
　おすすめ調理法, 228
　ハンバーガー・パテのおすすめブレンド, 206
　ショートリブの蒸し煮, 226-229
　ショートリブの冷凍, 61
　韓国風ショートリブのレタス包み, 221
　モダニストのハンバーガー・パテ, 208-209
　　モダニストのチーズバーガー, 212
　　バリエーション, 208
　ショートリブの真空調理時間, 60
牛ストリップ・ステーキ
　おすすめ真空調理法, 192
　冷凍してつくるステーキ, 197
　グリルで焼くステーキ, 200-201
　低温オーブン・ステーキ, 196-197
　　バリエーション, 197
　真空調理でつくるステーキ, 192, 194-195
　クーラーボックス真空調理ステーキ, 198
牛タン, 189
　牛タンの入手先, 75
牛チャック
　ハンバーガー・パテのおすすめブレンド, 206
　ブラウン・ビーフ・ストック, 86
　　フレンチ・オニオンスープ, 127
　　韓国風ショートリブのレタス包み, 221
　　フォー, 267
　　タイ風の甘酸っぱくピリッとしたグレーズ, 115
　チャック・アイ・ステーキ, 189
　チャック・トップ・ブレード, 189
　モダニストのミートローフ・サンドイッチ, 214-215
　圧力鍋でつくるブラウン・ビーフ・ストック, 86
　　バリエーション, 86
　ホワイト・ビーフ・ストック, 86
牛肉
　アンバサダー・ステーキ, 188
　アンガス, 191
　バヴェット（ハンガーステーキ参照）
　バヴェット・ド・フランシェ（フランク・ステーキ参照）
　ビューティー・ステーキ（リブアイ参照）
　ビフェ・デ・バシオ（フランク参照）
　ボンレス・チャック・フィレ・ステーキ, 189
　ボンレス・チャック・スライス, 189
　ボンレス・クラブ・ステーキ, 188
　ブック・ステーキ, 189
　牛のブリスケットのおすすめ調理法, 228
　ブッチャーズ・ステーキ（ハンガーステーキ参照）
　バトラー・ステーキ, 189
　シャトーブリアン（フィレ参照）
　チャック（牛チャック参照）
　チャック・アイ・ステーキ, 189
　牛肉の真空調理で目標とする中心温度, 60, 64
　デルモニコ・ステーキ（リブアイ参照）
　乾燥熟成肉（ドライエージドビーフ）, 186
　アントルコート（リブアイ参照）
　牛のエサ, 191
　フィレ, 188
　　おすすめ真空調理法, 192
　　ハンバーガー・パテのおすすめブレンド, 206
　　真空調理での中心温度, 60
　　牛フィレ肉の串焼き、モンペリエ・バター, 263
　フィレ・ミニョン・ロースト（フィレ参照）
　フランク・ステーキ（牛フランク・ステーキ参照）
　フランケン・リブズ（ショートリブ参照）
　フラットアイアン（牛フラットアイアン参照）
　牛のエサ, 191
　牛肉の固さ, 188
　肉の等級, 190
　草で育てられた牛, 191
　挽いた肉（挽き肉参照）
　ハンギング・テンダー（牛ハンガーステーキ参照）
　ハンギング・テンダーロイン（牛ハンガーステーキ参照）
　ホテルスタイル・ステーキ, 188
　カンザスシティ・ステーキ, 188
　神戸スタイル, 191
　リフター・ステーキ, 189
　ロンドン・ブロイル（牛フランク・ステーキ参照）
　マーケット・ステーキ（牛リブアイ・ステーキ参照）
　牛の筋肉, 188
　ニューヨーク・ストリップ, 188
　オーブン・バスターズ（ショートリブ参照）
　パルロン, 189
　ペティート・ステーキ, 189
　フィラデルフィア・ステーキ（牛ハンガーステーキ参照）
　ポーターハウス, 188
　高級牛肉の種類, 191
　牛肉に塩をかけるタイミング, 226
　ショートリブ（牛ショートリブ参照）
　熟成の近道, 186
　ショルダー・チップ・ブレード・ステーキ, 189
　ハンバーガー・パテのおすすめブレンド, 206
　スカートステーキ（牛ハンガーステーキ参照）
　スペンサー・ステーキ（牛リブアイ・ステーキ参照）
　　ステーキの真空調理, 186
　　ステーキの部位（ステーキの各種類も参照）, 188-189
　　やわらかい部位, 188
　　固い部位, 189
　　ステーキの調理, 192
　ストリップ・ステーキ, 188
　Tボーン, 188
　テンダーロイン・チップ・ロースト（フィレ参照）
　トップ・ブレード・ステーキ, 189
　トップ・ボンレス・チャック・ステーキ, 189
　トップ・ロイン, 188
　ヴェイニー・ステーキ, 188
　和牛, 190, 191
　ホール・フィレ（フィレ参照）
牛肉のブラウン・ジュ, 92
牛乳
　アマレット風味のカスタードクリーム, 375
　　アーモンドチェリークリームパイ, 378
　湯煎にしてつくるクレームブリュレ, 362
　チーズ風味のカスタードクリーム, 375
　チョコレート風味のカスタードクリーム, 375
　　チョコレートクリームパイ, 378
　コーヒー風味のクレームブリュレ, 362-363
　　バリエーション, 362
　固めのカスタードクリーム, 375
　カスタードプリン, 362
　ジンジャー風味のカスタードクリーム, 375
　　ジンジャークリームパイ, 378
　牛乳に風味づけする方法, 361
　レモン風味のカスタードクリーム, 375
　　フランボワーズレモンのクリームパイ, 379
　タマネギの流動性のあるゲル, 100
　　バリエーション, 100
　ポ・ド・クレーム, 362
　圧力をかけて風味づけしたコーヒー風味のカスタードクリーム, 375
　　バナナクリームパイ, 379
　フランボワーズ風味のパンナコッタ, 366-367
　　バリエーション, 366
　サバイヨン, 369
　真空調理でつくるバニラ風味のクレーム・アングレーズ, 368-369
　　バリエーション, 369
　真空調理でつくるバニラとシナモン風味のカスタードクリーム, 374-375
　　アップルクリームパイ, 379
　　バリエーション, 375
　イチゴのパンナコッタ, 161
　肉用の甘い塩漬け液, 132
　ふわふわ泡のミルクシェイク, 213
　ベジタリアン向けパンナコッタ, 366
牛乳または生クリームに風味づけする方法, 361
牛の膝骨（赤ワインのグレーズ用）, 97
　ショートリブの蒸し煮, 228, 229
牛ハンガーステーキ, 189, 208-209
　モダニストのハンバーガー・パテ, 208-209
　　モダニストのチーズバーガー, 212
　　バリエーション, 208
牛挽き肉
　ハンバーガー・パテのおすすめブレンド, 206
　牛肉のブラウン・ジュ, 92
　挽き肉の汚染, xxv
　固いハンバーガー・パテ, 208
　モダニストのハンバーガー・パテ, 208-209
　　モダニストのチーズバーガー, 212
　　バリエーション, 208
　赤ワインのグレーズ, 97
　ショートリブの蒸し煮, 228, 229
　挽き肉の味つけの科学, 204,
牛フィレ肉の串焼き、モンペリエ・バター, 263
牛フラットアイアン・ステーキ, 189
　電子レンジでつくるビーフジャーキー, 350-351
　　バリエーション, 350
牛フランク・ステーキ, 189
　おすすめ真空調理法, 192
　ハンバーガー・パテのおすすめブレンド, 206
　ビルトンジャーキー, 350
　クリスピー・ビーフ・ストランド, 352
　カリカリに揚げた牛肉とエシャロットのサラダ, 353
　電子レンジでつくるビーフジャーキー, 350-351
　　バリエーション, 350
　スモーキージャーキー, 350
　スパイシージャーキー, 350
キュウリ
　キワノ（ツノニガウリ）, 76
　フルーツのミネストローネ, 158-161
　　バリエーション, 161
　フルーツ・サラダ, 161
　真空調理でつくる野菜のピクルス, 130,
牛リブアイ, 188
　おすすめ真空調理法, 192
　モダニストのハンバーガー・パテ, 208-209
　　モダニストのチーズバーガー, 212

バリエーション, 208
強力粉（パン用粉）（ポーリッシュ用）, 299
　田舎風ピッツァの生地, 298
　全粒粉ピッツァの生地, 298
強力粉（パン用粉）, 299
　ポーリッシュ, 299
　　田舎風ピッツァの生地, 298
　　全粒粉ピッツァの生地, 298
　全粒粉パスタ, 271
　　中国風スープ麺, 267
　全粒粉ピッツァの生地, 298
強力なコンベクション・オーブン, 34
魚醤
　クリスピー・ビーフ・ストランド, 352
　　カリカリに揚げた牛肉とエシャロットのサラダ, 353
　フォー, 267
　圧力鍋でつくる豚ばら肉のアドボ, 224-225
　　バリエーション, 224
　魚醤の入手先, 75
　真空調理でつくる豚ばら肉のアドボ, 224
　スパイス・チリ・ドレッシング, 117
　タイ風スープ麺, 267
　ベトナム風マリナード, 134
　ベトナム風ドレッシング, 117
キワノ（ツノニガウリ）, 76
キンカン（フルーツ・サラダ用）, 161
キングアーサー社のフラワー（穀粉）, 270
キングサーモン, 280
金属の板でピッツァを焼く, 295, 301
ギンダラ
　香りのいいタラのレンジ蒸し, 348
　真空調理する場合のおすすめの温度, 281
　ギンダラ、ネギ、ショウガのレンジ蒸し, 348-349
　　バリエーション, 348
　真空調理でつくるマグロのコンフィ, 174,
ギンダラ、ネギ、ショウガのレンジ蒸し, 348-349

く

クーラーボックス
　クーラーボックス真空調理ステーキ, 198
　クーラーボックスをウォーター・バスとして使う, 64, 193
グーラッシュ, 267
クエン酸
　甲殻類のオランデーズソース, 106
　レモンカードの泡, 365
　ガーリック・オランデーズソース, 106
　クエン酸でジュースを新鮮に保つ, 20
　レモン風味のカスタードクリーム, 375

　フランボワーズレモンのクリームパイ, 379
　レモンポセット, 364
　真空調理で風味づけしたセロリ, 131
　真空調理でつくるオランデーズソース, 106-107
　　バリエーション, 106
　真空調理した卵でつくるレモンカード, 365
　　レモンポセット, 364
　　フランボワーズレモンのクリームパイ, 379
　　バリエーション, 365
　スパイシー・オランデーズソース, 106
　真空調理で風味づけしたセロリ, 131
　　オマールロール, 288-289
　　バリエーション, 131
　　ウォルドーフ・サラダ, 131
クエン酸ナトリウム
　クエン酸ナトリウムについて, 69, 71
　ブルーチーズソースの泡, 261
　熟成ホワイトチェダーチーズスライス, 318
　　サワードウ・ブレッドでつくる熟成ホワイトチェダーとリンゴのサンドイッチ, 318
　オーブンで焼くマカロニ・アンド・チーズ, 312-313
　ブルーチーズソース, 258, 261
　　バリエーション, 261
　ブロッコリーのチーズソース, 310
　カマンベールとグリュイエールのチーズスライス, 318
　　カマンベールとグリュイエール、ハム、マッシュルームのブリオッシュサンド, 318
　チーズクランブル, 316
　　オーブンで焼くマカロニ・アンド・チーズ, 312-313
　フェタチーズスライス, 319
　　フェタチーズと野菜のコンフィのポテトブレッドサンド, 319
　フォンデュ, 310
　シェーヴルチーズスライス, 319
　　シェーヴルチーズとトマトのコンフィ、バジルのバゲットサンド, 319
　マカロニ・アンド・チーズ, 310-311
　　バリエーション, 310
　グリュイエールでつくるマカロニ・アンド・チーズ, 310
　ゴートゴーダとゴートチェダーでつくるマカロニ・アンド・チーズ, 310
　ゴルゴンゾーラとフォンティーナでつくるマカロニ・アンド・チーズ, 310
　モントレージャックとスティルトンでつくるマカロニ・アンド・チーズ, 310
　シャープチェダーとスイスチーズでつくるマカロニ・アンド・チーズ, 310
　とろーりとろけるチーズスライス, 317
　　フレンチ・オニオンスープ, 127
　　モダニストのチーズバーガー, 212

　マグロのコンフィのサラダとツナ・メルト・サンドイッチ, 174
　クエン酸ナトリウムの量の特別な計算方法, 317
　なめらかなチーズソースをつくるには, 308
　スティルトンチーズスライス, 319
　　スティルトンチーズ、エシャロットマーマレードのクルミパンサンド, 319
くぎ（ピンクッション・チキン用）, 241
草で育てられた牛, 191
串
　ショートリブの串焼き、シイタケ・マーマレード, 263
　鶏むね肉のサテ, 263
　鶏皮の焼き鳥, 262
　つくねのから揚げ, 262
　牛フィレ肉の串焼き、モンペリエ・バター, 263
　韓国風豚ばらの串焼き, 262
　ラム肉の串焼き、ミントヨーグルト添え, 263
　鶏ももの串焼き、ピスタチオのペスト, 262
　真空調理でつくるラムの串焼き, 203
果物（各種果物も参照）
　果物の汚染, xxiv
　果物や野菜を圧縮するには, 59
　めずらしい果物や野菜, 76
クッキング・ラボ, xii, xv
クミン
　チャート・マサラ, 136
　MCのカレーパウダー, 135
　クミンの入手先, 74
　ヴィンダルー・スパイス・ミックス, 135
　　ナンを添えたポーク・ヴィンダルー, 221
クラテッロ（ハワイアンピッツァ用）, 303
クラフト、ジェームズ、L, 308
クラム
　クラムを真空調理するときのおすすめの温度と時間, 286
　新鮮なクラムを買う, 284
　クラムのチャウダーソース添え, 292
　　バリエーション, 292
　クラムの従来の調理法と真空調理, 287
　イカ墨と真空調理したクラムの紫黒米リゾット, 330
　クラムの殻の取り方, 287
　ピスタチオのペスト風味のクラムチャウダー, 292
　南フランス風チャウダー, 292
クラム・ジュース（魚のストックの代用品）, 87
栗
　クロクワイの入手先, 74
　栗の写真, 76
クリーム

クリームパイ

　アマレット風味のカスタードクリーム, 375
　　アーモンドチェリークリームパイ, 378
　湯煎にしてつくるクレームブリュレ, 362
　チーズ風味のカスタードクリーム, 375
　チョコレート風味のカスタードクリーム, 375
　　チョコレートクリームパイ, 378
　コーヒー風味のクレームブリュレ, 362-363
　　バリエーション, 362
　マッシュルームのクリームスープ, 150
　固めのカスタードクリーム, 375
　ジンジャー風味のカスタードクリーム, 375
　　ジンジャークリームパイ, 378
　レモン風味のカスタードクリーム, 375
　　フランボワーズレモンのクリームパイ, 379
　　レモンポセット, 364
　ムスリム・カレーソース, 104
　ポ・ド・クレーム, 362
　圧力鍋でつくるオマールのビスク, 122
　圧力をかけて風味づけしたコーヒー風味のカスタードクリーム, 375
　　バナナクリームパイ, 379
　フランボワーズ風味のパンナコッタ, 366-367
　　バリエーション, 366
　真空調理でつくるバニラ風味のクレーム・アングレーズ, 368-369
　　バリエーション, 369
　真空調理でつくるバニラとシナモン風味のカスタードクリーム, 374-375
　　アップルクリームパイ, 379
　　バリエーション, 375
　イチゴのパンナコッタ, 161
　ベジタリアン向けパンナコッタ, 366
クリームチーズ
　オーブンで焼くマカロニ・アンド・チーズ, 312-313
　コーンジュースグリッツ, 337
　圧力鍋でつくるポレンタ, 336-337
　　バリエーション, 337
クリームに風味づけする方法, 361
クリームパイ
　アーモンドチェリークリームパイ, 378
　アップルクリームパイ, 376, 379
　バナナクリームパイ, 377, 379
　チョコレートクリームパイ, 376, 378
　ココナッツクリームパイ, 378
　ジンジャークリームパイ, 377, 378
　フランボワーズレモンのクリームパイ, 377, 379
　風味のいいチーズパイ, 379

く　グリーンカルダモン

グリーンカルダモン（ホール）
　MCのカレーパウダー（MCのカレーパウダー参照）, 135
　ヴィンダルー・スパイス・ミックス, 135
　ナンを添えたポーク・ヴィンダルー, 221
グリーンレンズ豆（圧力鍋でつくるレンズ豆のサラダ用）, 175
クリス・ヤング, xiii
　モダニスト・キュイジーヌ, xii, xiv, xv, xvii, xviii
クリスピー・エシャロット, 353
クリスピー・ビーフ・ストランド, 352
　カリカリに揚げた牛肉とエシャロットのサラダ, 353
クリスプ
　チーズ・クリスプ, 315
　パルメザン・クリスプ, 169
グリッツ（コーンミール参照）
グリュイエールチーズ
　オーブンで焼くマカロニ・アンド・チーズ, 312-313
　野生のキノコと赤ワインの大麦リゾット, 331
　ブロッコリーとグリュイエールのスープ, 181
　カマンベールとグリュイエールのチーズスライス, 318
　　カマンベールとグリュイエール、ハム、マッシュルームのブリオッシュサンド, 318
　チーズクランブル, 316
　　オーブンで焼くマカロニ・アンド・チーズ, 312-313
　チーズ風味のカスタードクリーム, 375
　「ファットフリー」のマカロニ・アンド・チーズ, 314-315
　　バリエーション, 314
　グリュイエールでつくるマカロニ・アンド・チーズ, 310
　とろーりとろけるチーズスライス, 317
　フレンチ・オニオンスープ, 127
　モダニストのチーズバーガー, 212
　マグロのコンフィのサラダとツナ・メルト・サンドイッチ, 174
グリュイエールでつくるマカロニ・アンド・チーズ, 310
グリル
　木炭（木炭グリル参照）
　ガスグリル, 44
　グリル・スパイス・ミックス, 139
　グリルでつくるアップルソース, 124
　サワードウ・ブレッドでつくる熟成ホワイトチェダーとリンゴのサンドイッチ, 318
　グリルで焼く（木炭グリル、ガスグリル、間接的または木炭を片側に積みあげて焼くも参照）, 45, 193
　グリルで焼くステーキ, 200-201

グリルで焼くポークチョップ, 202
グルタミン酸ナトリウム
　グルタミン酸ナトリウムについて, 71
　香り広がるチキンスープ, 266
　チキンヌードルスープ, 273
　中国風スープ麺, 267
　韓国風クリスピーチキンウィング, 252-253
　フォー, 267
　グルタミン酸ナトリウムの入手先, 75
グルテン（グルテンパウダーも参照）
　グルテンの役割の科学, 295
　ピッツァ, 295
クルミ
　ソース・ヴェルデ, 102, 103
　ウォルドーフ・サラダ, 131
クルミ油の発煙点, xxiii
グレイビー
　キャラメリゼしたタマネギのグレイビー, 101
　風味を逃さないでグレイビーをフライパンでつくる方法, 95
　圧力鍋でつくるドリッピング, 101
　　バリエーション, 101
　レッドアイ・グレイビー, 96
　　小エビのグリッツ, 338-339
　ワンドラ（Wondra）でとろみをつける, 95
グレーズ
　パッションフルーツのグレーズ, 376
　ココナッツクリームパイ, 378
　赤ワインのグレーズ, 97
　ショートリブの蒸し煮, 228, 229
　タイ風の甘酸っぱくピリッとしたグレーズ, 115
グレープシードオイル
　基本のチリオイル, 118
　ガーリックオイル, 118
　ジンジャーオイル, 118
　レモンオイル, 118
　圧力鍋でつくるスパイス・チリオイル, 118
　ローズマリーオイル, 118
　グレープシード油の発煙点と引火点, xxii
　真空調理でつくるレモンハーブオイル, 116
　真空調理でつくるスパイス・チリオイル, 118
　タイムオイル, 118
　バニラオイル, 118
グレープジュースとピーナッツバター&ジェリーのジェラート, 370
グレープフルーツ
　アルボリオ米でつくるウニとココアのリゾット, 333
　フルーツカード, 365
クレーム・アングレーズ
　クレーム・アングレーズについて, 360
　真空調理でつくるバニラ風味のクレーム・アングレーズ, 368-369

　　バリエーション, 369
クレーム・パティシエール（カスタードクリーム参照）
クレームブリュレ
　クレームブリュレについて, 360
　湯煎にしてつくるクレームブリュレ, 362
　コーヒー風味のクレームブリュレ, 362-363
　　バリエーション, 362
クレソン
　南部インド風クレソン, 199
　野菜の煮込み, 185
　野生のクレソン, 79
クローブ（秋のスパイス・ミックス用）, 138
黒オリーブ（チキン、アーティチョーク、黒オリーブ入りのファッロリゾット用）, 332
黒粒コショウ
　MCのカレーパウダー（MCのカレーパウダー参照）, 135
　ヴィンダルー・スパイス・ミックス, 135
黒トリュフ, 78
クロラッパタケ, 78
燻煙液
　バーベキュー・ケチャップ, 110
　スモーキージャーキー, 350
燻製塩
　グリル・スパイス・ミックス, 139
　レッドアイ・グレイビー, 96
　　小エビのグリッツ, 338-339

け

携帯用ポンプ
　携帯用ポンプを使うには, 59
　携帯用ポンプ用ジッパーつき袋, 53, 59
ゲイツ, ビル, xiv
ケーキ
　簡単チョコレートスポンジケーキ, 356-357
　　バリエーション, 357
　ピーナッツバタースポンジケーキ, 357
　フランボワーズとマカデミアナッツのスポンジケーキ, 357
　ゴマのスポンジケーキ, 357
ケーキ型（四角形のハンバーガー・パテをつくる方法）, 207
ケチャップ
　バーベキュー・ケチャップ, 110
　圧力鍋でキャラメリゼしたケチャップ, 110
　モダニストのチーズバーガー, 212
　　バリエーション, 110
ケララ・カレーソース, 104
ゲル
　酸を使ってつくる乳製品のゲル, 364

　ゲルとしての卵の科学, 141
　流動性（流動性のあるゲルを参照）
　ゲルのつくり方, 98
　ゲルとしてのポセット, 364
　ゲルの速成法, 100
　半固体状態のゲル, 98
　でんぷんとゲル, 320
　ゲルをつくるときの問題点と解決法, 99

こ

高温温度計, 8
甲殻類の殻と頭
　圧力鍋でつくる甲殻類のバター, 122
　甲殻類のオランデーズソース, 106
　オマールロール, 288-289
　　バリエーション, 122
　圧力鍋でつくる甲殻類のストック（圧力鍋（圧力鍋でつくる甲殻類のストック用）も参照）, 88
　真空調理でつくる甲殻類のバター, 122
硬質の真空保存容器, 53
高地での水の沸点, 30
神戸スタイル, 191
効率
　コンロの効率, 24
　ウォーター・バスの効率, 24
小エビ
　小エビを真空調理するときのおすすめの温度と時間, 286
　オマールロール, 288-289
　圧力鍋でつくる甲殻類のバター, 122
　甲殻類のオランデーズソース, 106
　オマールロール, 288-289
　　バリエーション, 122
　小エビのグリッツ, 338-339
　　バリエーション, 338
　シュリンプロール, 288
　真空調理でつくる甲殻類のバター, 122,
小エビと殻と頭
　圧力鍋でつくる甲殻類のバター, 122
　甲殻類のオランデーズソース, 106
　オマールロール, 288-289
　　バリエーション, 122
　圧力鍋でつくる甲殻類のストック, 88
　真空調理でつくる甲殻類のバター, 122
ゴーダチーズ
　ゴートゴーダチーズ（ゴートゴーダとゴートチェダーでつくるマカロニ・アンド・チーズ用）, 310
　圧力鍋でつくるリゾット, 329
　ホウレンソウのペスト, 103
　野菜のリゾット, 328-329
　　バリエーション, 329
ゴートゴーダとゴートチェダーでつくるマカロニ・アンド・チーズ, 310
ゴートチーズ（シェーヴルチーズ）

こ

コリアンダーシード

セルフィーユとタイムとネギのペスト, 102, 103
 シェーヴルチーズスライス（シェーヴルチーズとトマトのコンフィ、バジルのバゲットサンド用）, 319
ゴートゴーダとゴートチェダーでつくるマカロニ・アンド・チーズ, 310
コーヒー
 湯煎にしてつくるクレームブリュレ, 362
 コーヒー・バター, 121
 コーヒー風味のクレームブリュレ, 362-363
  バリエーション, 362
 カスタードプリン, 362
 ポ・ド・クレーム, 362
 圧力をかけて風味づけするコーヒー風味のカスタードクリーム, 375
 バナナクリームパイ, 379
コーヒー・グラインダー（コーヒーミル）
 コーヒー・グラインダーについて, 10
 秋のスパイス・ミックス, 138
  ジンジャーブレッド風味のパイ生地, 372
 チャート・マサラ, 136
 チリ・スパイス・ミックス, 138
  スキンレス・クリスピー・チキンウィング, 254-255
 カカオニブとカルダモンダスト, 376
  チョコレートクリームパイ, 378
 魚用スパイス・ミックス, 137
  真空調理でつくる香り豊かなサーモン, 276-277
 フリーズドライ・フランボワーズのパウダー, 377
 MCのカレーパウダー
 ヴィンダルー・スパイス・ミックス, 135
  ナンを添えたポーク・ヴィンダルー, 221
氷水
 チンゲンサイといろいろな野菜の盛り合わせ, 346
 ショートリブの蒸し煮, 228, 229
 セルフィーユとタイムとネギのペスト, 102, 103
 コンビ・オーブンでつくるローストチキン, 241
 調理した食材をすばやく冷ますために氷水を使う, 61
 フライドチキン, 241
 飛びっきりジューシーなチキン, 241
 オマールを凍らせる, 285
 ネギとオゼイユのペスト, 102, 103
 グリルでつくるアップルソース, 124
 サワードウ・ブレッドでつくる熟成ホワイトチェダーとリンゴのサンドイッチ, 318
 モダニストのヴィシソワーズ, 162-164
  バリエーション, 163
 ピンクッション・チキン, 241

ピスタチオのペスト（ピスタチオ（ピスタチオのペスト用）も参照）, 102-103
ローストチキン, 238-241
 バリエーション, 241
焼き赤ピーマンのペスト, 103
ローストしたジャガイモのヴィシソワーズ, 163
ソース・ヴェルデ, 102, 103
背開き, 241
ホウレンソウのペスト, 103
ふわふわ泡のミルクシェイク, 213
ジャガイモの皮のレデュクションを加えたヴィシソワーズ, 163
ゴールドゼラチン, 366
コールラビ, 77
コーンジュース
 コーンジュースグリッツ, 337
 コーンジュースタマーリ, 340
コーンミール
 チーズグリッツ, 338
 コーンジュースグリッツ, 337
 加熱済みのコーンミール, 335
 圧力鍋でつくるポレンタ, 336-337
  バリエーション, 337
 小エビのグリッツ, 338-339
  バリエーション, 338
コーン油
 コーン油の発煙点と引火点, xxii
黒塩（ブラック・ソルト）
 チャート・マサラ, 136
 ブラック・ソルトの入手先, 74
穀物（各穀物も参照）
 穀物の炊き時間, 324
 穀物に半ば火を通しておく場合の炊き時間, 325
 穀物の入手先, 75
ココアパウダー（カカオパウダー）
 アルボリオ米でつくるウニとココアのリゾット, 333
 チョコレート風味のパイ生地, 372
 チョコレートクリームパイ, 378
 チョコレート風味のカスタードクリーム, 375
  チョコレートクリームパイ, 378
 簡単チョコレートスポンジケーキ, 356-357
  バリエーション, 357
ココナッツ油
 精製ココナッツ油の発煙点と引火点, xxii
 ココナッツオイル（バージン）の発煙点, xxiii
ココナッツクリーム
 ココナッツ風味, 361
 ココナッツ風味のカスタードクリーム, 375
  ココナッツクリームパイ, 378
 圧力鍋でキャラメリゼしたピーナッツソース, 111, 259
  鶏むね肉のサテ, 263

ココナッツ・クリームの入手先, 75
南部インド風クレソン, 199
ココナッツクリームパウダー（ココナッツ風味のパイ生地用）, 372
ココナッツクリームパイ, 378
ココナッツ粉（ココナッツパスタ用）, 271
 タイ風スープ麺, 267
ココナッツミルク
 ココナッツ風味, 361
 ココナッツ風味のカスタードクリーム, 375
  ココナッツクリームパイ, 378
 ケララ・カレーソース, 104
 南部インド風クレソン, 199
 タイ風スープ麺, 267
コストコ, 72
コチュジャン
 カルビ・マリナード, 134
 韓国風ウィングソース, 258, 260
 コチュジャンの入手先, 75
コッパー川のサーモン, 281
コティハチーズ
 コーンジュースグリッツ, 337
 圧力鍋でつくるポレンタ, 336-337
  バリエーション, 337
 コティハチーズの入手先, 75
粉
 アーモンド（アーモンド粉参照）
 大麦粉（大麦パスタ用）, 271
 強力粉（パン用粉）（ポーリッシュ用）, 299
  田舎風ピッツァの生地, 298
  全粒粉ピッツァの生地, 298
 ソバ粉（ソバ粉のピッツァの生地用）, 296
 ココナッツ粉（ココナッツパスタ用）, 271
  タイ風スープ麺, 267
 小麦粉を使ってチーズソースをつくる, 308
 ジャガイモ粉（ポテトパスタ用）, 270
 キヌア粉（キヌアピッツァの生地用）, 296
 米粉（ライスパスタ用）, 271
 粉の入手先, 74, 270
 全粒粉（全粒粉を参照）
 ワンドラ（ワンドラを参照）
 00 粉（00 粉を参照）
こぶみかんの葉
 こぶみかんの葉の入手先, 75
 真空調理でつくるレモンハーブオイル, 116
ゴボウ, 77
ゴマ（魚用スパイス・ミックス用）, 137
 真空調理でつくる香り豊かなサーモン, 276-277
小麦グルテン
 小麦グルテンについて, 70
 大麦パスタ, 271
 ソバ粉のピッツァの生地, 296
 ココナッツパスタ, 271

タイ風スープ麺, 267
卵入りフレッシュパスタ, 268-271
チキンヌードルスープ, 273
 バリエーション, 270-271
トウモロコシパスタ, 270
トルティーヤスープ, 267
ナポリ風ピッツァの生地, 296-297
 バリエーション, 296
こねないピッツァ生地, 300
ピッツァ生地, 295
ポテトパスタ, 270
キヌアピッツァの生地, 296
ライスパスタ, 271
田舎風ピッツァの生地, 298
 バリエーション, 298
ライ麦パスタ, 270
全粒粉パスタ, 271
中国風スープ麺, 267
全粒粉ピッツァの生地, 298
米（アルボリオ米、ボンバ米、カルナローリ米、紫黒米、短粒の日本米、リゾット、ヴィアローネ・ナノ米も参照）
 半ば火を通しておく場合, 325, 326, 329
 半ば火を通しておく場合の炊き時間, 325
 リゾットの米, 320
 米の入手先, 74
 調理中の米の変化, 320, 322-323
米油（ライスパスタ）, 271
米粉
 ライスパスタ, 271
 フォー, 267
 炒り米粉の入手先, 75
米酢
 圧力鍋でつくる豚ばら肉のアドボ, 224-225
 ゴマのドレッシング, 117
 米酢の入手先, 74
 ベトナム風マリナード, 134
 ベトナム風ドレッシング, 117,
米の酒
 韓国風クリスピーチキンウィング, 252-253
 米の酒の入手先, 74
 焼き鳥ソース, 259, 260
 骨なし鶏手羽肉の焼き鳥, 256-257
 鶏皮の焼き鳥, 262
 つくね, 263
コラーゲン（肉の固い部位に含まれる）, 227
コリアンダーシード
 チャート・マサラ, 136
 魚用スパイス・ミックス, 137
  真空調理でつくる香り豊かなサーモン, 276-277
 MCのカレーパウダー, 135
 真空調理でつくるスパイス・チリオイル, 118
 ヴィンダルー・スパイス・ミックス, 135

コリアンダーシード

ナンを添えたポーク・ヴィンダルー, 221
ゴルゴンゾーラチーズ
　ゴルゴンゾーラとフォンティーナでつくるマカロニ・アンド・チーズ, 310
　焼き赤ピーマンのペスト, 103
ゴルゴンゾーラとフォンティーナでつくるマカロニ・アンド・チーズ, 310
根菜（各種野菜も参照）
　電子レンジで根菜に火を通すときのおすすめの時間, 347
コンテチーズ
　秋の風味広がるチンゲンサイ, 346
　ホウレンソウのクリーム煮, 194, 199
　　フィレンツェ風オムレツ・フィリング, 145
　　マカロニ・アンド・パルメザン, 314
　　バリエーション, 199
コンビ・オーブンでの2段階調理, 39
コンビ・オーブンで蒸す, 38
コンビ・オーブンでローストする, 39
コンビ・オーブン, 34
　コンビ・オーブンについて, 38
　コンビ・オーブンでつくるローストチキン, 241
　家庭用のコンビ・オーブン, 38
　コンビ・オーブンのコンベクション・モード, 38
　コンビ・オーブンを使った真空調理, 50, 51
　コンビ・オーブンの予熱, 51
　蒸してつくるハーブオムレツ, 146
　コンビ・オーブンの温度コントロール, 49
　コンビ・オーブンの使い道, 39
昆布
　海藻入りの魚用塩漬け液, 133
　昆布の入手先, 74
コンフィ
　フィンガリングポテトのコンフィ, 126
　地中海風野菜のコンフィ, 126
　　フェタチーズと野菜のコンフィのポテトブレッドサンド, 319
　圧力鍋でつくるガーリック・コンフィ（ニンニク（圧力鍋でつくるガーリック・コンフィ）も参照）, 126
　プロヴァンス風ガーリック・コンフィ, 126
　真空調理でつくるマグロのコンフィ, 174
　　マグロのコンフィのサラダとツナ・メルト・サンドイッチ, 174
　トマトのコンフィ, 128
　　シェーヴルチーズとトマトのコンフィ、バジルのバゲットサンド, 319
　トマト・レザー, 129
　七面鳥のコンフィ, 246
コンベクション・オーブン, 34
コンロ（コンビ・オーブン参照）
　コンロについて, 22, 24-25

コンロの断面図, 36-37
電熱コンロ, 24
ガスコンロ, 24
コンロにおける不正確性, 24
もっともシンプルな真空調理法, 64
コンロでつくるカロテン・バター, 116, 121
　キャラメリゼしたニンジンのスープ, 178-179
　バリエーション, 121

さ

サーモン
　サーモンを真空調理する場合のおすすめの温度, 281
　養殖サーモン, 281
　真空調理でつくる香り豊かなサーモン, 137, 276-277
　オーブントースターでサーモンを焼く方法, 278
　台所のシンクでサーモンを低温調理する方法, 278
　真空調理でつくるマグロのコンフィ, 174
　サーモンの種類, 274, 280-281
サーモンの皮
　焼いた魚の皮のチップス, 279
　魚の皮のパリパリ揚げ, 279
　　バリエーション, 279
再加熱
　ショートリブの蒸し煮の再加熱, 229
　再加熱に必要な時間, 61
　真空密封した食品の再加熱, 61
最後の段階, 93
　リゾット、パエリアに前もって半ば火を通しておき、食卓に出す直前に仕上げる方法, 325
最終段階の牛に食べさせる大豆, 191
材料（各材料も参照）, 69-79
　地域特有の材料, 74-75
　採集する食材, 78-79
　自分で育てる食材, 73
　モダニストの材料, 69, 70-71
　材料に影響を与える運動, 69
　食品科学と食品工業から生まれた材料, xix
　準備してある材料（塩漬け液、薬味、脂肪、グレイビー、ジュ、マリナード、油、ソース、スパイス・ミックス、ストックも参照）, 83
　多用途の材料, 83
　材料の質, xix
　地域の「本物」の食材, 69
　　サラダを組みたてる材料, 166
　　野菜の煮込みに入れる野菜, 185
　材料の入手先, 70, 72-73
　一般的ではない材料, 70-71, 76-77
　材料を見つける情報源としてのレストラン, 73

魚（各種魚も参照）
　魚の真空調理
　　魚を真空調理する場合のおすすめの温度, 281
　　魚の真空調理の芯温, 281
　　魚介類の安全な取扱い, xxv
　　持続可能な方法で養殖された魚介類, 72
　　ストック用の魚の種類, 87
　魚の皮のパリパリ揚げ, 279
　　バリエーション, 279
　魚の皮（魚のストックに加える）, 87
　魚のストック
　　瓶入りのクラム・ジュース（ストックの代用品）, 87
　　ブラウン・フィッシュ・ストック, 87
　　魚のストックに魚の皮を加える, 87
　　真空調理でつくる魚のストック, 87
　　アルボリオ米でつくるウニとココアのリゾット, 333
　　ピーマンのスープ, 181
　　バリエーション, 87
　魚の骨
　　ブラウン・フィッシュ・ストック, 87
　　真空調理でつくる魚のストック, 87
　　アルボリオ米でつくるウニとココアのリゾット, 333
　　ピーマンのスープ, 181
　　バリエーション, 87,
　魚用スパイス・ミックス, 137
　　真空調理でつくる香り豊かなサーモン, 276-277
　魚用の塩漬け液, 133
　　バリエーション, 133
　先の細いペンチ（七面鳥のコンフィ用）, 246
サクサクのパイ生地, 372-373
　バリエーション, 372
ザクロ, 76
酒
　酒の入手先, 74
　焼き鳥ソース, 259, 260
　　骨なし鶏手羽肉の焼き鳥, 256
　　鶏皮の焼き鳥, 262
　　つくね, 263
砂糖
　バーナーの便利な使い方, 15
　ブラウンシュガー
　　ベーコンブラウンシュガー風味, 361
　　バーベキュー・ケチャップ, 110
　　魚用の塩漬け液, 133
　　　バリエーション, 133
　　液体を使わない魚の塩漬け, 133
　　パーム（パームシュガーを参照）
　　海藻入りの魚用塩漬け液, 133
　　肉用の甘い塩漬け液, 132
サバイヨン
　サバイヨンについて, 360
　サバイヨン, 369
サバを真空調理する場合のおすすめの

温度, 281
〈ザ・ファット・ダック〉（レストラン）, xv
サフラン
　カボチャのキャラメリゼとサフランのアルボリオ米リゾット, 330
　中東風の風味づけ, 361
　ムスリム・カレーソース, 104
　サフランの入手先, 74
　トマト・ソフリート, 112
〈サムズ・クラブ〉, 72
サヤインゲン（ブロッコリーのチーズソース用）, 310
　セルフィーユ, ネギ参照
サラダ
　サラダについて, 155
　大麦サラダ, 184
　ビーツ・サラダ, 168
　サラダの組み立て, 166-167
　カリカリに揚げた牛肉とエシャロットのサラダ, 353
　　バリエーション, 353
　フルーツ・サラダ, 161
　ロメインレタス・ドレッシングをかけたグリーン・サラダ, 168-169
　　バリエーション, 168
　ドレッシングのかけ方, 167
　圧力鍋でつくるヒヨコ豆のサラダ, 172-173
　圧力鍋でつくるレンズ豆のサラダ, 175
　圧力鍋でつくるキヌアとカリフラワーのサラダ, 170-171
　新タマネギのコールスロー, 165
　モダニストのミートローフ・サンドイッチ, 214-215
　サラダに塩をかけるタイミング, 167
　マグロのコンフィのサラダとツナ・メルト・サンドイッチ, 174
　ウォルドーフ・サラダ, 131
サラダ菜（豚ばら肉のBLT用）, 232-233
サラダ菜
　ロメインレタス・ドレッシングをかけたグリーン・サラダ, 168-169
　　バリエーション, 168
　韓国風ショートリブのレタス包み, 221
サラダの組み立て, 166-167
サルサベルデ, 111
サワークリーム
　新タマネギのコールスロー, 165
　モダニストのミートローフ・サンドイッチ, 214-215
サワーソップ, 76
サワードウ・インターナショナル, 299
サワードウ・スターター, 299
サンバルウレック（四川風チンゲンサイ用）, 346-347
サルモネラ菌
　家禽類の調理の安全性, 245
サンドイッチ

サワードウ・ブレッドでつくる熟成ホワイトチェダーとリンゴのサンドイッチ, 318
カマンベールとグリュイエール、ハム、マッシュルームのブリオッシュサンド, 318
クラブロール, 288
シェーヴルチーズとトマトのコンフィ、バジルのバゲットサンド, 319
オマールロール, 288-289
　バリエーション, 288
モダニストのミートローフ・サンドイッチ, 214-215
豚ばら肉のBLT, 232-233
圧力鍋でつくる豚ばら肉のBLT, 232
シュリンプロール, 288
スモークベーコンのBLT, 232
スティルトンチーズ、エシャロットマーマレードのクルミパンサンド, 319
マグロのコンフィのサラダとツナ・メルト・サンドイッチ, 174
サンドイッチ用食パン, 210-211
　モダニストのチーズバーガー, 212
　モダニストのミートローフ・サンドイッチ, 214-215
サンドイッチ用食パン, 210-211
　モダニストのチーズバーガー, 212
　モダニストのミートローフ・サンドイッチ, 214-215

し

仕上げやモンテと呼ばれる最後の段階, 93
シイタケ
　野生のキノコと赤ワインの大麦リゾット, 331
　風味づけしたクリームでつくるジャガイモのピュレ, 230
　マッシュルーム・ピュレ, 150
　キノコのスープ, 180
　ライ麦パスタ, 270
　シイタケ・マーマレード, 151
　ショートリブの串焼き、シイタケ・マーマレード, 263
　ミニ・エッグカップ, 144
　ストライプ・マッシュルーム・オムレツ, 148-149
ジェノベーゼピッツァ, 306
ジェフリー・ステインガーテン, 230
　ジャガイモのピュレ, 230
ジェラート
　ジェラートについて, 360
　ヘーゼルナッツのジェラート, 370
　ピーナッツバター＆ジェリーのジェラート, 370
　ピスタチオのジェラート, 370-371
　　バリエーション, 370
　ストロベリーマカダミアのジェラート, 370

塩
　黒塩
　　チャート・マサラ, 136
　　黒塩の入手先, 74
　魚用の塩漬け液, 133
　マリナードの中の塩, 134
　塩漬けとマリネ, 132
　肉に塩をかけるタイミング, 226
　挽き肉に塩をかけるタイミング, 204
　サラダに塩をかけるタイミング, 167
塩漬け
　塩漬けについて, 193
　塩漬け液と塩を塗る方法, 132
　液体を使わない魚の塩漬け, 133
　塩の分量の計算法, 208
　肉に塩を塗る方法と塩漬け液, 132
塩漬け液（マリネも参照）
　塩漬けについて, 132
　丸ごとの鶏用の基本塩漬け液, 133
　　バリエーション, 133
　塩漬け液をまんべんなく浸透させる, 16
　塩漬け液と塩を塗ること, 132
　塩漬け液の鶏の肉と皮への影響, 237
　魚用の塩漬け液, 133
　　バリエーション, 133
　真空調理でつくる香り豊かなサーモン, 276-277
　塩漬け液の注射, 16
　塩漬け液の塩分濃度, 16, 132
　ピリッとした鶏肉用の塩漬け液, 133
　海藻入りの魚用塩漬け液, 133
　肉用の甘い塩漬け液, 132
塩漬け液につける, 16
塩漬け液の注射器
　塩漬け液の注射器について, 16
　丸ごとの鶏用の基本塩漬け液, 133
　　バリエーション, 133
　塩漬け液用の注射器, 132
　コンビ・オーブンでつくるローストチキン, 241
　フライドチキン, 241
　飛びっきりジューシーなチキン, 241
　ピンクッション・チキン, 241
　ローストチキン, 238-241
　　バリエーション, 241
　ピリッとした鶏肉用の塩漬け液, 133
　鶏とタマネギのじっくり焼き, 242-243
　真空調理でつくるターキーブレスト, 247
　背開き, 241
　肉用の甘い塩漬け液, 132,
四角形のハンバーガー・パテをつくる方法, 207
自家製ジュ・グラ, 93
　バリエーション, 93
鹿肉、電子レンジでつくるビーフジャーキー, 350-351
直火（ガスバーナー参照）
　木炭グリルとガスグリル, 44

サルサベルデ, 111
ジギアレリ一家, 305
紫黒米
　紫黒米の炊き時間, 324
　イカ墨と真空調理したクラムの紫黒米リゾット, 330
　紫黒米に半ば火を通しておく場合の炊き時間, 325
四川風チンゲンサイ, 346-347
　バリエーション, 346
持続可能な捕獲, xix, 72
持続可能な養殖場, xix, 72
シタビラメ
　魚を真空調理する場合のおすすめの温度, 281
　ブラックシーバス、ティラピア、オヒョウ、シタビラメのレンジ蒸し, 348, 349
シタビラメまたはヒラメを真空調理する場合のおすすめの温度, 281
七面鳥
　むね肉, 245
　　おすすめの温度と時間, 245
　　真空調理でつくるターキーブレスト, 247
　もも肉
　　おすすめの温度と時間, 245
　　七面鳥のコンフィ, 246
　手羽、おすすめの温度と時間, 245
シチュー
　オイスターシチュー, 292
　圧力鍋でつくる豚ばら肉のアドボ, 224-225
　真空調理でつくる豚ばら肉のアドボ, 224
湿度
　コンビ・オーブン内の湿度, 38
　オーブン内の湿度, 34
　ポーリッシュと湿度, 299
ジッパーつきの袋
　真空調理のパッケージング, 50, 51, 53
　中心温度の確認, 66
　食材を密封するには, 58
　真空調理の圧縮方法, 53, 59
　地中海風野菜のコンフィ, 126
　フェタチーズと野菜のコンフィのポテトブレッドサンド, 319
シナモン
　秋のスパイス・ミックス, 138
　ジンジャーブレッドのパイ生地, 372
　シナモンバニラ風味, 361
　シナモンシュガー風味のドーナッツホール, 297
　ジンジャーブレッド風味のパイ生地（ジンジャークリームパイ用）, 378
　シナモンの入手先, 74
　真空調理でつくるバニラとシナモン風味のカスタードクリーム, 374-375
　アップルクリームパイ, 379

バリエーション, 375
ジビエのジュ, 92
シブレット
　ピスタチオバター入りのフィーヌゼルブのヴィネグレットソース, 117
　にんにく
　　ライ麦パスタ, 270
　　にんにくの入手先, 74
　　ピスタチオのペスト（ピスタチオ（ピスタチオのペスト用）も参照）, 102-103
　ソース・ヴェルデ, 102, 103
シブレットの花（野菜の煮込み用）, 185
自分で食べものを育てる, 73
脂肪（油も参照）
　最後の段階で加える油脂, 93
　動物性脂肪（各動物の脂肪も参照）, xxii
　動物性脂肪の発煙点と引火点, xxii
　液体を使わずに脂肪を溶かす, 123
　冷たさと脂肪がいかに食感に影響を与えるかの科学, 155
　脂肪の役割, 116
　脂肪と食感, 116, 155
　液体を使って脂肪を溶かす, 123
ジム・レイヒーの「こねずにつくるカンパーニュ」のレシピ, 300
シメジ, 77
地元の肉屋, 73
ジャーキー
　ビルトンジャーキー, 350
　電子レンジでつくるビーフジャーキー, 350-351
　　バリエーション, 350-351
　スモーキージャーキー, 350
　スパイシージャーキー, 350,
シャープチェダーとスイスチーズでつくるマカロニ・アンド・チーズ, 310
ジャカード・テンダーライザー（肉突き器）
　ジャカード・テンダーライザーについて, 16
　ジャカード・テンダーライザーで塩漬けする, 132
　ジャカード・テンダーライザーを使ったときの食品の安全性, xxiv-xxv, 16
　肉用の甘い塩漬け液, 132
ジャガイモ
　ブロッコリーのチーズソース, 310
　フィンガリングポテトのコンフィ, 126
　ガーリック・マッシュポテト, 230
　レンジでつくるポテトサラダ, 346
　モダニストのヴィシソワーズ, 162-164
　ジャガイモのピュレ, 228, 230-231
　ローストしたジャガイモのヴィシソワーズ, 163
　サツマイモのピュレ, 230
　ジャガイモの皮のレデュクションを加えたヴィシソワーズ, 163
ジャガイモ粉（ポテトパスタ用）, 270
〈ジャックズ・ラグジュアリー・オイスター・バー〉, xv

し

ジャックチーズ
- 「ファットフリー」のマカロニ・アンド・チーズ, 314-315
  - バリエーション, 314
- モントレージャックとスティルトンでつくるマカロニ・アンド・チーズ, 310

ジャックフルーツ, 76

ジャック・ラム, xv

『ジャングル』(シンクレア著), 190

シャントレル, 78, 79
- キノコのピッツァ, 303

ジュ
- 牛肉のブラウン・ジュ, 92
- 鶏肉のブラウン・ジュ, 92
  - 自家製ジュ・グラ, 93
- シイタケ・マーマレード, 151
  - バリエーション, 92
- ジビエのジュ, 92
- 自家製ジュ・グラ, 93
  - バリエーション, 93
- マッシュルームのジュ, 91
  - マッシュルームのクリームスープ, 150
  - マッシュルーム・ピュレ, 150
  - キノコのスープ, 180
- 圧力鍋でつくる野菜のジュ, 182
- 野菜の煮込み, 185

ジューサー, 5
- ジューサーについて, 20
- フルーツのミネストローネ, 158-161
  - バリエーション, 161
- イチゴのマリナラ, 114
- 野菜のリゾット, 328-329
  - バリエーション, 329

ジューシーさ
- 調理してから冷やした食品のジューシーさ, 61
- 真空調理した食品のジューシーさ, 49, 186
- 固い肉を圧力鍋で調理してジューシーさを保つ, 227

ジュース(各種ジュースも参照)
- フルーツゼリー, 366
- ジュースを新鮮に保つ, 20
- ジュースの色を保つ, 20

重曹
- キャラメリゼしたニンジンのスープ, 178-179
- ドライ・キャラメリゼ・オニオン, 127
- フレンチ・オニオンスープ, 127
- 圧力鍋でつくるその他の野菜スープとピュレ, 180-181
- 圧力鍋でキャラメリゼしたバナナ・ピュレ, 181
  - バナナクリームパイ, 379
- 圧力鍋でキャラメリゼしたケチャップ, 110
  - モダニストのチーズバーガー, 212
  - バリエーション, 110
- 圧力鍋でキャラメリゼしたタマネギ, 127
  - バリエーション, 127
- 圧力鍋で溶かす鶏の脂身, 123
- ローストしたジャガイモのヴィシソワーズ, 163

従来のオーブン
- 従来のオーブンについて, 34
- 従来のオーブンの正確さ, 22
- うまくオーブン調理をするコツ, 35
- 家庭のオーブンでピッツァを焼く場合のおすすめの備品, 301
- オーブンの断面図, 36-37
- オーブンで豚の皮を乾燥させる, 222
- 冷凍してつくるステーキ, 197
- オーブンの温度を調整する, 35
- 低温オーブン・ステーキ, 196-197
- 低温オーブンで肉を調理する, 193
- オーブンの中で食材を動かす, 34
- オーブンの予熱, 35
- 圧力鍋でつくるチチャロン, 222
- オーブンの温度コントロール, 34

従来の調理具, 22-47

シュエする(炒める), 27

熟成肉
- 熟成肉, 186
- 熟成の近道, 186

熟成ホワイトチェダーのチーズスライス, 318
- サワードウ・ブレッドでつくる熟成ホワイトチェダーとリンゴのサンドイッチ, 318

シュック, 95

ジュニパーベリー(七面鳥のコンフィ用), 246

シュマルツ, 123

ジュリア・チャイルド, xiv

瞬間測定温度計, 8
- 瞬間測定温度計を使ってジッパーつき袋の中の中心温度を確認する, 66

瞬間測定デジタル探針温度計, 6

ショウガ
- 香りのいいタラのレンジ蒸し, 348
- ジンジャークリームパイ, 377, 378
- ジンジャーオイル, 118
- ジンジャー風味のカスタードクリーム, 375
  - ジンジャークリームパイ, 378
- レモングラス&ジンジャー風味, 361
- ギンダラ、ネギ、ショウガのレンジ蒸し, 348-349
  - バリエーション, 348
- ブラックシーバス、ティラピア、オヒョウ、シタビラメのレンジ蒸し, 348, 349

紹興酒
- 香りのいいタラのレンジ蒸し, 348
- 中国風スープ麺, 267
- 韓国風ウィングソース, 258, 260
- ギンダラ、ネギ、ショウガのレンジ蒸し, 348
  - バリエーション, 348
- ブラックシーバス、ティラピア、オヒョウ、シタビラメのレンジ蒸し, 348, 349
- 四川風チンゲンサイ, 346-347
  - バリエーション, 346
- 紹興酒の入手先, 74

しょうゆ
- クリスピー・ビーフ・ストランド, 352
- カリカリに揚げた牛肉とエシャロットのサラダ, 353
- カルビ・マリナード, 134
- ゴマのドレッシング, 117
- ベトナム風ドレッシング, 117

ジョエル・ロブションがジャガイモをピュレする方法, 17, 131

ショートリブの蒸し煮, 228, 229

食材の厚みと真空での調理時間, 61

食肉検査法, 190

食肉用注射器(塩漬け液の注射器を参照)

食パン型
- 四角形のハンバーガー・パテをつくる方法, 207
- サンドイッチ用食パン, 210-211
  - モダニストのチーズバーガー, 212
  - モダニストのミートローフ・サンドイッチ, 214-215

食品乾燥器
- 食品乾燥器について, 21
- 食品乾燥器のブランド、価格、仕様, 6
- 食品乾燥器の正しい使用法, 21
- ドライ・キャラメリゼ・オニオン, 127
- フルーツ・レザー, 129
- マンゴー・チリ・レザー, 129
- オニオン・レザー, 129
- 圧力鍋でつくるチチャロン, 219, 222
- 鶏の皮のふっくら揚げ, 254
- 食品乾燥器を安全に使用するコツ, 21
- トマト・レザー, 129
  - オマールロール, 288-289
  - バリエーション, 129

食品の安全(安全性についても参照)
- 魚の調理の安全性, 274
- 調理した食材を冷やすことの安全性, 61
- 食品を低温殺菌する真空調理の低温保持調理法の安全性, 61
- 衛生, xxiv
- 材料の安全性, xxiv-xxv
- 軽く火を通した食材の安全性について, xxv
- ジャカード・テンダライザーの安全性, xxiv-xxv, 16
- 家禽類の安全
  - 安全のために目標温度を保つ, 60
  - 家禽類の調理の安全性, 245

食品の乾燥
- コンビ・オーブンで乾燥させる, 39
- オーブンで乾燥させる, 222
- 乾燥肉の簡単な歴史, 350
- 電子レンジで乾燥させる, 41

食味保証(オーストラリア), 190

食感
- 脂肪・油と食感, 116, 155
- 流動性のあるゲルの食感, 98

食感
- 食材の食感を損ねない, 16
- 塩の量を確認, 16
- サラダを組み立てる, 166
- ポテト・ピュレ, 17

食器洗浄機で殺菌, xxiv

ジョニー・シュー, 348
- ギンダラ、ネギ、ショウガのレンジ蒸し, 348-349

シリコン型
- シリコン型について, 9
- シリコン型の価格と仕様, 6

シリコンでコーティングされた硫酸紙, 9

シリコンマット
- シリコンマットについて, 6, 9
  - 熟成ホワイトチェダーチーズスライス, 318
  - サワードウ・ブレッドでつくる熟成ホワイトチェダーとリンゴのサンドイッチ, 318
  - 焼いた魚の皮のチップス, 279
- シリコンマットのブランドと価格と仕様, 6
  - カマンベールとグリュイエールのチーズスライス, 318
  - カマンベールとグリュイエール、ハム、マッシュルームのブリオッシュサンド, 318
  - チーズクランブル, 316
  - オーブンで焼くマカロニ・アンド・チーズ, 312-313
- シリコンマットをカットするときの注意, 148
- シリコンマットを必要な大きさに切る, 9, 148

フェタチーズスライス, 319
- フェタチーズと野菜のコンフィのポテトブレッドサンド, 319

シェーヴルチーズスライス, 319
- シェーヴルチーズとトマトのコンフィ、バジルのバゲットサンド, 319

とろーりとろけるチーズスライス, 317
- フレンチ・オニオンスープ, 127
- モダニストのチーズバーガー, 212
- マグロのコンフィのサラダとツナ・メルト・サンドイッチ, 174

スティルトンチーズスライス, 319
- スティルトンチーズ、エシャロットマーマレードのクルミパンサンド, 319

ストライプ・マッシュルーム・オムレツ, 148-149

シェーヴルチーズとトマトのコンフィ、バジルのバゲットサンド, 319

シルバーゼラチン, 366

し

真空調理

白インゲン豆（フラジョレ）（フリホレスの泡用）, 223
シロカノシタ, 78, 79
白みそ, 91
　マッシュルームのジュ, 91
　マッシュルームのクリームスープ, 150
　マッシュルーム・ピュレ, 150
　キノコのスープ, 180
白ワインビネガー, 130
　真空調理でつくる野菜のピクルス, 130
芯温（中心温度）
　ハンバーガー・パテの芯温, 206
　中心温度の確認方法, 66-67
　　真空密封した袋の場合, 67
　　ジッパーつきの袋の場合, 66
　真空調理の中心温度, 50
　　牛肉の場合, 64
　　魚の場合, 64, 281
　　サーモンの場合, 280, 281
　　貝や甲殻類の場合, 286
　　やわらかい肉の場合, 60, 192
　　やわらかい家禽類の場合, 245
　　固い肉の場合, 60, 228
　　固い家禽類の場合, 245
　目標（目標温度を参照）
シンク（キッチンのシンクを参照）
真空調理
　真空調理について, xx
　アイオリソース, 108
　アマレット風味のカスタードクリーム, 375
　　アーモンドチェリークリームパイ, 378
　ベーコンブラウンシュガー風味, 361
　ベーコン・マヨネーズ, 108
　　レンジでつくるポテトサラダ, 346
　　豚ばら肉のBLT, 232-233
　　スモークベーコンのBLT, 232
　魚の皮のパリパリ揚げ, 279
　基本のチリオイル, 118
　ショートリブの串焼きシイタケ・マーマレード, 263
　ビーツ・サラダ, 168
　骨なし鶏手羽肉の焼き鳥, 256-257
　牛のショートリブ, 228, 229
　ブラウンバター風味のパイ生地, 372
　　アップルクリームパイ, 379
　ブラウン・フィッシュ・ストック, 87
　野菜のブラウン・ストック, 89
　キャロット風味のパイ生地, 372
　チーズ風味のパイ生地, 372
　　風味のいいチーズパイ, 379
　チーズグリッツ, 338
　チーズ風味のカスタードクリーム, 375
　鶏むね肉のサテ, 263
　鶏皮の焼き鳥, 262
　チョコレート風味のパイ生地, 372
　　チョコレートクリームパイ, 378
　チョコレート風味のカスタードクリーム, 375

　チョコレートクリームパイ, 378
　ココナッツ風味のパイ生地, 372
　　ココナッツクリームパイ, 378
　ココナッツ風味のカスタードクリーム, 375
　　ココナッツクリームパイ, 378
　コーヒー・バター, 121
　コーヒー風味のクレームブリュレ, 362-363
　　バリエーション, 362
　クラムの殻の取り方, 287
　ステーキの真空調理, 193
　鶏皮と豚皮のパリパリ揚げ, 279
　魚の皮のパリパリ揚げ, 279
　　バリエーション, 279
　甲殻類のオランデーズソース, 106
　デビルドエッグ, 152
　ダブルアーモンド風味のパイ生地, 372
　　アーモンドチェリークリームパイ, 378
　目玉焼き, 152-153
　卵黄の流動性のあるゲル, 100
　「ファットフリー」のマカロニ・アンド・チーズ, 314-315
　　バリエーション, 314
　牛フィレ肉の串焼き、モンペリエ・バター, 263
　固めのカスタードクリーム, 375
　サクサクのパイ生地, 372-373
　　バリエーション, 372
　カスタードプリン, 362
　レモンカードの泡, 365
　真空調理でつくる香り豊かなサーモン, 137, 276-277
　フランス風スクランブルエッグ, 144
　　ストライプ・マッシュルーム・オムレツ, 148-149
　　バリエーション, 144
　フルーツカード, 365
　ガーリック・オランデーズソース, 106
　ガーリック・マッシュポテト, 230
　ガーリックオイル, 118
　ジンジャーオイル, 118
　ジンジャー風味のカスタードクリーム, 375
　　ジンジャークリームパイ, 378
　ジンジャーブレッド風味のパイ生地, 372
　　ジンジャークリームパイ, 378
　ロメインレタス・ドレッシングをかけたグリーン・サラダ, 168-169
　　バリエーション, 168
　グリルでつくるアップルソース, 124
　　サワードウ・ブレッドでつくる熟成ホワイトチェダーとリンゴのサンドイッチ, 318
　グリルで焼くポークチョップ, 202
　風味づけしたクリームでつくるジャガイモのピュレ, 230
　韓国風豚ばらの串焼き, 262

　韓国風ショートリブのレタス包み, 221
　ラム・カレー, 234-235
　ラムもも肉のタジン, 220
　ラム肉の串焼き、ミントヨーグルト添え, 263
　レモンオイル, 118
　レモン風味のカスタードクリーム, 375
　　フランボワーズレモンのクリームパイ, 379
　オマールロール, 288-289
　　バリエーション, 288
　マカロニ・アンド・チェダー, 314
　マカロニ・アンド・フォンティーナ, 314
　マカロニ・アンド・パルメザン, 314
　ミニ・エッグカップ, 144
　ミント風味, 361
　　モダニストのハンバーガー・パテ, 208-209
　モダニストのチーズバーガー, 212
　　バリエーション, 208
　モダニストのマヨネーズ, 108
　　新タマネギのコールスロー、バリエーション, 108
　モダニストのミートローフ・サンドイッチ, 214-215
　モダニストのヴィシソワーズ, 162-164
　　バリエーション, 163
　モンペリエ・バター, 120
　　牛フィレ肉の串焼きモンペリエ・バター, 263
　ムール貝のマリニエール, 290-291
　オリーブオイル・スクランブルエッグ, 144
　　スペイン風オムレツ・フィリング, 145
　タマネギの流動性のあるゲル, 100
　　バリエーション, 100
　ピーナッツ風味のパイ生地, 372
　　バナナクリームパイ, 379
　鶏ももの串焼き、ピスタチオのペスト, 262
　ポルチーニ・バター, 116, 121
　豚ばら肉のBLT, 232-233
　リンゴとモリーユを添えた豚肩肉のフリカッセ, 220
　ポ・ド・クレーム, 362
　ポテトパスタ, 270
　ジャガイモのピュレ, 228, 230-231
　　バリエーション, 230
　コーヒー（圧力をかけて風味づけする）風味のカスタードクリーム, 375
　　バナナクリームパイ, 379
　鶏の皮のふっくら揚げ, 254
　フランボワーズ風味のパイ生地, 372
　フランボワーズのガスパチョ, 156-157
　ローズマリーオイル, 118
　ルイユソース, 108

　南フランス風チャウダー, 292
　サバイヨン, 369
　スクランブルドエッグ・プディング, 144
　　蒸してつくるハーブオムレツ, 146-147
　小エビのグリッツ, 338-339
　　バリエーション, 338
　スモークベーコンのBLT, 232
　真空調理でつくるエスカルゴの蒸し煮, 293
　　圧力鍋でつくるパエリア・デル・ボスコ, 326-327
　　スチールカットオーツとエスカルゴのリゾット, 331
　真空調理でつくるバッファローウィング, 250-251
　真空調理でつくるカルニタス, 219
　真空調理した鶏肉, 244-245
　　チキンヌードルスープ, 273
　　チキン、アーティチョーク、黒オリーブ入りのファッロリゾット, 332
　圧力鍋でつくる甲殻類のバター, 122
　真空調理でつくる魚のストック, 87
　　アルボリオ米でつくるウニとココアのリゾット, 333
　　ピーマンのスープ, 181
　　バリエーション, 87
　真空調理でつくるオランデーズソース, 106-107
　　バリエーション, 106
　真空調理でつくるラムの串焼き, 203
　真空調理した卵でつくるレモンカード, 365
　　レモンポセット, 364
　　フランボワーズレモンのクリームパイ, 379
　　バリエーション, 365
　真空調理でつくるレモンハーブオイル, 116
　オマールの胴の身の真空調理, 288
　真空調理でつくる豚ばら肉のアドボ, 224
　真空調理でつくるスパイス・チリオイル, 118
　　つくねのから揚げ, 262
　　四川風チンゲンサイ, 346-347
　　スパイス・チリ・ドレッシング, 117
　　バリエーション, 118
　真空調理でつくるステーキ, 192, 194-195
　　クーラーボックス真空調理ステーキ, 198
　真空調理でつくるマグロのコンフィ, 174
　　マグロのコンフィのサラダとツナ・メルト・サンドイッチ, 174
　真空調理でつくるターキーブレスト, 247
　真空調理でつくるバニラ風味のクレーム・アングレーズ, 368-369

し　真空調理

真空調理
- バリエーション, 369
- 真空調理でつくるバニラとシナモン風味のカスタードクリーム, 374-375
  - アップルクリームパイ, 379
  - バリエーション, 375
  - スパイシー・オランデーズソース, 106
  - タルタルソース, 108
  - タイムオイル, 118
  - 七面鳥のコンフィ, 246
  - バニラオイル, 118
  - 野菜のストック（野菜、野菜のストック）, 89
- 真空調理する食材のパック（真空調理法、真空パック器参照）
- 真空調理でつくる香り豊かなサーモン, 137, 276-277
- 真空調理での温度コントロール, 49, 60
- 真空調理の調理時間, 51
- 真空調理法, 48-67
  - 真空調理法の利点, 49
  - コンビ・オーブンの使い道, 39
  - 食材を冷ます, 61
  - 真空調理法の定義, 48
  - 平衡調理法, 60-61
  - 真空調理の歴史, 49
  - 定温保持調理法, 61
  - 中心温度を確認するには, 66-67
  - 食材を密封するために, 52-59
    - 真空調理用の袋, 53
    - 果物や野菜を圧縮するには, 59
    - ジッパーつき袋で食材を密封するには, 58
    - 携帯用ポンプを使うには, 59
  - 真空調理した食品を再加熱するには, 61
  - 真空調理した結果, 48-49
  - 4つのシンプルなステップ, 50-51
  - 食品の保存, xxiv
  - ウォーター・バス（ウォーター・バスを参照）, 62-65
- 真空パック器
  - 真空パック器について, 54-56
  - 利点, 54
  - 真空パック器用の袋, 53, 54
  - 魚の皮のパリパリ揚げ, 279
  - 大麦パスタ, 271
  - 骨なし鶏手羽肉の焼き鳥, 256-257
  - ショートリブの蒸し煮, 228, 229
  - 真空パック器のブランド、価格など, 6
  - 鶏皮の焼き鳥, 262
  - ココナッツパスタ, 271
    - タイ風スープ麺, 267
  - 真空調理の仕方, 50
  - 鶏皮と豚皮のパリパリ揚げ, 279
  - 魚の皮のパリパリ揚げ, 279
    - バリエーション, 279
  - 断面図, 55
  - 真空密封の安全性, 54
  - 卵入りフレッシュパスタ, 268-271
  - チキンヌードルスープ, 273
    - バリエーション, 270-271
  - 使い方, 56
  - ラム・カレー, 234-235
  - 残りものの保存, 61
  - トウモロコシパスタ, 270
    - トルティーヤスープ, 267
  - モダニストのヴィシソワーズ, 162-164
    - バリエーション, 163
  - 豚ばら肉のBLT, 232-233
  - ポテトパスタ, 270
  - 圧力鍋でつくる豚ばら肉のBLT, 232
  - 問題への解決策, 57
  - ライスパスタ, 271
  - ローストしたジャガイモのヴィシソワーズ, 163
  - スモークベーコンのBLT, 232
  - 真空調理でつくるバッファローウィング, 250-251
  - トマトのコンフィ, 128
    - シェーヴルチーズとトマトのコンフィ、バジルのバゲットサンド, 319
    - トマト・レザー, 129
  - 七面鳥のコンフィ, 246
  - いろいろな真空密封, 52, 53, 54
  - ジャガイモの皮のレデュクションを加えたヴィシソワーズ, 163
  - 全粒粉パスタ, 271
    - 中国風スープ麺, 267
  - 真空保存容器、真空調理でつくる野菜のピクルス, 130-131
  - 真空密封した袋、温度を測る, 67
  - 真空密封の代わりに普通のジッパーつき袋を使い、水に浸して空気を抜く方法, 58
- 新興梨, 76
- ジンジャーブレッド風味のパイ生地, 372
- ジンジャークリームパイ, 378
- 新鮮さ
  - ジュースを新鮮に保つ, 20
  - 貝や甲殻類の鮮度, 284
- 新タマネギのコールスロー, 165
- モダニストのミートローフ・サンドイッチ, 214-215
- 白インゲン豆（カンネッリーニ）（フルーツのミネストローネ用）, 158-161
  - バリエーション, 161

す

- スイカを密封する, 59
- スイスチーズ
  - シャープチェダーとスイスチーズでつくるマカロニ・アンド・チーズ, 310
- 炊飯器をウォーター・バスとして使う, 65
- スープ（シチューも参照）
  - リンゴとパースニップのスープ, 181
  - アーティチョークのスープ, 180
  - ピーマンのスープ, 181
  - ブロッコリーとグリュイエールのスープ, 181
  - キャラメリゼしたニンジンのスープ, 178-179
  - カリフラワーのスープ, 180
  - 中国風スープ麺, 267
  - 冷たいスープ（冷製スープを参照）
  - トウモロコシのスープ, 181
  - マッシュルームのクリームスープ, 150
  - フレンチ・オニオンスープ, 127
  - ポロネギとタマネギのスープ, 181
  - キノコのスープ, 180
  - フォー, 267
  - 圧力鍋でつくるオマールのビスク, 122
  - 圧力鍋でつくるその他の野菜スープ, 180
    - カボチャのキャラメリゼとサフランのアルボリオ米リゾット, 330
  - タイ風スープ麺, 267
  - トルティーヤスープ, 267
  - 香り広がるチキンスープ, 266
    - チキンヌードルスープ, 273
  - グーラッシュ, 267
  - ハーブとロメインレタスのスープ, 168
- スキレット（フライパンを参照）
- スキンレス・クリスピー・チキンウィング, 254-255
- スクランブルドエッグ・プディング, 144
  - 蒸してつくるハーブオムレツ, 146-147
- スターフルーツ, 76
- スタンドミキサー
  - スタンドミキサーについて, 11
  - フックのアタッチメント（スタンドミキサー、フックのアタッチメントを参照）
  - アイスクリーム・アタッチメント, 12
  - モンペリエ・バター, 120
    - 牛フィレ肉の串焼き、モンペリエ・バター, 263
  - パドルのアタッチメント（スタンドミキサー、パドルのアタッチメントを参照）
  - 泡だて器のアタッチメント（スタンドミキサー、泡だて器のアタッチメントを参照）
- スチーム・オーブン, 34
- スチールカットオーツ
  - スチールカットオーツの炊き時間, 324
  - スチールカットオーツに半ば火を通しておき、食卓に出す直前に仕上げる方法, 325
  - スチールカットオーツとエスカルゴのリゾット, 331
- スチール板
  - ピッツァを焼く, 295, 301, 304
  - ピッツァ・マルゲリータ, 304
- スチールヘッド・サーモン, 280
- スティーヴン・ホーキング, xiv
- スティックミキサー
  - スティックミキサーについて, 11
- 熟成ホワイトチェダーのチーズスライス, 318
  - サワードウ・ブレッドでつくる熟成ホワイトチェダーとリンゴのサンドイッチ, 318
- 湯煎にしてつくるクレームブリュレ, 362
- オーブンで焼くマカロニ・アンド・チーズ, 312-313
- ピーマンのバター, 121
- スティックミキサーのブランドと価格と仕様, 6
- ブロッコリーのチーズソース, 310
- カマンベールとグリュイエールのチーズスライス, 318
  - カマンベールとグリュイエール、ハム、マッシュルームのブリオッシュサンド, 318
- チーズクランブル, 316
  - オーブンで焼くマカロニ・アンド・チーズ, 312-313
- チーズ風味のカスタードクリーム, 375
- サクランボのヴィネグレットソース, 117
- パクチーのヴィネグレットソース, 117
- クラムのチャウダーソース添え, 292
  - バリエーション, 292
- コーヒー・バター, 121
- コーヒー風味のクレームブリュレ, 362-363
  - バリエーション, 362
- デビルドエッグ, 152
- 目玉焼き, 152-153
  - バリエーション, 152
- フェタチーズスライス, 319
  - フェタチーズと野菜のコンフィのポテトブレッドサンド, 319
- ピスタチオバター入りのフィーヌゼルブのヴィネグレットソース, 117
- カスタードプリン, 362
- 流動性のあるゲル, 98
- フランス風スクランブルドエッグ, 144
- ストライプ・マッシュルーム・オムレツ, 148-149
  - バリエーション, 144
- シェーヴルチーズスライス, 319
  - シェーヴルチーズとトマトのコンフィ、バジルのバゲットサンド, 319
- ヘーゼルナッツのジェラート, 370
- 自家製ジュ・グラ, 93
  - バリエーション, 93
- マカロニ・アンド・チーズ, 310-311
  - バリエーション, 310
- グリュイエールでつくるマカロニ・アンド・チーズ, 310
- ゴートゴーダとゴートチェダーでつくるマカロニ・アンド・チーズ, 310
- ゴルゴンゾーラとフォンティーナでつくるマカロニ・アンド・チーズ, 310
- モントレージャックとスティルトンでつ

全卵 せ

くるマカロニ・アンド・チーズ, 310
シャープチェダーとスイスチーズでつくるマカロニ・アンド・チーズ, 310
ミニ・エッグカップ, 144
モダニストのヴィネグレットソース, 117
 圧力鍋でつくるレンズ豆のサラダ, 175
 バリエーション, 117
モンペリエ・バター, 120
 牛フィレ肉の串焼き、モンペリエ・バター, 263
オリーブオイル・スクランブルドエッグ, 144
 スペイン風オムレツ・フィリング, 145
タマネギの流動性のあるゲル, 100
 バリエーション, 100
オイスターシチュー, 292
 フライパンについたグレイビーに使う, 95
ピーナッツバター＆ジェリーのジェラート, 370
とろーりとろけるチーズスライス, 317
 フレンチ・オニオンスープ, 127
 モダニストのチーズバーガー, 212
 マグロのコンフィのサラダとツナ・メルト・サンドイッチ, 174
ピスタチオのペスト風味のクラムチャウダー, 292
ピスタチオのジェラート, 370-371
 バリエーション, 370
ポップコーン風味, 361
ポルチーニ・バター, 116, 121
ポ・ド・クレーム, 362
圧力鍋でつくるヒヨコ豆のサラダ, 172-173
サルサベルデ, 111
スクランブルドエッグ・プディング, 144
 蒸してつくるハーブオムレツ, 146-147
ゴマのドレッシング, 117
真空調理でつくるバニラ風味のクレーム・アングレーズ, 368-369
 バリエーション, 369
南フランス風チャウダー, 292
スパイス・チリ・ドレッシング, 117
ホウレンソウのバター, 116, 121, 194
 チンゲンサイといろいろな野菜の盛り合わせ, 346
蒸してつくるハーブオムレツ, 146-147
スティルトンチーズスライス, 319
 スティルトンチーズ、エシャロットマーマレードのクルミパンサンド, 319
コンロでつくるカロテン・バター, 116, 121
 キャラメリゼしたニンジンのスープ, 178-179
 バリエーション, 121

ストロベリーマカダミアのジェラート, 370
とても安定したバターソース, 93
ベトナム風ドレッシング, 117
スティルトンチーズ
 モントレージャックとスティルトンでつくるマカロニ・アンド・チーズ, 310
 スティルトンチーズスライス, 319
 スティルトンチーズ、エシャロットマーマレードのクルミパンサンド, 319
ステンレス製注射器, 16
ストック
 ストックについて, 84
 ブラウン・ビーフ・ストック
  フレンチ・オニオンスープ, 127
  韓国風ショートリブのレタス包み, 221
  フォー, 267
  タイ風の甘酸っぱくピリッとしたグレーズ, 115
 ブラウン・チキン・ストック, 85
  香り広がるチキンスープ, 266
  鶏肉のブラウン・ジュ, 92
  圧力鍋でつくるパエリア・デル・ボスコ, 326-327
 ブラウン・ポーク・ストック, 86
 野菜のブラウン・ストック, 89
 魚 (魚のストック参照)
 ストックの風味, 84, 89
 ストックの風味を抽出する, 264
 圧力鍋でつくるブラウン・ビーフ・ストック, 86
  バリエーション, 86
 圧力鍋でつくる甲殻類のストック, 88
 圧力鍋でつくる野菜のストック, 89
 圧力鍋でつくるホワイト・チキン・ストック, 84-85, 247
  香り広がるチキンスープ, 266
  真空調理でつくるエスカルゴの蒸し煮, 293
  バリエーション, 85
 焼いたトウモロコシのストック, 90
 焼いたトウモロコシのストック, 89
 ホワイト・ビーフ・ストック, 86
ストライプ・マッシュルーム・オムレツ, 148-149
スパイシー・オランデーズソース, 106
スパイシージャーキー, 350
スパイス・チリ・ドレッシング, 117
スパイス・ペースト
 アチョーテ・ペースト, 219
  真空調理でつくるカルニタス, 219
 スパイス・ペーストの入手先, 75
スパイス・ミックス
 スパイス・ミックスについて, 135
 秋のスパイス・ミックス, 138
  ジンジャーブレッド風味のパイ生地, 372
 チャート・マサラ, 136
 チリ・スパイス・ミックス, 138

スキンレス・クリスピー・チキンウィング, 254-255
魚用スパイス・ミックス, 137
 真空調理でつくる香り豊かなサーモン, 276-277
グリル・スパイス・ミックス, 139
MCのカレーパウダー, 135
ヴィンダルー・スパイス・ミックス, 135
 ナンを添えたポーク・ヴィンダルー, 221
スペイン風オムレツ・フィリング, 145
スベリヒユ
 スベリヒユについて, 79
 野菜の煮込み, 185
澄ましバター
 澄ましバターについて, xxii-xxiii
 澄ましバターのつくり方, 119
 澄ましバターの発煙点と引火点, xxii
スマック
 真空調理でつくるラムの串焼き, 8
スモーキージャーキー, 350
スモークベーコンのBLT, 232
すり鉢とすりこぎ (魚用スパイス・ミックス用), 137
 真空調理でつくる香り豊かなサーモン, 276-277
スロークッカー
 スロークッカーの断面図, 48
 スロークッカーを使った真空調理, 48-49, 60

せ

製菓用コーム (ストライプ・マッシュルーム・オムレツ用), 148-149
生産する (果物、野菜、各果物、各野菜を参照)
精製油, xxii
精製油の発煙点と引火点, xxii
精白玉麦
 野生のキノコと赤ワインの大麦リゾット, 331
 精白玉麦の炊き時間, 324
 精白玉麦の半ば火を通しておく場合の炊き時間, 325
セージ
 ウオーヴォピッツァ, 307
赤外線温度計, 8
ゼラチン
 リンゴの泡, 376
  アップルクリームパイ, 379
 固めのカスタードクリーム, 375
 フルーツゼリー, 366
 ゼラチンによるゲルの強度, 366
 ゼラチンの種類, 366
 ブルーム値の換算, 366
 モンペリエ・バター, 120
  牛フィレ肉の串焼き、モンペリエ・バター, 263

フランボワーズ風味のパンナコッタ, 366-367
 バリエーション, 366
ゼラチンをやわらかくする, 366, 375
イチゴのパンナコッタ, 161
ゼリー (フルーツゼリー), 366
セルフィーユ, 354
 セルフィーユとタイムとネギのペスト, 102, 103
 ソース・ヴェルデ, 102, 103
 野菜の煮込み, 185
00粉 (ゼロゼロ粉)
 00粉 (ゼロゼロ粉) について, 271
 大麦パスタ, 271
 ソバ粉のピッツァの生地, 296
 ココナッツパスタ, 271
  タイ風スープ麺, 267
 トウモロコシパスタ, 270
  トルティーヤスープ, 267
 ナポリ風ピッツァの生地, 296-297
  バリエーション, 296
 ポテトパスタ, 270
 ライスパスタ, 271
 ライ麦パスタ, 270
セロリ
 圧力で漬けるセロリ, 131
 真空調理で風味づけしたセロリ, 131
  オマールロール, 288-289
  バリエーション, 131
 ウォルドーフ・サラダ, 131
繊維質の野菜に電子レンジで火を通すときのおすすめの時間, 347
ゼンマイ, 78-79
専門店, 73
全卵
 カマンベールとグリュイエール、ハム、マッシュルームのブリオッシュサンド, 318
 チーズグリッツ, 338
 デビルドエッグ, 152
 目玉焼き, 152-153
  バリエーション, 152
 カスタードプリン, 362
 フランス風スクランブルドエッグ, 144
  ストライプ・マッシュルーム・オムレツ, 148-149
  バリエーション, 144
 卵入りフレッシュパスタ, 268-271
  チキンヌードルスープ, 273
  バリエーション, 270-271
  ロメインレタス・ドレッシングをかけたグリーン・サラダ, 168-169
  バリエーション, 168
 簡単チョコレートスポンジケーキ, 356-357
  バリエーション, 357
 トウモロコシパスタ, 270
  トルティーヤスープ, 267
 ミニ・エッグカップ, 144
 オリーブオイル・スクランブルドエッグ, 144

せ

スペイン風オムレツ・フィリング, 145
ピーナッツバタースポンジケーキ, 357
ポテトパスタ, 270
フランボワーズとマカデミアナッツのスポンジケーキ, 357
ラビオリ・オムレツ・フィリング, 145
ライスパスタ, 271
ライ麦パスタ, 270
スクランブルドエッグ・プディング, 144
 蒸してつくるハーブオムレツ, 146-147
ゴマのスポンジケーキ, 357
小エビのグリッツ, 338-339
 バリエーション, 338
蒸してつくるハーブオムレツ, 146-147
ストライプ・マッシュルーム・オムレツ, 148-149
全粒粉パスタ, 271
 中国風スープ麺, 267

全卵

タマネギの流動性のあるゲル, 100
 バリエーション, 100
パイナップル・マリナラ, 112
ハワイアンピッツァ, 303
 バリエーション, 112
圧力鍋でキャラメリゼしたピーナッツソース, 111, 259
 鶏むね肉のサテ, 263
サルサベルデ, 111
ソース・スービーズ, 100
ソース・ヴェルデ, 102, 103
イチゴのマリナラ, 114
タルタルソース, 108
ソースにとろみをつける, 94
トマト・ソフリート, 112
 スペイン風オムレツ・フィリング, 145
とても安定したバターソース, 93
焼き鳥ソース, 259, 260
 骨なし鶏手羽肉の焼き鳥, 256-257
 鶏皮の焼き鳥, 262
 つくね, 263

ソーセージ
 チョリソ（ボンバ米でつくるブロッコリーとグリュイエールのスープとチョリソ入りのリゾット用), 320, 333
ソバ粉のピッツァの生地, 296

た

大豆油の発煙点と引火点, xxii
タイセイヨウサケ, 281
タイのトウガラシ
 マンゴー・チリ・レザー, 129
 ベトナム風マリナード, 134
タイのナス
 タイのナスの写真, 77
 タイのナスの入手先, 75
タイ風スープ麺, 267
タイ風の甘酸っぱくピリッとしたグレーズ, 115
 カリカリに揚げた牛肉とエシャロットのサラダ, 353
タイム
 セルフィーユとタイムとネギのペスト, 102, 103
 真空調理でつくるレモンハーブオイル, 116
 タイムオイル, 118
 野菜の煮込み, 185
卓上ミキサー, 5
 卓上ミキサーについて, 10
 アマレット風味のカスタードクリーム, 375
  アーモンドチェリークリームパイ, 378
 ミキサーのブランドと価格と仕様, 6
 チョコレート風味のカスタードクリーム, 375

  チョコレートクリームパイ, 378
 ココナッツ風味のカスタードクリーム, 375
  ココナッツクリームパイ, 378
 ミキサーの断面図, 4
 固めのカスタードクリーム, 375
 フリーズドライ・フランボワーズのパウダー, 377
 ジンジャー風味のカスタードクリーム, 375
  ジンジャークリームパイ, 378
 グリルでつくるアップルソース, 124
  サワードウ・ブレッドでつくる熟成ホワイトチェダーとリンゴのサンドイッチ, 318
 ケララ・カレーソース, 104
 レモン風味のカスタードクリーム, 375
  フランボワーズレモンのクリームパイ, 379
 モダニストのヴィシソワーズ, 162-164
  バリエーション, 163
 ムガール・カレーソース, 104-105
  ラム・カレー, 234-235
  圧力鍋で煮た子羊のすね肉, 234
  バリエーション, 104
 ムスリム・カレーソース, 104
 フライパンでつくるグレービーにミキサーを使う, 95
 圧力鍋でつくるヒヨコ豆のサラダ, 172-173
 圧力をかけて風味づけしたコーヒー風味のカスタードクリーム, 375
  バナナクリームパイ, 379
 フランボワーズのガスパチョ, 156-157
 ローストしたジャガイモのヴィシソワーズ, 163
 真空調理でつくるバニラとシナモン風味のカスタードクリーム, 374-375
  アップルクリームパイ, 379
  バリエーション, 375
 ふわふわ泡のミルクシェイク, 213
 ジャガイモの皮のレデュクションを加えたヴィシソワーズ, 163
種（各種を参照)
 種をやわらかくする, 104
タピオカ・マルトデキストリン
 タピオカ・マルトデキストリンについて, 70
 魚用スパイス・ミックス, 137
  真空調理でつくる香り豊かなサーモン, 276-277
タピオカデンプン
 チーズクランブル, 316
  オーブンで焼くマカロニ・アンド・チーズ, 312-313
 ヘーゼルナッツのジェラート, 370
 ピーナッツバター&ジェリーのジェラート, 370

 ピスタチオのジェラート, 370-371
  バリエーション, 370
 タピオカデンプンの入手先, 75
 ストロベリーマカデミアのジェラート, 370
タヒニ
 パクチーのヴィネグレットソース, 117
 ゴマのスポンジケーキ, 357
 ダブルアーモンド風味のパイ生地, 372
  アーモンドチェリークリームパイ, 378
 『食べられる野生植物のフィールドガイド』（アンジー著), 79
タマーリ
 コーンジュースタマーリ, 340
 圧力鍋でつくるフレッシュコーンのタマーリ, 340-341
  バリエーション, 340
卵
 卵について, 141
 ゲルとしての卵の科学, 141
 バーナーで卵の殻をむく, 15
 ウズラの卵
  ウズラの卵の入手先, 74
  ウオーヴォピッツァ, 307
 卵の調理温度と時間, 141, 142-143
 卵の食感, 142-143
 卵白（卵白参照)
 全卵（全卵参照)
 卵黄（卵黄参照)
卵入りフレッシュパスタ, 268-271
 チキンヌードルスープ, 273
 バリエーション, 270-271
タマネギ
 キャラメリゼしたタマネギのグレイビー, 101
 圧力鍋でキャラメリゼしたタマネギ, 127
 フレンチ・オニオンスープ, 127
 ポロネギとタマネギのスープ, 181
 タマネギの流動性のあるゲル, 100
  バリエーション, 100
 オニオン・レザー, 129
 パールオニオン（パールオニオン参照)
 圧力鍋でキャラメリゼしたタマネギ, 127
  アルザス風オムレツ・フィリング, 145
  キャラメリゼしたタマネギのグレイビー, 101
  マカロニ・アンド・フォンティーナ, 314
  ゴートゴーダとゴートチェダーでつくるマカロニ・アンド・チーズ, 310
  風味のいいチーズパイ, 379
  バリエーション, 127
 圧力鍋でつくる野菜のジュ, 182
  野菜の煮込み, 185
 圧力鍋で調理する野菜, 183
  野菜の煮込み, 185
 赤タマネギ（赤タマネギ参照)

そ

倉庫型店舗, 72
創造性（モダニスト・キュイジーヌの原則), xix
送風機でグリルの温度を上げる, 44, 47
 グリルで焼くポークチョップ, 202
ソース（グレイビー、オランデーズソースも参照)
 ペスト
  ペストについて, 69, 71
 ブルーチーズソースの泡, 261
 従来のマカロニ・アンド・チーズに使われるベシャメルソース, 308
 ブルーチーズソース, 258, 261
  バリエーション, 261
 ボロネーゼ, 112
 バッファローソース, 258
  真空調理でつくるバッファローウィング, 250-251
 卵黄の流動性のあるゲル, 100
 ペストの仕上げ, 93
 自家製ジュ・グラ, 93
  バリエーション, 93
 ハニーマスタードソース, 259
 ケララ・カレーソース, 104
 韓国風ウィングソース, 258, 260
 マリナラ, 112-113
  バリエーション, 112
 MCのスペシャルソース, 109
  モダニストのチーズバーガー, 212
 モンテ, 93
 ムガール・カレーソース, 104-105
  ラム・カレー, 234-235
  圧力鍋で煮た子羊のすね肉, 234
  丸ごとの子羊のすね肉, 234
  バリエーション, 104
 ムスリム・カレーソース, 104

サルサベルデ, 111
鶏とタマネギのじっくり焼き, 242-243
新タマネギのコールスロー, 165
モダニストのミートローフ・サンドイッチ, 214-215
タマリンド
　タマリンドの入手先, 74
　タイ風の甘酸っぱくピリッとしたグレーズ, 115
タミ（円筒型のふるい）, 17
タラ
　ギンダラ（ギンダラ参照）
　マダラを真空調理する場合のおすすめの温度, 281
樽形アイスクリーム・メーカー, 12
タルタルソース, 108
　ジュースを新鮮に保つ酒石酸, 20
　アールグレイ風味, 361
　抹茶, 74
　抹茶風味, 361
タロイモ, 77
　タロイモの写真, 77
　タロイモの入手先, 74, 75
炭酸ガスの溶解性, 18
炭酸ガスをホイップ用サイフォンで注入する, 18
短粒の日本米
　短粒の日本米の炊き時間, 324
　短粒の日本米に半ば火を通しておく場合の炊き時間, 325
　短粒の日本米の入手先, 74
ダンプリング・カボチャ, 77
　ダンプリング・カボチャの写真, 77
　ダンプリング・カボチャの入手先, 74
断面図
　ミキサーの断面図, 4
　グリルの断面図, 46-47
　家庭用コンロの断面図, 36-37
　ＩＨ調理器の断面図, 25
　肉挽き器の断面図, 206
　電子レンジの断面図, 42-43
　圧力鍋の断面図, 30-31
　真空調理器の断面図, 48
　真空パック器の断面図, 55
　ホイップ用サイフォンの断面図, 19

地域の食材, 74-75
地域の「本物」の食材, 69
チーズ（チーズ各種も参照）
　チーズ・コース, 161
　チーズ・クリスプ, 315
　チーズクランブル, 316
　　オーブンで焼くマカロニ・アンド・チーズ, 312-313
　チーズ風味のパイ生地, 372
　　風味のいいチーズパイ, 379
　チーズグリッツ, 338
　チーズ風味のカスタードクリーム, 375
　エマルションとしてのチーズ, 308
　チーズ水（チーズ・ウォーター）, 314, 315
　ポロネギとタマネギのスープ, 181
チーズスライス
　熟成ホワイトチェダーチーズスライス, 318
　　サワードウ・ブレッドでつくる熟成ホワイトチェダーとリンゴのサンドイッチ, 318
　カマンベールとグリュイエールのチーズスライス, 318
　　カマンベールとグリュイエール、ハム、マッシュルームのブリオッシュサンド, 318
　フェタチーズスライス, 319
　　フェタチーズと野菜のコンフィのポテトブレッドサンド, 319
　シェーヴルチーズスライス, 319
　　シェーヴルチーズとトマトのコンフィ、バジルのバゲットサンド, 319
　とろーりとろけるチーズスライス, 317
　　フレンチ・オニオンスープ, 127
　　モダニストのチーズバーガー, 212
　　マグロのコンフィのサラダとツナ・メルト・サンドイッチ, 174
　スティルトンチーズスライス, 319
　　スティルトンチーズ、エシャロットマーマレードのクルミパンサンド, 319
チーズバーガー（モダニストのチーズバーガー）, 212
チェダーチーズ
　熟成ホワイトチェダーのチーズスライス, 318
　　サワードウ・ブレッドでつくる熟成ホワイトチェダーとリンゴのサンドイッチ, 318
　オーブンで焼くマカロニ・アンド・チーズ, 312-313
　ブロッコリーのチーズソース, 310
　チーズクランブル, 316
　チーズグリッツ, 338
　フォンデュ, 310
　ゴートチェダーチーズ（ゴートゴーダとゴートチェダーでつくるマカロニ・アンド・チーズ用）, 310
　マカロニ・アンド・チェダー, 314
　マカロニ・アンド・チーズ, 310-311
　　バリエーション, 310
　シャープチェダーとスイスチーズでつくるマカロニ・アンド・チーズ, 310
　とろーりとろけるチーズスライス, 317
　　フレンチ・オニオンスープ, 127
　　モダニストのチーズバーガー, 212
　　マグロのコンフィのサラダとツナ・メルト・サンドイッチ, 174
チェリー（サクランボ）
　アーモンドチェリークリームパイ, 378
　サクランボのヴィネグレットソース, 117
チェリモヤ, 76
地産地消運動, 69
地中海風野菜のコンフィ, 126
　フェタチーズと野菜のコンフィのポテトブレッドサンド, 319
地中海風ヨーグルト・マリナード, 134
チヌークサーモン, 280
チポトレチリ
　メキシコ風マリナード, 134
　真空調理でつくるスパイス・チリオイル, 118
チャージャー（ホイップ用サイフォン用）, 18
チャート・マサラ, 136
チャウダー
　クラムのチャウダーソース添え, 292
　　バリエーション, 292
　ピスタチオのペスト風味のクラムチャウダー, 292
　南フランス風チャウダー, 292
チャンバー・シーラー, 53, 54（真空パック器参照）
チャンピオン・ジューサー, 20
中国食材店, 74
中国ナツメ, 76
中国のナス
　中国のナスの写真, 77
　中国のナスの入手先, 74
中国風ガーリックチリソース, 258, 261
中国風スープ麺, 267
注射器（塩漬け液の注射器参照）
鋳鉄製のグリドル（ピッツァ用）, 301, 304
鋳鉄製のフライパン, 301
　サワードウ・ブレッドでつくる熟成ホワイトチェダーとリンゴのサンドイッチ, 318
　鋳鉄製のフライパンでピッツァを焼く, 301
　カマンベールとグリュイエール、ハム、マッシュルームのブリオッシュサンド, 318
　ディープディッシュ・フライド・ピッツァ, 305
　オーブン・フライド・ピッツァ, 305
　　バリエーション, 305
中東食材店, 75
中東風, 361
チューブのアタッチメントがついた真空パック器
　真空調理で風味づけしたセロリ, 131
　オマールロール, 288-289
　　バリエーション, 131
　ウォルドーフ・サラダ, 131
　真空調理でつくる野菜のピクルス, 130
チョイス（肉の等級）, 190
長時間調理をする際の注意点, 229
調理器（コンロ参照）

調理した食材を冷ます, xxv, 61
調理台の端を使ってジッパーつき袋で食材を密封する, 58
調理台上の道具（各道具も参照）, 5-21
　道具の使い道, 5
　道具の値段, 5
チョコレート
　チョコレートクリームパイ, 376, 378
　チョコレート風味のパイ生地, 372
　　チョコレートクリームパイ, 378
　チョコレート風味, 361
　チョコレート風味のカスタードクリーム, 375
　　チョコレートクリームパイ, 378
　簡単チョコレートスポンジケーキ, 356-357
　　バリエーション, 357
チョリソ（ボンバ米でつくるブロッコリーとグリュイエールのスープとチョリソ入りのリゾット用）, 320, 333
チリ・スパイス・ミックス, 138
　スキンレス・クリスピー・チキンウィング, 254-255

つ

ツール（各種ツールも参照）
　従来の調理器具, 22-47
　調理台上の道具, 5-21
　　入手しやすさ, 5-21
　　値段, 6
つくね, 263
　つくねのから揚げ, 262

て

ディープディッシュ・フライド・ピッツァ, 305
デイヴィッド・キンチ, 78
　フランボワーズのガスパチョ, 156-157
ティエリー・ロテュロー, xiv
低温オーブン・ステーキ, 196-197
　バリエーション, 197
低温殺菌
　魚の低温殺菌, xxiv, 274
　肉の低温殺菌, xxiv
定温保持調理法, 61
ディル, 354
　レンジでつくるパセリの素揚げ, 354
デヴィッド・トンプソン、カリカリに揚げた牛肉とエシャロットのサラダ, 353
デジタル温度計
　デジタル温度計について, xx, 5, 8
　デジタル温度計のブランドと価格と仕様, 6
　真空調理中にデジタル温度計で温度を確認する, 51, 66-67
　デジタル温度計の探針による食

て

デジタル温度計
　材の汚染を防ぐ, 67
　デジタル温度計を真空密封した袋で使う, 67
　デジタル温度計をジッパーつきの袋で使う, 66
　揚げ物用のデジタル温度計, 8, 26
　温度計の精度をテストするには, 8
　即席ウォーター・バスで使う, 64
　赤外線温度計, 8
　瞬間測定温度計, 8
　オーブン・プローブ温度計（オーブン・プローブつきデジタル温度計を参照）
　温度計を使うときの注意点, 67
　熱電対温度計, 8
デジタル温度制御器（炊飯器やウォーター・バス用）, 65
デジタルはかり
　デジタルはかりについて, xx, 5, 7
　デジタルはかりの精密さ, 7
　デジタルはかりのブランドと価格と仕様, 6
　デジタルはかりの手入れ, 7
　容器の重さを差し引くには, 7
　通常のキッチンはかり, 7
　ポケットはかり, 7
デジタルはかりの重さを差し引くには, 7
デビルドエッグ, 152
テフロン加工のフライパン
　目玉焼き, 152-153
　　バリエーション, 152
　真空調理でつくる香り豊かなサーモン, 137, 276-277
　蒸してつくるハーブオムレツ, 146-147
　ストライプ・マッシュルーム・オムレツ, 148-149,
デリカタカボチャ（カボチャのスープ用）, 180
　カボチャのキャラメリゼとサフランのアルボリオ米リゾット, 330
手を洗う, xxiv
電気圧力鍋, 29
電子レンジ
　電子レンジについて, 22-23, 40
　香りのいいタラのレンジ蒸し, 348
　秋の風味広がるチンゲンサイ, 346
　電子レンジで野菜に火を通すときのおすすめの時間, 347
　ビルトンジャーキー, 350
　チンゲンサイといろいろな野菜の盛り合わせ, 346
　電子レンジにかけるときに食品にふたをする, 342
　カリカリに揚げた牛肉とエシャロットのサラダ, 353
　　バリエーション, 353
　クリスピー・ビーフ・ストランド, 352
　カリカリに揚げた牛肉とエシャロットのサラダ, 353
　電子レンジの断面図, 42-43
　電子レンジの進化, xiii
　簡単チョコレートスポンジケーキ, 356-357
　　バリエーション, 357
　電子レンジの発明, 40
　電子レンジでつくるビーフジャーキー, 350-351
　　バリエーション, 350
　ギンダラ、ネギ、ショウガのレンジ蒸し, 348-349
　　バリエーション, 348
　電子レンジでつくるナスのパルミジャーナ, 344-345
　レンジでつくるポテトサラダ, 346
　ブラックシーバス、ティラピア、オヒョウ、シタビラメのレンジ蒸し, 348, 349
　レンジでつくるパセリの素揚げ, 354-355
　ピーナッツバタースポンジケーキ, 357
　電子レンジの出力制御, 40
　フランボワーズとマカデミアナッツのスポンジケーキ, 357
　電子レンジを使った料理の科学, 342
　ゴマのスポンジケーキ, 357
　四川風チンゲンサイ, 346-347
　　バリエーション, 346
　スモーキージャーキー, 350
　スパイシージャーキー, 350
　電子レンジの使用, 342
　電子レンジに入れる食材の体積と表面積, 40, 43
　電子レンジの使い道, 41
　電子レンジで食品を温める, 41
　電子レンジで解凍する, 41
　電子レンジで食材をクリスピーにする, 43
　電子レンジで使う皿, 42
　電子レンジで溶かす, 41
　電子レンジで膨らませる, 41
　電子レンジの電磁波, 42
電熱コンロ, 24
でんぷん（小麦粉参照）
　でんぷんのゲル化力, 320
　じゃがいも
　　骨なし鶏手羽肉の焼き鳥, 256-257
　　韓国風クリスピーチキンウィング, 252-253
　米におけるでんぷん, 320
　タピオカ（タピオカでんぷんを参照）

と

トウガラシ
　チポトレチリ, 134
　メキシコ風マリナード, 134
　真空調理でつくるスパイス・チリオイル, 118
　青トウガラシ（カボコッロピッツァ用）, 306
　ハバネロトウガラシ（アチョーテ・ペースト用）, 219
　圧力鍋でつくるカルニタス, 218-219
　ハラペーニョ（ハラペーニョ参照）
　カシミール（カシミールトウガラシ参照）
　ピキーリョ（ピキーリョピーマン参照）
　乾燥赤トウガラシ
　　圧力鍋でつくるスパイス・チリオイル, 118
　　真空調理でつくるスパイス・チリオイル, 118
　　トウガラシの入手先, 74, 75
　タイのトウガラシ
　　マンゴー・チリ・レザー, 129
　　ベトナム風マリナード, 134
銅製フライパン, 26
東南アジア食材店
　豆鼓入りチリペースト（四川風チンゲンサイ用）, 346-347
　　バリエーション, 346
　豆鼓入りチリペーストの入手先, 74, 75
動物性脂肪, xxii
動物の福祉, xix, 73, 237
動物の福祉に配慮した飼育や食肉処理, xix, 73, 237
トウモロコシ（ポップコーンも参照）
　最終段階の牛のエサ, 191
　コーンジュースタマーリ, 340
　トウモロコシのスープ, 181
　ハッシュパピー, 340
　トウモロコシパスタ, 270
　トルティーヤスープ, 267
　トウモロコシのアルカリ処理, 335
　圧力鍋でつくるフレッシュコーンのタマーリ, 340-341
　　バリエーション, 340
トウモロコシのアルカリ処理の科学, 335
ドーナッツホール（シナモンシュガー風味のドーナッツホール）, 297
毒キノコ, 79
とても安定したバターソース, 93
飛びっきりジューシーなチキン, 241
トマティーヨ
　サルサベルデ, 111
　トマティーヨの入手先, 75
トマト
　バーベキュー・ケチャップ, 110
　ボロネーゼ, 112
　グーラッシュ, 267
　ケララ・カレーソース, 104
　マリナラ, 112-113
　　電子レンジでつくるナスのパルミジャーナ, 344-345
　　バリエーション, 112
　ムガール・カレーソース, 104-105
　　ラム・カレー, 234-235
　　圧力鍋で煮た子羊のすね肉, 234
　　バリエーション, 104
　ムスリム・カレーソース, 104
　パイナップル・マリナラ, 112
　　ハワイアンピッツァ, 303
　ピッツァ・クルーダ, 307
　ピッツァソース, 112
　豚ばら肉のBLT, 232-233
　圧力鍋でキャラメリゼしたケチャップ, 110
　　モダニストのチーズバーガー, 212
　　バリエーション, 110
　イチゴのマリナラ, 114
　マカロニ・アンド・パルメザン、乾燥トマト, 314
　トマトのコンフィ, 128
　　シェーヴルチーズとトマトのコンフィ、バジルのバゲットサンド, 319
　トマト・レザー, 129
　　オマールロール, 288-289
　　バリエーション, 129
　トマト・ソフリート, 112
　　スペイン風オムレツ・フィリング, 145
　トルティーヤスープ, 267
トマトジュース
　バーベキュー・マリナード, 134
　真空調理でつくるラムの串焼き, 203
ドライ・キャラメリゼ・オニオン, 127
ドラゴンフルーツ（ピタヤ）, 76
ドリアン
　ドリアンの写真, 76
　ドリアンの入手先, 75
鶏皮
　鶏皮の焼き鳥, 262
　鶏皮と豚皮のパリパリ揚げ, 279
　鶏皮への塩漬け液の影響, 237
　圧力鍋で溶かす鶏の脂身, 123
　　チキンヌードルスープ, 273
　　フィンガリングポテトのコンフィ, 126
　　自家製ジュ・グラ, 93
　鶏の皮のふっくら揚げ, 254
鶏皮と豚皮のパリパリ揚げ, 279
鶏手羽肉
　鶏手羽を調理するおすすめの温度と時間, 245
　骨なし鶏手羽肉の焼き鳥, 256-257
　鶏肉のブラウン・ジュ, 92
　　自家製ジュ・グラ, 93
　　シイタケ・マーマレード, 151
　　バリエーション, 92
　ブラウン・チキン・ストック, 85
　　ハーブやスパイスの香りをチキンブロス（鶏のスープ）に移す, 266
　　鶏肉のブラウン・ジュ, 92
　　圧力鍋でつくるパエリア・デル・ボスコ, 326-327
　　キャラメリゼしたタマネギのグレイビー, 101
　　韓国風クリスピーチキンウィング, 252-253
　　スキンレス・クリスピー・チキンウィング, 254-255

XL　　　INDEX

圧力鍋でつくるドリッピング, 101
　バリエーション, 101
圧力鍋でつくるホワイト・チキン・ストック, 84-85, 247
　香り広がるチキンスープ, 266
　真空調理でつくるエスカルゴの蒸し煮, 293
　バリエーション, 85
真空調理でつくるバッファローウィング, 250-251
鶏とタマネギのじっくり焼き, 242-243
鶏肉
　むね肉（鶏むね肉を参照）
　鶏肉を買う, 237
　チキンヌードルスープ, 273
　色の濃い肉と薄い肉の科学, 237
　足（鶏の足参照）
　挽き肉（鶏挽き肉参照）
　すね肉（鶏もも肉参照）
　　すね肉について, 237
　　すね肉を調理するおすすめの温度と時間, 245
　皮（鶏皮参照）
　丸ごと（鶏丸ごとを参照）
　ウィング（チキンウィング参照）
鶏肉のブラウン・ジュ, 92
　自家製ジュ・グラ, 93
　シイタケ・マーマレード, 151
　バリエーション, 92
鶏の足（鶏肉のブラウン・ジュ用）, 92
　自家製ジュ・グラ, 93
　シイタケ・マーマレード, 151
　バリエーション, 92
鶏の脂身
　フィンガリングポテトのコンフィ, 126
　圧力鍋で溶かす鶏の脂身, 123
　チキンヌードルスープ, 273
　フィンガリングポテトのコンフィ, 126
　自家製ジュ・グラ, 93
鶏脂の発煙点と引火点, xxii
鶏の皮のふっくら揚げ, 254
鶏挽き肉
　鶏肉のブラウン・ジュ, 92
　自家製ジュ・グラ, 93
　シイタケ・マーマレード, 151
　バリエーション, 92
　つくね, 263
　　つくねのから揚げ, 262
鶏丸ごと
　丸ごとの鶏用の基本塩漬け液, 133
　　バリエーション, 133
　コンビ・オーブンでつくるローストチキン, 241
　フライドチキン, 241
　飛びっきりジューシーなチキン, 241
　ピンクッション・チキン, 241
　ローストチキン, 238-241
　　バリエーション, 241
　ローストする, 237

ピリッとした鶏肉用の塩漬け液, 133
鶏とタマネギのじっくり焼き, 242-243
背開き, 241
鶏むね肉
　鶏むね肉について, 237
　鶏むね肉を調理するおすすめの温度と時間, 245
　鶏むね肉のサテ, 263
　鶏とタマネギのじっくり焼き, 242-243
　真空調理した鶏肉, 244-245
　チキンヌードルスープ, 273
　チキン、アーティチョーク、黒オリーブ入りのファッロリゾット, 332
鶏もも肉
　鶏もも肉について, 237
　鶏もも肉を調理するおすすめの温度と時間, 245
　ブラウン・チキン・ストック, 85
　ハーブやスパイスの香りをチキンブロス（鶏のスープ）に移す, 266
　鶏肉のブラウン・ジュ, 92
　圧力鍋でつくるパエリア・デル・ボスコ, 326-327
　キャラメリゼしたタマネギのグレイビー, 101
　鶏ももの串焼き、ピスタチオのペスト, 262
　圧力鍋でつくるドリッピング, 101
　　バリエーション, 101
　圧力鍋でつくるホワイト・チキン・ストック, 84-85, 247
　　香り広がるチキンスープ, 266
　　真空調理でつくるエスカルゴの蒸し煮, 293
　　バリエーション, 85
　鶏とタマネギのじっくり焼き, 242-243
　真空調理した鶏肉, 244-245
　　チキンヌードルスープ, 273
　　チキン、アーティチョーク、黒オリーブ入りのファッロリゾット, 332
ドリンク
　青リンゴの泡をのせたイチゴのジュース, 161
　ふわふわ泡のミルクシェイク, 213
トルティーヤスープ, 267
ドレッシング（マヨネーズ、ヴィネグレットも参照）
　ゴマのドレッシング, 117
　スパイス・チリ・ドレッシング, 117
　ベトナム風ドレッシング, 117
とろーりとろけるチーズスライス, 317
　フレンチ・オニオンスープ, 127
　モダニストのチーズバーガー, 212
　マグロのコンフィのサラダとツナ・メルト・サンドイッチ, 174
とろみ
　問題点と解決法, 99
　ソース, 94
　Ultra-Sperse 3でとろみをつける, 199

ワンドラ（Wondra）でとろみをつける, 95

な

ナイアシンの欠乏, 335
長いピンセットの価格と仕様, 6
梨, 76
梨（フルーツ・レザー用）, 129
ナス
　中国のナス
　　中国のナスの写真, 77
　　中国のナスの入手先, 74
　　電子レンジでつくるナスのパルミジャーナ, 344-345
　タイのナス, 77
　タイのナスの入手先, 75
ナスタチウム（野菜の煮込み用）, 185
ナッツ（各ナッツも参照）
　ナッツをやわらかくする, 104
ナツメヤシ
　中国ナツメ, 76
　ラム・カレー, 234-235
菜の花（ブロッコリーラーブ）ピッツァ, 306
鍋
　鍋について, 26-27
　コンロにかけた鍋をウォーター・バスとして使う, 64
鍋とフライパン
　鍋とフライパンについて, 26-27
　フライパン（鋳鉄のフライパン、テフロン加工のフライパン参照）
　パン型（パン型参照）
　オーブンに入れてウォーターバスとして使う, 65
ナポリ風ピッツァの生地, 296-297
　生地の他の使いかた, 297
　バリエーション, 296
生のターメリック
　ケララ・カレーソース, 104
　ムガール・カレーソース, 104-105
　ラム・カレー, 234-235
　圧力鍋で煮た子羊のすね肉, 234
　バリエーション, 104
　ムスリム・カレーソース, 104
　生のターメリックの入手先, 74
ナミガイ（白ミル）, 69
南部インド風クレソン, 199

に

ニガウリ
　ニガウリの写真, 77
　ニガウリの入手先, 74
肉（各肉も参照）
　熟成肉
　　熟成肉の科学, 186
　　熟成肉への近道, 186

肉の調理法, 193
乾燥肉の歴史, 350
肉の等級, 190
プロ並みの挽き肉をつくる, 206
ジャカード・テンダライザーで処理した肉のジューシーさ, 16
肉の調理前の準備, 193
赤身肉の再加熱温度, 61
肉の安全な取り扱い方, xxiv-xxv
肉の衛生, xxv
肉の焼き方, 193
肉用の甘い塩漬け液, 132
やわらかい肉のおすすめ真空調理法, 192
固い肉のおすすめ調理法, 228
肉に火を通す, xxv
肉の固い部位
　おすすめ調理法, 228
　コラーゲン, 227
　真空調理する際の中心温度, 60, 228
　調理する科学, 227
肉の等級（アメリカ）, 190
肉の等級を選ぶ, 190
肉挽き器
　ブラウン・チキン・ストック, 85
　香り広がるチキンスープ, 266
　鶏肉のブラウン・ジュ, 92
　圧力鍋でつくるパエリア・デル・ボスコ, 326-327
　肉挽き器の断面図, 206
　モダニストのハンバーガー・パテ, 208-209
　モダニストのチーズバーガー, 212
　　バリエーション, 208
　モダニストのミートローフ・サンドイッチ, 214-215
　圧力鍋でつくるホワイト・チキン・ストック, 84-85, 247
　　香り広がるチキンスープ, 266
　　真空調理でつくるエスカルゴの蒸し煮, 293
　　バリエーション, 85
　圧力鍋で溶かす鶏の脂身, 123
　　チキンヌードルスープ, 273
　　フィンガリングポテトのコンフィ, 126
　　自家製ジュ・グラ, 93
肉用の甘い塩漬け液, 132
肉を塩漬けにする, 350
日本食材店, 74
日本の肉の等級, 190
乳化剤（クエン酸ナトリウム、液状大豆レシチン、粉末大豆レシチンも参照）
　乳化剤としての卵黄, 117
乳酸菌（サワードウ・スターターとして）, 299
乳清たんぱく質分離物
　乳清たんぱく質分離物について, 70
　クラムのチャウダーソース添え, 292
　　バリエーション, 292

に　乳清たんぱく質分離物

オイスターシチュー, 292
ピスタチオのペスト風味のクラムチャウダー, 292
南フランス風チャウダー, 292
ふわふわ泡のミルクシェイク, 213
ニラ（ライ麦パスタ用）, 270
ニラの入手先, 74
ニンジン
　キャラメリゼしたニンジンのスープ, 178-179
　ニンジンのカロテン色素, 121
　ニンジンの風味, 178
　圧力鍋で蒸したニンジンとポロネギ, 272
　　チキンヌードルスープ, 273
　　バリエーション, 272
　圧力鍋でつくる野菜のジュ, 182
　　野菜の煮込み, 185
　圧力鍋で調理する野菜, 183
　　野菜の煮込み, 185
　真空調理でつくる野菜のピクルス, 130-131
ニンジンのしぼり汁（コンロでつくるカロテン・バター用）, 116, 121
　キャラメリゼしたニンジンのスープ, 178-179
　バリエーション, 121
ニンジンの葉, 354
　レンジでつくるパセリの素揚げ, 354
ニンジンパウダー（キャロットのパイ生地用）, 372
ニンニク
　ニンニクについて, 79
　チリ・スパイス・ミックス, 138
　　スキンレス・クリスピー・チキンウィング, 254-255
　中国風ガーリックチリソース, 258, 261
　ガーリック・オランデーズソース, 106
　ガーリックノット, 297
　ガーリックオイル, 118
　圧力鍋でつくるガーリック・コンフィ, 126
　　アチョーテ・ペースト, 219
　　アイオリソース, 108
　　菜の花（ブロッコリーラーブ）ピッツァ, 306
　　キャラメリゼしたタマネギのグレイビー, 101
　　ホウレンソウのクリーム煮, 194, 199
　　ガーリック・オランデーズソース, 106
　　ガーリック・マッシュポテト, 230
　　モンペリエ・バター, 120
　　ルイユソース, 108
　　南部インド風クレソン, 199
　　スチールカットオーツとエスカルゴのリゾット, 331
　　バリエーション, 126
　　野菜の煮込み, 185

　　圧力鍋でつくる野菜のジュ, 182
　　野菜の煮込み, 185
　　プロヴァンス風ガーリック・コンフィ, 126
　　ルイユソース（南フランス風チャウダー用）, 292
　ニンニク入り豆豉醤（四川風チンゲンサイ用）, 346-347
　ニンニクの芽, 79

ぬ

ヌーヴェル・キュイジーヌ, xviii
　ヌーヴェル・キュイジーヌの十戒, xix

ね

ネイサン・マイアーボールド
　ネイサン・マイアーボールドの自己紹介, xiv
　ネイサン・マイアーボールドの料理のインスピレーション, xii, xiii
　『モダニスト・キュイジーヌ』, xii, xiv, xv, xvii, xviii
ネギ
　香りのいいタラのレンジ蒸し, 348
　セルフィーユとタイムとネギのペスト, 102, 103
　ピスタチオバター入りのフィーヌゼルブのヴィネグレットソース, 117
　ネギとオゼイユのペスト, 102, 103
　ギンダラ、ネギ、ショウガのレンジ蒸し, 348-349
　　バリエーション, 348
　ブラックシーバス、ティラピア、オヒョウ、シタビラメのレンジ蒸し, 348, 349
　ピスタチオのペスト, 102-103
　新タマネギのコールスロー, 165
　モダニストのミートローフ・サンドイッチ, 214-215
根セロリ
　根セロリの写真, 77
　圧力鍋で蒸したニンジンとポロネギ, 272
　ウォルドーフ・サラダ, 131
熱電対温度計, 8

の

〈ノーマ〉（レストラン）, 69
残りもの
　残りものの再加熱, 61
　残りものの保存
　　保存の前に冷やす, xxv
　　保存温度, xxiv
　　保存用の真空密封, 61
ノックスのゼラチン, 366

は

パーシー・スペンサー, 40
パースニップ
　リンゴとパースニップのスープ, 181
　圧力鍋で蒸したニンジンとポロネギ, 272
バーナー, 5
　バーナーについて, 14-15, 193
　香り広がるチキンスープ, 266
　　チキンヌードルスープ, 273
　湯煎にしてつくるクレームブリュレ, 362
　ガスバーナーでキャラメリゼしたバナナ, 377
　　バナナクリームパイ, 379
　バーナーのブランドと価格, 6
　コーヒー風味のクレームブリュレ, 362-363
　　バリエーション, 362
　牛フィレ肉の串焼き、モンペリエ・バター, 263
　カスタードプリン, 362
　韓国風豚ばらの串焼き, 262
　ラム肉の串焼き、ミントヨーグルト添え, 263
　バーナーを使うときの危険性について, 15
　サルサベルデ, 111
　バーナーを使った肉の殺菌, xxiv
　真空調理した食材をバーナーで焼く, 51
　肉をバーナーで焼く, 193
　真空調理でつくるラムの串焼き, 203
　真空調理でつくるステーキ, 192, 194-195
　クーラーボックス真空調理ステーキ, 198
　バーナー使用のテクニック, 14
　バーナーを使ってできること, 6, 14-15
　丸ごとの子羊のすね肉, 234
ハーブ（各ハーブも参照）
　ハーブを刻むタイミング, 167
　ハーブとロメインレタスのスープ, 168
　バーベキュー・ケチャップ, 110
　バーベキュー・マリネード, 134
パームシュガー
　圧力鍋でキャラメリゼしたピーナッツソース, 111, 259
　　鶏むね肉のサテ, 263
　パームシュガーの入手先, 75
　タイ風スープ麺, 267
　タイ風の甘酸っぱくピリッとしたグレーズ, 115
パールオニオン
　圧力鍋でつくる野菜のジュ, 182
　　野菜の煮込み, 185
　真空調理でつくる野菜のピクルス, 130
パイ生地

ブラウンバター風味のパイ生地, 372
　アップルクリームパイ, 379
キャロット風味のパイ生地, 372
チーズ風味のパイ生地, 372
　風味のいいチーズパイ, 379
チョコレート風味のパイ生地, 372
　チョコレートクリームパイ, 378
ココナッツ風味のパイ生地, 372
　ココナッツクリームパイ, 378
ダブルアーモンド風味のパイ生地, 372
　アーモンドチェリークリームパイ, 378
サクサクのパイ生地, 372-373
　バリエーション, 372
ジンジャーブレッド風味のパイ生地, 372
　ジンジャークリームパイ, 378
パイ生地のサクサク感が保てる, 372
ピーナッツ風味のパイ生地, 372
　バナナクリームパイ, 379
フランボワーズ風味のパイ生地, 372
海鮮醤（四川風チンゲンサイ用）, 346-347
　バリエーション, 346
焙煎ゴマ油
　ゴマのドレッシング, 117
　ゴマのスポンジケーキ, 357
　ゴマ油の発煙点, xxiii
　ゴマ油の入手先, 74
　スパイス・チリ・ドレッシング, 117
　スパイシー・オランデーズソー, 106
パイナップル
　パイナップル・マリナラ, 112
　　ハワイアンピッツァ, 303
　パイナップルを真空密封する, 59
　焼き鳥ソース, 259, 260
　　骨なし鶏手羽肉の焼き鳥, 256-257
　　鶏皮の焼き鳥, 262
　　つくね, 263
パイナップル・マルメロ, 76
パイナップルのブロメライン, 260
パイのトッピング
　リンゴの泡, 376
　　アップルクリームパイ, 379
　ガスバーナーでキャラメリゼしたバナナ, 377
　　バナナクリームパイ, 379
　キャラメリゼしたアーモンド, 377
　　アーモンドチェリークリームパイ, 378
　カカオニブとカルダモンダスト, 376
　　チョコレートクリームパイ, 378
　フリーズドライ・フランボワーズのパウダー, 377
　パッションフルーツのグレーズ, 376
　　ココナッツクリームパイ, 378
パエリア
　パエリアの炊き時間, 324
　パエリアの調理法, 324

は | パン粉

パエリアに前もって半ば火を通しておき、食卓に出す直前に仕上げる方法, 325
パエリアを圧力鍋で炊く方法, 324
圧力鍋でつくるパエリア・デル・ボスコ, 326-327
バリエーション, 330-333
はかり（デジタルはかり参照）
パクチー
　パクチーのペスト, 103
　パクチーのヴィネグレットソース, 117
　ピスタチオのペスト（ピスタチオ（ピスタチオのペスト用）も参照）, 102-103
　タイ風の甘酸っぱくピリッとしたグレーズ, 115
　トルティーヤスープ, 267
はけの価格と仕様, 6
パコジェット, 13
ハコベ, 79
バジル
　ピスタチオバター入りのフィーヌゼルブのヴィネグレットソース, 117
　ジェノベーゼピッツァ, 306
　電子レンジでつくるナスのパルミジャーナ, 344-345
　レンジでつくるパセリの素揚げ, 354
　ピスタチオのペスト（ピスタチオも参照）, 102-103
　ピッツァ・マルゲリータ, 304
　ソース・ヴェルデ, 102, 103
　野菜の煮込み, 185
パスタ
　大麦パスタ, 271
　ココナッツパスタ, 271
　　タイ風スープ麺, 267
　卵入りフレッシュパスタ, 268-271
　　チキンヌードルスープ, 273
　　バリエーション, 270-271
　　トウモロコシパスタ, 270
　　トルティーヤスープ, 267
　ポテトパスタ, 270
　地域の「本物」のパスタ, 69
　ライスパスタ, 271
　ライ麦パスタ, 270
　全粒粉パスタ, 271
　　中国風スープ麺, 267
パスタ（マカロニ・アンド・チーズ、パスタ参照）
パスタシート, 269
パスタブ（ウォーター・バスとして使う）, 64
パスタマシン
　大麦パスタ, 271
　ココナッツパスタ, 271
　　タイ風スープ麺, 267
　卵入りフレッシュパスタ, 268-271
　　チキンヌードルスープ, 273
　　バリエーション, 270-271
　　トウモロコシパスタ, 270
　　トルティーヤスープ, 267

ポテトパスタ, 270
ライスパスタ, 271
ライ麦パスタ, 270
全粒粉パスタ, 271
中国風スープ麺, 267
パスティス（スチールカットオーツとエスカルゴのリゾット用）, 331
パセリ
　イタリアンパセリ, 354
　ソース・ヴェルデ, 102, 103
　レンジでつくるパセリの素揚げ, 354-355
バター（ギーも参照）
　ピーマンのバター, 121
　ブール・ノワールのつくり方, 119
　ブラウン（ブラウンバター参照）
　澄ましバター
　　澄ましバターについて, xxii-xxiii
　　澄ましバターのつくり方, 119
　　澄ましバターの発煙点と引火点, xxii
　コーヒー・バター, 121
　甲殻類のオランデーズソース, 106
　レモンカードの泡, 365
　フルーツカード, 365
　ガーリック・オランデーズソース, 106
　モンペリエ・バター, 120
　　牛フィレ肉の串焼き、モンペリエ・バター, 263
　ポルチーニ・バター, 116, 121
　圧力鍋でつくる甲殻類のバター, 122
　　甲殻類のオランデーズソース, 106
　　オマールロール, 288-289
　　バリエーション, 122
　バターの発煙点, xxiii
　真空調理でつくる甲殻類のバター, 122
　真空調理でつくるオランデーズソース, 106-107
　　バリエーション, 106
　真空調理した卵でつくるレモンカード, 365
　　レモンポセット, 364
　　フランボワーズレモンのクリームパイ, 379
　　バリエーション, 365
　真空調理でつくるレモンハーブオイル, 116
　スパイシー・オランデーズソース, 106
　ホウレンソウのバター, 116, 121, 194
　　チンゲンサイといろいろな野菜の盛り合わせ, 346
　コンロでつくるカロテン・バター, 116, 121
　　キャラメリゼしたニンジンのスープ, 178-179
　　バリエーション, 121
　とても安定したバターソース, 93
バターナッツカボチャ（カボチャのスープ用）, 180
　カボチャのキャラメリゼとサフランの

アルボリオ米リゾット, 330
バターミルク・パウダー（サンドイッチ用食パン用）, 210-211
　モダニストのチーズバーガー, 212
　モダニストのミートローフ・サンドイッチ, 214-215
ハタケシメジ, 78
蜂蜜酢（圧力鍋でつくるキヌアとカリフラワーのサラダ用）, 170-171
蜂蜜風味, 361
八角
　香り広がるチキンスープ, 266
　チキンヌードルスープ, 273
　秋のスパイス・ミックス, 138
　ジンジャーブレッド風味のパイ生地, 372
　圧力鍋でつくる豚ばら肉のアドボ, 224-225
　八角の入手先, 75
　真空調理でつくる豚ばら肉のアドボ, 224
　タイ風の甘酸っぱくピリッとしたグレーズ, 115
ハッシュパピー, 340
パッションフルーツ
　パッションフルーツのグレーズ, 376
　ココナッツクリームパイ, 378
　パッションフルーツの写真, 76
バッファローソース, 258
　真空調理でつくるバッファローウィング, 250-251
発明（モダニスト・キュイジーヌの原則）, xix
パドルのアタッチメントが付いたスタンドミキサー
　サンドイッチ用食パン, 210-211
　モダニストのチーズバーガー, 212
　モダニストのミートローフ・サンドイッチ, 214-215
ハナゴケ, 78
バナナ
　バナナクリームパイ, 377, 379
　ガスバーナーでキャラメリゼしたバナナ, 377
　　バナナクリームパイ, 379
　バナナの葉の入手先, 75
　圧力鍋でキャラメリゼしたバナナ・ピュレ, 181
　　バナナクリームパイ, 379
　バナナの写真, 76
　バナナの入手先, 74
バナナの花, 76
ハナビラタケ, 78
ハニーマスタードソース, 259
バニラシード
　バニラの種について, 368
　シナモンバニラ風味, 361
　真空調理でつくるバニラ風味のクレーム・アングレーズ, 368-369
　　バリエーション, 369
　真空調理でつくるバニラとシナモン風

味のカスタードクリーム, 374-375
アップルクリームパイ, 379
バリエーション, 375
バニラの種の代わりにバニラエクストラクトを使う, 368
バニラオイル, 118
ばね式圧力調整バルブの圧力鍋, 29
パパイヤ, 76
ハバネロトウガラシ（アチョーテ・ペースト用）, 219
　圧力鍋でつくるカルニタス, 218-219
パプリカ
　赤パプリカ（グーラッシュ用）, 267
　パプリカパウダー（カシミールトウガラシの代用）, 135
ハム（クラテッロ、パンチェッタ、プロシュートも参照）
　アルザス風オムレツ・フィリング, 145
　チンゲンサイといろいろな野菜の盛り合わせ, 346
　カマンベールとグリュイエール、ハム、マッシュルームのブリオッシュサンド, 318
葉物野菜（各種葉物野菜も参照）
　電子レンジで葉物野菜に火を通すときのおすすめの時間, 347
ハヤトウリ, 77
ハラペーニョ
　中国風ガーリックチリソース, 258, 261
　サルサベルデ, 111
　トルティーヤスープ, 267
パルミジャーノ・レッジャーノ
　フィレンツェ風オムレツ・フィリング, 145
　電子レンジでつくるナスのパルミジャーナ, 344-345
　ピスタチオのペスト（ピスタチオ（ピスタチオのペスト用）も参照）, 102-103
　スチールカットオーツとエスカルゴのリゾット, 331
パルメザンチーズ
　チーズクランブル, 316
　チーズ風味のパイ生地, 372
　風味のいいチーズパイ, 379
　パクチーのペスト, 103
　マカロニ・アンド・パルメザン, 314
　パルメザン・クリスプ, 169
　ピッツァ・クルーダ, 307
ハワイアンピッツァ, 303
パン
　ブレッドスティック, 296
　ガーリックノット, 297
　パンの入手先, 74
　サンドイッチ用食パン, 210-211
　モダニストのチーズバーガー, 212
　モダニストのミートローフ・サンドイッチ, 214-215
パン粉
　チーズクランブル, 316

は

パン粉

- オーブンで焼くマカロニ・アンド・チーズ, 312-313
- 電子レンジでつくるナスのパルミジャーナ, 344-345

パン粉
- チーズクランブル, 316
- オーブンで焼くマカロニ・アンド・チーズ, 312-313
- 電子レンジでつくるナスのパルミジャーナ, 344-345

半自動のアイスクリーム・メーカー, 12
パンチェッタ（ポテトパスタ用）, 270
パンナコッタ
- パンナコッタについて, 360
- フランボワーズ風味のパンナコッタ, 366-367
  - バリエーション, 366
- イチゴのパンナコッタ, 161
- ベジタリアン向けパンナコッタ, 366,

ハンバーガー（モダニストのチーズバーガー）, 212
パンプキンシードオイルの発煙点, xxiii

ひ

火（バーナー、木炭グリル、ガスグリル、直火も参照）
- 油から出た火を消す, 26

ピアーヴェ・ヴェッキオチーズ（ネギとオゼイユのペスト用）, 102, 103
ビアード, ジェームズ, xiv
ビーツ
- ビーツ・サラダ, 168
- 圧力鍋で蒸したニンジンとポロネギ, 272
- 真空調理でつくる野菜のピクルス, 130, 131

ピーナッツ
- ピーナッツ風味のパイ生地, 372
- 圧力鍋でキャラメリゼしたピーナッツソース, 111, 259
- 鶏むね肉のサテ, 263

ピーナッツオイル
- ピーナッツオイル（精製）の発煙点, xxii
- 炒ったピーナッツオイル（ピーナッツバター＆ジェリーのジェラート用）, 370
- ピーナッツオイル（未精製）の発煙点, xxiii

ピーナッツバター＆ジェリーのジェラート, 370
ピーナッツバター
- ピーナッツバター＆ジェリーのジェラート, 370
- ピーナッツバタースポンジケーキ, 357
- ピーナッツ風味のパイ生地, 372
  - バナナクリームパイ, 379

ピーマン
- ピーマンのバター, 121
- ピーマンのスープ, 181
- 地中海風野菜のコンフィ, 126
  - フェタチーズと野菜のコンフィのポテトブレッドサンド, 319
- 焼いた赤パプリカ（ピッツァ・ナポレターナ用）, 303,
- ビール（とろーりとろけるチーズスライス用）, 317
- フレンチ・オニオンスープ, 127
- モダニストのチーズバーガー, 212
- マグロのコンフィのサラダとツナ・メルト・サンドイッチ, 174

ピキーリョピーマン
- 圧力鍋でつくるパエリア・デル・ボスコ, 326-327
- フランボワーズのガスパチョ, 156-157
- 焼き赤ピーマンのペスト, 103
- トマト・ソフリート, 112
  - スペイン風オムレツ・フィリング, 145

挽き肉の味つけの科学, 204
ピクルス
- キュウリのピクルス（MCのスペシャルソース用）, 109
- ガーキン（タルタルソース用）, 108
- ピクルスの入手先, 74

ビスク（圧力鍋でつくるオマールのビスク）, 122
ピスタチオ
- ピスタチオのジェラート, 370-371
  - バリエーション, 370
- ピスタチオのペスト, 102-103
  - ジェノベーゼピッツァ, 306
  - シェーヴルチーズとトマトのコンフィ、バジルのバゲットサンド, 319
  - 鶏ももの串焼き、ピスタチオのペスト, 262
  - ピスタチオのペスト風味のクラムチャウダー, 292
  - ピスタチオのペスト、アスパラガス入りのキヌアリゾット, 332
  - バリエーション, 103

ピスタチオオイル
- ピスタチオのジェラート, 370-371
  - バリエーション, 370
- ロースト・ピスタチオオイル（ピスタチオのペスト用）, 102-103
- ピスタチオオイルの発煙点, xxiii

ピスタチオのペスト、アスパラガス入りのキヌアリゾット, 332
ピスタチオバター入りのフィーヌゼルブのヴィネグレットソース, 117
ピスタチオバター（ピスタチオの風味用）, 361
ピタヤ, 76
ビッグマックのソース, 109
ピッツァ
- 菜の花（ブロッコリーラーブ）ピッツァ, 306
- カボッコロピッツァ, 306
- グルテンの役割の科学, 295
- ディープディッシュ・フライド・ピッツァ, 305
- ピッツァの生地（ピッツァ生地参照）
- フィノッキオーナピッツァ, 307
- キノコのピッツァ, 303
- ジェノベーゼピッツァ, 306
- ハワイアンピッツァ, 303
- ピッツァのつくり方, 302-303
- ピッツァ・ナポレターナ, 303
- オーブン・フライド・ピッツァ, 305
  - バリエーション, 305
- ピッツァ・クルダ, 307
- ピッツァ・マルグリータ, 304
- ピッツァソース, 112
- ピッツァを焼くオーブンの予熱, 301
- ウオーヴォピッツァ, 307

ピッツァ生地
- ブレッドスティック, 296
- ソバ粉のピッツァの生地, 296
- 生地を手でこねる方法, 298
- ナポリ風ピッツァの生地, 296-297
  - バリエーション, 296
- こねないピッツァ生地, 300
- キヌアピッツァの生地, 296
- 田舎風ピッツァの生地, 298
  - バリエーション, 298
- トラブルシューティング, 297
- 全粒粉ピッツァの生地, 298

ピッツァソース, 112
- カボッコロピッツァ, 306
- キノコのピッツァ, 303
- ピッツァ・ナポレターナ, 303
- ピッツァ・マルグリータ, 304
- ピッツァ・ナポレターナ, 303

ピッツァピール, 302-303
- ディープディッシュ・フライド・ピッツァ, 305
- キノコのピッツァ, 303
- ハワイアンピッツァ, 303
- ピッツァ・ナポレターナ, 303
- オーブン・フライド・ピッツァ, 305
  - バリエーション, 305
- ピッツァ・マルグリータ, 304

ピッツァ用石板, 301
ビブレタス（豚ばら肉のBLT用）, 232-233
『火の賜物―ヒトは料理で進化した』（ランガム著）, 22
ピメントン・ドゥルセ
- バーベキュー・マリナード, 134
- チリ・スパイス・ミックス, 138
  - スキンレス・クリスピー・チキンウィング, 254-255
- 圧力鍋でつくるパエリア・デル・ボスコ, 326-327
- ルイユソース, 108
  - 南フランス風チャウダー, 292

ピュレ
- リンゴとパースニップのスープ, 181
- アーティチョークのスープ, 180
- ピーマンのスープ, 181
- ブロッコリーとグリュイエールのスープ, 181
  - 秋の風味広がるチンゲンサイ, 346
  - ボンバ米でつくるブロッコリーとグリュイエールのスープとチョリソ入りのリゾット, 333
- カリフラワーのスープ, 180
- トウモロコシのスープ, 181
- 風味づけしたクリームでつくるジャガイモのピュレ, 230
- ポロネギとタマネギのスープ, 181
- キノコのスープ, 180
- ジャガイモのピュレ, 228, 230-231
  - バリエーション, 230
- 圧力鍋でキャラメリゼしたバナナ・ピュレ, 181
  - バナナクリームパイ, 379
- フリホレスのピュレ, 223
- カボチャのスープ, 180
  - カボチャのキャラメリゼとサフランのアルボリオ米リゾット, 330
- サツマイモのピュレ, 230

漂白剤（消毒用）, xxiv
ヒヨコ豆
- 圧力鍋でつくるヒヨコ豆のサラダ, 172-173
- フリホレスの泡, 223
- ヒヨコ豆の入手先, 74

ヒラタケ（野生のキノコと赤ワインの大麦リゾット用）, 331
ピリッとした鶏肉用の塩漬け液, 133
ピリッとしたマーマレード
- ピリッとしたマーマレードについて, 151
- エシャロットとポートワインのマーマレード, 319
  - スティルトンチーズ、エシャロットマーマレードのクルミパンサンド, 319
- シイタケ・マーマレード, 151
  - ショートリブの串焼き、シイタケ・マーマレード, 263
- ミニ・エッグカップ, 144
- ストライプ・マッシュルーム・オムレツ, 148-149

ビルトンジャーキー, 350
マキシム・ビレット, xiii
  - マキシム・ビレットの自己紹介, xv
『Modernist Cuisine』, xii, xiv, xv, xvii, xviii
ピンクッション・チキンの釘を骨に当たるまで打つ, 241
ピンクッション・チキン, 241

ふ

ファーマーズ・マーケット, 72
「ファーム・トゥ・テーブル」運動, 69

ブラウンシュガー ふ

「ファットフリー」のマカロニ・アンド・チーズ, 314-315
　バリエーション, 314
ファッロ（エンマー小麦）
　ファッロの炊き時間, 324
　チキン、アーティチョーク、黒オリーブ入りのファッロリゾット, 332
　ファッロに半ば火を通しておく場合の炊き時間, 325
フリーズドライ・フランボワーズのパウダー, 377
　フランボワーズ風味のパイ生地, 372
　フランボワーズレモンのクリームパイ, 379
　フランボワーズとマカデミアナッツのスポンジケーキ, 357
　ふわふわ泡のミルクシェイク, 213
フィノッキオーナピッツァ, 307
フィリップ・ティエルノ, xxiv
フィレンツェ風オムレツ・フィリング, 145
フィンガリングポテトのコンフィ, 126
フード・プレス
　フード・プレスについて, 20
　ガーリック・マッシュポテト, 230
　風味づけしたクリームでつくるジャガイモのピュレ, 230
　ジャガイモのピュレ, 228, 230-231
　　バリエーション, 230
　サツマイモのピュレ, 230
フード・フォーラム, 72
フードプロセッサー
　フードプロセッサーについて, 10
　ブラウンバター風味のパイ生地, 372
　　アップルクリームパイ, 379
　ブラウン・チキン・ストック, 85
　　香り広がるチキンスープ, 266
　　鶏肉のブラウン・ジュ, 92
　　圧力鍋でつくるパエリア・デル・ボスコ, 326-327
　キャロット風味のパイ生地, 372
　チーズクランブル, 316
　　オーブンで焼くマカロニ・アンド・チーズ, 312-313
　チーズ風味のパイ生地, 372
　　風味のいいチーズパイ, 379
　セルフィーユとタイムとネギのペスト, 102, 103
　チョコレート風味のパイ生地, 372
　　チョコレートクリームパイ, 378
　パクチーのペスト, 103
　ココナッツ風味のパイ生地, 372
　　ココナッツクリームパイ, 378
　コーンジュースタマーリ, 340
　　バリエーション, 340
　ダブルアーモンド風味のパイ生地, 372
　　アーモンドチェリークリームパイ, 378
　サクサクのパイ生地, 372-373
　　バリエーション, 372
　フリーズドライ・フランボワーズのパ
ウダー, 377
　卵入りフレッシュパスタ, 268-271
　　チキンヌードルスープ, 273
　　バリエーション, 270-271
　ジンジャーブレッド風味のパイ生地, 372
　　ジンジャークリームパイ, 378
　ネギとオゼイユのペスト, 102, 103
　フライパンでつくるグレイビーにフードプロセッサーを使う, 95
　ピーナッツ風味のパイ生地, 372
　　バナナクリームパイ, 379
　ピスタチオのペスト（ピスタチオ（ピスタチオのペスト用）も参照）, 102-103
　圧力鍋でつくるフレッシュコーンのタマーリ, 340-341
　　バリエーション, 340
　圧力鍋でつくるホワイト・チキン・ストック, 84-85, 247
　　香り広がるチキンスープ, 266
　　真空調理でつくるエスカルゴの蒸し煮, 293
　　バリエーション, 85
　フランボワーズ風味のパイ生地, 372
　焼き赤ピーマンのペスト, 103
　ソース・ヴェルデ, 102, 103
　ホウレンソウのペスト, 103
風味
　真空調理の前に風味づけする, 50
　グリルに木炭を使って風味をつける, 45
　牛肉の風味
　　エサと風味, 191
　　固さと風味, 188
　　ブリケットか堅木か, 45
　　ニンジンの風味, 178
　風味を保って食材を冷やす, 61
　脂肪と風味
　　冷たさと脂肪がいかに食感に影響を与えるかの科学, 155
　　風味の運び役としての油脂, 116
　生地を発酵させて風味を育てる, 300
　グリルの風味をつけるコツ, 46
　グリル料理の風味, 44
　香りの科学, 264
　ジュースに風味を与えるエッセンシャルオイル, 20
　オマールの殻の風味, 122, 282
　風味の運び役としての油脂, 116
　真空調理した食材を焼いて風味を加える, 51
　サワードウの風味, 299
　ストックの風味, 84, 89
　冷たさと脂肪がいかに食感に影響を与えるかの科学, 155
　真空密封した食材の風味, 54
風味づけ
　ホイップ用サイフォンで風味づけする（圧力で風味づけするも参照）, 18
　牛乳または生クリームに風味づけす
る方法, 361
　香りの科学, 264
　風味づけしたクリームでつくるジャガイモのピュレ, 230
　風味に富む油, xxii-xxiii
　風味のいいチーズパイ, 379
　ブール・ノワールのつくり方, 119
　フエダイを真空調理する場合のおすすめの温度, 281
　フェタチーズ（フェタチーズスライス）, 319
　　フェタチーズと野菜のコンフィのポテトブレッドサンド, 319
　フェラン・アドリア, xii
　　モダニスト・キュイジーヌの始まり, xviii-xix
　　カリフラワーを削る, 171
　　サイフォンでムース状に泡立てた生地をレンジで加熱する, 357
　フェンネル（フィノッキオーナピッツァ用）, 307
　フォー, 267
　フォンティーナチーズ
　　マカロニ・アンド・フォンティーナ, 314
　　ゴルゴンゾーラとフォンティーナでつくるマカロニ・アンド・チーズ, 310
　フォンデュ, 310
　ふきんの汚染, xxiv
豚肩肉
　豚肩肉のおすすめ調理法, 228
　モダニストのミートローフ・サンドイッチ, 214-215
　リンゴとモリーユを添えた豚肩肉のフリカッセ, 220
　ナンを添えたポーク・ヴィンダルー, 221
　圧力鍋でつくるカルニタス, 218-219
　真空調理でつくるカルニタス, 219
　丸ごとの肩肉, 219
豚皮
　鶏皮と豚皮のパリパリ揚げ, 279
　圧力鍋でつくるチチャロン, 219, 222
　豚皮の入手先, 75
豚肉（クラテッロ、ハム、パンチェッタも参照）
　プロシュート
　ばら肉（豚ばら肉参照）
　骨（豚の骨参照）
　チョップ
　　グリルで焼くポークチョップ, 202
　　豚ロインのおすすめ真空調理法, 192
　豚挽き肉（ボロネーゼ用）, 112
　リブ（ポークリブのおすすめ調理法も参照）, 228
　ソーセージ
　　チョリソ（ボンバ米でつくるブロッコリーとグリュイエールのスープとチョリソ入りのリゾット用）, 320, 333
イタリアンソーセージ（フィノッキオーナピッツァ用）, 307
　肩肉（豚肩肉を参照）
　皮（豚皮を参照）
　スペアリブ（ブラウン・ポーク・ストック用）, 86
豚の骨（ブラウン・ポーク・ストック用）, 86
豚ばら肉
　豚ばら肉のおすすめ調理法, 228
　韓国風豚ばらの串焼き, 262
　豚ばら肉のBLT, 232-233
　　バリエーション, 232
　圧力鍋でつくる豚ばら肉のアドボ, 224-225
　圧力鍋でつくる豚ばら肉のBLT, 232
　豚ばら肉の入手先, 75
　真空調理でつくる豚ばら肉のアドボ, 224
ブタン・バーナー, 15
フックのアタッチメントが付いたスタンドミキサー
　大麦パスタ, 271
　ココナッツパスタ, 271
　タイ風スープ麺, 267
　卵入りフレッシュパスタ, 268-271
　　チキンヌードルスープ, 273
　　バリエーション, 270-271
　　トウモロコシパスタ, 270
　　トルティーヤスープ, 267
　ナポリ風ピッツァの生地, 296-297
　　バリエーション, 296
　ポテトパスタ, 270
　キヌアピッツァの生地, 296
　ライスパスタ, 271
　田舎風ピッツァの生地, 298
　　バリエーション, 298
　ライ麦パスタ, 270
　サンドイッチ用食パン, 214-215
　　モダニストのチーズバーガー, 212
　　モダニストのミートローフ・サンドイッチ, 214-215
　全粒粉パスタ, 271
　中国風スープ麺, 267
　全粒粉ピッツァの生地, 298
冬スベリヒユ, 79
フライ
　揚げもの（揚げもの参照）
　電子レンジでフライする, 41
　フライパンで焼く, 27
　揚げ焼き, 27
プライススマート, 72
フライパン（鋳鉄フライパン、テフロン加工フライパン参照）
　フライパンで炒める, 27
　フライパンで焼く
　　フライパンで焼くことについて, 193
　　真空調理した食材を焼く, 51
プライム（肉の等級）, 190
ブラウンシュガー
　ベーコンブラウンシュガー風味, 361

ブラウンシュガー

バーベキュー・ケチャップ, 110
ブラウン・チキン・ストック, 85
 香り広がるチキンスープ, 266
 鶏肉のブラウン・ジュ, 92
 圧力鍋でつくるパエリア・デル・ボスコ, 326-327
ブラウンバター (ブール・ノワゼット)
 ブラウンバターのパイ生地, 372
  アップルクリームパイ, 379
 ブール・ノワゼットのつくり方, 119
 ウオーヴォピッツァ, 307
ブラウン・ビーフ・ストック, 86
 フレンチ・オニオンスープ, 127
 韓国風ショートリブのレタス包み, 221
 フォー, 267
 タイ風の甘酸っぱくピリッとしたグレーズ, 115
ブラウン・フィッシュ・ストック, 87
ブラウン・ポーク・ストック, 86
 グーラッシュ, 267
 リンゴとモリーユを添えた豚肩肉のフリカッセ, 220
 ナンを添えたポーク・ヴィンダルー, 221
 圧力鍋でつくるカルニタス, 218-219
 レッドアイ・グレイビー, 96
 フリホレスの泡, 223
 フリホレスのピュレ, 223
 真空調理でつくるカルニタス, 219
 丸ごとの肩肉, 219
ブラウンマッシュルーム (ポートベロ・マッシュルームも参照)
 マッシュルームのジュ, 91
  マッシュルームのクリームスープ, 150
  マッシュルーム・ピュレ, 150
  キノコのスープ, 180
 シイタケ・マーマレード, 151
プラスチック袋
 プラスチック袋の安全性, 52, 355
 真空調理のために密封する, 52-59
  果物や野菜を圧縮するには, 59
  調理台の端を使う, 58
  携帯用ポンプを使うには, 59
  密封の際によくある問題への解決策, 57
  袋の種類, 53
  真空パック器 (真空パック器を参照)
  袋を水に漬けて空気を抜く, 58
  ジッパーつき袋 (ジッパーつきの袋参照)
プラチナゼラチン, 366
ブラックシーバス (ブラックシーバス、ティラピア、オヒョウ、シタビラメのレンジ蒸し用), 348
ブラックシーバス、ティラピア、オヒョウ、シタビラメのレンジ蒸し, 348
フランス風スクランブルドエッグ, 144
 ストライプ・マッシュルーム・オムレツ, 148-149

 バリエーション, 144
フランボワーズ
 フリーズドライ・フランボワーズのパウダー, 377
 フルーツ・レザー, 129
 フルーツ・サラダ, 161
 フランボワーズ風味, 361
 フランボワーズのガスパチョ, 156-157
 フランボワーズレモンのクリームパイ, 377, 379
 フランボワーズとマカデミアナッツのスポンジケーキ, 357
 フランボワーズ風味のパンナコッタ, 366-367
  バリエーション, 366
ブリケット (炭焼きグリル用), 45
フリホレスの泡, 223
 バリエーション, 223
フリホレスのピュレ, 223
ふるい, 17
ブルーチーズソース, 261
ブルーチーズ
 ブルーチーズソースの泡, 261
 ブルーチーズソース, 258, 261
  バリエーション, 261
フルーツカード
 レモンカードの泡, 365
 フルーツカード, 365
 真空調理した卵でつくるレモンカード, 365
  レモンポセット, 364
  フランボワーズレモンのクリームパイ, 379
  バリエーション, 365
フルーツ・サラダ, 161
フルーツゼリー, 366
フルーツのミネストローネ, 158-161
 バリエーション, 161
フルーツ・レザー
 フルーツ・レザー, 129
 やわらかいフルーツ・レザー, 21
フルーティペブルズ風味, 361
ブルーベリー (フルーツ・サラダ用), 161
ブルーム値で表されるゼリー強度, 366
プレゼンテーションと盛りつけ
 チキンヌードルスープ, 273
 モダニストのチーズバーガー, 212
 野菜の煮込み, 185
プレッツェル (「エブリシング」プレッツェル), 297
ブレッドスティック, 296
プレファーメント, 299
フレンチ・オニオンスープ, 127
フレンチプレス
 香り広がるチキンスープ, 266
 チキンヌードルスープ, 273
 中国風スープ麺, 267
 グーラッシュ, 267
 フレンチプレスで香りを移す, 264
 フォー, 267

 タイ風スープ麺, 267
 トルティーヤスープ, 267
プロヴァンス風ガーリック・コンフィ, 126
プロシュート
 ハワイアンピッツァ, 303
 パイナップル・マリナラ, 112
  ハワイアンピッツァ, 303
 ピッツァ・クルーダ, 307
ブロッコリー
 ボンバ米でつくるブロッコリーとグリュイエールのスープとチョリソ入りのリゾット, 320, 333
 ブロッコリーとグリュイエールのスープ, 181
 秋の風味広がるチンゲンサイ, 346
  ボンバ米でつくるブロッコリーとグリュイエールのスープとチョリソ入りのリゾット, 320, 333
 ブロッコリーのチーズソース, 310
 マカロニ・アンド・チェダー, 314
プロパンガスバーナー, 15, 193
プロピレン・ガスバーナー, 15, 193
ブロンズのゼラチン, 366
ふわふわ泡のミルクシェイク, 213
糞便汚染を防ぐ, xxiv
粉末トウガラシ (基本のチリオイル用), 118
粉末蜂蜜
 秋のスパイス・ミックス, 138
  ジンジャーブレッド風味のパイ生地, 372
 チリ・スパイス・ミックス, 138
  スキンレス・クリスピー・チキンウィング, 254-255
 グリル・スパイス・ミックス, 139
粉末レシチン
 液状大豆レシチンとの違い, 93
 粉末レシチンの使い方, 93

 へ

ヘアドライヤーでグリルの温度を上げる, 44, 47, 202
 グリルで焼くポークチョップ, 202
平衡調理, 60-61
 平衡調理の時間, 60-61
 冷凍した食材の平衡調理, 61
 平衡調理でのウォーター・バスの温度, 60
ヘイデン・マンゴー, 76
ベーコン
 ベーコンブラウンシュガー風味, 361
 ベーコン・マヨネーズ, 108
  レンジでつくるポテトサラダ, 346
  豚ばら肉のBLT, 232-233
  スモークベーコンのBLT, 232
 マッシュルームのジュ, 91
  マッシュルームのクリームスープ, 150
  マッシュルーム・ピュレ, 150

  キノコのスープ, 180
  ラビオリ・オムレツ・フィリング, 145
  スモークベーコンのBLT, 232
ヘーゼルナッツ
 セルフィーユとタイムとネギのペスト, 102, 103
 魚用スパイス・ミックス, 137
 真空調理でつくる香り豊かなサーモン, 276-277
ヘーゼルナッツオイル
 ヘーゼルナッツのジェラート, 370
 ピーナッツバタースポンジケーキ, 357
 ヘーゼルナッツオイルの発煙点, xxiii
 真空調理でつくるマグロのコンフィ, 174
ヘーゼルナッツバター (ヘーゼルナッツのジェラート用), 370
ペコリーノチーズ (ラビオリ・オムレツ・フィリング用), 145
ペコリーノ・ロマーノチーズ, 307
ベジタリアン向けパンナコッタ, 366
ベシャメルソース (従来のマカロニ・アンド・チーズのレシピで), 308
ペスト
 ペストについて, 83
 セルフィーユとタイムとネギのペスト, 102, 103
 パクチーのペスト, 103
 ネギとオゼイユのペスト, 102, 103
 鶏ももの串焼き、ピスタチオのペスト, 262
 ピスタチオのペスト, 102-103
 焼き赤ピーマンのペスト, 103
 ソース・ヴェルデ, 102, 103
 ホウレンソウのペスト, 103
ヘストン・ブルメンタール, xii, xv
 モダニスト・キュイジーヌとは, xviii-xix
 タマネギの流動性のあるゲル, 100
 ジャガイモのピュレ, 230, 231
 エスカルゴのポリッジ, 331
ベトナム風ドレッシング, 117
ベトナム風マリネード, 134
紅イモ
 紅イモの写真, 77
 紅イモの入手先, 74
 サツマイモのピュレ, 230
紅花油の発煙点と引火点, xxii
ベビーチャード (野菜の煮込み用), 185
ベビーチャード (フダンソウ) (野菜の煮込み用), 185
ベビーチンゲンサイ (チンゲンサイ参照)
ベビーチンゲンサイ
 秋の風味広がるチンゲンサイ, 346
 チンゲンサイといろいろな野菜の盛り合わせ, 346
 ブロッコリーのチーズソース, 310
 四川風チンゲンサイ, 346-347
  バリエーション, 346,

ベビービーツの葉 (野菜の煮込み用), 185
ベビーマスタードの葉 (野菜の煮込み用), 185
ペラグラ, 335
ベリー (各種ベリーも参照)
　野生のベリー, 79
ベルベッティング, 249, 252-253

ほ

ホイップ用サイフォン, 5
　ホイップ用サイフォンについて, 18, 83
　ブルーチーズソースの泡, 261
　リンゴの泡, 376
　　アップルクリームパイ, 379
　ビルトンジャーキー, 350
　ホイップ用サイフォンの種類、ブランド、価格, 6
　塩漬け, 132
　チョコレートクリームパイ, 376, 378
　スキンレス・クリスピー・チキンウィング, 254-255
　甲殻類のオランデーズソース, 106
　ホイップ用サイフォンの断面図, 19
　レモンカードの泡, 365
　泡立てる, 19
　フランス風スクランブルドエッグ, 144
　　ストライプ・マッシュルーム・オムレツ, 148-149
　　バリエーション, 144
　フルーツカード, 365
　ガーリック・オランデーズソース, 106
　サイフォンの音を聞く, 19
　使い方, 18-19
　簡単チョコレートスポンジケーキ, 356-357
　　バリエーション, 357
　カルニタス, 217
　電子レンジでつくるビーフジャーキー, 350-351
　　バリエーション, 350
　ミニ・エッグカップ, 144
　オリーブオイル・スクランブルドエッグ, 144
　　スペイン風オムレツ・フィリング, 145
　圧力で漬けるセロリ, 131
　コーヒー (圧力をかけて風味づけする) 風味のカスタードクリーム, 375
　　バナナクリームパイ, 379
　圧力によって風味をつける, 18
　圧力によってマリネにする, 18
　その他の豆の泡, 223
　　バリエーション, 223
　フリホレスのピュレ, 223
　サバイヨン, 369
　スモーキージャーキー, 350
　真空調理でつくるオランデーズソース, 106-107
　　バリエーション, 106
　真空調理でつくるラムの串焼き, 203
　真空調理した卵でつくるレモンカード, 365
　　レモンポセット, 364
　　フランボワーズレモンのクリームパイ, 379
　　バリエーション, 365
　スパイシー・オランデーズソース, 106
　スパイシージャーキー, 350
　青リンゴの泡をのせたイチゴのジュース, 161
　真空調理でつくる野菜のピクルス, 130
ホイップ用サイフォンでマリネにする, 18
方法
　オーブントースターでサーモンを焼く方法, 278
　台所のシンクでサーモンを低温調理する方法, 278
　オーブンの温度を調整する, 35
　中心温度を確認するには, 66-67
　　真空密封した袋の中心温度を確認するには, 67
　　ジッパーつきの袋の中心温度を確認するには, 66
　果物や野菜を圧縮するには, 59
　フライヤーを使わずに揚げるには, 27
　サラダドレッシングのかけ方, 167
　四角形のハンバーガー・パテをつくる方法, 207
　プロ並みの挽き肉をつくる方法, 206
　オマールの活け締めの仕方と殻のむき方, 284-285
　生地を手でこねる方法, 298
　澄ましバターとブール・ノワゼットのつくり方, 119
　風味を逃さないでグレイビーをフライパンでつくる方法, 95
　ゲルと流動性のあるゲルのつくり方, 98
　牛乳または生クリームに風味づけする方法, 361
　ピッツァの伸ばし方と焼き方, 302-303
　リゾットやパエリアを前もって半ば火を通しておき、食卓に出す直前に仕上げる方法, 325
　台所のシンクでサーモンを低温調理する, 278
　リゾット、パエリアを圧力鍋で炊く方法, 324
　レシピの分量の調整法, xx
　ジッパーつき袋で食材を密封するには, 58
　クラムの殻の取り方, 287
　ムール貝の殻のはずし方, 286
　デジタルはかりで容器の重さを差し引くには, 7
　温度計の精度をテストするには, 8
　エッジ・シーラーの使い方, 56
　携帯用ポンプを使うには, 59
　圧力鍋の使い方, 32-33
　ホイップ用サイフォンの使い方, 18-19
ホウレンソウ
　パクチーのペスト, 103
　ホウレンソウのクリーム煮, 194, 199
　　フィレンツェ風オムレツ・フィリング, 145
　　マカロニ・アンド・パルメザン, 314
　　バリエーション, 199
　レンジでつくるパセリの素揚げ, 354
　ピスタチオのペスト, 102-103
　ホウレンソウのバター, 116, 121, 194
　　チンゲンサイといろいろな野菜の盛り合わせ, 346
　ホウレンソウのペスト, 103
ホウレンソウのクリーム煮, 194, 199
　フィレンツェ風オムレツ・フィリング, 145
　マカロニ・アンド・パルメザン, 314
　　バリエーション, 199
ポートベロ・マッシュルーム (マッシュルーム・ピュレ用), 150
ポーリッシュ
　ポーリッシュの酵母に栄養を与え世話をする, 299
　ポーリッシュ, 299
　　田舎風ピッツァの生地, 298
　　全粒粉ピッツァの生地, 298
　サワードウ, 299
ポセット
　ポセットについて, 360
　レモンポセット, 364
ホタテ貝を真空調理するときのおすすめの温度と時間, 286
ホット・タブ (ウォーター・バスとして使用), 65
ポップコーン
　電子レンジでポップコーンを調理する, 40
　ポップコーン風味, 361
ポテトスターチ
　骨なし鶏手羽肉の焼き鳥, 256-257
　韓国風クリスピーチキンウィング, 252-253
ポテトライサー (ライサー参照)
ポ・ド・クレーム, 362
骨なし鶏手羽肉の焼き鳥, 256-257
ボブズレッドミル社の粉, 270
ポリエチレンの安全性, 52, 355
ポリ塩化ビニル (PVC) の安全性, 52, 355
ポルチーニ
　ポルチーニについて, 78
　キノコのピッツァ, 303
　風味づけしたクリームでつくるジャガイモのピュレ, 230
　マッシュルームのジュ, 91
　　マッシュルームのクリームスープ, 150

マイタケ

　マッシュルーム・ピュレ, 150
　キノコのスープ, 180
　マッシュルーム・ピュレ, 150
　ポルチーニの写真, 78
　ポルチーニ・バター, 116, 121
　リンゴとモリーユを添えた豚肩肉のフリカッセ, 220
　シイタケ・マーマレード, 151
ポルチーニパウダー
　ボロネーゼ, 112
　グリル・スパイス・ミックス, 139
ポレンタ (コーンミール参照)
ボロネーゼ, 112
ポロネギ
　フィノッキオーナピッツァ, 307
　ポロネギとタマネギのスープ, 181
　MCのスペシャルソース, 109
　　モダニストのチーズバーガー, 212
　モダニストのヴィシソワーズ, 162-164
　　バリエーション, 163
　圧力鍋で蒸したニンジンとポロネギ, 272
　　チキンヌードルスープ, 273
　　バリエーション, 272
　圧力鍋でつくる野菜のジュ, 182
　　野菜の煮込み, 185
　ローストしたジャガイモのヴィシソワーズ, 163
　つくね, 263
　　つくねのから揚げ, 262
　ジャガイモの皮のレダクションを加えたヴィシソワーズ, 163
　野生のラムソン, 79
ホワイト・ビーフ・ストック, 86
ホワイトキングサーモン, 280
ホワイトポピーシード
　魚用スパイス・ミックス, 137
　真空調理でつくる香り豊かなサーモン, 276-277
　ムガール・カレーソース, 104-105
　　ラム・カレー, 234-235
　　圧力鍋で煮た子羊のすね肉, 234
ボンバ米
　ボンバ米でつくるブロッコリーとグリュイエールのスープとチョリソ入りのリゾット, 320, 333
　ボンバ米の炊き時間, 324
　ボンバ米の半ば火を通しておく場合の炊き時間, 325
　圧力鍋でつくるパエリア・デル・ボスコ, 326-327

ま

マイクロプレイン (おろし器)
　マイクロプレインについて, 5, 9
　パルメザン・クリスプ, 169
マイタケ
　野生のキノコと赤ワインの大麦リゾット, 331

マイタケ

キノコのピッツァ, 303
マイタケの写真, 78
マイタケの入手先, 74
マイヤーレモン (フルーツカード用), 365
マカデミアナッツ (ネギとオゼイユのペスト用), 102, 103
マカデミアナッツオイル
　圧力鍋でつくるキヌアとカリフラワーのサラダ, 170-171
　マカデミアナッツオイルの発煙点, xxiii
　真空調理でつくるマグロのコンフィ, 174
　ストロベリーマカデミアのジェラート, 370
マカデミアナッツバター
　フランボワーズとマカデミアナッツのスポンジケーキ, 357
　ストロベリーマカデミアのジェラート, 370
マカロニ・アンド・チーズ, 310-311
　バリエーション, 310
マカロニ・アンド・チーズ
　オーブンで焼くマカロニ・アンド・チーズ, 312-313
　「ファットフリー」のマカロニ・アンド・チーズ, 314-315
　バリエーション, 314
　マカロニ・アンド・チェダー, 314
　マカロニ・アンド・チーズ, 310-311
　バリエーション, 310
　マカロニ・アンド・フォンティーナ, 314
　グリュイエールでつくるマカロニ・アンド・チーズ, 310
　マカロニ・アンド・パルメザン, 314
　ゴートゴーダとゴートチェダーでつくるマカロニ・アンド・チーズ, 310
　ゴルゴンゾーラとフォンティーナでつくるマカロニ・アンド・チーズ, 310
　モントレージャックとスティルトンでつくるマカロニ・アンド・チーズ, 310
　シャープチェダーとスイスチーズでつくるマカロニ・アンド・チーズ, 310
マカロニ・アンド・チェダー, 314
マカロニ・アンド・パルメザン, 314
マカロニ・アンド・フォンティーナ, 314
マクドナルドのビッグマックソース, 109
マグネトロン, 42, 43
マグロ
　魚を真空調理する場合のおすすめの温度, 281
　真空調理でつくるマグロのコンフィ, 174
　　マグロのコンフィのサラダとツナ・メルト・サンドイッチ, 174
　マグロのコンフィのサラダとツナ・メルト・サンドイッチ, 174
マザー・ドウ, 299
マサアリーナ
　マサアリーナについて, 335

コーンジュースタマーリ, 340
ハッシュパピー, 340
トウモロコシパスタ, 270
トルティーヤスープ, 267
圧力鍋でつくるフレッシュコーンのタマーリ, 340-341
バリエーション, 340
マサアリーナの入手先, 75
マルカルポーネチーズ
　コーンジュースグリッツ, 337
　ホウレンソウのクリーム煮, 194, 199
　フィレンツェ風オムレツ・フィリング, 145
　マカロニ・アンド・パルメザン, 314
　バリエーション, 199
　圧力鍋でつくるポレンタ, 336-337
　バリエーション, 337
マスタード (ハニーマスタードソース用), 259
マスタードシード
　ケララ・カレーソース, 104
　圧力鍋でつくるマスタードシードのピクルス, 125
　ハニーマスタードソース, 259
　マスタード・シードの入手先, 74
マツ, 78
マッシュルーム
　ブロッコリーのチーズソース, 310
　カマンベールとグリュイエール、ハム、マッシュルームのブリオッシュサンド, 318
　地中海風野菜のコンフィ, 126
　フェタチーズと野菜のコンフィのポテトブレッドサンド, 319
マッシュルーム (キノコ)
　マッシュルーム (マッシュルーム参照)
　ポートベロ (ポートベロ・マッシュルーム参照)
　マッシュルームのジュ, 91
　　マッシュルームのクリームスープ, 150
　　マッシュルーム・ピュレ, 150
　　キノコのスープ, 180
　マッシュルーム・ピュレ, 150
　マッシュルームのクリームスープ, 150
　マカロニ・アンド・フォンティーナ, 314
　ストライプ・マッシュルーム・オムレツ, 148-149
　バリエーション, 150
　キノコのスープ, 180
　マッシュルームのジュ (野生のキノコと赤ワインの大麦リゾット用), 331
　キノコの毒性, 79
　ポートベロ・マッシュルーム (マッシュルーム・ピュレ用) (マッシュルーム、マッシュルーム・ピュレも参照), 150
　真空調理でつくる野菜のピクルス, 130

ジロール (キノコのピッツァ用), 303
ラッパタケ (マッシュルーム、マッシュルーム・ピュレを参照), 150
マッシュルーム・ピュレ
　マッシュルームのクリームスープ, 150
マツタケ, 78
抹茶, 74
　抹茶風味, 361
まな板の二次汚染を防ぐ, xxiv
豆
　白インゲン豆 (フルーツのミネストローネ用), 158-161
　バリエーション, 161
　硬水とやわらかい豆の科学, 217
　フランスの白インゲン豆 (フリホレスの泡用), 223
　ギガンテ豆 (フリホレスの泡用), 223
　サヤインゲン (ブロッコリーのチーズソース用), 310
　リマ豆 (フリホレスの泡用), 223
　インゲン豆 (乾燥インゲン豆を参照)
　大豆 (最終段階の牛のエサ), 191
マヨネーズ
　アイオリソース, 108
　ベーコン・マヨネーズ, 108
　　レンジでつくるポテトサラダ, 346
　　豚ばら肉のBLT, 232-233
　　スモークベーコンのBLT, 232
　モダニストのマヨネーズ, 108
　　新タマネギのコールスロー, 165
　　バリエーション, 108
　ルイユソース, 108
　　南フランス風チャウダー, 292
　タルタルソース, 108
マリネードの酸, 134
マリネード
　マリネードについて, 134, 193
　バーベキュー・マリネード, 134
　マリネードの注射, 16
　カルビ・マリネード, 134
　ホイップ用サイフォンでマリネする, 18
　地中海風ヨーグルト・マリネード, 134
　メキシコ風マリネード, 134
　ベトナム風マリネード, 134
マリナラソース
　マリナラ, 112-113
　電子レンジでつくるナスのパルミジャーナ, 344-345
　バリエーション, 112
　パイナップル・マリナラ, 112
　ハワイアンピッツァ, 303
　イチゴのマリナラ, 114
マリネ用のアタッチメントがついた真空パック器
　真空調理で風味づけしたセロリ, 131
　オマールロール, 288-289
　バリエーション, 131
　ウォルドーフ・サラダ, 131
　真空調理でつくる野菜のピクルス, 130
丸ごとの子羊のすね肉, 234

丸ごとの鶏用の基本塩漬け液, 133
　バリエーション, 133
丸ごとの肩肉, 219
マルメロ
　フルーツ・レザー, 129
　マルメロの写真, 76
〈マンレサ〉(レストラン), 156
マンゴー (マンゴー・チリ・レザー用), 129
マンゴスチン
　マンゴスチンの写真, 76
　マンゴスチンの入手先, 75
マンステールチーズ (アルザス風オムレツ・フィリング用), 145
マンダリン・オレンジ
　フルーツカード, 365
　フルーツ・レザー, 129
マンダリン風味, 361
マンドリーヌ (圧力鍋でつくるキヌアとカリフラワーのサラダ用), 170-171

み

ミーチュウ (米酒)
　韓国風クリスピーチキンウィング, 252-253
　ミーチュウの入手先, 74
ミート・テンダライザー
　ジャカード・ミート・テンダライザーについて, 16
　ミート・テンダライザーのブランド、価格, 6
　ミート・テンダライザーと食品の安全, xxiv-xxv, 16
ミートローフ (モダニストのミートローフ・サンドイッチ用), 214-215
ミキサー (卓上ミキサー、スティックミキサー参照)
水
　水の沸点, 30
　　圧力鍋の水の役割, 28, 30, 31
　　硬水とやわらかい豆の科学, 217
　豆料理に必要な脱イオン水, 217
　豆料理に必要な蒸留水, 217
　硬水とかたい豆, 217
　軟水とやわらかい豆, 217
水出しコーヒーメーカーのブランドと価格と仕様, 6
水の沸点
　標高の高いところでの沸点, 30
　圧力鍋での沸点, 28, 30, 177
水の沸点の上昇, 30
みそ
　みその入手先, 74
　白みそ (マッシュルームのジュ用), 91
　　マッシュルームのクリームスープ, 150
　　マッシュルーム・ピュレ, 150
　　キノコのスープ, 180
密封ビン

バッファローソース, 258
　真空調理でつくるバッファローウィング, 250-251
キャラメリゼしたタマネギのグレイビー, 101
チーズグリッツ, 338
密閉ビンを使った真空調理, 50
ドライ・キャラメリゼ・オニオン, 127
フィンガリングポテトのコンフィ, 126
フレンチ・オニオンスープ, 127
地中海風野菜のコンフィ, 126
　フェタチーズと野菜のコンフィのポテトブレッドサンド, 319
圧力鍋でキャラメリゼしたタマネギ（タマネギ（圧力鍋でキャラメリゼしたタマネギ用）も参照）, 127
　バリエーション, 127
圧力鍋でつくるドリッピング, 101
　バリエーション, 101
圧力鍋でつくるガーリック・コンフィ（ニンニク（圧力鍋でつくるガーリック・コンフィ用）も参照）, 126
圧力鍋でつくるポレンタ, 336-337
　バリエーション, 337
圧力鍋でつくる野菜のジュ, 182
　野菜の煮込み, 185
密閉ビンでの圧力調理, 33
圧力鍋で溶かす鶏の脂身, 123
　チキンヌードルスープ, 273
　フィンガリングポテトのコンフィ, 126
　自家製ジュ・グラ, 93
プロヴァンス風ガーリック・コンフィ, 126
圧力鍋調理の注意点, 183
小エビのグリッツ, 338-339
　バリエーション, 338
真空調理用の密閉ビン, 53
真空調理でつくるマグロのコンフィ, 174
　マグロのコンフィのサラダとツナ・メルト・サンドイッチ, 174
真空調理でつくる野菜のピクルス, 130-131
ミニ・エッグカップ, 144
ミョウガ, 77
　ミョウガの写真, 77
　ミョウガの入手先, 74
みりん（焼き鳥ソース用）, 259, 260
　骨なし鶏手羽肉の焼き鳥, 256-257
　鶏皮の焼き鳥, 262
　つくね, 263
ミルク・フローサー、アエロラッテ（ハンディミルクフォーマー）, 11
　クラムのチャウダーソース添え, 292
　オイスターシチュー, 292
　ピスタチオのペスト風味のクラムチャウダー, 292
　南フランス風チャウダー, 292
ミルクシェイク（ふわふわ泡のミルクシェイク）, 213

ミルク・フローサーについて, 11
ミント
　ブッシュ・ミントの入手先, 75
　地中海風ヨーグルト・マリナード, 134
　ミント風味, 361
　ミントヨーグルト, 263
　　ラム肉の串焼き、ミントヨーグルト添え, 263
　ピッツァ・ナポレターナ, 303
　焼き赤ピーマンのペスト, 103
　ソース・ヴェルデ, 102, 103

む

ムール貝
　ムール貝を真空調理するときのおすすめの温度と時間, 286
　新鮮なムール貝を買う, 284
　ムール貝のひげ（足糸）を取る, 286
　ムール貝の殻のはずし方, 286
　ムール貝から出る汁, 290
　ムール貝のマリニエール, 290-291
ムール貝の汁, 290
ムガール・カレーソース, 104-105
　ラム・カレー, 234-235
　圧力鍋で煮た子羊のすね肉, 234
　バリエーション, 104
昔ながらの樽形アイスクリーム・メーカー, 12
蒸してつくるハーブオムレツ, 146-147
蒸しパンを添えた鴨肉の蒸し煮, 221
ムスリム・カレーソース, 104
紫アスパラガス, 79

め

メキシコ風マリナード, 134
メイラード反応, 192
メース
　MCのカレーパウダー, 135
　メースの入手先, 74
　真空調理でつくるスパイス・チリオイル, 118
　ヴィンダルー・スパイス・ミックス, 135
　　ナンを添えたポーク・ヴィンダルー, 221
メカジキ
　真空調理でつくるマグロのコンフィ, 174
芽キャベツ
　ブロッコリーのチーズソース, 310
　ジェノベーゼピッツァ, 306
　芽キャベツの葉（チンゲンサイといろいろな野菜の盛り合わせ用）, 346
メロン
　ニガウリ, 77
　アメリカ・キュウリ, 77

スイカの圧縮, 59

も

木炭グリル
　木炭グリルについて, 44-47
　木炭グリルで焼く, 45
　木炭グリルの温度を調節する, 44
　木炭グリルで均等に火を通す, 47
　木炭グリルの断面図, 46-47
　木炭グリルで肉を焼く, 193
　送風機かヘアドライヤーで木炭グリルの温度を上げる, 44, 47, 202
　グリルでつくるアップルソース, 124
　　サワードウ・ブレッドでつくる熟成ホワイトチェダーとリンゴのサンドイッチ, 318
　グリルで焼くポークチョップ, 202
　グリルで焼くステーキ, 200-201
　真空調理した食材をグリルで焼く, 51
　木炭グリルで肉を焼く, 193
　クーラーボックス真空調理ステーキ, 198
　炭火で調理するコツ, 47,
　木炭のかたまり（木炭グリル用）, 45
　木炭を積みあげたグリル, 45, 193
目標温度
　真空調理した牛肉, 64
　食材を目標温度に保つ, 50
　家禽類の安全性, 60
モダニスト・キュイジーヌ
　モダニスト・キュイジーヌの始まり, xvii-xix
　モダニスト・キュイジーヌとは, xviii
　モダニスト・キュイジーヌの進化, xix
　モダニスト・キュイジーヌの原則, xix
　モダニスト・キュイジーヌの原則——斬新さ, xix
モダニストのヴィネグレットソース, 117
　圧力鍋でつくるレンズ豆のサラダ, 175
　バリエーション, 117
モダニストのヴィシソワーズ, 162-164
　バリエーション, 163
モダニストの材料（各材料も参照）, 69, 70-71
モダニストのチーズバーガー, 212
モダニストのハンバーガー・パテ, 208-209
　モダニストのチーズバーガー, 212
　バリエーション, 208
モダニストのマヨネーズ, 108
　新タマネギのコールスロー, 165
　バリエーション, 108
モダニストのミートローフ・サンドイッチ, 214-215
モッツァレラチーズ
　真空乾燥した水牛のモッツァレラチーズ, 304

フィノッキオーナピッツァ, 307
キノコのピッツァ, 303
ジェノベーゼピッツァ, 306
ハワイアンピッツァ, 303
電子レンジでつくるナスのパルミジャーナ, 344-345
ピッツァ・ナポレターナ, 303
ピッツァ・マルゲリータ, 304
桃を圧縮する, 59
モリーユ, 79
　風味づけしたクリームでつくるジャガイモのピュレ, 230
　マッシュルーム・ピュレ, 150
　モリーユの写真, 79
　リンゴとモリーユを添えた豚肩肉のフリカッセ, 220
　シイタケ・マーマレード, 151
盛りつけとプレゼンテーション
　チキンヌードルスープ, 273
　モダニストのチーズバーガー, 212
　野菜の煮込み, 185
モルトパウダー
　モルトパウダーについて, 71
　モダニストのヴィシソワーズ, 162-164
　バリエーション, 163
　ローストしたジャガイモのヴィシソワーズ, 163
　ジャガイモの皮のレダクションを加えたヴィシソワーズ, 163,
モントレージャックとスティルトンでつくるマカロニ・アンド・チーズ, 310
モンペリエ・バター, 120
　牛フィレ肉の串焼き、モンペリエ・バター, 263

や

焼いた魚の皮のチップス, 279
焼いたトウモロコシのストック, 90
　トウモロコシのスープ, 181
　ハッシュパピー, 340
　圧力鍋でつくるフレッシュコーンのタマーリ, 340-341
　圧力鍋でつくるポレンタ, 336-337
　バリエーション, 337
焼き赤ピーマンのペスト, 103
焼き色をつける
　バーナーで焼き色をつける, 15
　電子レンジで焼き色をつける, 43
　ピッツァの生地, 298
焼き鳥ソース, 259, 260
　骨なし鶏手羽肉の焼き鳥, 256-257
　鶏皮の焼き鳥, 262
　つくね, 263
焼く
　バーベキュー用グリルで焼く, 45
　コンビ・オーブンで焼く, 39
　コンベクション・オーブンで焼く場合の不安定さ, 34
　焼くコツ, 34

や

焼く
- 真空調理した食材を焼く, 51
- 焼くタイミング, 226
- ガスバーナーで焼く, 14, 193

薬味（ケチャップ、ソース、ピリッとしたマーマレードも参照）
- 薬味について, 124
- 中国風ガーリックチリソース, 258, 261
- グリルでつくるアップルソース, 124
  - サワードウ・ブレッドでつくる熟成ホワイトチェダーとリンゴのサンドイッチ, 318
- 圧力鍋でキャラメリゼしたタマネギ（タマネギ（圧力鍋でキャラメリゼしたタマネギ用）も参照）, 127
  - バリエーション, 127
- 圧力鍋でつくるガーリック・コンフィ（ニンニク（圧力鍋でつくるガーリック・コンフィ用）も参照）, 126
  - バリエーション, 126
- 圧力鍋でつくるマスタードシードのピクルス, 125
  - ハニーマスタードソース, 259
- 圧力で漬けるセロリ, 131
- トマトのコンフィ, 128
  - シェーヴルチーズとトマトのコンフィ、バジルのバゲットサンド, 319
  - トマト・レザー, 129
  - オマールロール, 288-289
  - バリエーション, 129
- 真空調理で風味づけしたセロリ, 131
  - オマールロール, 288-289
  - バリエーション, 131
  - ウォルドーフ・サラダ, 131
- 真空調理でつくる野菜のピクルス, 130-131

野菜（各葉物野菜も参照）
- 葉物野菜（電子レンジで火を通すときのおすすめの時間）, 347
- 季節の野菜（野菜の煮込み）, 185
- 野菜（それぞれの野菜を参照）, 347
- 電子レンジで野菜に火を通すときのおすすめの時間, 347
- 野菜の煮込み, 185
- 野菜のブラウン・ストック, 89
- 野菜の汚染, xxiv
- 真空密閉する方法, 59
- 圧力鍋で蒸したニンジンとポロネギ, 272
- 圧力鍋でつくる野菜のジュ, 182
  - 野菜の煮込み, 185
- 圧力鍋でつくる野菜のストック, 89
- 圧力鍋で調理する野菜, 183, 247
  - 野菜の煮込み, 185
- 野菜を圧力で調理する科学, 177
- 削り方, 167
- 保存, xxiv
- シュエする（炒める）, 27
- めずらしい野菜, 77
- 真空調理で風味づけしたセロリ, 131
  - バリエーション, 131
- 真空調理でつくる野菜のピクルス, 130-131
- 野菜のリゾット, 328-329
  - バリエーション, 329
- 野菜のストック, 89
  - カリフラワーのスープ, 180
  - チキン、アーティチョーク、黒オリーブ入りのファッロリゾット, 332
- 圧力鍋でつくるリゾット, 329
- ピスタチオのペスト、アスパラガス入りのキヌアリゾット, 332
  - バリエーション, 89
- 野菜のリゾット, 328-329

野生のキノコ（シャントレル、マイタケ、モリーユ、ヒラタケ、ポルチーニ、シイタケ参照）, 78-79
- 野生のキノコと赤ワインの大麦リゾット, 331
- キノコのピッツァ, 303

野生のクレソン, 79
野生のスグリ, 78
野生のベリー類, 79
野生のラムソン（ネギの類）, 79
野生のリコリス, 79
ヤマブシタケ, 77
やわらかい肉を切る
- おすすめ真空調理法, 192
- 真空調理での芯温, 60, 192
やわらかい家禽類を調理する場合のおすすめの真空調理法, 245
やわらかさ
- 真空調理した食品, 49, 61
- フルーツ・レザー, 21

ゆ

油脂（エッセンシャルオイル、各種油も参照）
- 基本のチリオイル, 118
- 揚げ油, 26, 27
- 風味に富む油, xxii-xxiii
- 油脂の役割, 116
- ガーリックオイル, 118
- ジンジャーオイル, 118
- 揚げものの科学, 249
- レモンオイル, 118
- マヨネーズの油, 108
- 油脂と食感, 116
- 精製油, xxii
- ローズマリーオイル, 118
- 油脂の発煙点と引火点, xxii
- 真空調理でつくるレモンハーブオイル, 116
- 真空調理でつくるスパイス・チリオイル, 118
- タイムオイル, 118
- 未精製油, xxii
- バニラオイル, 118
湯煎にしてつくるクレームブリュレ, 362

よ

容器
- 真空調理で使う容器（ビニール袋、ジッパーつき袋も参照）, 53
- 電子レンジで使う容器, 42
養殖サーモン, 281
ヨーグルト
- 地中海風ヨーグルト・マリナード, 134
- ミントヨーグルト, 263
ヨーロッパの肉の等級, 190
予熱
- コンビ・オーブンの予熱, 51
- 従来のオーブンの予熱, 35
- ピッツァを焼くオーブンの予熱, 301
- ウォーター・バスの予熱, 51

ら

ラ・ヴァレンヌ, xiv, xviii
ラードの発煙点と引火点, xxii
ライチョウ（ジビエのジュ用）, 92
ライ麦粉（ライ麦パスタ）, 270
- グーラッシュ, 267
ライム／ライムの葉
- シトラス風味, 361
- フルーツカード, 365
ラヴィッジ（レンジでつくるパセリの素揚げ用）, 354
ラップの安全性, 52, 354, 355
ラディッシュ
- 圧力鍋でつくる野菜のジュ, 182
- 野菜の煮込み, 185
- 圧力鍋で調理する野菜, 247
- 真空調理でつくる野菜のピクルス, 130, 131
ラテンアメリカ食材店, 75
ラビオリ・オムレツ・フィリング, 145
ラボで使ったふるい, 17
ラム
- ラムもも肉
  - ラムもも肉のタジン, 220
  - ラム肉の串焼き、ミントヨーグルト添え, 263
- ラム・ロイン
  - ラム・ロイン（ラック）のおすすめ真空調理法, 192
  - 真空調理でつくるラムの串焼き, 203
  - 電子レンジでつくるビーフジャーキー, 350-351
- ラムのすね肉
  - ラムのすね肉のおすすめ真空調理法, 228
  - ラム・カレー, 234-235
  - ラム・カレー・バリエーション, 234
  - 圧力鍋で煮た子羊のすね肉, 234
- 丸ごとの子羊のすね肉, 234
- ラムの肩肉のおすすめ真空調理法, 228
ラムカン型
- 湯煎にしてつくるクレームブリュレ, 362
- コーヒー風味のクレームブリュレ, 362-363
  - バリエーション, 362
- カスタードプリン, 362
- ポ・ド・クレーム, 362
ラムソン, 79
ラムもも肉のタジン, 220
卵黄
- アイオリソース, 108
- アマレット風味のカスタードクリーム, 375
  - アーモンドチェリークリームパイ, 378
- ベーコン・マヨネーズ, 108
  - レンジでつくるポテトサラダ, 346
  - 豚ばら肉のBLT, 232-233
  - スモークベーコンのBLT, 232
- 湯煎にしてつくるクレームブリュレ, 362
- 大麦パスタ, 271
- ブラウンバター風味のパイ生地, 372
  - アップルクリームパイ, 379
- バッファローソース, 258
- キャロット風味のパイ生地, 372
- チーズ風味のパイ生地, 372
  - 風味のいいチーズパイ, 379
- チョコレート風味のパイ生地, 372
  - チョコレートクリームパイ, 378
- ココナッツ風味のパイ生地, 372
  - ココナッツクリームパイ, 378
- ココナッツパスタ, 271
  - タイ風スープ麺, 267
- ココナッツ風味のカスタードクリーム, 375
  - ココナッツクリームパイ, 378
- コーヒー風味のクレームブリュレ, 362-363
  - バリエーション, 362
- 甲殻類のオランデーズソース, 106
- ダブルアーモンド風味のパイ生地, 372
  - アーモンドチェリークリームパイ, 378
- 卵黄の流動性のあるゲル, 100
- 乳化剤として使う卵黄, 117
- 固いハンバーガー・パテ, 208
- 固めのカスタードクリーム, 375
- サクサクのパイ生地, 372-373
  - バリエーション, 372
- レモンカードの泡, 365
- フランス風スクランブルドエッグ, 144
- ストライプ・マッシュルーム・オムレツ, 148-149
  - バリエーション, 144
- フルーツカード, 365

レタス

ガーリック・オランデーズソース, 106
ジンジャー風味のカスタードクリーム, 375
　ジンジャークリームパイ, 378
ジンジャーブレッド風味のパイ生地, 372
　ジンジャークリームパイ, 378
レモン風味のカスタードクリーム, 375
　フランボワーズレモンのクリームパイ, 379
ミニ・エッグカップ, 144
モダニストのマヨネーズ, 108
　新タマネギのコールスロー, 165
　バリエーション, 108
モンペリエ・バター, 120
　牛フィレ肉の串焼き、モンペリエ・バター, 263
オリーブオイル・スクランブルドエッグ, 144
　スペイン風オムレツ・フィリング, 145
ピーナッツ風味のパイ生地, 372
　バナナクリームパイ, 379
ポ・ド・クレーム, 362
圧力をかけて風味づけしたコーヒー風味のカスタードクリーム, 375
バナナクリームパイ, 379
フランボワーズ風味のパイ生地, 372
ルイユソース, 108
　南フランス風チャウダー, 292
サバイヨン, 369
スクランブルドエッグ・プディング, 144
　蒸してつくるハーブオムレツ, 146-147
　真空調理でつくるオランデーズソース, 106-107
　バリエーション, 106
真空調理した卵でつくるレモンカード, 365
レモンポセット, 364
フランボワーズレモンのクリームパイ, 379
　バリエーション, 365
真空調理でつくるバニラ風味のクレーム・アングレーズ, 368-369
　バリエーション, 369
真空調理でつくるバニラとシナモン風味のカスタードクリーム, 374-375
　アップルクリームパイ, 379
　バリエーション, 375
スパイシー・オランデーズソース, 106
ストライプ・マッシュルーム・オムレツ, 148-149
タルタルソース, 108
卵黄の調理温度と時間, 141, 142-143
ランガム, リチャード, 22
卵白

デビルドエッグ, 152
目玉焼き, 152-153
　バリエーション, 152
卵白の調理温度と時間, 142-143

り

リコッタ・サラータチーズ
　コーンジュースグリッツ, 337
　圧力鍋でつくるポレンタ, 336-337
　　バリエーション, 337
　ピスタチオのペスト、アスパラガス入りのキヌアリゾット, 332
リコッタチーズ
　菜の花（ブロッコリーラーブ）ピッツァ, 306
　フィレンツェ風オムレツ・フィリング, 145
　電子レンジでつくるナスのパルミジャーナ, 344-345
リゾット
　リゾットの炊き時間, 324
　リゾットの炊き方, 324
　リゾットに前もって半ば火を通しておき、食卓に出す直前に仕上げる方法, 325
　リゾットを圧力鍋で炊く方法, 324
　圧力鍋でつくるリゾット, 329
　科学：なぜリゾットはかき混ぜないといけないのか, 320
　バリエーション, 330-333
　野菜のリゾット, 328-329
　　バリエーション, 329
リゾットやパエリアを前もって半ば火を通しておき、食卓に出す直前に仕上げる方法, 325
リマ豆（フリホレスの泡用）, 223
リュウガン
　リュウガンの写真, 76
　リュウガンの入手先, 74
流動性のあるゲル
　卵黄の流動性のあるゲル, 100
　流動性のあるゲルのつくり方, 98
　タマネギの流動性のあるゲル, 100
　　バリエーション, 100
　流動性のあるゲルの速成法, 98
鱗茎菜類に電子レンジで火を通すときのおすすめ時間, 347
リンゴ
　サワードウ・ブレッドでつくる熟成ホワイトチェダーとリンゴのサンドイッチ, 318
　リンゴとパースニップのスープ, 181
　秋の風味広がるチンゲンサイ, 346
　大麦サラダ, 184
　フルーツ・レザー, 129
　グリルでつくるアップルソース, 124
　サワードウ・ブレッドでつくる熟成ホワイトチェダーとリンゴのサンドイッチ, 318

マカロニ・アンド・チェダー, 314
真空調理でつくる野菜のピクスル, 130
ウォルドーフ・サラダ, 131
リンゴ果汁（アップルジュース）
　リンゴの泡, 376
　　アップルクリームパイ, 379
　カルビ・マリナード, 134
　リンゴとモリーユを添えた豚肩肉のフリカッセ, 220
　圧力で漬けるセロリ, 131
　青リンゴの泡をのせたイチゴのジュース, 161
　肉用の甘い塩漬け液, 132
　真空調理で風味づけしたセロリ, 131
　オマールロール, 288-289
　　バリエーション, 131
　ウォルドーフ・サラダ, 131
リンゴ酸
　リンゴ酸について, 71
　バーベキュー・ケチャップ, 110
　甲殻類のオランデーズソース, 106
　フルーツのミネストローネ, 158-161
　　バリエーション, 161
　ガーリック・オランデーズソース, 106
　ジュースを新鮮に保つリンゴ酸, 20
　圧力鍋でキャラメリゼしたケチャップ, 110
　モダニストのチーズバーガー, 212
　　バリエーション, 110
　圧力で漬けるセロリ, 131
　真空調理でつくるオランデーズソース, 106-107
　　バリエーション, 106
　スパイシー・オランデーズソース, 106
　真空調理で風味づけしたセロリ, 131
　オマールロール, 288-289
　　バリエーション, 131
　ウォルドーフ・サラダ, 131
リンゴ酢
　バーベキュー・マリナード, 134
　圧力鍋でつくるマスタードシードのピクルス, 125
　ハニーマスタードソース, 259
リンゴ酢
　バーベキュー・マリナード, 134
　圧力鍋でつくるマスタードシードのピクルス, 125
　ハニーマスタードソース, 259
　リンゴ酢を使った洗剤, xxiv
リンゴの泡, 376
　アップルクリームパイ, 379

る

〈ルイス・ランチ〉（レストラン）, 204
ルイユソース, 108
　南フランス風チャウダー, 292
ルー, 95

『ル・ギッド・キュリネール』（エスコフィエ著）, xiv
ルッコラ
　カポコロピッツァ, 306
　ロメインレタス・ドレッシングをかけたグリーン・サラダ, 168-169
　ピッツァ・クルーダ, 307
ルバーブ
　フルーツのミネストローネ, 158-161
　　バリエーション, 161
　フルーツ・サラダ, 161

れ

冷製スープ
　冷製スープについて, 155
　フルーツのミネストローネ, 158-161
　　バリエーション, 161
　モダニストのヴィシソワーズ, 162-164
　　バリエーション, 163
　フランボワーズのガスパチョ, 156-157
　ローストしたジャガイモのヴィシソワーズ, 163
　ジャガイモの皮のレデュクションを加えたヴィシソワーズ, 163
冷蔵庫
　冷蔵庫に入れる前に食品を冷ます, xxv
　冷蔵庫の温度, xxiv, xxv
冷凍
　調理前に肉を冷凍する, 193, 200
　冷凍庫で冷やしたオーブンプレートで米を冷ます, 325, 326, 329
冷凍庫の整理, xxiv
冷凍した食材を真空調理する, 61
冷凍してつくるステーキ, 197
レザー
　フルーツ・レザー, 129
　マンゴー・チリ・レザー, 129
　オニオン・レザー, 129
　トマト・レザー, 129
　オマールロール, 288-289
　　バリエーション, 129
レシピ
　形式, xx, xxi
　分量
　　分量の調整法, xx
　　クエン酸ナトリウムの量の特別な計算方法, 317
レシピの分量
　分量の調整法, xx
　クエン酸ナトリウムの分量, 317
レシピを書くときは, 7
レタス
　ビッブレタス（豚ばら肉のBLT用）, 232-233
　サラダ菜（豚ばら肉のBLT用）, 232-233
　バターミルク

れ

レタス
- サラダ菜（ロメインレタス・ドレッシングをかけたグリーン・サラダ用）, 168-169
- サラダ菜（ロメインレタス・ドレッシングをかけたグリーン・サラダバリエーション用）, 168
- サラダ菜（韓国風ショートリブのレタス包み用）, 221
- 冬スベリヒユ, 79
- ロメイン（ロメインレタス参照）

レッドアイ・グレイビー, 96
- 小エビのグリッツ, 338-339

レッドバナナ, 76

レッド・ポート（エシャロットとポートワインのマーマレード用）, 319
- スティルトンチーズ、エシャロットマーマレードのクルミパンサンド, 319

レネ・レゼピ, 78

レモンエッセンシャルオイル
- レモンカードの泡, 365
- 真空調理した卵でつくるレモンカード, 365
    - レモンポセット, 364
    - フランボワーズレモンのクリームパイ, 379
    - バリエーション, 365

レモンカードの泡, 365

レモングラス
- レモングラス＆ジンジャー風味, 361
- レモングラスの入手先, 75
- 真空調理でつくるレモンハーブオイル, 116
- タイ風スープ麺, 267

レモンタイム（真空調理でつくるレモンハーブオイル用）, 116

レモンバーム（真空調理でつくるレモンハーブオイル用）, 116

レモン／レモンの皮
- シトラス風味, 361
- レモンオイル, 118
- レモン風味のカスタードクリーム, 375
    - フランボワーズレモンのクリームパイ, 379
- レモンポセット, 364
- マイヤーレモン（フルーツカード用）, 365
- 真空調理でつくる野菜のピクルス, 130, 131

レンコン
- レンコンの写真, 77
- レンコンの入手先, 74

ろ

〈ローヴァーズ〉（レストラン）, xiv

ローストしたジャガイモのヴィシソワーズ, 163

ローストチキン, 238-241
- バリエーション, 241

ローズマリー
- ローズマリーオイル, 118
- 野菜の煮込み, 185

ロブスター・マッシュルーム, 78

ロマネスコ
- チンゲンサイといろいろな野菜の盛り合わせ, 346
- 真空調理で風味づけしたセロリ, 131

ロメインレタス
- ロメインレタス・ドレッシングをかけたグリーン・サラダ, 168-169
- バリエーション, 168
- ハーブとロメインレタスのスープ, 168

わ

ワイン
- エシャロットとポートワインのマーマレード, 319
    - スティルトンチーズ、エシャロットマーマレードのクルミパンサンド, 319
- 赤ワイン
    - 野生のキノコと赤ワインの大麦リゾット, 331

和牛, 190, 191

ワンドラ
- ワンドラについて, 70
- ブルーチーズソースの泡, 261
- ブルーチーズソース, 258, 261
    - バリエーション, 261
- ホウレンソウのクリーム煮, 194, 199
    - フィレンツェ風オムレツ・フィリング, 145
    - マカロニ・アンド・パルメザン, 314
    - バリエーション, 199
- 韓国風クリスピーチキンウィング, 252-253
- 簡単チョコレートスポンジケーキ, 356-357
    - バリエーション, 357
- フライパンでつくるグレイビー, 95
- ピーナッツバタースポンジケーキ, 357
- フランボワーズとマカデミアナッツのスポンジケーキ, 357
- ゴマのスポンジケーキ, 357
- 南部インド風クレソン, 199
- スティルトンチーズスライス, 319
    - スティルトンチーズ、エシャロットマーマレードのクルミパンサンド, 319
- ワンドラでとろみをつける, 95
- つくね, 263

Modernist Cuisine at Home

First edition

Original edition published by The Cooking Lab, LLC, of Bellevue, Washington

www.modernistcuisine.com

Printed using stochastic color separation and Toyo inks on Golden Sun FSC 157 gsm matte art paper. Typefaces used include Arno Pro, Optima Nova, Whitney, and Square 721.

MODERNIST CUISINE at Home

モダニスト・キュイジーヌ　アットホーム　現代料理(げんだいりょうり)のすべて

2018年9月21日　初版発行
2021年7月30日　再版発行

著　者　　ネイサン・マイアーボールド　マキシム・ビレット
訳　者　　山田　文　田畑あや子　内藤典子
発行者　　青柳昌行

発　行　　株式会社KADOKAWA
　　　　　〒102-8177　東京都千代田区富士見2-13-3
　　　　　電話 0570-002-301（ナビダイヤル）

Printed by Guang Dong Province Boluo County Yuan Zhou Midas Printing Limited of PRC
Prepress by Embassy Graphics of Winnipeg, Canada.
Design by Modernist Cuisine, LLC, of Bellevue, Washington.

本書の無断複製（コピー・スキャン・デジタル化等）並びに
無断複製物の譲渡及び配信は、著作権法上での例外を除き禁じられています。
また、本書を代行業者などの第三者に依頼して複製する行為は、
たとえ個人や家庭内での利用であっても一切認められておりません。

●お問い合わせ
https://www.kadokawa.co.jp/　（「お問い合わせ」へお進みください）
※内容によっては、お答えできない場合があります。
※サポートは日本国内にかぎらせていただきます。
※Japanese text only.

定価はカバーに表示してあります。

ISBN 978-4-04-106124-4　C0098
Printed in China

版権代理店担当　　堀池奈未（EAJ）
日本語版装丁・本文デザイン　寺澤圭太郎
本文DTP　　木蔭屋
日本語版編集　林　由香

ムラサキケール

ブラッドオレンジ

奈良県立橿原考古学研究所 編

黒塚古墳の研究

八木書店